LE DROIT ET LES CRISES AU CAMEROUN

Tome I

L'explication juridique des crises

Collection « Études africaines »

dirigée par Denis Pryen et son équipe

Forte de plus de mille titres publiés à ce jour, la collection « Études africaines » fait peau neuve. Elle présentera toujours les essais généraux qui ont fait son succès, mais se déclinera désormais également par séries thématiques : droit, économie, politique, sociologie, etc.

Dernières parutions

Cédric ONDAYE-EBAUH, *Comprendre les enjeux bancaires en Afrique centrale. Prospectives économiques des temps présents*, 2023.
Chrysostome CIJIKA KAYOMBO, *L'éducation des adultes en Afrique*, 2023.
Chrysostome CIJIKA KAYOMBO, *Alphabétisation et développement en Afrique*, 2023.
Patrick MILABYO KYAMUSUGULWA, *Gouvernance locale et reconstruction communautaire. L'est de la R.D. Congo*, 2023.
Ari GOUNONGBÉ, *L'individu collectif, Ubuntu au quotidien et en clinique psychologique*, 2023.
Jérôme OLLANDET, *La France et le Congo-Brazzaville, Histoire d'une marche singulière*, 2023.
Hans Peter HAHN, Alain Joseph SISSAO, Amado KABORÉ et Kathrin KNODEL (dir.), *L'avenir des ONG en Afrique de l'Ouest,* 2023.
Rose Mama DIOUF, *Réseaux sociaux numériques et jeunes. Penser les enjeux éthiques des usages,* 2023.
Moumouni SOUMANO, *Mali. L'intervention internationale à l'épreuve de la crise malienne*, 2023.
David YESAYA, *La réussite sociale du migrant postcolonial en France, Une analyse socio-littéraire dans les romans de Karine Tuil, Faïza Guène, Karim Amellal et El Hadji Diagola*, 2023.
Emmanuel LOCHA MATESO, *Écrire le Congo : De Conrad à Césaire*, 2023.
Moustapha SÈYE, *Pêcher pour survivre en Afrique. Les aires marines protégées au chevet de la pêche artisanale au Sénégal ?* 2023.
Fatoumata Bernadette SONKO, *Femmes sous silence au Sénégal. Une fabrique du patriarcat*, 2023.
Douty Abib TRAORÉ, *Droit OHADA et responsabilité sociétale des entreprises. Un processus d'actualisation indispensable,* 2023.

Sous la direction de
Brusil Miranda METOU

LE DROIT ET LES CRISES AU CAMEROUN

Tome I

L'explication juridique des crises

L'Harmattan

Du même auteur

- *Le rôle du juge dans le contentieux international*, Bruxelles, Bruylant, 2012.
- *(co-dir.) Regards sur le droit public en Afrique. Mélanges en l'honneur du Doyen J.-M. BipounWoum,* Paris, L'Harmattan, 2016.

5-7, rue de l'École-Polytechnique – 75005 Paris

www.editions-harmattan.fr

ISBN : 978-2-14-031623-4
EAN : 9782140316234

Coordination

Pre. Brusil Miranda METOU

Préface

Pre. Brusil Miranda METOU

Comité scientifique

Secrétariat à la rédaction

Contributeurs :

- Paul Elvic BATCHOM, *Agrégé de science politique, Professeur, Université de Yaoundé II.*
- Antony Stephen KAMSU, *Doctorant en droit public, Université de Dschang.*
- Ebenezer David NGAHNA MANGMADI, *Docteur en droit public, Université de Dschang.*
- *ELAT NDAMA Didier Patrice, Doctorant en droit public, Université de Douala.*
- Franck ELONG MBOULE, *Docteur en droit public, Postdoctorant, Université de Sherbrooke.*
- Ghislaine Inès OFWELEY-BATE, *Magistrate, Conseillère aux poursuites à la Mission des Nations Unies en République Démocratique du Congo.*
- GOUDJOU Artour Caltaire, *Doctorant en droit international public, Université de Dschang.*
- Joseph WANGBA, *Docteur en science politique, Assistant, Université de Ngaoundéré.*
- Jules Samson NYOBE, *Doctorant en droit public, Universités de Strasbourg et de Yaoundé II.*
- NGATTI Etienne Bertol, *Doctorant en Droit public, Université de Dschang.*
- NGNITEYA DJIOLIEU Baudelaire, *Doctorant en droit public, Universités de Lille et de Dschang, ATER, Université de Lille.*
- Noël SOFACK, *Docteur en Sciences sociales et économiques, Institut Catholique de Bafoussam, Cameroun.*
- Parfait PEMAMBOU, *Juriste en droit du numérique, Membre du Centre de Droit Privé Fondamental de l'Université de Strasbourg.*
- Ramses KOUNGMEU GUIFFO, *Doctorant en droit privé, Université de Dschang.*
- Ravel Benny DJIELON MOUTCHEU, *Doctorant en Droit public, Université de Dschang.*
- William LADEM SONTIA, *Docteur en Droit public, Assistant, Université de Yaoundé II.*
- Winnie Franck DONGBOU WAMBA, *Juriste spécialisé en droit des TIC et de la régulation des marchés numériques, Data protection lawyer chez MyData Trust*, Belgique.
- YINDJO TOUKAM Christian Fabrice, *Docteur en droit public, Université de Douala.*
- ZOK à MOUBEKÉ YVES FREDDY, *Docteur en Droit Public, Chargé de cours, Université de Yaoundé II.*

SOMMAIRE

Préface

L'ordre et le désordre sont deux dynamiques différentielles mais certaines du temps social. L'ordre, idéal-type, traduisant le bon fonctionnement de la société quelle qu'elle soit, est un alliage d'éléments dans un état temporel de stabilité. Stabilité relative que la crise, le désordre, flux d'évènements, vient bouleverser en transgressant les règles de vie commune et prévalentes. C'est une période de tempête pour emprunter au fabuliste Jean La Fontaine, susceptible d'induire une désinstitutionnalisation. La crise ou la reconstruction, n'a donc de sens qu'en raison d'une expérience antérieure de régularité, dans un domaine d'expérience de la réalité sociale. Des relations d'interdépendance ou de cause à effet peuvent exister entre les domaines concernés par la crise. Elle est en cela une unité multiplex, pouvant être écologique, migratoire, économique ou politique lorsqu'il s'agit d'antagonismes ou de combats qui ont pour jeu et enjeu, la conquête, l'exercice et le contrôle du pouvoir politique. L'expérience de la crise côtoie au moins trois dynamiques sociales : Celle du fonctionnement régulier, celle de l'altération des conditions de ce bon fonctionnement et celle des réactions à la crise.

Les institutions juridiques sont l'une des modalités de réaction à la crise, autrefois idéale. Le consensus a généralement été trouvé sur la nécessité de soumettre les sociétés dans la guerre comme dans la paix, indépendamment des torchons qui brûlent, à des règles juridiques. Le droit devant par sa magie et sa force instituante, rétablir l'équilibre. Les crises s'amplifiant et se généralisant, la désillusion s'installe. L'impuissance, sinon la responsabilité du droit s'étale. La magie du droit disparait et de bien d'avis, il n'est pas une baguette magique pour résoudre les problèmes de société ; la loi ou le décret ne résout pas la crise. Produire davantage de droit, de contrôles, procédures, proposer des solutions techniques, optimiser les normes et institutions qui sont des solutions juridiques aux crises, ne sont plus solutives. Par cet empilement de normes et procédures, le droit gesticule pendant que les sociétés se meurent, sans proposer des solutions concrètes, sans s'attaquer à l'énergie de la crise, son arrière-plan. Les juristes dont Carl Schmitt se sont fait l'écho de cette impuissance du droit face aux crises. Plutôt que d'y voir la supériorité du politique sur le juridique, une option semble émerger et prévaloir dans la prise de décision : c'est l'expertise scientifique. La rationalité de l'action ou de l'anticipation repose intrinsèquement sur la maitrise d'un ensemble de connaissances scientifiques et expérimentales. Bien de fois, le droit est accusé de causer ou d'aggraver les crises.

Le relationnel droit et crises constitue un objet d'émulation intellectuel captivant. D'une part, par la diversification et l'imbrication des crises dont la récurrence tend à en faire d'éternelles actualités et la recherche de solutions, une quête permanente. D'autre part, par sa résonnance thématique. Le lien presqu'intuitivement perçu est celui du droit comme remède à la crise. Il permet de fonder l'action des pouvoirs publics dans les situations de crises en marge de la légalité ordinaire. Les circonstances exceptionnelles juridiquement aménagées, atténuent le principe de légalité administrative. Vient ensuite et comme il se généralise dans les discours savants, l'idée du Droit vecteur de crises. On peut tout aussi lire autrement. Les grandes institutions juridiques sont le fruit de crises historiques. Les domaines du droit international de la paix et du constitutionnalisme sont des illustrations bienheureuses. Le droit lui-même constituant un domaine du « tout culturel » de François Ost, n'est pas à l'abri des crises, qui remettent très souvent en cause, les références et les certitudes normatives. Il y a enfin la crise qui frappe proprement le droit, touchant ainsi à la quantité, la qualité et l'opportunité des institutions juridiques.

L'ouvrage sur *le Droit et les crises au Cameroun* présenté, a l'audace et le mérite d'appréhender avec simplicité mais sans simplification, les subtilités de ces rapports. L'entreprise est une option d'autant plus féconde que les données heuristiques sur le sujet ne sont pas d'une richesse particulière. Elles le sont encore moins en considération du champ social camerounais, dont le vécu crisogène contraste avec la rareté des réflexions théoriques. C'est donc une œuvre singulière qui vient par sa systématique, combler un vide important, au-delà des contributions parcellaires, voire partiales, des études préexistantes. L'ouvrage de par son intitulé et surtout son contenu, a tout aussi l'avantage d'être disciplinairement large, incluant plusieurs disciplines scientifiques complémentaires du droit (droit public, droit privé, droit interne, droit international) et autres disciplines (science politique, sociale et économique notamment). On n'est privé ni des discours du droit de juristes, ni des regards extérieurs sur celui-ci de politistes, ni et fondamentalement, de regards extra-juridiques sur les crises. En près d'une vingtaine de contributions, ce travail agréable à la lecture, saisit de manière satisfaisante, les différents temps des rapports entre droit et crises au Cameroun. Dans un premier tome, il envisage successivement le droit comme origine des crises (cause de rupture de l'ordre) et comme remède à celles-ci (mobilisation de la ressource juridique pour résoudre les crises). Cette causalité du va-et-vient formant, l'explication juridique des crises. Dans un second tome, il traite de la légalité qui prévaut en période de crises ainsi que des conséquences de celles-ci sur le droit et la société. Ces deux derniers aspects constituent, les manifestations juridiques des crises. Il est écrit par des spécialistes des questions envisagées, avec rigueur, méthode et réserve, face à la grande tentation partisane et politicienne, d'un sujet à haute sensibilité et délicatesse, dans un environnement social et politique tendu.

Sans avoir directement contribué à cet important ouvrage, je mesure tout l'honneur qui m'est fait de l'étiqueter de ces quelques lignes. J'éprouve une sorte de complicité intellectuelle et de proximité avec certaines analyses. Il n'est pas obligé qu'elles emportent la conviction intégrale des lecteurs, baladés de mains sûres. Cependant, force est de reconnaitre qu'il s'agit d'un beau travail, intelligent et d'envergure, qui mérite à tous égards d'être félicité, non sans susciter la réflexion sur les diverses questions abordées.

Brusil Miranda METOU
Agrégée des Facultés de droit,
Professeure, Université de Yaoundé II.

Présentation de l'ouvrage

Nul ne contestera que depuis quelques années, le monde est profondément enlacé dans des crises continuelles et diverses. Mais lorsqu'on parle de crise, il est d'abord important de cerner cette notion avant de chercher des solutions. La notion de crise est tributaire de multiples équivoques. Étymologiquement d'une part, car le terme désigne un moment périlleux et décisif (en latin *crisis*, phase grave d'une maladie) – et annonce un changement, une rupture – mais exprime également l'idée d'une décision (en grec *κρίσις*, jugement), qui peut être la réponse à ce bouleversement intervenu dans le cours ordinaire de la vie. Conceptuellement d'autre part, car nombreux sont les auteurs qui ont consacré leurs écrits à la crise sans qu'il ne soit véritablement possible d'en retenir une définition unanime[1]; Paul Ricœur l'a ainsi qualifiée de « concept-valise » et même dénoncée de « pseudo-concept »[2]. Bien qu'il n'existe pas de définition juridique de la notion, les sciences sociales ont tenté de circonscrire le terme de crise et d'en appréhender les enjeux[3]; un collectif de chercheurs s'est d'ailleurs récemment emparé de la notion[4], en la définissant dans un sens plus technique, comme le « moment où se révèle qu'une activité humaine peut endommager gravement voire anéantir les conditions de

---

[1] Parmi cette littérature, voir : « La notion de crise », *Communications*, 1976, n°25, notamment E. Morin, « Pour une crisologie », p. 148-163 ; « Temps de crise et crise des temps », *Temporalités,* 2011, n°13 ; N. Ordioni, « Le concept de crise : un paradigme explicatif obsolète ? Une approche sexospécifique », *Mondes en développement,* 2011, n°154, p. 137 ; O. Bouiss, « Qu'est-ce qu'une crise ? », *The conversation*, avril 2020 ; Marie Gaille, Philippe Terral, *Les sciences humaines et sociales face à la première vague de la pandémie de Covid-19 – Enjeux et formes de la recherche*, novembre 2020, p. 10 et s.

[2]P. Ricœur, « La crise : un phénomène spécifiquement moderne ? », *Revue de théologie et de philosophie*, 1988, p. 1.

[3]Voir notamment M. Wieviorka, « La sociologie et la crise. Quelle crise, et quelle sociologie ? », *Cahiers internationaux de sociologie*, 2009/2, n° 127, p. 181.

[4]« Le droit et les crises », *Droit et société*, 2020/1, n° 104, dossier coordonné par Antoine Bailleux, Pauline Bégasse de Dhaem, Michel Coutu et al..

sa propre continuation »[1]. Les auteurs retiennent que « pour qu'il puisse être question de crise dans ce sens précis, il faut donc (i) une expérience antérieure de régularité, ce qui, à son tour, exige la différenciation d'un domaine d'expérience spécifique, créant les conditions matérielles d'une telle régularité, et les conditions cognitives de sa perception ; (ii) l'expérience d'effets actuels de cette activité, affectant ses propres conditions ; (iii) la notion qu'une action s'impose, pour éviter ces effets, en modifiant, ou éventuellement en transformant radicalement l'activité en question »[2]. Ainsi, « trois types de dynamiques sociales se rencontrent au cœur de l'expérience de crise : des dynamiques de fonctionnement régulier ; des versions modifiées de ces dynamiques, qui altèrent les conditions de ce fonctionnement ; et des dynamiques de réaction face à cette altération »[3]. La recherche de solutions adéquates est devenue une priorité constante de la communauté internationale et l'objet de travaux scientifiques d'envergure, dans divers champs disciplinaires. Le droit censé être l'instrument de l'ordre social, est principalement visé, tantôt comme cause, tantôt comme levier pour la résolution des crises ; d'où le rapprochement constant entre droit et crises. Ces dernières peuvent être considérées sous divers aspects du droit et en rapport avec celui-ci. Les crises sont-elles un champ d'expérimentation pour le droit appelé à se réinventer et à se renouveler, ou illustrent-elles l'incapacité de ce dernier à réguler la société contemporaine ? Entre les attentes et les obstacles du droit à réguler les crises, il y a un écart certain qui invite à la réflexion. Bien qu'elles puissent prendre des proportions internationales, ces crises se manifestent fortement dans les limites territoriales des Etats, justifiant des considérations spécifiques en marge d'approches globales.

Le Cameroun en fait particulièrement l'expérience depuis son accession à la souveraineté internationale, mais davantage, depuis son ouverture à la démocratie et l'Etat de droit. Il a été marqué et continue d'être l'objet de diverses crises sociopolitique, sécuritaire, financière et plus récemment sanitaire, aux conséquences frappantes. Le droit, qui encadre les divers aspects de la vie politique, économique et social au Cameroun, et se présente comme le fondement premier des actions et revendications des protagonistes des crises, ne saurait être écarté ni

[1]Pierre Guibentif, Thierry Kirat, « Le droit et les crises : après la crise financière un chantier à ouvrir », *Droit et société*, 2020/1, n°104, p. 24.
[2]*Idem.*
[3]*Idem.*

dans la recherche des causes, ni dans la recherche des solutions à celles-ci. L'importance de cette corrélation entre le droit et les crises se heurte pourtant à la rareté de travaux y relatifs. Si l'on peut identifier quelques travaux sur une crise particulière ou analysée sous un angle particulier du droit, aucune étude n'y avait jusque-là été consacrée, dans une perspective systémique et pluridisciplinaire. Cela semblait bien curieux, dans un contexte sécuritaire aussi précaire, et de dynamiques juridiques considérables. C'est de là qu'est née comme par intuition, l'idée de cet ouvrage. L'objectif étant premièrement de combler ce déficit heuristique. Au fond, il ne s'agit pas de faire le procès technocrate des crises au Cameroun, afin de déterminer les torts et responsabilités des acteurs de la crise. La portée téléologique de la réflexion, est d'apporter une contribution universitaire et citoyenne, à la compréhension des crises sous le prisme du droit, évaluer la pertinence des pratiques juridiques en période de crise, saisir l'impact des crises sur le droit et la société, afin de dégager les outils nécessaires et le cadre juridique propice, à la résolution pérenne de ces crises.

Ça aurait pu être une monographie, mais le risque d'unipolarité disciplinaire et idéelle nous a contraint à une perspective plus large et forcément enrichissante. Certes, les contributions contenues dans cet ouvrage ne reflètent pas la totalité des angles du droit sous lesquels les crises pourraient être étudiées. Elles constituent à tout le moins, des outils importants pour une appréhension des aptitudes et imperfections de la ressource juridique face aux crises. L'idée d'un Colloque s'est premièrement présentée, avec la participation de profils importants de la communauté universitaire et sociétale camerounaise, voire internationaux, excluant généralement les « petits profils ». Malgré le retentissement et la portée d'une telle initiative, je fus finalement séduite par l'idée d'intégrer le projet dans une perspective d'encadrement à l'intention des jeunes chercheurs et collègues, auxquels l'environnement universitaire national n'offre pas beaucoup d'opportunités d'émulation scientifique. Pourtant, les exigences et les défis qui se présentent à eux sont davantage contraignants, surtout pour ceux qui aspirent à s'élever, aux plus hautes cimes du savoir et de la transmission des connaissances. La formule de forme était donc toute trouvée, un ouvrage collectif à l'intention des jeunes chercheurs sous l'encadrement de professeurs. C'est ainsi que s'est lancé le projet éditorial, dont les vicissitudes ont certes réduit la portée, mais pas entravé la résilience.

Chemin faisant, le sujet a été abordé avec mon très distingué collègue, le Professeur Edouard Gnimpieba Tonnang, Chef du Département de droit international public et communautaire de la Faculté des Sciences Juridiques et Politiques de l'Université de Dschang, dont je savais à coup sûr que la disponibilité, le dévouement à l'encadrement des jeunes collègues et la fonction, contribueraient à l'avancement rapide du projet. Il a très vite adhéré au projet en proposant d'ailleurs de le loger dans le cadre des activités de l'Unité de recherche en droit international humanitaire, droits de l'homme et libertés publiques qu'il dirige également. Seulement, en raison de ses nombreuses activités et quelques aléas, il n'a plus eu toute la disponibilité nécessaire pour conduire le projet jusqu'à son terme. Fort heureusement, le cadre général du projet avait déjà été défini, le titre arrêté et les contributions sollicitées. Le dynamisme et l'admirable dévouement du Docteur Franck ELONG MBOULE, dans le suivi et le secrétariat de cet ouvrage, ont permis de le réaliser. Je n'oublie pas l'important travail de relecture, du Docteur Deville TCHOUBAN TCHANGA, que je remercie également.

Contre vents et marrées et à la disgrâce de quelques mauvais pronostics, l'ouvrage peut être présenté. Il étale non sans surprise, le talent, les potentialités et la perspicacité de la jeune recherche camerounaise, dans des contributions rigoureuses, copieuses et enthousiastes.

Qu'il me soit permis d'exprimer toute ma reconnaissance aux professeurs et collègues qui se sont intéressés au projet.

Je remercie mon ami et collègue, le professeur Paul Elvic BATCHOM, qui s'est en plus donné la peine de produire une contribution scientifique dans les brefs délais de sa sollicitation, afin de rehausser la portée scientifique de ce projet éditorial. J'exprime également mon respect et ma compréhension à l'égard des collègues qui n'ont pas pu s'associer à l'initiative, en raison de leurs nombreuses occupations, de la sensibilité du sujet, voire de la nature du projet.

L'ouvrage est rédigé en deux tomes, qui rendent compte de manière satisfaisante des interactions entre le droit et les crises. Le premier tome est consacré à l'explication juridique des crises. Il réunit les contributions qui tendent à présenter le droit tantôt comme cause, tantôt comme solution aux crises. Le premier angle, le droit comme origine des crises, s'ouvre sur un concept de Franck ELONG MBOULE, qui sans doute fera date… la neutralisation légistique. Il explique prenant illustration de l'encadrement de la démocratie et l'Etat de droit, que les textes de droit au Cameroun, sont rédigés d'une manière ambivalente et ambigüe, pour faire primer le pouvoir sur le droit et l'autoritarisme sur la démocratie pourtant consacrée. Cette prépondérance est explicative non seulement de crises socio-politiques, mais aussi de la crise du droit dans sa qualité et sa pertinence. La ligne est donc bien droite et l'engrenage mécanique, entre la crise de la normativité juridique et la crise socio-politique. C'est le constat qu'établit Ngatti Etienne Bertol. Ravel Benny DJIELON MOUTCHEU fait en conséquence, le rapport de l'existence potentielle d'un droit à la crise, qui serait légitimé par la faillite de l'Etat, dans sa responsabilité de protéger ses citoyens. On comprend alors que le droit issu des années de démocratisation, n'a pas pacifié les Etats d'Afrique noire francophone. Bien au contraire, il se présente comme un droit crisogène, de nature à favoriser les crises. C'est à cette démonstration que parvient William LADEM SONTIA, du rapport entre le droit constitutionnel post-transition et les crises qui perdurent au Cameroun. Viennent ensuite les contributions qui, sans dédouaner le droit de toute responsabilité dans l'avènement des crises, le présente comme outil de résolution de celles-ci. C'est le second angle de ce tome, le droit comme réponse aux crises. Dans une approche socio-politique, Joseph WANGBA rend compte de l'institutionnalisation et la mobilisation de dispositifs juridiques, nationaux et internationaux, dans le processus de construction, voire de reconstruction de la paix au Cameroun. Ce pouvoir pacificateur du droit, s'illustre même dans les crises les plus spécifiques, telles celle des accidents de la circulation (Ramses KOUNGMEU GUIFFO), ou dans la régulation des contenus audio-visuels (Jules SAMSON NYOBE). Mais pour jouer pleinement son rôle de prévention et de régulation des crises, le droit est parfois appelé à se redéfinir pour s'adapter à de nouveaux défis, comme ceux posés par la transformation numérique et le nécessaire arrimage de l'administration publique (Jules SAMSON NYOBE et Parfait PEMAMBOU). La résolution des crises par le Droit, ne se traduit pas seulement par la mobilisation d'institutions juridiques normatives, mais aussi organiques. L'approche institutionnelle de la résolution des crises serait d'ailleurs celle privilégiée au Cameroun, selon la démonstration que fait YINDJO TOUKAM Christian Fabrice. Les institutions créées ou mobilisées à cette fin, sont tant nationales, à l'image de la Commission Nationale des droits de l'homme du Cameroun (Ebenezer David NGAHNA MANGMADI), qu'internationales, à l'image des organisations régionales africaines, auxquelles le Cameroun participe (GOUDJOU Artour Caltaire).

Le second tome de l'ouvrage traite des manifestations juridiques des crises. Il analyse d'une part, le droit en période de crise ou ce qu'il conviendrait d'appeler la légalité de crise. En toute certitude, la crise induit l'application d'un droit spécifique, ou l'application spécifique des règles juridiques préexistantes. En amont, c'est tout d'abord le droit constitutionnel et le dispositif constitutionnel des crises qui sont concernés (ELAT NDAMA Didier Patrice). Cela concerne tout aussi, le droit applicable aux situations et institutions juridiquement encadrées, dont les investissements directs étrangers (Antony STEPHEN KAMSU), la protection des civils dans les conflits armés (Ghislaine Inès OFWELEY-BATE), et la commande publique (NGNITEYA DJIOLIEU Baudelaire). D'autre part, le second tome de l'ouvrage met en exergue l'impact de la crise sur le droit et la société. Cet effet n'est pas contrairement à ce que l'on puisse penser, essentiellement négatif. Bien paradoxalement, la crise peut moyennant quelques conditions, être potentiellement porteuse de vertus et réparer certaines imperfections, inégalités et injustices sociales, politiques, naturelles ou instituées, et permettre la modernisation de l'Etat, dans un contexte africain notamment. C'est l'hypothèse de « la guerre inventive » du professeur Paul Elvic BATCHOM. Relativement au droit, la crise permet de l'éprouver, le façonner et le redéfinir. C'est le cas de l'impact de la crise sanitaire (Covid-19) sur le commerce électronique, invitant au renforcement de la protection des consommateurs de ce secteur (Winnie Franck DONGBOU WAMBA). C'est aussi le cas de la protection des droits humains à l'épreuve de la gestion des crises sécuritaires au Cameroun. Leur cohérence invite à concilier la nécessaire sécurité de l'Etat et l'impératif humanitaire de protection des droits de l'Homme. C'est autour du concept de « sécurité humaine » que Noël SOFACK, recherche cette adéquation. Cela s'illustre tout aussi bien dans les interactions entre le droit fiscal et les crises, dont ZOK à MOUBEKÉ YVES FREDDY fait le rapport. Le droit fiscal, ni le droit tout simplement, n'est pas une constante, mais nécessairement une variable, qui ne saurait rester insensible aux crises. Si par sa traditionnelle neutralité, le droit fiscal pourrait être vecteur de crises ou un obstacle à la résolution de celles-ci, ce même droit pourrait par un interventionnisme mesuré, être salvateur et favoriser la résolution des crises.

C'est donc un ouvrage riche de ses contributions et sa thématique. C'est pour moi l'occasion de saluer l'engagement des contributeurs qui ont tenu à finaliser leurs articles et permettre ainsi sa réalisation. Je leur exprime ici, ma sincère gratitude pour leur patience et leur dextérité, concernant les modifications éditoriales de leurs contributions, en vue de la cohésion générale de l'ouvrage. J'espère finalement que ce dernier, pourra contribuer modestement, mais utilement, à la littérature préexistante sur le Droit et les crises, mais surtout, à la résolution rapide et durable des crises au Cameroun et ailleurs.

Brusil Miranda METOU
Agrégée des Facultés de droit,
Professeure, Université de Yaoundé II.

I

LE DROIT, ORIGINE DES CRISES

La neutralisation légistique de la démocratie et de l'État de droit au Cameroun. Réflexion sur un droit de la démocratisation inachevée

Franck ELONG MBOULE

Docteur en droit
Postdoctorant, Université de Sherbrooke

L'idée précède toujours le mot et la chronologie des évènements le montre bien. L'État au Cameroun est né sous le signe d'un pouvoir fort et autoritaire[1]. Le processus de démocratisation y nait, de l'effervescence des ferventes années de braise à partir de 1990[2]. Ce processus fait écho à la « vague de démocratisation »[3] lancée dans la plupart des pays africains, soit par des conférences nationales souveraines[4], soit par des réformes préventives du système politique et

[1]De l'avis de M. Paul Biya, Président de la République du Cameroun, il est permis de dire que les conditions qui prévalaient alors, peuvent expliquer sans justifier, le recours à ces formes autoritaires de gouvernement. Voir, *Message du Chef de l'État à la nation, à l'occasion de la célébration des cinquantenaires de l'Indépendance et de la Réunification du Cameroun*, § 11. V. www.prc.cm/fr/actualités/discours.

[2]Cela n'équivaut pas à dire que les pratiques démocratiques au Cameroun, datent de ces années 1990. En effet, la logique démocratique est au cœur de la gouvernance du pays, dès les premières heures de l'indépendance en 1960. En ce sens, MBENGUE NGUIME M., « Pratiques démocratiques au Cameroun actuel : étude comparée avec la période de l'accession à l'indépendance », *Outre-mers*, t. 97, n°368-369, 2e semestre 2010, *Cinquante ans d'indépendances africaines*. pp. 115-135. L'article 1er de la loi n°61/24 portant révision de la Constitution du 04 mars 1960 et l'adaptant aux réalités du Cameroun réunifié prévoit en ce sens que : « *La République Fédérale du Cameroun est démocratique, laïque et sociale. Elle assure l'égalité devant la loi de tous les citoyens. Elle affirme son attachement aux libertés fondamentales inscrites dans la Déclaration universelle des droits de l'homme et la Charte des Nations Unies* ». Cf. MBARGA E., *Constitution et Documents politiques du Cameroun*, Yaoundé, Pressbook, 1976, p. 124.

[3]C'est la bienheureuse expression de Samuel Huntington « troisième vague de démocratisation ». Huntington S., *The Third Wave. Democratization in the Late Twentieth Century*, Norman, *University of oklahoma press*, 1991.

[4]Il va être suivi par d'autres pays tels le Gabon (du 27 mars au 19 avril 1990), le Congo (du 25 février au 10 juin 1991), le Niger (du 29 juillet au 3 novembre), le Mali (du 29 juillet au 12 août 1991) le Zaïre (du 7 aout 1991 au 6 décembre 1992), et le Tchad (du 15 janvier au 6 avril 1993), qui ne connaitront malheureusement pas la même efficacité. En ce sens, KAMTO M., « Les Conférences nationales

constitutionnel, sous les pressions nationales et internationales[1]. Cette ère de démocratie ou « vent d'Est » dans l'air africain, est en « affinités électives »[2] avec une mutation de paradigmes sur la scène internationale[3], mais aussi, consécutive à un important « travail indigène » de contestation de l'autoritarisme en Afrique noire[4]. Elle s'est traduite par l'adhésion aux principes démocratiques[5] et leur

---

africaines ou la création révolutionnaire des Constitutions », in Dominique Darbon et Jean du Bois de Gaudusson (dir.), *La création du droit en Afrique*, Paris, Karthala, 1997, p. 177 ; EBOUSSI BOULAGA F., Les Conférences nationales en Afrique noire, Karthala, 1993 ; BESSE M., « La Conférence nationale souveraine, un pouvoir constituant original », Communication présentée au VIIe Congrès de l'Association Française de Droit Constitutionnel, Paris, 25, 26 et 27 septembre 2008. Disponible sur www.droitconstitutionnel.org/congrèsParis/comC3/BesseTXT.pdf. Le Bénin est le tout premier État à organiser une Conférence nationale souveraine en 1990.

[1]GUEYE B., « La démocratie en Afrique : succès et résistances », *Seuil/Pouvoirs*, 2009n n°129, p. 5.

[2]L'expression « affinités électives », plutôt que de traduire un rapport de cause à effet, indique simplement des conditions favorables à la réalisation d'un évènement. Elle est utilisée par Max WEBER (dans *L'éthique protestante et l'esprit du capitalisme,* Paris, Pion, 1964), pour montrer que le protestantisme créé des conditions favorables au capitalisme et non pas qu'il existe entre les deux, un rapport mécanique de cause à effet (pp. 103-104). On n'estime pas en effet, que la démocratie en Afrique noire a nettement pour cause, le changement de paradigmes sur la scène internationale. Ce contexte de politique international est simplement facteur d'un tel processus. C'est aussi le cas de la politique internationale et les nouvelles constitutions africaines, dont le Professeur Luc Sindjoun, souligne un rapport de coïncidence, de concordance et d'opportunité. Cf. SINDJOUN L., « Les nouvelles constitutions africaines et la politique internationale : contribution à une économie internationale des biens politico-constitutionnels », *Etudes internationales*, vol. 26, n°2, 1995, pp. 329-345.

[3]Il s'agit principalement de l'effondrement du Mur de Berlin avec le démantèlement du Bloc de l'Est-communiste, et le discours de La Baule de François Mitterrand, du 20 juin 1990.

[4]ANYANG NYONGO P., *Afrique : La longue marche vers la démocratie. État autoritaire et résistances populaires,* Paris, Publisud, 1988 ; COPANS J., *La longue marche de la modernité africaine,* Paris, Karthala, 1990.

[5]Ces principes convergent vers le primat de la liberté politique, la séparation des pouvoirs et la garantie des droits. Quelques douze principes sont cités en repère, par la Déclaration Universelle sur la démocratie de 1998 dont : l'idéal de liberté individuelle et l'autonomie du gouvernement ; la primauté du pouvoir civil sur le pouvoir militaire ; le pluralisme politique illustré par la diversité des opinions et des valeurs ; la dévolution du pouvoir par suffrage ; l'égalité des conditions ; la protection des minorités ; le principe du gouvernement représentatif ; la garantie effective des droits de l'opposition parlementaire ; l'équilibre des pouvoirs ;

encadrement juridique par la soumission de l'État au droit. Bien que lesdits principes soient réputés universels[1], cette adhésion est symbolique de la mondialisation du temps occidental[2] ou mieux de l'occidentalisation du monde[3]. En cette matière notamment, l'Europe c'est le monde. La démocratie érigée en instrument de mesure de la légitimité et de la civilité des régimes, doit de ce fait être conforme au standard occidental et européen en matière de droits de l'homme[4]. Le processus de libéralisation enclenché au Cameroun en 1990[5], et consolidé de façon décisive avec la loi constitutionnelle du 18 Janvier 1996, exprime une intention claire du pays, de s'arrimer à la nouvelle donne démocratique. La Constitution du 18 janvier 1996 consacre entre autres, de nouveaux droits et libertés tant dans son préambule que dans le corps même de la Constitution ; aménage les rapports entre les pouvoirs avec l'érection de l'autorité judiciaire en « Pouvoir judiciaire » ; limite le mandat présidentiel au nom de l'alternance démocratique et fixe les modalités d'élection au suffrage du Président de la République ; jette les bases de la décentralisation ; crée des institutions de sauvegarde de la démocratie avec au premier plan, le Conseil constitutionnel[6]. Sur ces critères, le Cameroun est

---

l'obéissance aux lois ; l'indépendance du pouvoir judiciaire ; la présence des sources alternatives d'information et le rejet de la violence.

[1]La démocratie est en ce sens « universellement reconnue comme un idéal et un but ; elle est basée sur des valeurs communes et partagées par les peuples du monde malgré leurs différences culturelles, politiques et économiques ». BOUTROS BOUTROS G., *An Agenda for democratization*, New York, UN, 1996.

[2]FUKUYAMA F., *La fin de l'histoire et le dernier homme,* Paris, Flammarion, 1992 ; HOOGERWERF A., « Politique et temps », *Revue internationale des sciences administratives*, vol. 65, n° 4, 1990, pp. 805-830.

[3]BADIE B., *L'État importé. L'occidentalisation de l'ordre politique*, Paris, Fayart, 1992.

[4]DENQUIN J-M., « L'objet du droit constitutionnel : État, Constitution, Démocratie ? », *in Traité international de droit constitutionnel*, D. Chagnollaud, M. Tropper (dir.), Tome I, Dalloz, 2012, p.61.

[5]La soumission de l'État camerounais au droit, s'est matérialisée par l'adoption d'un ensemble de lois sur les libertés publiques (libertés civiques, d'association et de presse), ccensées démocratiser la vie politique et sociale. Ce sont « les lois de 1990 » dont : la loi n°90/052 relative à la liberté de communication sociale ; la loi n°90/053 du 19 décembre 1990 portant sur la liberté d'association ; la loi n°90/054 du 19 décembre 1990 relative au maintien de l'ordre ; loi n°90/055 du 19 décembre 1955 fixant le régime des réunions et des manifestations publiques ; loi n°90/056 du 19 décembre 1990 relative aux partis politiques.

[6]Voir, loi n°96/06 du 18 janvier 1996, portant révision de la constitution du 02 juin 1972.

incontestablement un pays démocratique. Comme l'a exprimé M. Paul Biya, « *je crois pouvoir dire qu'avec un Président de la République élu au suffrage universel direct, une Assemblée Nationale où siègent des représentants de la majorité et de l'opposition, un Gouvernement multicolore responsable devant l'Assemblée, un Pouvoir Judiciaire indépendant, nous avons établi un régime remplissant les critères essentiels de la démocratie* »[1]. De même, la Constitution du 18 janvier 1996, est visiblement démocratique. Autant mieux dire, qu'elle est une Constitution tout court, car il n'y a de Constitution que démocratique et « *démocratie sans constitution, n'est que ruine de la démocratie* »[2].

Le lien entre Constitution et démocratie est inextricable, en ce sens que la première est l'instrument majeur d'encadrement juridique de la seconde. La Constitution est le point gravitationnel de la constellation des paramètres de la démocratie. On parle alors de « démocratie constitutionnelle » ou de « constitutionnalisme démocratique »[3], voire de « constitutionnalisme » tout simplement[4]. Cette interdépendance est mise en exergue par l'article 16 de la Déclaration Française des Droits de l'Homme et du Citoyen en ces termes : « *Toute société dans laquelle la garantie des Droits n'est pas assurée, ni la séparation des Pouvoirs déterminée, n'a point de Constitution* ». Le Cameroun a donc une Constitution aux standards universels. C'est peut-être bien

---

[1]Voir, *Message du Chef de l'État à la nation, à l'occasion de la célébration des cinquantenaires de l'Indépendance et de la Réunification du Cameroun,* op.cit., § 13.

[2]ROUSSEAU D., « Constitutionnalisme et démocratie », *La Vie des Idées*, 19 septembre 2008, 18p.

[3]Voir FRIEDRICH C., *La démocratie constitutionnelle*, P.U.F., 19 ; KELIN L., « Démocratie constitutionnelle et constitutionnalisme démocratique : essaie de classification des théories juridiques de la démocratie », *Revue française de droit constitutionnel*, 2017/1, n°109, pp. 121-141 ; Dominique Rousseau, dont : *Droit constitutionnel et institutions politiques. La Vème République*, EYROLLES, 1992, p. 116 ; *Droit du contentieux constitutionnel*, Montchrestien (précis Domat), 1993, p. 384 ; *La justice constitutionnelle en Europe*, Montchrestien (Clefs), 1992, p. 155 ; « Constitutionnalisme et démocratie », *La Vie des Idées*, 19 septembre 2008, 18p ; RAYNAUD P., « Constitutionnalisme », *in Dictionnaire de la culture juridique*, ALLAND D., et RIALS S., Paris, P.U.F., 2003, p. 266.

[4]En ce sens, le constitutionnalisme s'entend de l'affirmation de la primauté des droits et libertés fondamentaux, garantie par la Constitution et protégée par le juge dans la société et par voie de corollaire, sur l'action de tous les pouvoirs publics. Voir DONFACK SOKENG L., « Existe-t-il une identité démocratique camerounaise ? La spécificité camerounaise à l'épreuve de l'universalité des droits fondamentaux », *Revue camerounaise de science politique*, vol. 1, février 1996, p. 39.

ce que y vise l'encadrement juridique de la démocratie, indépendamment de toute démocratisation réelle. Pour le moins attentif des analystes, cet encadrement correspond davantage à un habillage, un décor ou un formalisme démocratique, nouveau must du discours politique et exigence de la communauté internationale. Dans la réalité, c'est un mythe, une arlésienne, un trompe-œil, un jeu auquel le politique national est maitre, pour dissuader la communauté internationale et la « *prendre dans son propre piège* »[1]. La démocratie s'en trouve donc capturée[2] et l'État de droit, une illusion politique. Ce dernier « *érigé à la hauteur d'un véritable dogme placé dans la pénombre protectrice du champ juridique… revêt à l'heure actuelle, les caractères d'un mythe charriant un ensemble d'images, de représentations, qui expliquent la profonde résonnance qu'il suscite et le rêve qu'il véhicule* »[3]. Les libertés apparemment consacrées, sont prises dans l'étau de l'autoritarisme. L'instrument majeur de cette démagogie juridique, c'est le droit, devenu « *le discours du pouvoir* », suivant la formule de Danièle Loschak[4]. L'objet de cette contribution est précisément de montrer comment le droit est par sa manipulation, mis à contribution dans la neutralisation de la démocratie et l'État de droit consacrés.

---

[1]L'avènement de la démocratie et de l'État de droit au Cameroun comme un peu partout en Afrique noire, est une prescription de la communauté internationale sous fond de conditionnalité d'aide au développement. Les dirigeants africains n'ont pas eu d'autres choix que de procéder aux réformes souhaitées. Mais avec une habileté déconcertante, ces réformes ne visent finalement qu'à satisfaire aux exigences de ladite communauté, sans effectivité. C'est pourquoi, il est permis de dire qu'elle est prise dans son propre jeu. En ce sens, KAMTO M., *Déchéance de la politique. Décrépitude morale et exigence éthique dans le gouvernement des normes en Afrique noire*, Yaoundé, Editions MANDARA, 1999, p. 66-67 ; MOUELLE KOMBI N., « entre mythe et réalité. Une réflexion sur l'État de droit en Afrique », *Janus, Revue camerounaise de droit et de science politique,* n°1, juin 2005, pp. 5-20.

[2]KAMTO M., *Déchéance de la politique. Décrépitude morale et exigence éthique dans le gouvernement des normes en Afrique noire*, op.cit., p. 67.

[3]KAMTO M., *L'urgence de la pensée. Réflexion sur une précondition du développement en Afrique*, Editions MANDARA, 1993, p. 99.

[4]Citée par ABA'A OYONO J. C., « L'insécurité juridique en matière constitutionnelle. Questionnement sélectif sur l'articulation et la pratique constitutionnelles au Cameroun », *in* Maurice Kamto, Stéphane Doumbe-Bille, Brusil Miranda Metou (dir.), *Regards sur le droit public en Afrique. Mélanges en l'honneur de Joseph Marie BipounWoum,* Paris, L'Harmattan, 2016, p. 35.

Les questions de démocratie mènent toujours à celles de libertés. L'origine de leur revendication se perd au fond des âges[1]. Que l'on parle de « droits publics, droits fondamentaux, libertés individuelles… », le vocabulaire est pluriel pour désigner la même réalité. Alimentant moults incertitudes, la notion de « libertés publiques », ne fait l'objet d'aucune définition légale. Comme le souligne Montesquieu, « *il n'y a point de mot qui ait reçu plus de différentes significations, et qui ait frappé les esprits de tant de manières, que celui de liberté* »[2]. Elle est dans les discours de doctrine, appréhendée comme des « *prérogatives reconnues aux individus et définies par la loi, prérogatives faisant l'objet d'un aménagement et d'une protection juridique particulièrement renforcée en raison de leur importance pour la liberté en général* »[3]. C'est en ce sens que le Professeur Gilles Lebreton les appréhende comme « *les pouvoirs d'autodétermination qui, visant à assurer l'autonomie de la personne humaine, sont reconnus par des normes à valeur au moins législative, et bénéficient d'un régime juridique de protection renforcée même à l'égard des pouvoirs publics* »[4]. Bien que connexes aux droits fondamentaux, les libertés publiques s'en distinguent par la source et la nature de leur protection. Cette protection est faite par le législateur et est de nature politique et juridique tandis que la protection des droits fondamentaux incombe au juge et donc, est de nature juridique et technique. Les droits fondamentaux sont en ce

---

[1]La naissance de la revendication des droits de l'homme n'est pas clairement connue. On la rattache généralement aux premières réflexions relatives au pouvoir. On pense notamment à la tragédie grecque de Sophocle, Antigone (441 av. J. C.), plaidant devant CREON pour le droit de désobéissance, invoquant contre la tyrannie des lois de la cité, « les lois non écrites des dieux ». Cela est précédé par d'autres évènements, comme la préoccupation de HAMMOURABI fondateur de BABYLONE, de « faire éclater la justice pour empêcher le puissant de faire tort au faible ». En ce sens, DONFACK SOKENG L., « Les incertitudes de la notion de ''libertés publiques'' », *Annales de la FSJP de l'Université de Dschang*, T. 1, vol. 2, PUA, 1997, p. 23 ; MOURGEON J., *Les droits de l'homme, « Que sais-je ? »*, Paris, PUF, 1990, p. 27. C'est par la suite, que le concept fait irruption dans la pensée occidentale, sous les écrits de John Locke. Pour une historicité des droits de l'homme, voir WALTER L. et BARRY R., *ANTHOLOGIE DES DROITS DE L'HOMME, trad. Thierry Piélat*, Paris, Nouveaux Horizons, 2002, 594p.

[2]MONTESQUIEU, *De l'Esprit des lois*, 1748, Livres IX à XIII, p. 44.

[3]DONFACK SOKENG L., « Les incertitudes de la notion de ''libertés publiques'' », op.cit., p. 24.

[4]LEBRETON G., *Libertés publiques et droits de l'homme*, Paris, Armand Colin, 6e éd., 2003, p. 15.

sens, des libertés publiques justiciables. Les libertés publiques se distinguent tout aussi des droits de l'homme, dont la définition n'est pas moins ambiguë. Ils s'entendent généralement des prérogatives inhérentes ou déduites de la nature humaine, que l'être humain bénéficie *es qualité*, dans ses relations avec les particuliers et les pouvoirs publics[1]. Les libertés publiques sont alors des droits de l'homme reconnus et protégés par des textes à valeur au moins législative[2]. Elles rendent compte du passage du jusnaturalisme caractérisant les droits de l'homme, au positivisme juridique à travers leur consécration formelle et l'encadrement de leur exercice[3]. La liberté est en ce sens, l'âme de la démocratie.

Cette dernière fait partie des notions dont le sens réel, se dilue dans son usage fréquent et contextuel. Elle alimente un débat inépuisable et il reste difficile de la définir avec précision. Comme l'a dit Alain, « *je connais un certain nombre de bons esprits qui essaient de définir la démocratie. J'y ai travaillé souvent sans arriver à dire autre chose que des pauvretés qui bien plus, ne résistent pas à une sévère critique* »[4]. C'est que la démocratie est un concept fuyant et relatif. Si l'on connait à peu près à quoi elle renvoie d'un point de vue politique et social, ses principes et ses règles, qui se veulent par ailleurs universels, il n'y a pas un modèle arrêté de démocratie. Il convient en réalité de parler des démocraties en ce sens que le concept, appliqué à une société, est contextualisé. Il est trop souvent nationalisé (démocratie chinoise, française, américaine, camerounaise) ou continentalisé (démocratie européenne, africaine…), voire provincialisé, culturalisé ou racialisé, pour justifier les ghettos de particularismes. La définition courante est celle proposée par Abraham LINCOLN pour qui, « *la démocratie, c'est le gouvernement du peuple par le peuple et pour le peuple* ». Le pouvoir est ainsi exercé par les gouvernés dans leur propre intérêt, soit par eux-mêmes et directement, soit par le biais des représentants qu'ils se sont

[1]DONFACK SOKENG L., « Les incertitudes de la notion de ''libertés publiques'' », op.cit., p. 26.

[2]Les droits et garanties fondamentaux du citoyen font notamment parties du domaine de la loi, au sens de l'article 26(1) de la constitution camerounaise du 18 janvier 1996.

[3]En ce sens, METOU B. M., « Vingt ans de contentieux des libertés publiques au Cameroun », *RASJP*, vol. 8, n°1, 2011, p. 269.

[4]Cité par HAURIOU A. et GICQUEL J. (avec la collaboration de Patrick Gélard), *Droit constitutionnel et Institutions politiques,* Paris, Montchrestien, 1988, p. 297, note n°1.

librement donnés. Mais cette démocratie axée sur l'individu et la diversité des opinions est classique.

On assiste à une mutation contemporaine des formes de démocratie, liée principalement à l'essor du constitutionnalisme donnant lieu à une « démocratie constitutionnelle », dans laquelle les représentants sont en permanence contrôlés par les citoyens et sanctionnés par les mouvements électoraux[1]. Cette dernière s'identifie aux principes majeurs de l'État de droit dont le pluralisme politique, la participation des citoyens au affaires publiques et la garantie des droits et libertés. C'est en ce sens que l'État de droit devient un élément constitutif de la démocratie, ou plutôt c'est la démocratie qui est un élément inhérent à l'État de droit comme l'affirme le *Document de la réunion de Copenhague de la Conférence sur la dimension humaine de la commission sur la Sécurité et la Coopération en Europe*[2]. Il y'a à tout le moins une interdépendance entre les concepts de droits de l'homme, démocratie et État de droit[3]. Cela n'est vrai que pour une conception évoluée de l'État de droit. La définition de ce concept est classiquement tachée de tautologie, d'ambiguïté, d'imprécision et de contradiction interne[4]. Sa conception originaire se distingue de sa définition actuelle.

A son origine qui remonte à la doctrine allemande du XIXe siècle, l'État de droit désigne prosaïquement le qualificatif d'un État soumis à un régime de droit : c'est le *Rechtsstaat*. Le droit est en ce sens le fondement, la limite et *la condition* de toute action des pouvoirs publics. Il définit tout aussi, les voies de recours juridictionnels dont disposent les individus contre les abus éventuels de la puissance publique. Cette conception formelle où prime le droit, est formulée en réaction contre l'État autoritaire, absolutiste, caractérisé par le pouvoir suprême et illimité (*Obrigkeitsstaat*), et l'État théocratique, reposant sur le règne de la foi[5]. Ce droit n'est pas seulement imposable aux individus, mais surtout à l'État même, qui doit se soumettre aux

---

[1]Voir en ce sens, BOUMAKANI B., « Démocratie, Droits de l'homme et État de droit », op.cit., p. 7 et Ss.

[2]Réunion du 29 juin 1990. Document disponible sur le site : www.osce.org/odihr/election/14304.

[3]Cette interdépendance a été réaffirmée par l'Assemblée Générale des Nations Unies dans sa résolution A/RES/63/128 sur l'État de droit aux niveau national et international.

[4]MOUELLE KOMBI N., « entre mythe et réalité. Une réflexion sur l'État de droit en Afrique », op.cit., p. 6.

[5]CHEVALIER J., *L'État de droit*, 5e éd., Paris, Montchrestien, 2010, Pp. 16-17.

normes qu'il édicte « *Patere legem quam fecisti, Patere regulam quam fecisti* »[1]. L'État se trouve donc tout aussi limité par le droit. C'est par cette *autolimitation*, qu'il se distingue de l'État de police (*Polizeistaat*), dans lequel l'administration n'est pas tenue par le droit. L'expression « État de droit » est donc la traduction en France de la théorie allemande du *Rechtsstaat*. Elle y a été vulgarisée au début du XXe siècle par des auteurs tels Léon Duguit[2], Maurice Hauriou[3] et Raymond Carré de Malberg[4]. Cette doctrine a ensuite été apprivoisée par Hans Kelsen. Ce dernier affirme l'absolue identité de l'État et du droit, constituant un seul et même ordre de contrainte, de même qu'il assimile les concepts « État de droit » et « ordre juridique ». Pour lui, « *dès lors qu'on reconnait l'État comme un ordre juridique, tout État, est un État de droit, et ce terme d'État de droit représente un pléonasme* »[5]. Il reconnait tout de même l'usage de l'expression, pour désigner « *un type d'État particulier, qui répond aux postulats de la démocratie et de la sécurité juridique* ». L'État de droit se conçoit alors comme un ordre juridique hiérarchisé et autonome, dans lequel chaque norme tire sa validité de sa conformité aux normes supérieures, dont la plus élevée est une norme hypothétique fondamentale, *supposée* et non *posée*, qualifiée par Kelsen de *Grundnorm*[6]. Cette conception formelle de l'État de droit ayant prévalu au XIXe siècle, a montré ses limites avec les régimes totalitaires et les dictatures contemporaines, légaux mais oppresseurs.

On a assisté alors au développement d'une conception nouvelle, matérielle et substantielle, qui englobe et dépasse l'État de droit formel, avec pour finalité, la garantie des droits fondamentaux. L'État de droit implique désormais un ensemble de principes et de valeurs juridiquement consacrés et assortis de mécanismes de garantie correspondants. Il renvoie précisément à la démocratie et aux droits de l'homme. La hiérarchie des normes devient elle-même une des

---

[1]« Respecte la loi que tu as édicté (législateur), respecte le règlement que tu as édicté (administration) ».
[2]DUGUIT L., *Traité de droit constitutionnel*, 3e éd., 5 vol., Paris, Fontemoing, 1927-1930.
[3]HAURIOU M., *Précis de droit constitutionnel*, 2e éd., Paris, Sirey, 1929.
[4]CARRE DE MALBERG R., *Contribution à la théorie générale de l'État*, 2 tomes, Paris, Sirey, 1920-1922.
[5]KELSEN H., *Théorie pure du droit*, 1934, Trad. De la 2e : Dalloz, 1962, p. 411.
[6]La conséquence du fait qu'elle soit une norme hypothétique, est que sa validité ne peut être déduite d'une norme supérieure, et le fondement de cette validité ne peut en outre être questionné. KELSEN H., *Théorie pure du droit*, op.cit., p. 257.

composantes de l'État de droit substantiel[1]. Ce dernier est principalement qualitatif. Comme le souligne Jacques Chevalier, « *l'État de droit ne peut pas être l'État de n'importe quel droit* ». La loi à laquelle tous et chacun sont soumis, y compris l'État lui-même, ne peut être oppressive[2]. Elle doit intégrer les impératifs de sécurité juridique, ainsi que la reconnaissance et la garantie des droits fondamentaux[3]. Mais il ne suffit pas seulement que ces droits soient consacrés, ils doivent pouvoir être effectifs. Il ne suffit pas non plus que les mécanismes de garantie et contrôle de ces droits existent, ils doivent être efficaces pour permettre la réalisation desdits droits. A défaut, il y a neutralisation. Lorsque celle-ci est le fait du droit même, par sa technique ou sa politisation, on parle de « neutralisation légistique ».

La neutralisation, c'est l'action de neutraliser, donc rendre neutre, inefficace, empêcher d'agir, tuer[4]. Ces mots et qualificatifs décrivent la situation d'un État de droit dans lequel on ne peut valablement jouir des droits fondamentaux consacrés et que les mécanismes de garantie de ceux-ci sont privés d'efficacité. C'est très souvent le droit qui est mis à contribution pour réaliser une telle annihilation, la neutralisation du droit par le droit. Elle est œuvre de légistique. Cette dernière est à la base quelque chose de positif, puisqu'elle émerge en réaction au déclin de l'œuvre législative[5]. C'est donc l'art de faire la loi[1]. Si le

[1]CHEVALIER J., *L'État de droit*, op.cit., p. 95.
[2]KAMTO M., *Droit international de la gouvernance*, Paris, Pedone, 2013, p. 67.
[3]CHEVALIER J., *L'État de droit*, op.cit., p. 96.
[4]*Dictionnaire de Français Larousse*, 2007, p. 285.
[5]Les critiques de la loi et du processus législatif, sont aussi vieilles que les réflexions, pour développer une science législative. Tant de maux ont été trouvés à la loi, qui autrefois était idéalisée. Le législateur était décrit comme objectif et rationnel, ce qui permettait d'assoir l'autorité de la loi et légitimer les décisions judiciaires et administratives, indispensables à la cohérence du fonctionnement de l'État de droit (cf. LENOBLE L., OST F., *Droit, mythe, raison. Essai sur la dérive mythologique de la rationalité juridique,* Bruxelles, 1980, p. 161). La loi était perçue comme « la raison humaine » (Montesquieu), « un acte de sagesse, de justice et de raison » (Portalis). Cf. LENOBLE L., OST F., *Droit, mythe, raison. Essai sur la dérive mythologique de la rationalité juridique, op.cit., p. 155.* On a ensuite, sans doute avec l'essor des régimes totalitaires, reproché à la loi d'être injuste, anachronique, inefficace, nuisible, de mauvaise qualité, trop complexe, émotionnelle et fragile. C'est pourquoi estime Herbert Hart, les lois sont drapées du « voile du mystère » qui « masque leurs nature et effets véritables, suscite perplexité et timidité chez celui qui aspirerait à les réformer, et prolonge ainsi la vie d'institutions néfaste ». (HART H. L. A., « La démystification du droit », cité par Ost/van de Kerchove (dir.), *Actualité de la pensée de Jérémy Bentham*, Bruxelles, 1987, p. 89).

concept est récent, l'idée est bien ancienne[2]. Elle traduit « *une démarche méthodique de conception législative visant à assurer à la loi, un impact optimal contribuant à résoudre au mieux le problème de société de manière pertinente, efficace et juste par une analyse objective du problème, une conception stratégique de ses instruments, une rédaction claire de son texte et un processus d'apprentissage à l'épreuve de la mise en œuvre* »[3]. Elle se subdivise en deux dimensions que sont la légistique matérielle et la légistique formelle. La première éclaire le législateur sur les meilleures solutions législatives à un problème de société, c'est la substance de la norme. La seconde, encore appelée technique législative, permet de « *transcrire l'option législative retenue en un texte clair, qui repose sur des principes destinés à favoriser la communication optimale du message normatif* »[4]. C'est l'expression de la substance de la norme.

La source de cette imperfection a été recherchée auprès de l'auteur de la loi, le législateur, désormais décrit comme irrationnel et attaqué dans le mythe de son excellence, ainsi que les électeurs jugés irrationnels (cf. THOLOZAN O., « L'excellence de la loi dans la pensée juridique et politique française depuis le XVIIIe siècle », *in*Fatin-Rouge/Gay/Pini (dir.), *Autour de la qualité des normes*, Bruxelles, 2010, p. 56 Ss. La rationalité législative était dès lors soumis à un défi d'idéalisation. Laquelle perfection relève sans doute de l'ordre de la divination, car « élaborer des lois est une chose grande, importante et délicate, et sans l'esprit de Dieu, on ne fait rien de bon ». Cf. LUTHER M., *Lettre à Philippe de Hesse,* 1527, cité par CARBONNIER J., *Essais sur les lois*, 2e éd., Paris, 1995, p. 298. Pour Jean-Jacques Rousseau, « il faudrait des dieux pour donner des lois aux hommes » (ROUSSEAU J. J., (1762), livre II, chapitre VII), ce que ne sont pas ni les législateurs, ni les électeurs. Ces derniers sont des hommes avec leurs imperfections, passions et émotions, qui en tant que tels ne peuvent pas apprécier les faiblesses de notre nature pour les transcender. La légistique s'est alors imposée comme la solution à ce besoin de lois bonnes et justes dans leurs formes et substances, non pas qu'elles soient parfaites, mais simplement moins mauvaises avec un degré minimum d'équivoque et d'ambigüité.

[1]DOMINIQUE R., *Légistique. L'art de faire les lois*, Paris, Romillat, 1994, p. 10.

[2]Nombreux sont les auteurs qui, du Siècle des Lumières au XXe siècle, ont appelé à l'avènement d'une science législative. C'est notamment le cas de Platon qui suggérait de confier aux gardiens des lois, la mission de leur amélioration progressive. On peut également citer les auteurs tels Cicéron, Montesquieu, Francis Bacon, Jeremy Bentham. Pour une référence à leurs œuvres, voir DOMINIQUE R., *Légistique. L'art de faire les lois*, op.cit., p. 12 ; FLÜCKIGER A., *Re(faire) la loi : traité de légistique à l'ère du droit souple*, Berne, Stampfli, 2019, p. 31 et Ss.

[3]FLÜCKIGER A., *Re(faire) la loi : traité de légistique à l'ère du droit souple*, op.cit., p. 33.

[4]MORAND Ch. A., *Le droit néo-moderne des politiques publiques*, Paris, 1999, p. 19.

Ces deux aspects de la légistique, jouent un rôle primordial dans la consolidation de l'État de droit, en veillant sur la qualité du contenu et du contenant de la norme. La légistique peut aussi être utilisée aux fins de neutralisation de l'État de droit, par la manipulation juridique des émotions du peuple. C'est cette perspective que se propose d'explorer la présente contribution dans le contexte camerounais, pour comprendre comment la démocratie et l'État de droit juridiquement consacrés et encadrés ne sont pas pleinement effectifs dans la vie politique, civile, économique et sociale des camerounais. Plus précisément, comment le droit est-il instrumentalisé dans la perpétuation d'un régime autoritaire au sein d'un État de droit et démocratique ?

Un tel questionnement a un double intérêt, à la fois théorique et pratique. Il permet sur le premier point, de s'interroger quant à une possible reconsidération des déterminants d'un État de droit, axée sur l'effectivité matérielle au-delà des consécrations formelles. En l'état actuel des caractéristiques définitionnelles de l'État de droit et de la démocratie, la pratique renseigne sur le fonctionnement légal, mais illégitime et oppresseur d'États, remplissant pourtant les critères formels d'un État de droit. Sur le plan pratique, l'étude entend lever le pan de voile sur les subtilités oppressives des rédactions législatives, nécessaire à l'éveil des citoyens et la rationalité des électeurs. Elle permettra aussi de vérifier même partiellement, si cette démagogie juridique et politique est à l'origine des crises sécuritaire et sociopolitique au Cameroun, ou participe de leur continuité.

Au Cameroun formellement État de droit, les indicatifs juridiques et matériels d'un régime autoritaire sont abondants, comme si la démocratisation exaltée et durement acquise, s'était évaporée. Comme le souligne le professeur Théodore Holo, « *les belles architectures et constructions érigées pour le rayonnement de la démocratie en 1990 sont progressivement laissées à l'abandon, quand elles ne sont pas purement et simplement saccagées. Elles sont devenues dans le meilleur des cas un musée de contemplation des valeurs démocratiques, car les réformes initiées dans la dernière décennie du XXème siècle n'ont souvent eu que des effets formels* »[1]. Dans ce déphasage entre le droit et la réalité, la faute est au droit. L'hypothèse de la présente étude est que la rédaction des textes de lois au

[1]HOLO T., « Démocratie revitalisée ou démocratie émasculée ? Les constitutions du renouveau démocratique dans les États de l'espace francophone africain : régimes juridiques et systèmes politiques », *R.B.S.J.A.*, N°16, 2006, p. 31.

Cameroun, exprime une politique juridique au service d'un système gouvernemental, politiquement intelligent et en réalité, peu favorable à la pleine expression de la démocratie et l'épanouissement de l'État de droit. Cette affirmation n'a toutefois de pertinence, que par sa démonstration, qui doit reposer sur une méthode claire, car dans une recherche scientifique, « *la conclusion importe moins que la démonstration [...] et la démonstration ne peut être exposée que grâce à une approche qui se justifie toujours a posteriori* »[1]. La réponse à la question posée exige principalement, une exégèse des textes qui encadrent la démocratie et l'État de droit au Cameroun, afin d'en relever les manquements. Il faut surtout accorder un intérêt considérable à la pratique, qui seule, permet d'éprouver les normes et révèle l'effectivité relative des principes et garanties consacrés. Cela d'autant plus que l'étude est principalement axée sur la Constitution, assez énonciative et théorique, parfois en déphasage avec la pratique politique, plutôt décisive. La pratique permet alors d'observer la dynamique de la Constitution, lorsque « la vie politique s'empare de celle-ci »[2]. C'est en cela que la casuistique sera mise à contribution. Il faut ajouter à cette démarche juridique, les recettes de sociologie pour comprendre les considérations politiques et de faits qui entourent l'édiction des normes, ainsi que les conséquences socio-politiques de leur application. C'est peut-être ainsi qu'on pourra déceler dans la neutralisation par le droit, de la démocratie et l'État de droit au Cameroun, les causes de l'insécurité juridique et des crises multiples qui y perdurent. Elles traduisent une démocratie inachevée (II), conséquence de la consécration d'un régime autoritaire sous les apparences de l'État de droit (I).

I. La consécration (du droit) de la démocratie autoritaire

La démocratie est par essence libérale, à travers la souveraineté du peuple. L'idée de « *démocratie autoritaire* » est intuitivement paradoxale, pourtant c'est elle qui caractérise les régimes où le schéma traditionnel de la démocratie est inversé. Le contrôle constitutionnel du pouvoir n'est plus exercé par le peuple, mais c'est

---

[1]METOU B. M., « Existe-t-il une hiérarchie entre les normes constitutionnelles des États africains ? », disponible sur www.afrilex.u-bordeau4.fr, p. 3.
[2]GICQUEL J., « Essai sur la pratique de la Ve République, bilan d'un septennat », Paris, LGDJ, *coll. Bibliothèque constitutionnelle et de science politique,* 1977, p. 29.

le pouvoir établi qui contrôle le peuple par une manipulation des textes et institutions. Il s'en suit alors une restriction des libertés, corruption, emprise sur la justice et les médias, personnalisation du pouvoir, impunité, etc.[1]. Cela identifie sans difficulté, la majorité des pays d'Afrique noire francophone, dont le Cameroun, où le décor libéral coexiste avec les traditions d'autoritarisme[2]. Les textes et institutions sont au service d'un pouvoir autoritaire. On note principalement, l'hypertrophie du pouvoir exécutif et la faiblesse des contre-pouvoirs censés garantir et protéger les droits fondamentaux, le monopartisme factuel au-delà du multipartisme, la personnalisation du pouvoir, la corruption, népotisme, la promotion de l'impunité, des lois inconstitutionnelles et liberticides, qui sapent les bases de l'État de droit. Ce dernier est alors réduit à « *une parabole démagogique à usage externe, un masque de survalorisation du pouvoir étatique* »[3]. En peu de mots, on assiste au Cameroun d'une part à une sous valorisation du droit, qui perd de sa substance au profit de la perpétuation du régime en place (A) et d'autre part, à une survalorisation du pouvoir politique (B). Or l'État de droit se meurt, chaque fois que le pouvoir prend le pas sur le droit, censé discipliner les émotions politiques.

A. L'impotence du droit

A l'analyse, le droit au Cameroun n'est pas toujours à la faveur de la démocratie et de l'État de droit. Sa rédaction, son contenu et son interprétation, recèlent de nombreux vices qui concourent à son ineffectivité. Certains textes sont expressément ou implicitement liberticides, y compris la Constitution censée être le centre nerveux autour duquel gravite l'ensemble des paramètres de la démocratie[4] (1).

---

[1]JAUME L., « L'idée de démocratie autoritaire », *in Les doctrines autoritaires et totalitaires du droit constitutionnel, Jus Politicum – Revue de droit politique*, n°25, Janvier 2021, pp. 9 – 15, spéc. p. 9.

[2]SINDJOUN L., « Dynamiques de Civilisation de l'État et Production du Politique Baroque en Afrique noire », *VerfassungundRecht in bersee*, vol. 27, n°2, 1994, pp. 191-230, spéc. p. 195.

[3]MOUELLE KOMBI N., « entre mythe et réalité. Une réflexion sur l'État de droit en Afrique », op.cit., p. 16.

[4]MANANGOU V. R., « Contre-pouvoirs, tiers pouvoirs et démocratie en Afrique », *AFDC*, Congrès de Lyon, 2014, Atelier D, *Constitution, pouvoirs et contre-pouvoirs*, p. 1. Disponible sur www.pdf4pro.com>cnd>...pdf

D'autres sont rédigés d'une manière peu claire, ambiguë et parfois contradictoire, rendant l'application difficile. Cette ambigüité est tout aussi entretenue par la procédure d'édiction ou d'adoption de certains textes plaçant les citoyens, même les plus attentifs, dans une incertitude ou une confusion quant à l'applicabilité des droits, principes et institutions qui en découlent (2). D'autres textes encore sont élaborés d'une manière presque contradictoire, qui neutralise l'effectivité et l'efficacité des droits et institutions qu'ils consacrent au profit de l'expression de la démocratie. En conséquence, le droit existe en théorie, mais est rendu inerte de sorte que l'État de droit consacré, n'est pas « concrétisé dans le vécu politique »[1] (3). Ces différentes hypothèses ne sont pas celles d'une mauvaise rédaction législative innocente. Elles sont faites à dessein, à des fins politiques, avec pour conséquence, la relativisation des principes et institutions démocratiques.

1. Le droit liberticide

Aujourd'hui encore, le fondement rationnel de l'autorité de la loi reste incertain. Il est traditionnellement trouvé dans le mythe de l'objectivité du législateur et la présomption de la loi juste. La loi était alors perçue comme « *un ordre rationnel ayant pour but le bien commun* »[2]. Mais cette perception a été très tôt dépassée au profit d'une vérification du caractère effectivement juste de la loi. C'est en ce sens que Montesquieu dira qu' « *une chose n'est pas juste parce qu'elle est loi [...] mais elle doit être loi parce qu'elle est juste* »[3]. Bien qu'on admette qu'il puisse exister des lois injustes, on les conçoit mal dans un État de droit substantiel, reposant sur la qualité de la loi qui ne peut être oppressive[4]. C'est pourtant une lapalissade qu'au Cameroun, certaines lois sont liberticides, donc nocives aux libertés et aux principes démocratiques.

C'est tout d'abord le cas du texte constitutionnel même, auquel revient pourtant le soin d' « *aménager la démocratie », en tant qu'elle*

[1]MOUELLE KOMBI N., « entre mythe et réalité. Une réflexion sur l'État de droit en Afrique », op.cit., p. 16.
[2]SAINT THOMAS D'AQUIN, cité par FLÜCKIGER A., *Re(faire) la loi : traité de légistique à l'ère du droit souple*, op.cit., p. 3.
[3]MONTESQUIEU (1689 – 1755), *Pensées,* n°460.
[4]KAMTO M., *Droit international de la gouvernance*, op.cit., p. 67.

est *« l'acte suprême de l'État consignant les règles constitutionnelles au sens matériel »*[1]. Il remet en cause le principe électif, par la limitation de la liberté électorale ou de candidature, notamment à l'élection aux fonctions de Président de la République[2]. Seuls peuvent être candidats à l'élection présidentielle, les « citoyens camerounais d'origine »[3]. Sont donc exclus de la course, les citoyens, titulaires d'une nationalité camerounaise acquise. Une telle limitation peut également être relevée dans le cadre de la démocratie locale et notamment, l'élection à la présidence du Conseil régional. Sont seules éligibles, les personnalités autochtones de la région[4]. La Constitution camerounaise affirme paradoxalement, l'égalité de tous les citoyens, sans reconnaitre ainsi cette égalité dans l'éligibilité aux fonctions électives. Le droit à l'éligibilité et plus généralement de participation à la gestion des affaires publiques est pourtant un droit reconnu du citoyen par les conventions internationales auxquelles le Cameroun affirme son attachement[5]. Ce droit d'éligibilité aux fonctions électives

---

[1]GUIMDO B. R., « Constitution et démocratie dans les États francophones d'Afrique », *in La Constitution, Acte du séminaire scientifique tenu à Niamey du 24 au 26 octobre 2018*, Sénégal, L'Harmattan, 2018, pp. 159 – 194, spéc., p. 163.

[2]On reconnait toutefois l'objectivité des limitations essentielles, de fond et de forme, n'ayant pas pour but de fausser le jeu démocratique. En ce sens Fall M., *Le pouvoir exécutif dans le constitutionnalisme des États d'Afrique*, L'Harmattan, Paris, 2008, p. 51.

[3]Cf. article 6 (5) de la loi constitutionnelle du 18 janvier 1996.

[4]Cf. article 57 (3) de la loi constitutionnelle du 18 janvier 1996, aux termes duquel « Le Conseil régional est présidé par une personnalité autochtone … ». Aucune clarification n'est cependant apportée sur le sens de l'expression « personnalité autochtone ». Désigne-t-on par-là, les personnes originaires de cette localité, indépendamment de leur lieu de naissance et de vie effective, ou les personnes cumulant une durée de vie et d'activité considérable dans ladite localité ?

[5]On mentionnera notamment, l'article 21 de la Déclaration universelle des droits de l'homme qui prévoit en ses paragraphes 1 et 2 que : « 1. Toute personne a le droit de prendre part à la direction des affaires de son pays, soit directement, soit par l'intermédiaire de représentants librement choisis. 2. Toute personne a droit à accéder, dans des conditions d'égalité, aux fonctions publiques de son pays ». De même, l'article 25 du Pacte international relatif aux droits civils et politiques de 1966 dispose : « Tout citoyen a le droit et la possibilité, sans aucune des discriminations visées à l'article 2 et sans restrictions déraisonnables : a) de prendre part à la direction des affaires publiques, soit directement, soit par l'intermédiaire de représentants librement choisis ; b) de voter et d'être élu, au cours d'élections périodiques, honnêtes, au suffrage universel et égal et au scrutin secret, assurant l'expression libre de la volonté des électeurs ; c) d'accéder dans des conditions générales d'égalité, aux fonctions publiques de son pays ». Il faut ajouter, que le Principe 7 de la Charte africaine de la démocratie, des élections et de la

est également compromis par la nomination de certains membres de la chambre haute du parlement, dont les sénateurs, dépositaires de l'autorité de l'État. Sur les 100 sénateurs que compte le sénat, trente (30) sont nommés par le Président de la République, à raison de trois (03) par région[1].

Comme corollaire de l'égalité, la Constitution camerounaise promeut également la non-discrimination fondée sur « *les origines, les opinions ou les croyances…* »[2]. En outre, « l'État assure la protection des minorités… »[3]. Certains estiment que cette minorité peut être sexuelle, faisant ainsi allusion à l'homosexualité, par ailleurs contraire à l'ordre public, valeurs et bonnes mœurs camerounais. Il y aurait donc là une contradiction oppressive d'une liberté constitutionnelle. La consécration de l'égalité et la discrimination simultanée dans les prérogatives individuelles, participe en cela d'une insécurité juridique, une « égalité discriminée »[4].

Les motifs de restriction constitutionnelle des libertés consacrées, sont « *l'ordre public et les bonnes mœurs* » et « *l'intérêt supérieur de l'État* »[5]. Ces concepts parfois assimilés[6], ne font l'objet d'aucune définition et sont potentiellement liberticides, en ce sens qu'en leur nom, toute liberté peut être restreinte[7]. Cela s'applique principalement aux libertés de mouvement, de manifestation publique, d'association

---

gouvernance ratifiée par le Cameroun, prescrit la « participation effective des citoyens aux processus démocratiques ».

[1]Cf. article 20 (2) de la loi constitutionnelle du 18 janvier 1996.

[2]Cf. Préambule de la loi constitutionnelle du 18 janvier 1996.

[3]*Idem.*

[4]ABA'A OYONO J. C., « L'insécurité juridique en matière constitutionnelle. Questionnement sélectif sur l'articulation et la pratique constitutionnelles au Cameroun », op.cit., p. 39 et Ss. ; NNANGA S. H., « La protection des minorités : principe constitutionnel de perfectionnement du principe d'égalité ou consécration de la dictature des minorités ? », Revue africaine des droits de l'homme, vol. 9, n°2, 2000, p. 14 et Ss.

[5]Aux termes de la loi constitutionnelle du 18 janvier 1996, « Nul ne peut être inquiété en raison de ses origines, de ses opinions ou croyances en matière religieuse, philosophique ou politique sous réserve du respect de l'ordre public et des bonnes mœurs » ; « La liberté et la sécurité sont garanties à chaque individu dans le respect des droits d'autrui et de l'intérêt supérieur de l'État » ; « Tout homme a le droit de se fixer en tout lieu et de se déplacer librement, sous réserve des prescriptions légales relatives à l'ordre, à la sécurité et à la tranquillité publics ».

[6]METOU B. M., « Vingt ans de contentieux des libertés publiques au Cameroun », op.cit., p. 276.

[7]KAMTO M., « Actes de gouvernement et droits de l'homme », *Cahier Africain des droits de l'homme*, n°4, juillet 2000, p. 135 et Ss.

et d'opinion. Dans la pratique administrative du texte constitutionnel, ces motifs constituent de véritables écueils à l'exercice des libertés constitutionnelles, à des fins davantage politiques. Au nom de l'ordre public, certaines personnes sont interdites de libre déplacement. On se souvient ainsi de l'assignation en résidence surveillée de Monsieur Maurice Kamto, président national du Mouvement pour la Renaissance du Cameroun (MRC), du 21 septembre[1] au 8 décembre 2020. On citera également les nombreuses interdictions de réunions et manifestations publiques, même pacifiques de partis politiques d'opposition et notamment du MRC, successivement en contestation de la réélection du candidat du Rassemblement Démocratique du Peuple Camerounais (RDPC), M. Paul Biya, à la suite des élections présidentielles du 07 octobre 2018 ; en appel à la résolution définitive de la crise anglophone ; en manifestation suite au retrait de l'organisation de la Coupe d'Afrique des Nations (CAN) 2019 au Cameroun ; pour la réforme consensuelle du code électoral, etc. L'ordre public devient ainsi un instrument à la faveur des objectifs politiques du gouvernement, qui inhibe la liberté consacrée par la Constitution. Il est désormais la règle et la liberté l'exception, dont la mise en œuvre dépend de l'humeur et de l'appréciation personnelle de l'autorité administrative[2]. L'ordre public et la sécurité nationale deviennent ainsi des prétextes de *maccarthysme politique*[3]. Est liberticide, la Constitution qui consacre une liberté et la limite d'un ordre public administrativement appréciable.

À côté de la Constitution, il y a des lois inconstitutionnelles et liberticides qui reprennent ce prétexte limitatif d'ordre public. C'est le cas de la loi n°90/055 du 19 décembre 1990 fixant le régime des

---

[1]Veille des marches blanches initiées par M. KAMTO en coordination avec des alliés politiques et prévues pour le 22 septembre 2020.

[2]En ce sens ABA'A OYONO J. C., « L'insécurité juridique en matière constitutionnelle. Questionnement sélectif sur l'articulation et la pratique constitutionnelles au Cameroun », op.cit., p. 43 et Ss. ; METOU B. M., « Vingt ans de contentieux des libertés publiques au Cameroun », op.cit., p. 276.

[3]On entend par là, l'usage politique du Maccarthysme. De McCarthy (1908-1957), sénateur républicain aux États-Unis d'Amérique, le « maccarthysme » s'entend de la politique anticommuniste mise en place aux États-Unis par Joseph McCarthy au début des années 1950, encore appelée « Chasse aux sorcières » ou « Peur rouge ». Le maccarthysme désigne par extension, toute politique qui, sous le motif de défendre la sécurité nationale, consiste à restreindre l'expression d'opinions politiques ou sociales considérées comme dangereuses ou subversives, en limitant les droits civiques. Cf. maccarthysme-Wikipédia (http://fr.m.wikipedia.org).

réunions et manifestations publiques. Le principe en la matière est celui de la liberté, sous réserve de déclaration préalable[1]. Toutefois, s'agissant spécifiquement des manifestations publiques, le chef de district ou le sous-préfet qui reçoit la déclaration peut s'il estime que la manifestation est de nature à troubler gravement l'ordre public, l'interdire par arrêté[2]. Rien ne décrit cependant les indicatifs ou caractères d'une manifestation nuisible à l'ordre public. Ce qui prévaut c'est « l'estimation » de l'autorité administrative, son bon vouloir. Son appréciation devient souveraine et conditionnelle à l'exercice d'une liberté constitutionnellement consacrée. Il n'est donc plus libre de manifester. En réalité et malgré le principe de la déclaration préalable consacré, on est en plein dans un système d'autorisation préalable à manifestation. Il en va de même pour les autres libertés. Ainsi, toute association (émanation de la liberté d'association), peut être suspendue ou dissoute par le Ministre chargé de l'administration territoriale, lorsque ses activités portent atteinte à l'ordre public[3]. C'est suivant les mêmes termes que ledit Ministre peut suspendre ou dissoudre tout parti politique responsable de troubles graves à l'ordre public[4]. De même, un organe de presse (liberté d'expression et d'opinion), peut être saisi ou interdit par l'autorité administrative territorialement compétente[5], et les locaux des organes de communication sociale perquisitionnés[6], en cas d'atteinte à l'ordre public et aux bonnes mœurs.

Sont également liberticides, les lois qui prévoient la peine de mort en répression de certaines infractions. Pourtant la Constitution camerounaise reconnait le droit à la vie, à l'intégrité physique et morale de toute personne et interdit la soumission à des actes de « *torture, à des peines ou traitements cruels, inhumains ou*

---

[1]Cf. Pour les réunions publiques (article 3) et pour les manifestations publiques (article 6) de la loi n°90/055 du 19 décembre 1990 fixant le régime des réunions et manifestations publiques.

[2]Cf. article 8(2) de la loi n°90/055 du 19 décembre 1990 fixant le régime des réunions et manifestations publiques.

[3]Cf. article 13 (1 et 2), de la loi n°90/053 du 19 décembre 1990 portant sur la liberté d'association.

[4]Cf. article 17 (1) et 18 (1) de la loi n°90/056 du 19 décembre 1990 portant sur la création des partis politiques.

[5]Cf. article 17 (1) de la loi n°90/052 du 19 décembre 1990 sur la communication sociale au Cameroun.

[6]*Ibid.,* article 51(1).

dégradants »[1]. Certaines infractions demeurent punies de la peine de mort notamment dans le Code pénal camerounais du 12 juillet 2016[2], le Code de justice militaire du 12 juillet 2017[3] et la loi n°2014/028 du 23 décembre 2014, portant répression des actes de terrorisme[4]. Cette dernière est doublement liberticide en ce sens qu'elle prévoit en plus, une définition évasive et englobante de la notion de « terrorisme », restreignant l'exercice de certaines libertés, sous peine de qualification d'actes de terrorisme[5].

---

[1]Cf. Préambule de la loi constitutionnelle du 18 janvier 1996.

[2]Sont punis de la peine de mort les crimes politiques dont l'hostilité contre la patrie (art. 102), trahison et espionnage, incitation à l'hostilité contre la patrie, livraison de matériel ou d'un secret de défense nationale à une puissance étrangère, détérioration de constructions, installations ou matériels en vue de nuire à la défense nationale (art. 103), atteinte à l'intégrité du territoire en temps de guerre, état d'urgence ou d'exception (art. 111), excitation à la guerre civile (art. 112), et autres crimes de droit commun dont le pillage en bande en temps de guerre (art. 236), assassinat (art. 276), violences sur ascendants (art. 351), et enlèvement de mineurs dont il en résulte la mort de la victime (art. 354. Al.2).

[3]Sont passibles de la peine capitale les militaires camerounais au service du Cameroun reconnus coupables de : trahison (art. 61), intelligence avec l'ennemi (art. 62) et espionnage (art. 63).

[4]Au sens de cette loi, sont punies de la peine de mort, les personnes reconnues coupables, complices ou co-autrices d'actes de terrorisme (article 2), financement des actes de terrorisme (article 3), blanchiment des produits des actes de terrorisme (article 4), recrutement et formation des personnes en vue de leur participation aux actes de terrorisme quel que soit le lieu de commission (article 5).

[5]L'article 2 de cette loi donne à la notion « d'actes de terrorisme », la définition suivante : « (1) Est puni de la peine de mort, celui qui, à titre personnel, en complicité ou en coaction, commet tout acte ou menace susceptible de causer la mort, de mettre en danger l'intégrité physique, d'occasionner des dommages corporels ou matériels, des dommages de ressources naturelles, à l'environnement ou au patrimoine culturel dans l'intention :

1. a) d'intimider la population, de provoquer une situation de terreur ou de contraindre la victime, le gouvernement et/ou une organisation nationale ou internationale, à accomplir ou à s'abstenir d'accomplir un acte quelconque, à adopter ou à renoncer à une position particulière ou à agir selon certains principes ;
2. b) de perturber le fonctionnement normal des services publics, la prestation de services essentiels aux populations ou de créer une situation de crise au sein des populations ;
3. c) de créer une insurrection générale dans le pays. » En ce sens, EDIMO F., « L'incrimination du terrorisme dans le droit pénal camerounais », *Juridical Tribune*, 6(1), 2016, pp. 164-174 ; BERTOLD B., « « L'ennemi est parmi nous ». Les usages politiques de la loi antiterroriste au Cameroun », *Journal des anthropologues*, 2018, pp. 85-107, disponible sur http://journals.openedition.org.

Lorsque le droit n'est pas expressément restrictif des droits et libertés démocratiques, il est ambigu, peu clair et donc difficilement applicable. La conséquence est la même, l'inopérabilité des droits et libertés consacrés.

2. Le droit ambigu

L'une des caractéristiques d'une bonne loi, c'est sa clarté et sa précision. L'idéal légistique étant que *le texte de la norme, qui n'est pas la norme mais son contenant*[1], ait un sens clair, univoque et une seule signification. Cela permet de lire facilement la norme concrète, sans besoin d'interprétation, car, dit Portalis, « *quand la loi est claire, il faut la suivre* »[2]. Il faut donc au mieux, « tout simplifier en prévoyant tout ». Mais cet idéal n'est pas absolu puisque difficilement atteignable, pour la simple raison que les lois sont statiques et les hommes dynamiques[3]. Toutefois, le maximum de clarté et le minimum d'univocité participent de la légalité et la sécurité juridique nécessaires à l'État de droit. C'est le sens des propos de Kelsen suivant lesquels « […] à l'autorité qui crée le droit, combien son œuvre est loin de satisfaire au postulat de technique juridique de formuler des normes de droit qui soient le plus univoques possible, ou tout au moins de les formuler de façon que les équivoques ou ambigüités inévitables soient réduites à un minimum, et c'est là ce qui assurera réellement le plus haut degré de sécurité juridique »[4]. Si l'exigence de clarté n'est pas directement un principe de l'État de droit, elle l'est accessoirement puisqu'elle conditionne la mise en œuvre des droits, principes et valeurs qui le sous-tendent. Cette clarté doit être tant normative (texte précis, concret et intelligible) que linguistique (linguistiquement compréhensible). Le droit camerounais offre particulièrement des exemples de dispositions claires et compréhensibles linguistiquement, mais normativement imprécises. Ce n'est pas une lacune banale mais souhaitée, qui profite au

---

[1]En ce sens MÜLLER F., *Discours de la méthode juridique*, Paris, PUF, 1996, p. 168 et Ss. ; MOOR P., *Pour une théorie micropolitique du droit*, Paris, PUF, 2005, p. 64 et Ss.

[2]PORTALIS J. E., « Discours préliminaire du premier projet de Code civil (1801) », *in : Motifs et discours prononcés lors de la publication du Code civil, par les divers orateurs du Conseil d'État et du Tribunat*, Paris, 1841.

[3]*Idem.*

[4]KELSEN H., *Théorie pure du droit, op.cit.*, p. 463.

politique. On estime en effet que plus le texte est ambigu, plus il est politiquement correct et acceptable. Il en va surtout de la Constitution, représentant un ensemble de compromis politiques et d'opinions diverses, voire contradictoires, que Pierre Avril qualifie d' « arrière-pensées contradictoires » et selon la formule de Carl Schmitt, une œuvre de « compromis dilatoires »[1].

C'est d'abord le cas sur le plan formel, de ce qu'on a qualifié de « constitutionnalisme rédhibitoire », lorsque « *certaines dispositions d'une loi fondamentale réduisent à néant d'autres dispositions explicitement ou implicitement* »[2]. On s'en trouve alors avec une (ou deux ?) Constitution(s) en vigueur, dont certaines dispositions sont appliquées à titre transitoire et d'autres, des proclamations. Il y a une Constitution ancienne, mais en vigueur et une nouvelle Constitution, « virtuelle »[3]. Il a été difficile dès janvier 1996, de dire avec précision, si le Cameroun avait une ou deux Constitutions. La loi constitutionnelle du 18 janvier 1996, a opéré une révision de la Constitution du 02 juin 1972. Seulement, les institutions abrogées sont provisoirement maintenues en vigueur d'une part et d'autre part, la mise en place des institutions créées est dite « progressive », sans délai précis[4]. Mais cela n'implique pas l'existence de deux Constitutions, incompatible avec l'idée même de norme fondamentale. Une seule Constitution était applicable avec « *pour partie, des dispositions immédiatement opératoires et pour partie, des dispositions dont l'application est différée dans le temps, le temps de l'adoption de dispositifs nécessaires à cette fin avec, en attendant, un mécanisme de transition institutionnelle organisé par l'article 67 et un mécanisme de transition normative organisé par l'article 68 de la Constitution* »[5]. Si l'idée d'unité de la Constitution et de la continuité voulue non-contradictoire de l'ordre juridique est soutenable[6], cette

---

[1]AVRIL P., « Enchantement et désenchantement constitutionnels sous la Ve République », *Pouvoirs,* n° 126, 2008, p. 8.

[2]OWONA J., « L'essor du constitutionnalisme rédhibitoire en Afrique noire. Étude de quelques "Constitutions Janus" », *Mélanges P. F. Gonidec*, Paris, LGDJ, 1985, p. 235.

[3]OLINGA A. D., *La Constitution de la République du Cameroun,* Terre africaine, *Presses de l'UCAC*, 2006, p.24.

[4]ONDOUA M., « La Constitution duale : recherches sur les dispositions constitutionnelles transitoires au Cameroun », *Revue africaine des Sciences juridiques*, Université de Yaoundé II, vol. 1, n° 2, 2000, pp. 20-56, spéc. p. 21.

[5]OLINGA A. D., *La Constitution de la République du Cameroun,* op.cit.,pp. 24-25.

[6]*Ibid.*, p. 25.

alchimie juridique n'était pas anodine, elle étale le grand art légistique et démagogique du législateur camerounais et participe tout aussi, d'une « fraude à la constitution »[1]. L'incertitude toujours pendante sur la nature du régime politique actuel au Cameroun, participe de la même volonté d'égarement, de confusion, qui finalement ne profite qu'aux spéculations juridiques[2].

C'est surtout le cas sur le plan matériel de certaines expressions utilisées par le législateur dont le sens est pour le moins fuyant et insaisissable. Le titulaire de la souveraineté est une question aux racines antiques. On oppose classiquement la doctrine de la souveraineté populaire où le peuple est souverain, à celle de la souveraineté nationale, où le principe de la souveraineté réside dans la nation. L'option constitutionnelle camerounaise combine ces deux doctrines, sans qu'il ne soit possible de dire clairement, qui de la

[1]Bien que le concept a été utilisé pour désigner l'utilisation de la procédure de révision constitutionnelle, pour l'adoption de la loi constitutionnelle du 18 janvier 1996, aux caractères de nouvelle Constitution. Mais ce n'est pas très différent, car le débat sur l'unité ou la pluralité de Constitutions en vigueur se situe dans le prolongement de celui sur le statut de la loi constitutionnelle du 18 janvier 1996, comme révision de la constitution du 02 juin 1972 ou comme nouvelle Constitution. Cf. OLINGA A. D., *La Constitution de la République du Cameroun,* op.cit.,p. 23. ; KAMTO M., « Révision constitutionnelle ou écriture d'une nouvelle constitution », *L'ex-Lata*, n° 023-024, février-mars 1996, p. 17. La notion de « fraude à la Constitution », appréhendée par Georges Liet-Veaux ne s'en trouve pas vidée de son sens. Cf. Liet-Veaux G., « La fraude à la Constitution. Essai d'une analyse juridique des révolutions communautaires récentes : Italie, Allemagne, France », *RDP* 1943, p. 116. Voir aussi, Eck L., *L'abus de droit en droit constitutionnel*, Thèse de droit, Université Jean Moulin Lyo n III, déc. 2006, pp. 354-363.

[2]On ne sait pas toujours très bien s'il s'agit d'un régime présidentiel, parlementaire, semi-parlementaire ou présidentialiste. En ce sens HOND J. T., « De l'affirmation du caractère parlementaire du régime politique camerounais au regard de la constitution du 18 janvier 1996 », *in* Maurice Kamto, Stéphane Doumbe-Bille, Brusil Miranda Metou (dir.), *Regards sur le droit public en Afrique. Mélanges en l'honneur de Joseph Marie BipounWoum,* op.cit., pp. 65 – 99. TCHEUWA J.-C., « Essai sur la qualification du régime politique camerounais : la difficile affirmation d'un régime authentiquement parlementaire », *Revue juridique et politique des États francophones,* 2 (2003), pp. 155 – 172 ; MBOME F., « Les rapports entre l'exécutif et le parlement », *Lex Lata*, 23-24, 1996, 25-28 ; MOLUH Y., « L'introuvable nature du régime camerounais issu de la Constitution du 18 janvier 1996 », *in La Réforme constitutionnelle du 18 janvier 1996 au Cameroun. Aspects juridiques et politiques,* Fondation Friedrich-Ebert au Cameroun, Yaoundé, 1996, pp. 242-250 ; OLINGA A. D., *La Constitution de la République du Cameroun,* op.cit.,pp. 49-61.

nation ou du peuple est souverain. Aux termes de l'article 2(1) de la loi constitutionnelle du 18 janvier 1996, « *la souveraineté nationale appartient au peuple camerounais qui l'exerce soit par l'intermédiaire du Président de la République et des membres du Parlement, soit par voie de référendum. Aucune fraction du peuple ni aucun individu ne peut s'en attribuer l'exercice* ».

Suivant l'article 9 (1) de la loi constitutionnelle du 18 janvier 1996, le Président de la République peut lorsque les circonstances l'exigent, proclamer par décret l'état d'urgence qui lui confère des « *pouvoirs spéciaux* » dans les conditions fixées par la loi. Quel est le contenu de ces pouvoirs spéciaux ? Quel en est l'étendue ? Cette imprécision est potentiellement source d'arbitraire. Surtout, le texte ne précise nullement à quelles fins ces pouvoirs sont utilisés, sans doute, « *à toutes les fins* », même si l'on peut supposer, qu'ils devraient (idéal), être principalement utilisés aux fins de gestion des circonstances qui ont justifié la proclamation de l'état d'urgence. Lesquelles circonstances par ailleurs, ne sont pas précisées, laissant au Président de la République, une souveraineté d'appréciation. Ces mêmes remarques valent pour l'état d'exception qui, proclamé par décret du Président de la République dans les circonstances de l'article 9(2) de la loi constitutionnelle du 18 janvier 1996, lui confère l'habilite à prendre *« toutes les mesures qu'il juge nécessaires »*. En quoi pourraient consister lesdites mesures et à quelles fins doivent-elles être prises ? Là encore, le défaut de clarté, est potentiellement source d'autoritarisme. Ces dispositions font parties de celles que le régime en place utiliserait en dernier recours pour la survie du système et peut-être peu ou très accessoirement, dans le strict intérêt de l'État et de la Nation. Ce sont proprement des « jokers constitutionnels », aménagés par le pouvoir constituant, architecte constitutionnel, au profit du dirigeant en place, maitre et garant de l'ouvrage qu'est la Constitution.

La question se poserait également de savoir qui désigne les membres du Gouvernement ? D'après la Constitution, « *Le Président de la République nomme le Premier Ministre et sur proposition de celui-ci, les autres membres du Gouvernement* »[1]. Cette nomination est-elle conforme aux propositions du Premier ministre ? Dans la pratique, les nominations du Premier ministre et des membres du gouvernement sont très souvent concomitantes, ou du moins limitées

[1] Cf. article 10(1) de la loi constitutionnelle du 18 janvier 1996.

d'un espace de temps très réduit, qui logiquement rendrait difficile la proposition des membres du Gouvernement par celui-ci.

La loi constitutionnelle du 18 janvier 1996 a réalisé l'exploit d'autonomiser la justice en érigeant l'autorité judiciaire en Pouvoir. En vertu de la séparation des pouvoirs, exigence démocratique, le pouvoir judiciaire est donc formellement autonome de l'exécutif et du législatif. Cependant, l'article 37(1) de cette loi dispose en des termes clairement ambigus que « le Président de la République est garant de l'indépendance du Pouvoir judiciaire ». Il est malaisé de comprendre clairement à quoi cela renvoie. Ces exemples peuvent être multipliés. L'ambigüité peut tout aussi se résumer à un seul mot. C'est le cas de la « progressivité », censée présider à la mise en place des Institutions créées par le texte constitutionnel. De telles dispositions sont à l'analyse, d'application improbable, créant une sorte d'inertie du droit et des Institutions.

3. Le droit inerte

Est inerte, ce qui n'a pas de vie, qui est sans activité. Le droit inerte c'est alors un droit mort, qui ne peut produire d'effet. C'est le cas des droits fondamentaux qui ne peuvent être mis en œuvre, des institutions qui ne peuvent être effectives et efficaces ou des procédures qui ne peuvent être suivies. Lorsque ces droits, institutions et procédures sont institués dans un État de droit pour l'encadrement de la démocratie, celle-ci est neutralisée. L'inertie du droit est ici la conséquence d'un facteur inhibant, le droit lui-même, par l'usage de dispositions spécifiques, mots, procédures rendues complexes ou conditionnées. Les pouvoirs institués ont en ce sens « la capacité de faire échec par simple inertie, à la volonté du pouvoir constituant »[1]. Il s'en suit une inapplication du texte constitutionnel. Laquelle inapplication rend compte des faiblesses de notre droit et s'accommode mal avec l'État de droit, mais profite à ceux qui le souhaitent. Ce que l'on entend par inapplication du droit, ce n'est pas la violation de la norme qui résulterait de son *application*, mais plutôt et toujours sur le plan formel, la mise en échec de l'applicabilité de la norme. Cette inapplication peut être diversement causée. On cite sans exhaustivité, la méconnaissance de la règle, l'inertie des autorités à la mise en

[1]OLINGA A. D., « L'article 67 de la Constitution », *in Lex Lata*, n° 033, mars 1997, p. 4.

œuvre, l'inertie des bénéficiaires de la règle ou encore, la complexité des mesures de mise en œuvre[1].

D'évidence, la loi constitutionnelle du 18 janvier 1996 n'a pas toujours été appliquée telle qu'écrite. Certaines de ses dispositions sont d'application improbables. C'est notamment le cas de celles qui prévoient « *le droit pour tous de travailler garanti par l'État… ; l'État assure à tous les citoyens les conditions nécessaires à leur développement… ; L'État garantit à tous les citoyens de l'un et de l'autre sexe, les droits et libertés énumérés au Préambule de la Constitution…* »[2], « *La République du Cameroun assure l'égalité de tous les citoyens devant la loi ...* »[3]. Il convient de les considérer comme des formules traduisant les aspirations perpétuelles du peuple. Certaines institutions constitutionnellement créées n'ont jamais été mises en œuvre. C'est le cas de la Haute Cour de Justice, prévue à l'article 53, et censée connaitre des actes accomplis dans l'exercice de leurs fonctions par le Président de la République, le premier ministre, ainsi que les autres membres du Gouvernement et assimilés. Cette institution n'étant pas dans leur intérêt, il est difficile que sa mise en œuvre intervienne, en tout cas d'aussitôt. Sa survie formelle est un trompe-œil, dont le but est de déjouer la clameur civique qui naitrait du sentiment d'irresponsabilité et d'impunité des dirigeants, du fait de son inexistence.

Les autres dispositions d'application improbable, relèvent soient de cas hypothétiques soit de procédures rédhibitoires. Les cas hypothétiques dépendent soit des circonstances objectives, soit de circonstances subjectives dépendantes des organes ou autorités chargées de l'application du texte constitutionnel. Dans la première situation, on citera par exemple l'article 31 relatif à la publication des lois. Elle est en principe de la compétence du Président de la République. Toutefois, l'alinéa 2 de cet article donne au Président de l'Assemblée Nationale, la latitude de se substituer au Président de la République. Cette substitution ne peut intervenir qu'en cas de carence constatée de celui-ci, à l'expiration d'un délai de 15 jours à compter

---

[1]LE BŒUF R. et LE BOT O., « Introduction », *in* LE BŒUF R. et LE BOT O., (dir.,), *L'inapplication du droit, Confluences des droits, Aix-en-Provence : Droits International, Comparé et Européen,* 2020. Disponible sur Internet : http://dice.univamu.fr/fr/dice/dice/publications/confluence-droits, pp. 11 – 14, spéc., p. 13.

[2]Cf. Préambule de la loi constitutionnelle du 18 janvier 1996.

[3]Cf. art. 2(1) de la loi constitutionnelle du 18 janvier 1996.

de leur transmission. La substitution dans ce cas est une faculté et non un pouvoir lié. Le Président de l'Assemblée Nationale peut y recourir ou pas du tout et juger le retard concevable. Aucun précédent n'est par ailleurs connu dans la pratique. Il est difficile qu'il se produise d'une part en raison de l'intérêt accordé par l'exécutif et le Président de la République aux fonctions qui leur sont constitutionnellement attribuées et d'autre part, en raison de la spécificité de notre système politique, dont la déférence du Président de l'Assemblée Nationale l'empêcherait de se substituer au Président de la République et étaler sa carence. La disposition permet simplement d'éviter que le refus du Président de la République de promulguer une loi n'entraine le blocage du système.

S'agissant des hypothèses d'inapplicabilité subjective de la norme, l'improbabilité des circonstances repose sur la volonté des organes d'application[1]. Dans ce cas, « *la réalisation des circonstances de fait exigées pour l'application est bien envisageable, mais il est moins certain que les organes d'application les déclarent réunies* ». Les conditions requises pour la mise en œuvre de l'article 9, offrent à ce titre une belle illustration. Le Président a aux termes de cet article et dans les conditions qu'il précise, le pouvoir de proclamer par décret l'état d'urgence (article 9, alinéa 1) qui lui confère des pouvoirs spéciaux, ou l'état d'exception (article 9, alinéa 2), lui permettant de prendre toutes les mesures qu'il juge nécessaires. La mise en œuvre de ces dispositions est conditionnée par l'appréciation du Président de la République. C'est lui seul qui détermine si les circonstances indiquées sont réunies. Ce pouvoir d'appréciation peut donc être doublement instrumentalisé. Le Président de la République peut conclure à l'existence des circonstances de fait et proclamer l'état d'urgence ou d'exception, alors que leur réalisation ne serait pas objectivement effective. De même et inversement, la matérialisation des circonstances de fait peut être objectivement observable et pourtant, l'organe chargé de l'application dont le Président de la République, se refuse de le constater et proclamer l'état d'urgence ou d'exception. Il n'existe malheureusement pas de mécanisme juridique pour le contredire. Cette hypothèse est vérifiable au Cameroun, d'une part avec la crise sécuritaire du fait du groupe terroriste Boko Haram dans la partie Nord du pays, puis la crise anglophone dans les régions du

[1]FAYE F., « L'improbable application de certaines dispositions constitutionnelles », *in* LE BŒUF R. et LE BOT O., (dir.,), *L'inapplication du droit*, op.cit., pp. 35 – 48, spéc., p. 40.

Nord-Ouest et du Sud-Ouest. En dépit de l'intensité des conflits, l'état d'urgence n'a jusqu'ici curieusement pas été déclaré. D'autre part, la crise sanitaire de la Covid 19 a constitué une circonstance passible d'une déclaration d'État d'urgence sanitaire, comme ce fut le cas dans plusieurs pays étrangers. Paradoxalement, dans ces cas de crises sécuritaire et sanitaire, des mesures spécifiques et restrictives de droits et libertés ont été appliquées, comme si l'État fonctionnait sous un régime spécial. Les conditions matérielles étaient donc réunies, mais l'article 9 n'a pas été mis en œuvre, comme il n'a d'ailleurs jamais été le cas dans l'histoire politique et constitutionnelle du Cameroun. Le concept flou d'ordre public est alors mis à contribution pour réguler l'exercice des libertés et prétendument, assurer la paix et la sécurité. Cela permet de faire montre d'une certaine maitrise des situations, qu'exacerberait la proclamation de l'état d'urgence notamment. Le pouvoir d'appréciation dont dispose l'organe d'application en la matière lui permet ainsi, sur le jeu d'opportunités politiques, de faire obstacle à la mise en œuvre de la règle constitutionnelle.

Un autre exemple de disposition d'application improbable, c'est le cas d'empêchement du Président de la République donnant lieu à l'intérim. Aux termes de l'article 10 (3) de la Constitution, « *En cas d'empêchement temporaire, le Président de la République charge le Premier Ministre ou, en cas d'empêchement de celui-ci un autre membre du Gouvernement, d'assurer certaines de ses fonctions, dans le cas d'une délégation expresse* ». Ne sont pas énumérées même à titre indicatif, les cas d'empêchement du Président de la République. De façon générale, il est entendu qu'il peut s'agir des cas de « *maladie, enlèvement, disparition, aliénation, etc. – par laquelle le président de la République se trouve dans l'impossibilité d'exercer ses fonctions* »[1]. Dans l'histoire politique du Cameroun, le régime de l'intérim n'a jamais été appliqué, car le Président n'a jamais été officiellement empêché. Pourtant dans les faits, son absence pour cause de maladie ou autre, a été plusieurs fois constatée et le président Paul Biya a plusieurs fois été officieusement déclaré décédé. Certains partis politiques et organisations de la société civile ont d'ailleurs régulièrement appelé au constat de la vacance à la présidence de la République. Il n'est pas non plus indiqué d'autorité ou d'organe chargé de constater ledit empêchement. Tout porte à croire que c'est le

[1] CARCASSONNE G. et Guillaume M., *La Constitution introduite et commentée*, Paris, Éditions du Seuil, 12e éd., 2014, p. 75.

Président même qui constate son empêchement et « … *charge le Premier Ministre ou, en cas d'empêchement de celui-ci un autre membre du Gouvernement, d'assurer certaines de ses fonctions, dans le cas d'une délégation expresse* ». On voit donc mal comment le Président se compromettrait de lui-même en constatant son empêchement. Des délégations expresses sont pourtant régulièrement accordées au Secrétaire Général à la présidence de la République, mais en dehors de tout régime intérimaire. La mise en œuvre de cette disposition est donc peu probable, tant qu'il appartiendra au Président de constater son propre empêchement et déclencher l'intérim.

L'autre catégorie de dispositions d'application improbable est celle dont les conditions et procédures prévues sont d'une complexité décourageante. C'est le cas de la mise en accusation du Président de la République devant la Haute Cour de Justice (encore inexistante par ailleurs). Celle-ci ne peut être effectuée que par « *l'Assemblée Nationale et le Sénat statuant par un vote identique au scrutin public et à la majorité des quatre cinquièmes des membres les composant* »[1]. Par le fait majoritaire et la composition des assemblées parlementaires, cette mise en accusation est insusceptible d'arriver. Autant mieux dire que le Président de la République est irresponsable devant la Haute Cour de Justice, même si elle venait à être créée. On citera également le refus de la confiance lorsque le premier ministre engage devant l'Assemblée Nationale, la responsabilité du Gouvernement sur un programme ou, le cas échéant, sur une déclaration de politique générale au sens de l'article 34(2). Ce refus doit être à « *la majorité absolue des membres du parlement* ». Cette hypothèse est improbable puisque le Premier ministre n'engagera pas le gouvernement en autarcie. L'engagement intervient « après délibération du Conseil ministériel », ce qui suppose une certaine adhésion du parti au pouvoir et ses députés, dont l'un au moins va suivre la discipline du parti. Cela est encore moins probable, avec une majorité écrasante des députés du parti au pouvoir à l'Assemblée Nationale. Il en va de même de l'exigence du tiers des députés ou des sénateurs pour la saisine du Conseil constitutionnel[2] ou une proposition de révision de la Constitution[3]. D'une part, les parlementaires du parti au pouvoir n'ont pas d'intérêt direct à ces

[1]Cf. article 53(2) de la loi constitutionnelle du 18 janvier 1996 modifiée et complétée par la loi n°2008/001 du 14 avril 2008.
[2]Article 47 (2 et3) de la loi constitutionnelle du 18 janvier 1996.
[3]*Ibid.*, article 63 (2).

procédures. D'autre part, si l'initiative vient des partis de l'opposition, leurs membres atteindraient difficilement le *quota* requis et les parlementaires du parti au pouvoir ne s'associeraient probablement pas à eux. En conséquence, les propositions de lois au Cameroun relèvent de faits historiques et le Conseil constitutionnel n'a jamais été saisi par le tiers des députés ou des sénateurs et ne le sera probablement pas. Dans ces cas, c'est le bénéficiaire même de la norme qui fait échec à son application, volontairement ou par incapacité matérielle. On comprend aisément que le politique a dépassé le droit.

B. L'omnipotence du pouvoir

Le droit de la démocratie au Cameroun est rendu inutilisable et est au service du pouvoir, tout puissant. Cette omnipotence se manifeste diversement. Il y a premièrement le rattachement personnel du pouvoir, pourtant fonctionnel et impersonnel. Le système politique et institutionnel camerounais est arcbouté sur le Président de la République, qui en est la clé de voute, « *l'alpha et l'oméga de la vie politique et juridique* »[1] (1). Son pouvoir semble de surcroit illimité, en raison de l'effacement des contre-pouvoirs censés le contrôler et l'encadrer. On est donc loin du schéma de la séparation des pouvoirs, impératif démocratique, systématisée par Montesquieu. Comme il l'a souligné, « *c'est une expérience éternelle que tout homme qui dispose du pouvoir est tenté d'en abuser, il va jusqu'à ce qu'il trouve des limites [...] Pour qu'on ne puisse abuser du pouvoir, il faut que, par la disposition des choses, le pouvoir arrête le pouvoir* »[2]. L'hypertrophie des pouvoirs constitutionnels du Président de la République fausse le jeu démocratique et altère le principe de la séparation et l'équilibre des pouvoirs, par l'anéantissement des contre-pouvoirs (2). Cette toute puissance de l'exécutif est consolidée par la promotion de l'impunité et la propagande manipulatrice des émotions populaires (3).

---

[1]NGUELE ABADA M., « Ruptures et continuités constitutionnelles en République du Cameroun : réflexions à propos de la réforme constitutionnelle du 18 janvier 1996 », *RADIC*, 1998, pp. 308 – 326.

[2]MONTESQUIEU, *De l'Esprit des lois*, 1748, Livres IX à XIII, p. 46.

1. Le pouvoir personnifié

La quasi-totalité de l'ordre juridique camerounais remonte au chef de l'État, qui constitutionnellement, « incarne l'unité nationale »[1] et est selon le vocable consacré et chanté, « le père de la Nation ». Il veut et peut pour toute la nation. Chef de l'État, il est chef de l'exécutif mais irresponsable devant le parlement. Il définit la politique de la nation, il est garant du respect de la Constitution, de l'indépendance nationale, de l'intégrité du territoire, de la permanence et la continuité de l'État…[2] ; il est chef des forces armées, créé et organise les services publics de l'État, nomme aux emplois civils et militaires, exerce le droit de grâce, peut saisir le Conseil constitutionnel, promulgue les lois…[3] ; proclame l'état d'urgence et d'exception[4] ; il nomme le premier ministre et les autres membres du Gouvernement, fixe leurs attributions, met fin à leurs fonctions, préside les conseils ministériels[5] ; il a l'initiative des lois[6], prend des ordonnances[7], a l'initiative de révision de la Constitution[8]… il peut tout faire, si ce n'est toucher le ciel du doigt. Cette omnipotence le déifie presque, avec l'aide du charisme qu'entraine sa rareté physique et verbale, comme tout monarque ou dieu qu'on ne voit que par chance. On arrive d'ailleurs à « le comparer à Moise », héros biblique, sauveur du peuple d'Israël[9]. Il est en plus de chef de l'État, président national du parti, ce qui accentue le développement du « parti-État », du « fait majoritaire », et fragilise le contrôle parlementaire de l'action gouvernementale.

Son pouvoir ne s'étend pas seulement sur l'exécutif, mais aussi sur le législatif et le judiciaire.

Les prérogatives parlementaires dont jouit constitutionnellement le Président de la République, lui donne la latitude d'intervenir dans le domaine législatif et tout porte à considérer qu'il est « le véritable

[1]Cf. article 5(2) de la loi constitutionnelle du 18 janvier 1996.
[2]*Idem.*
[3]I*bid.,* article 8.
[4]*Ibid.,* article 9.
[5]*Ibid.,* article 10.
[6]*Ibid.,* article 25.
[7]*Ibid.*, article 28.
[8]*Ibid.*, article 63.
[9]SINDJOUN L., « Dynamiques de Civilisation de l'État et Production du Politique Baroque en Afrique noire », op.cit., p. 225.

législateur »[1]. Il partage avec le parlement, l'initiative des lois et à la réalité, il l'exerce presque seul, comme en témoigne l'abondance des projets de lois et l'absence de propositions de lois. Il exerce le pouvoir règlementaire qui comprend les matières autres que celles relevant du domaine de la loi[2]. Mais même dans le domaine de la loi, il s'immisce par le biais des ordonnances qu'il peut être habilité à prendre[3]. Il peut tout aussi dans les matières relevant du domaine de la loi, recourir à la procédure du référendum[4].

Dans la procédure législative, l'exécutif est prépondérant tant en ce qui concerne l'inscription à l'ordre du jour que l'adoption même des lois. L'ordre du jour de l'Assemblée Nationale, fixée par la Conférence des présidents « *comporte en priorité et dans l'ordre que le Gouvernement a fixé, la discussion des projets de loi ou des propositions de loi qu'il a acceptées. Les autres propositions de loi retenues par la Conférence des Présidents sont examinées par la suite* »[5]. Premièrement, il en ressort que c'est le Gouvernement qui fixe l'ordre du jour de l'Assemblée Nationale, dont la Conférence des présidents se contente d'entériner et formaliser. Les propositions de lois éventuelles émanant des parlementaires ne sont qu'examinées à titre secondaire, ce qui implique qu'elles puissent ne même pas être examinées en fonction du temps de discussion des projets de loi prioritaires. L'hypothèse est d'ailleurs prévue : lorsqu' « *une proposition de loi n'a pu être examinée, celle-ci est de plein droit, examinée au cours de la session ordinaire suivante* »[6], à souhaiter que le Gouvernement ne déclare pas l'urgence, qui auquel cas, est de droit[7]. Deuxièmement et d'une subtilité insoupçonnée, *les propositions de loi doivent être acceptées par le Gouvernement*. C'est ce qui ressort clairement de la lecture attentive de l'article 18(4) ci-dessus cité, « L'ordre du jour comporte en priorité et dans l'ordre que le Gouvernement a fixé, la discussion des projets de loi ou *des propositions de loi qu'il a acceptées* ». On sait en outre les conditions

---

[1]En ce sens, BILOUNGA S. T., « La crise de la loi en droit public camerounais », *in* Maurice Kamto, Stéphane Doumbe-Bille, Brusil Miranda Metou (dir.), *Regards sur le droit public en Afrique. Mélanges en l'honneur de Joseph Marie BipounWoum, op.cit.*, pp. 101 – 133.

[2]Article 27 de la loi constitutionnelle du 18 janvier 1996.

[3]*Ibid.,* article 28.

[4]*Ibid.,* article 36.

[5]Cf. article 18(4) de la loi constitutionnelle du 18 janvier 1996.

[6]*Idem.*

[7]*Ibid.,* article 18(5).

d'acceptation d'une proposition de loi, telles que définies par l'article 18(3a), rendant la recevabilité improbable[1]. Que les parlementaires ne puissent faire des lois est une capture douloureuse de la démocratie. En outre, le Président de la république a le dernier mot de la « navette parlementaire », et peut, après la Commission mixte paritaire, demander au Président de l'Assemblée Nationale de statuer définitivement ou déclarer le texte caduc[2]. De même, les lois adoptées par le parlement sont promulguées par le Président de la République qui peut demander une seconde lecture du texte, ou saisir le Conseil constitutionnel aux fins de vérification de leur constitutionnalité[3].

Cette emprise sur le législatif s'exerce aussi sur le pouvoir judiciaire. C'est le Président de la République qui est garant de l'indépendance de la magistrature, nomme les magistrats et décide de leurs sanctions disciplinaires,[4] sur avis du Conseil Supérieur de la magistrature qu'il préside par ailleurs[5]. Tout compte fait, il n'y a véritablement qu'un seul pouvoir, c'est l'exécutif avec le législatif et le judiciaire comme appendices. La personnification outrancière du pouvoir, symbole du présidentialisme paternaliste[6], nous tire ainsi dans les abimes de l'autoritarisme, où ne luit pas la force des contre-pouvoirs.

2. Les contre-pouvoirs contrecarrés

Qu'ils soient juridiques ou politiques, les contre-pouvoirs au Cameroun existent mais ne résistent pas « ... *au poids de la présidentialisation* »[7]. Les contre-pouvoirs juridiques s'identifient aux

---

[1]Aux termes de cet article 18(3a), « *sont irrecevables, les propositions de loi ou amendements qui auraient pour effet, s'ils sont adoptés, soit une diminution des ressources publiques, soit l'aggravation des charges publiques sans réduction à due concurrence, d'autres dépenses ou création de recettes nouvelles d'égale importance* ».

[2]Article 30(2).

[3]*Ibid.*, article 31.

[4]*Ibid.*, article 37(3).

[5]Cf. article 1er de la loi n°82-014 du 26 Novembre 1982 portant organisation et fonctionnement du Conseil Supérieur de la Magistrature.

[6]En ce sens, MANANGOU V. R., *Le cas de la République du Congo. Un exemple de régime constitutionnel autoritaire*, Thèse, Université de La Rochelle, 2014, 547p.

[7]ROQUES-BONNET M-C., « Les blocs de pouvoirs ''éclipsés'' par les autorités administratives en réseau vers la fin des contrepouvoirs », Communication présentée

organes qui exercent la justice. La justice étant suivant les termes du Président Paul Biya, « ... *la poutre maitresse de la démocratie dans un État de droit* »[1]. Le juge ordinaire est traditionnellement reconnu comme meilleur garant des droits et libertés. L'autonomisation du pouvoir judiciaire par la loi constitutionnelle du 18 janvier 1996 aurait contribué à l'émancipation de l'ordre judiciaire et son affirmation comme véritable contre-pouvoir. Mais pour en partie, les raisons sus-évoquées, l'ordre judiciaire est demeuré impuissant. C'est en principe sur le juge constitutionnel, gardien de la Constitution, que repose la garantie de l'État de droit. L'avènement de la justice constitutionnelle a suscité beaucoup d'espoirs d'enracinement de la démocratie, mais très vite la désillusion s'est installée, « *l'effectivité de la justice constitutionnelle peine à se développer et traduit indéniablement les hésitations à l'avènement de la constitutionnalité des lois* »[2]. Plusieurs vices entachent l'efficacité du Conseil constitutionnel camerounais. Relevons-en quelques-uns. Le Conseil constitutionnel est quasiment un « mort-né », puisqu'avant même sa naissance, *« une autre révision constitutionnelle, intervenue le 14 avril 2008, a pris le soin de le vider au niveau statutaire, sans pour autant, et en contrepartie, le renforcer matériellement* »[3]. Le mandat des membres du Conseil a été ramené de neuf (09) ans, non renouvelable, à six (06) ans éventuellement renouvelable[4]. Ce qui fragilise l'indépendance de ces membres qui, désormais « *seront jugés par le Président de la République à l'aune de leur degré d'allégeance à son égard pour espérer un éventuel renouvellement de leur mandat* »[5]. Il y a la nature même du Conseil, que l'on a voulu exclure du champ juridictionnel, pour le champ politique. Aussi, il est convenu de considérer que le Conseil

au VIIe Congrès de l'AFDC, Paris, 25, 26 et 27 septembre 2008, p. 1. Disponible sur www.droitconstitutionnel.org/congrèsParis/com/RoquesTXT.pdf.

[1]Discours du Chef de l'État, lors des festivités marquant le Cinquantenaire de l'Ecole Nationale d'Administration et de Magistrature (ENAM). Disponible sur www.prc.cm.

[2]Cf. BOURGI A., « La réalité du nouveau constitutionnalisme africain », *inLecture et relecture de la constitution de la Ve République, Colloque du 40e anniversaire 7-8-9 octobre* 1998, 14p.

[3]GUIMDO B. R., « Constitution et démocratie dans les États francophones d'Afrique », op.cit., p. 190.

[4]Cf. article 51(1) de la loi n° 2008/01 du 14 avril 2008 modifiant et complétant certaines dispositions de la loi n° 96/6 du 18 janvier 1996 portant révision de la Constitution du 2 juin 1972.

[5]GUIMDO B. R., « Constitution et démocratie dans les États francophones d'Afrique », op.cit., p. 190.

constitutionnel « *n'est pas une juridiction. Il est cependant tenu de régler les conflits liés à la constitutionnalité des lois et au contentieux électoral. Le Conseil constitutionnel a une fonction politique…* »[1]. Cette ambigüité entre fonction juridictionnelle et politique concourt à dépouiller l'Institution de sa substance en matière de défense de la norme constitutionnelle[2].

Cette consonnance politique plutôt que juridique, s'illustre davantage par la composition organique du Conseil et la détermination des autorités habilitées à le saisir. Sur la composition, le Conseil se constitue au sens de l'article 51(1) issu de la modification constitutionnelle du 14 avril 2008, de « *onze membres désignés pour un mandat de six (6) ans éventuellement renouvelable* »[3]. Nommés par le Président de la République, la désignation de ces membres est répartie entre des « instances politiques » ainsi qu'il suit : trois, dont le Président du Conseil, par le Président de la République ; trois, par le Président de l'Assemblée Nationale après avis du Bureau ; trois, par le Président du Sénat après avis du Bureau ; deux, par le Conseil Supérieur de la Magistrature[4]. D'évidence, le Président de la République qui nomme a un droit de regard sur toutes ces désignations, car il ne nommera surement à une instance aussi décisive, des personnalités non acquises directement ou indirectement à sa cause. En réalité, le fait majoritaire dans les assemblées parlementaires et la présidence du Conseil Supérieur de la magistrature par le Président de la République, lui assurent sans gêne ce contrôle. Le profil individuel des membres actuel dudit Conseil le montre aisément, des anciens cadres de l'État, militants du RDPC, parti au pouvoir et bien acquis à la cause du régime en place. Il y a assurément une politisation inquiétante de la désignation des membres du Conseil[5], qui se doit pourtant d'être indépendant et impartial.

---

[1]Rapport de la Commission des lois constitutionnelles rédigé par Hilarion ETONG, p. 18.

[2]Cf. OLINGA A. D., *La Constitution de la République du Cameroun, op.cit., p. 150. ;* ABA'A OYONO J. C., « L'insécurité juridique en matière constitutionnelle… », op.cit., p. 55.

[3]Il est précisé qu'en sus de ces onze membres, les anciens présidents de la République, sont de droit, membres à vie du Conseil constitutionnel. Cf. article 51(2).

[4]Cf. article 51(2) de la loi constitutionnelle du 18 janvier 1996.

[5]Ils ne sont pas qualifiés de « juges », mais simplement de « membres », ou « conseillers », suivant les termes de la loi n°2004/004 du 21 avril 2004 portant

Même s'il est indéniable qu' « *aucune technique de désignation des juges constitutionnels n'est parfaite et que chacune d'entre elles a, à l'évidence, ses avantages spécifiques* », les membres ainsi désignés s'en trouvent tenus par un devoir de loyauté et gratitude envers le chef de l'État qui les a nommés et se doivent ainsi de rendre des décisions qui lui fassent plaisir. Les cas récents de saisine du Conseil constitutionnel confirment cette description. D'entre eux, l'épisode du contentieux post-électoral devant le Conseil constitutionnel, à l'issue de l'élection présidentielle du 07 octobre 2018 est resté emblématique. Les recours des partis de l'opposition et notamment celui du MRC en contestation de la victoire de M. Paul Biya, candidat du RDPC, ont principalement été rejetés, par une formule brève, peu expressive et déconcertante, restée mythique dans les esprits de tous, « irrecevable ». Cette irrecevabilité à laquelle on associe désormais l'évocation du Conseil constitutionnel camerounais, constitue « *un moyen commode pour le juge constitutionnel non seulement d'éviter de vérifier la matérialité des irrégularités alléguées par le plaignant, mais aussi et surtout d'authentifier la victoire de candidats proclamés élus à l'issue d'un scrutin controversé* »[1].

La compétence de saisine du Conseil constitutionnel reflète la même politisation. Seules des autorités politiques peuvent le saisir[2], en exclusion du citoyen pourtant exposé aux abus inconstitutionnels du pouvoir. Le Conseil n'a non plus un pouvoir d'auto-saisine, laissant ainsi toute la suprématie au Président de la République. Comme l'a souligné la Cour suprême, « *si la Cour est juge des lois, elle ne peut être saisie que par le Président de la République. Elle ne peut donc se saisir d'office, ni à l'initiative de tout le monde* »[3]. C'est ce qui explique en outre l'absence d'un contrôle *a posteriori* et l'exclusivité

organisation et fonctionnement du Conseil constitutionnel. On en déduit de là encore, l'idée de ne pas vouloir en faire une véritable juridiction.

[1]BOLLE S., « La paix par la Constitution en Afrique ? La part du juge constitutionnel », *Religion, violence politique et paix en Afrique, Colloque international de Cotonou*, 19, 20 et 21 juillet 2004, p. 2. Disponible sur www.la-constitution-en-afrique.org/article-1551003.html.

[2]Conformément à l'article 47 (2) de la loi constitutionnelle du 18 janvier 1996, Le Conseil Constitutionnel est saisi par le Président de la République, le Président de l'Assemblée Nationale, le Président du Sénat, un tiers des députés ou un tiers des Sénateurs, ainsi que les Présidents des exécutifs régionaux pour les intérêts de leur région. Ce sont ces mêmes autorités qui sont habilitées à saisir le conseil, pour le contrôle de la constitutionnalité des lois. Cf. article 47(3).

[3]CFJ/Arrêt n°4 du 28 octobre 1970, *Moungolé Diboussi Léon c/ État du Cameroun.*

d'un contrôle *a priori* de la constitutionnalité des lois. Elles ne peuvent être soumises au juge constitutionnel qu'avant leur promulgation[1]. Il est donc concevable et observable que l'on se retrouve avec des lois en vigueur inconstitutionnelles, qui ne peuvent malheureusement être remises en cause. L'option espérée du contrôle incident de la constitutionnalité des lois par les juges ordinaires est malaisée par leur impertinence et leur déférence excessive au pouvoir[2]. Ainsi, seul le président de la République est le véritable gage de l'autorité de la Constitution, et « ... *l'ordre juridique suprême dans l'État n'est plus la Constitution, mais le Président de la République, qui est alors le gardien de la constitutionnalité hiérarchique et partant, de la notion même de suprématie constitutionnelle* »[3].

A côté de cette inertie des organes juridiques, il faut souligner celle des organes politiques face à l'exécutif et au Président de la République, tout puissant constitutionnel. Les raisons et manifestations de l'impuissance du parlement, cadre organisationnel d'expression de la souveraineté du peuple, censé contrôler l'action gouvernementale, ont été amorcées. Les lois qui y ressortent, phagocytées et biaisées, sont pourtant réputées juridiquement correctes, car « *De politique, la loi imputée à la volonté générale, se fait juridique, conforme et admirable* »[4]. Un phénomène reste cependant à souligner. C'est que dans les assemblées parlementaires tout comme en dehors, l'opposition ne s'oppose pas et tous dans l'opposition, ne sont pas des opposants. Nombreux sont des lieutenants infiltrés et dissuasifs du pouvoir. Or l'importance de l'opposition pour la vie de la démocratie est capitale[5]. Comme le

---

[1]Cf. article 47(3) de la loi constitutionnelle du 18 janvier 1996.

[2]AB'A OYONO J.C., « L'insécurité juridique en matière constitutionnelle. Questionnement sélectif sur l'articulation et la pratique constitutionnelles au Cameroun », op.cit., pp. 59-60.

[3]MBOME F., « Le contrôle de la constitutionnalité des lois au Cameroun », *R.J.P.I.C*, Avril-Juin 1981, n°2, P. 663.

[4]LENOBLE L., OST F., *Droit, mythe, raison. Essai sur la dérive mythologique de la rationalité juridique, op.cit.*, p. 267.

[5]En ce sens JAN P., « Les oppositions », *Pouvoirs,* n°108, 2004, p. 29. ; RIDARD B., « La définition juridique de l'opposition parlementaire en France et au Royaume Uni », Communication présentée lors du VIIIe Congrès de l'*AFDC,* Nancy, p. 2. Disponible sur www.droitconstitutionnel.org/congresNancy/comN6/ridardT6.pdf.

souligne le Doyen Vedel, « *une démocratie [...] c'est un exécutif appuyé sur la Nation et contrôlé par une opposition* »[1].

Au Cameroun, il y a multipartisme, mais pas d'opposition. Le nombre très élevé de partis politiques traduit en outre les oppositions dans l'opposition, concourant à l'émiettement des quelques rares consciences non acquises au pouvoir[2]. Dans un contexte de paupérisation croissante de la population et de débauchage des leaders de formations politiques d'opposition, faire de l'opposition devient un choix stratégique de positionnement politique et social. C'est « *choisir une modalité rapide d'accéder au partage* »[3]. Le pouvoir politique est en ce sens conçu comme un « gâteau national » à partager aux opposants dociles et autres composantes de la société dans une logique de justice ethnique, reconnue comme seul gage de paix dans les sociétés pluriethniques africaines[4]. La formule restée célèbre de l'ancien premier Ministre camerounais Achidu Achu est à cet égard évocatrice, « *politics na njangui* ». Il est donc évident que la démocratie camerounaise ne veut pas d'une opposition réelle et organisée, capable d'assurer l'alternance politique. Cette dernière entendue comme « *un transfert de rôle démocratique au terme duquel, dans le respect des institutions, les partis d'opposition (ou une fraction d'entre eux) accèdent au pouvoir politique et les partis au pouvoir (ou une fraction d'entre eux) entrent dans l'opposition* »[5]. Ce verrou de l'alternance est tout au moins inquiétant pour l'avenir de cette démocratie.

A cela, s'ajoute le mutisme des intellectuels censés éclairer les consciences. L'Université n'est plus le temple du savoir, mais un bastion politique du pouvoir. Les franchises universitaires ont cédé.

---

[1]VEDEL G., Le monde, 20-21 juillet 1958. Rapporté par MANANGOU V. R., « Contre-pouvoirs, tiers pouvoirs et démocratie en Afrique », op.cit., p. 6.

[2]Actuellement, 316 partis politiques sont légalisés d'après le Ministère de l'Administration Territoriale (MINAT). Cf. www.minat.gov.cm>annuairespartispolitiques-minat.

[3]KAMTO M., *Déchéance de la politique. Décrépitude morale et exigence éthique dans le gouvernement des normes en Afrique noire*, op.cit., p. 55.

[4]Mbonda E. M., « La "justice ethnique" comme fondement de la paix dans les sociétés pluriethniques. Le cas de l'Afrique », *in Erudit*, Montréal, 2002. Mentionné par KEUTCHA TCHAPNGA C., « Droit constitutionnel et conflits politiques dans les États francophones d'Afrique noire », PUF, *Revue Française de Droit constitutionnel,* 2005/3 n°63, pp. 451-471, spéc., p. 462.

[5]Cf. QUERMONE J. L., « L'alternance », *in* Duhamel O., et Mény Y., (dir.), *Dictionnaire Constitutionnel*, P.U.F., Paris, 1992, p. 25.

L'apolitisme a coulé sous la pression d'une enceinte politisée, où les recteurs, doyens et autres responsables académiques sont les lieutenants et relayeurs d'idéaux partisans, et les étudiants, modèle de jeunesse qui « ose », les soldats aveuglés. L'université embastillée, nous sommes tous condamnés. L'intellectualisme agréé est réduit à des élucubrations et technocraties du discours officiel. Or la pensée enfermée, celle des intellectuels faussaires[1], tue la démocratie.

Ce mutisme s'explique néanmoins. L'élévation sociale des élites et intellectuels dictés par le besoin, en contrepartie de leur silence, sur les « méchancetés » du régime. Cela se comprend aisément, car « *la pensée ne fleurit pas sur les terres ravagées par la misère* »[2]. L'on vit dans un contexte de pauvreté, où le militantisme est posé comme condition d'accès aux privilèges de l'appareil d'État, d'ascension sociale, d'enrichissement personnel[3] et surtout, d'impunité.

3. Impunité et propagande

Impunité et propagande sont deux ingrédients distincts mais complémentaires des régimes autoritaires.

L'instrumentalisation de la volonté générale s'opère entre autres par la propagande, entendu au sens de la propagation intensive des opinions, idées et idéaux politiques. Le peuple, détenteur de la souveraineté, est la principale victime de démagogie et populisme, tant dans les assemblées parlementaires représentatives que dans la foule, population. Cette manipulation des émotions et consciences est inévitable en démocratie et « ... *consubstantielle à l'art de gouverner* »[4]. Seulement, elle est à double tranchant. Lorsque cette manipulation est faite de manière rationnelle et objective, elle permet par un « gouvernement invisible » de juguler les éventuelles dérives

---

[1]L'expression « intellectuels faussaires » est empruntée à Pascal Boniface. Cf. BONIFACE P., *Les intellectuels faussaires. Le triomphe médiatique des experts en mensonge*, Paris, Gawsewitch, 2011, 234p.

[2]KAMTO M., *L'urgence de la pensée. Réflexion sur une précondition du développement en Afrique*, op.cit., p. 32.

[3]En ce sens, KAMTO M., « Pauvreté et souveraineté dans l'ordre international contemporain », *in Mélanges P. Isoart,* Paris, Pedone, 1996, p. 284. ; Bayart J. F., MBEMBE A., et TOULABOR C., *La politique par le bas en Afrique noire*, Paris, Karthala, 2008, 217p.

[4]LE COZ P., *Le gouvernement des émotions... et l'art de déjouer les manipulations,* Paris, Albin Michel, *2014,* p. 55.

de la démocratie[1]. La dynamique d'imbécilisation du peuple au Cameroun, contribue à affaisser la démocratie et consolider la dictature. Le parlement perd son sens de contre-pouvoir et l'électeur, perd sa rationalité. Cette démagogie s'opère généralement par des solutions juridiques prétendument apportées aux revendications politiques et sociales. La loi constitutionnelle du 18 janvier 1996 a à ce titre, symbolisé le parachèvement du processus démocratique amorcé dès 1990, et répondant aux manifestations de libéralisation de la vie politique et sociale.

Aujourd'hui des années après, on peut se rendre compte que c'était une dupe. Les droits et institutions démocratiques consacrés sont d'une effectivité relative. Il en va de même de la décentralisation qui s'inscrit dans le même objectif de démocratisation. Ses résultats sont à ce jour quelque peu décevants, en raison « de la lenteur et la réticence des pouvoirs publics d'abandonner leur prérogatives… »[2]. Aussi, « *la décentralisation semble avoir été instrumentalisée […] pour d'une part, la paix civile et d'autre part retrouver la confiance des bailleurs de fonds internationaux* »[3]. Le « Grand dialogue national », ouvert à Yaoundé le 30 septembre 2019, s'est voulu la solution définitive à la crise anglophone. La prise de conscience de l'habitude démagogique du régime, a contribué à l'inefficacité de cette imagination politique et stratégique, dont la sincérité fut discutable. Le Code général des collectivités territoriales décentralisées adopté en 2019[4] comme conséquence du « Grand dialogue national » était ainsi destiné à répondre aux revendications d'autonomie dans les régions anglophones. Sa solution fut l'accord d'un « statut spécial », auxdites régions[5]. Ce statut à l'analyse s'avère dépourvu de toute consistance, en tout cas ne satisfait pas, au vu de la continuité des revendications sécessionnistes. L'éveil des indépendances et des *années de braise* semble enclenché pour une nouvelle libéralisation.

---

[1]En ce sens BERNAYS E., *Propaganda, comment manipuler l'opinion en démocratie,* trad. Oristelle BONIS, Paris, 2007, p. 31 et Ss.
[2]KEUTCHA TCHAPNGA C., « Droit constitutionnel et conflits politiques dans les États francophones d'Afrique noire », op.cit., p. 459.
[3]NachMback Ch., « La décentralisation en Afrique : enjeux et perspectives », *in l'État en Afrique : entre le global et le local,* Afrique contemporaine, 2001, p. 96., cité par KEUTCHA TCHAPNGA C., « Droit constitutionnel et conflits politiques dans les États francophones d'Afrique noire », op.cit., p. 459 – 450.
[4]Loi n°2019/024 du 24 décembre 2019 portant Code général des collectivités territoriales décentralisées.
[5]*Ibid.,* article 3.

L'impunité quant à elle vise à faire passer les crimes pour de simples banalités. Organisée, elle est soit juridique, soit politique, mais toujours avec l'aide du droit. L'impunité juridique est aménagée au profit du dirigeant totalitaire, pour soustraire ses actes de toute exigence de légalité et lui garantir une impunité absolue[1]. C'est le cas du Président de la République du Cameroun, dont les actes accomplis dans le cadre de l'exercice de ses fonctions, sont couverts par l'immunité et ne sauraient engager sa responsabilité à l'issue de son mandat[2]. Bien encore, la procédure de mise en œuvre de cette responsabilité est complexifiée, de telle enseigne qu'elle est improbable[3].

L'impunité politique vise à assurer l'innocence juridique et politique de responsables publics et amis politiques. Elle semble d'ailleurs plus forte que celle conférée par le droit[4]. Les amis politiques se soutiennent, car ils se tiennent mutuellement. L'innocence est organisée par des mécanismes divers telle la destruction des archives, dont « *le feu « libérateur » nettoie la souillure et efface toute trace. Il faut faire disparaitre à tout jamais le moindre indice de ce qui interpelle leurs consciences, et qui aurait donné au peuple souverain, une raison de sévir* »[5].

L'impunité est aussi organisée par l'inapplication des lois, qui exposeraient la culpabilité. C'est notamment le cas de l'inapplication depuis 1996, de l'article 66 de la Constitution qui fait obligation au Président de la République et hauts cadres de l'État de faire la déclaration de leurs biens et avoirs au début et à la fin de leur mandat ou de leur fonction[6]. L'application de cette disposition, telle que prévue par l'article 66(2) du texte constitutionnel n'a jamais été effective. Le Code de transparence et de bonne gouvernance dans la gestion des affaires publiques au Cameroun, reprend cette exigence en ces termes « *les détenteurs de toute autorité publique, élus, membres du Gouvernement ou hauts fonctionnaires, font une déclaration de*

[1]MOUELLE KOMBI N., « entre mythe et réalité. Une réflexion sur l'État de droit en Afrique », op.cit., p. 18.
[2]Cf. article 53(3) de la loi constitutionnelle du 18 janvier 1996.
[3]*Ibid.,* article 53(2).
[4]Cf. KAMTO M., *Déchéance de la politique. Décrépitude morale et exigence éthique dans le gouvernement des normes en Afrique noire,* op.cit., p. 145.
[5]*Ibid.,* p. 146.
[6]Cf. article 66(1) de la loi constitutionnelle du 18 janvier 1996.

leur patrimoine en début et en fin de mandat ou de fonction »[1]. Mais son décret d'application reste vainement attendu.

L'impunité est également entretenue par l'absence de sanction politique, par celui qui en a le pouvoir. Ainsi, des hauts cadres de l'État et militants du parti, peuvent se rendre coupables de gestion irrégulière, voire de faire l'objet de procédures judiciaires, et conserver leur poste. On se souvient ainsi de la catastrophe ferroviaire d'Eséka survenu le 21 octobre 2016, dont la responsabilité a tout au moins en partie été attribuée au Ministère des transports. Aucune sanction ne s'en est suivie. On citera plus récemment l'affaire du « glissement de la CAN 2019 », pour cause d'inachèvement des stades et autres infrastructures. Les responsables concernés n'ont pas non plus fait l'objet de sanction. C'est aussi le cas des détournements massifs des deniers publics qui ne sont en principe et politiquement pas sanctionnés. Les quelques personnes livrées, notamment dans le cadre de l'« Opération épervier », participent encore de la démagogie de crédibilité du système ou de règlement de comptes politiques, pour que « *… le bon peuple ne croit pas à l'impunité. Car les lois sont là, qui disent que tous les citoyens sont égaux devant elles ; car les codes sont là, qui définissent les infractions et édictent les sanctions* »[2].

Tout cet artifice juridique et politique trompeur, ne va pas sans conséquences sur la démocratie et le développement national.

II. Les manifestations de l'autoritarisme en démocratie

Autoritarisme et démocratie sont deux paradigmes contradictoires, qui comme *la chèvre et le chou*, coexistent au Cameroun comme un peu partout en Afrique noire. La démocratie est alors avalée par l'autoritarisme, car « *le règne des autoritarismes est incompatible avec le règne du droit civilisé …* »[3]. L'adaptation au libéralisme démocratique n'a pas épuisé les relents autoritaires qui perdurent. « L'effet Syster Act », formule métaphorique du Professeur Luc SINDJOUN, inspiré du film *Whoopi Goldberg* et traduisant la

[1]Cf. article 51(1) de la loi n°2018/011 du 11 juillet 2018 portant Code de transparence et de bonne gouvernance dans la gestion des finances publiques au Cameroun.
[2]*Ibid.*, p. 141.
[3]MOUELLE KOMBI N., « entre mythe et réalité. Une réflexion sur l'État de droit en Afrique », op.cit., p. 15.

« difficile métamorphose d'une chanteuse de cabaret aux mœurs légères en bonne sœur », est illustratif de ce passage progressif de l'autoritarisme au libéralisme[1]. Il en est alors résulté un type d'État particulier, où coexistent démocratie et traditions autoritaires, et un type de droit particulier, celui d'une *démocratisation inachevée*. Ils se manifestent par des effets juridiques et matériels, traduisant une « précarité » de démocratie et d'État de droit, au-delà des faire-valoir juridiques qui les encadrent. L'autoritarisme en démocratie est en cela, une conséquence de la neutralisation légistique. La conséquence théorique touche à la qualité du droit surpassé par le pouvoir. Il existe un cadre normatif d'expression de l'autoritarisme dans la démocratie camerounaise. Ce droit constitue un corps de règles spécifiques, une sorte de droit commun, impulsé par l'exécutif pour son maintien et compris par les instances chargées de l'application des lois. C'est ce que nous qualifions de « droit de la démocratie inachevée » (A). Cet inachèvement de la démocratie s'illustre sur le plan matériel, par des revendications et résistances traduisant des aspirations à la liberté et au développement qui en dépend (B).

A. L'expression normative d'une démocratie inachevée

La démocratie au Cameroun a deux âges. Le premier est celui de sa genèse tumultueuse et le second, celui de sa consolidation sisyphesque. Elle n'est donc pas achevée. D'évidence, la démocratie n'est pas un acquis définitif, elle est un idéal, un processus en perpétuelle consolidation dont l'état s'évalue en termes de degré de réalisation. Aucun État, aucune société, ne peut se prévaloir d'une démocratie parfaite et totalement achevée. La démocratie est une totalité inaccessible, on ne peut qu'en avoir d'elle sans l'avoir. Elle n'a de sens qu'en tant que promesse, horizon poursuivi et défis à relever. Comme l'a relevé le philosophe Jacques Derrida, « *la démocratie reste à venir, c'est là son essence en tant qu'elle reste : non seulement elle restera indéfiniment perfectible, donc toujours insuffisante et future mais, appartenant au temps de la promesse, elle restera toujours, en chacun de ses temps futurs, à venir : même quand il y a de la démocratie, celle-ci n'existe jamais, elle n'est jamais*

[1]SINDJOUN L., « Dynamiques de Civilisation de l'État et Production du Politique Baroque en Afrique noire », op.cit., p. 192.

présente, elle reste le thème d'un concept non présentable »[1]. Il en va de même pour l'État de droit, conçu comme « *un processus dynamique plutôt qu'un ordre statique* »[2]. Seulement en Afrique noire et au Cameroun tout particulièrement, le processus d'enracinement de la culture démocratique n'est pas satisfaisant. Or la démocratie nait toujours de cette culture démocratique, qui se traduit par « *la sédimentation des comportements démocratiques appris et capitalisés sur une longue période* », pour devenir, « *des habitudes démocratiques* »[3] et concrètement, « *la substitution progressive des normes constitutionnelles cohérentes à celles qu'on rencontre aujourd'hui, qui pêchent par leur caractère incomplet, inachevé...* »[4]. L'ordre juridique camerounais reste dominé par un corps de règles peu démocratiques, une fragilité de la norme, exprimant une crise de la normativité (2), et entrainant une insécurité juridique (3). Une explication trouvée, est la prédominance du pouvoir d'État au détriment du droit (1).

1. Prédominance du pouvoir d'État

On reconnait l'État autoritaire à la prédominance du pouvoir dans son fonctionnement, plutôt que du droit. La survalorisation du pouvoir presque sans limite du fait de l'étiolement des contrepouvoirs, et l'orientation de l'ordre juridique camerounais sur la personne du Président de la République, sont symptomatiques de l'exercice d'un pouvoir autoritaire en démocratie. Dans la pratique, ce pouvoir s'illustre fort bien. Le droit aménage au profit du Président de la République, l'opportunité des sanctions politiques. Il convient de prendre en illustration, le cas des organes de contrôle et de répression dont certains indépendants, sont dépourvus de tout pouvoir de sanction ou de mise en cause. C'est au Chef de l'État que revient en définitive ce privilège. La Commission Nationale Anti-corruption notamment, est, aux termes de l'article 2(1) du décret qui la crée, « *un organisme public indépendant chargé de contribuer à la lutte contre*

[1] Derrida J., *Spectres de Marx*, Paris, Galilée, 1993, p. 339.
[2] CHEVALIER J., *L'État de droit*, op.cit., p. 141.
[3] KAMTO M., *L'urgence de la pensée. Réflexion sur une précondition du développement en Afrique*, op.cit., pp. 108-109.
[4] KEUTCHA TCHAPNGA C., « Droit constitutionnel et conflits politiques dans les États francophones d'Afrique noire », op.cit., p. 476.

la corruption »[1]. Seulement, lorsqu'au terme de ses investigations, elle constate des faits susceptibles d'être qualifiés de corruption ou de tout délit connexe, la Commission « réunit les éléments de preuve et transmet le dossier constitué au Président de la République *ainsi* que les décisions appropriées »[2]. C'est dans ce cas le Président de la République, qui instruit les suites de l'affaire. Il ne décidera des poursuites qu'à la suite de considérations politiques liées à la personne du mis en cause. Encore moins, les investigations ne peuvent être dirigées contre le Président de la République même, pourtant dépositaire de l'autorité publique. La Commission réputée indépendante, est en outre placée sous son autorité[3].

Cette autorité du Président de la République se matérialise surtout dans le domaine de la Justice. Au-delà de l'aménagement constitutionnel d'une telle prédominance, l'explication est davantage politique. C'est que « *dans le militantisme politique se sont impliqués des juges, et au pouvoir est soumise la Justice. C'est pourquoi qui a du pouvoir a de l'influence sur elle…* »[4]. Bien de fois, c'est implicitement que l'autorité du Président de la République sur la Justice est aménagée. C'est le cas de la procédure devant le Tribunal Criminel Spécial et notamment l'arrêt des poursuites pour restitution du corps du délit. La loi portant création de de Tribunal spécial prévoit qu' « *En cas des restitution du corps du délit, le Procureur Général près le Tribunal peut, sur autorisation écrite du Ministre chargé de la Justice, arrêter les poursuites engagées avant la saisine de la juridiction de jugement. Toutefois, si la restitution intervient après la saisine de la juridiction de jugement, les poursuites peuvent être arrêtées avant toute décision au fond […]* »[5]. Ces modalités de restitutions du corps du délit sont précisées par un décret[6]. Ladite restitution n'entraine pas automatiquement l'arrêt des poursuites, mais simplement une possibilité, d'où l'usage du « peut ». Cette possibilité est de la compétence du Procureur Général près ledit Tribunal, sous

---

[1]Cf. article 2(1) du Décret n°2006/088 du 11 mars 2006 portant création, organisation et fonctionnement de la Commission Nationale Anti-corruption.

[2]*Ibid.*, article 22(2). « *Ainsi* » ajouté pour le sens de la disposition.

[3]*Ibid.*, article 1(2).

[4]KAMTO M., *Déchéance de la politique. Décrépitude morale et exigence éthique dans le gouvernement des normes en Afrique noire, op.cit.*, pp. 145-146.

[5]Cf. article 18 de la loi n°2011/028 du 14 décembre 2011 portant création d'un Tribunal Criminel Spécial.

[6]Décret n°2013/288 du 04 septembre 2013 fixant les modalités de restitution du corps du délit.

autorisation du Ministre de la Justice. Or ce dernier est sous l'autorité politique, morale et hiérarchique du Président de la République, dont il reçoit nécessairement les instructions. C'est en ce sens que plusieurs cas d'arrêts de poursuites ont été initiés par une directive du Secrétariat Général de la Présidence de la République, dont celles médiatisées d'Haman Adama, Yves Michel Fotso, Gervais Mendo Ze et Basile Atangana Kouna[1].

Bien encore, « Les Hautes Instructions du Chef de l'État », seraient à certains égards devenues une source de légalité. Pour illustration, la Stratégie gouvernementale de riposte face à la pandémie de Coronavirus (Covid-19), contenant un ensemble de mesures privatives de libertés, n'a eu pour seul fondement que les « Instructions du Chef de l'État »[2]. Il s'en suit mécaniquement, une crise de la normativité.

2. Crise de la loi

La crise de la rationalité du législateur et de l'idéalisme législatif est classique[3]. Au Cameroun, le déclin du droit, appréhendé comme conséquence du recul démocratique, est palpable. Il s'illustre premièrement par l'embrigadement de l'organe législatif traditionnel dans une démocratie, à savoir le Parlement. Le processus législatif est globalement commandé par l'exécutif, sous l'autorité du Président de la République. Cette considération fait naitre des doutes, sur la paternité réelle de la loi au Cameroun[4]. Après test clinique de l'analyse juridique, la procréation de la loi au Cameroun est au moins en partie adultérine. Il y a « constitutionnellement un *père naturel* et un *père adultérin*. Ce dernier semble malheureusement dicter la loi au

---

[1]Voir en ce sens la note du Secrétaire Général de la Présidence de la République au Ministre de la Justice, Garde des Sceaux, du 02 décembre 2020, demandant sur « Hautes directives » du Chef de l'État, l'arrêt des poursuites contre Basile ATANGANA KOUNA. Inédit.

[2]Cf. Stratégie gouvernementale de riposte face à la pandémie de Coronavirus (Covid-19), publié le 17 mars 2020. Disponible sur www.spm.gov.cm>site>Stratégiegouvernementalederipostefaceàlapandémie.

[3]En ce sens FLÜCKIGER A., *Re(faire) la loi : traité de légistique à l'ère du droit souple*, op.cit., p. 13 et Ss. ; COTTERET J. M., *Le pouvoir législatif en France*, LGDJ, Paris, 1962, p. 11. ; RIPERT G., *Le déclin du droit. Étude sur la législation contemporaine*, Paris, LGDJ, 1949.

[4]KANKEU J., « Les missions du Parlement camerounais : regard sur une illusion », *Juridis Périodique,* n°73, janvier-février-mars, 2008, p. 42 et Ss.

père naturel »[1]. Double malheur, aux yeux de tous, ce dernier endosse la responsabilité par le fait de la présomption légale de paternité. Cet assujétissement implique aussi, les organes chargés de garantir l'application des lois et notamment la Constitution, instrument privilégie d'encadrement de la démocratie. S'y rangent, la Justice au sens large et particulièrement, la justice constitutionnelle incarnée par un Conseil constitutionnel impuissant.

D'un point de vue intrinsèque, la crise touche surtout à la qualité normative. La Constitution et partant le droit camerounais se constitue de textes d'une qualité normative et linguistique approximative. On relève des énoncés et notions flous, élastiques, peu clairs, équivoques et ambivalents[2], non moins que des textes et dispositions liberticides[3]. Ces aspects d'ores et déjà relevés, on s'appesantira ici sur le déclin axiologique de la norme, notamment constitutionnelle. La norme constitutionnelle au Cameroun comme un peu partout en Afrique a perdu de sa valeur et de sa symbolique. Théoriquement pourtant, elle est dotée d'une suprématie et d'une solennité presque mythiques, car dit le Doyen Vedel, elle est « *l'ensemble des règles les plus importantes de l'État* »[4]. Elle est la *Grundnorm* de Kelsen, norme suprême qui donne sens à l'ordre juridique et fonde la validité des autres normes et en cela constitue « *le fondement de l'État, la base de l'ordre juridique* »[5] ou encore « *le fondement de la validité d'un ordre juridique [...], la base d'un ordre de contrainte efficace* »[6]. L'idéal des constituants classiques était de « statuer pour l'éternité parce-que leur œuvre leur a toujours semblé mériter l'immortalité »[7]. Cette idée de suprématie et de sacralité de la Constitution, a pourtant prévalu en Afrique noire donc au Cameroun, avec l'enthousiasme qu'a suscité la transition démocratique. La Constitution était exaltée, vénérée, sacralisée, « *érigée en quasi totem juridique des démocraties*

[1]BILOUNGA S. T., « La crise de la loi en droit public camerounais », op.cit., p. 104.
[2]*Ibid.,* p. 107 et Ss.
[3]ABA'A OYONO J. C., « L'insécurité juridique en matière constitutionnelle. Questionnement sélectif sur l'articulation et la pratique constitutionnelles au Cameroun », op.cit., 39 et Ss.
[4]VEDEL G., *Manuel élémentaire de droit constitutionnel*, Paris, Sirey, 1949, p. 112.
[5]KELSEN H., « La garantie juridictionnelle de la constitution », *RDP*, 1928, p. 206.
[6]KELSEN H., *Théorie pure du droit*, op.cit., p. 62.
[7]LAVROFF D. G., « Le droit saisi par la politique : l'instabilité de la norme constitutionnelle sous la Vème République », Politea, n°25, 2014, pp. 23-46, spéc., p. 27.

émergentes »[1]. Aujourd'hui désacralisée, banalisée et vilipendée, elle n'est plus que l'ombre d'elle-même. Le « tabou constitutionnel » d'autrefois, s'est mû en une banalité juridique et politique, inconnue même des régimes totalitaires d'antan. Tout porte à croire qu'autant que la démocratie promeut la liberté, elle démystifie les normes. Pourtant la garantie de la sécurité juridique et de l'État de droit, reposent principalement sur la stabilité normative et surtout constitutionnelle[2]. Cette stabilité est rompue par les atteintes fréquentes et intempestives de la norme fondamentale. On a estimé à l'aube démocratique, que la rigidité de la Constitution, la préservait des modifications faciles et récurrentes[3]. C'est pourquoi, les premières Constitutions des pays d'Afrique étaient écrites avec des modalités rigides de révision[4].

Les pratiques constitutionnelles africaines marquées par des révisions débordantes et généralisées, montrent bien au contraire, que « *la rigidité d'une norme ne suffit pas à garantir sa stabilité. S'il y a une évidence, c'est qu'une constitution, même rigide, n'interdit pas sa propre révision* »[5]. La révision de la norme fondamentale qui régit les interactions entre les membres d'une société, est un phénomène naturel, qui va de paire avec l'évolution de ladite société. Comme le précise l'article 28 de la déclaration des droits précédant le texte de la Constitution française de 1793, « *un peuple a toujours le droit de revoir, reformer et de changer sa constitution [...]. Une génération ne peut assujettir à ses lois, les générations futures* »[6].

Les révisions participent en ce sens de la « dynamique constitutionnelle », qui fait évoluer la règle de droit et l'adapter aux exigences nouvelles[7]. Seulement, les révisions en Afrique francophone, n'entrent pas dans cette objectivité classique. Elles sont très souvent faites dans un but personnel pour la conservation du pouvoir et l'aménagement d'une suprématie constitutionnelle

---

[1]HOUQUERBIE F., « Le sens d'une constitution vue de l'Afrique », Conseil constitutionnel, Titre VII, 2018/1, n°1, pp. 35-43, spéc., p. 36.
[2]GUEYE B., « La démocratie en Afrique : succès et résistances », op.cit., p. 18.
[3]*Idem.*
[4]AÏVO F. J., « La crise de normativité de la Constitution en Afrique », *Revue du droit public et de la science politique en France et à l'Etranger*, 2012, n°1, p. 5.
[5]*Idem.*
[6]Cf. RIALS V. S., *Textes constitutionnels français*, coll. Que sais-je ? 16e éd., Paris, PUF, 2001, p. 18.
[7]AÏVO F. J., « La crise de normativité de la Constitution en Afrique », op.cit., p. 5.

permettant une gouvernance aisée, presque sans contradiction du dirigeant au pouvoir. Elles apparaissent comme « *une pâte alluviale entre les mains du Chef de l'Exécutif, qui n'hésite pas au terme des mandats constitutionnellement autorisés, à escamoter tout obstacle constitutionnel capable d'empêcher son maintien au pouvoir ad vitam aeternam* »[1]. C'est là l'expression d'un droit, saisi par le pouvoir. Les révisions constitutionnelles traduisent en cela, l'emprise du politique sur le texte constitutionnel et contribuent à l'érosion de la Constitution prise dans l'étau du pouvoir. Le Cameroun est bien accoutumé à ces pratiques d'abaissement de la Constitution avec des méthodes quelque peu frauduleuses et d'effraction. Cette « *effraction constitutionnelle* », s'est surtout manifestée par le biaisement de la procédure de révision de la Constitution, pour l'adoption substantielle d'une nouvelle Constitution, celle du 18 janvier 1996. Depuis 1990, la Constitution camerounaise a fait l'objet de trois (03) modifications.

La première est intervenue le 23 avril 1991, la deuxième le 18 janvier 1996, et la troisième date du 14 avril 2008. Ces modifications se sont faites à la fois dans le sens de l'ouverture démocratique, et l'aménagement progressif d'un autoritarisme et d'une personnalisation du pouvoir. Ainsi, le droit constitutionnel camerounais oscille désormais entre « *construction de la démocratie et essoufflement de l'État de droit* », entre « *constitutionnalisme triomphant et constitutionnalisme chaotique, non démocratique ou rédhibitoire* »[2]. Les aspects de ces réformes tel qu'évoqué précédemment institutionnalisent l'autoritarisme en démocratie, avec un Président au sommet de l'ordre juridique et garant de la suprématie constitutionnelle, véritable législateur, incarnation personnalisée de l'État et titulaire d'un pouvoir presque illimité du fait des contrepouvoirs neutralisés, rééligible indéfiniment à l'issue d'un mandat de sept (07) ans, juridiquement et politiquement irresponsable, etc.[3]. Il s'en suit alors une insécurité juridique en matière

---

[1]NGANGO YOUMBI E., « La supraconstitutionnalité. – Vue d'Afrique », *in* Maurice Kamto, Stéphane Doumbe-Bille, Brusil Miranda Metou (dir.), *Regards sur le droit public en Afrique. Mélanges en l'honneur de Joseph Marie BipounWoum, op.cit., pp. 135-151, spéc., p. 137.*

[2]HOUQUERBIE F., « Le sens d'une constitution vue de l'Afrique », op.cit., p. 36.

[3]Lire sur les implications de la réforme constitutionnelle du 14 avril 2008, MATIP F. N., et KOUTOUKI K., « Cameroun : Une analyse juridique de la mutation constitutionnelle du 14 avril 2008 », *Institute for Security Studies, Situation Report,* Septembre 2009, p. 11.

constitutionnelle, nocive à la consolidation de la démocratie et l'État de droit[1].

3. Insécurité juridique

La sécurité juridique est un élément substantiel de définition d'un État de droit. Elle est la finalité de l'encadrement juridique de la démocratie. Le principe de l'État de droit s'assimile en ce sens, à celui de la sécurité juridique[2]. L'État de droit, est celui qui répond « aux postulats de la démocratie et de la sécurité juridique »[3]. Cette dernière est une garantie contre l'arbitraire en même temps qu' « une exigence fondamentale de l'État de droit »[4]. Inversement, il y a insécurité juridique, lorsque l'ordonnancement et la qualité des normes dans un État, ne sont pas de nature à garantir juridiquement, les droits fondamentaux des citoyens. La « sécurité » renvoie subjectivement à la confiance, la tranquillité d'esprit qui résulte de l'opinion qu'on n'a pas à craindre de danger. C'est objectivement, l'absence réelle de danger. On parle alors de « sécurité juridique », lorsque la confiance qui induit l'absence de danger, réside dans le droit. Or le but du droit et précisément de l'État de droit, est de garantir la sécurité des personnes et des biens. C'est pourquoi, de l'avis de certains, « sécurité juridique » est un pléonasme, une redondance[5].

Dans le cadre de l'État de droit, la sécurité juridique s'entend de l'ensemble des droits consacrés par la Constitution et assortis de mécanismes de garantie appropriés. À cette fin, le droit qui garantit la sécurité doit revêtir les attributs de clarté, précision, univocité et stabilité, qui apportent à ses destinataires, les éléments de confiance nécessaires et la possibilité de prévoir les conséquences de leurs actes. À défaut, il y a insécurité juridique, qui est une manifestation du phénomène de crise de la loi évoqué précédemment. La question à laquelle il faut répondre est celle de savoir, si l'encadrement de la

[1]En ce sens ABA'A OYONO J. C., « L'insécurité juridique en matière constitutionnelle. Questionnement sélectif sur l'articulation et la pratique constitutionnelles au Cameroun », précité.
[2]KELSEN H., *Théorie pure du droit*, op.cit., p. 338.
[3]*Ibid.*, p. 411.
[4]CHEVALIER J., *L'État de droit*, op.cit., p. 96.
[5]Cf. CHEVALIER J., « Le droit économique : insécurité juridique ou nouvelle sécurité juridique », *in* BOY L., RACINE J. B., et SIRAINIEN f., (dir.,), *Sécurité juridique et droit économique,* Paris, Larcier, 2007, p. 559.

démocratie et de l'État de droit au Cameroun, est gage de sécurité juridique. Au vu de l'infection grave du Cameroun, au virus du déclin du droit, la réponse est négative. En dépit de quelques attributs de sécurité juridique dont l'existence formelle d'une Constitution proclamant des droits et d'organes ayant vocation à garantir leur application, l'analyse minutieuse dévoile « une sorte de saupoudrage qui révèle l'inédite insécurité juridique »[1]. Une vérification fondée sur les indicateurs de sécurité juridique s'avère toutefois nécessaire. Ces indicateurs impliquent : l'accès au droit, mais aussi, l'amélioration de la qualité de la production juridique et la protection contre l'instabilité des règles.

L'accès au droit suppose « *un système juridique dans lequel chacun peut savoir à quelle règle sa situation est ou sera soumise* »[2]. Le droit existant doit être connu et compris, dont « mis à la disposition des sujets de droit par l'autorité productrice des normes », qu'est l'État[3]. Il faut pour cela, mettre l'accent sur « *l'exigence d'accessibilité et d'intelligibilité du droit* », tel que consacré par le Conseil constitutionnel français, par une décision de décembre 1999[4]. Cette exigence est justifiée par le fait que « l'égalité devant la loi et la garantie des droits sont en effet mises en cause si les citoyens ne disposent pas d'une connaissance suffisante des normes applicables »[5]. Non plus, les citoyens ne sauront pas quel est la règle applicable pour faute d'intelligibilité de la loi, si la rédaction des textes est faite avec complexité, obscurité et contradictions. D'un, le droit au Cameroun est d'une accessibilité limitée. Les textes de lois ne sont pas systématiquement publiés comme prévu, au *Journal Officiel*, encore moins dans les deux langues officielles de la République, que sont le français et l'anglais[6]. Il y a donc une double inaccessibilité,

[1]ABA'A OYONO J. C., « L'insécurité juridique en matière constitutionnelle. Questionnement sélectif sur l'articulation et la pratique constitutionnelles au Cameroun », op.cit., p. 38.
[2]AKAM AKAM A., « Libres propos sur l'adage « nul n'est censé ignorer la loi » », *RASJ,* vol. 4, n°1, 2007, pp. 31-54, spéc., p. 35.
[3]*Idem.*
[4]En ce sens, MATHIEU B., « La sécurité juridique : un produit d'importation dorénavant « made in France » (à propos des décisions 99-421 DC et 99-422 DC du Conseil constitutionnel) », D. 2000, n°4, p. VII.
[5]CHEVALIER J., *L'État de droit*, op.cit., p. 97.
[6]L'article 31(3) de la loi constitutionnelle du 18 janvier 1996, prévoit clairement que « La publication des lois est effectuée au Journal Officiel de la République en Français et en Anglais ».

l'une matérielle et l'autre linguistique. Les rares parutions d'antan du *Journal Officiel* étaient en outre d'une distribution très restreinte, voire secrète. L'existence dudit *Journal* est sans doute méconnue du citoyen ordinaire et du Cameroun périphérique. On recourt opportunément à des alternatives de supports de diffusion, dont la « *procédure d'urgence* » devenue la règle, les organes de presse écrite et audiovisuelle, etc., qui s'avèrent tous inefficaces. Cette précarité des techniques de diffusion du droit, compromet largement, le droit du citoyen à l'information juridique[1]. De deux, le droit camerounais et en tête la Constitution, n'est pas intelligible, même pour les juristes les plus fins d'esprit. L'art légistique instrumentalisé et la dominance politique du droit, président à des formulations ambiguës, équivoques et contradictoires.

L'amélioration de la qualité du droit en tant qu'autre déclinaison de la sécurité juridique, invite le législateur à « *adopter des dispositions suffisamment précises et des formules non équivoques afin de prémunir les sujets de droit contre une interprétation contraire à la Constitution ou contre le risque d'arbitraire* »[2]. Prosaïquement, il faut « faire court et bon, peu et bien »[3]. Ce n'est pourtant pas le cas au Cameroun, où le droit politisé et assujetti est d'une qualité abaissée et presque déplorable. Cette mauvaise qualité est suivie curieusement par une prolifération peu maitrisée des textes et sources de droit[4].

L'exigence ultime de la sécurité juridique, c'est l'existence de garanties contre la modification du droit en vigueur. Elle implique la stabilité du droit, la légalité et « le principe de confiance », qui interdit les changements brutaux[5]. Comme relevé, le droit et son application au Cameroun, sont particulièrement instables et variables en fonction des contextes et des enjeux politiques du moment. La légalité est fragilisée par la banalisation du droit et l'exaltation du pouvoir. Les expériences récentes de modification anti-démocratique de la Constitution pour le maintien inconstitutionnel au pouvoir et

---

[1]Voir en ce sens AKAM AKAM A., « Libres propos sur l'adage « nul n'est censé ignorer la loi » », op.cit., p. 42 et Ss.

[2]Cette exigence est mise en œuvre par une Jurisprudence bien établie du Conseil constitutionnel français, rapportée par CHEVALIER J., *L'État de droit*, op.cit., p. 98.

[3]FLÜCKIGER A., *Re(faire) la loi : traité de légistique à l'ère du droit souple, op.cit., p. 14.*

[4]AKAM AKAM A., « Libres propos sur l'adage « nul n'est censé ignorer la loi » », op.cit., p. 36 et Ss.

[5]CHEVALIER J., *L'État de droit*, op.cit., p. 98.

l'usurpation quotidienne de la légalité, ont ôté chez le citoyen logique et rationnel, tout sentiment de confiance à l'égard du législateur et des dirigeants. La légalité inconstitutionnelle au pouvoir se désagrège, face à l'exigence de légitimité populaire. Cette incohérence génère des conséquences matérielles, qui loin de surprendre, traduisent les efforts de libération dans une société oppressée.

B. L'expression matérielle d'une démocratie inachevée

Le vécu politique, économique et social camerounais, traduit sur le plan matériel, une démocratisation inachevée. Le droit neutralisant, trompeur et démagogue, produit ainsi des conséquences observables, mais préoccupantes. La démocratie est censée apporter la paix, la sécurité, l'unité et la cohésion nationales, favorisant le développement. Le constat au Cameroun est paradoxal. Alors que la démocratisation de l'État prétendument consacrée est partout exaltée, le pays est marqué par des crises diverses, de nature politique, sociale, économique et sécuritaire. Sans surprise, elles reflètent un État non démocratique, en proie aux luttes permanentes pour la libéralisation effective de la vie politique et sociale, l'alternance politique, la réalité de la séparation des pouvoirs, et l'encadrement juridique de la diversité ethnique et culturelle, gage de l'intégration nationale.

Cette unité nationale forte qui tente vainement d'être scandée, à partir de cultures non intégrées. Ce serait bien le propre des dictateurs, que de « *créer l'unité nationale à partir d'un vide culturel…* », avec l'idée que « ... *tout est dans l'État, et rien d'humain ou de spirituel n'existe encore moins n'a de valeur en dehors de l'État* »[1]. Puisque l'exercice de l'autoritarisme en démocratie résulte d'une instrumentalisation politique de la norme, ces conflits sont aussi de la faute du droit neutralisé. On reconnait ainsi en la capture juridique de la démocratie et l'État de droit, qui crée des frustrations diverses, la source des conflits au Cameroun (1). Ça n'est d'ailleurs pas la seule conséquence. Le retard dans le développement, est aussi vu comme causé par l'embrigadement de la pensée et la restriction des libertés, compromettant le fonctionnement normal de l'État (2). Pour assurer le développement, il faut donc libérer la démocratie et permettre l'effectivité de l'État de droit (3).

[1]MWAYILA T., *l'État postcolonial d'insécurité en Afrique*, Paris, Présence africaine, 1990, p. 13.

1. Recrudescence des conflits

Les lendemains de la consécration de la démocratie au Cameroun, sont aussi troubles que les veilles de libéralisation. Si les causes de troubles de ces dernières étaient dictées par les revendications d'accession à la démocratie, elles sont aujourd'hui, des revendications d'effectivité de la démocratie et l'État de droit, consacrés, mais neutralisés. Cette neutralisation est avant tout juridique. Le droit est donc potentiellement source de conflits, qu'il est originellement censé résoudre et éviter. Ainsi, au Cameroun, « plusieurs des difficultés et crises politiques rencontrées sont d'ordre institutionnel ; elles ont pour origine les imperfections des textes constitutionnels en quelque sorte inachevés, faute de prévoir certaines situations et en raison de dispositions trop sommaires et trop rigides »[1]. Ce rapport de cause à effet n'est pas nouveau, il remonte aux années qui ont précédé l'ère de démocratisation et serait à l'origine des revendications des anglophones et de la crise anglophone, en activité depuis 2016 et toujours pendante.

La Conférence de Foumban qui se tint du 17 au 21 juillet 1961 et à l'origine de la fédération au Cameroun, a été vu pour beaucoup, comme une « *escroquerie politique* », du fait d'une malice du Président du Cameroun francophone, Amadou Ahidjo, ayant consisté en amont des discussions avec les représentants du Cameroun anglophone, à faire rédiger le texte définitif de la loi constitutionnelle à adopter[2]. Le texte constitutionnel du Cameroun réunifié le laisse penser, puisqu'il réalise une organisation curieuse des pouvoirs, avec une « omniprésence du Président de la République », concentrant entre ses mains, « les clés de la vie législative et constitutionnelle ». Il s'en suit, une remise en cause du principe d'autonomie propre à toute organisation fédérale, pour « *un fédéralisme muet, et sans véritable articulation en pratique ; un fédéralisme étouffé, étriqué, truqué, qui ne laissait pas les États fédérés s'exprimer démocratiquement. C'était un fédéralisme de façade qui donnait les pleins pouvoirs au Président Ahidjo [...] La République fédérale apparaissait dans les affiches,*

[1]DU BOIS DE GAUDUSSON J., « Point d'actualité sur les modalités de production du droit constitutionnel dans les États africains francophones », *in Mélanges Patrice Gélard, Droit constitutionnel*, Paris, Montchrestien, 1999, pp. 341-346, spéc., p. 342.

[2]NGA EFOUBA S., *Du Cameroun britannique à la crise anglophone*, Yaoundé, l'Harmattan – Cameroun, 2018, p. 145.

mais à la réalité, on avait plutôt les traits d'un État unitaire centralisé »[1]. Le Cameroun unifié, la nouvelle Constitution adoptée par référendum populaire, le 20 mai 1972, promulguée le 02 juin 1972, reprend les mêmes préceptes démocratiques, tout en contenant des dispositions constitutives de supplices pour cette démocratie et institutives d'un État dictatorial. L'État unitaire qui en résulte et qui met lâchement fin au fédéralisme[2], est fortement centralisé et concentré, avec un parti politique unique et un candidat unique aux « élections présidentielles », contextuellement des simples formalités non concurrentielles. Cet État unitaire a ainsi été utilisé par le Président de la République, pour « asseoir sa notoriété, sa soif hégémonique, sa dérive autoritaire sous le fallacieux prétexte de rassemblement ou d'unification, car pendant la période de l'État fédéral, les camerounais étaient unis et soudés »[3].

L'idée d'États coexistant sur le même territoire sera définitivement, mais sournoisement effacée, avec un décret du Président Paul Biya (arrivé au pouvoir en 1982) de 1984, qui change l'appellation

[1]*Ibid.,* pp. 153-154.

[2]Lâchement parce-que l'avènement de l'État unitaire procède à l'analyse, d'une volonté hégémonique et personnelle et non populaire. On relève également le caractère inconstitutionnel et frauduleux du moyen de cette réforme, le référendum constitutionnel du 20 mai 1972. En effet, une partie de la doctrine souligne le caractère anticonstitutionnel du Référendum du 20 mai 1972. Elle estime que c'était en dépassement de ses pouvoirs, que le législateur de 1969 (loi n° 69/LF/15 du 10 novembre 1969 fixant les conditions et la procédure du référendum prévue par l'article 2 de la constitution du 1er septembre 1961 et modifiée par la loi n° 72/LF/1 du 7 mai 1972), a instauré une nouvelle procédure de révision de la Constitution. Pour le Professeur Lékéné Donfack notamment, cela n'était pas possible dans la mesure où, constitutionnellement, le Président de la République ne pouvait pas s'adjuger l'initiative de la procédure référendaire alors que l'exercice de la souveraineté nationale ne lui appartient pas. Cela, du fait que l'article 2 de la Constitution du 1er septembre 1961 précisait formellement qu'aucune fraction du peuple, ni aucun individu ne peut s'attribuer l'exercice de la souveraineté. D'autant plus que l'article 47 de la constitution de 1er septembre 1961 mentionnait l'interdiction de révisions portant atteinte à la forme fédérale de l'État et l'exigence d'une double majorité relative à la révision dans la Constitution. Cette disposition entendait par là préserver la nature fédérale de l'État. Cf. LEKENE-DONFACK Ch., « La révision des constitutions en Afrique », *R.J.P.I.C*, n° 1, 1989, p. 45. ; NKOT P. F., « Le référendum du 20 mai 1972 au Cameroun : analyse de quelques tendances de la doctrine », *Les cahiers du droit*, Vol. 40, n° 3, 1999, 665-690. L'idée de « fraude à la constitution », n'est donc pas nouvelle, dans le constitutionnalisme camerounais.

[3]NGA EFOUBA S., *Du Cameroun britannique à la crise anglophone*, op.cit., p. 162.

« République Unie du Cameroun », en « République du Cameroun », tout simplement. Le souffle du « vent d'Est », porteur de démocratisation, n'a pas entrainé ces relents autoritaires, mais a sans doute donné un nouveau prétexte de continuité de l'autoritarisme : la démocratie et l'État de droit. Au-delà des décors aménagés par la réforme constitutionnelle et « démocratique » du 18 janvier 1996, sous les pressions nationales et internationales, il ne s'est pas opéré de basculement réel vers la démocratie. Ces frustrations accumulées, démagogies d'infantilisation des citoyens pris comme « peuple troupeau » ou « peuple enfant », par le Chef de l'État « père »[1], ont généré des émotions et révolutions, dont la crise anglophone n'est qu'une facette.

Il y a à côté de ces causes profondes, des causes directes toujours liées au droit et sa qualité. Les manifestations de la crise anglophone, ont débuté par l'évènement du 11 octobre 2016, dont la grève à Bamenda des avocats d'expression anglaise et de tradition Common Law, pour inaccessibilité linguistique du droit applicable au Cameroun. L'accès au droit étant en outre, un droit fondamental du citoyen. Comme le souligne Nicolas Molfessis, cet accès « est aussi nécessaire qu'accéder aux savoirs ou aux soins : une condition de la dignité de la personne humaine »[2]. Ils réclamaient précisément, la traduction en langue anglaise des Actes uniformes de l'Organisation pour l'Harmonisation en Afrique du Droit des Affaires (OHADA) et autres textes de lois, tout en s'insurgeant des difficultés qu'il nait de la nomination au sein des juridictions des zones anglophones, de magistrats d'expression française et de tradition romano-germanique[3]. L'insensibilité du gouvernement a entrainé la poursuite des manifestations dans d'autres corporations.

La crise sociale et populaire de février 2008, s'inscrit dans la même perspective de revendications démocratiques. Improprement appelée « émeutes de la faim », puisqu'elle n'en était pas une, la contestation populaire de février 2008 active sur la quasi-totalité du territoire

[1]Expressions de Jean-François BAYART dans BAYART J. F., « La problématique de la démocratie en Afrique - La Baule et puis après ? », *Politique Africaine*, n°43, Octobre 1991, pp. 5-30, spéc., p. 8.

[2]MOLFESSIS N., « La sécurité juridique et l'accès aux règles de droit », *RTD Civ.*, 2000, p. 662.

[3]En ce sens, MACHIKOU N., « Utopie et dystopie ambazoniennes : Dieu, les dieux et la crise anglophone au
Cameroun », *Politique africaine*, 2018/2, n° 150, p. 119. pp. 115-138.

national avec l'énergie débordante d'un peuple opprimé pour la liberté, traduit « *la révolte d'un peuple en quête de démocratie et d'affirmation de sa dignité* »[1]. Elle « *est véritablement, la marque de la surdité du pouvoir face aux revendications légitimes contre la levée du verrou constitutionnel de la limitation du mandat présidentiel* »[2]. Cette rééligibilité éternelle du Président de la République, à l'issue d'un mandat de sept (07) ans, est le fruit de la révision constitutionnelle sournoise et « unilatérale », du 14 avril 2008. Comme l'a dit Liet-Veaux, « *ce ne sont pas les actes de violence qui caractérisent les révolutions, mais plutôt la violation des dispositions relatives à la révision de la Constitution en vigueur* »[3].

La chute récente par coup d'État, du Président Alpha Condé en Guinée Conakry, à la suite de l'accession à un troisième mandat consécutif à une modification constitutionnelle la permettant, ne saurait passer inaperçue. Il en va de même des nombreux coups d'État, conflits armés et révolutions populaires, généralisés un peu partout en Afrique noire francophone, où les dirigeants nourrissent des envies égoïstes du pouvoir. Or, pour mieux exercer le pouvoir, il faut mieux le connaitre. Le pouvoir est éternel et atemporel, mais les dirigeants sont mortels et passagers. Le pouvoir use mais ne s'use pas et entre les mains de son détenteur, il est une denrée périssable. Si l'on méconnait ses règles de jeu, le pouvoir tue, et aux délices du pouvoir, se substitue, le pouvoir meurtrier.

Les élections et l'alternance au pouvoir ou tout au moins sa possibilité réelle, font vivre la démocratie. Le verrou du processus électoral, rendant improbable toute alternance, est une autre manifestation de l'autoritarisme, entretenue par la règle de droit. L'épisode de la crise politique née des contestations de l'élection présidentielle du 07 Octobre 2018 jugée frauduleuse, s'est ponctuée d'un ensemble de manifestations publiques parfois autorisées et généralement interdites, dont l'essence n'est pas tarie. Elle éprouve notre système de démocratie et en expose les failles. Aux appels de l'opposition à une réforme consensuelle du Code électoral qui

---

[1]MBARA GUERANDI G., « Repenser un modèle de démocratie participative au Cameroun », *CJDHR,* vol. 2, juin 2008, p. 4.

[2]ABA'A OYONO J. C., « L'insécurité juridique en matière constitutionnelle. Questionnement sélectif sur l'articulation et la pratique constitutionnelles au Cameroun », op.cit., 36.

[3]LIET-VEAUX G., « La fraude à la Constitution. Essai d'une analyse juridique des révolutions communautaires récentes : Italie, Allemagne, France », op.cit., p. 117.

organise le jeu, parfois appuyés de boycott et autres moyens de pression, le Gouvernement reste sourd et muet et la représentation nationale chloroformée, impuissante. Or, ce sont justement ces défauts de régulation juridique du jeu démocratique, qui créent les conflits politiques et les crises de la société[1]. Au nombre de ces crises, il y a la pauvreté et le retard dans le développement.

2. Développement retardé

Il y a un lien inextricable entre la liberté et le développement. Ce qui les relie, c'est avant tout la pensée. La pensée libre est porteuse de croissance économique et de développement. Le développement durable se pense et se construit, car « *science sans conscience, n'est que ruine de l'âme* » dit Rabelais. L'embrigadement de la pensée hypothèque le progrès et enlise la société dans le non-développement, parce que « l'esprit dans la poche », nous empêche de prévoir les crises, les éviter ou les traverser, d'utiliser nos ressources et richesses à bon-escient pour le développement et nous pousse à faire « naufrage dans le quotidien ».

La pensée est connaissance et elle évolue rapidement. Rien dans la société ne progresse comme la pensée et rien ne fait progresser la société comme la pensée. La suprématie des grandes puissances s'expliquerait ainsi essentiellement par l'intérêt accordé à la pensée et son renouvellement innovant[2]. La pensée, l'intelligence, permet ainsi de classer les Nations. Comme l'a dit Jean-de Bourbon, penseur français du XXème siècle, « *l'intelligence sera dans l'avenir, la denrée la plus recherchée. Les nations se classeront en fonction du degré d'importance qu'elles auront reconnue à l'intelligence* ». Au Cameroun, la pensée et l'intelligence ne sont pas exaltées. Ce qui l'est, c'est la politique et les considérations subjectives. La gestion universitaire et le financement de la recherche ne sont pas priorisés dans les politiques de développement. La recherche y est donc précarisée, sur le plan matériel, financier et psychologique. Pourtant, la mise en œuvre de stratégies efficientes est nécessaire pour permettre

---

[1]*Idem.*

[1] AÏVO F. J., « La crise de normativité de la Constitution en Afrique », Op.cit., p. 10 et Ss.

[2]KAMTO M., *L'urgence de la pensée. Réflexion sur une précondition du développement en Afrique,* op.cit., pp. 15-16.

à l'Université d'atteindre ses fonctions d'enseignement, de recherche et d'appui au développement[1]. Encore, la pensée qui apporte le progrès est nécessairement contradictoire, subversive et évolutive. Elle ne peut être unanime. A défaut, on ne pense pas. Le Régime politique camerounais semble pourtant avoir la pensée libre en horreur et la combat par « l'invective et la terreur », pour ne pas s'en trouver contredit. La précarisation de la pensée et ses cadres au Cameroun vise justement cet objectif, éviter la pensée, surtout subversive. Cette intolérance à l'égard de la « pensée en rupture », est au moins en partie, à la racine du sous-développement[2]. Elle est surtout en contradiction avec la démocratie qui promeut la liberté sous ses diverses expressions. Le tableau du sous-développement au Cameroun est particulièrement sombre : exacerbation du taux de chômage, pauvreté continue, précarité des infrastructures routières, hospitalières, éducatives, sous-alimentation, salaire minimum dérisoire, accroissement de la dette extérieure, etc.

On a souvent vu aux régimes non démocratiques, les traits déclencheurs de prospérité économique. Les exemples de la Corée du Nord, de la Chine en Asie de l'Est et du Maroc en Afrique peuvent être cités. Mais non plus, le progrès économique sans liberté n'est pas suffisant. Le développement est un tout qualitatif et quantitatif qui implique à la fois la croissance économique et la libéralisation de la société. Le plus criable au Cameroun est qu'à la fois, il n'y a ni liberté, ni progrès économique. Que faire ? Il faut libérer la démocratie et l'État de droit, pour espérer qu'ils entrainent la croissance économique et le développement.

3. Démocratie libérée

Chloroformés aux fins de pouvoir, il faut libérer la démocratie et l'État de droit au Cameroun, pour garantir leur effectivité. Il suffit pour y parvenir, de renverser la tendance, revaloriser le droit, afin qu'il régule le pouvoir, car l'État de droit est avant tout, celui gouverné par les normes - « nomocratie ». Cette entreprise s'étend sur

[1]POKAM H. De P., « Le financement de l'enseignement supérieur au Cameroun », in POKAM H. De P., NGWE L., *L'enseignement supérieur au Cameroun depuis la réforme de 1993. Dynamiques et perspectives*, Dakar, Codesria, 2016, pp. 105-137.
[2]KAMTO M., *L'urgence de la pensée. Réflexion sur une précondition du développement en Afrique,* op.cit., pp. 31-32.

l'ensemble des aspects neutralisés de l'État de droit sus-évoqués, tant en la forme qu'au fond.

De façon intransigeante, il faut réécrire la Constitution qui est au centre de l'État de droit, de manière concertée et consensuelle.

Cette rédaction devra sur la forme, être faite dans le sens de la rendre plus claire, applicable et démocratique. Cela consiste à soustraire les dispositions inertes et d'application improbable, qui font échec à l'expression des libertés. Le texte doit être rédigé avec un accent sur *la qualité*, afin qu'il soit moins ambigu, que soient soustraites sinon réduites, les notions évasives aux contenus imprécis. Cela implique une précision matérielle et temporelle des évènements constitutionnels afin de limiter le degré d'appréciation personnelle malléable (''*ordre public, intérêt supérieur de l'État, progressivement…*''). Le pouvoir constituant doit comme un horloger, régler la Constitution comme une horloge afin que le système gouvernant soit à l'heure des rendez-vous constitutionnels et institutionnels. Le temps constitutionnel se droit d'être précis et impératif. Le droit doit être rendu accessible au sens de son intelligibilité et de son accessibilité. Il doit être normativement et linguistiquement compréhensible.

Sur le fond, il faut soustraire du texte constitutionnel, les dispositions liberticides ; réduire l'hégémonie du Président de la République sur l'ordre constitutionnel ; constitutionnaliser le statut de l'opposition afin de favoriser l'alternance politique et opérer une séparation réelle des pouvoirs, pour ne maintenir que des collaborations nécessaires. Cela implique une autonomisation véritable des pouvoirs Législatif et Judiciaire, afin de n'être plus inféodés à l'Exécutif. Cela concerne notamment dans le domaine législatif, la priorisation des propositions de loi, le conditionnement de l'initiative présidentielle des lois par une acceptation préalable des parlementaires, le retrait du Président de la République de la navette parlementaire, la soumission de tout projet d'adoption ou de révision de la Constitution au référendum populaire. Sur le plan judiciaire, exclure le Président de la République de la garantie de l'indépendance de la Justice. En cela, il ne saurait présider le Conseil supérieur de la magistrature, encore moins procéder aux nominations et sanctions des magistrats. Le Conseil constitutionnel doit être consacré comme organe juridictionnel et ses membres, prendre l'appellation claire de « juges constitutionnels ». Le contrôle *a posteriori* des lois doit être consacré pour épurer le système normatif de lois inconstitutionnelles, de même que doit être opérée, une plus grande démocratisation de la saisine du Conseil. Le mandat des membres du Conseil doit être dépolitisé, tant dans les nominations, que l'exercice même des fonctions. Il faut à ce titre rétablir l'article 50 (1) de la loi du 18 janvier 1996, prévoyant un mandat de neuf (09) pour les membres du Conseil, non renouvelable, mais continu. Cette prévision était un « *gage ou une garantie d'indépendance des conseillers constitutionnels vis-à-vis du Président de la République dont la durée du mandat est, quant à lui, de sept ans* »[1]. Ce mandat présidentiel justement, on pourrait le réduire et surtout, limiter la rééligibilité du candidat. La séparation effective des pouvoirs permettra ainsi, une certaine rationalité législative et une efficacité de la garantie des droits. Au-delà du droit, doit en tout temps prévaloir, la bonne foi des personnes et organes chargés de l'application de la Constitution et autres règles, dans le sens de l'intérêt commun et du développement de la Nation. Ce qui implique, l'enracinement de la culture démocratique.

C'est sous ces conditions, que la démocratie libérée, entrainera la croissance économique et le développement. La pensée libre s'impose en ce sens, comme une précondition du développement au Cameroun[2].

*

* *

L'encadrement juridique de la démocratie au Cameroun n'est pas nouveau. Il prend naissance dès les premiers textes fondamentaux postindépendance et évolue avec les grands moments de la vie politique et institutionnelle de l'État. La tradition totalitaire est tout aussi constante, de l'époque coloniale à l'ère démocratique. L'ouverture formelle du Cameroun à la démocratisation, n'a pas supprimé ces relents autoritaires, résilients, puis prépondérants. L'autoritarisme a donc toujours coexisté avec la démocratie, qui en

[1]GUIMDO B. R., « Constitution et démocratie dans les États francophones d'Afrique », op.cit., p. 190.

[2]Cf. KAMTO M., *L'urgence de la pensée. Réflexion sur une précondition du développement en Afrique, précité.*

réalité apparait comme un formalisme consécutif aux pressions nationales et internationales, mais sans volonté, ni culture démocratique réelles. Cette alchimie incohérente entre démocratie et dictature s'est particulièrement relevée avec l'avènement d'une conception substantielle de l'État de droit, exposant les pratiques totalitaires antidémocratiques. La démocratie et l'État de droit au Cameroun s'en trouvent donc par un remarquable art légistique, neutralisés. Le droit et les pratiques constitutionnelles qui en résultent consacrent une démocratie autoritaire, caractérisée par une mollesse du droit rendu impuissant et une survalorisation du pouvoir. Au cœur de cette exaltation du pouvoir, il y a la consécration d'un Président de la République tout puissant, incarnation personnalisée de l'État et de la Nation, qui trône sur l'ordre constitutionnel et institutionnel camerounais. Le pouvoir sacralisé transcende le droit et le réduit à un rite instrumental. Cette instrumentalisation du droit au profit du pouvoir, produit des conséquences, manifestations d'un pouvoir autoritaire en démocratie. Elles se résument à une démocratisation inachevée, marquée sur le plan théorique par une crise du droit entrainant une insécurité juridique, et sur le plan matériel par des conflits, expressions de revendications libérales, et le sous-développement.

Pour renverser la tendance, il faut libérer la démocratie, par la revalorisation du droit, qui doit encadrer le pouvoir. Cela implique, l'écriture concertée et consensuelle d'une nouvelle Constitution véritablement démocratique et épurée des éléments légistiques de l'autoritarisme.

L'État de droit neutralisé n'est pas un État de droit. Ne faut-il pas pour cela revoir la définition même de la notion « État de droit », pour lui donner une connotation beaucoup plus pratique dans le sens de son effectivité au-delà des consécrations formelles et matérielles constitutionnelles ?

L'interrogation resurgit également sur l'opportunité de la démocratie en Afrique, qui depuis son imposition, a entrainé les instabilités les plus marquées et les niveaux de développement les moins satisfaisants. Cette démocratie n'est-elle pas elle-même neutralisante pour l'avenir politique et économique des États africains ? Leur faut-il nécessairement être des démocraties aux standards occidentaux ? Il y a lieu de penser au vu d'exemples tirés d'ailleurs, qu'une gouvernance efficace n'en dépend pas, mais doit être axée sur des traditions et valeurs locales. Le cas échéant, comment s'en libérer par des alternatives efficaces ? Il faut penser.

En attendant, malgré que la démocratisation formelle n'ait pas entrainé la libéralisation effective de la vie politique et sociale au Cameroun, tout n'est pas perdu. La démocratie est nécessairement un processus, exigeant une bonne culture démocratique acquise au fil du temps. Il faut donc accorder à la démocratie, son temps.

D'une crise à une autre : De la crise de la normativité juridique à la crise sociopolitique au Cameroun

NGATTI Etienne Bertol

Doctorant en droit public, Université de Dschang

« Dans le divorce du fait et du droit, c'est le droit qui a tort » CARBONNIER J., *Flexible droit, Pour une sociologie du droit sans rigueur*, 8e éd., Paris, LGDJ, 1995, p. 36.

Dans le petit, mais très substantiel livre consacré par lui à la Sociologie du droit[1], Henri Lévy-Bruhl plaçait sous le patronage d'Héraclite l'affirmation de principe que toutes les règles de droit ont un caractère essentiellement provisoire et relatif[2]. De tout temps,

---

[1]CARBONNIER J., *Flexible droit, pour une sociologie du droit sans rigueur*, 10e éd., Paris, LGDJ, p. 12.

[2]Cette idée constitue en réalité la base de la théorie de l'évolutionnisme juridique qui va mieux se constituer en doctrine sous l'influence de l'évolutionnisme scientifique, plus spécialement peut-être du transformisme darwinien -Sumner Maine (1822-1888) et Jhering (1812-1892) jouant le rôle d'intermédiaires. Deux circonstances, pourtant, semblaient contrarier son avènement. La première, c'était la prodigieuse survie du droit romain dans les sociétés occidentales. Sans doute, il n'avait survécu, au Moyen âge et au-delà, qu'en se transformant profondément, mais, de ces transformations, les juristes non spécialisés n'avaient pas claire conscience. Ce qu'ils voyaient, c'est que le droit romain était arrivé à se perpétuer à travers la codification justinienne, comme s'il était immuable, parce que ses règles, ajoutait-on, avaient un caractère de parfaite rationalité. Le droit romain, affirmaient certains dogmatiques, surtout le droit romain des obligations, à la perpétuité des théorèmes de géométrie, parce qu'il a la même essence. La géométrie ne varie pas, le droit des obligations ne le saurait davantage, car le droit romain a découvert, une fois pour toutes, la géométrie euclidienne des obligations. Seconde circonstance, la force des doctrines du droit naturel. Quelque variante qu'elles revêtent, elles tendent toujours, par définition, à introduire un certain fixisme dans le droit, elles agissent dans un sens antiévolutionniste. C'est surtout vrai pour la formule pure, où ce sont les institutions concrètes du droit qui sont déclarées relever directement du droit naturel; par exemple, la propriété individuelle, la famille monogamique, le mariage indissoluble. Chaque institution est réputée par-là avoir existé de toute éternité et être promise à l'éternité dans l'avenir. Cf. CARBONNIER J., *Flexible droit, pour une sociologie du droit sans rigueur*, *op.cit.*, p. 13.

l'observation la plus superficielle des faits a suggéré aux hommes le sentiment que le droit est variable dans le temps, comme du reste dans l'espace[1]. C'est d'ailleurs ce qu'on traduit par la formule *« ubi jus ibi societas »*. La société est présentée comme un organisme vivant, un corps doté de vie. Ainsi, elle obéit à la loi du transformisme. C'est pour cette raison qu'elle est appelée à se transformer, de la conception à la mort, passant par l'enfance, l'adolescence, la maturité et le vieillissement. Analogiquement, il existerait une croissance et une décadence de cet organisme vivant qu'est la société. Puisqu'elle est un organisme vivant, le droit, qui en est un élément constituant, participe de la vie de tout l'organisme. L'adaptation du droit à la société apparait donc comme un impératif, qui, s'il venait à ne pas être observé constituerait une anomalie, mieux une rupture entre la règle juridique et la société quelle régit. Sans se confondre, la perte par la règle juridique de son caractère normatif, constitue un aspect important de la rupture de la normativité juridique. La règle juridique étant fondatrice et régulatrice de la société, sa rupture, mieux sa crise, entraine des crises multiformes à l'instar de ce qui s'observe depuis 2016 dans les régions du nord-ouest et du sud-ouest du Cameroun.

De façon générale, la crise s'entend comme un changement dans l'évolution d'un processus ressenti comme une épreuve généralement non prévue et perçue comme redoutable et incertaine[2]. La crise est un fait, le fait majeur de notre temps et objet de multiples analyses rationnelles[3]. Puisque la crise se définit comme une situation d'exception[4], elle implique des actions en vue de la recherche des solutions pour retrouver la normalité. De l'opinion dominante aujourd'hui, c'est du droit que l'on attend une solution à la crise, au sens d'un renforcement des règles existantes[5]. Il est vrai qu'il a la force de l'histoire pour lui qui montre que chaque crise d'une telle ampleur a appelé une réponse juridique, extrêmement ferme. Pourtant ce dernier argument peut être très facilement retourné, en faisant observer que si la plupart des crises, qui ont marqué le XXème siècle ont donné lieu à leur lot de réformes juridiques, c'est précisément parce que l'état du droit n'était pas satisfaisant. Ce raisonnement est particulièrement valable pour la compréhension de la crise sociopolitique qui sévit dans les régions du Nord-Ouest et du Sud-Ouest du Cameroun. En effet, la situation que traverse les régions du nord-ouest et sud-ouest est fondamentalement liée à l'histoire du

---

[1]*Idem.*

[2]ANDRE-JEAN A., *Dictionnaire encyclopédique de théorie et de sociologie du droit*, Paris, LGDJ, 1993, p. 129.

[3]WIDMAIER C., « Quand la crise devient la norme », *Esprit*, n° 390 (12), Décembre 2012, p. 137.

[4]*Ibid.,* p.137.

[5]RAPP L., « Le droit, amplificateur de crises », in LARRIEU J. (dir.,), *Crise(s) et droit*, Paris, LGDJ, 2012, p. 31.

Cameroun, qui elle-même est étroitement associée à la dynamique du droit l'accompagne[1]. Qu'il s'agisse de la période du protectorat, du mandat sous l'égide de la société des nations (SDN), de la tutelle sous l'égide des Nations Unies[2], de l'indépendance séparée du Cameroun sous tutelle française, de la réunification[3] et plus tard l'unification[1], toutes ces séquences historiques,

[1]OLINGA A.-D., « La réunification du Cameroun au regard du droit international », *in* OLINGA A.-D. (dir.), *Cameroun, la crise anglophone sous le prisme du droit international*, Paris, L'Harmattan, 2019, p. 11.

[2]Durant les régimes du mandat et de la tutelle, chacun des territoires administrés est façonné selon la culture du colonisateur. Il en résulte des différences majeures de culture politique. Dans la partie sous administration britannique, l'anglais est la langue officielle. La justice (Common Law), le système éducatif, la monnaie et les normes réglementant la vie sociale épousent le modèle britannique. La pratique du gouvernement indirect (indirect rule) permet le maintien des chefferies traditionnelles et favorise l'éclosion d'une forme d'autogouvernement, si bien qu'avant l'indépendance la liberté de la presse, le pluralisme politique et l'alternance démocratique existent dans la partie anglophone. Elle est gérée comme faisant partie du Nigéria et plusieurs membres de l'élite anglophone du Cameroun britannique sont ministres dans les années 1950 au sein du gouvernement nigérian. À l'opposé, la partie francophone est directement administrée par la France suivant le modèle assimilationniste, même si là aussi une sorte de gouvernement indirect se pratique dans les rapports entre colonisateurs et élites traditionnelles, en particulier dans le Nord du pays. Le français y est parlé et les normes sociales, juridiques et politiques de la métropole façonnent le projet politique centraliste des régimes qui lui succèdent. De plus, engluée dans une guerre totale contre le mouvement nationaliste (Union des populations du Cameroun, UPC) qui conteste la présence française, la partie francophone est moins avancée sur le plan démocratique. Cf. International Crisis Group, *Cameroun : la crise anglophone à la croisée des chemins,* Rapport Afrique, Bruxelles, Belgique, N° 250, 2 août 2017, p. 3.

[3]Le processus ayant conduit à la réunification des deux Cameroun est le nœud du problème anglophone. La partie francophone obtient l'indépendance le 1er janvier1960 pour devenir la République du Cameroun. La partie britannique est constituée du Cameroun méridional britannique (SouthernCameroon) et du Cameroun septentrional britannique (NorthernCameroon). Lors des référendums du 11 février 1961, le NorthernCameroon choisit de se rattacher au Nigéria et le SouthernCameroon à la République du Cameroun. Le SouthernCameroon devient indépendant le 1er octobre 1961 en se rattachant à la République du Cameroun. Au moment du référendum de 1961, le paysage politique au SouthernCameroon est déjà dynamique. Selon des historiens de renom, la majorité de la population aspire à l'indépendance. Mais le Royaume-Uni et des pays du tiers-monde s'y opposent, au motif que le SouthernCameroon ne serait pas économiquement viable et qu'il faut éviter de créer des micro-Etats. Ils plaident pour le vote en faveur du rattachement au Nigéria. Ainsi, l'ONU limite le référendum à deux options : le rattachement du SouthernCameroon au Nigéria ou la réunification avec la République du Cameroun, excluant l'option de l'indépendance. Les représentants du SouthernCameroon et le président de la République du Cameroun, Amadou Ahidjo, se retrouvent à Foumban

complexes et multidimensionnelles, comportent une dimension juridique indéniable.

La crise actuelle a commencé le 11 octobre 2016 à Bamenda par une grève des avocats du Nord-Ouest et du Sud-Ouest[2]. Les avocats réclament la traduction en anglais du Code Vert de l'Organisation pour l'harmonisation en Afrique du droit des affaires (OHADA) et

(à l'ouest de la partie francophone) du 17 au 21 juillet 1961 pour négocier les termes de la réunification. Aujourd'hui encore, le non-respect des promesses de la conférence de Foumban, qui n'aboutit pas à un accord écrit, fait partie des griefs des militants anglophones. Alors que les représentants anglophones croient participer à une Assemblée constituante devant aboutir à la rédaction d'une Constitution garantissant un fédéralisme égalitaire et une large autonomie des Etats fédérés, Ahidjo leur impose une Constitution toute rédigée qui accorde de larges compétences à l'exécutif de l'État fédéral au détriment des deux États fédérés (le Cameroun occidental et le Cameroun oriental). Les anglophones, en position de faiblesse, finissent par accepter le texte d'Ahidjo, n'obtenant qu'une concession sur la minorité de faveur. L'Assemblée nationale de la République du Cameroun vote la Constitution fédérale en août 1961 et Ahidjo la promulgue le 1er septembre. Cf. International Crisis Group, *Cameroun : la crise anglophone à la croisée des chemins*, *op.cit.*, p. 4.

[1]Après la réunification du 1er octobre 1961, le Cameroun devient une République fédérale, mais hérite en pratique d'un fédéralisme boiteux avec une répartition inégale du pouvoir entre les deux États fédérés au niveau de l'Assemblée fédérale et du gouvernement. L'unification et le centralisme ont été depuis 1961 les dogmes politiques des régimes d'Ahidjo, allant de 1960 à 1982 et de Paul Biya, de 1982 à nos jours. C'est dans cette logique que l'on range la suppression du fédéralisme le 20 mai 1972, lorsqu'à la suite d'un référendum le Cameroun devient la République unie du Cameroun. Cf. International Crisis Group, *Cameroun : la crise anglophone à la croisée des chemins*, *op.cit.*, p. 5.

[2]Leurs revendications, ignorées jusque-là par le ministère de la Justice, portent alors sur le non-respect de la Common Law dans ces deux régions. Ils critiquent la francophonisation des juridictions de la Common Law, qui se traduit par l'affectation en zone anglophone de magistrats francophones ne maitrisant ni la Common Law, ni l'anglais, et par l'affectation de notaires, alors que cette fonction est exercée par les avocats dans le système de la Common Law. Le 8 novembre 2016, les avocats mobilisent des centaines de personnes pour une marche à Bamenda et réitèrent leur demande d'une restauration pleine du système de la Common Law, similaire à ce qu'elle était à l'époque du système fédéral, en y ajoutant une demande de fédéralisme. Alors que la marche se déroule sans incident majeur, des gendarmes dispersent violemment la foule et molestent des avocats. Des conducteurs de motos-taxis (Okada boys) sont arrêtés. En réaction, des jeunes et des Okada boys installent des barricades à plusieurs carrefours et les affrontements entre manifestants et gendarmes font plusieurs blessés. Cf. International Crisis Group, *Cameroun : la crise anglophone à la croisée des chemins*, *op.cit.*, p. 2.

d'autres textes de lois[1]. Le 21 novembre, les enseignants entrent à leur tour en grève[2]. Le 28 novembre, les étudiants de l'Université de Buea sont brutalisés par la police alors qu'ils organisent une marche pacifique[3]. La confrontation la plus violente a lieu le 8 décembre à Bamenda lorsque le Rassemblement démocratique du peuple camerounais (RDPC) tente d'organiser un rassemblement pour montrer que le gouvernement demeure populaire dans les régions anglophones[4]. Les violences du 28 novembre à Buea et du 8 décembre à Bamenda contribuent à l'aggravation et à la médiatisation de cette crise. À cette étape, l'on est dans une configuration où l'on peut parler d'un problème anglophone, une revendication, déjà entendue dans les années 1990, autour de la spécificité de ces régions[5]. Vigoureusement réprimés, les différents mouvements de grève donnent lieu à de nombreuses arrestations et à des départs en exil[6]. En décembre, les avocats et les enseignants formèrent à leur tour le Cameroon Anglophone Civil Society Consortium (CACSC, « *le Consortium* »)[7]. Le 23 janvier 2017, le Président de la République a créé une

[1]MACHIKOU N., « Utopie et dystopie ambazoniennes : Dieu, les dieux et la crise anglophone au Cameroun », *Politique africaine*, 2018/2, n° 150, p. 119.

[2]Ils organisent un rassemblement contre le manque d'enseignants anglophones, l'affectation d'enseignants ne maitrisant pas l'anglais et le non-respect du caractère « *anglosaxon* » des écoles et universités de la zone anglophone. Cf. International Crisis Group, *Cameroun : la crise anglophone à la croisée des chemins*, *op.cit.,* p. 3.

[3]pour réclamer le versement de la prime d'excellence du chef de l'Etat, dédiée aux étudiants, dénoncer l'interdiction en 2012 de l'University of Buea Student Union (UBSU), et protester contre l'instauration d'une pénalité en cas de retard de paiement des frais de scolarité et de frais additionnels pour consulter les résultats des examens.

[4]La foule en colère empêche la tenue du rassemblement et de violents affrontements avec les forces de sécurité font au moins quatre morts et plusieurs blessés par balle ; une cinquantaine de personnes est arrêtée ; un commissariat de police, des édifices et des véhicules administratifs sont incendiés.

[5] MACHIKOU N., *op.cit.* p. 119.

[6]*Idem.,*

[7]Le Consortium est constitué de quatre associations d'avocats et de plusieurs syndicats d'enseignants, avec comme président Félix KhongoAgbor Balla, secrétaire général FontemNeba et trésorier Wilfred Tassang. Après l'arrestation par le gouvernement des dirigeants du Consortium le 17 janvier, l'école ne reprenant toujours pas et les opérations ville mortes (Ghost Town ou Country Sunday) s'intensifiant, le gouvernement prend des mesures d'apaisement. En décembre 2016, il avait déjà annoncé le recrutement de 1000 enseignants bilingues, une subvention de 2 milliards de francs CFA (3 millions d'euros) pour les écoles privées et le redéploiement d'enseignants francophones hors des régions anglophones.

Commission nationale pour la promotion du bilinguisme et du multiculturalisme[1]. Le gouvernement a annoncé d'autres mesures le 30 mars de la même année[2]. Les quelques réponses sectorielles apportées par l'État ne suffisent plus à répondre aux revendications désormais politiques des manifestants, ce qui marque le point de départ de l'évocation d'une crise anglophone. Les émeutes se multiplient, les mots d'ordre de villes mortes adressés à toute la population des régions anglophones sont lancés, donnant souvent lieu à des incendies d'établissements scolaires et de magasins, et durcissant la réponse étatique[3]. Le pic de cette confrontation radicale est la déclaration d'indépendance des deux régions, sous le nom de l'Etat d' « *Ambazonie* »[4], le 1er octobre 2017. Progressivement, des milices formées d'«*Amba Boys* », comme ils se désignent eux-mêmes, investissent les zones rurales puis les grandes villes de la région, s'attaquant au personnel et aux symboles de l'État[5]. À partir de là, les affrontements et violences vont grandissants entres les forces de maintien de l'ordre et les « *Amba Boys* ». Cette dynamique de la violence est la traduction d'une société camerounaise en profonde mutation, ou la crise se pose désormais en termes de sécession, de revendications politiques et de repli identitaire. Après l'élection présidentielle, de 2018, la crise reste vive. Même la tenue du grand dialogue national, porteur de grands espoirs, et l'adoption d'un Code général des collectivités territoriales décentralisées[6] conférant un statut spécial aux régions en crise n'ont pas pu stabiliser la crise, qui s'avère être d'une dangerosité pour la stabilité du pays. Ces mesures

---

[1]Décret 2017/013 du 23 Janvier 2017 portant création de la Commission nationale pour le bilinguisme et le multiculturalisme.

[2]Notamment la création d'une section Common Law à la Cour suprême et à l'École nationale d'administration et de magistrature (ENAM), l'augmentation du nombre d'enseignants en langue anglaise à l'ENAM, le recrutement de magistrats anglophones, la création de départements de Common Law dans des universités francophones et l'autorisation provisoire pour les avocats anglophones de continuer d'exercer les fonctions de notaire dans le Nord-Ouest et le Sud-Ouest.

[3] MACHIKOU N., *op.cit.,* p. 20.

[4]L'Ambazonie est le nom de la région revendiquée par les indépendantistes, en référence à la baie d'Ambas traversant la partie anglophone du Cameroun. D'une superficie de 43 700 km2, l'Ambazonie est généralement préférée à la terminologie SouthernCameroons qui désigne le bloc formé par les régions anglophones.

[5] MACHIKOU N., *op.cit.,* p. 20.

[6]La loi n° 2019/024 du 24 décembre 2019 portant Code Général des collectivités territoriales décentralisées, régit désormais la dynamique de la décentralisation au Cameroun.

étant considérées à la fois comme insuffisances et intervenants tardivement. La persistance de la crise conduit à la multiplication des réflexions permettant de mieux saisir celle-ci afin de trouver des solutions idéales permettant sa résolution. Si l'on s'en tient simplement au fait déclencheur de la crise, on va retenir que cette situation aujourd'hui insaisissable part de la revendication relative à l'inadaptation du droit.

Ce raisonnement est simplement la traduction de ce que la norme juridique peut être à l'origine des crises. Cette situation se produit très souvent lorsque la normativité du droit s'affaiblit. La normativité, normalement est considérée comme un attribut essentiel du droit. Elle est définie comme : « *une forme institutionnelle particulière, c'est-à-dire une création discursive humaine dotée d'une rationalité propre* »[1]. La normativité juridique, en effet, suppose la liberté, qui ne pourrait être réduite à « *une norme juridique, définie et posée par le jurislateur* »[2]. Le concept de norme peut varier selon que le propos vient d'une science normative comme la morale ou le droit, ou d'une science positive et cumulative des faits sociaux telle la sociologie[3]. Cela rend son étude particulièrement périlleuse, d'où la nécessité de la circonscrire aux seules sciences normatives. Il y'a pourtant un aspect de la norme sur lequel un accord minimum peut être obtenu entre ses différents usagers. D'après le Vocabulaire technique et critique de la philosophie[4], la norme en général, est « *un type concret ou une formule abstraite de ce qui doit être, en tout ce qui admet un jugement de valeur : idéal, règle, but, modèle suivant les cas* »[5]. Dans cette définition, le groupe de mots « *ce qui doit être* », détermine l'essence de la norme, qu'on la comprenne comme un type concret ou comme une formule abstraite ; qu'elle représente un idéal éthique ou esthétique ; qu'elle soit une règle de droit ou de logique, un modèle technique ou autre. La norme ne représente donc pas « *ce qui est* »[6]. La « *réalité* », pour ainsi dire, échappe à toute détermination par les

---

[1]BRUNET F., *La normativité en droit*, Paris, Mare&Martin, 2012, p. 165.
[2]*Ibid.*,p. 174.
[3]MENDRAS H., *Éléments de sociologie*, Paris, Armand Colin, coll. « U-Sociologie », 1967, p. 105.
[4]LALANDE A., *Vocabulaire technique et critique de la philosophie*, 12e éd., Paris, PUF, 1976, p. 691.
[5]*Idem.*,
[6]BETAILLE J., *Les conditions juridiques de l'effectivité de la norme en droit public interne : Illustrations en droit de l'urbanisme et en droit de l'environnement*, Thèse de Doctorat en droit public, Université de Limoges, 2012, p. 1.

normes ; elle est dynamique et ne se laisse pas emprisonner dans un carcan normatif figé. Elle est de l'ordre de l'être alors que la norme ressortit au devoir-être.

On doit à Hans Kelsen singulièrement et aux tenants du formalisme juridique dans leur ensemble la détermination la plus nette de la norme comme « *sollen* »[1]. Central à toute connaissance juridique, le concept de norme exprime l'idée que quelque chose à savoir un comportement déterminé doit être[2]. Kelsen tente de développer une axiomatique juridique dénommée « *théorie pure du droit* »[3], dans laquelle la norme reçoit un fondement juridique et non plus éthique, et de faire de la hiérarchie des normes le garant véritable du caractère juridique de toute norme. Une norme juridique est objectivement valide si elle se fonde sur une autre qui lui est supérieure et à laquelle elle est soumise. Ainsi l'on ne rechercherait plus la normativité juridique ailleurs que dans le strict respect de la hiérarchie des normes. Pour Kelsen, il est hors de question qu'une affaire aussi sérieuse que la norme juridique se fonde sur un élément hétérogène. À l'encontre du droit naturel ou rationnel, le droit positif et le formalisme qui le caractérise rejettent l'idée d'un droit fondé sur la justice. En effet, selon cette tendance, la norme seule crée le droit et c'est en fonction d'elle que les jugements sont prononcés. La normativité juridique, « *en tant qu'elle est une technique langagière, s'adresse donc par essence aux consciences, c'est-à-dire aux libertés des sujets de droit* »[4]. Elle ne s'assimile cependant pas à la contrainte du droit[5], c'est-à-dire à la mise en œuvre autoritaire de la règle, qui se situe plutôt du côté de l'effectivité[6]. Le devoir-être qu'incarne la

---

[1]KELSEN H., « Qu'est-ce qu'une théorie pure du droit ? », *Droit et société*, n° 22, 1992, p. 553.

[2]*Idem.*

[3]*Idem.*

[4]Cette conception est incontournable dans le droit moderne, dont la base serait la Déclaration révolutionnaire de 1789. En même temps, par contre, la liberté tout comme la dignité humaine ne saurait être qu'une liberté sociale, encadrée par les institutions juridiques. Cette liberté est donc à la fois, « *condition et effet de la normativité* ». Cf. BRUNET F., *op.cit.*, p. 179.

[5]En effet, l'on ne peut identifier la normativité juridique à la contrainte ; celle-ci, à son tour, ne peut être confondue avec la sanction. En fait, si l'on entend par sanction « *toute forme de conséquence attachée à une norme, on peut concevoir la normativité comme les conséquences du devoir-être* ». Cf. BRUNET F., *op.cit.*, p. 180.

[6]Afin d'étudier la normativité, il faut donc faire attention à ce qu'elle ne reste pas emmêlée dans l'équation kelsénienne entre validité et efficacité.

normativité juridique se situe donc en amont de tout raisonnement sur son effectivité[1]. La normativité juridique ne se réduit pas tout aussi à l'obligatoriété des normes[2]. La normativité, en effet, a une signification plus large, la création d'obligations n'étant qu'une des références auxquelles elle peut donner lieu. La normativité indique une capacité à donner des raisons d'agir et, partant, des justifications pour ces actions, en établissant « *un lien rationnel entre l'instrument et l'action* »[3]. Elle pose donc directement le problème de la légitimité du droit, celui-ci étant tributaire de la reconnaissance du bien-fondé de son contenu. C'est cette croyance partagée qui explique la vigueur et la robustesse du droit dans sa capacité à influer sur la réalité sociale. Toute normativité repose sur l'autorité, alors que la normativité spécifiquement juridique repose sur la légitimité. Cette légitimité qui est revendiquée par l'auteur des normes, doit aussi être appréhendée du côté des gouvernés. Ceci permet d'apprécier la fragilité et la relativité de la volonté qui s'exprime dans les normes juridiques. La légitimité donc il est question ici s'entend comme l'adéquation d'un discours rationnel de facture juridique et de la réalité des consciences des membres de la société, c'est-à-dire précisément l'adhésion de l'opinion des destinataires à ce discours[4]. L'absence de cette adéquation marque un affaiblissement[5], une crise de la normativité juridique. Cet affaiblissement de la rationalité juridique se traduit notamment dans une perte de centralité du droit, dont le statut de

---

[1]Pour le dire autrement, ce devoir-être relève à la fois d'une exigence d'abstraction et d'un principe de réalisme. C'est à la première, en effet, que se rattachent les exigences de stabilité des normes et de sécurité juridique. Mais d'un autre côté, il faut que la norme soit pourvue d'une concrétisation potentielle, car elle « *doit pouvoir fournir référence qu'on pourrait encore qualifier de capacité normative* ». Cf. BRUNET F., *op.cit.* p. 204.

[2]En d'autres termes, cela signifie que : « *le contenu d'une norme serait identique à sa nature de norme* ». Cf.; BRUNET F., *op.cit.*, p. 224.

[3]Cette conception de la normativité empêche d'assimiler la normativité « *à une force ou une coercition quelconque* » Cf. François BRUNET, *op.cit.*, p. 232.

[4]BRUNET F., *op.cit.*, p. 448 et Ss.

[5]L'affaiblissement s'exprime par la montée en puissance d'autres formes de normativité ou bien par l'assujettissement du dispositif juridique à d'autres rationalités « *pensée hors du droit et même à l'occasion contre lui* ». Pour ce qui est des autres formes de rationalité venues concurrencer la rationalité juridique, l'auteur évoque la normativité scientifique, la normativité économique et les normativités politique et médiatique, ce qui revêt le plus grand intérêt pour une étude de droit public. La crise de la normativité juridique est particulièrement évidente en droit public. Cf. BRUNET F., *op.cit.*, p. 566.

structure fondamentale du monde social n'est plus une donnée évidente en soi[1]. Cette crise de la normativité se révèle dans la société par la prolifération des revendications à l'encontre du droit, voire, par la contestation de la norme. Le droit de résistance à l'oppression illustre la possibilité qu'un écart s'est produit entre le droit posé et celui qui est dans les esprits. Lorsque la résistance à l'oppression surgit, le droit positif alors n'est plus crédible[2].

La lecture attentive de ces différents évènements qui ont conduit à la crise anglophone au Cameroun, nous rapproche de l'état d'absence de crédibilité du droit positif. En effet, ces évènements placent l'État au cœur d'une incertitude normative, génératrice de l'incertitude institutionnelle. C'est en réalité ce que révèle les revendications allant de la participation à la gestion des affaires au niveau suprême, régional et communal, passant par l'appel à une autre forme d'État, jusqu'au sécessionnisme. Cette réflexion se propose d'analyser le lien entre la crise sociopolitique dans les régions du Nord-Ouest et Sud-Ouest Cameroun et celle de la normativité juridique. La question centrale retenue pour mener cette réflexion est la suivante : Dans quelle mesure peut-on lier la crise sociopolitique qui se vit au Cameroun au droit ? Le raisonnement de cette analyse vise à appréhender la crise de la normativité juridique pour rendre compte de la crise sociopolitique dans les régions du Nord-Ouest et Sud-Ouest du Cameroun. L'hypothèse de ce travail est donc la suivante : la crise sociopolitique qui se vit au Cameroun est liée au droit dans la mesure où celle-ci trouve pour une belle part son origine dans la crise de la normativité juridique. Pour décliner cette démonstration, seront mobilisés essentiellement la dogmatique juridique que d'aucuns qualifient de technique juridique et la sociologie du droit[3]. La dogmatique juridique sera mobilisée ici dans l'optique d'une analyse interprétative des normes juridiques les plus importantes de l'État, lesquelles normes constituent des sources formelles du droit positif[4].

---

[1]BRUNET F., *op.cit.,* p. 495.

[2]*Idem.,* p. 451.

[3] Faudrait-il le rappeler, l'objet de la sociologie du droit est de « *confronter les règles juridiques ou des concepts de droit à la réalité sociale existante* ». Cf., TREVES R., *Sociologie du droit*, Paris PUF, 1995, p. 21.

[4]La dogmatique juridique est définie comme le « *domaine de la science du droit consacré à l'interprétation et à la systématisation du droit et des normes juridiques* ». Cf. ARNAUD A.-J., *Dictionnaire encyclopédique de théorie et de sociologie du droit,* Paris, LGDJ, 1988, p. 106.

La sociologie du droit quant à elle sera d'une belle utilité dans la mesure où elle permettra une confrontation des règles juridiques à la réalité sociopolitique du Cameroun. Le choix de ces méthodes n'est pas fruit du hasard. À la vérité ce choix est guidé par le fait que ces méthodes se trouvent au confluent de deux grandes écoles ou courants théoriques, à savoir le positivisme juridique et l'objectivisme. La première ne reconnaît de valeur qu'aux règles du droit positif et rejette toute métaphysique et toute idée de droit naturel[1]. Selon le positivisme étatique, tout le droit est contenu dans le droit positif dont l'État est la source et la justification[2]. La seconde, qui se rapproche du positivisme sociologique en revanche, considère que le droit n'est pas l'ensemble des règles ordonnées par l'État, mais l'ensemble des règles appliquées par le corps social, dont elles sont par ailleurs le produit et reflètent les évolutions. Tandis que pour la première, le droit est fondé sur la volonté de l'État, pour la seconde, le droit est fondé sur la nécessité sociale[3]. Entre positivisme juridique et objectivisme, cette réflexion se situe à un milieu acceptable, pour établir la nécessité du mariage parfait entre la norme juridique et la réalité sociale.

D'évidence, le droit se situe au cœur de la crise sociopolitique qui se vit au Cameroun. Même s'il est vrai qu'il s'agit d'une crise désormais à objet multiple, il demeure indéniable quelle est fondamentalement liée à la contestation des règles sociopolitiques. Qu'il s'agisse des normes juridiques relatives à la forme de l'Etat, à l'organisation, à l'exercice et à la dévolution du pouvoir dans l'Etat, il convient de relever un conflit ouvert entre la force instituante de la norme et ce qui est ressenti dans les esprits. Il y'a donc en amont une crise de la normativité juridique (I), laquelle constitue une source importante de la crise sociopolitique qui se vit dans les régions du Nord-Ouest et Sud-Ouest du Cameroun (II).

I. En amont : la crise de la normativité juridique

Au début du VIème siècle avant Jésus-Christ, des législateurs comme Dracon et Solon à Athènes prévoient la participation de

[1]GUINCHARD S., et DEBARD Th., *Lexique des termes juridiques*, 25e éd., Paris, Dalloz, 2018, 1417 p.
[2]*Idem.*,
[3]CORTEN O., *Méthodologie du droit international public*, Bruxelles, Editions de l'Université de Bruxelles, 2009, p. 20.

chacun aux affaires de la cité et organisent les institutions au sein desquelles les grandes décisions doivent être prises[1]. Toutes les règles fondamentales de la Cité sont contenues dans des textes écrits, publics, clairs et connus de tous : ce sont les lois[2]. C'est en effet la participation de tous les citoyens aux affaires communes qui constitue la démocratie »[3]. Comme le disait Montesquieu, « *Lorsque, dans la République, le peuple en corps à la souveraine puissance, c'est une démocratie* »[4]. Au XVIIIème siècle, la démocratie s'exerce par le biais de la représentation, comme le prévoit la Constitution. Seulement, cette représentation parfaite se trouve de nos jours supplantée par un écart entre le représentant et le représenté[5]. Rapportée à la situation du Cameroun, cet écart se traduit par la crise de la représentation (A), qui elle, conduit à la crise de la normativité (B).

A. De la crise de la représentation...

Comme beaucoup de mots français qui possèdent une terminaison en « *tion* », le terme « *représentation* » désigne à la fois un état, le fait d'être représenté et un processus, le fait de représenter[6]. On peut ainsi donner trois sens au mot représentation : d'abord la représentation est perçue comme le fait ou l'action de tenir lieu, le fait ou l'action de porter la parole d'autrui, enfin le fait de ressembler dans l'instant et dans la durée à autrui[7]. Dans la vulgate politico-journalistique qui tient aujourd'hui une place si considérable au sein de ce que l'on appelle traditionnellement droit constitutionnel[8], peu de formules ont rencontré un succès égal à la crise de la représentation. Le phénomène, bien que déploré depuis, est généralement présenté

[1]BEZZINA A.-Ch., « La participation du public à la législation : Dialogue constructif ou « bavardage » » législatif ? », *Jurisdoctoria,* n° 4, 2010, p. 125.
[2]*Idem.,*
[3]PIERRÉ-CAPS S., « Généalogie de la participation de tous aux affaires communes », *RDP*, 2009, n° 1, p. 151.
[4]MONTESQUIEU, *De l'esprit des lois*, Édition établie par Laurent VERSINI, Paris, Éditions Gallimard, 1995, p. 26.
[5] BEZZINA A.-Ch., *op.cit.,* p. 126.
[6]DENQUIN J.-M., « Pour en finir avec la crise de la Représentation », *Jus Politicum*, n° 4, 2010, p. 4.
[7]*Ibid.,* p. 3.
[8]*Ibid.,* p. 1.

comme caractéristique des temps présents[1]. Analyser tantôt comme cause, tantôt comme symptôme de la crise de la normativité juridique, au Cameroun, il se manifesterait d’une part par la crise du processus électorale (1) et d’autre part par une désaffection croissante à l’égard des représentants, signe d’une crise de confiance (2).

1. La crise du processus électoral

Même s’il est vrai qu’il n’existe pas une définition unanime de la démocratie, retenons néanmoins, celle donnée par Hans Kelsen, selon laquelle : « la *démocratie signifie identité du sujet et de l’objet du pouvoir, des gouvernants et des gouvernés, gouvernement du peuple par le peuple* »[2]. La démocratie représentative semble être en crise[3]. Par le mécanisme de la représentation politique, les actes accomplis par les représentants politiques du peuple lui sont attribués comme s'il les avait adoptés lui-même. Or le problème est justement que les camerounais ne semblent plus se sentir véritablement représentés par les hommes politiques. Leur dédain semble si profond qu'ils ne font bien souvent même plus l'effort d'aller voter, même quand l'éventail politique dans lequel ils peuvent choisir a été considérablement élargi. Cela est lié essentiellement au développement crise d’une d'identité. Celle-ci justement, conduit à une faible participation au processus électoral comme au processus décisionnel. Or, relevons-le, pour que la représentation soit parfaite, les citoyens doivent donner leur accord aux représentants lors des différentes échéances électorales. Cela se passe par une participation massive aux opérations électorales. Les deux aspects révélateurs de la crise du processus électoral au Cameroun sont d’une part l’ampleur de la fraude électorale et d’autre part le phénomène d’abstention électorale.

L'abstention électorale constitue une réponse négative à une offre politique à un moment donné dans une conjoncture particulière. En

---

[1]BURDEAU G., « L’évolution des techniques d’expression de l’opinion publique », dans Centre des sciences politiques de l’Institut d’études juridiques de Nice, *L’opinion publique*, PUF, 1957, p. 140. Cité par DENQUIN J.-M., « Pour en finir avec la crise de la Représentation », *op.cit.*, p. 1.

[2]KELSEN H., *La démocratie, sa nature, sa valeur*, Paris, Dalloz, 2004 ; Cité par COHENDET M.-A., « Une crise de la représentation politique ? » in *Cités, Le dépérissement de l'État : Le Léviathan est-il mort ?* 2004, N° 18, p. 41.

[3]COHENDET M.-A., « Une crise de la représentation politique ? » in *Cités, Le dépérissement de l'État : Le Léviathan est-il mort ?op.cit., p. 42*

général, l'abstentionnisme électoral se justifie par l'incapacité de la classe politique dans son ensemble à résoudre les problèmes économiques et sociaux, traduisant de fait l'hostilité des citoyens à l'égard du personnel politique qui ne songe qu'à conserver le pouvoir, les élections étant alors perçues comme un leurre dénué de toute réelle signification sociale et politique. L'abstentionnisme électoral dans cette perspective traduit le comportement du « *peuple-veto* », qui manifeste plus la puissance de son refus que son souci d'autoriser et de légitimer. Les raisons de cette abstention sont multiples. Relevons, ici particulièrement le boycott prôné par certains partis politiques d'opposition, qui, s'apparente à une conduite de défection motivée par un sentiment d'impuissance traduisant l'incapacité de changer les règles du jeu. En fait, c'est une arme qu'utilisent certains partis politiques depuis le retour du multipartisme, principalement le Social Démocratique Front (SDF) et l'Union Démocratique Camerounais (UDC). Le Mouvement pour la Renaissance du Cameroun (MRC), deuxième à l'élection présidentielle de 2018, a observé ce mouvement de boycott lors des élections législatives et municipales de 2020[1]. Bien que l'impact de ce mot d'ordre ait souvent varié en fonction des fiefs acquis à ces partis, il a contribué tout de même à amaigrir le corps électoral. Comme le relève Shanda TOME, au Cameroun, moins de 20% des citoyens sont effectivement inscrits sur les listes électorales au moment où ces élections sont annoncées[2].

À cela, on peut ajouter la contestation du processus de démocratisation, la contestation du verdict des urnes à l'issue d'élections. L'expression libre de la volonté politique du citoyen est un pilier fondamental d'une démocratie. Si elle n'est pas garantie ou est abusée, son principe de base, le choix libre des gouvernants est violé. Une société juste et paisible ne peut de ce fait se construire d'une manière durable[3].

Depuis le retour du multipartisme au Cameroun dans les années 1990, toutes les élections organisées ont été, selon les partis politiques

---

[1]Comme le rapporte le *journal le Monde* : « *Le MRC appelle les camerounais à ne pas aller voter et à rester chez eux le 9 février 2020 afin de ne pas cautionner les élections qui ne ramèneront pas la paix dans notre pays* », a déclaré Maurice KAMTO, rival malheureux du Président Paul BIYA à la présidentielle de 2018.

[2]TOME S., *Réflexions sur les crises de la société camerounaise*, Paris, L'Harmattan, 2008, p. 17.

[3]FRIEDRICH EBERT S., *Prévenir et lutter contre la fraude électorale au Cameroun*, éditions CLé, Yaoundé, 2012, p. 5.

de l'opposition et de nombreux observateurs nationaux et internationaux, entachées de nombreuses irrégularités[1]. Parmi ces irrégularités figure en bonne place la fraude[2]. La persistance de la fraude électorale dans le jeu démocratique au Cameroun dès 1992 avec le retour au multipartisme n'est donc qu'une actualisation de ce qui se faisait déjà. Elle reste possible du fait de la persistance d'un système électoral qui est loin de faire le consensus. Malheureusement, elle discrédite les élections au Cameroun, entraîne un désintéressement des populations. Le taux de participation réel aux différentes élections recule au fil des élections[3], ce qui ne manque pas de créer des tensions, car, mal élus, les dirigeants n'ont pas la légitimité nécessaire pour exercer leurs fonctions. Elle peut également être une source de conflit et de chaos comme l'illustrent bien des cas à travers le monde. Pour assurer une meilleure participation des populations au jeu politique, maintenir la paix et la cohésion sociale, permettre le développement économique et social, favoriser l'émergence de nouveaux leaders et surtout d'idées nouvelles, il est important d'organiser au Cameroun des élections dont les résultats reflètent la volonté des populations, c'est-à-dire des élections justes, libres et transparentes.

Des éléments de fraude peuvent être relevés dans les phases préélectorales, électorales et post électorales. Dans la phase préélectorale, on a l'allocation de la majorité des circonscriptions dans les zones favorables à certains partis politiques[4], l'inscription multiple sur les listes électorales[5], la non-production des cartes d'électeurs[1], la

---

[1]*Idem.,*

[2]La fraude électorale, grave violation du droit des peuples à l'autodétermination, est prise ici comme toute action menée en violation de la loi en vue de favoriser un candidat ou une liste de candidats au détriment des autres. Elle est aussi considérée comme toute manipulation ou mauvaise interprétation de la loi en vue de favoriser un candidat ou la liste d'un parti politique durant une élection.

[3]C'est ce que révèle les rapports d'observation de Transparency International Cameroun relatifs aux élections municipales et législatives 2007 ; puis aux élections présidentielles de 2011. Cf. FRIEDRICH EBERT S., *op.cit.,* p. 7.

[4]Cette technique consiste à utiliser le pouvoir du décret pour doter les zones favorables à certains partis politiques en vue de compenser celles qui leur seront hostiles. Elle consiste également à créer de nouvelles circonscriptions électorales presqu'à la veille des élections. En 2007, 60 nouvelles circonscriptions avaient été créées à moins d'un mois des élections législatives et municipales. Cf. FRIEDRICH EBERT S., *op.cit.,* p. 15.

[5]L'article 73 (1) du Code électoral dispose à cet effet que : « *Nul ne peut être inscrit sur plus d'une liste électorale ou plusieurs fois sur la même liste* ».

production des cartes ne répondant à aucune inscription sur une quelconque liste électorale[2]. Lors de la phase électorale, on relève des types de fraudes telles que le choix des centres de vote difficilement accessibles au public[3], le non affichage ou affichage tardif des listes électorales[4], le non affichage ou affichage tardif des listes des bureaux de vote[5], l'absence, insuffisance du matériel électoral[6], le transport des urnes vers une destination inconnue aux conséquences du choix des centres non éclairés ou de suite de coupure d'électricité[7], la corruption des électeurs par le rachat des bulletins non choisis[8], l'expulsion des représentants de certains partis politiques ou candidats[9]. Dans la phase postélectorale, la fraude consiste en la modification des procès-verbaux[10]. Ces différents éléments de fraude ont un effet sur la crédibilité des résultats des urnes et donc affectent la légitimité des représentants issus de ces élections.

---

[1]C'est ce qui ressort de l'article 84 (1) du Code électoral qui dispose que : « *Tout électeur inscrit reçoit une carte biométrique sur laquelle figurent ses noms, prénoms, date et lieu de naissance, filiation, photo, empreintes digitales, profession, domicile ou résidence* ».

[2]Voire, article 85 (3) du code électoral qui dispose que : « *Les cartes électorales ne peuvent être délivrées aux intéressés qu'au vu de la carte d'identité de chaque titulaire ou du récépissé portant date, lieu et le numéro d'inscription* ».

[3]Il s'agit de choisir des centres dans des lieux difficilement accessibles comme les domiciles privés, lamidos, chefferies etc. ; et dont l'accès est conditionné par une orientation du vote. Or l'article 96 (4) dispose que : « *Tout bureau de vote doit se situer dans un lieu public ou ouvert au public* ».

[4]L'article 83 (2) dispose à cet effet que : « *La commission inscrit l'électeur sur la liste qui est publiée au plus tard quatre jours (04) avant la date du scrutin* ».

[5]Article 97 du code électoral dispose : « *La liste des bureaux de vote est transmise aux démembrements communaux d'Elecam pour affichage au moins huit (08) jours avant la date du scrutin* ».

[6]Article 98 (2) du Code électoral.

[7]FRIEDRICH EBERT S., *op.cit.*, p. 20.

[8]Article 92 (1) du Code Électoral. Article 122 et 123 du Code Pénal

[9]Article 59 et 60 du code électoral.

[10]Elle consiste à changer les résultats sortis des urnes soit, en falsifiant les procès-verbaux, ou en en permutant les résultats ; ou encore en fabricant des nouveaux procès-verbaux ou en les annulant, choses pourtant interdite par les articles 63 et 69 du Code électoral.

2. La désaffection croissante à l'égard des représentants

Le changement progressif du niveau d'instruction renforce la possibilité de critiquer l'action des représentants. Beaucoup de phénomènes interprétés comme étant symptomatiques d'une crise de la représentation sont des conséquences de cette évolution[1]. Cette crise s'explique donc largement par une prise de conscience des citoyens, qui, notamment à la lumière de certaines affaires, perçoivent mieux que jamais le caractère relativement fictif de la démocratie représentative. La crise de la représentativité se traduit par une désaffection à l'égard du système politique, exprimée par le déferlement, sur Internet, des frustrations collectives et opinions dissidentes[2]. Les citoyens auraient le sentiment d'être mal représentés.

La conséquence la plus visible de cette désaffection à l'égard des représentants du peuple c'est la prolifération des tensions qui ont systématiquement lieu dans des États où les autorités gouvernementales sont frappées d'illégitimité, parce qu'elles n'assument plus des fonctions élémentaires de nature rédistributive ou régalienne, inhérentes à tout État-providence, comme la garantie à la plupart des citoyens d'un égal droit d'accès aux biens publics ou d'un minimum de sécurité. Une partie de la population, devient réceptive au repli identitaire puis finit par remettre en cause la légitimité de ces derniers. Ce faisant, elle rompt le contrat social qui la liait aux autres communautés au sein de l'État, en se plaçant dans la logique de la violence armée.

Au Cameroun, la croyance qui voit dans l'État le défenseur du bien commun, voire le redresseur des inégalités ou celles qui trouvent en lui le protecteur des démunis, le préposé au devoir de solidarité s'est effondrée ou évanouie, altérant la légitimité des pouvoirs publics. Les tensions qui secouent ce pays trouvent en partie leur origine dans cette crise de légitimité, attestée par l'incapacité des représentants à rendre aux citoyens les services attendus[3]. La légitimité étant bien évidemment entendu comme : « *la qualité qui s'attache à un pouvoir dont l'idéologie, les sources d'inspiration et les critères de référence*

[1]GAXIE D., *La démocratie représentative,* 2e éd., Paris, Montchrestien, «Clefs/Politique», 1996, p. 152.
[2]DENQUIN J.-M., « Pour en finir avec la crise de la Représentation » *op.cit.,* p. 1.
[3]COULIBALEY B. D., « Sur le service public en Afrique : déclin et utilité d'une institution », *Annales de la Faculté des Sciences Juridiques et Politiques de l'Université de Dschang*, Tome 7,2003, p. 186.

font l'objet d'une adhésion sinon unanime, du moins très majoritaire de la part des gouvernés »[1].

Lorsqu'on revient particulièrement à la situation qui se vit dans les régions du Nord-Ouest et du Sud-Ouest du Cameroun, on se rend compte que la trame explicative ne se dissocie pas d'une situation de désaccord entre les populations, les entités groupusculaires ou mieux corporatistes et les institutions de la République. De fait, si les évènements dans les régions anglophones du pays ont pour point de départ des revendications de corporations d'avocats et d'enseignants, la sédimentation qu'ils ont connue amène à postuler sans ambages l'émergence, par le biais de ces mouvements, d'une sorte de vendetta, de comportements vindictes en marge de l'esprit républicain en consolidation dans le triangle national. L'amenuisement du capital de confiance entre ces populations et le modèle de gouvernance, proposé et jusque-là implémenté sur l'étendue du territoire, s'est illustré par des actes de défiance envers l'autorité, de profanation des valeurs et symboles de la République. Une montée des incivilités qui accélère le phénomène de la déliquescence de l'identité de la République[2]. On note dans cette veine, les différentes attaques perpétrées sur les installations diplomatiques de la République du Cameroun à l'étranger, notamment en France en Afrique du sud, en Belgique et au Canada. Dans ce dernier pays, l'occupation de l'ambassade par des individus se réclamant de l'État d'«*Ambazonie* » a été suivie d'actes de désacralisation du drapeau camerounais. En effet, arraché de son mât par des individus, l'étoffe aux couleurs nationales (vert, rouge et jaune) a été malmenée et incendiée. L'atteinte à l'image de la République est d'autant plus saisissante que le drapeau ait été brulé avec des flammes allumées sur une étoffe de pagne à l'effigie du Rassemblement démocratique du peuple camerounais (RDPC), parti majoritaire au pouvoir depuis sa création en 1985[3].

Cette crise de légitimité est consécutive à une crise de confiance entre les populations mandantes et les personnes mandataires. Autrement dit, de la rupture du contrat social entre gouvernants et gouvernés. Entre crise de légitimité et crise de confiance, la

---

[1]PACTET P., MELIN-SOUCRAMANIEN F., *Institutions politiques, Droit constitutionnel*, 22e éd., Paris, Armand colin, 2003, p. 59.

[2]MAHINI B.-M., DAOUDA S., « Désenchantement de la république au Cameroun: les rationalités en finalité contre les rationalités en valeur », *Droit, politique et société en Afrique*, Vol, 1, n° 1, p. 9.

[3]*Idem.*

démocratie représentative de la République semble retourner sa veste. L'esprit du gouvernement représentatif semble pourtant clair : une démocratie représentative où le peuple élit ses représentants qui iront siéger à différents échelons du pouvoir notamment communal, régional, national et prendre des décisions en lieu et place du peuple vote des lois, vote du budget et uniquement dans l'intérêt à court, moyen et long terme de ce peuple[1].

B. … À la crise de normativité

En pratique, il est éminemment souhaitable que l'ordre normatif en vigueur soit conforme au sentiment populaire et bénéficie d'un large consensus. Faute de cette conformité, on se trouve dans une crise, celle de la normativité. Au Cameroun, cette crise se manifeste particulièrement sur deux angles. D'une part, on a la crise de la normativité constitutionnelle (1), et d'autre part on a la crise de la loi (2).

1. La crise de la normativité constitutionnelle

Commençons ici par distinguer la conception politique de celle normative de la Constitution en séparant, la règle du jeu de la manière dont on joue ce jeu[2]. Dans cette optique normativiste, celle qu'il convient de retenir ici, la Constitution est approchée au double sens matériel et formel. La définition matérielle prend le contenu pour objet et met l'accent sur le fait que la Constitution, ainsi que l'écrit le Doyen Vedel, est : « *l'ensemble des règles de droit les plus importantes de l'État* »[3]. Elle détermine « *la forme de l'État, [...], la forme de son gouvernement [...], les organes qui le dirigent et la manière dont ils sont constitués, les compétences dont ils sont investis, les droits citoyens* »[4]. Dans la pensée de Kelsen, plus qu'une règle de procédure, la Constitution est une règle de fond. Elle est bien « *le fondement de l'État, la base de l'ordre juridique* »[5]. Elle encadre la

---

[1] *Idem.*
[2] AÏVO F. J., « La crise de normativité de la Constitution en Afrique », *RDP*, 2012, n° 1, p. 2.
[3] VEDEL G., *Manuel élémentaire de droit constitutionnel*, Paris, Sirey, 1949, p. 112.
[4] *Idem.*,
[5] KELSEN H., « La garantie juridictionnelle de la constitution », *RDP*, 1928, p. 206.

dévolution et l'exercice du pouvoir politique. Formellement, et suivant les enseignements de Raymond Carré de Malberg, la Constitution désigne un instrument « *énoncé dans la forme constituante et par l'organe constituant et qui par la suite ne peut être modifié que par une opération de puissance constituante et au moyen d'une procédure spéciale de révision* »[1].

La crise de normativité de la Constitution traduit davantage la faiblesse dans l'acceptation de norme. Si l'existence d'un consensus large et ancien sur la société politique et son mode de régulation juridique a généré des institutions et des normes constitutionnelles stables dans les Etats occidentaux, lesquelles sont le reflet de processus historiques, culturels, sociaux et politiques proprement endogènes, il n'en va guère de même en Afrique et particulièrement au Cameroun. Ici, les arrangements institutionnels et les normes constitutionnelles ne reflètent point un bien commun émergeant de trajectoires nationales précises de peuples enracinés dans leur histoire. Ils ont été par le passé et demeurent encore aujourd'hui, dans une large mesure, inspirés et suscités de l'étranger si nécessaire par la force, en fonction des intérêts autres que ceux des peuples auxquels ils sont destinés[2]. C'est dans ce cadre que l'on peut inscrire la Constitution du 2 juin 1972. En effet, à l'initiative de M. Ahmadou Ahidjo, alors Président de la République du Cameroun, le peuple camerounais s'est prononcé par voie de référendum, le 20 mai 1972, en faveur du passage de l'État fédéral à l'État unitaire. Considéré par la doctrine comme ayant constitué rien moins qu'un *« coup d'État civil »*[3], ce référendum est, de nos jours, à la base de la principale menace d'implosion du Cameroun. La légalité de de la Constitution de 1972 demeure contestée par les ressortissants des régions anglophones, car, estiment-ils, la Constitution de 1961 ne prévoyait pas de changement de la forme de l'Etat et n'envisage la révision de la Constitution que par voie parlementaire. Les militants anglophones estiment aussi que le référendum n'aurait pas dû être organisé au niveau national mais seulement au Cameroun occidental qui avait le plus à perdre. Ils soulignent enfin que dans le contexte de l'époque, un référendum libre

[1]CARRE DE MALBERG R., *Contribution à la théorie générale de l'État*, t. 2, Paris, Sirey, 1922, p. 571.
[2]DONFACK SOKENG L., « Droit constitutionnel et crises en Afrique », *SOLON, Revue Africaine de Parlementarisme et de Démocratie*, 2011, Vol. III, n° 5, p. 79.
[3]NKOT P. F., « Le référendum du 20 mai 1972 au Cameroun : analyse de quelques tendances de la doctrine », *Les cahiers du droit*, Vol. 40, n° 3, 1999, 674 p.

et transparent n'était pas possible, et que le scrutin a été entaché de graves irrégularités.

Par ailleurs, une partie de la doctrine estime que le référendum constitutionnel de 1972 aurait été organisé en violation des dispositions de la Constitution alors en vigueur. Etienne Charles LEKENE-DONFACK, est considéré comme le principal protagoniste[1]. En effet, il soutient que le législateur de 1969[2] n'a pas pu, sans outrepasser ses pouvoirs, instaurer une seconde procédure de révision dans la double ignorance du fait que le Président de la République ne pouvait pas s'adjuger l'initiative de la procédure référendaire alors que l'exercice de la souveraineté nationale ne lui appartient pas. Cela, du fait que l'article 2 de la Constitution du 1er septembre 1961 précisait formellement qu'aucune fraction du peuple, ni aucun individu ne peut s'attribuer l'exercice de la souveraineté. D'autant plus que l'article 47 de la Constitution du 1er septembre 1961[3] mentionnait l'interdiction de la révision portant atteinte à la forme fédérale de l'État et l'exigence d'une double majorité relative à la révision dans la Constitution. Cette disposition entendait par là préserver la nature fédérale de l'État[4].

Etienne Charles LEKENE-DONFACK arrive donc à la conclusion que la décision prise par Ahmadou Ahidjo de convoquer le référendum en date du 20 mai 1972, était irrégulière parce qu'elle l'a été en application d'un texte inconstitutionnel à savoir la loi n° 69/LF/15 du 10 novembre 1969, qui n'a pu être maintenu en vigueur que parce que, aux termes de l'article 14 de la Constitution du 1er septembre 1961, seul le Président de la République a compétence pour saisir la Cour fédérale de justice lorsqu'il estime qu'une loi fédérale ou une loi de l'un des États fédérés est adoptée en violation des dispositions de la Constitution ou d'une loi fédérale. Poursuivant sa pensée en affirmant que : « initiateur d'un projet de texte inconstitutionnel, le Président de la République est encore seul,

---

[1] *Idem.*,

[2] La loi n° 69/LF/15 du 10 novembre 1969 fixant les conditions et la procédure du referendum prévue par l'article 2 de la Constitution du 1er septembre 1961 et modifiée par la loi n° 72/LF/1 du 7 mai 1972.

[3] Constitution du 1er septembre 1961 modifiée et complétée par les lois n° 69/LF/14 du 10 novembre 1969 et 70/LF/1 du 04 mai 1970.

[4] LEKENE-DONFACK E. Ch., « La révision des constitutions en Afrique », *R.J.P.I.C*, n° 1, 1989, p. 45.

habilité à le dénoncer après l'avoir promulgué. Son silence n'efface pas pour autant l'inconstitutionnalité »[1].

2. La crise de la normativité de la loi

Bien que le mot « *loi* » vienne du latin *legere* (cueillir, choisir, lire, publier) et non pas de *religare* (lier), la loi a pour caractère d'être « *ce qui relie* »[2]; elle désigne un lien que l'esprit découvre dans les choses[3] ou qu'il reconnaît peser sur lui, entre l'autorité qui fait la loi et lui-même, sujet de l'obéissance. Dans le domaine normatif, la loi n'existe donc que pour un être, dont Locke dira qu'il porte en lui une « *capacité à la loi* »[4], c'est-à-dire une aptitude à se reconnaître en elle, soit qu'il l'ait faite lui-même[5], soit qu'il l'ait reçue d'une autorité extérieure, voire transcendante, soit enfin qu'il l'ait découverte par son intelligence examinant les choses[6]. L'une des caractéristiques phares de la loi est d'exister pour un esprit apte à la liberté. En effet, quand on envisage les lois dans l'ordre moral ou politique, l'autorité ne commande que parce que la liberté peut être convoquée, interpellée. Si les citoyens n'étaient pas supposés libres, c'est-à-dire, aptes à choisir, obéir, résister ; il serait absurde de légiférer et de publier les lois. La loi, produite dans des conditions bonnes[7] faisait appel à un ressort intérieur que l'on nomme l'obligation. Par différence avec la contrainte, qui s'exerce comme une force extérieure, ou avec le *« monopole de la violence légitime »* qui définit la puissance étatique chez Max Weber, l'obligation est un appel ressenti par le sujet, dans la rencontre avec la loi, et qui sollicite sa liberté. Le mariage entre loi et liberté intérieure, pour la réalisation de la liberté politique et collective, suppose donc deux choses : l'obéissance s'adresse à la forme impersonnelle de la loi et non à une volonté personnalisée et par là arbitraire[8]. Dans la loi, celui qui est

---

[1]*Idem.,*

[2]JAUME L., « Loi », *Cités*, 2001/4, n° 8, p. 231.

[3]C'est le cas avec les lois de la nature.

[4]« *capable of a law* » ; Cf. LOCKE J., *Second traité du gouvernement*, Cambridge, UniversityPress, ed. P. Laslett, 1988, p. 306

[5]C'est le cas des lois démocratique.

[6]LOCKE J., *Second traité du gouvernement*, *op.cit.,* p.306.

[7]Ces conditions sont la séparation des pouvoirs selon MONTESQUIEU, la volonté générale selon ROUSSEAU.

[8]JAUME L., *op.cit.,* p. 231.

assujetti peut reconnaître la voix de la raison s'adressant, en lui, à la raison. C'est l'origine du principe démocratique qui sous-entend que le peuple obéit aux lois dans la mesure où il en est aussi l'auteur. Jean-Jacques Rousseau écrit que la liberté consiste à obéir « *à la loi qu'on s'est prescrite* »[1]. Cela signifie que lorsque des contestations ou des résistances à loi se multiplient, alors un sérieux problème de légitimité de la loi se pose. Il le relevait déjà si bien en affirmant : « *Si le législateur, se trompant dans son objet, prend un principe différent de celui qui naît de la nature des choses, on verra des lois s'affaiblir insensiblement ; la constitution s'altérer et l'État ne cessera d'être agité* »[2]. Près de trois siècles plus tard, ces prédictions de semblent conserver toute leur pertinence et se concrétiser dans le système juridique et institutionnel camerounais[3].

En effet, la lettre de la loi au Cameroun semble se caractériser par une certaine élasticité. La norme qu'héberge l'acte législatif camerounais quant à elle, tend à s'illustrer par sa plasticité. D'un texte à un autre, le corps de la loi semble contenir dans son dispositif, des éléments en moins ou en plus, qui rendent sa compréhension complexe, lorsqu'ils ne sont pas source de curiosité sur le terrain de la science juridique[4]. L'âme de la loi quant à elle paraît, comme le rappel Steve BILOUNGA, d'une malléabilité à nulle autre pareille au sujet de son objet et même de sa nature profonde[5]. Ainsi, au-delà des façades des dispositifs législatifs, des domaines non avoués sont en hibernation, en attendant des conditions favorables pour s'épanouir. Pendant que dans l'espoir d'être normés par des principes clairs et précis, les sujets des lois semblent régis par des incantations, des programmes.

Concernant les institutions, si tant est que celles-ci sont le miroir des aspirations du corps social, le reflet d'un certain esprit, d'une

[1]ROUSSEAU J.-J., *Du contrat social*, Amsterdam, Marc-Michel Rey, 1762, livre II, chap. XI, p. 116.
[2]*Idem.*,
[3]BILOUNGA S. T., « La crise de la loi en droit public camerounais », *Les Annales de droit*, n° 11, 2017, p. 22.
[4]ONDOA M., « La constitution duale à recherches sur les dispositions constitutionnelles transitoires au Cameroun », *Revue africaine des sciences juridiques*, vol. 1, n° 2, 2000, p. 50-56.
[5]BILOUNGA S. T., « La crise de la loi en droit public camerounais », *op. cit.*, p. 22.

certaine « *imagination* »[1], les institutions législatives semblent traduire dans la réalité des faits, les maux qui minent la loi dans son essence. Les organes et les procédures législatives constituent ainsi le terrain d'extériorisation de ces maux. Quel est en effet l'auteur de la loi en droit camerounais[2] ? Autrement dit, à quel organe de décision doit-on en attribuer la paternité[3] ? Ainsi est paradoxalement ouverte, l'action en reconnaissance de paternité de la norme législative. Les candidats à la paternité semblent nombreux : l'organe législatif lui-même d'abord, l'organe exécutif ensuite[4], et les organes communautaires enfin. Une chose paraît pourtant vraisemblable au vu de la nature du régime politique en place. C'est qu'il existe constitutionnellement un père naturel et un père adultérin[5]. Ce dernier semble malheureusement dicter la loi au premier. Car, ayant prioritairement participé à l'initiation, donc à la procréation de la loi, et surtout maîtrisé sa promulgation et sa publication, donc sa parturition. Sans oublier le monopole exercé sur son régime de vote, donc de gestation.

Les conséquences d'une telle crise de la normativité de la loi sont multiples. Elle conduit d'abord à porter une sérieuse hypothèque sur l'objectivité de l'ordre juridique interne propre à l'État camerounais[6]. La mise en œuvre de la loi pourrait être confrontée à de nombreux obstacles. La loi problématiquement conçue serait alors difficilement applicable, car elle aurait perdu ses principaux facteurs de concrétisation à savoir, l'accessibilité[7] et l'intelligibilité[8]. Elle serait

---

[1]SINDJOUN L., « L'imagination constitutionnelle de la nation » in, *La réforme constitutionnelle du 18 janvier 1996 au Cameroun, aspects juridiques et politiques*, Yaoundé, Friedrich Ebert, 1996, p. 83 et Ss.
[2]KANKEU J., « Les missions du parlement camerounais : regard sur une illusion », *Juridis périodique*, n° 73, 2008, p. 42 et Ss.
[3]AVRIL P., « Qui fait la loi ? », *Pouvoirs*, n° 114, 2005, p. 89.
[4]Art. 14 de la Constitution : « le pouvoir législatif est exercé par le parlement qui comprend deux chambres » ; art. 26 (1) : «la loi est votée par le parlement ». Puis, art. 28 de la constitution de 1996 : « Dans les matières énumérées à l'article 26 al. 2, ci-dessus, le parlement peut autoriser le Président de la République, pendant un délai limité et suivant un objet déterminé, à prendre des ordonnances. »
[5] BILOUNGA S. T., « la crise de la loi en droit public camerounais », *op.cit.*, p. 24.
[6]*Idem.*,
[7]SOURIOUX J.-L., « Le bon législateur selon Portalis », dans Mélanges Dmitri Georges Lavroff, Paris, Dalloz, 2005, p. 515 et Ss.
[8]DUBOIS Ph., « L'intelligibilité de la loi », D*ans Mélanges Philippe Jestaz*, Paris, Dalloz, 2006, p. 645 et Ss.

alors dénuée de toute sa rationalité[1] et pécherait en effectivité. Par ailleurs, la crise de la loi est rédhibitoire à la sécurité juridique des citoyens. Une loi qui est prioritaire à la stabilité institutionnelle tend malheureusement à devenir une espèce rare en droit public camerounais, du fait des problèmes qui minent l'essence et l'existence de cet acte juridique[2].

II. En aval : la crise sociopolitique, conséquence de la crise de la normativité juridique

Le Professeur Maurice KAMTO le relevait si bien : « *Une constitution trop rigide, n'offrant pas de possibilité d'adaptation à l'évolution ou aux transformations sociopolitiques de la société peut, par le blocage qu'elle crée, être à l'origine d'un mouvement ou d'une dynamique révolutionnaire. Il s'agit alors de sortir d'une situation pour entrer dans une autre, d'aller de l'ancien, voire du connu vers le nouveau, voire l'inconnu* »[3]. Ce schéma peut permettre de rendre compte de la situation de crise qui se vit dans les régions du Nord-Ouest et du Sud-Ouest du Cameroun. Puisque la Constitution affirme sa rigidité, l'idée est vite acquise, de la difficulté à trouver des solutions dans la norme fondatrice de la société, et donc l'option alternative est la contestation par des moyens non juridiques du mode d'organisation de l'Etat. C'est en fait la logique que l'on retrouve, lorsqu'on analyse les revendications des populations du Nord-Ouest et du Sud-Ouest. Revendications allant, d'une part, dans le sens d'un Etat fédéral ou largement décentralisé assurant la participation au pouvoir des groupes insurgés, et d'autre part, les revendications de sécession, de partition des Etat existant[4]. De l'analyse de la situation du Cameroun, on peut donc apercevoir un lien entre la crise de la normativité juridique et la crise sociopolitique au Cameroun (A), d'où la nécessité de rechercher la solution de ladite crise dans la norme juridique (B).

---

[1]BILOUNGA S. T., « la crise de la loi en droit public camerounais », *op.cit.,* p. 24.
[2]*Idem.*
[3]KAMTO M., « Les conférences nationales africaine et la création révolutionnaire des constitutions », *in* DARBON D. et DU BOIS DE GAUDUSSON J. (dir.), *La création du droit en Afrique*, Paris, Karthala, 1997, p. 179.
[4]DONFACK SOKENG L., « Droit constitutionnel et crises en Afrique », *op.cit.,* p. 81.

A. La perceptibilité du lien entre crise de la normativité juridique et crise sociopolitique au Cameroun

Depuis l'accession à l'indépendance de la plupart des États au cours des années 1960, l'Afrique vit de manière récurrente des crises sanglantes de légitimité du pouvoir[1]. Les conflits socio-politiques deviennent dans ces conditions, une des tares majeures des États africains postcoloniaux, toujours en quête de stabilité[2]. Au Cameroun particulièrement, la norme, qu'elle soit constitutionnelle ou législative se trouve donc au centre des questionnements pour la compréhension de ces différentes crises. De l'analyse, on peut établir un lien d'une part entre les imperfections de la norme et la crise (1), et d'autre part entre les carences de la norme et la crise (2).

1. Des imperfections de la norme constitutionnelle à la crise

Comme le relavait déjà si bien, le Professeur Léopold DONFACK SOKENG, l'idée d'une norme constitutionnelle « *conflictogène*» a de quoi surprendre[3]. Cependant, dans le contexte africain, où l'on sait que les règles et mécanismes d'organisation, d'exercice et de dévolution du pouvoir sont plus imposées que négociées, et où les normes constitutionnelles dissimulent plus qu'elles ne révèlent la réalité du jeu politique, on ne saurait pour autant nier le fait que la norme constitutionnelle constitue une source de crise[4]. C'est dans cette même logique que le professeur De GAUDUSSON exprime fort bien cette préoccupation : « *l'expérience des quelques années qui viennent de s'écouler montre que plusieurs des difficultés et crises politiques rencontrées sont d'ordre institutionnel ; elles ont pour origine les imperfections des textes constitutionnels en quelque sorte*

[1]ANDZOKA ATSIMOU S., *L'ingénierie constitutionnelle, solution de sortie de crise en Afrique : les exemples de l'Afrique du Sud, de la République démocratique du Congo, du Burundi et du Congo*, Thèse de Doctorat en droit, Université cheikh Anta Diop de dakar, juin 2013, p. 3. 682 p.

[2]EL HADJ. M., « La constitution de transition et la résolution des conflits en Afrique. L'exemple de la République démocratique du Congo », *RDP,* n° 2, 2010, p. 442.

[3]DONFACK SOKENG L., « Droit constitutionnel et crises en Afrique », *op.cit.,* p. 79.

[4]*Idem.*

inachevés, faute de prévoir certaines situations et en raison de dispositions trop sommaires et trop rigides »[1].

En effet, la logique ultra-jacobine inscrite dans les différentes constitutions du Cameroun depuis l’indépendance de État camerounais et visant à construire un sentiment national par la centralisation et l’autoritarisme ont, de toute évidence, échouée. En exacerbant les rivalités ethniques et régionales qu’elles prétendaient estomper, elles ont généralement fait régresser le sentiment national qu’elles pensaient faire progresser[2]. C’est pourquoi dès les années quatre-vingt-dix les revendications relatives a une autonomie des régions du Nord-Ouest et Sud-Ouest ont apparus. En effet, s’il est vrai que la crise sociopolitique du Cameroun est ancienne et consécutive à la colonisation britannique dans l’ex-SouthernCameroon de 1916 à 1960, elle a été réactivée dans les années quatre-vingt-dix. Une remise en cause de l’ordre politique par les anglophones s’est observée à travers la cristallisation de la culture de la rébellion, de la contestation et de la résistance[3]. La conquête identitaire anglophone a d’abord connu un point culminant dans l’expression des velléités sécessionnistes du SouthernCameroon en 1994. Le 28 décembre 1994 en particulier, le SouthernCameroon National Council (SCNC), lors d’une réunion, a adopté un plan de séparation et de rétablissement de la souveraineté du SouthernCameroon[4]. La stratégie d’aggravation du conflit politique mise au point s’articulait notamment autour : de l’appel à la grève générale dans les provinces anglophones du Nord-Ouest et du Sud-Ouest ; de l’accentuation de la pression internationale sur le pouvoir central par l’envoi aux Nations-Unies d’émissaires pour plaider la cause anglophone; de l’exhortation à la démission collective de tous les anglophones membres du gouvernement ; de la volonté de remplacer le drapeau national au SouthernCameroon par celui des Nations-Unies, jusqu’à la proclamation de son indépendance. Le ralliement à la cause sécessionniste anglophone de deux anciens vice-

[1]DU BOIS DE GAUDUSSON J., « Point d’actualité sur les modalités de production du droit constitutionnel dans les États africains francophones », *in Mélanges Patrice Gélard, Droit constitutionnel*, Paris, Montchrestien, 1999, p. 342.

[2]KEUTCHA TCHAPNGA C., « Droit constitutionnel et conflits politiques dans les États francophones d'Afrique noire », *Revue française de droit constitutionnel*, 2005/3, n° 63, p. 457.

[3]Cf. SINDJOUN L., « Mobilisation politique du pluralisme culturel et crise de l’État-Nation au Cameroun », *in* MANE I. (dir.), *État, Démocratie, Sociétés et Culture en Afrique*, Dakar, Editions Démocraties Africaines, pp. 95-106.

[4] KEUTCHA TCHAPNGA C., *op.cit.,* p. 458.

Présidents de la République fédérale, Muna et Foncha, puis celui du leader de l'opposition M. FruNdi porta un coup politique important au pouvoir central[1].

Pour désamorcer les méfiances et les réflexes de violence physique que peuvent engendrer ces particularismes qui sont des réalités sociologiques, le nouveau constituant camerounais de 1996 a vite compris qu'il était non seulement utile mais aussi indispensable de les prendre en compte dans la gestion des affaires locales. C'est pourquoi, sans aller jusqu'au seuil de l'État régional qu'a atteint le système unitaire italien, il a consacré la décentralisation, qui est de nature à « *réconcilier enfin les institutions et les cultures et de doter les premières d'une légitimité que les incantations nationalistes et anti-impérialistes ont été incapables de leur conférer* »[2]. Cependant, les avancées de la décentralisation se sont révélées, dans un pays comme le Cameroun, décevantes dans leurs résultats, en raison de la réticence et de la lenteur des pouvoirs publics à abandonner leurs prérogatives[3]. Dans de tels cas, on ne peut que souscrire à l'opinion selon laquelle, « *la décentralisation semble avoir été instrumentalisée par l'État du Cameroun pour, d'une part obtenir la paix civile et d'autre part retrouver la confiance des bailleurs de fonds internationaux* »[4]. C'est en tout cas ce qui ressort de l'attitude qui a suivi la loi n° 06 du 18 janvier 1996 portant révision constitutionnelle. D'une part, les institutions abrogées sont provisoirement maintenues en vigueur; d'autre part, la mise en place progressive des institutions nouvellement créées est reportée à plus tard, sans précision particulière sur le délai[5]. De toute évidence, l'article 67 de la Constitution constitue un défi au droit constitutionnel. Il est moins habituel en effet qu'un texte lui-même prenne le risque de prescrire la progressivité dans la mise en place des nouvelles institutions. Ainsi, comme le relève Alain DIDIER OLINGA : « *l'on attribue aux*

---

[1]MENTHONG H.-L., « La construction des enjeux locaux dans le débat constitutionnel au Cameroun », *Polis*, vol. 2, n° 2,1996, pp. 69-90 et LEKENE DONFACK E. Ch., « Le renouveau de la question fédérale au Cameroun », *Penant*, n° 826, 1998, pp. 30-61.

[2]MICHALON T., « A la recherche de la légitimité de l'État », *cette Revue*, 1998, p. 296.

[3] KEUTCHA TCHAPNGA C., *op.cit.,* p. 461.

[4]*Idem.,*

[5]ONDOUA M., « La Constitution duale : recherches sur les dispositions constitutionnelles transitoires au Cameroun », *Revue africaine des Sciences juridiques*, Université de Yaoundé II, vol. 1, n° 2,2000, p. 21.

pouvoirs institués la capacité de faire échec, par simple inertie, à la volonté du pouvoir constituant »[1].

Par ailleurs, lorsqu'on veut évoquer le fait que la rigidité de la norme constitutionnelle aurait conduit à la crise, il faut préciser qu'il s'agit d'une rigidité choisie, car la rigidité n'est restée assez valable que pour la forme de l'Etat. Pourtant, pour d'autres aspects tel que les mandats au poste de Président de République, la Constitution fut modifiée en 2008. Modification qui suscita une manifestation. En effet, la non-limitation des mandats présidentiels ne fut pas aussi idyllique, comme en témoigne la radicalisation progressive contre cette réforme constitutionnelle en 2008[2]. Le 5 Janvier 2008, le SDF[3] organisa à Bépanda (Arrondissement de Douala V) une marche de protestation[4]. Le corollaire de ces actions fut l'activation de l'appareil répressif avec entre autres, la fermeture de « *Radio Equinoxe* » et de la chaine télévisée « *Equinoxe* », à Douala, le 21 février 2008 ainsi que de la station Radio « *Magic FM* » à Yaoundé, le 28 Février 2008[5]. Au final, le processus de la suppression constitutionnelle du nombre de mandats présidentiels s'est concrétisé le 4 avril 2008 avec le dépôt à l'Assemblée Nationale du projet de loi portant modification de la Constitution, c'est ainsi que l'on enregistra 157 voix pour et 5 voix contre[6]. Cette modification donna lieu à une réaction de rejet inattendue, dans le cadre de ce que certains appelèrent « les émeutes de la faim »[7]. La répression en fut alors brutale[8].

La conjonction de ces evements qui oscille entre rigidité de la norme constitutionnelle sur la forme de l'Etat et souplesse de celle-ci

[1]OLINGA A.-D., « L'article 67 de la Constitution », in *Lex Lata*, n° 033, mars 1997, p. 4.
[2]MINTEU-KADJE D. et PREMAT Ch., « Leçons de l'élection présidentielle camerounaise de 2018 : le changement dans la continuité ». *Sens public*, 2019, p. 9.
[3]Il faut le rappeler, au Cameroun, deux des dix régions du pays, le Nord-Ouest et le Sud-Ouest, représentent 16 364 kilomètres carrés sur une superficie totale de 475 442 kilomètres carrés et environ 5 millions d'habitants sur une population de 24 millions. Cette aire est le fief du principal parti d'opposition, le Social Democratic Front (SDF).
[4]MINTEU-KADJE D. et PREMAT Ch., *op.cit.,* p. 10.
[5]*Idem.*
[6]Suffrages exprimés en faveur de la non-limitation des mandats présidentiels (RDPC : 151 voix/ UNDP : 6 voix). Suffrages contre la non-limitation des mandats présidentiels (UDC (4 voix) et MP (1 voix) ; Cf. MINTEU-KADJE D. et PREMAT Ch., *op.cit.,* p. 9.
[7]BILE O., *La démocratie africaine reste mal parti*, Paris, L'Harmattan, 2016, p. 77.
[8]*Idem.*

sur la question du mandat du Président de la République, est de nature à expliquer les tensions qui alimentent la crise socio-politique au Cameroun.

2. Des carences de la norme à la crise

Comme le relève Stève Thierry BILOUNGA, en droit public camerounais, la lettre de la loi connaît souvent des problèmes d'omission des précisions essentielles, utiles à son intelligibilité[1]. Un exemple peut être tiré en matière constitutionnelle, de l'oubli involontaire ou délibéré du constituant du 18 janvier 1996 de fixer, dans les dispositions transitoires, des délais rigoureux de mise en place des nouvelles institutions créées. Une telle imprécision est susceptible de rendre la lettre de la loi nouvelle élastique au point de la voir s'étendre sur la loi ancienne, qui pourrait, par ce seul fait, continuer à s'appliquer, en vertu d'une équivoque et illimitée mise en place progressive des institutions nouvellement créées[2]. Une illustration parfaite de précision temporelle quant à l'application d'une loi est pourtant tirée en matière de droit public financier, au sujet de la loi n° 2007/2006 du 26 décembre 2007 portant régime financier de l'État. En effet, au Titre IX afférent aux dispositions diverses, transitoires et finales, l'article 75 précise : « *la présente loi est d'application progressive pour une période n'excédant pas cinq (5) ans, à compter du 1er janvier 2008, dans les conditions définies aux articles 77 à 80 ci-dessous* ». Il s'agit là d'un cas de mise en place progressive bien limitée dans le temps, qui de toute évidence pourrait servir d'exemple. Des précisions de temps se présentent ainsi comme des considérations essentielles pour la qualité des instruments juridiques[3]. Le nouvel ordre juridique institué doit taire à jamais l'ancien en lieu et place duquel il se pose pour le futur. Il serait donc judicieux que la lettre de la loi soit très précise à cet effet. Autrement dit, en droit, et surtout en matière constitutionnelle, dans les rapports entre une ancienne et une nouvelle constitution, « *un passé qui ne*

[1]BILOUNGA S. T., « la crise de la loi en droit public camerounais », *op.cit.,* p. 24.
[2]Article 67 de la constitution du 18 janvier 1996.
[3]PANAIT R., « te temps comme facteur de qualité du droit », *Jurisdoctoria*, n° 13, 2009, p. 43.

passe pas »[1] est hautement répréhensible, même si les enjeux, au demeurant juridiques, d'une mémoire historique sont énormes[2]. La nouvelle loi devrait alors, par sa lettre et de manière non équivoque, fixer les conditions de son application harmonieuse.

C'est en effet cette difficulté de la progressivité imprécise qui explique dans une mesure l'important retour aux revendications locales dans les régions du Nord-Ouest et du Sud-Ouest, qui aujourd'hui s'est transformé en une forme de radicalisation. En réalité, d'une analyse minutieuse des trajectoires de cette crise, on peut déduire qu'une mise en place effective et immédiate des institutions de la décentralisation telles que prévues dès 2004, aurait évité la survenance de celle-ci. D'une telle analyse, il ressort que la norme n'évolue pas suffisamment au rythme de l'évolution de la société camerounaise, d'où la survenance du cercle vicieux, se traduisant en termes de conflits socio-politiques.

B. La nécessité de la recherche des solutions de la crise sociopolitique dans la norme juridique

Les crises politiques, notamment lorsqu'elles dérivent en confits armés à ramifications internationales, constituent bien souvent des menaces contre la paix internationale ou des situations de rupture de celle-ci[3]. Elles impliquent dès lors des acteurs étatiques et extra étatiques et interpellent une refonte profonde des institutions, qui de prime abord est normative. Si la configuration de telles crises implique bien le Droit International Public et les Relations internationales, nombre de questions envisagées et de solutions préconisées relèvent en revanche du champ de la norme interne. Puisque de la crise de la normativité juridique découle la crise de la société, alors la norme doit constituer un levier indispensable dans le champ de la résolution des conflits[4]. La résolution de la crise par la norme à cet effet passe d'une part par la construction des cadres palliatifs aux organes de législations ordinaires (1) et d'autre part, par

---

[1]MACAYA A., « Un passé qui ne passe pas : les enjeux juridiques de la mémoire historique, en France et en Espagne, *Jurisdoctoria*, n° 3, 2009, p. 65.
[2]BILOUNGA S. T., « la crise de la loi en droit public camerounais », *op.cit.,* p. 25.
[3] DONFACK L., *op.cit.,* p. 87.
[4]*Idem.*

la recherche des mesures d'adaptation de la norme aux aspirations de la société (2).

1. Les mesures de palliation aux organes de législation ordinaires

Puisque la crise socio-politique est le fruit d'une crise de la normatité juridique marquée par la disjontion du lien entre la norme et les aspirations de la société, la recherche de la solution passe nécessairement par la redéfinition du consensus social, seule condition pour l'adoption d'un ordre nouveau. C'est d'ailleurs cette logique qui a présidé à la convocation du Forum de dialogue national. En effet, le 10 septembre 2019, au regard de l'ampleur de la crise, le Président de la République du Cameroun, a décidé de convoquer un Grand dialogue national, du 30 septembre au 04 octobre 2019. Grand dialogue national qui devrait permettre de trouver des solutions de retour à la normalité dans « *les régions du Nord-Ouest et du Sud-Ouest de notre pays, en proie à une crise, qui met en péril la sécurité et le bien-être des populations qui y vivent, avec de profondes conséquences sur l'ensemble de la communauté nationale* »[1]. Dans son message à la Nation, le Président de la République, a non seulement indiqué les grands corps et groupes sociaux qui y étaient attendus, parmi lesquels les élus municipaux. Il a également énuméré les grands thèmes qui y seront débattus, dont la décentralisation et le développement local, qu'il a établi comme susceptibles d'apporter des réponses aux préoccupations des populations du Nord-Ouest et du Sud-Ouest, ainsi qu'à celles des autres régions de notre pays. Le canal de l'expression par le biais du Grand Dialogue National est une confirmation de la crise de la représentation en ce qu'il constitue un nouveau cadre de l'expression des aspirations du peuple.

Il convient de voir ainsi le Grand dialogue national comme une sorte de mesure de palliation a la défaillance des représentants du peuple qui n'ont pas su porter suffisamment ses aspirations. Ce grand dialogue rentre dans la logique des conférences nationales qui sont en Afrique, la voie la mieux indiquée pour la résorption des crises. Seulement, la Grand dialogue national tel qu'il a été conduit au Cameroun, n'a pas procédé à une véritable renégociation du consensus

---

[1]BIYA P., message à la nation le 10 septembre 2019.

social. C'est certainement pourquoi malgré quelques reformes qui ont suivi elle n'a pas pu juguler véritablement la crise. Dans cette dimension, l'adoption d'une trajectoire au sens d'une véritable conférence nationale souveraine aurait été plus avantageuse et en tout cas reste très souhaitable.

En effet, déclenchée au Bénin, la Conférence nationale souveraine est devenue une revendication des peuples en mal de démocratie[1]. Elle est perçue comme le cadre privilégié de régulation de la crise dans les États ; autrement dit, comme un néo-constituant hétérodoxe. La Conférence nationale, est un véritable apport de l'ingénierie constitutionnelle africaine, car elle est une « *des plus importantes découvertes politiques de l'Afrique post-coloniale, est un phénomène inédit qui se caractérise par l'irruption sur la scène politique de la société civile et des gouvernés qui jusque-là avaient été confinés dans un rôle de spectateurs* »[2]. C'est pourquoi, en s'érigeant en Assemblée constituante, elle intègre l'ensemble de la population dans la négation et la redéfinition des objectifs commun de la société. La Conférence nationale souveraine est en réalité une assemblée constituante, représentative des différents corps de la nation, réunie en période de crise en vue de proposer un scénario de sortie de crise, et, surtout, une plate-forme politique consensuelle d'organisation de la nouvelle Constitution[3]. C'est dans cette approche qu'on retrouve l'atypisme de la Conférence nationale comme une Assemblée constituante. Elle constitue un pouvoir constituant originaire atypique pour plusieurs raisons. L'objectif principal de cette assise était de restaurer la légitimité perdue des institutions politiques. C'est un scénario révolutionnaire à la fois sur le plan politique et juridique puisqu'elle marque une rupture de l'ordre juridique de l'État en cause[4]. Mais ils'agit d'une révolution pacifique et consensuelle. Elle se presente comme « *une sanction de l'illégitimité, avant d'être une stratégie de*

[1]RAYNAL J.-J., «Conférence nationale, État de droit et démocratie. Quelle réflexion dans ce sens, à propos d'une occasion manquée dans la création du droit en Afrique », *in* DARBON D. et DU BOIS DE GAUDUSSON J. (dir.), *La création du droit en Afrique*, Karthala, Paris, p. 157.

[2]GUEYE B., « Crise de légitimité du pouvoir politique en Afrique subsaharienne », *Civitaeuropa*, n°6
mars 2001, p. 87.

[3]AIVO F. J., *Le juge constitutionnel et l'état de droit en Afrique L'exemple du modèle Béninois,* Paris, Harmattan, 2006, p. 28.

[4]TIONGAYE N., «Crise de légitimité du pouvoir de l'État et conférence Nationale en Afrique», *RADIC* 4/1992, p.626.

quête d'une nouvelle légitimité. Elle dénie toute légitimité au gouvernement en place et lui substitue sa propre légitimité »[1]

Puisqu'il s'agit d'un canal d'expression activé en période de crise, le fondement de la Conférence nationale est moins juridique, et plus « *psychosociologique* »[2], en sens qu'elle répond aux aspirations du peuple, souverain ultime, et procède de l'idée de droit[3]. La souveraineté de cette assise est stratégique et s'inscrit dans une période de sortie de crise politique, et entraîne une « *perte totale de crédit et de légitimité* »[4] du régime en place devant le peuple. Il s'agit pour le Professeur Maurice KAMTO, d'une révolution originale parce qu'elle est fondamentalement consensuelle[5].

La Conférence nationale est un scénario révolutionnaire qui se traduit comme, *« une irruption de la ociété civile et plus largement du peuple, sur la scène du pouvoir* »[6]. Cette forme de transition est une invention proprement africaine en raison de son caractère novateur issu de la pure réalité de la palabre africaine. Cette nouvelle formule de sortie de crise au sein des États, est la plus réussie dans l'histoire récente du système politique africain. La Conférence nationale souveraine adopte à cet effet des actes juridiques différents. Elle agit en pouvoir constituant originaire à caractère exceptionnel. Le constituant est dans une logique d'invention et d'adaptation ou encore dans une stratégie de la « *déconstitutionnalisation et de la reconstitutionnalisation* »[7]; une opération de refondation juridique de l'État en crise. Ces réunions, outre la négociation des termes d'un cessez-le-feu, ont pour objet la définition des bases d'un plan de transition : élaboration de la future Constitution, définition et mise en place des institutions répondant aux aspirations des peuples,

---

[1]GUEYE B., « Crise de légitimité du pouvoir politique en Afrique subsaharienne », *op.cit.,* p. 88.

[2]TIONGAYE N., « Crise de légitimité du pouvoir de l'État et conférence Nationale en Afrique », *op.cit.,* p. 626.

[3]BURDEAU G., *Droit constitutionnel*, LGDJ, Paris, 1988, p. 29.

[4]GUEYE B., « Crise de légitimité du pouvoir politique en Afrique subsaharienne », *op.cit.* p. 89.

[5]KAMTO M., « Les conférences nationales africaine et la création révolutionnaire des constitutions », *op.cit.* p. 182.

[6]SINDJOUN L., Science politique réflexive et savoir sur les pratiques politiques en Afrique noire, *op.cit.* p. 29.

[7]KAMTO M., « Les conférences nationales souveraines et la création révolutionnaire des constitutions en Afrique », *op.cit.* p.180

restauration de l'armée et définition des conditions de maintien de l'ordre.

A l'observation, cette logique de la conférence nationale souveraine a été partiellement appliquée au Cameroun. En effet, bien que le grand dialogue national s'apparentait à une forme de conférence nationale souveraine, il convient de relever que la logique n'a pas été poussée jusqu'au bout, cela pour au moins deux raisons. D'une part, les questions relatives à la forme de l'État ont été écartées du débat. D'autre part, il n'a pas abouti à la reconstruction de l'ordre social effectif. En effet, au regard de l'ampleur de la crise, on se serait attendu, à ce que le grand dialogue national aboutisse à un rétablissement du pacte social, qui passe par l'établissement d'une nouvelle Constitution ou encore par la révision de la Constitution.

2. Les mesures d'adaptabilité du droit aux aspirations de la société

Le régime de droit constitutionnel se caractérise par l'institutionnalisation d'un ordre constitutionnel effectif, duquel dérivent toutes les autres institutions publiques, ainsi que les normes les régissant[1]. La particularité de la crise qui sévit dans les régions du Nord-Ouest et Sud-Ouest du Cameroun est de provoquer, par leur violence et leur enlisement, l'anéantissement des pouvoirs publics dans les zones de crise. Le réajustement de la norme apparait ainsi comme une mesure urgente, afin d'expurger l'essentiel des facteurs conflitogènes liés à l'absence de gouvernance démocratique. La mise en place d'institutions démocratiques et libérales, la décentralisation effective du pouvoir et la garantie des droits fondamentaux participent ainsi d'une stratégie de consolidation de la paix[2]. Pour la résolution d'une crise telle que celle sociopolitique que traverse le Cameroun, il est indispensable de recourir abondamment aux techniques normatives dans l'élaboration des solutions de sorties de crise et de consolidation de la paix.

---

[1] DONFACK L., *op.cit.*, p. 90.
[2] *Idem.*

En effet, l'apparition de besoins et de rapports nouveaux exige parfois des réformes ou de nouvelles constructions juridiques ; même si celles-ci ne s'établissent jamais *ex nihilo* et se rattachent toujours, par des équilibres différents, à des modèles, des concepts et des aspirations déjà connus[1]. La norme juridique doit refléter à la fois la permanence et la contingence du droit, dans ses éléments universels et sa constante relativité[2]. En droit, semble-t-il, rien ne se perd, mais tout se crée et tout se transforme. La transformation constante du droit, même si elle peut connaitre des saccades, procède plus par évolution que par révolutions parce qu'en profondeur, toute convulsion finit par se calmer avec les exigences du système juridique et social où elle se produit[3]. La nécessité de l'évolution du droit s'impose particulièrement au Cameroun, où les exigences et les aspirations sociales semblent aller en divorce avec la norme juridique. C'est en pratique ce que révèlent les tensions qui alimentent la question de la forme de l'État.

Depuis les indépendances en effet, le Cameroun est à la recherche d'une forme d'État adaptée, qui assure la cohésion entre le centre et la périphérie[4], ou encore entre les « *gens d'en haut et les gens d'en bas* »[5]. C'est sur la base des aspirations de la société et pour un besoin d'intégration que la norme juridique doit être construite, en vue d'une large adhésion. C'est une sorte de partenariat politique entre le haut et le bas et, par conséquent, cela permet l'extension du management de participation politique[6]. C'est bien évidemment dans un régime démocratique que les débats ou les réflexions concernant la forme d'État adapté doivent être menées. Il est à cet effet clair que les principaux modes d'aménagement du territoire qui sont la décentralisation, la fédération et la régionalisation ne doivent pas être diabolisés. Il s'agit fondamentalement des technologies de séparation territoriale des pouvoirs. Seulement, au Cameroun, on relève une diabolisation de certaines formes d'Etat, écartant ainsi ces formes de tout débat

---

[1]BERGEL J.-L., *Théorie général du droit,* Paris, Dalloz, 2012, p. 6.
[2]*Idem.*
[3]*Idem.*
[4]BADIE B., *Le développement politique,* 3e éd., Paris, Economica, 1994, p. 111.
[5]VANDERLINDEN J., « L'État fédéral, État africain de l'an 2000 ? Point de vue d'un juriste », *in,L'État moderne : horizon 2000, aspects internes et externes, Mélanges de GONIDEC Pierre-Francois*, Paris, LGDJ, 1958, p. 319.
[6]BADIE B., *Le développement politique, op.cit.*, p. 111.

démocratique. Or, la réflexion sur la forme adaptée de l'État déterminée par la décentralisation, la régionalisation et la fédération ne remet pas en cause la permanence de la domination dans le champ politique, ni a fortiori la prépondérance du pouvoir central. C'est le cas du modèle fédéral américain, qualifié comme une « *énarchie* »[1], c'est un ordre institutionnel empêchant à la fois l'émergence d'une hiérarchie politique et de l'anarchie, et, dans la pratique tant vers un « *État central fort* »[2].

Conclusion

C'est de la défaillance des normes de l'État à faire une place et offrir un statut acceptable aux minorités et de répondre aux aspirations des populations que surviennent les crises comme celle qui ont lieu dans les régions du Nord-Ouest et du Sud-Ouest du Cameroun. En l'absence des mesures efficaces pouvant permettre de mettre fin à ladite crise, celle-ci s'amplifie et oblige le droit international à se mêler de ces situations purement internes qui s'internationalisent par l'effet des situations de violations massives des droits de l'homme. Parti des revendications de la forme de l'État, désormais une partie de la population de ces deux régions qui aspirent à l'indépendance, revendique un droit à la sécession unilatérale qu'on ne trouve pas encore en droit constitutionnel camerounais. Il convient de relever qu'en effet, très peu de Constitutions contiennent un droit à la sécession à l'instar de l'Ethiopie, ou de l'Ouzbekistan[3]. À l'inverse, de nombreuses Constitutions sont formulées de telle manière que toute tentative de sécession serait jugée inconstitutionnelle[4]. La Constitution du Cameroun s'inscrit dans cette logique. Cela permet donc de conclure que toute revendication relative à l'indépendance ou à la sécession serait inconstitutionnelle et donc ne

---

[1] DEUDNEY D., « The philadelphiansytem sovereignty Arms Control and the Balance of Power in the American States-Union circa 1787 – 1861 », *in international Oganization*, vol. 49, n° 2, 1990, p. 191.

[2] *Idem.*

[3] Article 39 de la Constitution de l'Ethiopie du 8 décembre 1994; Article 74 de la constitution de l'Ouzbékistan qui dispose que: « *The Republic of Karakalpakstan shall have the right to secede from the Republic of Uzbekistan on the basis of a nation-wide referendum held by the people of Karakalpakstan* ».

[4] De nombreuses Constitutions proclament ainsi l'unité de l'État, retenant le caractère indivisible de la Nation ou de l'État. Certaines proclament l'État, ou la Nation, « *un(e) et indivisible* ». La Constitution du Cameroun rentre dans la catégorie de celles qui consacre l'unité de l'État et condamnent par-là la sécession.

pourrait pas aboutir dans le contexte camerounais. La piste qui reste envisageable est la redéfinition d'un consensus social qui peut nécessairement aller jusqu'à la redéfinition d'une nouvelle forme d'État. Cela passe forcément par la reconstruction de la norme fondamentale. En effet, puisque le texte constitutionnel ne peut être immuable, pour sa propre existence, la révision de la Constitution apparaît donc comme un thermomètre permettant d'apprécier la température de l'État de droit comme modèle d'organisation sociale. La Constitution est donc condamnée à être modifiée pour s'adapter à l'évolution de la société. Elle est par définition, un texte évolutif[1]. Faute de cette évolution, un divorce peut se créer entre elle et la société.

D'ailleurs, lorsque la crise a, dans une certaine mesure trouvée son origine dans la norme, la résolution de ladite crise passe par l'évolution de la norme. Cette évolution passe par l'élaboration d'une nouvelle Constitution ou encore la révision de la Constitution. L'option d'une nécessaire reconsidération de la théorie du pouvoir constituant au Cameroun compte tenu des observations précédentes ne saurait être écartée, car, l'incertitude juridique et dans une certaine mesure la désuétude de la Constitution révèle ici l'échec de la norme dans son rêve de paix perpétuelle. La norme juridique en ce qu'elle est à la base de l'organisation des pouvoirs publics et la détermination de leurs rapports et instance de légitimation du comportement politique, se trouve au cœur de tout débat portant sur le changement politique. Quoiqu'il en soit, les mutations politiques au Cameroun amènent à émettre des réflexions sur la reformulation de l'ordre étatique. Cela implique une production de nouvelles normes en matière de gouvernance. Tant il est vrai que la recherche d'institutions adaptées aux besoins et au niveau de développement économique, social, culturel et politique des États est constante. Il convient donc de ressortir avec une leçon fondamentale : il n'y a droit que si les normes invoquées correspondent à des besoins sociaux, dans une société donnée, à un moment donné. Il faut alors éviter le fétichisme du droit[2]. Le droit est, et est seulement, un outil de gestion sociale, permettant de satisfaire les besoins d'une société. Il ne peut jouer ce rôle que si les règles applicables sont ressenties comme légitimes, c'est-à-dire, selon la définition qu'en donne le précieux Dictionnaire de droit international public, si elles sont conformes *« à des valeurs jugées*

---

[1]ATANGANA E. J., *La révision des constitutions en droit camerounais*, Thèse pour le Doctorat Ph.D en Droit Public, Université de Douala, 2012, p. 18.

[2]PELLET A., *Le droit international à la lumière de la pratique : l'introuvable théorie de la réalité. Cours général de droit international public*, *RCADI,* Brill | Nijhof, Mai 2021.

essentielles par le milieu dans lequel elles se situentau moment où cette appréciation est portée »[1]. Comme l'a souligné Manfred LACHS : « *en droit, nous devons avoir soin de ne pas pétrifier les règles d'hier, arrêtant ainsi le progrès au nom même du progrès. Si on consolide le passé et qu'on l'appelle droit on peut mettre l'avenir hors la loi* »[2].

[1]SALMON J. (dir.), *Dictionnaire de droit international public*, Bruxelles, Bruyant, 2001, p. 644.

[2]Déclaration du juge Manfred LACHS, président de la Cour Internationale de Justice, devant l'Assemblée Générale de Nations Unies, vingt-huitième session, 2151e séance plénière, 12 octobre 1973, dans A/PV.2151, p. 4, paragraphe 36.

La crise, un droit ?

Ravel Benny DJIELON MOUTCHEU

Doctorant en Droit public
Université de Dschang

Lorsque Carbonnier faisait remarquer que le droit est plus grand que la règle de droit[1], il invitait à un regard différent du droit qui ne devrait plus être perçu exclusivement comme étant situé, mais constamment en situation. En effet, la crise n'est pas exclusivement attachée à des situations de non-droit encore moins d'anti-droit. Au contraire, elle peut également être une conséquence du droit en œuvre ou inadapté. Par ailleurs, le droit n'est droit que par rapport à la crise dans la mesure où, on se saurait concevoir de droit en dehors de la crise[2]. Car, dans la réalisation de l'objectif d'harmonisation du comportement social, le droit s'emploie notamment à prévenir les crises, réagir face aux situations de crises et réparer les dommages causés par la crise. Il ne serait donc pas absurde d'affirmer que, *de même que la crise fait droit, le droit ne s'affirme que dans le cadre de*

---

[1]Le droit déborde de partout la notion de règle. Il y a toute une part du droit qui ne tient pas dans des commandements abstraits, généraux et permanents, mais qui est faite de décisions individuelles, de jugements spontanés et sans lendemain. Tous les phénomènes d'autorité peuvent, au fond, contenir des phénomènes de droit. CARBONIER J., *Flexible droit : pour une sociologie du droit sans rigueur*, 10e édition, L.G.D.J, p.22. En effet, la règle est du point de vue sociologique, une sorte de chaine pour un droit qui se veut libre de ses mouvements.

[2]Cette affirmation s'inscrit dans la logique de la relation kelsénienne établie entre l'être et le devoir-être notamment au sujet de l'efficacité du droit. A ce sujet l'auteur affirme qu' « il n'est pas nécessaire que la conduite effective des individus soit absolument conforme à l'ordre. A l'inverse, une contradiction doit être possible entre l'ordre normatif et la conduite humaine effective à laquelle se rapportent les normes. A l'absence d'une telle possibilité, l'ordre normatif perd tout son sens… Un ordre normatif perd donc sa validité quand le réalité ne lui correspond plus , du moins jusqu'à un certain point. La validité de l'ordre juridique dépend donc de sa conformité avec la réalité, de son efficacité. ». KELSEN (H), *Théorie générale du droit et de l'État suivi de Théorie du droit naturel et le positivisme juridique*, Bruyland, LGDJ, Paris, 1997, p.174.

la crise[1](le droit pour le droit relevant du mythe). Fort de ce qui précède, il se dégage l'idée selon laquelle le droit et la crise partage une affinité spirituelle et entretiennent dans une certaine mesure des rapports tantôt conséquentiels ou interdépendants.

Cependant, étant donné que la crise s'accommode de l'exception face au principe - du droit, est-il logique de considérer le droit d'exception – droit de la crise, d'un non-droit ? Si la réponse nous semble négative, il appert que le droit de la crise n'est pas moins droit sinon d'exception. Par conséquent, à l'adage *« l'exception confirme la règle »,* il parait logique de compléter l'hypothèse selon laquelle *« l'exception est règle, du moins en partie ou en transition ».*

Finalement, il ne saurait exister d'exception en dehors du droit. Afin d'éviter tout travers dans l'argument téléologique, nous disons que l'exception n'est qu'une partie de la règle de droit. Il s'agit de la mineure d'un droit qui tend à se confondre à la majeure en raison de sa normalité (l'affection des circonstances normales), bien que composant collectivement mais non nécessairement cumulativement le droit. On ne saurait cependant éluder l'hypothèse de la caducité ou l'inadaptation de la majeure, caractérisée par la perpétuation de la crise, qualifiée d'illégale du point de vue des tenants de l'ordre social préexistant. Ceci, dès lors qu'elle tendrait par tous moyens, fussent-ils révolutionnaires, à être érigée en principe à travers un mouvement ascendant.

Si pour Alexis de Tocqueville, le despotisme paraît particulièrement à redouter dans les âges démocratiques[2], c'est certainement en raison de la possibilité d'instrumentalisation du droit par des autorités tyranniques établies, qui, agissant au nom de l'État, se revendiquent du monopole d'édiction du droit. Dans ce cas, bien que les normes produites paraissent du droit – du moins formellement, en application de la théorie de l'apparence (l'apparemment normatif), il convient de souligner qu'elles sont globalement liberticides en contradiction avec l'esprit du droit et de l'État qui consiste en la garanti des droits et libertés individuelles.

C'est dans ce registre qu'au sujet du pluralisme juridique, Jean Carbonnier souligne que :

« Pour comprendre ce qu'elle est, il faut partir de la conception que le droit dogmatique se fait du droit. C'est une conception

[1]Dans la plupart des cas, c'est des situations de crises que le droit jaillit pour prescrire la conduite à tenir.

[2]DE TOCQUEVILLE A., *De la démocratie en Amérique*, t. IV, 4è partie, chapitre 7.

essentiellement moniste : le droit est un, le droit est un tout homogène, un bloc sans fissure. Le droit est un pour les juristes modernes, parce qu'il se confond avec l'État et que dans un milieu social donné, un seul État peut logiquement trouver place »[1].

Ainsi, si l'une des raisons du droit consiste et s'accomplit dans l'État, la raison d'être de l'État consiste dans le droit et dans la mesure où le droit vise à régler la conduite des sujets de manière à garantir leur protection, la raison d'être de l'État serait donc de régler la conduite de ses sujets et organes pour réaliser leur unité structurelle et partant, participer de sa propre conservation - s'auto protéger (s'assurer sa survie).

Les tentatives visant à désarticuler le droit sont une source de conflits dans la mesure où le droit recherche et se défini dans son unité structurelle. Le monde extérieur dans sa bipolarité n'est qu'une transposition matérielle d'une réalité immatérielle. Ainsi, face à la résistance du peuple opprimé, les autorités sont dans un embarras que Rafael Encinas de Muñagorri rapporte l'évidence lorsqu'il estime qu'il ne faut pas être grand clerc pour comprendre que cela n'enthousiasme guère les détenteurs du pouvoir exécutif que le droit incommode lorsqu'il n'est pas dans leurs mains[2]. Ainsi, signifier la crise en tant qu'un droit traduit l'idée de juste crise qui s'identifie à la fois d'un fait juridicisé et d'un droit réattribué.

À l'orée de la toute-puissance de l'État - *en tant que figure du droit* - et face à un ordre social en mutation, il s'oppose à l'idée du maintien de l'ordre préexistant[3] - celle de sa permissivité[4]. Bien que dans l'abstrait, la primauté semble logiquement admissible dans une perspective de sécurité et de maintien de l'autorité du droit[5],

[1]CARBONNIER J., *Flexible droit : pour une sociologie du droit sans rigueur*, *op.cit.*, p.18.

[2]ENCINAS DE MUÑAGORRI R., « Le danger de la légalité d'exception : de l'état d'urgence à la peine de mort. », *Revue trimestrielle de droit civil*, 2006, p.95.

[3]Un ordre social incompris ou périmé au mépris des conséquences.

[4]L'idée de *perméabilité* face aux mutations en cours, au détriment de l'ordre social préexistant.

[5]Maurice Hauriou, au cours d'une étude critique sur les idées de Duguit (Recueil de législation de Toulouse, 1911), expose une opinion qui présente quelques points de contact avec celle, indiquée plus haut, de Geny. Il déclare que la loi positive et d'une façon générale, les ordres des gouvernants doivent être présumés conformes au droit jusqu'à ce qu'il soit démontré qu'ils sont en contradiction avec lui (loc. cit., p. 14). Et par suite, il dégage une distinction entre deux espèces de droits, le droit qui découle de la règle de justice et le droit qui procède de la souveraineté gouvernementale » (*ibid.*). Il peut arriver qu'il y ait conflit entre celui-ci et celui-là (p. 19 et s.). Mais,

l'alternative d'usage se veut globalement intermédiaire, suggérant au raisonnement la neutralité. Cependant, l'efficacité demeure contestée dans la mesure où fondé sur l'espoir d'une éventuelle résurgence du droit, le conflit perdure, car demeuré entretenu.

Toutefois, dans ce conflit, le salut social et l'ordre matériel pour emprunter l'expression de Maurice Hauriou, ne sauraient résider dans l'invalidation de l'une ou l'autre hypothèse qui trouve raison d'être. Il est par conséquent juste et raisonnable de regarder au droit, en recherchant le droit dans le droit[1]. Ceci implique une désappropriation voire une dépersonnalisation du droit, qui suppose un certain recul face à sa subjectivation – négation du droit -, consistant à le saucissonner, en recherchant sa validité au choix dans son principe ou alors dans l'exception.

---

dans ce conflit, le salut social et l'« ordre matériel » exigent que les lois dispositives et les commandements des gouvernants soient obéis, au moins provisoirement et à titre préalable, jusqu'à ce que la présomption de légitimité qui est attachée à ces lois ou commandements soit renversée par une loi ou décision nouvelle venant substituer à ce droit provisoire» la solution dictée par le droit idéal (p. 22 et s.). C'est, dit Maurice Hauriou, « dans ce bénéfice du préalable que consiste le principe d'autorité »; et d'ailleurs ce principe se justifie rationnellement par une considération tirée des conditions de l'organisation et de la procédure constitutionnelles, conditions qui font présumer la légitimité des décisions ou ordres émis par les gouvernants (p. 30-32). CARRE DE MALBERG R., *Contribution à la théorie générale de l'État*, Tome 1, Editions du CNRS, Paris, 1962, p.59 – 60.

[1]Il convient d'objecter à cette doctrine qu'il est tout à fait illogique d'appliquer indistinctement la dénomination de droit à deux sortes de règles d'essence si différente. L'une de ces deux sortes de droits, celle qui s'impose à l'obéissance des citoyens, a pour caractère spécifique, ainsi que Maurice Hauriou lui-même le déclare, de « procéder de la souveraineté gouvernementale » : dès lors il devient impossible de considérer comme du droit l'autre sorte de règles, celle qui n'est ni édictée par le souverain, ni obligatoire pour les sujets. En vain dirait-on que les ordres du souverain n'ont qu'une valeur provisoire et ne peuvent prétendre qu'à une autorité préalable: la vérité est que la loi édictée par le législateur ne peut être révisée, corrigée, améliorée que par un acte de volonté de ce même législateur, dont la puissance apparait ainsi comme s'imposant d'une façon constante et définitive. Quant à la règle découlant de la justice, elle ne devient du droit au sens précis et positif de ce terme que du jour où elle a été consacrée et munie de sanction par un acte législatif. Dans tout cela, il demeure impossible de découvrir ces deux séries juridiques », ce dualisme de systèmes de droit différents et égaux entre eux, dont parle Maurice Hauriou (p. 19), dualisme qui impliquerait selon cet auteur (p. 21) qu'« il peut y avoir un droit contre le droit ». Bien loin d'être dualiste, le système du droit est un, puisque sa formation dépend invariablement de la puissance du législateur.

Pour cela, il importe de rappeler que le droit devrait être indivisiblement considéré à la fois dans son principe, mais aussi et surtout son exception. Le reniement de l'un de ses éléments constitutifs équivaudrait au reniement du droit et serait de nature à perpétuer la crise existante ou en occasionner de nouvelles. Fort de cela, cette étude qui s'ouvre sur une interrogation notamment celle de « la crise ! Un droit ? », propose de concevoir la crise comme un droit - de droits[1] -, ou dans le droit – l'exception en tant qu'un élément constitutif du droit[2] - ; mais elle ne saurait être (se confondre) au droit.

Satisfaire modestement aux aspirations de cet intitulé serait un exercice ambitieux particulièrement risqué et quelque peu réducteur des intérêts en présence qui brillent par leur instabilité. Car, au-delà du cadre théorique au sein duquel il s'inscrit, notre étude colle à l'actualité nationale et internationale. Ceci nous suggère l'intemporalité du débat sur la question des rapports entre le droit et la crise, considérant les travaux qui nous ont précédé. L'intemporalité dans ce sens s'analyse du dynamisme des éléments clés de notre sujet qui demandent à être constamment réactualisé. Pour cela, il nous semble recommandable d'approcher le problème muni d'une certaine *virginité intellectuelle* afin de questionner les acquis pour aboutir à un résultat certainement pas définitif, mais proche de l'actualité. La démarche qui nous oblige à requérir l'usage méticuleux du positivisme sociologique chère aux augustiniens et dukheimiens, permettra de décliner les influences diverses et variées de la crise sur le droit, dans un contexte de crise du triptique « État de droit, démocratie et droits de l'homme » et d'appel à la bonne gouvernance. À cet effet, s'employer à questionner la crise en tant qu'un droit suggère prioritairement de rappeler qu'en ce que la crise n'est pas et ne saurait être confondu au droit, le droit et la crise entretiennent néanmoins des rapports à la manifestation duquel se dégage un droit à la crise (I), interprété *d'un droit au désordre* en conséquence de la faillite d'un ordre personnalisé et un droit de la crise (II) en tant qu'un droit circonstanciel, périodique et d'exception, qui lui demeure directement ou indirectement rattaché.

---

[1]Il s'agit des droits: à la crise, dans la crise, de la crise, en crise.

[2]Par opposition au principe (subjectif) d'un droit subjectif.

I. Un droit à la crise : *le droit au désordre*

S'il est un crime de lèse-majesté que de considérer la crise d'un droit, il est vraisemblablement un crime contre l'humanité[1] que de demeurer insensible face aux violations flagrantes, massives et systématiques des droits humains consistant dans la méconnaissance des libertés individuelles et collectives des populations. Il serait sans doute vertueux de reconnaitre au profit des populations un droit à la liberté qui en cas d'atteinte sous quelque forme que ce soit, lui reconnaitrait des moyens de résister. En ce que le droit serait un ensemble de règles, il est évident que derrière l'idée de droit se dégage le phénomène d'ordre normatif. Cependant, si tant est que la crise renvoie à un moment de rupture imprévisible et spectaculaire notamment d'un ordre préétabli, comment concevoir le désordre d'un ordre ? Il pourrait s'agir dans ce cas soit d'un ordre à des allures de désordre[2], soit d'un désordre ordonné. La conséquence logique qui se dégage est que, s'il est possible de concevoir le désordre d'un ordre, il est également possible d'envisager l'ordre d'un désordre auquel cas il s'agirait d'un ordre désordonné (dénaturation du droit – la théorie de l'apparemment normatif). Ainsi, si tout ordre n'est pas ordre – le droit – et tout désordre n'est pas désordre – l'anti-droit, comment distinguer l'ordre du désordre ? Au demeurant, l'ordre - le droit -, devrait pouvoir être recherché à la fois dans l'ordre et dans le désordre ordonné entendu d'un nouvel ordre ou de l'ordre rétabli. Parallèlement, le désordre – l'anti-droit (la crise pour la crise) devrait pouvoir être retrouvé à la fois dans l'ordre désordonné mais aussi dans le désordre. Si tant est que ces situations existent et perdurent, comment les envisager étant donné que le droit ne saurait être conçu et recherché en dehors du droit ? Il est par conséquent possible

[1]Ici, entendu au sens littéral et philosophique du terme et non au sens juridique tel que défini par les instruments juridiques internationaux notamment le statut de Rome.

[2]La mutation des situations complexes convie le droit à les régir, et en les régissant, le droit peu sembler incompris ou désordonné. Ce désordre apparent n'est pas moins juridique dans la mesure où le droit peut paraitre désordonné pour celui qui ne dispose pas de la culture juridique requise pour apprécier les fluctuations du droit face au fait.

d'entrevoir le droit non seulement dans l'ordre mais aussi dans le désordre à condition que ce dernier soit adoubé[1].

A. Le constat d'un ordre étatique en faillite : La crise de la responsabilité principale de l'État de protéger

Analyser la crise de la responsabilité principale de l'État, suggère prioritairement de reconnaitre à l'État, le devoir de protéger. Toutefois, en cas d'incapacité, de violations ou participation aux violations flagrantes, massives et systématiques des droits de ses populations, ces derniers en riposte mettent en œuvre leur droit souverain de résistance à l'oppression. Ceci justifie les tensions internes entre le souverain originaire – représenté (le peuple) - et le souverain dérivé – mandaté.

1. Le principe du droit : l'État protège

La responsabilité principale de protéger qui incombe à l'État en tant qu'organe de la communauté constitué par le droit[2] s'affirme au double plan interne et international sur la base de sa souveraineté – expression de sa liberté légale primitive. À l'origine de l'État se trouve la liberté. En effet, on serait enclin à confondre les deux concepts à tel point que la fertilité de l'imagerie juridique a très vite

---

[1]On sait que Gény faisait entrer dans les sources réelles du droit une série de donnés : donné naturel, constitué notamment par la nature physique ou morale, les conditions économiques et sociales, etc.; donné historique; donné idéal. Ce sont là - même le donné idéal (l'aspiration à un droit plus juste), en tant qu'il est un phénomène collectif - des objets plausibles de l'observation sociologique. Seulement, pour Gény, les sources réelles pouvaient bien approvisionner, nourrir le droit: au fond, elles n'étaient pas le droit lui-même. Elles ne devenaient le droit véritable, le droit positif, qu'une fois filtrées, acceptées par les sources formelles. CARBONNIER J., *Flexible droit*... op.cit., p.22.

[2]L'État est une communauté constituée tant par le droit national qu'international selon que l'on se situe dans une dynamique ascendante (buttom-up) ou descendante (top-down). Sur le plan national l'État est une unité structurelle de la nation, une unité plurielle et une agrégation de volontés unifiées. Sur le plan international la procédure de reconnaissance qui n'est certes pas indépendante de la précédente dans la mesure où elle procède au constat de la réalité sociologique à laquelle l'organe habileté par la communauté constituée par le droit international reconnait la qualité d'État. Ladite reconnaissance est l'acte juridique qui consacre la transition de l'État de fait au fait de l'État (État de droit) lui confère la personnalité juridique.

contribué à les dissocier en introduisant le concept de souveraineté. Celle-ci, en tant qu'attribue essentiel de l'État, s'en trouve être la personnalisation de sa liberté légale – le souffle de vie de la configuration matérielle de l'État qui décrit son réalisme sociologique en tant qu'une communauté[1]. C'est la raison pour laquelle, Olivier de Frouville considère que la théorie de la souveraineté est indissociable de la théorie du droit et de l'État, car, la souveraineté fonde le droit et légitime l'État dans un même mouvement[2].

Rappelons qu'à l'origine, l'État procédait du besoin d'affranchissement, notamment des nouvelles principautés émergentes de l'autorité du Pape et de l'Empereur. Par la suite, la création de nouveaux États entre la fin du XIXème et le début du XXème siècle, résultera de la mise en œuvre du principe d'autodétermination des peuples. Corollaire de la liberté, ce principe a conduit à de vastes mouvements de décolonisation et de libération nationale qui aboutiront aux indépendances des États principalement d'Afrique.

En effet, l'État procède de l'objectivation de la dévolution et l'exercice du pouvoir qui sous l'empire du clergé était fortement en rapport avec le divin, globalement considéré comme une réalité abstraite, l'État se prévaut d'un phénomène concret. Ainsi, après avoir contribué le premier à l'occultation de la pierre d'angle de la tradition scolastique constituée par un système hiérarchique qui postulait l'origine divine de tout pouvoir, Machiavel inscrit la politique « dans la chair même de son véritable sujet : l'humain »[3]. Si la théorie positiviste se satisfait de considérer la fiction de l'État en tant que réalité sociale[4], excluant dans le même temps la position émise par les tenants de la doctrine du droit naturel et du contrat social[5], notons

---

[1]KELSEN H., *Théorie générale du droit et de l'État suivi de la doctrine du droit naturel et le positivisme juridique*, BRUYLAND, LGDJ, Paris, 1997, p.235.

[2]FROUVILLE O., *Une conception démocratique du droit international*, op.cit., p.2

[3]MAIRET G., *Le principe de souveraineté. Histoires et fondements du pouvoir moderne,* Gallimard, Folio/Essais, 1997, pp. 23-24

[4]Selon la théorie traditionnelle, il est impossible de saisir ce qu'est l'essence d'un ordre juridique étatique, son *principiumindividuationis*, si l'on ne présuppose pas l'État comme une réalité sociale sous-jacente. Un système de normes possède l'unité et l'individualité grâce auxquelles il mérite le nom d'ordre juridique étatique pour la seule raison qu'il est relié à un État en tant que fait social effectif ; parce qu'il est créé par l'État, qu'il est valide pour l'État. KELSEN H, *Théorie générale du droit et de l'État suivi de la doctrine du droit naturel et du positivisme juridique, op.cit*, p.236

[5]Affirmer que tous les citoyens d'un État veulent, éprouvent ou pensent toujours à l'identique est une fiction politique évidente, très semblable à la fiction contenue

néanmoins l'idée d'un État créé par une quelconque entité ou pouvoir originaire et investi sur la base de l'idée ayant présidé à sa création des pleins pouvoirs pour créer en retour des normes visant à s'acquitter ses obligations qui découle du principe ou des raisons de sa création.

De ce qui précède, l'État s'entend d'une société politiquement organisée, étant donné qu'il est une communauté constituée par un ordre de contrainte, et que cet ordre de contrainte, c'est le droit[1]. D'ailleurs pour certains auteurs, l'État est en effet un concept dont la consistance est d'abord juridique et qui ne saurait être appréhendé qu'exclusivement sur le prisme du droit ; il prend corps à travers un statut, qui le fait exister comme entité juridique par définition d'un ensemble de propriétés, d'une série d'attributs qui lui sont reconnus[2].

En effet, il convient de relever que l'État en tant qu'organe, entretient des rapports avec le droit ou alors participe de ce dernier. Ceci d'une part en raison de ce qu'il en serait une émanation – par conséquent subordonné au droit - et d'autres part qu'il en serait la source – l'origine. En cela l'État s'identifie à la fois du producteur et d'un produit du droit. À la suite de Kelsen lesdits rapports s'apparentent à celle qui existerait entre le droit et l'individu. Dans ce sens,

« On suppose que, bien que créé par l'État, le droit règle la conduite de l'État, conçu comme une sorte d'homme ou de surhomme, tout comme le droit règle la conduite humaine. Et de même qu'il existe en droit le concept de personne juridique parallèlement au concept physique et biologique d'homme, on s'imagine qu'il existe un concept sociologique d'État parallèle au concept juridique, ou même antérieur à lui d'un point de vue logique et historique.[3] ».

Considérant qu'à l'origine de l'État était le droit, le droit aurait la responsabilité de protéger l'État. À cet égard, il met en œuvre cette responsabilité dans ses champs matériel, territorial et personnel de

[…] dans la théorie de l'interaction. Plus fictive encore est la thèse selon laquelle l'État est ou a « une volonté collective » située au-dessus des volontés de ses sujets. Semblable affirmation ne peut être prise que comme une expression imagée de la force d'obligation de l'ordre juridique étatique envers les individus dont il régit la conduite. *Ibid.* p.239.

[1]KELSEN H., *Théorie générale du droit et de l'État suivi de la doctrine du droit naturel et le positivisme juridique,* BRUYLAND, LGDJ, Paris, 1997, p.243

[2]CHEVALIER J., *L'État de droit,op.cit.*, p.11

[3]KELSEN H., *Théorie générale du droit et de l'État suivi de la doctrine du droit naturel et le positivisme juridique*, BRUYLAND, LGDJ, Paris, 1997, p.236

compétence qu'il détermine. Ainsi, l'État disposant d'une compétence déléguée en vertu du droit dans les domaines concernés, aurait la responsabilité de se protéger, notamment ses éléments constitutifs au rang desquels figurent les populations civiles, en créant en retour des organes à qui il délègue des compétences dans l'optique de s'acquitter des siennes. En le faisant, l'État met en œuvre le droit.

La question de l'État et celle des droits de l'homme apparaissent comme *constitutivement liées.* Elles l'ont été dès la fondation de l'État : l'apparition de l'État moderne en tant que forme d'organisation politique a été indissociable d'une certaine conception du lien social et politique, d'une certaine vision du pouvoir, d'une certaine représentation de l'articulation entre individuel et collectif[1]. C'est au niveau des structures nationales qu'un travail de conversion à la culture des droits de l'homme doit être prioritairement mené, y compris un travail de réorientation des modes de fonctionnement hérités de la longue période des parties uniques et des pouvoirs autoritaires, lesquels modes ne peuvent disparaitre par génération spontanée[2].

Considérant la position non négligeable de la construction naturaliste dans les fondements de la théorie générale de l'État, il convient de rappeler que l'État n'est visiblement que le fruit d'un *« Contrat social »*, conclu dans l'intérêt et pour l'utilité de chacun. Ainsi, au principe de la construction étatique, on trouve l'idée de protection des droits et libertés individuels. Car l'individu en tant qu'Homme, préexistant à l'État, est considéré comme détenteur de droits que l'État est tenu de garantir[3]. Cette construction théorique trouvera sa concrétisation politique à la fin du xviiie siècle avec les Révolutions américaine et française[4].

L'avènement de l'État providence implique ainsi une vision différente de ces droits ; à la conception traditionnelle des droits-

---

[1]CHEVALIER J, *Propos introductif,* in Danièle Lochak, *Mutations de l'état et protection des droits de l'homme*, Presses universitaires de Paris Ouest, 2007, 250 pages, Spéc. p.15-30.

[2]OLINGA A. D., « l'émergence progressive d'un système africain de garantie des droits de l'Homme et des peuples », *in Protection internationale des droits de l'Homme en Afrique : Dynamique, enjeux et perspectives trente ans après l'adoption de la Charte africaine des droits de l'homme et des peuples*, Editions CLE, 2012, p.26.

[3]CHEVALIER J., *Propos introductif, in Danièle Lochak, mutations de l'état et protection des droits de l'homme,* précité.

[4]*Ibid.*

libertés, consacrés face au pouvoir, tend alors à se superposer l'idée de droits-créances reconnus aux individus et qui se traduisent par un pouvoir d'exigibilité vis-à-vis de l'État ; il ne s'agit pas seulement d'un élargissement des droits de l'homme vers les « droits sociaux », mais bien d'une conception différente de ces droits, qui recouvre une transformation de la relation entre individus et État[1]. En effet, le paragraphe 138 du document final de 2005 rappelé par la résolution 1970 (2011) du conseil de sécurité[2] affirme d'ailleurs à ce sujet que

« C'est à chaque État qu'il incombe de protéger les populations du génocide, des crimes de guerre, du nettoyage ethnique et des crimes contre l'humanité. Ce devoir comporte la prévention de ces crimes, notamment l'incitation à les commettre, par les moyens nécessaires et appropriés. Nous acceptons cette responsabilité et agirons de manière à nous y conformer. La communauté internationale devrait, si nécessaire, encourager et aider les États à s'acquitter de cette responsabilité et aider l'Organisation des Nations Unies à mettre en place un dispositif d'alerte rapide.[3] »

Le droit international attribue la qualité et l'effet d'actes juridiques de ses sujets aux manifestations de volonté de certains individus rattachés à ses sujets par une relation particulière. On donne le nom d'organes d'un sujet de droit international à ces individus qui ont le pouvoir de manifester une volonté et de faire des actes qui valent juridiquement comme la volonté et les actes de ce sujet dans ses rapports avec les autres sujets du droit des gens[4].

---

[1] *Ibid.*

[2] Paragraphe 9 de la Résolution 1970 (2011) Adoptée par le Conseil de sécurité à sa 6491e séance, le 26 février 2011 « Rappelant que les autorités libyennes ont la responsabilité de protéger le peuple libyen, … »

[3] Evoqué par le paragraphe 6.11 du rapport de la Commission Internationale pour l'Intervention et la Souveraineté de l'État (CIISE) qui souligne d'ailleurs que « La responsabilité de protéger la vie des citoyens et de favoriser leur bien-être incombe d'abord et avant tout à l'État souverain, puis aux autorités internes agissant en partenariat avec des acteurs extérieurs et, en troisième lieu seulement, aux organisations internationales. Comme il est suggéré au Chapitre 2 à propos de la conception de la souveraineté en tant que responsabilité, l'une des justifications principales de l'octroi de la souveraineté à l'État découle de ce principe. Il se crée une lacune – un déficit de responsabilité – si l'État se révèle incapable ou peu désireux de protéger ses citoyens ou qu'il est lui-même l'auteur des violences dont ils sont l'objet. »

[4] SERINI A. P., « La représentation en droit international », Recueil cours, tome 73 (1948), p. 85.

Même chez les plus fervents partisans de la souveraineté des États, la défense de cette souveraineté ne saurait, pour l'État, aller jusqu'à prétendre qu'il dispose d'un pouvoir illimité de faire ce qu'il veut à sa propre population. La Commission internationale pour l'intervention et la souveraineté de l'État n'a entendu aucun argument de cet ordre, à aucun moment durant ses consultations partout dans le monde[1]. Il est communément admis que la souveraineté implique une double responsabilité : externe – respecter la souveraineté des autres États – et interne – respecter la dignité et les droits fondamentaux de toute personne vivant sur le territoire de l'État[2]. Sans toutefois prétendre déroger à l'esprit de ce considérant, il convient de tenir compte de l'idée selon laquelle, c'est à l'occasion de l'exercice des droits et/ou de l'acquittement des obligations relevant d'une norme primaire de droit que lui confère sa personnalité juridique biface, que l'État assume sa responsabilité principale de protéger. Cette responsabilité principale s'en trouve achevée à la lumière des conséquences principalement interne et de droit interne – normes secondaires attachées à l'incapacité dévoyée, au manquement volontaire ou involontaire, ou alors aux violations partielle, totale, successive, massive, systématique ou considérées cumulativement à d'autres infractions, de norme primaire de droit visant à protéger. C'est sur la base de ces deux assertions complémentaires que nous nous proposons de construire le raisonnement autour de l'État en tant qu'organe de la communauté constituée par le droit principalement responsable de protéger.

2. L'incapacité de l'État à protéger et violation des droits de ses populations

L'articulation de la responsabilité de protéger autour de ses trois piliers fondamentaux notamment prévenir, réagir et reconstruire[3] offre une grille d'analyse pertinente dans l'évaluation de l'acquittement par l'État de ce devoir qui lui incombe. Si fort est de constater la recrudescence des situations de crise, il ne nous semble pas exagéré de

---

[1] CIISE, op.cit p.9.

[2] *Ibid.*

[3] Lire le rapport de la commission internationale pour l'intervention et la souveraineté de l'État (CIISE – 2001) et le document final du sommet mondial de 2005.

conclure à des insuffisances ou l'inaccomplissement totale ou partielle par l'État de son devoir de protéger, sauf l'hypothèse de la survenance de circonstances imprévues ou cas de force majeure à l'occasion de la gestion desquels la responsabilité de ce dernier pourrait être engagée en cas de manquement. Ces dernières circonstances, en raison de leur extériorité, imprévisibilité et irrésistibilité obéissent globalement à un régime de responsabilité sans faute et sont fortement attractives de mesures d'urgence.

Ainsi, si les crises se multiplient, cela voudrait tout simplement traduire l'échec des outils mis sur pied visant notamment et prioritairement à prévenir les conflits. Sur ce premier point, la Commission internationale pour l'intervention et la souveraineté des États (CIISE) souligne qu'une volonté résolue des autorités nationales d'assurer un traitement équitable et l'égalité des chances pour tous les citoyens constitue un fondement solide pour la prévention des conflits[1]. Afin d'y parvenir, la commission relève la nécessité de responsabilisation, de la bonne gouvernance[2], de la protection des droits de l'homme, de la promotion de l'État de droit, du développement socioéconomique et de la répartition équitable des ressources. C'est considérant les possibilités d'incapacité de l'État qu'il est prévu à son profit un soutien de la communauté internationale visant à éliminer les causes profondes d'un conflit potentiel[3]. Au rang

[1]Rapport CIISE, *op.cit.* p.21.

[2]Selon l'ONU, La bonne gouvernance est la solution aux problèmes du continent africain. Les défis en matière de paix et de sécurité traduisent surtout des problèmes de gouvernance, tels la gestion des élections. Même les problèmes liés au terrorisme, à la gestion de la diversité, au développement ont trait à la gouvernance. La bonne gouvernance : solution aux problèmes de l'Afrique | AfriqueRenouveau (un.org). Les « Indicateurs mondiaux de la gouvernance » regroupent six dimensions de la « bonne gouvernance » : voix citoyenne et responsabilité, stabilité politique et absence de violence, efficacité des pouvoirs publics, qualité de la réglementation, État de droit, maîtrise de la corruption. https://www.cairn.info/revue-francaise-d-administration-publique-2008-3-page 591.htm#:~:text=2%20Les%20%C2%AB%20Indicateurs%20mondiaux%20de%20la%20gouvernance,r%C3%A9glementation%2C%20%C3%89tat%20de%20droit%2C%20ma%C3%AEtrise%20de%20la%20corruption.

[3]Il peut s'agir d'un soutien aux initiatives prises localement pour promouvoir la bonne gouvernance, le respect des droits de l'homme ou l'État de droit; ou il peut prendre la forme de missions de bons offices, d'efforts de médiation et d'autres actions destinées à favoriser le dialogue ou la réconciliation. Dans certains cas, l'appui international aux efforts de prévention peut prendre la forme de mesures d'incitation; dans d'autres, il peut s'agir du recours à des mesures contraignantes, voire punitives.

de ces dernières figurent le traitement des besoins et des carences politiques[1], le traitement des privations et de l'inégalité des chances économiques[2], le renforcement des protections et institutions juridiques[3], le lancement des réformes qui s'imposent dans le secteur militaire et les autres services de sécurité de l'État[4]. Bien qu'il subsiste des décalages entre le discours et l'effectivité du soutien, il n'en demeure pas moins établi que l'État pourrait se trouver dans l'incapacité de protéger, et l'absence ou l'arrivée tardive du soutien de la communauté internationale n'aurait d'incidences que sur la durée de la crise qui se serait déclenchée. Au-delà, la multiplication des Organisations Internationales Non Gouvernementale (OING) ainsi que l'accroissement du pouvoir des médias qui contribuent à l'évaluation des politiques et à l'accompagnement des États avant pendant et après les situations de crise, illustre l'incapacité de l'État contemporain à s'acquitter entièrement de son devoir de protéger.

Aussi, dans la mise en œuvre des mesures envisagées visant à réagir face à la crise, l'incompatibilité ou l'inadaptation peut justifier

[1]Ceci peut impliquer la création de capacités et d'institutions démocratiques; la répartition constitutionnelle des pouvoirs, l'alternance et les arrangements en matière de redistribution; l'établissement de mesures renforçant la confiance entre les différents groupes ou communautés; le soutien à la liberté de la presse et à l'État de droit; la promotion de la société civile; et d'autres types d'initiatives du même ordre qui s'insèrent plus ou moins dans le cadre de la sécurité humaine.

[2]Il peut donc s'agir de l'aide au développement et de la coopération dans la lutte contre les inégalités de répartition des ressources et des chances; de la promotion de la croissance économique et des possibilités qu'elle offre; de l'amélioration des termes de l'échange et des possibilités d'accès aux marchés extérieurs pour les pays en développement; de l'incitation à procéder aux réformes économiques et structurelles nécessaires; et de l'assistance technique pour le renforcement des instruments et des institutions de réglementation.

[3]Il peut donc s'agir de soutenir les efforts tendant à consolider l'État de droit; de protéger l'intégrité et l'indépendance du pouvoir judiciaire; de promouvoir l'honnêteté et la responsabilisation des agents chargés de l'application de la loi; de renforcer les protections accordées aux groupes vulnérables, en particulier aux minorités; et de fournir un soutien aux institutions et aux organisations locales qui s'emploient à promouvoir les droits de l'homme.

[4]Ceci peut consister à améliorer l'éducation et la formation dans les forces armées; à assurer la réinsertion des anciens combattants; à renforcer les mécanismes de contrôle civil, y compris le contrôle budgétaire; à encourager les efforts tendant à obliger les services de sécurité à rendre compte de leurs actes et à agir dans les limites de la loi; et à promouvoir le respect des régimes de contrôle des armements, de désarmement et de non-prolifération, notamment le contrôle des transferts d'armes légères et de petit calibre, et l'interdiction des mines terrestres.

la durabilité, les mutations de la crise ou le changement d'objet par la survenance de nouvelles crises. Enfin, l'absence de reconstruction ou l'échec du procédé aurait pour conséquence, soit la résurgence de la crise antérieure présumée résolue, soit la survenance de nouvelles.

La faculté dont disposent les États à pouvoir déroger à certains de leurs engagements internationaux dans des situations d'urgence est caractéristique du droit international des droits de l'homme[1]. La majorité des instruments internationaux en la matière, universels ou régionaux, prévoient la possibilité pour les États parties de ne pas respecter leurs obligations, afin de faire face à un danger mettant en péril leur existence[2]. À cet effet, la violation par l'État des droits de ses populations à la protection desquels il avait longtemps été reconnu à son profit l'exclusivité, suscite l'indignation de ses citoyens et plus largement de la communauté internationale. Celles-ci résultent globalement d'une part de la passivité de l'État dans l'élaboration et la mise en œuvre des instruments de protection en vue de prévenir et d'en assurer une protection effective. D'autre part, des atteintes directes ou indirectes portées par l'État aux droits de ses populations ou auxquels ce dernier aurait participé ou consenties à la mise en œuvre en violation de ses obligations internationales. En d'autres termes, elles peuvent consister dans le détournement du droit notamment à travers l'élaboration et l'adoption de mesures liberticides - généralement oppressives[3] - ou dans les atteintes matérielles à l'intégrité physique ou morale de ses populations consistant dans l'instrumentalisation de son monopole légale à l'effet de commettre ou de s'associer à la commission des crimes de génocide, nettoyage

[1]HAYIM D., *Le concept d'indérogeabilité en droit international : Une analyse fonctionnelle,* op.cit., p.37.

[2]Par exemple, l'article 4 du Pacte international relatif aux droits civils et politiques énonce à son paragraphe 1 : « Dans le cas où un danger public exceptionnel menace l'existence de la nation et est proclamé par un acte officiel, les États parties au présent Pacte peuvent prendre, dans la stricte mesure où la situation l'exige, des mesures dérogeant aux obligations prévues dans le présent Pacte, sous réserve que ces mesures ne soient pas incompatibles avec les autres obligations que leur impose le droit international et qu'elles n'entraînent pas une discrimination fondée uniquement sur la race, la couleur, le sexe, la langue, la religion ou l'origine sociale ».

[3]En violation de la Constitution et au regard de l'ineffectivité du contrôle de constitutionnalité ou de l'inefficacité du mécanisme de contrôle en vigueur au sein de l'État.

ethnique et tout autre fait internationalement illicite en rapport avec la violation des droits de l'homme.

C'est ce qui explique la forte mobilisation de la communauté internationale pour qu'il soit mis fin aux violations graves, massives et systématiques des droits de l'homme à travers le développement progressif d'instruments de protection internationale qui se heurte généralement à la volonté de l'État. Cette évolution va à certains égards si loin qu'on peut se demander si l'on assiste pas à une forme d' « internalisation » de la protection internationale des droits de l'homme ou à l'inverse au phénomène d'« internationalisation » de la protection interne des droits de l'homme. L'histoire de cette protection serait ainsi marquée par un mouvement de balancier qui, de l'international, la ramènerait vers le national et vice versa. Finalement la plupart des auteurs aboutissent à l'idée d'une protection interne internationalisée, tenant compte de la structuration hiérarchisée des rapports entre les ordres juridiques en présence.

Par ailleurs, si l'État reste fortement présent dans la vie sociale, c'est selon des modalités différentes de celles du passé : on voit se profiler ainsi, dans les pays occidentaux, une conception nouvelle du rôle de l'État, l'esquisse d'un nouveau modèle d'État que résume assez bien le principe de subsidiarité[1]. Ce principe rappelle la logique à l'échec duquel le contrat social a été élaboré, notamment pour rétablir l'ordre et la paix sociale en réprimant les divers mécanismes de justice privée consubstantielle à l'autorégulation sociale ayant abouti selon la thèse naturaliste à la production du phénomène étatique.

Cependant, au regard des multiples carences de l'État observées, il est évident que l'on ait la tentation de reconsidérer la base qui consiste dans l'autorégulation sociale. Doit-on pour autant le considérer comme un nouveau paradigme ou l'assimiler de la renaissance d'un considérant présumé dépassé ? Il convient toutefois de souligner que, ce retour en arrière ne saurait équivaloir au reniement de la construction considérée jusqu'ici, mais viserait à rappeler à la

[1]Principe qui signifie que l'intervention de l'État n'est légitime qu'en cas d'insuffisance ou de défaillance des mécanismes d'autorégulation sociale (suppléance) ainsi, il convient de privilégier les dispositifs les plus proches des problèmes à résoudre (proximité) en faisant appel à la collaboration des acteurs sociaux (partenariat). CHEVALIER J., *Propos introductif, in* LOCHAK D. *Mutations de l'état et protection des droits de l'homme*, Presses universitaires de Paris Ouest, 2007, 250 pages, Spéc. p.15-30.

conscience collective la raison des choses et leur utilité pour une meilleure structuration des rapports au sein d'un ordre social unifié au départ duquel l'individu serait au centre. À ce sujet, la théorie positiviste de Kelsen affirme que

« Dans un ordre juridique primitif où l'emploi de la force n'est pas centralisé, le droit de légitime défense est compris dans le principe de la justice privée, tandis que dans un ordre juridique où le monopole de la force est centralisé la légitime défense est un minimum de justice privée dont même un tel ordre juridique ne peut pas se passer[1]. »

Finalement, la responsabilité principale de l'État n'est visiblement principale que dans le rapport entre ordres juridiques nationaux et international. Etant donné que dans l'ordre juridique national, l'individu est au cœur de la construction, l'État en tant que sa création, ne disposant que d'une responsabilité dérivée sur la base du contrat social. D'où la prééminence du triptyque État de droit, démocratie et droits de l'homme. Encore que l'action préventive de la responsabilité subsidiaire de protéger propre à la communauté internationale tend à la relativiser. De même qu'il existe des possibilités d'interactions réciproques entre individus ou groupes d'individus avec les organisations intergouvernementales, qui semblent vouloir affirmer une responsabilité principale de l'individu pris individuellement ou collectivement, et subsidiaire de la communauté internationale au sein duquel figure l'État.

3. Le concours théorique de souverainetés dans l'ordre juridique interne

Si la souveraineté est considérée comme un pouvoir absolu dans l'ordre juridique interne, la coexistence de souverainetés identifiées et attribuées à plusieurs organes au sein de l'État est de nature à générer des conflits à l'occasion de l'affirmation de la primauté de l'une sur les autres ou de leurs affirmations simultanées. Aussi dangereuse que cette assertion peut paraitre pour la sécurité de l'ordre juridique interne, et au regard de ce qu'elle bouleverse un certain nombre d'acquis théorique qui considère l'État comme étant le seul et unique souverain, il convient cependant de se risquer la déconstruction d'une fiction juridique qui s'inscrit dans une logique pour une meilleure

[1]KELSEN H., *Théorie du droit international public*, op. cit., p.26

compréhension des crises contemporaines par rapport à l'histoire du droit.

En effet, le mot souveraineté a acquis dans le passé trois significations principales bien distinctes qui se sont conservées jusqu'à l'époque actuelle. On les retrouve dans la littérature contemporaine, enchevêtrées l'une dans l'autre, et cette persistance de concepts divergents ne peut naturellement qu'embrouiller et obscurcir la théorie de la souveraineté[1].

Dans son sens originaire, le concept de souveraineté désigne le caractère suprême d'une puissance pleinement indépendante et en particulier de la puissance étatique[2]. Dans une seconde acception, il désigne l'ensemble des pouvoirs compris dans la puissance d'État, et il est par suite synonyme de cette dernière[3]. Enfin, il sert à caractériser la

---

[1]DUGUIT L., *Manuel de droit constitutionnel*, 1re éd., n° 28 ; REHM, *op. cit.*, p. 59; JELLINEK, *loc. cit.*, t. II, p. 123 et s.

[2]Dans ce premier sens, la souveraineté consiste en effet, d'une part en absolue indépendance au regard des États étrangers, d'autre part en absolue supériorité à l'intérieur de l'État. Dès lors, certains auteurs, oubliant que ces deux conséquences de la souveraineté ne sont que deux aspects d'une seule et même qualité de l'État souverain, ont eu le tort de vouloir identifier la souveraineté avec l'une d'elles seulement à l'exclusion de l'autre. C'est ainsi que Duguit a nié l'existence d'une souveraineté interne et prétendu que la notion de souveraineté ne peut se concevoir que dans les rapports internationaux des États, parce que c'est à l'extérieur seulement qu'elle exprime l'idée d'indépendance conforme à sa portée originaire. DUGUIT L., *Traité de droit constitutionnel*, 3ème édition, Tome 1, Paris, Ancienne Librairie Fontemoing et C Editeurs, 1928,p. 348. En raisonnant ainsi cet auteur perdait de vue que l'État ne peut apparaitre comme souverain au dehors s'il n'est en même temps souverain chez lui. MALBERG *(C.), Contribution à la théorie générale de l'État,op.cit.,* p79-80.

[3]On y retrouve de même la troisième notion précitée, celle qui consiste à rapporter la souveraineté à la personne ou à la collection de personnes qui forme l'organe suprême de la puissance d'État. C'est en ce sens que s'est établie l'expression actuelle de souveraineté du peuple. Dans cette expression le mot souveraineté désigne la position qu'occupe, parmi les détenteurs de la puissance étatique, le plus élevé d'entre eux. Cette façon de comprendre la souveraineté n'est d'ailleurs, dans la théorie du peuple souverain, que le prolongement de l'ancienne doctrine de la monarchie française absolue, avec cette seule différence que la souveraineté a passé du roi à la masse totale des citoyens (DUGUIT L., *op.cit* p. 344 et s.)..

De même en effet que par le passé la souveraineté du prince impliquait que la puissance de l'État réside uniquement en sa personne, et que par exemple la loi était purement fondée sur sa volonté propre, suivant l'adage « Si veut le roi, si veut la loi », de même la Révolution dégagera ce principe que la loi n'est autre chose que « l'expression de la volonté générale » (Déclaration de 1789, art. 6. – Duguit, op. cil., t. I, p. 488 et s.). De même encore que jadis Bodin définissait la puissance du prince,

position qu'occupe dans l'État le titulaire suprême de la puissance étatique, et ici la souveraineté est identifiée avec la puissance de l'organe[1].

---

en tant que souverain, comme une puissance indéfinie qui fait qu'il est « absous de la puissance des lois (Six livres de la République, liv. I, ch. VIL)(3), de même le peuple est dit souverain, du moins d'après la doctrine inspirée par Rousseau, en ce sens que son pouvoir est sans bornes. Enfin, de même que l'ancienne souveraineté monarchique signifiait que le roi de France a un droit personnel, inné, à être l'organe suprême de la puissance étatique, de même aussi, dans la théorie absolue de la souveraineté populaire, le corps des citoyens est souverain en ce sens qu'il possède la suprême puissance, non en vertu d'une dévolution découlant de l'ordre juridique établi dans l'État, mais en vertu d'un droit primitif antérieur à l'État et à toute Constitution.
Ainsi, le concept de souveraineté populaire repose directement sur une confusion entre la souveraineté étatique et la puissance de l'organe d'État le plus haut.. Cette confusion est faite par exemple par les Constitutions de 1793 (art. 7) et de l'an III (art. 2), qui disent : « Le souverain est l'universalité des citoyens français ». Au surplus, cette confusion n'est pas spéciale à la théorie de la souveraineté populaire. Si les uns parlent de la souveraineté du peuple, les autres continuent à parler de celle du prince. Et cependant, il n'est plus guère possible, en ce qui concerne les monarques, d'admettre qu'ils possèdent ni pleine indépendance, ni *summa potestas* : car l'établissement du régime constitutionnel a eu pour effet de limiter et de subordonner leur puissance. Il semble dès lors que la distinction de l' État souverain et de la personne du prince s'impose : mais la terminologie courante n'en a pas continué moins à appliquer à ce dernier le nom de souverain. MALBERG C., *Contribution à la théorie générale de l'État*, *op.cit*., p.83-84.

[1]On voit par là que le mot souveraineté, même pris dans son sens le plus correct, est d'un emploi délicat. Mais ce qui complique d'avantage les choses, c'est que ce mot est souvent appliqué à l'État dans un second sens, bien différent, suivant lequel il désigne la puissance étatique elle-même, c'est-à-dire l'ensemble des droits de domination compris dans cette puissance. Cette façon d'entendre la souveraineté est tout à fait courante dans la littérature française (DUGUIT L., *Manuel de droit constitutionnel,op. cit.,* p. 115 et Traité, précité p. 113). Esmein M., *Éléments de droit constitutionnel,* 5e éd., Larose, Paris, p. 1) se fait l'interprète de la doctrine, en quelque sorte officielle, de l'école française sur ce point, lorsqu'il écrit : « La souveraineté a deux faces: la souveraineté intérieure, ou le droit de commander à tous les citoyens...; la souveraineté extérieure, ou le droit de représenter la nation et de l'engager dans ses rapports avec les autres nations ». Il ressort de cette définition que la souveraineté ne consiste pas seulement en une qualité négative d'indépendance, mais bien en des droits positifs de puissance d'une part, à l'intérieur, puissance pour l'État d'édicter et d'imposer les mesures de toutes sortes qu'il juge utiles; d'autre part, puissance à l'extérieur de faire les actes qui répondent à l'intérêt national. En d'autres termes, la souveraineté, c'est la somme des droits de puissance active, soit intérieurs, soit extérieurs. Et le fait même que dans cette conception la distinction de la souveraineté interne et externe est établie d'après la nature des pouvoirs exercés au dedans ou au dehors, révèle suffisamment que la souveraineté y

Alors que le droit public français a des difficultés à proposer une terminologie juridique satisfaisante face aux tendances majeures qui émergent en doctrine autour de l'entité détentrice de la souveraineté, le vocabulaire juridique allemand offre plus de ressource et permet plus de clarté dans la théorie du droit public. Ainsi, trois termes correspondants sont retenus pour désigner les trois notions distinctes indiquées ci-dessus, que la littérature française confond sous l'expression unique de souveraineté, notamment le mot *Souveranität*, inspiré de la langue française et qu'ils appliquent à la puissance étatique lorsqu'ils veulent marquer son absolue indépendance, ensuite le mot *Staatsgewalt*, qui désigne la puissance d' État, en tant que celle-ci constitue un pouvoir effectif. Enfin quant aux organes, ils se servent, tout au moins pour désigner le monarque, du mot *Herrscher*, qu'Esmein[1] traduit par Maître, et qui éveille en effet l'idée d'un pouvoir de domination et de maîtrise[2].

D'après la doctrine traditionnelle établie en France, le propre de l'État c'est d'être souverain. Tel est précisément le point de vue qui se manifeste dans la terminologie française lorsqu'elle applique le nom de souveraineté à la puissance caractéristique de l'État[3]. La souveraineté est un tout inséparable de l'État. Elle est une forme qui donne l'être à l'État : même l'État et la souveraineté prise *in concreto* sont synonymes et l'État est ainsi appelé parce que selon Loyseau la souveraineté représente le comble ou période de la puissance où il faut que l'État s'établisse.

Parallèlement, dans toute République libre et dans tout État où n'est point pris pour loi suprême, le salut de la personne qui donne les ordres, mais celui du peuple entier, l'individu docile à la souveraine puissance ne doit pas être qualifié d'esclave hors d'état de réaliser son

---

est envisagée comme une somme de pouvoirs, donc au fond comme s'identifiant avec la puissance d'État. MALBERG C., Contribution à la théorie générale de l'État, *op.cit.*, p80-81.

[1]ESMEIN M. : *Éléments de droit constitutionnel*, précité, p. 36.

[2]MALBERG C., *Contribution à la théorie générale de l'État*, *op.cit.*, p.86. C'est ainsi que REHM , après avoir soigneusement distingué la souveraineté proprement dite, la puissance d'État et la situation d'organe étatique suprême, et après avoir montré qu'il y a là trois concepts différents, concède finalement que l'on peut, pour se conformer à l'usage, se servir du mot de souveraineté interne pour désigner la puissance d'État, du mot de souveraineté organique pour désigner la condition dans l'État de l'organe le plus haut. REHM H., Allgemeine. Staatslehre, BiblioLife, 2009, p. 61 et s.

[3]*Ibid*, p.72.

intérêt propre[1]. C'est ainsi qu'Esmein, résumant sur ce point la doctrine française, écrit au début de ses Éléments de droit constitutionnel :

« *Ce qui constitue en droit une nation, c'est l'existence, dans cette société d'hommes, d'une autorité supérieure aux volontés individuelles. Cette autorité s'appelle la souveraineté.... Le fondement même du droit public consiste en ce qu'il donne à la souveraineté un titulaire idéal qui personnifie la nation cette personne morale, c'est l'État, qui se confond ainsi avec la souveraineté, celle-ci étant sa qualité essentielle* »[2].

Fort des appréhensions diffuses du concept de souveraineté, le point de vue adopté par les fondateurs du droit public français moderne qualifié d'irréprochable en ce qui concerne le siège de la souveraineté, consiste à rapporter la souveraineté, d'une façon exclusive à la nation elle-même, à la collectivité unifiée sans que celle-ci puisse jamais s'en trouver dessaisie au profit de qui que ce soit[3].

Cependant, il se pose la question de savoir « Qui protège qui, lorsque tout le monde est souverain » ? Par ailleurs, si la souveraineté est reconnue comme un pouvoir absolu, l'affirmation de la

---

[1]SPINOZA, *Traité des autorités théologiques et politiques*, 1670.

[2]MALBERG C., *Contribution à la théorie générale de l'État*, *ibid.*

[3]Le principe de la souveraineté nationale a en soi une portée purement négative : il signifie que la volonté nationale est douée d'une absolue indépendance et qu'elle ne saurait jamais être liée à la volonté d'aucun homme ni d'aucun groupe partiel: en ce sens elle est la volonté la plus haute et la plus forte dans l' État. D'autre part on verra aussi que les pouvoirs dont l'ensemble et la réunion forment la puissance d'État, ne sont pas, à proprement parler, transmis ou délégués par la nation, mais seulement créés et constitués par elle : ils ne peuvent être considérés comme pouvoirs nationaux qu'en ce sens qu'ils sont fondés par la nation et exercés pour elle. Le principe de la souveraineté nationale ne saurait donc réellement signifier que la puissance étatique elle-même ait son siège effectif dans la nation il signifie seulement que la création, l'organisation et le fonctionnement de cette puissance dépendent essentiellement de la volonté nationale et non de volontés particulières. Ainsi entendu ce principe cadre pleinement avec le sens propre et précis du mot souveraineté. Dans l'expression souveraineté nationale, le mot souveraineté est synonyme d'absolue indépendance, il marque aussi une sommité de volonté et de puissance : mais il ne signifie pas que les diverses fonctions de puissance étatique aient résidé primitivement dans la nation avant de se trouver constituées dans ses organes. En se constituant, la nation ne fait pas passer à des mandataires tels ou tels pouvoirs concrets qui auraient préexisté en elle : la vérité est au contraire qu'elle ne fait naitre ces pouvoirs et elle ne les acquiert que par le fait même de l'établisse ment de sa Constitution.

souveraineté de l'une des entités retenues pour base de l'analyse équivaudrait reniement de la souveraineté des autres entités. Surtout que l'expression de cette souveraineté est de nature à constituer une oppression pour les autres entités qui se reconnaitraient aussi souveraines qu'elle et en riposte affirmerait la leur. C'est considérant cette exacerbation du discours autour de la souveraineté que des auteurs prescrivent sa disparition pure et simple au regard des controverses sous-jacentes et conflits multiples visant son appropriation, sa personnalisation voir son rattachement à une entité déterminée comme base de la construction d'un ordre juridique national centré autour d'elle. D'ailleurs, s'il convient de garder le vieux mot français de souveraineté dans son sens de puissance superlative, il faut s'abstenir de ce mot quand on veut désigner, non plus la qualité suprême du pouvoir des États souverains, mais ce pouvoir lui-même envisagé dans ses éléments actifs : le terme le mieux approprié est ici celui de la puissance d'État.[1]

---

[1]La conclusion à déduire de ces études, c'est qu'il convient, dans une bonne et saine terminologie, de ne pas employer indistinctement l'une pour l'autre les deux expressions puissance d'État et souveraineté, puisque ces expressions se rapportent à deux notions nettement différentes. Du moins cette confusion de langage doit-elle être évitée, lorsqu'on se place sur le terrain de la théorie générale de l'État. Au point de vue spécial du droit public français, il faut reconnaitre au contraire que la caractéristique essentielle de l'État et de sa puissance, du moins en ce qui concerne la France, c'est la souveraineté. Et par suite, l'on s'explique que les auteurs et les textes se soient arrêtés et continue de s'en tenir à la tradition verbale qui désigne de ce nom spécial la puissance propre à l'État français. Le maintien de cet usage ne se rattache pas seulement au fait que la terminologie française n'a pas eu comme c'est le cas en Allemagne respecter et à sauvegarder la situation occupée à l'intérieur du pays par des États qui, à défaut de puissance souveraine, avaient une puissance autonome. Mais le langage adopté en cette matière par les écrivains français s'explique surtout, et l'on peut même dire qu'il se justifie, par cette considération que, parmi tous les caractères inhérents à la puissance de l'État français, le plus important est la souveraineté. En vain les auteurs allemands ont-ils critiqué cette terminologie en faisant valoir que la notion de souveraineté est d'ordre simplement négatif, qu'elle ne fait que marquer l'absence de toute subordination ou limitation envers une puissance supérieure et qu'elle ne peut par conséquent point servir à une définition positive de l'État et de sa puissance. MALBERG C., *Contribution à la théorie générale de l'État*, *op.cit.*, p.86. A cette objection il y a lieu de répondre que, si la souveraineté prise en soi n'a point de contenu positif, elle est du moins la qualité d'une puissance qui se trouve portée à son degré le plus élevé; or ce degré suprême de puissance ne peut se concevoir que dans l'État. C'est pourquoi l'expression française « souveraineté », appliquée à la puissance d'un État comme la France, est à la fois pleinement appropriée à ce qu'elle veut désigner et pleinement significative. Qualifier cette puissance de puissance d'État, ou de puissance

Si le Rapport de la CIISE reconnait la responsabilité principale de protéger à l' État en vertu de sa souveraineté, L' État ne saurait logiquement être appréhendé *in concreto* dans l'un de ses organes, en dépit de ce que ces derniers se prévaudraient d'une certaine quantité de puissance souveraine : il en est de même de sa composante politique (son gouvernement) qui se confond habituellement à l'État parce que dans exercice de ses missions régaliennes, elle emploie la contrainte légale dont l'État en tant qu'un tout indissociable dispose seul du monopole. Il s'agit de l'État considéré *in abstracto,* dont l'élément essentiel serait la souveraineté considérée comme le degré le plus élevé de la puissance. Les expressions *summa potestas* ou *pleinitudopotestatis* employé par Bodin traduisent l'existence de souverainetés dans la souveraineté dont la seconde serait un pouvoir ultime ou suprême. L'État souverain tel *Dieu* a donc la responsabilité de protéger ses éléments constitutifs - *les dieux*, au rang desquels le peuple.

D'où la critique malbergienne à l'encontre de Bodin et ses successeurs qui a consisté à vouloir faire entrer dans la souveraineté le contenu positif de la puissance d'État, et c'est ainsi qu'ils ont rapporté à la première, ce qui était une conséquence de la seconde[1]. A côté du sens primitif de la souveraineté, Bodin adoptent une toute différente, selon laquelle la souveraineté n'est plus seulement une qualité de la

---

dominatrice, ou de puissance autonome, ce ne serait pas assez dire : car aucune de ces appellations ne suffirait à révéler que la puissance étatique française est par surcroit exempte, dans toute son étendue, de toute dépendance ou restriction. Au contraire, lui donner le nom de souveraineté, c'est, en mettant en relief son caractère de puissance suprême, marquer du même coup qu'elle est une puissance de nature étatique, fondée sur la force dominatrice et sur la volonté autonome de l'État français, car la souveraineté présuppose essentiellement tout cela. MALBERG C., *Contribution à la théorie générale de l'État*, *op.cit*., p.191 s.

[1]En prétendant rattaché à la souveraineté à tels ou tels pouvoir déterminé, ils ont perdu de vue que parmi ces pouvoirs, il en est qui appartiennent même à l'État non souverain, cet à dire non complètement indépendant. C'est ainsi que se prépare et s'établi la confusion qui s'est maintenue jusqu'à l'époque présente et qui par là même qu'elle rattachait à l'idée de souveraineté les prérogatives essentielles de la puissance étatique, a entrainé la doctrine à considérer la souveraineté comme un élément indispensable de l'État, alors que celle-ci n'est à vrai dire qu'un caractère, non essentiel, de certains États. D'une notion de souveraineté qui était née sous l'empire de causes historiques spéciales à la France, on a eu le tort de vouloir faire le critérium logique et absolu de l'État. DUGUIT L., L'État, le droit objectif et la loi positive, Ancienne librairie de Thorin et Fils, Paris, 1901, p. 340 et s.

puissance étatique, mais s'identifie avec cette puissance même[1]. Cette dernière se trouve dans la définition de la République proposé par Bodin en ouverture de son ouvrage. En l'occurrence, l'auteur entend la République d' « … un droit gouvernement de plusieurs ménages et de ce qui leur est commun, avec puissance souveraine »[2]. A cet effet, l'auteur ne reconnait une souveraineté exclusive de L'État, mais seulement celle de ses organes[3].

La responsabilité principale de protéger domestiquée dans l' État en tant qu'entité abstraite investie de la puissance superlative consiste dans la responsabilité qui lui incombe de protéger la puissance étatique, les pouvoirs qui y sont compris et l'organe qui l'incarne. La *summa potestas* s'en trouve réalisée en tant que la souveraineté de l' État s'entend de la somme des pouvoirs particuliers des entités qui la compose – *retenue pour souveraines*, Cependant, ces dernières prises isolement ne saurait disposer d'une puissance absolue de peur de nier l'existence d'autres entités internes à l' État qui disposent de pouvoirs particuliers équivalent, en deçà – *les minorités* – ou au-delà du sien et dont il devra nécessairement prendre en considération d'assurer dans un rapport de force la coexistence pacifique. L'État serait donc finalement le droit gouvernement de plusieurs ménages (entendu comme la puissance étatique, les pouvoirs qui y sont compris et l'organe qui l'incarne) et de ce qui leur est commun (volonté générale), avec puissance souveraine.

Cette dernière ne devrait se confondre à la souveraineté elle-même mais s'identifie de la somme des pouvoirs que dispose les ménages et ce qui leur est commun qui constituent l'appareil étatique. Dire donc

---

[1]MALBERG C., *Contribution à la théorie générale de l'État*, op.cit., p76.
[2]BODIN J. (1530-1596), *Les six livres de la République*, A LYON, de l'imprimerie de IEAN de TOVRNES, M.D.L XXIX, p.1, ([Reprod.]), gallica.bnf.fr, 1579, p.6..
[3]Bodin déclare à ce sujet que la souveraineté est un élément essentiel de l'État, il ne veut pas dire par là que l'État lui-même soit le sujet de la puissance souveraine : mais il entend simplement que tout État suppose l'existence d'un gouvernement doué de puissance souveraine. La souveraineté, d'après cela, n'est donc pas la puissance de l'État, mais une puissance existant dans l'État. En France, celui en qui elle réside, c'est le monarque. Le monarque est le sujet de la souveraineté MALBERG C., *Contribution à la théorie générale de l'État*, *op.cit.*, p77. Loyseau se solidarise d'ailleurs cette approche lorsqu'il admet que « La souveraineté, selon la diversité des États, se communique aux divers possesseurs d'iceux : à savoir en la démocratie à tout le peuple. En l'aristocratie elle réside par devers ceux qui ont la domination. Finalement les monarchies elle appartient au monarque, qui pour cette cause est appelé prince souverain ou souverain seigneur ». C'est aussi le point de vue de Bodin. LOYSEAU, *Des Seigneries*, Ch, II, N°7.

que la souveraineté est un, sinon l'élément essentiel de préfiguration de l'État au plan interne est une fiction qui consiste simplement à priver les pouvoirs existants sur un territoire bien déterminé de l'exclusivité ou du caractère l'absolu en cherchant à domestiquer le degré le plus élevé de la puissance au sein d'une entité qualifié de suprême qui dans l'ordre juridique interne correspond à l'État en tant que fiction juridique. La puissance souveraine de Bodin au plan interne serait par conséquent l'équivalent logique de l'égalité souveraine consacré par la charte au plan international.

Si les controverses ci-dessus décrites, répertoriées sur la base de données théoriques et historiques questionnent davantage sur le titulaire de la souveraineté, la reconnaissance ou l'attribution de la souveraineté au peuple par la plupart des constitutions notamment des États d'Afrique noire francophone ne résout pas entièrement le problème. Celui-ci demeure au regard de l'actualité nationale et internationale marquée par la multiplication des conflits internes notamment les guerres civiles visant la sécession par des groupes se revendiquant la qualité de peuple (qui exerce son droit à l'autodétermination) ou alléguant les souffrances du peuple pour procéder aux révolutions, coups d'État, putschs afin de rétablir l'ordre constitutionnel déchu par les autorités en place (résistance à l'oppression). En effet, à l'image de l'État en tant qu'entité qui au nom du pouvoir dont il serait investi suscite la convoitise et ses travers susceptibles d'être légalement approuvés[1], le préfigurant d'une réalité finalement nominative parce qu'asséché, le peuple entendu du souverain au plan interne encourt progressivement la dénaturation dans la mesure où il peine à se soustraire la réalité du phénomène étatique sus-décrite au regard des indéterminations et controverses qui émaillent son identification.

B. Le déploiement du peuple à la restauration de l'ordre en crise : Le recours à la responsabilité populaire de protéger

L'individu, agissant individuellement ou collectivement, en tant que membre de la communauté constituée par le droit, dispose en vue de préserver, rétablir l'ordre en crise ou résister à toute forme

[1]Usurpation de son identité voire une instrumentalisation de sa qualité et de son pouvoir à travers la perpétration d'un certain nombre d'actes étrangers à son ADN mais qui lui serait rattaché.

d'oppression, d'une responsabilité : expression de sa liberté légale primitive préalablement déléguée. Cette responsabilité est dans certain cas autorisée mais encadrée et dans d'autres par contre interdite bien que justifiée.

1. Une responsabilité autorisée mais encadrée

Ainsi, font parties des éléments majeurs qui suggèrent et justifient la construction d'un droit au désordre tenu d'un droit à la crise : la liberté de manifester, le droit de résistance à l'oppression, le droit à l'autodétermination. Ces derniers seront successivement analysés.

a. La liberté de manifester

La liberté de manifester s'identifie d'une liberté composite, qui tire sa substance de plusieurs libertés individuelles et collectives considérées comme fondamentales au regard des instruments juridiques qui l'énoncent. Il s'agit en l'occurrence de la liberté d'expression, la liberté d'association, la liberté de réunion, la liberté de circulation… Elle est par conséquent une panacée et figure au rang des droits civiques et politiques où elle occupe une place de choix parmi celles reconnues à chaque individu.

Selon Amnesty international, la liberté de manifester pacifiquement est un droit essentiel à l'expression collective et publique de ses opinions, revendications, à la défense de l'ensemble des droits humains[1]. Cette définition paraît ambigüe dans la mesure où premièrement elle considère la liberté de manifester d'un droit, et secondement, elle ne semble pas rendre complètement compte de l'activité qui demeure encadrée, bien que l'évocation du terme pacifiquement puisse vouloir suggérer une limite implicite. Cependant, si pacifiquement renvoi à une manière de faire qui relève du vouloir individuel ou collectif, le droit par contre s'inscrit en marge du vouloir subjectif. Bien qu'y étant intégré et le droit qui brille par son abstraction, sa permanence et sa généralité se voudrait au delà du vouloir subjectif en tant que le garant de l'intérêt général dans la

---

[1]https://www.amnesty.fr/dossiers/droit-de-manifester-dans-le-monde#:~:text=La%20libert%C3%A9%20de%20manifester%20pacifiquement,dans%20de%20trop%20nombreux%20pays

mesure de son objectivité et des sanctions prévues à l'encontre de quiconque dérogerait. Ainsi, à l'image de toutes les libertés publiques dont d'une part l'interdiction ou la limitation arbitraire est de nature à tendre vers l'asservissement ou l'oppression et considérant d'autre part, que l'exercice illimité pourrait occasionner des abus[1], le droit notamment de manifester vise à garantir et à encadrer l'exercice de la liberté de manifester. En cela, elle est à la lisière entre l'oppression et l'insurrection.

De ce qui précède, la définition proposée par le doyen Cornu nous semble celle qui colle de près la réalité juridique. Pour ce dernier, en tant qu'action de manifester, d'extérioriser un sentiment, une idée, une volonté, la manifestation désigne plus spécifiquement une affirmation publique, sous forme de rassemblement d'une opinion, de convictions ou de revendications, qui réfère à la liberté d'expression et n'est pas en soi une atteinte à la tranquillité publique[2]. C'est d'ailleurs la raison pour laquelle il est convenu de dire que la liberté de manifester est dans son exercice placée à l'intersection entre l'état de nature, traduisant un exercice aveugle des libertés qui demeure cependant théorique et l'État oppressif qui renvoie à une situation d'hyper régulation – tel une pratique vidée.

b. Le droit de résister à l'oppression

La déclaration universelle des droits de l'Homme du 10 décembre 1948 ne consacre pas le droit de résistance à l'oppression. Toutefois, considérant dans son préambule le caractère essentiel des droits de l'homme qui devrait par conséquent être protégés par un régime de droit, elle souligne opportunément la conséquence logique qui s'en suivrait au cas où l'individu se sentirait en danger. Il s'agit du déclenchement d'un régime de fait tenant à la mise en œuvre du droit naturel de légitime défense individuel ou collective à l'encontre de ses bourreaux - régime tyrannique ou oppressif. Ce droit consiste pour l'individu en un recours ultime à la révolte chaque fois qu'il serait opprimé.

S'agissant du préalable de protection par un régime de droit, il convient tout d'abord d'observer que, parallèlement aux relations interpersonnelles où le droit reconnait à l'individu tant en matière

---

[1]Ces abus consistent globalement dans la méconnaissance de celles d'autrui.

[2]CORNU G., *Vocabulaire juridique*, Association Henri Capitant, 11e éd., PUF, 2016, p.641.

civile[1] qu'en matière pénale[2], un droit naturel de légitime défense, il en est de même des rapports interétatiques lorsque la Charte reconnait au profit de chaque État souverain ledit droit[3]. Toutefois, si pour les deux premiers cas l'on serait en présence de rapports horizontaux ou décentralisés étant donné l'égalité théorique des personnes concernées[4], il convient de s'interroger sur la juridicité et la compatibilité de la légitime défense dans les rapports hiérarchiques qui sont par nature déséquilibrés. C'est le cas des relations entre l'État et ses populations dont il paraît difficile de concevoir ce droit, étant donné le caractère centralisé de l'ordre juridique interne.

En effet, dans le cadre de ces rapports, l'État et ses organes sont les détenteurs précaires et les émetteurs exclusifs d'un droit, ici entendu comme l'ensemble de règles de conduite qu'il édicte et sanctionne, qui s'imposent aux membres de la société notamment ses populations[5]. Celui-ci aurait la responsabilité de les protéger, en raison du monopole d'édiction du droit qui lui est reconnu par la doctrine positiviste, au-delà de la théorie discutée mais pas moins pertinente du

[1]En matière civile, l'exception d'inexécution joue le même rôle dans la mesure où elle représente une forme légitime défense civile en contre partie de la non-exécution par une partie de son obligation contractuelle.

[2]En matière pénale le droit reconnait au profit de l'individu un droit de légitime défense dès lors que son intégrité physique serait menacée.

[3]D'une part en soumettant leurs relations civiles notamment conventionnelles au principe de réciprocité et d'autre part, en consacrant expressément ce droit naturel dans son article 51 de la Charte en cas d'agression armée.

[4]D'où la consécration de l'auto saisine à partir du moment où les critères légaux seraient remplis – bien que globalement d'appréciation unilatérale.

[5]Cette définition qui s'inspire de Gérard Cornu n'est pas fidèle à sa proposition qui envisage le droit comme un « … ensemble de règles de conduite socialement édictées et sanctionnées, qui s'imposent aux membres de la société ». CORNU G, *Vocabulaire juridique*, *op.cit.*, p.375. Cette proposition à laquelle nous nous solidarisons d'ailleurs brille par sa complétude dans la mesure où elle prend en compte le double régime qui forme collectivement la matière du droit notamment d'une part de droit et d'autre part de fait. D'où l'évocation par l'auteur premièrement de la vocation sociale du droit, édicté indépendamment de la personne ; deuxièmement de la sanction qui ne serait pas exclusive à l'État, mais au droit en fonction de la personne qui l'incarne et enfin troisièmement l'imposition du droit aux membres de la société qui ne se rapporte pas exclusivement à la population. Ainsi le droit s'impose à tout ce qui s'identifie du corps social, l' État en tant que membre étant inclus. L'article 34 de la Constitution française de 1793 dispose d'ailleurs qu' « Il y a oppression contre le corps social lorsqu'un seul de ses membres est opprimé. Il y a oppression contre chaque membre lorsque le corps social est opprimé. ».

contrat social[1]. En contre-partie, l'individu est tenu de se soumettre au droit édicté qui émane de l'État du fait que ce dernier participe à sa protection notamment de ses droits fondamentaux.

Cependant, en cas d'incapacité de l'État à s'acquitter de son devoir de protéger les populations ou en cas de violations flagrantes, massives et systématiques des droits de ces derniers, il est prévu des modes de règlements des conflits et autres mécanismes visant à réguler l'État, tenant à l'établissement de sa responsabilité. Ces derniers consistent en des contrôles politiques par voie de suffrage ou à travers les organes habilités. Par ailleurs, si au plan interne la loi prévoit dans les conditions déterminées, la possibilité d'engager la responsabilité administrative ou judiciaire des organes de l'État, le droit international aménage à son encontre notamment dans ses rapports avec d'autres États un régime de responsabilité pour fait internationalement illicite généralement postérieur à l'épuisement des voies de recours internes sous réserve de quelques exceptions[2].

Cette structuration qui garantit la cohérence du système normatif et des interactions entre ordres juridique, reconnait la possibilité de défaillance qui serait de nature à causer un préjudice aux administrés et à leurs droits. Ceci en établissant une forme de justice interne qui viserait son épuration et sa réparation. Elle procède incidemment à la réparation du préjudice causé par ou sans son fait (responsabilité pour faute et responsabilité sans faute).

Toutefois, si les violations persistent en dépit du régime de droit privilégié, notamment à travers la constatation unilatérale[3] par l'individu ou la collectivité dont les droits seraient violés, de l'inefficacité des mécanismes et institutions visant à réguler l'État, il s'en trouve automatiquement déclenché un régime de fait – ajuridique peut être mais non moins droit sinon d'exception, qui consiste dans un

---

[1]Rousseau J-J., (1762), *Du contrat social ou Principes du droit politique Une édition produite à partir du texte publié en 1762*. Paris : Union Générale d'Éditions, 1963. Le monde en 10-18, pp. 1 à 198. 373 pp.

[2]Projet d'articles sur la responsabilité de l'état pour fait internationalement illicite, annexé à la Résolution de l'Assemblée générale 56/83 du 12 décembre 2001.

[3]Il convient de souligner que le régime de droit n'admet pas d'auto saisine à l'effet de s'auto protéger. Dans ce régime, la justice est médiatement appliquée par des organes déterminés qui disposent des compétences reconnues d'ordre public et des mécanismes propres à assurer la continuité du service public. La justice privée est dans ce cas de figure proscrite – car en marge du droit et les coupables devraient être sanctionnés.

suprême recours à la révolte contre la tyrannie et l'oppression. C'est d'ailleurs ce que soulignait John Locke lorsqu'il faisait remarquer que

« Si une longue suite d'abus, de prévarications et de fraudes révèlent une unité de desseins qui ne saurait échapper au peuple, celui-ci prend conscience du poids qui l'opprime et voit ce qui l'attend : on ne doit pas s'étonner alors, qu'il se soulève et qu'il s'efforce de porter au pouvoir des hommes qui soient capables de garantir les avantages qui constituent la fin même du gouvernement. »[1].

Par ailleurs, dans l'avant-projet de déclaration internationale des droits de l'homme, René CASSIN, qui fut d'ailleurs l'un des rédacteurs de la Déclaration universelle des droits de l'homme, avait en son temps rédigé l'article 25 qui prévoit que « Lorsqu'un régime foule gravement ou systématiquement les droits et libertés fondamentales de l'homme, les individus et les peuples possèdent, sans préjudice d'un appel aux Nations Unies, le droit de résister à l'oppression et à la tyrannie ». Cependant, le projet de déclaration n'a malheureusement pas fait l'unanimité, dans la mesure où il serait confronté aux difficultés d'appréciation de la gravité et du caractère systématique des violations. Par ailleurs, subsiste aussi l'argument selon lequel la vive opposition rencontré renverrait aux conséquences probables et particulièrement néfastes pour la sécurité de l'État[2] issues de la reconnaissance au profit des individus d'un droit de résistance d'appréciation unilatérale qui serait en clin à l'opportunisme et la sécession.

Au demeurant, en dépit des pessimismes qui postulent le rejet de la reconnaissance au profit des populations du droit de résistance à l'oppression, il est de l'intérêt du droit de le reconnaitre et de l'encadrer rigoureusement pour prévenir le pire. Car ce droit qui n'est pas moins une légitime défense de fait, tient à l'exercice par une personne (un sujet de droit), de son droit naturel de résister à l'oppression vis à vis d'une autorité qui peu importe sa nature, lui est dans des rapports inégaux hiérarchiquement supérieure. Ainsi, en ce qu'il demeure un élément indispensable comme ne cessent de le démontrer les événements des XXème et XXIème siècles, à la défense et même à la survie des droits fondamentaux, il nous semble préférable de la conserver dans un régime de fait à l'écart du droit de peur qu'un

---

[1]LOCKE J., *Deuxième Traité du gouvernement civil*, 1690.

[2]L'État serait exposé aux risques de : désarticulation, sécession, insurrection, prise anticonstitutionnelle du pouvoir, guerres civiles, terrorisme, etc…

jour l'exception soit tenue pour principe au détriment de la sécurité normative.

c. Le droit à s'autodéterminer

A la question de savoir si le droit à l'autodétermination est un droit à la crise, notre intitulé s'ouvre sur une affirmation, bien qu'il semble plus convenable d'intégrer les nuances qui lui sont sous-jacentes et de nature à invalider l'hypothèse principale. Si la crise du grec « Krisis » renvoie à un moment de rupture imprévisible et spectaculaire, l'autodétermination dans sa mise en œuvre pourrait correspondre à une situation de crise. En effet, cette dernière désigne l'action de décider par soi-même et en particulier, l'action par laquelle un peuple[1] choisit librement son statut politique et économique. En cela, elle correspond à une action, celle de rompre avec une situation existante, antérieure ou préétabli, que l'auteur avait au départ volontairement décidé ou qu'elle lui aurait été imposée par la force ou par un régime tyrannique - oppressif ou par une puissance administrante – cas de la décolonisation. Selon le paragraphe premier de l'article 20 de la Charte africaine : «*tout peuple a droit à l'existence. Tout peuple a un droit imprescriptible et inaliénable à l'autodétermination. Il détermine librement son statut politique et assure son développement économique et social selon la voie qu'il a librement choisie*».

Au demeurant, s'il convient de se solidariser le reniement de l'idée d'un transfert de souveraineté de l'État à des entités qualifiées au niveau supra étatiques, il est logique qu'il nous semble parallèlement absurde de concevoir l'État comme le produit du contrat social entendu du transfert par les individus de leurs libertés légales primitives. Car c'est en cela que l'État dispose sur la scène

---

[1]CHRISTESCU a souligné qu'il n'existe pas de définition admise du mot « peuple », (in Le droit à l'autodétermination : développement historique et actuel sur la base des instruments des Nations Unies, New York, 1981, p. 31), mais dans son acception juridique cette expression désigne « … l'ensemble des citoyens aptes à êtres représentés auprès des assemblées démocratiques élues » ou encore peut être « employé parfois à la place du mot État » ou tout simplement être utilisé pour désigner « une collectivité humaine qui n'est pas titulaire de la souveraineté étatique mais à laquelle le droit international reconnaît des droits divers » (J. SALMON J., (dir.), *Dictionnaire de droit international public*, Bruxelles, Bruylant, 2001, p. 827). Lire METOU B. M., « Autodétermination interne et principes d'unité et d'indivisibilité de l'état en droit constitutionnel des états africains francophones », *R.R.J.* 2011-2, p.1005.

internationale à l'égard d'autres entités aussi souveraines du droit à la légitime défense (moyen légal) ou de la guerre (moyen illégal de riposte). Par contre à l'égard des entités qui lui seraient hiérarchiquement supérieures, il dispose légalement du droit à l'autodétermination.

La contre-proposition logique étant que si l'État ne perd pas sa souveraineté à l'occasion de ses engagements internationaux, l'individu ne perd conséquemment pas sa liberté légale primitive dès lors qu'il participe démocratiquement à la vie de la nation[1]. C'est en cela qu'il dispose légalement du droit à la légitime défense dans ses relations avec d'autres individus et du droit de résistance à l'oppression à l'encontre des entités qui lui serait hiérarchiquement supérieures.

L'autodétermination en tant qu'un droit collectif *(collectivement exercé)* désigne la libre disposition de soi-même (au sens collectif du terme) ou le fait pour ladite collectivité de déterminer son propre avenir. Bien qu'on observe une mobilisation de plusieurs disciplines dans la compréhension du phénomène, il demeure que l'autodétermination est très marquée par son sens politique qui en constitue le noyau. En effet, il consiste en un contrôle politique du dessein d'un groupe humain – d'un peuple.

D'un point de vue juridique, elle a été consacrée par un certain nombre d'instruments notamment la Charte des Nations Unies, des conventions internationales, mais aussi la coutume internationale. La première qui a fait du respect du principe de l'égalité et du droit des peuples à disposer d'eux-mêmes deux des objectifs majeurs de l'Organisation[2], comporte des dispositions permettant, à terme, aux

---

[1]Bien que dans son Avis de mai 2007 lors de sa 41ème Session ordinaire (Accra, Ghana, 16 – 30 mai 2007), la Commission africaine des droits de l'homme et des peuples tend à considérer restrictivement le droit à l'autodétermination comme *« ... englobant une série de prérogatives relatives à la pleine participation à la vie nationale, le droit à une autogestion locale, le droit à une reconnaissance en vue de la consultation pour l'élaboration des lois et programmes qui les concernent, à une valorisation de leurs structures et mode de vie traditionnels ainsi que la liberté de préserver et promouvoir leur culture. Il s'agit donc de l'ensemble de variantes dans l'exercice du droit à l'autodétermination qui sont compatibles avec l'unité et l'intégrité territoriale des États parties ».* Avis juridique de la commission africaine des droits de l'homme et des peuples sur la déclaration des Nations Unies sur les droits des peuples autochtones, adoptes par la Commission Africaine des Droits de l'Homme et des Peuples lors de sa 41eme session ordinaire tenue en mai 2007 a Accra, Ghana, 2007.

[2]Lire l'article premier, paragraphe 2, de la Charte.

territoires non autonomes de s'administrer eux-mêmes[1]. Par ailleurs, en tant que la règle générale à vocation universelle, son contenu et sa portée sont définis par la résolution 1514 de l'Assemblée générale des Nations Unies[2] qui curieusement dispose d'un caractère normatif[3]. Les modalités d'application du droit à l'autodétermination ont été précisées la même année par la résolution 1541. Plus loin, en 1966, deux pactes internationaux des droits de l'homme de l'ONU confirment ce droit dans leur article premier. En 1970, la résolution 2625 de l'Assemblée générale apporte une modalité supplémentaire d'exercice de ce droit. En outre, au plan judiciaire, la Cour Internationale de Justice dans son avis consultatif du 25 février 2019 dans l'affaire sur l'archipel de Chagos réaffirme l'existence de ce droit sur le fondement des instruments juridiques ci-dessus cités.

Il est difficile d'affirmer de manière péremptoire que le droit à l'autodétermination est un droit à la crise dans la mesure où d'une part il s'agit d'un droit[4] et d'autre au regard de la causalité réciproque qui existe entre eux. Cette relation de causalité a une incidence sur leur situation temporelle, étant donné que premièrement c'est à l'occasion de situations de crise – *oppression ou mouvements de décolonisation* – que le droit à l'autodétermination – *indépendance* – s'affirme. Dans ce cas, le droit se déploie dans un contexte de crise ou son exercice est fortement attractif de situations d'instabilité. En cela, la crise précède les revendications du droit à l'autodétermination[5].. Ainsi, on pourrait logiquement confirmer qu'elle serait à l'origine de ce droit.

Deuxièmement c'est à l'occasion de l'exercice du droit à l'autodétermination que des situations de crise pourraient surgir,

---

[1]Il s'agit des dispositions du chapitre 11 de la Charte sur la déclaration relative aux territoires non autonomes, notamment les articles 73 et Ss.

[2]Résolution 1514 de l'Assemblée générale des Nations Unies du 14 décembre 1960.

[3]En dépit du caractère déclaratoire de la résolution 1514, celle-ci dispose d'un caractère normatif en ce qu'elle affirme que «[t]ous les peuples ont le droit de libre détermination ». Aussi, son préambule proclame « la nécessité de mettre rapidement et inconditionnellement fin au colonialisme sous toutes ses formes et dans toutes ses manifestations », et, selon son paragraphe premier, «[l]a sujétion des peuples à une subjugation, à une domination et à une exploitation étrangères constitue un déni des droits fondamentaux de l'homme [et] est contraire à la Charte des Nations Unies».

[4]Ainsi, considérer le droit à l'autodétermination d'un droit à la crise équivaut à concevoir le droit comme un droit à la crise et non plus exclusivement le droit entendu du droit au droit..

[5]En d'autres termes la mise en œuvre du droit à l'autodétermination serait postérieure à la crise.

opposant d'une part les garants de l'unité et de l'intégrité territoriale[1] et la fraction du peuple – *sécessionnistes* – qui estime pouvoir s'auto administrer librement[2]. Troisièmement la crise serait postérieure à l'autodétermination dans la mesure de l'impréparation et carences multiples observées dans l'administration du territoire en cours d'émancipation. Les deux premières hypothèses seront privilégiées dans l'étude, étant donné que le traitement de la crise post-détermination relève d'un régime particulier dans la mesure où elle aboutirait avec succès à la création d'un nouvel État. Car, le nouvel État dispose d'une personnalité juridique autonome et par conséquent d'une souveraineté égale à celle de la puissance administrante ou de l' État duquel il se serait séparé.

Ainsi, si la crise est concevable avant, pendant et après l'exercice du droit à l'autodétermination, ce dernier serait parallèlement envisageable avant, pendant et après la crise. Par conséquent si l'on retient la crise pour base de la construction, on tiendra le droit à l'autodétermination comme étant la donnée variable, et si par contre on retient le droit à l'autodétermination pour base de la construction, on dira que les situations de crise varient en fonction du moment.

Ainsi, considérer le droit à la l'autodétermination d'un droit à la crise équivaut à concevoir l'autodétermination d'une crise. Si le droit à l'autodétermination est un droit dans la mesure où il est prévu et fait l'objet dans sa mise en œuvre d'un encadrement juridique rigoureux par les articles 73 et suivant de la Charte, l'attestation des capacités

---

[1]Il s'agit dans tous les cas de principes affectés d'une haute connotation politique, puisqu'ils découlent de la souveraineté nationale (in DUHAMEL O. et MENY Y., dir., *Dictionnaire constitutionnel*, Paris, PUF, 1992, p. 504-505. Au départ, ces principes avaient une fonction essentiellement idéologique en France et étaient des instruments de combat au service d'une certaine conception de l'État. (Cf. A. ROUX A., « La constitution de 1958. *Op.cit*, p. 2.). Ils sont souvent analysés comme postulant un pouvoir normatif centralisé et unique, une structure administrative homogène, l'uniformité du droit applicable sur l'ensemble du territoire national, l'intangibilité de ce même territoire. L'indivisibilité garantit donc le respect du caractère unitaire de l'État et empêche la formation d'une souveraineté parallèle sur un seul territoire (L'unité et l'indivisibilité de la République visent à interdire «de diviser la souveraineté nationale à la fois dans son contenu interne et dans son assise territoriale » (FABRE M-H.,« L'unité et l'indivisibilité de la République. Réalité? Fiction? », *op.cit*., p. 607), tandis que le droit à l'autodétermination signifie le droit pour les titulaires de «décider librement de leurs affaires intérieures et extérieures sans ingérence étrangère».

[2]TAXIL B., « Le droit des peuples à disposer d'eux-mêmes en Nouvelle Calédonie : l'accord de Nouméa du 5 mai 1998 », http:/www.ridi.org/adi.

d'auto administration demeure indéterminée. D'où l'appréciation discrétionnaire de *l'État administrant* sur la base des critères unilatéralement définis qui contredisent les aspirations des peuples établis sur *le territoire administré*.

Cette contradiction occasionne des tensions qui aboutissent globalement à des vagues de contestations pacifiques ou violentes face à l'opposition parfois arbitraire de la puissance administrante ou des pouvoirs publics de l'État concerné, d'accorder l'indépendance afin de se prémunir du risque que représente la reconnaissance de ce droit sur son unité et son intégrité territoriale[1]. Le droit à la crise consiste dans ce cas, dans l'affirmation du droit à l'autodétermination face à sa négation (appréciation négative ou non favorable) ou au refus de reconnaitre l'autonomie du territoire (l'indépendance) ou d'attester de ses capacités à s'auto administrer, parce que jugé prématuré et de nature à constituer une menace à la paix et la sécurité internationale.

Dans cette optique, l'affirmation du droit à l'autodétermination équivaudrait l'affirmation de son droit à la crise. La crise entendue d'un droit : le droit à l'autodétermination. Toutefois, dans le cas d'espèce, en dépit de la possibilité d'arbitraire, il existe néanmoins des rapports hiérarchiques entre les administrés et les puissances administrantes, qui établissent entre ces derniers des liens de subordination. Ceux-ci suggèrent l'idée d'un ordre juridique pluraliste[2] et principalement une compétence partagée du point de vue interne.

---

[1]S'il convient de souligner pour l'affirmer à la suite de la professeure Brusil Miranda METOU que le constituant africain a mis en place un cadre constitutionnel visant à concilier l'autodétermination interne du peuple avec les principes d'unité et d'indivisibilité, en faisant par ailleurs constitutionnellement obligation au titulaire du droit à l'autodétermination de respecter l'ordre constitutionnel de l'État, il convient de relever que ce dispositif s'emploie à considérer l'autodétermination exclusivement en période normale. Car en période exceptionnelle ou de faillite de l'État caractérisé par la crise institutionnelle conduisant au fonctionnement anormal du service public, c'est toujours sur le même fondement du droit à l'autodétermination que le peuple résiste à l'oppression.. METOU B. M., « Autodétermination interne et principes d'unité et d'indivisibilité de l'état en droit constitutionnel des états africains francophones », *op.cit.*, p.1008.

[2]Son caractère pluraliste découle de ce que c'est le droit international qui désigne la puissance administrante et établi les modalités d'administration et c'est au sein de l'ordre juridique interne que la puissance administrante exerce son autorité conformément aux règles de droit interne en vigueur, qu'elles soient domestiques ou emprunter à l'ordre juridique de la puissance administrante – le mécanisme greffage juridique.

Toutefois, il est une situation complexe, celle de l'affirmation du droit à l'autodétermination d'une fraction du peuple au sein d'un État. Si le droit international reconnait comme étant incompatible aux buts et principes de la Charte toute tentative visant à détruire partiellement ou totalement l'unité nationale et l'intégrité territoriale d'un pays, elle méconnait *oxymoriquement* le droit à l'autodétermination d'une fraction du peuple d'un État. En d'autres termes, sont exclues du domaine du droit à l'autodétermination les revendications sécessionnistes, bien qu'une partie de la doctrine semble favorable à la consécration d'un droit à l'autodétermination interne.

Ainsi, il existe dans l'ordre juridique interne de l'État des mécanismes visant à reconnaitre au profit des populations d'un État, un droit à la libre administration de leurs affaires sans pour autant remettre en cause l'unité et l'intégrité territoriale. Selon la Cour suprême du Canada, il s'agit d'une autodétermination interne des peuples, en tant qu'un droit de représentation politique dont jouiraient les peuples[1]. Il s'agit des formes d'administration décentralisée et du fédéralisme. Ainsi, si la première peut évoluer notamment d'une reconnaissance du statut spécial au regard du degré d'intégration de la composante sociologique pouvant conduire au fédéralisme (*décentralisation fédéralisée*), la seconde quant à elle dans son organisation interne notamment des États fédérés admet une forme d'administration décentralisée (*fédération décentralisée*).

À l'image du cas de la scission des États (fédérés ou non), intervenu à l'aune de la seconde guerre mondiale, notamment le cas récent du Soudan, il convient de souligner qu'il est tout de même possible pour un État de se diviser soit de manière consensuelle par référendum qualifié de référendum d'autodétermination soit par la force. Dans le premier cas de figure, est-il pertinent de parler de référendum d'autodétermination à partir du moment où la résolution 1514 exclut du domaine de l'autodétermination, les atteintes à l'unité et à l'intégrité du territoire indifféremment des modalités (consensuelles ou par la force)[2]. Parler de référendum serait reconnaitre implicitement un droit à l'autodétermination aux

[1]Renvoi relatif à la sécession du Québec en1998). Citer convenablement.

[2]Paragraphe 6 de la Résolution 1514 (XV) de l'Assemblée générale en date du 14 décembre 1960 portant Déclaration sur l'octroi de l'indépendance aux pays et aux peuples coloniaux : « Toute tentative visant à détruire partiellement ou totalement l'unité nationale et l'intégrité territoriale d'un pays est incompatible avec les buts et les principes de la Charte des Nations Unies. »

populations ou à une fraction de la population de l'État sous condition de consensualisme par l'expression du suffrage universel. Il nous semble utile de substituer au terme référendum d'autodétermination un terme qui prendrait en considération l'ensemble des données du problème, notamment : le rapport hiérarchique existant ; la levée voire la neutralisation de la considération liée à la fraction du peuple en considérant la fraction, d'un peuple à part entière distinct de l'autre fraction au sein de laquelle elle était précédemment confondue (par le consentement de la population obtenu par suffrage) ; le constat de l'existence au sein d'un même État de deux composantes sociologiques dissemblables et autonomes conduisant à une remise en cause intrasystémique de l'unité et l'intégrité territoriale dans la mesure où le maintien de l'unité théorique serait source d'insécurité (constitutive de menace contre la paix ou de rupture de la paix - guerres civiles) parce qu'incompatible à l'unité pratique.

Aussi, étant donné que seul l'État unitaire fait écran dans l'ordre juridique international, sa compétence exclusive demeure en ce qui concerne l'engagement des procédures visant la reconnaissance du droit à l'autodétermination *post-suffrage*[1].À charge pour le droit international sur la base des critères et éléments constitutifs de l'État, d'apprécier si la composante sociologique ou la fraction du peuple établi sur un espace géographique clairement délimité et disposant d'une composante politique déterminée, est éligible à se voir reconnaître le statut d'État et par conséquent la souveraineté. Dans ce cas, il serait sur le fondement de sa souveraineté, égal aux autres États dans l'ordre juridique international et disposerait à ce titre des mêmes droits et obligations liés à son nouveau statut sous réserve de ce qui serait rétroactivement pendant sous l'égide de son statut initial. Cependant, la souveraineté interne du nouvel État tenant au monopole d'édiction du droit demeure un fait.

Ainsi, alors que la crise désigne dans une certaine mesure un moment, l'autodétermination correspond dans une mesure certaine à une action. Elle serait par conséquent tantôt la cause de la crise ou consisterait à une solution mettant fin à la crise. Comme tout phénomène social a un début, une ou plusieurs manifestation(s) et une fin, il en est des éléments qui permettent de déterminer les étapes de la

[1] Si le Suffrage est majoritairement favorable à la fraction du peuple qui le revendique (qu'il reconnait comme étant capable de s'administrer librement).

crise. Ces éléments consistent soit en des actions, soit en des événements.

De ce qui précède, il en ressort que le droit à l'autodétermination n'est pas directement un droit à la crise. Toutefois, il n'en est pas moins un droit intimement lié à la crise dans la mesure où il se déploie généralement dans un contexte de crise. Quoiqu'il en soi, il convient de souligner que la crise émaille le processus, que l'on soit en présence d'un cas d'autodétermination ou d'affirmation du droit à la libre administration des collectivités.

1. Une responsabilité interdite mais justifiée

S'il nous semble déraisonnable de trouver le droit en tout et partout, il convient de séparer le bon grain de l'ivraie en distinguant le droit de l'anti-droit qui consiste dans son usurpation ou sa violation. La désobéissance civile et le terrorisme ne seront pas envisagés dans les prochaines lignes, étant donné qu'ils nécessitent pour une meilleure compréhension des développements plus exhaustifs. Toutefois, ils font effectivement partis des outils illégaux d'expression par le peuple de sa liberté.

a. La révolution

Bien qu'il semble unanime d'admettre les vertus de la crise au regard de la révolution américaine de 1787 puis française de 1789, il n'en demeure pas moins vrai qu'elle s'affirme d'un anti-droit au regard de ses manifestations violentes et des conséquences humanitaires occasionnées. Car, s'il demeure admis que l'État dispose du monopole de la force légale, on ne saurait lever ledit monopole sur la base de considérations factuelles particulièrement subjectives, en concevant l'hypothèse d'une compétence partagée sous le couvert pour le premier (l'État) de la légalité et le second (les populations) de la légitimité. Toutefois, la révolution constitue l'expression de la liberté légale primitive de l'individu tenant à son droit de légitime défense dès lors qu'il se sentirait opprimé. Elle figure au rang des mécanismes ajuridiques et notamment anticonstitutionnels d'expression de la volonté du peuple opprimé et se défini d'ailleurs comme le changement complet de l'ordre constitutionnel, opéré en général de façon brusque et violente, mais toujours par rupture avec l'ordonnancement juridique antérieur[1].

b. L'insurrection

Alors que l'article 35 de la Constitution française de 1793 considérait les vertus de l'insurrection la tenant à la fois d'un droit mais aussi et surtout d'un devoir[2], William Thackeray reconnaissait bien qu'ironiquement la nécessité de se rebeller lorsqu'il affirmait que « Bien que, selon moi, rien - sinon peut-être le succès - ne puisse justifier la désobéissance à son souverain ou l'insurrection armée contre lui, le lecteur loyaliste aura la bonté d'être indulgent avec deux de nos personnages principaux qui se rebelleront dans ce chapitre contre leur seigneur et roi. »[3].

Ainsi, lorsque les populations exercent leur droit à la crise, l'État peut s'en trouver dans une situation de crise, qui pourrait être de nature à contribuer à sa fragmentation (sécession, atteinte au principe d'unité et d'indivisibilité de l'État), à sa reconfiguration (changement de la forme de l'État), sa désarticulation ou sa disparition. À ce propos, l'article 10 du projet d'articles de 2001 sur la responsabilité de l'État pour fait internationalement illicite considère d'ailleurs au rang des comportements attribuables à l'État celui des mouvements insurrectionnels en indiquant la possibilité pour ces derniers de devenir à l'issu de leur campagne le nouveau gouvernement de l'État, ainsi que la possibilité pour ce dernier de créer un nouvel État sur une partie du territoire d'un État préexistant ou sur un territoire sous son administration. Ces hypothèses sont sans préjudice de l'attribution à l'État de tout comportement, lié de quelque façon que ce soit à celui du mouvement concerné, qui doit être considéré comme un fait de cet État en vertu des articles 4 à 9 du Projet.

---

[1]CORNU G., *Vocabulaire juridique*, Association Henri Capitant, 11e édition mise à jour, PUF, janvier 2016, p.932.

[2]L'article 35 de la constitution française de 1793 dispose en effet que « ...Quand le gouvernement viole les droits du peuple, l'insurrection est, pour le peuple et pour chaque portion du peuple, le plus sacré des droits et le plus indispensable des devoirs. ».

[3] THACKERAY W., « Rebecca and Rowena, 1851.

En outre, en cas de franchissement du cadre prévu par le droit de la crise dans la mise en œuvre par les populations de leur droit à la crise, l'ordre public s'en trouve généralement atteint en substance - *insurrection*, de nature à justifier une riposte appropriée dans une situation de non-droit. Cependant, dans la mesure où les situations de non-droit seraient légitimées par les détenteurs du pouvoir de contrainte[1], on pourrait assister à une révolution. Cette dernière traduit implicitement la rupture entre la légalité et la légitimité inhérente à l'ordonnancement juridique en crise, pouvant conduire à un changement complet de l'ordre.

La communauté internationale en vertu de sa double responsabilité notamment celle principale de protéger l'État – sujet principal de droit international et celle subsidiaire de protéger les populations s'en trouve dans une position particulièrement délicate, non simplement en vertu de la compétence qui lui est reconnue de garantir la protection des droits des entités concernées, mais aussi et surtout la nécessité d'assurer - *stricto sensu* et de s'assurer - *lato sensu* l'acquittement par chacune des entités en présence, de leurs obligations respectives sous peine de sanctions. Ceci, étant entendu que toute volonté d'instrumentalisation serait de nature à déstabiliser l'ordre juridique existant bien qu'en crise.

c. Les changements anticonstitutionnels de gouvernement

L'anticonstitutionnalité des changements de gouvernement constitue une atteinte au droit constitutionnel. D'ailleurs l'article 23 de la Charte africaine de la démocratie, des élections et de la bonne gouvernance fait cas des situations constitutives de changements anticonstitutionnels de gouvernement. Si le principe est celui du droit, l'exception qui se veut inhérente au droit ne saurait se concevoir comme s'opposant au droit, même s'il convient de se solidariser l'opinion Carbonnienne selon laquelle le droit serait plus grand que la règle de droit[2]. S'il est convenu d'admettre qu'il est des situations de fait qui s'opposant au droit participe de sa construction, il en est par ailleurs celles qui s'opposant au droit tendent vers sa disparition.

---

[1]Selon le cas ces détenteurs pourraient correspondre soit à une minorité qui contrôle l'appareil étatique *« aristocratie »* et d'autres part les populations majoritairement opposées à l'ordre établi, parfois portées par des considérations subjectives contrairement aux minorités opprimés.

[2]CARBONNIER J., *Flexible droit*, *op.cit.*, p.22

Erigé en modèle de système de gouvernement conformément à l'article 25 du Pacte international relatif aux droits civils et politiques[1], la démocratie figure au rang des principes fondamentaux, universels et indivisibles de l'Organisation des Nations Unies. Susceptible de revêtir les formes diverses comme l'a justement réaffirmé l'Assemblée générale des Nations Unies dans la résolution 2625[2], elle s'identifie comme étant une valeur universelle, qui émane de la volonté librement exprimée des peuples de définir leur propre système politique, économique, social et culturel et qui repose sur leur pleine participation à tous les aspects de leur existence. Elle est par conséquent le moyen privilégié de dévolution du pouvoir. À cet égard, elle a intégré la norme fondamentale de la plupart des États dans le monde où elle y occupe une place de choix.

Toutefois, au regard de la pratique, on observe une généralisation des hypothèses de changements anti démocratiques de gouvernement principalement en Afrique et récemment en Afghanistan. Bien qu'ils se conçoivent de situations de crise émanant d'un processus électoral contesté ou d'une révolution armée consistant dans un impérialisme partisan à consonante religieuse, politique, ethnique ou tribale, les changements anticonstitutionnels de gouvernement constituent une menace à la paix et à la sécurité, notamment dans la mesure où il sape les avancées enregistrées dans les processus de démocratisation qui sont en cours.

Dans le but d'y remédier, la plupart des instruments juridiques nationaux et internationaux s'accordent à promouvoir la démocratie et à condamner fermement les changements anticonstitutionnels de gouvernement. Il en est notamment ainsi, de l'article 4(p) de l'acte constitutif de l'Union africaine qui au-delà d'une simple

---

[1]L'article 25 du Pacte dispose que « Tout citoyen a le droit et la possibilité, sans aucune des discriminations visées à l'article 2 et sans restrictions déraisonnables: a) De prendre part à la direction des affaires publiques, soit directement, soit par l'intermédiaire de représentants librement choisis; b) De voter et d'être élu, au cours d'élections périodiques, honnêtes, au suffrage universel et égal et au scrutin secret, assurant l'expression libre de la volonté des électeurs; c) D'accéder, dans des conditions générales d'égalité, aux fonctions publiques de son pays».

[2]Le paragraphe 135 de la Résolution 2625 de l'Assemblée générale des Nations Unies s'articule comme suit : « … Nous réaffirmons également que, quand bien même les démocraties ont des caractéristiques communes, il n'existe pas de modèle unique de démocratie et que la démocratie n'est pas l'apanage d'un pays ou d'une région, et réaffirmons qu'il faut respecter pleinement la souveraineté et le droit à l'autodétermination… »

condamnation, rejette purement et simplement cette pratique visant les changements de gouvernement par la force. Par ailleurs plusieurs mécanismes visant à prévenir et à réagir face à ces situations ont été élaborés allant jusqu'au recours illégal à l'ingérence d'autres entités souveraines sur la base du non-respect d'un engagement international.

Cependant, dans la plupart des cas, afin de maintenir la stabilité de l'État et la continuité du service public, il est d'usage au nom du principe d'effectivité, qu'à l'issu de la survenance du changement[1], le droit s'approprie le fait dans l'intérêt de l'État à condition de rétablir postérieurement la justice en engageant les responsabilités nécessaires à réparer le préjudice causé.

II. Un droit de la crise : *Un droit du désordre*

Il existe une panacée de règles juridiques qui suggèrent l'existence d'un droit en période de crise qui se prévalent de l'idée d'un droit de crise. Car, à l'occasion de la manifestation des situations de crise, le droit apparait d'une part pour encadrer l'exercice de la crise – en tant qu'un droit -, afin de maintenir l'ordre public dans sa vocation à sauvegarder l'intérêt général, mais aussi pour prévenir la généralisation et la radicalisation des différends qui seraient susceptibles de substituer la crise au droit et de conduire au *chaos*.

Le droit de la crise désigne par conséquent un droit spécifique à la crise ou qui n'est évoqué que dans un contexte de crise. Il consiste à la fois dans un assemblage de règles générales incidemment applicables dans un contexte de crise et de celles spécifiques élaborées exclusivement pour faire face à la crise ou atténuer ses effets sur la situation des personnes et des biens. Le droit de la crise s'appréhende comme un ensemble des règles juridiques adaptées à des situations de crise visant à maintenir ou rétablir l'ordre public. À cet effet, il consiste en des mesures préventives, réactives, répressives et naturellement réparatrices. Ainsi, il conviendra de distinguer selon qu'il s'agit premièrement d'un droit préalable à la manifestation de la crise, deuxièmement d'un droit qui régit le déroulement de la crise et enfin troisièmement d'un droit qui régit la fin de la crise.

---

[1]L'autre justification est la durabilité du respect des normes édictées par le nouveau gouvernement globalement de transition qui en serait issu.

A. Le droit préalable à la manifestation de la crise : Cas du régime déclaratoire des manifestations publiques

Dans l'aménagement de l'exercice des libertés publiques, on distingue classiquement le régime d'autorisation préalable et le régime de déclaration préalable. Au Cameroun, les manifestations publiques sont soumises à un régime déclaratoire conformément l'article 6 de la loi n°90/055 du 19 décembre 1990 fixant le régime des réunions et des manifestations publiquesqui dispose à son alinéa1 que « Sont soumis à l'obligation de déclaration préalable, tous les cortèges, défilés, marches et rassemblements de personnes et, d'une manière générale, toutes les manifestations sur la voie publique ». En tant que régime intermédiaire, qui consiste à subordonner l'exercice de la liberté à une démarche auprès de l'autorité publique, le régime déclaratoire vise exclusivement à informer l'administration et les tiers. Ici, l'administration n'a qu'un rôle passif dans la mesure où elle enregistre la déclaration du requérant à l'exercice de cette liberté.

S'agissant des modalités de la déclaration, elle est faite au district ou à la sous-préfecture où la manifestation devrait avoir lieu, sept jours francs au moins avant la date de ladite manifestation. Elle indique les noms, prénoms et domicile des organisateurs, le but de la manifestation, le lieu, la date et l'heure du rassemblement et, s'il y a lieu, l'itinéraire choisi, et est signée par l'un d'eux faisant élection de domicile au chef-lieu ou de l'arrondissement ou du district[1].

Bien que le régime de la déclaration préalable semble plus libéral que celui de l'autorisation préalable, il fait néanmoins l'objet de controverse dans la mesure où il représente dans une certaine mesure un obstacle majeur à la mise en œuvre des libertés publiques. Car si le principe est celui de la délivrance immédiate par l'autorité concernée du récépissé après avoir reçu la déclaration, cette dernière dispose d'une marge de manœuvre qui lui autoriserait d'apprécier si la manifestation projetée est de nature à troubler gravement l'ordre public. Par conséquent, si les soupçons de troubles à l'ordre public semblent avérés, l'administration peut prendre des mesures préventives qui pourrait consister soit à l'assignation à un lieu ou un itinéraire autre que celui figurant sur la déclaration ; ou alors à

[1]Article 7 de la loi n°90/055 du 19 décembre 1990 fixant le régime des réunions et des manifestations publiques.

l'interdire par arrêté qu'elle notifiera immédiatement au signataire de la déclaration au domicile élu[1].

Dans la pratique, il convient de souligner que des autorités administratives semblent substituer l'exception au principe en interdisant systématiquement les manifestations soit sur le fondement d'éventuelles atteintes à l'ordre public, ou par le fait de l'usage discriminé de sa prérogative d'interdire, rompant ainsi avec le principe d'égalité des citoyens notamment devant les charges publiques. La notion plastique d'ordre public entendu dans sa panacée tenant à ses éléments caractéristiques : la sécurité publique, la tranquillité publique, la salubrité publique et la décence publique, s'en trouve dénaturée, amenuisée voire instrumentalisée au regard de considérations subjectives notamment partisanes, de complaisance ou d'étiquetage politique qui privent les requérants de moyen d'exercer leurs libertés fondamentales.

Heureusement, en cas d'interdiction de la manifestation, l'organisateur peut, par simple requête, saisir le président du tribunal de grande instance compétent qui statue par ordonnance dans un délai de 8 jours de sa saisine, les parties entendues en chambre du conseil. Cette ordonnance est susceptible de recours dans les conditions de droit commun[2].

Quoiqu'il en soit, on ne saurait par ailleurs nier ses vertus dans la mesure où il vise à assurer la protection non seulement du manifestant mais aussi et surtout de l'ordre public au regard des mesures visant à encadrer la manifestation.

B. Le droit dans la crise : Un ordre dans le désordre

À l'image du droit international humanitaire – les droits de genève -qui s'affirme d'un droit de la guerre, il est des mesures d'ordre interne qui s'appliquent dans les situations de crise opposant tantôt d'une part les autorités et les populations civiles, ou d'autre part, les populations civiles entre elles à l'occasion d'une guerre civile. Seront exclusivement abordés dans le cadre de cette partie au regard de l'actualité politique, les mesures de police visant l'encadrement des manifestations pacifiques, la légalité d'exception, et la continuité du service public.

---

[1]Article 8 de la loi n°90/055 du 19 décembre 1990.

[2]Lire l'article 8 alinéas 3 et 4 de la loi n°90/055 du 19 décembre 1990.

1. Les mesures de police visant l'encadrement des manifestations pacifiques

En tant qu'un droit susceptible de porter atteinte à l'ordre public, le droit de manifester, fait l'objet d'un encadrement rigoureux dans son exercice. Ainsi, s'il est soumis à un régime déclaratoire dans la mesure où il est une liberté publique qui devrait être garantie et soustraite à l'arbitraire de l'autorité administrative, il n'en demeure pas moins vrai que la possibilité pour cette dernière d'interdire pour des raisons du maintien de l'ordre public, laisse planer le doute sur son effectivité – *silence valant autorisation et interdiction équivalant refus*. Il n'est pas pertinent pour nous à l'occasion de cette étude, de sombrer dans les oppositions doctrinales en prenant position en faveur d'une légistique sournouse suggérant un maquillage du régime d'autorisation sur fond de déclaration préalable. Il nous semble au contraire approprié de nous appesantir sur l'hypothèse où l'autorité ne s'opposerait pas à l'exercice du droit de manifester, qualifié prosaïquement *du droit de ne pas être d'accord*. Dans ce cas, il demeure un droit visant à l'encadrer afin d'une part de prévenir les divers manquements et violations du droit et d'autres part réagir pour préserver l'ordre public en cas de survenance de circonstances de nature à constituer un trouble.

Fort de cela, à l'exception des possibilités en temps de crise[1] de déclarer l'état d'urgence et d'exception qui obéissent à des procédures énoncées par l'article 9 de la constitution, la loi N°90-54 du 19 décembre 1990 relative au maintien de l'ordre public fixe les principes d'action à observer, en temps normal par les autorités administratives et les éléments de maintien de l'ordre en vue de préserver l'ordre public ou de le rétablir lorsqu'il est troublé[2]. L'autorité administrative dispose des pouvoirs étendus leur lui permettant en tout temps et selon le cas dans le cadre des opérations de maintien de l'ordre public, de prendre des mesures visant à soumettre la circulation des personnes et des biens à des contrôles ; requérir les personnes et les biens dans les formes légales, requérir les forces de police et de gendarmerie pour préserver et rétablir l'ordre, mais aussi et surtout prendre des mesures

[1]Dont l'appréciation relève pour le cas de l'état d'urgence du pouvoir discrétionnaire du Président de la République.

[2]Lire l'article premier de la loi N°90-54 du 19 décembre 1990 relative au maintien de l'ordre public.

de garde à vue d'une durée de quinze (15) jours renouvelable dans le cadre de la lutte contre le grand banditisme.

Les articles 3 et suivants de la loi de 1990 proscrivent l'usage des armes dans le cadre desopérations courantes de maintien de l'ordre, notamment les tirs à blanc et à l'air. Toutefois, les grenades lacrymogènes, les bâtons et autres instruments similaires peuvent en cas de nécessité être employés pour rétablir l'ordre public. Cependant, ils peuvent exceptionnellement intervenir dans les hypothèses limitativement énumérées[1] sur réquisition expresse de l'autorité administrative et si les forces de maintien de l'ordre ne peuvent se défendre autrement[2]. Le droit de manifester étant susceptible d'être exercé de manière intemporelle dans un État de droit[3], il nous parait fondé de dire que l'encadrement des manifestations pacifiques rentre dans le cadre des opérations courantes de maintien de l'ordre auxquels le régime juridique attenant ci-dessus précisé devrait être appliqué.

2. La légalité d'exception

À la question de savoir si le droit à la crise est un droit liberté ou un droit créance, il convient de faire observer que sur la base de sa responsabilité principale de protéger, l'État a l'obligation de garantir le droit à la crise de ses populations[4], entendu comme expression de la liberté de ces dernières à résister à l'oppression. Cependant, en vertu de son obligation d'assurer l'ordre public à l'effet de prévenir la crise de l'État - *État en crise* du fait de l'état de crise - *la crise dans l'* *État* qui prévaut, l'État a l'obligation de prévenir et réprimer toute atteinte à l'ordre public qui résulterait de la mise en œuvre du droit à la crise.

À l'image des personnes physiques qui disposent du droit de résister contre toute atteinte ou menace d'atteinte à leurs droits fondamentaux notamment à la vie, il est également reconnu au profit de l'État en tant que personne morale, un droit à la vie et de résistance en cas d'atteinte ou de menace d'atteinte à son intégrité. Ce droit de

[1]Soit lorsque les violences et voies de fait graves et généralisées sont exercées contre les éléments de maintien de l'ordre, soit en cas d'usage d'armes à feu contre les forces de maintien de l'ordre.

[2]Et n'intervient qu'après plusieurs sommations faites par haut-parleur ou par tout autre moyen.

[3]Compte tenu que ce ne serait que dans un État de droit que s'exercerait librement le droit de ne pas être d'accord – d'être en désaccord face à l'ordre préétabli.

[4]À cet effet, le droit à l'autodétermination est la conséquence logique du droit des peuples à disposer d'eux même.

résistance justifie pour l'État d'un point de vue externe la reconnaissance à son profit d'un droit à la légitime défense en cas d'agression[1] et d'un point de vue interne la consécration d'un régime d'exception – légalité d'exception[2] dans le but de prévenir sa désagrégation.

S'il convient de faire remarquer comme précédemment que dans le premier cas, les rapports sont égalitaires notamment entre les États, dans le second par contre, il s'agit de rapports hiérarchiques entre l'État et les administrés. C'est fort de cela que François Saint-Bonnet soulignait à l'entame de ses travaux, la difficulté qu'éprouve le droit à rendre compte de l'état d'exception au regard des contradictions apparemment insolubles des adages *« Nécessité fait loi ... Nécessité n'a point de loi »*. Pour ce dernier, l'état d'exception consiste en une violation ou une dérogation aux normes limitatives du pouvoir en cas de crise, au motif de la sauvegarde de l'État. Il se manifeste d'ailleurs soit dans l'encadrement préventif des pouvoirs de crise, soit dans la justification des écarts aux règles des *"temps normaux"*[3], notamment les différentes restrictions des droits et libertés. Toutefois, l'exception en droit (dans le cadre de la légalité) ne doit pourtant pas être confondue avec l'exception au droit (sous couvert d'une prétendue légalité de crise)[4]. Selon un constat historique bien connu, la légalité d'exception (de crise) vise en réalité à justifier les entorses du pouvoir exécutif à la conformité au droit[5]. Le pouvoir exécutif cherche à s'affranchir juridiquement des contraintes du droit par un dédoublement qui permet tous les abus[6].

Il est généralement d'usage de dire qu'à situations exceptionnelles, mesures exceptionnelles. Cette affirmation s'en trouve justifiée au

---

[1]Article 51 de la Charte de Nations Unies repris par l'article 12 du projet de déclaration des droits et des devoirs des États.

[2]Comme conséquence logique de la hiérarchie des rapports entre l' État et ses éléments constitutifs notamment sa population et du monopole d'édiction du droit qui lui est reconnu.

[3]SAINT-BONNET F., *L'État d'exception : histoire et théorie : les justifications de l'adaptation du droit public en temps de crise*,résumé de laThèse soutenue en 1996 à Paris 2, sous la direction de BLUCHE F, publié à PUF, Paris, 2001.

[4]ENCINAS DE MUÑAGORRI R., « Le danger de la légalité d'exception : de l'État d'urgence à la peine de mort. », *Revue trimestrielle de droit civil*, 2006, p. 90.

[5]SAINT-BONNET F., *L'État d'exception : : histoire et théorie : les justifications de l'adaptation du droit public en temps de crise*, op.cit, Résumé disponible en ligne : http://www.theses.fr/1996PA020120. Consulté le 18.12.2021.

[6]*ibid.*

sein de la Constitution camerounaise de 1996 qui prévoit et aménage au sein de l'article 9[1] un régime d'exception – de crise – tenant aux circonstances de nature à porter atteinte à l' État dans ses composantes essentielles. Ainsi, relève du domaine du régime d'exception selon la *grundnorm* camerounaise, les situations d'urgence et d'exception. En dépit de ce que l' État de siège n'est pas constitutionnellement prévu au Cameroun, il n'en demeure pas moins un outil interne restrictif de droits et libertés visant la gestion des situations exceptionnelles qui se distingue par un maintien de l'ordre public militarisé, consistant dans la substitution à l'autorité civile, de l'autorité militaire dans l'exercice des pouvoirs de police générale [2].

L'état d'urgence renvoi selon le doyen Gérard Cornu à la situation au sein de laquelle les pouvoirs de police administrative se trouvent renforcés et élargis pour faire face soit à un péril imminent résultant d'atteintes graves à l'ordre public, soit à des événements présentant par leur nature et leur gravité, le caractère de calamité publique ; situation pouvant ou non résulter de circonstances exceptionnelles et dont l'existence justifie que l'administration, sous réserve de l'appréciation du juge, passe outre certains délais ou exigences de forme ou de procédure. Au Cameroun, la Constitution complétée par la loi n° 90-47 du 19 décembre 1990 relative à l'état d'urgence prévoit la possibilité de proclamer l'état d'urgence lorsque les circonstances l'exigent et précise les conditions dans lesquelles les pouvoirs spéciaux sont exercés.

---

[1]Article 9 de la loi n°96/06 du 18 janvier 1996 Portant révision de la Constitution du 02 juin 1972, modifiée et complétée par la loi n°2008/001 du 14 avril 2008.

[2]L'état de siège est régi en France par l'article (??) de la Constitution de 1958 et loi du 3 avril 1878 relative à l'état de siège, codifiée dans le code de la Défense. En temps de paix, il désigne un régime exceptionnel et temporaire proclamé par un gouvernement pour faire face à un péril national imminent (insurrection armée ou invasion étrangère), en vue du maintien de l'ordre public. https://www.toupie.org/Dictionnaire/État_siege . L'état de siège renvoi par ailleurs à un dispositif juridique généralement mis en œuvre par le gouvernement en cas de péril imminent (insurrection armée ou invasion étrangère) pour la nation. Il comprend plusieurs dispositions : l'armée remplace la police pour la sécurité publique ; certaines libertés de l'État de droit (circulation, manifestation, expression) sont fortement restreintes ; les médias sont contrôlés ; un couvre-feu entre en vigueur sur le territoire concerné par l'état de siège ; la mobilisation nationale peut être décidée ; les tribunaux civils sont remplacés par des tribunaux militaires ; surveillance accrue de la population. https://fr.wikipedia.org/wiki/%C3%89tat_de_si%C3%A8ge

La loi précitée dispose dans son article premier que l'état d'urgence peut être déclaré par décret[1] dans le respect des modalités prévues[2] sur tout ou partie du territoire national soit en cas d'événements présentant par leur nature et leur gravité le caractère de calamité publique ; soit en cas de troubles portant gravement atteinte à l'ordre public ou à la sûreté de l'État ; soit en cas d'agression venant de l'extérieur. En dépit des aménagements intervenus, l'absence de moyen de recours préalable ou courant la mise en œuvre des mesures visant à rétablir l'ordre public, prive le juriste et le citoyen de l'encadrement juridique souhaitable à même de préciser le mode de conciliation entre les libertés fondamentales et la sauvegarde de l'ordre public[3].

Par ailleurs, la Constitution Camerounaise prévoit dans son article 9 (2) que l'état d'exception est proclamé par décret du Président de la République en cas de péril grave menaçant l'intégrité du territoire, la vie, l'indépendance ou les Institutions de la République. Dans ce cas, il prend toutes mesures qu'il juge nécessaires et informe la Nation par voie de message.

Globalement, il est accordé aux autorités la possibilité de prendre des mesures susceptibles de porter atteinte au droit du normal, qui revêt quelquefois un caractère liberticide. Toutefois, étant donné qu'il ne s'agit pas d'un non droit encore moins d'un anti-droit dans la mesure où il fait l'objet d'une consécration normative, la légalité d'exception correspond à la catégorie de ce que Carl Schmitt qualifie de *« constitution de réserve »,* dans sa théorie de la constitution[4]. Ainsi, certes, les prérogatives accordées aux autorités courant ces circonstances ne font l'objet d'aucune restriction ou du moins de restrictions approximatives, ceux-ci disposant d'un large pouvoir d'appréciation *ante*[5] et *post*[6], cependant il convient de souligner qu'aux fins de régulation, si la doctrine semble partagée au sujet de la

[1]Article 2 (1) de la loi n° 90-47 du 19 décembre 1990 relative à l'état d'urgence.

[2]Les conditions et modalités de l'état d'urgence sont fixées par les articles 2 et Ss. de la loi n° 90-47 du 19 décembre 1990 relative à l'état d'urgence.

[3]https://halshs.archives-ouvertes.fr/halshs-02247843/document

[4]SCHIMITT C., *Théorie de la constitution*, Paris, PUF, 1993, 576p.

[5]Le Président de la République juge de l'opportunité de déclarer l'état d'urgence et l'état d'exception.

[6]La Président de la République décide des mesures qu'il juge appropriées pour mettre fin à la situation de crise.

détermination des causes[1], il n'en demeure pas moins vrai que sa mise en œuvre s'assimile d'une situation de légitime défense étatique. Celle-ci suggère de tenir pour justifier les mesures visant à restaurer l'équilibre étatique – épurer l'État de ce qui pourrait occasionner sa disparition.

3. Le principe de continuité du service public

Qualifié d'essentiel à la vie nationale devant être assurée à tout prix, Marcel Walline fait remarquer la vocation du Conseil d'État français à ériger le principe de continuité du service public en principe supérieur de droit coutumier[2]. En effet, face aux interactions conflictuelles entre le principe de continuité du service public et de droit de grève, la doctrine semble partagée sur la question de leur conciliation, étant donné que paraissant insolublement contradictoire, ces derniers sont constitutionnellement garantis. Ceci rompt le clivage apparent, pour nous donner à penser des possibilités de coexistence pacifique entre les deux concepts, dans la mesure de l'équilibre recherché entre un intérêt subjectif, objectivement consacré par les instruments juridiques tant nationaux qu'internationaux et un intérêt objectif relevant de la sureté de l'État notamment le maintien de l'ordre public[3].

---

[1]Dans ces matières, la perturbation de l'ordre juridique, avec ou sans dispositifs préventifs, aboutit a une aporie. Pour la surmonter, deux types de théories justificatives ont été avancées: soit la nécessite disposerait d'une juridicité supérieure, soit elle serait purement politique. Par delà cette opposition, l'état d'exception fait appel au concept spécifique d'évidente nécessité, lequel ne relève ni du juridique ni du politique. SAINT-BONNET F., L'état d'exception : histoire et théorie : les justifications de l'adaptation du droit public en temps de crise, *op.cit.*

[2]WALINE M., « Note de jurisprudence », in *R.D.P.*, 1950, p. 699. PINON (S.), Le principe de continuité des services publics : du renforcement de la puissance étatique à la sauvegarde de l'expression démocratique, Revue interdisciplinaire d'études juridiques 2003/2 (Volume 51), pp. 69-109, spéc. p.69

[3]Pendant que la continuité du service public correspond à une mesure conservatoire visant à prémunir l' État contre l'interruption provisoire ou définitive du service public (de nature à occasionner la crise de l' État pouvant conduire à sa disparition au profit du retour à un état de nature), le droit de grève s'affirme d'une prérogative reconnu à l'individu de s'affranchir de toute forme d'oppression en exprimant librement ses opinions. Ainsi, alors que le premier vise à garantir l'existence matérielle de l' État, le second vise à garantir l'existence personnelle de l'individu notamment dans son cadre professionnel.

Ainsi, évoquer le principe de continuité du service public dans le cadre de cette étude nous semble opportun. Car, il est très fréquemment utilisé pour assurer le fonctionnement *minimal du service public* – à l'occasion du déroulement d'une situation de crise, notamment la grève des agents publics qui perturbe ou constitue un dysfonctionnement au bon déroulement de l'activité publique. Toutefois, bien qu'il tende progressivement à se confondre à la continuité de l'État[1] - bien que s'en distinguant organiquement et fonctionnellement -, il s'oppose néanmoins théoriquement au droit de grève qui en constitue le pendant. Ainsi, si l'opposition entre droit et crise équivaut dans une certaine mesure à l'opposition du droit d'avec le droit - l'exception étant inhérente au droit - , il en est de même de l'opposition entre la continuité du service public qui s'affirme comme un principe général de droit visant à garantir l'ordre public et le droit de grève en tant qu'un droit fondamental reconnu à chaque individu.

En outre, la multiplication et la diversification des situations de crise au sein de l'État occasionnent à certains égards, la densification du paysage normatif par l'accroissement de règles provisoires visant à assurer la continuité du service public dans un contexte de crise. À cet effet, dans sa logique préventive des situations de crise, le droit aménage des mécanismes visant à compenser les déficits structurels inhérents à l'État, en tenant compte de sa configuration organique et fonctionnelle. Il s'agit notamment des hypothèses de délégation de fonction ou de substitution de responsabilité adossée sur les rapports hiérarchiques, sans omettre les mécanismes de comblement factuel comme c'est le cas pour la théorie des fonctionnaires de fait.

Le Principe est par ailleurs sous-jacent à celui d'effectivité et est fréquemment évoqué pendant la crise à l'effet de maintenir l'ordre public. Dans ce cas, il est le motif tantôt de suspension provisoire du droit en période normale pour l'établissement d'un régime d'exception, tantôt d'adoption d'un régime provisoire notamment de transition visant à combler les insuffisances ou vides normatifs et institutionnels parfois de transition[2]. La jurisprudence

[1]Sur la proximité des deux notions, voir la très intéressante étude de MARKUS J-P, « La continuité de l'État en droit public interne », in *R.D.P.*,1999, p. 1067 et s.

[2]Au Mali, l'Acte fondamental N°001/CNSP du 24 août 2020 dans son article 30 dispose que « Le Comité national pour le Salut du Peuple a pour mission d'assurer la continuité de l'État en attendant la mise en place des organes de transition. ».

constitutionnelle notamment du Gabon[1] et du Mali[2] est constante sur ce point. Il ressort qu'en cas de silence de la Constitution ou tout acte en tenant lieu et sur la base des règles de compétence qui sont d'ordre public, la Cour n'aurait qu'une compétence provisoire et propositive – pour la stabilité et la continuité du service public – en attendant que le pouvoir constituant originaire, convoqué dans les formes requises, décide soit de confirmer sa proposition soit de l'infirmer. Car reconnaître à la Cour une prérogative de comblement définitif serait incidemment admettre que la Cour constitutionnelle dont le pouvoir devrait se limiter à l'interprétation pure et simple de la norme fondamentale, puisse également apporter des amendements à la Constitution (quand bien même ce serait pour combler un vide).

Au demeurant, perçu à l'origine comme un rempart au développement des conflits collectifs dans la fonction publique régalienne, la finalité du principe de continuité du service public s'est rapidement confondue avec les nécessités de l'ordre public[3].

C. Le droit régissant la fin de la crise

Outre les outils d'arbitrage et de gestion politique des crises, notamment les assemblées constituantes et le dialogue national qui demeurent cependant inhérent au phénomène constituant, la construction et l'expression du droit de la crise s'inscrit dans une panacée. Ainsi, au-delà des éléments visant à établir la responsabilité des auteurs du manquement au droit et à réparer le préjudice occasionné par la crise, seuls le référendum d'autodétermination et le principe de l'effectivité seront étudiés.

---

[1]Décision N°22/CC du 30 avril 2018. Lire aussi la décision du 14 novembre 2018 prise à la suite de la requête du Premier ministre gabonais le 13 novembre 2018. Dans cette dernière décision, la cour constitutionnelle souligne que « ... dans un souci d'assurer la continuité de l'État et du service public, (...) la Cour constitutionnelle, en sa qualité d'organe de régulation du fonctionnement des institutions, autorise le vice-président de la république à convoquer et à présider un Conseil des ministres qui portera exclusivement sur l'ordre du jour joint à la requête du Premier ministre. ».

[2]Arrêt N°2021-02/CC/Vacance du 28 mai 2021 de la Cour Constitutionnelle du Mali.

[3]COURRÈGES M., *Le principe de continuité du service public : contribution à l'étude du droit de grève,* précité.

1. Le référendum d'autodétermination

Historiquement, le référendum d'autodétermination est la conséquence logique et pacifique des principes issus de la Révolution Française de 1789, notamment le *« droit des peuples à déterminer la communauté politique à laquelle ils souhaitent appartenir »*[1] – et du « droit des peuples à disposer d'eux-mêmes », proclamés à la fin de la Première Guerre mondiale[2].

Fort des développements précédents, soulignant les incohérences sous-jacentes à l'expression *« référendum d'autodétermination »* telles que formulées[3], celle-ci n'en demeure pas moins d'usage dans la pratique. Ainsi, en tant qu'instrument de plus en plus utilisé ou revendiqué pour déterminer les souverainetés, et modifier la carte politique du monde, le référendum d'autodétermination figure au rang des mécanismes démocratiques de règlement d'une crise. Il consiste en un vote qui vise à requérir l'avis de la population d'un territoire sur le statut de ce dernier. Par conséquent, il est évident qu'il ne s'aurait s'identifier d'un droit émanant entièrement de l'État et du monopole qui lui est reconnu d'édiction du droit, dans la mesure où il relève de l'expression de la souveraineté du peuple ou plus directement d'une fraction[4].

En effet, il ambitionne dans une certaine mesure de faire constater l'existence au sein d'un État souverain ou de territoires sous souveraineté d'un État, d'entités structurellement et organiquement autonomes qui dans leurs affirmations réciproques et concurrentes remettent en question l'unité structurelle de l'État. Ainsi, le référendum d'autodétermination considéré d'un *uti possidetis juris*[5]

---

[1]ROSIERE S., *Géographie politique et géopolitique, une grammaire de l'espace politique*, Paris, Ellipses, 2003, p.157.

[2]CATTARUZZA A., *« Les référendums d'autodétermination: démocratisation ou balkanisation du monde ?Self-determination Referendums: Democratization or Balkanization? »* *L'espace politique*, 3/2007-3. Disponible en ligne : https://journals.openedition.org/espacepolitique/914. Consulté le 18.12.2021.

[3]Suggérant l'idée du droit à l'autodétermination entendu d'un droit liberté, manifestation de la crise.

[4]L'expression de l'autonomie des peuples et de leur droit à disposer d'eux-mêmes.

[5]Par l'application de cette règle, la volonté antérieure à la date critique ou qui s'exprime à cette date-là (cas d'un référendum d'autodétermination par exemple) neutralise donc toute volonté unilatérale postérieure ; elle l'annihile par anticipation. KAMTO M., *La volonté de l'État en droit international*, *Recueil des cours*, tome 310 (2004), Académie de droit international de la Haye, Martinus Nijhoff Publishers, Leiden/Boston, p.224.

participe à la coexistence pacifique entre fractions du peuple tenu de peuples distincts et autonome constituant le peuple originaire, établi sur des territoires distincts clairement ou approximativement délimités, bien que considérés d'une unité et capable de s'administrer de manière autonome.

En ce que le référendum d'autodétermination oppose d'une par la souveraineté interne de l'État[1] et d'autre part celle du peuple[2] - collectivement affermie par le régime des intangibilités constitutionnelles[3] – il ne saurait exclusivement être tenu d'un droit étatique dans la mesure où la communauté internationale se trouve directement et indirectement impliquée. Il s'agit donc d'une procédure de droit international mise en œuvre par l'État et en son sein en tant que principal garant des droits et libertés des populations.

Cependant, il serait proche de parler d'un référendum qui viserait à faire constater l'existence au sein de l'État, d'une composante autonome qui se prévaudrait de son droit à disposer de lui-même. Toutefois, au-delà des controverses doctrinales qui sous-tendent l'identification et les modalités de reconnaissance à un regroupement la qualité de peuple[4], la question des modalités de suffrage se pose notamment en ce qui concerne les votants[5]. Car, la fraction du peuple qui souhaite s'autodéterminer est généralement minoritaire Y étant, lorsqu'on se trouve dans l'hypothèse où la majorité pourrait voter

[1]La garanti de la souveraineté de l'État ne relève pas exclusivement de la responsabilité intermédiaire des peuples qui en protégeant l' État de l'ingérence d'entités aussi souveraine que lui mettrait en œuvre son droit de disposer de lui-même (légitime défense, défense de l'intégrité territoriale et de son indépendance politique, résistance à l'oppression, guerre) mais aussi de la communauté international.

[2]La garanti de la souveraineté du peuple ne relève pas exclusivement de la responsabilité de l' État mais aussi subsidiairement de la communauté internationale.

[3]Promouvant non seulement l'unité et à l'intégrité territoriale de l' État mais aussi et surtout le respect des principes démocratiques qui régissent la République. Lire ROUX A., «La constitution de 1958. L'Unité », p. 2.

[4]Une sorte de « Myopie constitutionnelle » selon les termes d'Alain ONDOUA. ONDOUA A., « La population en droit constitutionnel », Afrique contemporaine N° 242, 2012/2, p. 87-97, p.87. Disponible en ligne : http://www.afrique-contemporaine.info/articles/2012-2-la-population-en-droit-constitutionnel/

[5]On ne saurait dans ce cas parler de corps électoral dans la mesure où l'on ne se situe pas dans le cadre d'une élection, mais au contraire du référendum qui est un mode immédiat d'expression du suffrage – de la volonté du peuple souverain. À défaut de retenir la formule sans doute inappropriée de corps référendaire, nous choisissons de parler de « votants » à l'effet de nous prémunir de toute ambigüité.

contre, ce qui priverait la minorité d'exercer son droit fondamental à l'autodétermination constitutionnellement garanti[1] (la responsabilité étant attribuable à l'État), on se trouve dans une impasse. Il n'en sera pas mieux comme solution d'exclure cette majorité qui dispose évidemment de l'intérêt et la qualité de participer à un référendum dans l'esprit duquel l'idée de démocratie oblige la participation du peuple, entendu d'un tout indissociable[2].

Néanmoins, même dans la mesure où il y aurait majorité à l'issue du référendum dans la zone concernée, que faire de la minorité défavorable associée abusivement à un projet de sécession ? La rattacher à l'État initial ? Ou alors la laisser demeurer rattachée à la fraction qui s'affirme d'un peuple autonome exerçant son droit à l'autodétermination, au mépris des principes démocratiques, notamment la liberté de choisir librement et de participation à la vie politique ? Le cas de l'île de Mayotte et de l'Archipel de Chagos fortement critiqués par le Professeur Maurice Kamto à l'occasion de son intervention sur le sujet *« droit international et décolonisation inachevée »*[3] en ce qui concerne la gestion des référendums d'autodétermination par la France est illustrative de cette réalité.

Face aux contradictions insolubles et au-delà des débats qui émaillent la question, il nous semble utile de dire que les suites du référendum déterminent et légitiment l'action ou non de l'État à saisir les organes compétents des Nations Unies en reconnaissance d'État. Les résultats du référendum peuvent servir d'élément de preuve de l'existence ou non d'un peuple distinct de celui auquel il tend à être confondu. Ils sont inopposables aux tiers dès leur proclamation, jusqu'à sa ratification par les instances onusiennes, sous réserves de quelques situations exceptionnelles, où il pourrait être utilisé pour pratiquer des mesures conservatoires.

En cas de suffrage défavorable, la fraction du peuple entendu d'un *peuple en gestation* devrait pouvoir bénéficier d'un recours visant à contester les résultats devant le juge constitutionnel en tant que garant

---

[1]On peut lire dans le préambule de la Constitution de l'État du Cameroun du 18 janvier 1996 que « l'État assure la protection des minorités et préserve les droits des populations autochtones conformément à la loi ».

[2]Article 2 : (1a) La souveraineté nationale appartient au peuple camerounais qui l'exerce soit par l'intermédiaire du Président de la République et des membres du Parlement, soit par voie de référendum.

[3]KAMTO (M.), *Droit international et décolonisation inachevée*, conférence midi organisée par le CEDIM et l'IEIM, Université du Québec à Montréal, 7 février 2020, 1h26min11s.

de la régularité des consultations référendaires au Cameroun[1]. Si ledit recours se veut légitime dans la mesure où il s'agit effectivement d'une consultation référendaire, la Constitution camerounaise demeure silencieuse dans l'alinéa 3 de son article 48 en ce qui concerne la saisine du Conseil constitutionnel par les organes du peuple en voie d'autodétermination d'un État au sein duquel il serait probablement opprimé. Au contraire, elle invite à procéder médiatement par les organes élus, notamment le Président de la République, le Président de l'Assemblée Nationale ou le Président du Sénat, un tiers des députés ou un tiers des Sénateurs. En résumé, pour que le juge constitutionnel soit saisi en contestation de régularité d'une consultation référendaire en matière d'autodétermination, il demeure constant - bien que critiquable, en l'état de la réglementation en vigueur, que les organes du peuple en voie de détermination procèdent médiatement. Ceci pourrait sembler probablement moins compliqué si le tiers de l'une des chambres du parlement serait favorable et dans une certaine mesure solidaire de leur revendication.

Par ailleurs, en cas de refus manifeste de l'État de s'acquitter des procédures nécessaires de reconnaissance d'État au plan international notamment auprès des instances onusiennes, la fraction du peuple dont le droit a été établi par référendum pourra engager la responsabilité de l'administration pour faute. Cette responsabilité tire son fondement de la voie de fait administrative en ce qu'il viole un droit fondamental, notamment celui des peuples à disposer d'eux-mêmes. Toutefois, bien qu'indisponible en l'état de la législation camerounaise, il demeure un mécanisme à la disposition du juge français qui nous semble adéquat dans le cas d'espèce, notamment le référé liberté. Quoiqu'il en soit, il se dégage une nouvelle catégorie de droits fondamentaux dont la reconnaissance obéit à un certain formalisme. Parmi ceux-ci figure le droit à l'autodétermination.

Ce formalisme qui peut sembler y porter atteinte se veut utile au maintien de l'ordre public et la réalisation de l'intérêt général. Aussi, le droit à l'autodétermination en tant qu'un droit garanti

[1]Lire l'article 48 de la Constitution camerounaise qui dispose dans ses alinéas 1 et 3 que « (1) Le Conseil Constitutionnel veille à la régularité de l'élection présidentielle, des élections parlementaires, des consultations référendaires. Il en proclame les résultats. (3) En cas de contestation sur la régularité d'une consultation référendaire, le Conseil Constitutionnel peut être saisi par le Président de la République, le Président de l'Assemblée Nationale ou le Président du Sénat, un tiers des députés ou un tiers des Sénateurs. ».

principalement par l'État en raison de ce qu'il serait mis en œuvre au sein de son ordre juridique, ne saurait cependant être mis en œuvre en dehors ou au-delà. L'État en tant que sujet de droit international est d'ailleurs le seul à engager d'une part l'action administrative en reconnaissance d'État en saisissant les autorités compétentes, et d'autre part la responsabilité pour fait internationalement illicite d'un État ayant méconnu, refusé ou violé le droit à l'autodétermination d'un peuple en tant que le corolaire du droit des peuples à disposer d'eux même. Toutefois, il n'en demeure pas moins pertinent de dire que la possibilité de fractionner l'État viserait dans une certaine mesure à maintenir ou rétablir l'ordre au sein de l'État et garantir son équilibre systémique.

2. Le principe d'effectivité

Le principe d'effectivité se dérobe à toute définition générale et suggère à la fois l'idée d'une certaine tension et celle d'une ultime adéquation entre le fait et le droit[1]. Classiquement, le principe d'effectivité qui est d'usage principalement en droit international et exceptionnellement en droit interne, désigne la transformation du fait en droit[2]. Il est communément admis comme désignant « la nature de ce qui existe en fait, de ce qui existe concrètement, réellement ... [et] s'oppose à ce qui est fictif, imaginaire ou purement verbal [3]». Jean Salmon indique d'ailleurs dans son *Dictionnaire de droit international public*, que l'effectivité renvoie au « caractère de ce qui existe en fait »[4]. Il correspond donc à une forme *d'ajuridisme juridicisé*[5] et constitue la justification de ce que le droit serait le produit du social.

---

[1]DE VISSCHER C., « Observation sur l'effectivité en droit international public », *Revue générale de droit international public*, troisième série, Tome xxix, p. 601.

[2]MIAJA DE LA MUELA V. A., *El principio de efectividad en derecho international*, Valladoid, Universidad de Valloadolid, 1958, 114 p.

[3]TOUSCOZ J., *Le principe d'effectivité dans l'ordre international,* LGDJ, Paris, 1964, p. 2.

[4]SALMON J., *Dictionnaire de droit international public*, Bruylant, Bruxelles, 2011, p. 411.

[5]L'approche de Monique CHEMILLIER GENDREAU à propos de l'effectivité en droit international semble reconnaitre le principe d'un a-juridisme, bien qu'elle établit son existence juridique. Selon l'auteure « D'une manière abrupte [...], on peut dire que l'effectivité est une notion a-juridique, ce qui ne veut pas dire cependant qu'elle soit étrangère au droit. ». CHEMILLIER - GENDREAU M., « l'effectivité en droit international », *RBDI*, 1975.1, pp.38-46, spéc. p.39.

Celui-ci participe de la neutralisation de tout ce qui au nom du droit, s'inscrirait en marge des nécessités sociales.

Kelsen conçoit d'ailleurs le principe d'effectivité comme l'un des principes fondamentaux du droit international. Car, il constitue la justification de la reconnaissance au droit international du pouvoir de délégation de compétence au profit des ordres juridiques nationaux[1], lui accordant conséquemment la primeur sur ceux-ci. C'est notamment en raison du principe d'effectivité que le droit international délimite les domaines de validité des ordres juridiques nationaux au triple plan territorial, personnel et temporel[2]. Pour le dernier cas, il règle la succession dans le temps de deux ordres juridiques nationaux[3]. Par ailleurs, l'auteur décrit, qu' « une norme du droit international général, qui est reconnue par la théorie et par la pratique, établit que tout gouvernement, même s'il est parvenu au pouvoir à la suite d'une révolution ou d'un coup d' État, est légitime au point de vue du droit international s'il est indépendant et effectif, c'est-à-dire s'il est capable de faire respecter de façon durable les normes qu'il édicte »[4]. Il s'agit dans ce cas de la règle d'un gouvernement effectif qui est un élément clé de la constitution d'un État et par conséquent requis dans le cadre de la reconnaissance d'État en droit international.

Du fait qu'il ne s'encombre pas des considérations de légitimité et de légalité, le principe d'effectivité semble un réel danger pour la sécurité normative. Toutefois, étant donné qu'il s'affirme comme la conséquence logique de l'expression d'une volonté généralisée, le droit y trouve un certain égard. Car, « contrairement à ce qu'on pourrait penser, l'exclusion de certaines valeurs telles que la justice, la paix sociale ou la sécurité juridique n'est pas un aveu de la primauté du fait sur le droit ou de la négation de ces valeurs, mais seulement un

---

[1]Car pour qu'une autorité édictant des normes respectées de façon durable dans un territoire déterminé soit considérée comme un organe créateur de droit, il faut que cette qualité lui ait été attribuée par le droit international sous la forme d'une autorisation de créer des normes juridiques. KELSEN H., *Théorie du droit international public,* op.cit., p.196.

[2]Ibid. p. 197.

[3]En effet, il permet d'établir quand les normes relevant de l'ordre juridique national sont valides et quand elles ne le sont plus. De ce point de vue la formation et la disparition d'un État sont dans le cadre du droit international des phénomènes analogues à la création et à la dissolution d'une personne juridique dans le cadre d'un droit national. Ibid..

[4]*Ibid*, p.196.

moyen de défendre et de préserver à long terme ces valeurs … l'invocation de l'effectivité dans ces domaines est la manifestation que la règle de droit ne peut pas être appliquée de manière stricte et intransigeante dans certains aspects faisant partie du domaine réservé des États ou qu'on peut qualifier de complexes»[1].

Finalement, il convient de relever que sans qu'il ne soit entendu d'une légitimation des actes illicites notamment les prises anticonstitutionnelles du pouvoir comme cela a été le cas au Mali[2], le principe d'effectivité s'inspire fortement ou s'approprie l'idée ayant dans une certaine mesure motivé la conceptualisation du principe de continuité du service public qui prévaut en droit interne. Il vise à assurer un ordre public à minima adossé sur la théorie de l'apparence et s'identifie par conséquent d'un droit de crise.

Le souci majeur étant la stabilité de l'État, les irrégularités et infractions ayant précédé ou conduit à la révolution importent peu, du moins temporairement. Car, tout se passe comme si de rien n'était dès lors que la révolution aurait connu son aboutissement. Cependant, le principe d'effectivité n'éteint pas la responsabilité des auteurs des évènements présumés illégaux. Il en suspend les effets[3] jusqu'à ce que les institutions compétentes prennent le relais pour établir les responsabilités. D'où les recadrages réguliers sur fonds d'ingérences des des partenaires internationaux afin que la situation transition demeure guidée par le droit en construction ou en reprise.

La pratique est certes malheureusement orientée vers le provisoire définitif, mais on note le développement récent d'initiatives tantôt symboliques tantôt répressives *ex post facto* visant à rétablir l'équilibre normatif, réprimer la culture de l'impunité pour ne pas faire droit au vice, participer à la réconciliation nationale et fournir bien qu'illusoirement des garanties de non répétition. On peut évoquer à titre illustratif la création de commissions de réconciliation nationale, la diligence d'enquête et l'élaboration de rapports sur la responsabilité des États, la mise en cause des individus ayant directement ou indirectement participer à la commission de génocides, crimes de guerre, crime contre l'humanité à travers l'établissement de leur responsabilité pénale *ex post facto*, etc.

---

[1]ATCHO F., « Note sur ouvrage de Florian Couveinhes-Matsumoto, *L'effectivité en droit international*, Bruylant, Bruxelles, 2014 », *in* Civitas Europa 2016/2 (N° 37), pages 401 à 405.

[2]A l'occasion du double coup d'État en 2021.

[3]Décharge temporairement les auteurs afin de favoriser la reprise.

Ainsi, au-delà des hypothèses d'un *facto secundum* et *praeta legem*, le principe d'effectivité admet exceptionnellement les situations où une série de *facto contra leguem* s'identifierait au *leguem* ou aboutirait à la création d'un *legem* qui serait la conséquence de réformes profondes et révolutions politiques visant ou non la restauration du *leguem* dénaturé par l'effet de l'appropriation ou une manipulation inopportune du *leguem* – l'apparemment normatif. Pour ce dernier cas, le principe d'effectivité relève de ce qu'il est convenu d'appeler un instantanée normatif dans la mesure où il n'obéit à aucun formalisme juridique. La complexité du principe a ainsi conduit le professeur Denis Alland à reconnaitre que la problématique de l'effectivité serait bien classée parmi les dix sujets les plus difficiles et périlleux en droit international[1].

Au demeurant, le principe d'effectivité est guidé par l'idée selon laquelle : à l'épreuve de situations de crise, à défaut de réécrire l'histoire du droit, il convient de rechercher les débris du droit dans les faits afin d'une part de reconstituer l'architecture normative et d'autre part de redorer juridiquement et ajuridiquement le blason d'un droit qui, constamment à l'épreuve des faits est appelé à s'en servir pour sa construction ou s'adapter pour sa survie.

Conclusion

Face à la problématique d'un droit à la crise qui serait constamment à l'épreuve de l'ordre public, il convient d'affirmer le dualisme qui devrait être préconisé pour l'équilibre structurel du droit. Celui-ci consiste à la fois dans leur autonomie fonctionnelle et leur interdépendance matérielle. Faut-il conclure un droit mutant face à la crise ? A notre sens, il serait abusé de le faire dans la mesure où cela équivaudrait à considérer le droit en tant que la variable d'une crise qui se prévaudrait maladroitement du stable. Car, bien qu'il nous semble constant que les apparences de mutations du droit sont en grande partie du fait de la crise et qu'on aurait par ailleurs la faiblesse de penser et dire que le droit ne s'affirme que dans un contexte de crise[2], la crise ne saurait entièrement être confondue au droit en dépit des hypothèses ultimes établissant l'existence de crise préfigurant un droit. En outre, au-delà de ce qu'elle constituerait pour le droit : la

[1]ALLAND D., « Préface », *in* COUVEINHES-MATSUMOTO (F.), *L'effectivité en droit international,* Bruylant, Bruxelles, 2014, p. 7.

[2]Le droit n'étant considéré comme étant droit que par rapport à la crise.

jauge, le régulateur et dans une certaine mesure la mineure d'un droit qui s'identifie dans le tout, la crise s'accommode à bien des égards d'un anti-droit du fait qu'elle est globalement opposé à l'ordre établi. De ce qui précède admettant que le droit demeure le stable face à la variété de crises qui suggère au raisonnement ses mutations, il convient face à la crise de rechercher *le droit dans le droit* : indépendamment du fait, indistinctement de ses éléments constitutifs, mais dans son unité et dans ce qu'il réalise l'unité.

Toutefois, avancer que le droit peut avoir été un amplificateur de la crise peut apparaître paradoxal et un brin, provocateur. Plusieurs éléments permettent de considérer la possibilité d'une crise du droit. D'ailleurs, le Doyen Ripert avait consacré une étude sur son déclin[1]. Soit que l'on soit en présence d'un droit inadapté, incomplet, périmé ou en excès. Toutefois il ne nous aurait pas échappé l'hypothèse d'un droit en retard ou tout simplement absent, qui pourrait vouloir traduire une situation de non droit ou à l'extrême d'anti-droit. Celle-ci semble à l'analyse paradoxale, dans la mesure où on chercherait à affirmer la crise d'un droit inexistant. Cependant, dans la mesure où le droit serait permanent, c'est-à-dire qu'il y aurait et devrait avoir toujours plus de droit que de fait, l'absence ou le retard du droit pourrait logiquement dans une certaine mesure, être assimilé à la crise du droit. Si cette proposition s'avère inexacte, la crise dans ce cas pourrait par ailleurs s'interpréter comme s'identifiant au droit en ce qu'elle le comble, le seconde - l'excepte –, ou devrait orienter l'édiction. Dans le premier cas de figure, notamment celui relatif à la crise du droit, il serait en raison de l'inaperçu du droit devant exister ou que ce dernier serait déguisé, voilé ou non encore révélé. Dans le dernier cas, la crise orienterait le droit dans la mesure où se soustrayant à la subjectivité, elle proposerait un droit adapté.

Certainement Guillaume Appolinaire dans son poème intitulé « Le *Pont Mirabeau »*[2], en affirmant que le droit venait toujours après la Crise, s'attardait sur le droit écrit contrairement au mythe du droit tenu d'une réalité permanente. Il nous semble par conséquent logique de remettre en question la thèse suivant laquelle la crise produirait le droit pour la simple raison qu'il n'y a que du droit pour produire du

---

[1]RIPERT
G., *Le déclin du droit. Étude sur la législation contemporaine*, Paris, LGDJ, 1949.
[2]Le Pont Mirabeau est un poème du poète français Guillaume Apollinaire paru dans le dernier numéro de la revue Les Soirées de Paris en février 1912 puis repris en 1913 dans son recueil Alcools.

droit, car la nécessité sociale qui justifie la crise est dans une certaine mesure le commencement du droit.

Ainsi nous semble justifié le regard évaluatif de Lucien RAPP selon lequel « si chacune des crises, qui ont marqué le XXème siècle ont donné lieu à leur lot de réformes juridiques, c'est précisément parce que l'état du droit n'était pas satisfaisant »[1]. Toutefois, dans la mise en œuvre de ses prérogatives en situation de crise, l'État produit des normes très souvent provisoires qui rentrent dans le cadre d'un droit de crise. Ce dernier, en cas d'inadaptation, d'insuffisance ou de contradiction avec d'autres normes existantes, serait de nature à occasionner de nouvelles crises soit du fait des restrictions ou du reniement d'un droit à la crise - auquel cas la mise en œuvre du droit de grève et de résistance à l'oppression serait une conséquence logique, soit en raison de la légitimation des situations de non droit qui prend appui sur l'idée d'un droit en crise du fait de la crise du droit. À la recherche de l'équilibre normatif - *qui fait droit*, le droit de la crise devrait pouvoir être et faire droit pour prévenir de nouvelles situations de crise, afin d'éviter la crise de l'ordre normatif du fait d'un droit en crise.

Cette étude se veut préalable à la compréhension des hypothèses qui suggèrent l'affirmation progressive de la possibilité voire de l'effectivité de crise du droit tel que sus-évoquées. Elle fournit d'ailleurs des pistes de réflexion à l'analyse de ce droit qui permettra d'établir, de rétablir ou de restaurer l'équilibre et la cohérence structurelle inhérente au droit, afin que passé d'un droit au droit, le droit s'en trouve authentifié dans sa complétude.

[1]RAPP L., *Crise(s) et droit*, op.cit., p.31.

Droit constitutionnel post-transition et crises inachevées au Cameroun

William Ladem Sontia

Docteur/Ph.D. en Droit Public
Assistant, Université de Yaoundé II, SOA

Mener une réflexion sur le droit constitutionnel post-transition et les crises frappées du sceau de l'inachèvement au Cameroun, appelle à notre sens une précision d'importance. L'évocation d'un droit constitutionnel post-transition, où la seule idée même de transition, transitions démocratiques en l'occurrence, suppose l'existence préalable d'une crise. Il s'agit, notamment dans le cas des Etats africains au sortir des années 1980, d'une crise de la gouvernance démocratique. Une parenthèse des transitions se voulant pourtant décisive, sanctionnée au Cameroun par l'adoption non sans interrogations et controverses majeures[1], de la loi fondamentale de l'Etat. Il s'agit de la loi constitutionnelle n° 96/06 du 18 janvier 1996 portant révision de la Constitution du 02 juin 1972, qui se présente, au regard de son inscription dans l'agenda politique officiel, comme une loi constitutionnelle voire une « Constitution » de sortie de crise. Cette loi constitutionnelle du 18 janvier 1996 sera à nouveau révisée en certaines de ses dispositions, par la loi n° 2008/001 du 14 avril 2008.

S'il est un intérêt pour le Droit et les crises au Cameroun, l'intérêt pour le droit constitutionnel post-transition en rapport avec les crises multiformes qui y ont cours semble encore plus captivant. Ceci dans la mesure où le droit des transitions démocratiques, né sur les cendres d'une crise, porte la noble prétention d'apporter des solutions au règlement des conflits et crises déjà actés, ainsi qu'à leur prévention. Et justement le droit constitutionnel post-transition, tout comme le

---

[1]MELONE S., MINKOA SHE A., SINDJOUN L. (dir), *La réforme constitutionnelle du 18 janvier 1996 au Cameroun: Aspects juridiques et politiques*, Friedrich Ebert, Yaoundé, 1996, 418 p;ONDOUA A. (dir), *La Constitution camerounaise du 18 janvier 1996: bilan et perspectives*, Afrédit, Yaoundé, 2007, 268 p.

droit des transitions démocratiques[1], constituent un champ d'analyse et un site d'observation suffisamment intéressants du droit en rapport avec les Etats en crise ou en reconstruction. Et que dire de la délicate notion de post-transition, de transition voire de transitologie[2] en réalité, qui constitue une réponse institutionnelle et para-institutionnelle à la crise de gouvernance, suite à des pressions internes mais surtout internationales ?

Du latin *transitio*, passage, de *transire*, aller au-delà, le concept de transition[3] fait référence au passage d'une étape à une autre. En convoquant la précaution formulée par Michel Dobry suivant laquelle « *le concept de transition démocratique est sujet à caution* »[4], Luc Sindjoun et Mathias EricOwonaNguini soulignent que la transition, « *notion à caractère téléologique* », est en fait « *fondée sur un découpage de temps dont les bornes abstraites (début, fin) sont contestables* »[5]. La transition, étape très souvent menée à bien par un gouvernement dit de transition, une « *institutionpro tempore* », une « *institution de passage* » en vigueur dans des Etats en proie à de profondes crises internes[6] à l'instar du Cameroun, est une situation provisoire dans son principe. Toutes choses qui suggèrent par conséquent, même dans le contexte du droit des transitions démocratiques, une utilisation prudente de ce concept de transition. Dans une saisissante étude portant sur le gouvernement de transition dans des Etats en crise ou en reconstruction, Luc Sindjoun propose

---

[1]SINDJOUN L., « Le gouvernement de transition: éléments pour une théorie politico-constitutionnelle de l'État en crise ou en reconstruction », *in* DU BOIS DE GAUDUSSON J. et al. (dir), *Démocratie et liberté: tension, dialogue, confrontation, Mélanges en l'honneur de Slobodan MILACIC*, Bruylant, Bruxelles, 2007, pp. 967-1011; SINDJOUN L., OWONA NGUINI M. E., « Politisation du droit et juridisation de la politique: l'esprit sociopolitique du droit de la transition démocratique au Cameroun », *in* DARBOND., DU BOIS DEGAUDUSSONJ. (dir), *La création du droit en Afrique*, Karthala, Paris, 1997, pp. 218 et ss.

[2]HOLEINDRE J-V., RICHARD B. (dir), *La Démocratie. Histoire, théories, pratiques*, Sciences Humaines Editions, Auxerre, 2010, p. 328; SIMÉANT J., « Transitions démocratiques », *in* NAY O. (dir), *Lexique de science politique*, Dalloz, Paris, 4e édition, 2017, pp. 1121-1122.

[3]LAROUSSE, *Dictionnaire Maxipoche 2020*, Editions Larousse, Paris, Nouvelle édition, 2019, p. 1407.

[4]Cité par SINDJOUN L., OWONA NGUINI M. E., *op.cit*, p. 218.

[5]*Ibid.*, p. 218.

[6]SINDJOUN L., « Le gouvernement de transition… »,*op.cit,* pp. 971-972.

une définition situationnelle du gouvernement de transition[1], et donc de la transition, indirectement.

Si le recours au droit et à la sociologie des relations internationales donne de comprendre les sources et les dynamiques internes et externes de l'institution de la catégorie des transitions démocratiques dans nos Etats en crise ou en reconstruction, la science du droit constitutionnel demeure pertinente dans l'analyse et la compréhension des crises sociopolitiques. La contrainte des transitions s'est en effet effectuée au Cameroun, à la suite de violentes contestations sociopolitiques visant la rupture d'avec un ordre autoritaire et mal gouvernant dès février 1990, avec la mise en place par le Chef de l'Etat d'une conférence tripartite du 30 octobre au 15 novembre 1991, de la commission consultative de révision de la Constitution de 1972 instituée par décret n° 94/234 du 14 décembre 1994, pour finir par l'adoption de la loi constitutionnelle de 1996[2]. Sauf qu'une transition en tant que processus d'invalidation des structures autoritaires nées à la suite des indépendances africaines factices, une transition en tant que passage d'un régime autoritaire à un régime démocratique, comme le souligne Magalie Besse[3], ne saurait se limiter à de simples réformes constitutionnelles dans des sociétés plurales[4] à l'instar du Cameroun. Est-ce la raison pour laquelle au dénouement de la transition, Fabien EboussiBoulaga dans une étude illustrée à suffisance, évoquait déjà l'idée de *La démocratie de transit au*

---

[1]En tant qu'« *une institution de circonstances exceptionnelles chargée de la diminution des tensions et de la sortie de la crise: c'est une solution institutionnelle fluide et flexible en ce sens qu'elle est liée au passage à négocier. Toutefois, il reste que dans le cas de "transitions démocratiques" et de "transitions pacifiques", le gouvernement de transition est un gouvernement de passage d'un régime à un autre: de l'autoritarisme à la néo-démocratie pour la première transition, de la guerre comme régime de la politique fondée sur la destruction de l'autre à la paix comme régime de la politique impliquant la tolérance de l'autre* ». *Cf.* SINDJOUN L., « Le gouvernement de transition… »,*op.cit*, p. 973.

[2]EBOUSSI BOULAGA F., *La démocratie de transit au Cameroun*, L'Harmattan, Paris, 1997, pp. 13-163.

[3]BESSE M., « L'écriture multilatérale des Constitutions, facteurs de réussite des transitions démocratiques », *Nouveaux cahiers du Conseil constitutionnel*, n° 45, octobre 2014, p. 1.

[4]ONDOUA A., « La population en droit constitutionnel. Le cas des pays d'Afrique francophone », *Afrique contemporaine*, n ° 242, 2012/2, pp. 87-97; SINDJOUN L., « Les pratiques sociales dans les régimes politiques africains en voie de démocratisation: hypothèses théoriques et empiriques sur la paraconstitution », *Revue canadienne de science politique*, juin 2007, pp. 465-485.

Cameroun, sur fond de « *chronique d'une transition sans fin (1983-1996)* »[1] mais surtout non internalisée du fait de l'inadéquation de l'offre à la demande de changement ? La précaution évoquée concernant l'illusion téléologique induite par la notion de transition, peut-elle encore être d'actualité avec la création d'un droit constitutionnel post-transition, tant ce dernier fait référence à un droit intervenant après une transition ? C'est le questionnement pas prétentieux, nous l'espérons, sur la fin de la transition dans un Etat du Cameroun encore en proie à des crises, et surtout à une sanglante crise sécuritaire et à visée séparatiste dans les régions du Nord-Ouest et du Sud-Ouest[2] depuis octobre 2016.

La notion de crise, qui ne saurait être considérée comme acquise, partant de ses racines grecques « *krisis, discrimination ou décision etkrinein, examiner et décider* »[3], peut préalablement être entendue au sens d'une « *phase difficile traversée par un groupe social* »[4], par un Etat, au-delà d'une intéressante approche socio-économique de la notion par Mokhtar Lakehal[5]. En l'espèce, le terme crise, davantage assimilé au concept de crise politique, sera appréhendé suivant les perspectives respectives de Michel Dobry et Johanna Siméant, en tant que « *processus sociaux aboutissant, ou susceptibles d'aboutir, à des ruptures dans le fonctionnement des institutions politiques, pas nécessairement légitimes, propres à un système social et paraissant menacer la persistance de ces institutions* »[6], et en tant que « *période de mobilisation et de contestationdes autorités*, [donc en tant que moments de rupture d'avec un ordre], *affectant simultanément*

---

[1]EBOUSSI BOULAGA F., *op.cit*, 456 p, précisément pp. 173-181.

[2] OLINGA A. D. (dir), *Cameroun. La crise anglophone sous le prisme du droit international*, L'Harmattan, Paris, 2019, 327 p; MACHIKOU N., « Utopie et dystopie ambazoniennes: Dieu, les Dieux de la crise anglophone au Cameroun », *Politique africaine*, n° 150, *Cameroun, l'Etat stationnaire*, juin 2018, pp. 134-138, https://www.cairn.info/revue-politique-africaine-2018-2-page-115.htm, consulté le 24 février 2020 à 19h43; KEUTCHEU J., « La crise anglophone: entre lutte de reconnaissance, mouvements protestataires et renégociation du projet hégémonique de l'Etat au Cameroun », *Politique et Sociétés*, vol. 40, n° 2, 2021, pp. 3-26.

[3]DOBRY M., *Sociologie des crises politiques. La dynamique des mobilisations multisectorielles*, Presses de Sciences Po, Paris, 3e édition revue et augmentée d'une préface inédite, 2014, p. 107.

[4]LAROUSSE, *Dictionnaire Maxipoche 2020*, *op.cit*, p. 336.

[5]LAKEHAL M., *Dictionnaire de science politique*, L'Harmattan, Paris, 4e édition, 2009, p. 118.

[6] DOBRY M., *op.cit*, p. 42.

plusieurs secteurs de la société »[1]. En considération de la situation crisogène dans les régions du Nord-Ouest et du Sud-Ouest, le lien entre Etat en crise et Etat dit fragile[2] est très vite fait au Cameroun, Etat fragile en tant qu'Etat dans lequel l'autorité et la légitimité étatiques sur une partie ou l'ensemble du territoire sont réduites à des portions extrêmement congrues, à l'insignifiance voire à l'inexistence, contestées par des facteurs déstabilisants issus des dynamiques hégémoniques internes et internationales.

Le souci de catégorisation des crises aux sources traduisant une interaction entre complexité et dynamisme, permet d'en distinguer principalement quatre au Cameroun. Ce qui va d'ailleurs en droite ligne avec les catégories de crises actées par Philippe Braud : les « *crises gouvernementales* », « *crises de régime* », « *crises d'Etat* » et « *crises internationales* », et plus loin avec les catégories dites de « *crises d'identité* », crises de « *légitimité* », crises de « *participation* », de « *distribution* » et de « *pénétration* » des ressources[3] en société. Est aussi digne d'intérêt, la typologie formulée par N'Dimina-Mougala sur les conflits africains au 21e siècle, avec les conflits de libération nationale ou d'indépendance, les conflits frontaliers, les conflits sécessionnistes, les conflits identitaires et les conflits de pouvoir[4] dans l'Etat. Des catégories qui toutes, renseignent sur la substance des crises en cours au Cameroun. Nous avons ainsi une crise sanitaire liée à la pandémie Covid-19 dès mars 2020 sur fond de soupçons de scandales financiers dans sa gestion[5], qui ne sera pas retenue en l'espèce. L'Etat du Cameroun fait également face à une

---

[1]SIMÉANT J., « Crise politique », *in* NAY O. (dir), *Lexique de science politique*, *op.cit*, pp. 256-257; DOBRY M., *op.cit*, 379 p; LAKEHAL M., *op.cit*, p. 120.

[2] BELLINA S., DARBON D., ERIKSEN S. S., SENDING O. J., *L'Etat en quête de légitimité: sortir collectivement des situations de fragilité*, Charles Léopold Mayer, Paris, 2010, 115 p; KAMTO M., « Crises de l'Etat et réinvention de l'Etat en Afrique », *in* KAMTO M. (dir), *L'Afrique dans un monde en mutation. Dynamiques internes; marginalisation internationale ?*, Afrédit, Yaoundé, 2010, pp. 51-113.

[3]BRAUD P., « Crise », *in* HERMET G., BADIE B., BIRNBAUM P., BRAUD P., *Dictionnaire de la science politique et des institutions politiques*, Armand Colin, Paris, 7e édition revue et augmentée, 2010, pp. 118-119.

[4]Cité par METOU B. M., « La médiation de l'Union africaine dans la résolution des crises internes de ses Etats membres », *Revue québécoise de droit international*, vol. 31, n° 2, 2018, note 7, p. 40.

[5]*Cf.* CHAMBRE DES COMPTES DE LA COUR SUPREME DU CAMEROUN, *Audit du fonds spécial de solidarité nationale pour la lutte contre le coronavirus et ses répercussions économiques et sociales*, Exercice 2020, Yaoundé, 16 novembre 2021, 151 p.

crise politico-identitaire[1] depuis les indépendances et qui déchire les différents groupes ethniques, surtout en périodes électorales du fait de certaines élites politiques et administratives, à une crise politique ré-amplifiée depuis le scrutin présidentiel du 7 octobre 2018 notamment avec les contestations postélectorales du Mouvement pour la Renaissance du Cameroun (MRC), à une crise sécuritaire du fait de *Boko Haram* dans la région de l'Extrême-Nord sans oublier les incursions de bandes armées dans la région de l'Est en provenance de la RCA. Nous avons enfin une crise sécuritaro-identitaire à visée indépendantiste dans les régions du Nord-Ouest et du Sud-Ouest depuis 2016, mais qui s'origine en réalité depuis les parenthèses de la réunification en 1961 et de l'unification de 1972 contestées par une partie de l'élite anglophone[2] alors caractérisée, jusqu'à date, par l'hétérogénéité des revendications et positions. Cette divergence des postures d'une portion de l'élite anglophone relativement à cette dernière crise ne doit en rien diluer le sérieux à accorder à certaines de ces revendications pas toujours dénuées de fondements, tant elles ont été portées avec un relatif succès devant la Commission Africaine des droits de l'Homme et des Peuples (CADHP) en sa 45[em] session ordinaire, à l'occasion de l'espèce *Kevin MgwangaGunme et al. c/ Cameroun*[3].

Au regard de ces clichés, on peut comprendre pourquoi le Cameroun ne cesse de monter en grade dans la catégorie internationale des Etats fragiles au sens d'*International Crisis Group*[4]

---

[1]MENTHONG H-L., « La construction des enjeux locaux dans le débat constitutionnel au Cameroun », *in* MELONE S., MINKOA SHE A., SINDJOUN L. (dir), *op.cit*, pp. 158-161; BAYART J-F., GESCHIERE P., NYAMNJOH F., « Autochtonie, démocratie et citoyenneté en Afrique », *Critique internationale*, n° 10, janvier 2001, pp. 177-194.

[2]Principalement réunies au sein du *SouthernCameroon National Council* (SCNC), de la *All Anglophone Conference*, *cf.* NKOUM-ME-NTSENY L-M., « Les "anglophones" et le processus d'élaboration de la Constitution du 18 janvier 1996 », *in* MELONE S., MINKOA SHE A., SINDJOUN L. (dir), *op.cit*, pp. 200-227.

[3]CADHP., Communication 266/03 du 13-27 mai 2009, consulté le 31 août 2021 à 19h30 sur file:///C:/Users/COMPUT~1/AppData/Local/Temp/achpr45_266_03_fra.pdf; *cf.* également POMTE-LE T., « Le sécessionnisme camerounais devant la Commission africaine des droits de l'homme et des peuples », *Revue africaine de parlementarisme et de démocratie*, vol. III, Hors-série n° 3, mars 2021, pp. 133-169.

[4]ICG., *Cameroun: la crise anglophone à la croisée des chemins*, Rapport Afrique n° 250, 2 août 2017, 38 p; ICG., *Cameroun: Etat fragile ?*, Rapport Afrique n° 160, 25 mai 2010, 45 p.

(ICG), mais surtout selon les indices de notation de l'organisme *FundForPeace*. Au regard des rapports2019 et 2020[1] de cet organisme la situation est évolutive, et le Cameroun est classé en Alerte respectivement aux 16e et 11e rangs des Etats fragiles, avec, comme dans des situations analogues de certains Etats, l'érection des « seigneurs de guerre » et « entrepreneurs identitaires ». Il existe ainsi une interaction dynamique entre le droit constitutionnel post-transition en tant qu'ensemble de normes et para-normes régissant notamment la dévolution et l'exercice du pouvoir politique dans l'Etat après la phase des transitions démocratiques, et les crises au Cameroun. Il apparait d'ailleurs que le droit constitutionnel au Cameroun, dans ses fondements direct et lointain, a toujours entretenu un rapport très étroit aux crises. S'il n'est pas question dans la structuration de cette étude de mettre une emphase particulière sur les différentes catégories de crise qui ont cours au Cameroun, il sera par contre question, nous l'espérons, de construire un raisonnement qui tout en abordant ces crises au fond, permet d'en comprendre non seulement les causes mais aussi les dynamiques, dans la perspective du droit constitutionnel post-transition. Des crises dont la complexité contraint nécessairement à intégrer l'« *hypothèse de continuité* » au sens de Michel Dobry, entendu que « *les ressorts sociaux des crises politiques ne se situent pas exclusivement, ni même, sans doute, de façon privilégiée, dans la pathologie et les "déséquilibres" sociaux, les déceptions ou les frustrations (aussi "relatives" fussent-elles), les déviances psychologiques ou encore dans les "poussées" d'irrationalité, individuelles ou collectives* »[2].

Toutes choses qui suscitent fondamentalement la question de savoir : le droit constitutionnel post-transition, en tant que droit de sortie de crises régissant notamment la dévolution et l'exercice du pouvoir, est-il effectif, est-il adapté en vue de la prévention et de la résolution des crises au Cameroun ? La notion d'effectivité est alors entendue au sens du caractère concret du droit, au-delà de sa consécration abstraite dans la Constitution car, comme le soutient Jean-Louis Bergel, « *quelles que soient la valeur de son inspiration, et de ses sources et son adéquation à son environnement, la raison d'être de*

[1] FUND FOR PEACE, *Fragile State Index*, *Annual Report 2019*, Washington D.C., 2019, p. 7; FUND FOR PEACE, *Fragile State Index*, *Annual Report 2020*, Washington D.C., 2020, p. 7.
[2] DOBRY M., *op.cit*, p. 42.

tout ordre juridique se mesure à son effectivité »[1]. L'étude pose l'hypothèse selon laquelle en dépit de sa prétention à la prévention et à la résolution des crises, le droit constitutionnel post-transition au Cameroun se présente comme un droit crisogène si ce n'est un droit de crises différées. En guise de démarche intellectuelle, la mobilisation de plus d'une méthode s'impose, pour l'analyse d'une discipline en lien étroit avec la statologie et la cratologie et qui semble de plus en plus relever, davantage en ce qui concerne l'Etat du Cameroun, de l'ordre du « *discours (d'imperium) du pouvoir* »[2] au sens de Danièle Loschak.

Tout d'abord, le recours au positivisme sociologique et à l'anthropologie du droit[3] permettra d'aller au-delà de la seule norme juridique dans l'analyse, pour questionner les faits qui ne sauraient avoir d'existence autonome à l'instar d'un objet ou phénomène naturel. Ensuite si la méthode historique nous permettra de remonter le temps,pour questionner des faits passés et déterminants pour la compréhension des crises.Le recours au droit étranger permettra de convoquer à l'occasion des cas et solutions formulés dans d'autres Etats, afin d'appuyer l'argumentaire. Enfin le recours au droit et à la sociologie des relations internationales semble déterminant, non seulement pour la compréhension des ressorts profonds de la démocratisation du fait des crises et jeux d'intérêts géopolitiques, mais aussi pour la formulation très souvent multilatérale et diplomatique des modalités et solutions de sortie de crise[4]; d'où la nécessité d'une approche plurale du droit[5], en vue d'une profonde compréhension des

---

[1]Cité par BILOUNGA S. T., « La crise de la loi en droit public camerounais », *in* KAMTO M., DOUMBE-BILLE S., METOU B. M. (dir), *Regards sur le droit public en Afrique. Mélanges en l'honneur du Doyen Joseph-Marie BipounWoum*, L'Harmattan, Paris, 2016, pp. 128-129.

[2]Cité par ABA'A OYONO J. C., « L'insécurité juridique en matière constitutionnelle: Questionnement sélectif sur l'articulation et la pratique constitutionnelle au Cameroun », *in* KAMTO M., DOUMBE-BILLE S., METOU B. M. (dir), *op.cit*, p. 35.

[3]ROULAND N., *L'anthropologie juridique*, PUF, Paris, 1995, 127 p; DONFACK SOKENG L., « Un juriste au cœur de la cité: hommage au professeur Roger Gabriel NLEP », *Revue camerounaise de droit et de science politique*, n° 1, juin 2005, p. 22, pp. 32-33.

[4]DONFACK SOKENG L., « Droit constitutionnel et crises en Afrique », *Revue africaine de parlementarisme et de démocratie*, vol. 3, n° 5, 2011, pp. 73 et ss.

[5]ROULAND N., *op.cit*, pp. 3 et ss; CISSÉ A., « Introduction générale. "Pour une approche plurale du droit africain" », *in* AUVERGNON P., BOKALLI V. E., BOUKONGOU J. D. et al. (dir), *De l'esprit du droit africain. Mélanges en*

rapports entre droit et crises. Si nous convenons avec James Rosenau qu'« *un juriste se préoccupe plus de légalité et de justice* [...] », convenons également « [...] *qu'un chercheur en sciences sociales se préoccupe surtout des mécanismes souterrains, des changements et des limites effectives au-delà desquels la loi n'opère plus dans une période de transformations profondes* »[1]. On ne saurait comprendre l'ingénierie constituante de janvier 1996, qui est une éminente production des acteurs dominants[2] du rapport de forces en présence, sans questionner l'environnement de son écriture, évitant par-là même l'obstacle épistémologique que constituent les « phénomènes premiers » représentés en l'espèce par les formes juridiques, par le seul discours officiel. La vérification du postulat de départ posé passe par la mise en évidence, dans une première idée, du droit constitutionnel post-transition comme instrument normatif vecteur de crises (I). La seconde idée révèle un droit constitutionnel post-transition relativement inapte à la prévention et à la résolution des crises (II).

---

l'honneur de Paul Gérard POUGOUÉ, Editions Wolters Kluwer, Editions du CREDIJ, Pays-Bas, Bénin, 2014, pp. 1-23; EBERHARD C., « L'approche pluraliste du droit: un enjeu central pour une gouvernance légitime », *in* IRG, *Chroniques de la gouvernance 2009-2010*, Charles Léopold Mayer, Paris, 2009, pp. 87 et ss.

[1]ROSENAU J., « Les constitutions dans un monde en proie aux turbulences », *Cultures & Conflits*, hiver 1992, p. 2; également YEBEGA NDJANA N., « Jouer avec les règles en politique: Usages et mésusages de la non application de la loi au Cameroun », *Revue béninoise de science politique*, Vol. 3, n° 1, janvier 2019, p. 297.

[2]ONDOUA A., « Rapport introductif », *in* ONDOUA A. (dir), *op.cit*, p. 14; SINDJOUN L., « L'imagination constitutionnelle de la Nation », *in* MELONE S., MINKOA SHE A., SINDJOUN L. (dir), *op.cit*, pp. 94-101.

I. Le droit constitutionnel post-transition, un instrument normatif vecteur de crises

La problématique d'un droit constitutionnel vecteur de crises multiformes est une réalité prégnante dans les Etats à structuration sociologique diverse, dans les sociétés africaines dites plurales où la normativité[1] et la démocratie[2] constitutionnelles sont mises à rude épreuve par des factualités para-normative et politique qui irriguent la quasi-totalité des crises[3] en Afrique. On peut l'observer en ce qui concerne les contestations des normes de dévolution du pouvoir (A), comme en ce qui concerne les contestations des pratiques autoritaires de pouvoir (B).

A. Les contestations des normes de dévolution constitutionnelle du pouvoir dans l'Etat

Sur les points de discorde concernant les normes électorales, ils sont importants. L'organe en charge de l'organisation, de la gestion et de la supervision du processus électoral, *Elections Cameroon* (ELECAM), avait déjà formulé des recommandations[4] en vue d'améliorer la législation et le système électoral. Sur ces points de contestation, marquons un temps d'arrêt sur l'élection présidentielle qui constitue un enjeu majeur. Précisément, intéressons-nous au mode de scrutin (1) et à la question du mandat (2), en vue de ladite élection.

1. Le mode de scrutin en vue de l'élection présidentielle

Le mode de scrutin en vue de l'élection présidentielle est spécifiquement régi par la Constitution et/ou les normes d'application

---

[1]AÏVO F. J., « La crise de la normativité de la constitution en Afrique », *Revue du droit public et de la science politique en France et à l'Etranger*, n° 1, 2012, pp. 141-180.

[2]LADEM SONTIA W., *Constitutions post-transitions et démocratie en Afrique: Les cas du Bénin, du Cameroun et du Rwanda*, Thèse de Doctorat/Ph.D. en Droit Public, Université de Dschang, 19 janvier 2021, 623 p.

[3]*Cf.* DONFACK SOKENG L., « Droit constitutionnel et crises en Afrique »,*op.cit*, pp. 73 et ss.

[4]ELECTIONS CAMEROON., *Rapport général sur le déroulement de l'élection présidentielle du 09 octobre 2011*, SOPECAM, Yaoundé, 2011, pp. 87-90.

de cette dernière en l'occurrence la loi électorale, voire par la seule loi électorale selon les cas. La loi constitutionnelle de janvier 1996 pose les bases relatives au mode de scrutin présidentiel. L'article 6 (1) de ladite loi dispose que « *Le Président de la République est élu au suffrage universel direct, égal et secret, à la majorité des suffrages exprimés* ». Mais pour plus de précision, il faut se référer à la loi n° 2012/001 du 19 avril 2012 portant Code Electoral, modifiée par les lois n° 2012/017 du 21 décembre 2012 et n° 2019/005 du 25 avril 2019. En effet, cette loi électorale en son article 116 (3) dispose succinctement que : « *L'élection a lieu au scrutin uninominal majoritaire à un tour, vingt (20) jours au moins et cinquante (50) jours au plus avant l'expiration des pouvoirs du Président de la République en exercice* ». Et à l'alinéa 4 de cet article 116 de compléter en précisant, conformément au sens de l'article 6 (1) précité de la loi constitutionnelle, qu'«*Est élu, le candidat ayant obtenu la majorité des suffrages exprimés* ». En combinant toutes ces dispositions, on se rend compte de ce que le législateur est clair. Le mode de scrutin en vue de l'élection présidentielle au Cameroun, scrutin à l'issue duquel à la majorité des suffrages exprimés[1]*the* « *winner takes all* », est un scrutin uninominal majoritaire à un tour. Précisons à ce stade que si le législateur évoque bien un scrutin uninominal majoritaire à un tour, nous y voyons, après analyse, un scrutin uninominal majoritaire à un tour absolu ou fermé sur lequel nous reviendrons. Relativement à ce mode de scrutin, quels sont les points suscitant des contestations provenant de la doctrine, de la classe politique, de la société civile, des bailleurs de fonds, etc ? Il s'agit précisément du tour unique accolé à l'élection présidentielle.

La pertinence du scrutin présidentiel à un tour, tout comme celle du suffrage universel pour ladite élection, tour unique bien souvent contesté comme nous l'enseigne la dernière élection présidentielle du 7 octobre 2018, est sujette à d'importantes réserves pour une part importante de la doctrine[2] à laquelle nous souscrivons. Une

[1]BELL L. R., *Organisation des élections au Cameroun: Techniques de répartition des sièges*, Imprimerie Impériale, Yaoundé, 2013, p. 6; ABDOULKARIMOU., *La pratique des élections au Cameroun 1992-2007. Regards sur un système électoral en mutation*, Clé, Yaoundé, 2010, p. 33.

[2]MBATA MANGU A., « Constitutionnalisme, Constitution, et limitation des pouvoirs et des mandats présidentiels en Afrique », *inParcours de débats et de propositions sur la gouvernance en Afrique: Perspectives d'Afrique australe*, Actes du Colloque de Polokwane du 17-19 juin 2008, Prétoria 20 juin 2008, Publication IRG, p. 751; KAZADI MPIANA J., « L'Union Africaine face à la gestion des

contestation du scrutin de 2018 menée par les principaux partis de l'opposition non seulement en ce qui concerne le mode de scrutin applicable, mais aussi pour ce qui est des résultats officiels[1] qui en sont issus, tels que proclamées par le Conseil constitutionnel. Rappelons que la pertinence de la désignation du Président en République au suffrage universel en Afrique, avait déjà été questionnée par Jean-Louis Atangana Amougou et Ismaïla MadiorFall[2]. Le mode de scrutin à un tour en vue de l'élection présidentielle fait l'objet de critiques car, il est perçu comme un mode de scrutin à légitimation fragile ayant été adopté, aux dires d'André MbataMangu, « *par peur de voir l'opposition se liguer contre le candidat du parti au pouvoir ou le président sortant et l'emporter sur lui en présentant un candidat unique au second tour* »[3]. Dans le même esprit, André Cabanis et Michel Louis Martin soutiennent que :

« *Quelles que soient les justifications officielles, ces réformes en faveur de l'élection à un tour constituent un premier témoignage de la volonté des dirigeants de rester au pouvoir tout en semblant respecter les apparences démocratiques. La possibilité d'être élu à la majorité relative à l'issue d'un scrutin unique favorise le président sortant en lui permettant de l'emporter sur une pluralité de candidats d'opposition* »[4].

Est-ce peut-être la raison pour laquelle l'ancien Président Congolais Pascal Lissouba avait pu formuler une boutade selon laquelle « *on n'organise pas les élections pour les perdre* »[5] ? Et

---

changements anticonstitutionnels de gouvernement », *Revue québécoise de droit international,* 2012, pp. 113-114.

[1] NGANGO YOUMBI E. M., « Le Conseil constitutionnel camerounais: la grande désillusion », *Revue du droit public et de la science politique en France et à l'Etranger*, n° 5, septembre-octobre 2019, pp. 1377-1392.

[2]Cité par MBATA MANGU A., *op.cit*, p. 750.

[3] MBATA MANGU A., *op.cit*, p. 751; MELIN-SOUCRAMANIEN F., PACTET P., *Droit constitutionnel*, Dalloz, Paris, 34e édition, 2015, pp. 96-97. Pour une vue d'ensemble de la gouvernance morose en zone Afrique centrale, *cf.* IRG, *Parcours international de débat et de propositions sur la gouvernance en Afrique: Perspectives d'Afrique centrale*, Colloque de Yaoundé, 22-24 novembre 2010, 91 p.

[4]Cité par KAZADI MPIANA J., *op.cit*, pp. 113-114; également CABANIS A., MARTIN M. L., « La pérennisation du chef de l'Etat: l'enjeu actuel pour les constitutions d'Afrique francophone », *in* DU BOIS DE GAUDUSSON J. et al. (dir), *op.cit*, pp. 354-355.

[5]KOKOROKO D., « Les élections disputées: réussites et échecs », *Pouvoirs*, n° 129, *La démocratie en Afrique*, 2009, p. 115; GLASER A., « De la démocratie à la

comment ne pas questionner un indicateur fort important, révélé par le fait qu'aucun Président en Afrique centrale, hormis les cas crisogènes de la RCA et du Congo, n'a officiellement perdu une élection depuis l'entame du renouveau démocratique ? Toute chose qui induit de constater que dans cette sous-région, contrairement à d'autres, les Présidents ont pour la plupart résisté aux transitions. D'où l'intérêt du questionnement sur la fin de la transition, particulièrement au Cameroun. Nous percevons en ce scrutin uninominal majoritaire à un tour, un mode de scrutin favorable aux partis gouvernants et qui ne recueille pas suffisamment de consensus en Afrique, et par conséquent plus propice à une crise de confiance, à des crises politiques. A notre sens, les scrutins à un tour s'inscrivent en déphase de la logique démocratique et des exigences de légitimation de plus en plus prégnante des gouvernants.

Pour revenir à ce que nous avons qualifié de scrutin uninominal majoritaire à un tour absolu au Cameroun, il en est ainsi du fait d'une fine interrogation qui nous traverse l'esprit après une analyse de la structuration légale dudit mode de scrutin ; même s'il est acté qu'au plan formel, il s'agit bien d'un scrutin uninominal majoritaire à un tour, comme d'accoutumé en ce qui concerne une élection acquise à la condition de réunion d'une majorité relative. En effet au vu de cet aménagement du scrutin à un tour, à un tour sec pourrait-on dire, prévu par l'article 116 de la loi électorale, quelle serait la solution à mettre en œuvre au cas où à l'issue de l'élection présidentielle, au moins deux candidats se retrouvaient à égalité de voix ? A titre comparatif, l'article 77 de la loi n° 001/2019.OL du 29 juillet 2019 portant loi électorale Rwandaise[1] règle explicitement cette question. Le législateur Rwandais, comme bien d'autres, a fait œuvre utile en envisageant dans la loi électorale une possibilité pouvant donner lieu à un second tour partiel de l'élection présidentielle : le cas rarissime, mais pas impossible, ignoré soit dit en passant par le législateur Camerounais, où deux candidats seraient à égalité de voix à l'issue du

démocrature familiale en Afrique », *Pouvoirs,* n° 169, *Les démocratures*, avril 2019, p. 108.

[1]Article 77 (1) : « *Le Président de la République est élu au suffrage universel direct et secret* ». L'alinéa 2 de cet article 77 poursuit en précisant que « *L'élection du Président de la République a lieu au* ***scrutin uninominal à un tour*** ». L'alinéa 3 du même article 77 quant à lui, dispose que : « *Le candidat qui obtient la majorité relative des suffrages exprimés devient Président de la République. À égalité de voix des deux premiers candidats, il est, dans les trente (30) jours, procédé à un second tour uniquement pour ces candidats* ».

scrutin. Au regard de la solution Rwandaise par exemple, seuls les deux candidats à égalité de voix au premier tour seront ainsi admis à s'affronter au second tour, ce qui n'est pas très éloigné des cas Béninois, Ivoirien et Nigérien où en cas d'absence de majorité absolue au premier tour, un second tour est réservé aux deux duos de candidats ou aux candidats ayant recueilli le plus grand nombre de suffrages valablement exprimés au premier tour. C'est la raison pour laquelle nous rangeons le mode de scrutin Rwandais pour la présidentielle, dans la catégorie de scrutin uninominal majoritaire à un tour relatif, à un tour ouvert. Peut-il s'agir également d'un scrutin uninominal à deux tours éventuels, deux tours à la condition que survienne une circonstance exceptionnelle représentée en l'espèce par l'égalité de voix entre deux candidats au premier tour ? D'un point de vue formel, il s'agit bien d'un scrutin uninominal majoritaire à un tour, en faisant abstraction des questionnements et considérations théoriques liés aux circonstances éventuelles voire exceptionnelles.

Dans ce cas de figure conflictogène proposé par le législateur Camerounais, ne sommes-nous pas comme en présence d'un vide juridique entretenu ? Ou alors en cas d'égalité éventuelle entre deux candidats, un second tour devra être organisé ? Mais peut-on organiser un second tour pour une élection pour cause d'égalité de voix entre candidats alors même que ni la loi constitutionnelle, ni le Code Electoral n'ont envisagé cette hypothèse ? Ou alors en absence de provisions formelles, un second tour devra tout de même être organisé sur la base des pratiques et usages communément admis en la matière, pratiques et usages donnant quelquefois la primeur au candidat le plus âgé ? L'hypothèse d'une élection à réorganiser jusqu'à ce qu'il se dégage un candidat ayant obtenu la majorité des suffrages exprimés nous parait très peu probable, ce d'autant plus que les candidats s'étant démarqués des autres se trouveraient en situation d'injustice, sans évoquer le coût financier d'une réorganisation d'une voire de plusieurs élections. Par contre l'hypothèse d'un départage des candidats ayant recueilli une égalité de voix au premier tour ou à la première élection, si elle peut être ainsi qualifiée, nous semble plausible. Un tel scénario ne nous mènerait-il pas en pratique, *nolens volens*, à un second tour innommé de l'élection présidentielle à l'issue de laquelle il faut un vainqueur ? C'est à croire que dans l'esprit à questionner du législateur Camerounais, l'élection présidentielle à tour unique aboutira forcément à une majorité en faveur d'un candidat.

L'élection présidentielle semble mieux articulée et acceptée lorsqu'elle est à deux tours, et la généralisation de ce mode de scrutin, comme en Afrique de l'Ouest, est souhaitée[1] aussi bien par la doctrine que par les acteurs du jeu politique et électoral. Ce qui peut partiellement participer à la conjuration les tares des systèmes politiques congénitaux aux systèmes de partis-Etat ou à parti unique, où un parti dominant monopolise l'appareil d'Etat et le jeu politique, tout en usant de vernissage démocratique, particulièrement depuis les contraintes transitoires des années 1990, comme pour préserver les apparences pluralistes, sur fond de crises cependant. Le parti au pouvoir au Cameroun, le Rassemblement Démocratique du Peuple Camerounais (RDPC), tout comme de nombreux autres partis au pouvoir en Afrique, et de façon structurelle, n'est pas étrangers à cette peinture politique morose de la démocratie[2] post-transition. Sans perdre de vue que l'action normative et politique est un jeu plein d'enjeux dans lequel l'objectif ultime et légitime des formations politiques est axé sur la conquête et la conservation du pouvoir, ces considérations et finalités politiques, sur fond de règles et de jeu truqués, ne sauraient prévaloir sur le développement et le bien être des Etats encore en proie à une fragilité certaine. Ces traits caractéristiques du mode crisogène de scrutin, révèlent l'une des nombreuses insuffisances des normes de dévolution du pouvoir, en l'occurrence la loi portant Code Electoral dont l'actualité en termes de remise en cause n'est pas épuisée.

Les formations politiques de l'opposition, y compris certains partis d'opposition qu'on peut qualifier comme étant de complaisance, les organisations sérieuses de la société civile, les bailleurs de fonds internationaux[3], *ElectionsCameroon*, tous appellent à une réforme, surtout consensuelle, de l'actuel Code Electoral afin de calmer les

---

[1]GUIMDO DONGMO B-R., « Constitution et démocratie dans les Etats francophones d'Afrique », *in* NAREY O.(dir), *La Constitution*, Acte du séminaire scientifique de Niamey du 24 au 26 octobre 2018, L'Harmattan-Sénégal, Dakar, décembre 2019, p. 171. *Cf.* également les recommandations contenues *in* Commission Nationale des Droits de l'Homme et des Libertés (CNDHL), *Rapport général de l'observation de l'élection présidentielle du 7 octobre 2018*, Yaoundé, 16 novembre 2018, pp. 26-27.

[2]GUEYE B., « La démocratie en Afrique: succès et résistance », *Pouvoirs*, n° 129, *La démocratie en Afrique*, 2009, pp. 5-26.

[3]Résolution du Parlement Européen du 18 avril 2019 sur le Cameroun, paragraphe 9, consulté le 12 avril 2021 à 12h35 sur https://www.europarl.europa.eu/doceo/document/TA-8-2019-0423_FR.pdf.

tensions et ainsi éviter les crises postélectorales, les crises politiques. Une actualité importante doit être relevée, avec la formation dès le 1er avril 2021 d'une plate-forme des principaux partis de l'opposition, pour travailler en vue d'une réforme consensuelle du système électoral Camerounais. Sur l'objectif de cette plate-forme qui réunit notamment les *leaders* du MRC Maurice Kamto classé deuxième à l'élection présidentielle du 7 octobre 2018, du Parti Camerounais pour la Réconciliation Nationale (PCRN) du Député Cabral Libii classé troisième à la susdite élection, du *Social Democratic Front* (SDF) avec le Député Joshua Osih, de l'Union Démocratique du Cameroun (UDC) de l'ancienne Députée et actuelle Maire de Foumban TomaïnoNdamNjoya, de l'Union des Mouvements Socialistes (UMS) du Député Pierre Kwemo, du *United Socialist Democratic Party* (USDP) et du Mouvement Progressiste (MP), on peut en effet lire dans un communiqué : « *Nous avons décidé de travailler ensemble dans un cadre républicain inclusif, avec toutes les parties prenantes du jeu démocratique, afin de mettre en place un système électoral nouveau ou amendé pour la stabilité et la prospérité de notre pays* »[1]. L'enjeu primordial d'une réforme consensuelle du système électoral est nécessairement une quête libre et sincère des mandats électifs, des mandats législatif et présidentiel en particulier.

2. La question du mandat en vue de l'élection présidentielle

Le mandat présidentiel, dans la doctrine constitutionnelle comme au sein de la classe politique, est sujet à controverses. En réalité, il a toujours nourri les contestations, les conflits et crises depuis le début des années 1990, avec une certaine pondération entre 1996 et 2007. S'il n'échappe pas à la déferlante de contestations dont est l'objet le droit constitutionnel post-transition, le point de conflit concerne notamment sa limitation ou sa non limitation. L'une des études les plus importantes en cette matière est celle menée par Augustin Loada[2], au début des années 2000. Cette question fut réactualisée avec la révision constitutionnelle du 14 avril 2008. Techniques de

[1] *Cf.*Cameroon-Info.Net:: Cameroun - Réforme du Code électoral: La plate-forme des partis d'opposition a reçu une cinquantaine de contributions (cameroon-info.net), consulté le 7 juillet 2021 à 20h30.

[2] LOADA A., « La limitation du nombre de mandats présidentiels en Afrique francophone »,*Afrilex*, n° 3, 2003, pp. 139-174.

conservation du pouvoir présidentiel dans le temps[1], ces révisions sont faites dans de nombreux cas comme le relève Frédéric Joël Aïvo[2], avec la participation active et/ou passive des constitutionnalistes les plus éminents. Les clauses limitatives de mandats au Cameroun comme en Afrique, ont toujours constitué une cible de choix à la solde des gouvernants avides de pouvoirs. La loi constitutionnelle Camerounaise en sa version initiale du 18 janvier 1996 avait prévu un mandat de sept ans renouvelable une fois. Porté par l'alinéa 2 de l'article 6 de ladite loi constitutionnelle : « *Le Président de la République est élu pour un mandat de sept (7) ans renouvelable une fois* ». Il va sans dire que cette disposition, qui avait introduit le verrou de la limitation des mandats, était un acquis de la transition démocratique toutefois marquée par une maitrise présidentielle en amont comme en aval.

Après de nombreux appels à révision constitutionnelle et signatures de motions de soutien à cet effet dès octobre 2007[3], la loi constitutionnelle de 1996 sera à nouveau sujette à révision le 14 avril 2008, quatre années avant la fin du mandat du Chef de l'Etat. Une révision intervenue à la suite des violentes « *émeutes de la faim* » de février 2008[4], et dont le bilan tragique variait en fonction des chiffres

---

[1]TCHEJIP KAPTCHOUANG C., « Les usages de la ressource « temps » dans le changement politique au Cameroun (1990-2013) », *Revue africaine d'études politiques et stratégiques*, n° 2, 2014, pp. 68-75.

[2]AÏVO F. J., « Les constitutionnalistes et le pouvoir politique en Afrique », *Revue française de droit constitutionnel,* n° 104, 2015, pp. 790 et ss; FALL I. M., « La construction des régimes politiques en Afrique: insuccès et succès », *in* AÏVO F. J. (dir), *La Constitution béninoise du 11 décembre 1990: un modèle pour l'Afrique ?*, L'Harmattan, Paris, 2014, p. 132; Dans le contexte Camerounais, *cf.* POKAM H. de P., « La participation des universitaires au processus de construction/reconstruction de l'espace public au Cameroun », 12e Assemblée Générale du Codesria, 7-12 décembre 2008, pp. 10-11 notamment.

[3]POKAM H. de P., *op.cit*, p. 9; MANGA J-M., « Appels et contre-appels du "peuple" à la candidature de Paul Biya: affrontement préélectoral, tensions hégémoniques et lutte contre l'alternance politique au Cameroun », *Politique africaine* n° 150, *Cameroun, l'Etat stationnaire*, juin 2018, pp. 139-160;ASSANA, « Les memoranda, les motions de soutien et la consolidation de la démocratie participative au Cameroun », *Revue béninoise de science politique*, Vol. 4, n° 1, août 2020, pp. 198-256.

[4]MACHIKOU N., « Les régimes de la pacification parlementaire au Cameroun », *Revue camerounaise de science politique*, Vol. 16, n° 1 & 2, 2009, p. 88; EBOKO F., AWONDO P., « Introduction au thème. L'État stationnaire, entre chaos et renaissance », *Politique africaine*, n° 150, *Cameroun, l'Etat stationnaire*, juin 2018, pp. 10-11.

donnés par les officiels et par des ONGs. C'est en effet par le projet de loi n° 819/PJL/AN dont l'exposé des motifs peut être des plus contestables, que le texte de 1996 va être modifié le 14 avril 2008 par l'Assemblée Nationale en certaines de ses dispositions, parmi lesquelles la disposition relative à la limitation du mandat présidentiel. Ainsi, le nouvel article 6 (2) issu de la révision constitutionnelle du 14 avril 2008 dispose : « *Le Président de la République est élu pour un mandat de sept (7) ans. Il est rééligible* ». Cette révision qui a permis au Président Biya de se représenter en 2011, est une rupture d'avec le peu de « consensus » ayant marqué l'écriture de la loi constitutionnelle en sa version de 1996. Alain Didier Olinga[1], après avoir précisé que cette révision avait été annoncée par le Chef de l'Etat lors de son adresse à la Nation le 31 décembre 2007, fait deux constats liminaires relativement à la formulation nouvelle de cet article 6 (2) : le premier est le maintien de la durée du mandat à sept ans, le second est le saut du verrou de la limitation de mandat. En jetant un regard sur le projet de loi n° 819/PJL/AN précité, notamment l'un des exposés des motifs de la révision de cet article 6 (2), nous pouvons y lire la volonté de maintenir une « *continuité de la tradition constitutionnelle* » qui, depuis la Constitution du 4 mars 1960 ne connait pas de limitation des mandats. Seulement, deux observations peuvent être apportées à ce propos.

Comment peut-il être question d'une « tradition constitutionnelle » en faveur d'une non limitation des mandats, tradition constitutionnelle marquée jusqu'à lors par l'autoritarisme soit dit en passant, dans un contexte majoritairement entrainé par une mouvance démocratique ? S'il est question pour le gouvernement de faire réellement référence à une « continuité de la tradition constitutionnelle », Alain Didier Olinga fait savoir qu'il aurait alors été cohérent de réinstaurer le mandat quinquennal[2] qu'a connu le Cameroun dès 1960. Tout porte à croire qu'une telle révision intervenant en 2008 n'est que la conséquence d'une certaine volonté de conservation *ad vitam aeternam* du pouvoir en contexte paradoxal de démocratisation, par un Chef d'Etat au pouvoir dès novembre 1982, tant il semble que pour le

[1]OLINGA A. D., « La révision constitutionnelle du 14 avril 2008 au Cameroun », », *Initiative de gouvernance citoyenne*, Yaoundé, mai 2008, p. 10; OLINGA A. D., « L'Afrique en quête d'une technique d'enracinement de la démocratie constitutionnelle », *in* KAMTO M. (dir), *op.cit*, pp. 172-173.

[2]OLINGA A. D., « La révision constitutionnelle du 14 avril 2008 au Cameroun »,*op.cit*, p. 10.

Président Biya la clause limitative des mandats est une « *atteinte à l'idée même de choix démocratique* »[1]. C'est peut-être la preuve de ce que l'Afrique regorge d'adeptes des croyances anciennes rappelées par Cheikh Anta Diop et Bintou Sanankoua[2], selon lesquelles le détenteur précaire de la souveraineté ne quitte pas le pouvoir, il meurt au pouvoir malgré et au prix de l'irruption des crises politiques, comme illustré avec le décès en fonction des anciens Présidents du Togo en février 2005 et du Gabon en juin 2009. Cette perpétuité du monarque au pouvoir est tout de même admise dans le contexte de l'Afrique précoloniale, sous réserve d'une pratique de ce qui peut être qualifiée de nos jours de « bonne gouvernance » durant le règne. Cette ingénierie manœuvrière dans le constitutionnalisme post-transition, renseigne à suffisance de ce que les acteurs institutionnels peuvent être considérés dans l'arène politique comme des « joueurs » au sens de Benoît Frydman. Pour ce philosophe du droit en effet,

« *Le droit ne désigne plus seulement, comme dans le modèle de la souveraineté, un cadre de référence qui détermine ce qui est permis ou interdit* [...] *à l'intérieur duquel les interactions sociales sont censées se dérouler. Le droit devient lui-même un enjeu de luttes et un moyen d'action pour les joueurs, qui ne se contentent plus seulement de jouer des coups conformes ou non aux règles, mais tentent également de créer ou de modifier les règles à leur avantage ou pour faire progresser les objectifs dont ils poursuivent la réalisation* »[3].

Il s'agit là d'une forme de pratiques autoritaires de pouvoir, amplement contestées.

---

[1]Cité par OLINGA A. D., « L'Afrique en quête d'une technique d'enracinement de la démocratie constitutionnelle », *op.cit*, p. 173.

[2]ANTA DIOP C., *L'Afrique noire précoloniale. Etude comparée des systèmes politiques et sociaux de l'Europe et de l'Afrique Noire, de l'Antiquité à la formation des Etats modernes*, Présence africaine, Paris, seconde édition, 1987, pp. 76-77; SANANKOUA B., « Gouvernance, légitimité et légalité au Mali », *in* Colloque de Bamako, *Entre traditions et modernité, quelle gouvernance pour l'Afrique ?*, 23-25 janvier 2007, p. 44, p. 49.

[3]Cité par EBERHARD C., *op.cit*, pp. 90-91; YEBEGA NDJANA N.,*op.cit*, pp. 295-333.

B. Les contestations des pratiques autoritaires du pouvoir dans l'Etat

Questionnons les pratiques de pouvoir dans le constitutionnalisme post-transition, en considération des déterminants crisogènes, ou alors ceux susceptibles de l'être. La pratique du jeu politique et électoral (1) tout comme le partage institutionnel du pouvoir (2) dans l'Etat, nous semblent être des indicateurs pertinents pour la cause.

1. Les contestations et crises comme invariants dans le jeu politique et électoral

Pour appréhender les pratiques de pouvoir sujettes à de fréquentes contestations, à des crises aigues dans le jeu politique et électoral Camerounais, convoquons des indicateurs, certes politiquement sensibles mais révélateurs à notre sens, à l'instar de la liberté d'expression, particulièrement celle de réunion et de manifestation publiques, sans oublier les pratiques électorales contestables. Si l'analyse de la pratique de ces indicateurs révèle une importante instrumentalisation politico-administrative (b), il nous semble judicieux de faire une halte préalable sur le dispositif légal (a) encadrant l'exercice desdits indicateurs.

a. Le dispositif légal régissant les réunions et manifestations publiques

Pour la clarté de l'exposé, le dispositif normatif régissant le scrutin présidentiel ayant été abordé plus haut, même partiellement, attardons-nous sur celui régissant les libertés de réunion et de manifestation publiques. La réglementation de l'exercice des libertés de réunion et de manifestation publiques, en tant qu'outils normatifs d'exercice du pouvoir, est d'un intérêt particulier dans la compréhension des crises politiques et identitaires qui déchirent l'Etat du Cameroun et s'expriment avec plus de véhémence depuis le retour au pluralisme politique. En règle générale, il ne saurait y avoir de liberté sans restriction, sans limitations légales, sous bonne marge d'appréciation étatique comme bien souvent, au risque de promouvoir les abus multiples. Les premières restrictions à l'exercice des droits et libertés fondamentaux doivent ainsi être légales. La loi constitutionnelle

Camerounaise en son préambule, prévoit d'une part que : « *la liberté de communication, la liberté d'expression, la liberté de la presse, la liberté de réunion, la liberté d'association* [...] *sont garantis dans les conditions fixées par la loi* », et d'autre part que : « *l'Etat garantit à tous les citoyens de l'un et de l'autre sexe, les droits et libertés énumérés au préambule de la Constitution* ». Selon Keba Mbaye[1], la protection d'un droit ne saurait se limiter à sa constitutionnalisation ou à son internalisation, mais doit prendre en compte son aménagement législatif spécifique, évidemment, en droite ligne avec les nombreux traités internationaux pertinents dument ratifiés[2].

La loi n° 90/055 du 19 décembre 1990 portant régime des réunions et des manifestations publiques, à la suite de la loi constitutionnelle du 18 janvier 1996 en son préambule[3], réglemente spécifiquement l'exercice de la liberté de réunion et de manifestation publiques, avec toutefois une difficulté de classification dans l'un des deux principaux régimes[4] établis par la doctrine. Précisément, l'exercice de ces libertés est soumis soit à un régime dit répressif, plus démocratique, soit à un régime dit préventif, moins libéral. Ce qui se traduit respectivement par la mise de ces libertés sous l'empire soit du régime de la déclaration préalable, soit sur le régime de l'autorisation. A la lecture de la loi n° 90/55 citée en ses articles 3 et 4 pour ce qui est des réunions publiques, articles 6, 7 et 8 pour ce qui est des manifestations publiques, le moins qu'on puisse dire est que cette liberté est placée sous l'empire d'une déclaration préalable[5] faite à l'autorité

---

[1]Cité par MAKOUGOUM A., « Le cadre normatif de l'exercice de la liberté de réunion et de manifestation publiques: le Cameroun à l'épreuve des autres systèmes juridiques », *in* Symposium national du Réseau Camerounais des Organisations des Droits de l'Homme (RECODH), *La liberté de réunion et de manifestation publiques au Cameroun*, Centre Jean XXIII de Mvolyé, Yaoundé, 2 au 3 Avril 2014, p. 43.

[2]Ne doit pas être ignoré, le contenu des normes à l'instar de la Résolution sur l'adoption de la déclaration des principes relatifs à la liberté d'expression en Afrique de 2002, adossée à la Charte africaine des droits de l'homme et des peuples de juin 1981, l'Observation générale n° 34 relative à la liberté d'opinion et d'expression, adoptée en juillet 2011 en complément de l'article 19 du Pacte des Nations-Unies relatif aux droits civils et politiques.

[3]Le Peuple camerounais « *Affirme son attachement aux libertés fondamentales inscrites dans la déclaration universelle des droits de l'homme, la charte des Nations-Unies, la charte africaine des droits de l'homme et des peuples et toutes les conventions internationales y relatives et dûment ratifiées,* (...) ».

[4]*Cf.* en ce sens l'étude de MAKOUGOUM A., *op.cit.*

[5]MANGA J-M., MBASSI A. R., « De la fin des manifestations à la faim de manifester: revendications publiques, rémanence autoritaire et procès de la

administrative territorialement compétente au niveau de l'arrondissement, assortie d'un pouvoir d'appréciation pouvant donner lieu à interdiction par arrêté en cas de risque de trouble « grave » à l'ordre public. Il s'agit d'une notion d'ordre public aux éléments constitutifs[1] mouvants dans la pratique administrative et amplement étudiée en doctrine[2], et dont l'appréciation relève de la latitude des autorités détentrices des pouvoirs de police administrative. Pour ce qui est des réunions sur la voie publique au sens de l'article 3 (3) de la loi n° 90/55 précitée, elles sont interdites sauf autorisation spéciale.

Alexis Essono-Ovono soutient l'idée selon laquelle « *dès lors que l'autorité publique peut interdire la manifestation en invoquant une menace à l'ordre public importante, on entre bien dans un régime d'autorisation préalable* »[3]. Cette interprétation qui se veut réaliste, permet de comprendre qu'en fait de déclaration préalable assortie d'interdiction éventuelle pour cause de trouble « grave » à l'ordre publique au Cameroun, il s'agit au fond d'un régime d'autorisation innommée, dans lequel la tenue d'une réunion ou d'une manifestation repose sur la volonté de l'autorité administrative. Les mesures administratives d'interdiction des réunions et manifestations publiques sont susceptibles de recours devant la juridiction présidentielle du TGI compétent[4], qui statue sous huit jours. Cette juridiction présidentielle, à l'occasion d'un recours en annulation porté contre une mesure d'interdiction de manifestation publique dans l'*Affaire Talla Jean Bosco C. Sous-Préfet de Yaoundé 1er TGI/Mfoundi*, va par Ordonnance n° 15/CC du 2 avril 2013 procéder à une distinction qu'il importe de

---

démocratie au Cameroun », *Politique africaine*, n° 146, *Restaurations autoritaires ?*, 2017/2, p. 80; MONEMBOU C., « Enjeux démocratiques et sociaux de la liberté de réunions et de manifestations publiques », *in* Symposium national du RECODH,*op.cit*, pp. 30-31; MAKOUGOUM A., *op.cit*, pp. 42-43.

[1] MONEMBOU C., *op.cit*, pp. 31-33.

[2]Pour les analyses de ces auteurs, *cf.* MAKOUGOUM A., *op.cit*, pp. 49-50; *Cf.* également BIKOE M., « L'ordre public et l'exercice des libertés publiques en droit camerounais », *Annales de la Faculté des Sciences Juridiques et Politiques de l'Université de Ngaoundéré*, Numéro spécial, « L'ordre public », 2015, pp. 109-138.

[3]ESSONO-OVONO A., « La liberté de manifestation. Décision DCC 03-134 du 21 août 2003 », *Annuaire béninois de justice constitutionnelle*, Dossier spécial, *21 ans de jurisprudence de la Cour constitutionnelle du Bénin (1991-2012)*, 2013, p. 562.

[4]*Cf.* article 9 de la loi Camerounaise n° 90-055 citée sur les réunions et manifestations publiques.

relever. Pour le juge[1] en effet, considérant les dispositions de l'article 8 de la loi n° 90/055 précitée, le contentieux contre les mesures d'interdiction des manifestations publiques ressortit de la compétence du juge judiciaire, alors que le contentieux porté contre l'interdiction des réunions publiques relève de la compétence du juge administratif. Sur le principe, les partis politiques et autres organisations ne devraient donc pas hésiter à saisir le juge, en cas d'interdictions jugées disproportionnées.

b. L'instrumentalisation politico-administrative des normes et du jeu politique et électoral

L'une des sources les plus abondantes des crises au Cameroun, provient des nombreuses restrictions à la liberté de réunion et de manifestation publiques, bien souvent abusives dans leurs fondements, nous semble-t-il, conséquence d'une instrumentalisation politico-administrative dans la mise en œuvre des normes régissant ces droits et libertés. Un autre pan des sources de ces crises, résulte de pratiques tout aussi contestables du jeu politique et électoral qui sont une constante de la « démocratie » Camerounaise. D'une part, les restrictions à l'exercice des libertés sont tout d'abord d'ordre légal. Mais en remontant quelque peu l'histoire des sociétés, on se rend compte de ce qu'il existe un antique conflit entre le pouvoir politique et les libertés, notamment les libertés de réunion et de manifestation. Ce lien historique révèle les menaces et restrictions[2] auxquelles ces libertés ont toujours été l'objet. Les grandes révolutions connues de par le monde et hautement célébrées, qui constituent même partiellement le fondement du constitutionnalisme libéral, ont été impulsées sur la base de ces libertés. Gilles Lebretton n'avait pas hésité à affirmer que « *la liberté de réunion fait peur* »[3] autant que la liberté de manifestation, qui constituent des « *libertés-résistance au service de l'individu contre l'Etat* »[4], plus encore dans les régimes

---

[1]AKOA Y. L., « La justice à l'épreuve de la garantie des libertés de réunions et de manifestations publiques », *in* Symposium national du RECODH,*op.cit*, p. 77, pp. 84-85.

[2]ESSONO-OVONO A., « La liberté de réunion. Décision DCC 00-003 du 20 janvier 2000 », *Annuaire béninois de justice constitutionnelle,op.cit*, p. 554.

[3]Cité par MAKOUGOUM A., *op.cit*, p. 41; ESSONO-OVONO A., « La liberté de manifestation. Décision DCC 03-134 du 21 août 2003 »,*op.cit*, p. 560.

[4]Cité par AKOA Y. L., *op.cit*, p. 68.

autoritaires qui y voient malheureusement le spectre d'une franche opposition, d'une insurrection populaire, d'une déstabilisation des institutions, d'un renversement du pouvoir en place. Ce qui peut participer à une explication de la tendance à la répression et à la brimade de l'opposition[1] comme de la société civile critiques dans nos Etats, bien souvent au mépris des dispositions légales et de la responsabilité[2] étatique de protéger.

Si les contraintes politiques du juge national ne permettent pas toujours une meilleure compréhension de la mise en œuvre de ces droits et libertés fondamentaux, le recours au juge international des droits de l'homme s'avère d'un important secours. Ainsi, la Cour Africaine des Droits de l'Homme et des Peuples (CAfDHP) dans une jurisprudence constante, si elle souligne le bien fondé d'assurer le respect des droits et libertés d'expression notamment, elle reconnait également la nécessité, dans certaines circonstances, de restreindre ces libertés dans un cadre légal. Pour la Cour d'Arusha, au regard des affaires[3]*Lohé Issa Konaté C. Burkina Faso* et *Ingabiré Victoire Umuhoza C. République du Rwanda*, et à la lumière des instruments juridiques internationaux relatifs aux droits de l'homme, la mobilisation du cadre légal en vue de la restriction des libertés n'est pas en soi suffisante. Il faut encore que ces restrictions légales « *servent un but légitime et soient nécessaires et proportionnées, comme on peut s'y attendre dans une société démocratique* »[4]. La question qui se pose en ce qui concerne l'Etat du Cameroun, bien que n'ayant pas encore souscrit à la déclaration de l'article 34 (6) du Protocole de Ouagadougou relatif à la CAfDHP, si ce n'est une curieuse « promesse » de souscription[5], est dès lors celle de savoir :

---

[1]JOUANJAN O., « L'Etat de droit démocratique », *Jus Politicum*, n° 22, *Histoire constitutionnelle*, juillet 2019, p. 20.

[2]KAMTO M., *Droit international de la gouvernance*, A. Pédone, Paris, 2013, pp. 153 et ss.

[3]Affaire*Lohé Issa Konaté C. Burkina Faso*, CAfDHP, Requête n° 004/2013, Arrêt au fond du 5 décembre 2014, paragraphes 145 à 166; Affaire *Ingabiré Victoire Umuhoza C. République du Rwanda*, CAfDHP, Requête n° 003/2014, Arrêt au fond du 24 novembre 2017, paragraphe 133.

[4] Affaire *Ingabiré Victoire Umuhoza C. République du Rwanda*, *op.cit*, paragraphes 133, 140, 142 et 148; Pour des détails, *cf.* KHAMALA C., « Genocidedenial and freedom of political expression in the *Ingabire* case », *African Human RightsYearbooks*, vol. 2, 2018, p. 476.

[5]OLINGA A. D., « Le Cameroun et la Cour Africaine des droits de l'homme et des peuples », *in* ATANGANA AMOUGOU J-L. (dir), *Le Cameroun et le droit*

les restrictions aux droits et libertés fondamentaux ayant cours au Cameroun, visent-elles des buts légitimes, sont-elles nécessaires et proportionnelles comme on peut s'y attendre dans une société démocratique ? Dans la pratique quotidienne de ces libertés[1], l'on observe des entorses abusives du fait des autorités administratives, dans un Etat ayant dument souscrit à la Déclaration universelle des droits de l'homme du 10 décembre 1948, ratifié la Charte Africaine des Droits de l'Homme et des Peuples de 1981, le Pacte International relatif aux Droits Civils et Politiques de décembre 1966, y compris la Charte Africaine de la Démocratie, des Elections et la Gouvernance (CADEG) du 30 janvier 2007 entrée en vigueur le 15 février 2012 suite au dépôt du quinzième instrument de ratification par l'Etat du Cameroun.

Si les interdictions en cascade des manifestations et réunions publiques étaient déjà une question prégnante au début des années 1990 au Cameroun, elles semblent avoir connu une autre amplitude avec le contexte *ante* et *post* électoral d'octobre 2018, avec certaines organisations de la société civile, les groupements de la société civile anglophone, mais surtout les formations politiques de l'opposition à l'instar du MRC, du *CameroonPeople's Party* (CPP), du SDF, du PCRN. Des interdictions de réunions et de manifestations publiques ont très souvent cours sur fond d'interprétation instrumentale des textes applicables en la matière, sur fond de brimades politiques du pouvoir envers les partis d'opposition et les organisations de la société civile, accompagnées d'intimidations et d'arrestations disproportionnées avec un usage excessif de la violence par les forces de l'ordre. C'est ce qui ressort d'une Communication de la CADHP du 6 mars 2019 concernant les militants du parti MRC, qui avaient alors organisé une série de « marches pacifiques » de contestation multiples, notamment des résultats du scrutin présidentiel du 7 octobre 2018. Des manifestations qui furent toutes interdites sur le motif de trouble à l'ordre public, avec actes de poursuite judiciaire devant les juridictions militaires. Relevons cet arrêté du 5 avril 2019 du Sous-Préfet de l'arrondissement de Dschang portant interdiction de deux *meetings* projetés par la fédération communale MRC, « *en vue de sensibiliser les citoyens en âge de voter à s'inscrire sur les listes électorales,* [...] *et demander la libération du soi-disant troisième*

---

international, Colloque des cinquantenaires de l'indépendance et de la réunification du Cameroun, N'Gaoundéré, 2-3 mai 2013, A. Pedone, Paris, 2014, pp. 80-81.

[1]MANGA J-M., MBASSI A. R., *op.cit*, pp. 73-97.

Président élu de la République du Cameroun, le Professeur Maurice Kamto, les 07 et 13 avril 2019 dans la ville de Dschang »[1]; ceci à la suite d'un Communiqué du 5 avril 2019 du Ministre de l'Administration territoriale, interdisant toute manifestation du parti MRC sur l'étendue du territoire national du 6 au 13 avril 2019.

L'argument fondé sur la brimade observée à l'endroit des formations politiques de l'opposition et organisations de la société civile est soutenable, ceci quand on peut observer *a contrario* la non interdiction des réunions et manifestations concomitamment organisées par les dignitaires du parti au pouvoir, quelquefois en l'absence de toute déclaration préalable[2], semble-t-il. C'est en regard de ce contexte crisogène avant et après l'élection présidentielle d'octobre 2018 que le Parlement Européen dans une Résolution 2019/2691, va se dire préoccupé par les crises multipolaires dont fait face l'Etat du Cameroun, et condamner les discours de haine et les graves abus commis notamment envers le *leader* et les militants du MRC depuis 2018[3]. L'une des dernières décisions d'interdiction en date est celle du Sous-Préfet de l'Arrondissement de Yaoundé 1er portant interdiction de la manifestation publique projetée par le parti MRC, aux motifs pris du « *risque de trouble grave à l'ordre public* » et « *risque de propagation de la COVID-19* »[4]. Sans y insister outre mesure, les interdictions et abus, qui impactent négativement sur l'image internationale de l'Etat sont légions, surtout au sein des formations politiques de l'opposition, ceci au détriment du jeu politique démocratique dont pourrait bénéficier le Cameroun.

D'autre part, serait-il exagéré d'affirmer que le déroulement des élections au Cameroun, des élections municipales à l'élection présidentielle en passant par les élections parlementaires et régionales, se présente comme un temps de mobilisation, de discours politiques violents et haineux, et de contestations multiformes dévoilant une atmosphère de « pagaille »[5] électorale ? Les cas de contestation sont nombreux, mais seuls ceux relativement récents liés à l'élection présidentielle retiendront notre attention, tant les irrégularités décriées y sont multiformes. L'élection présidentielle du 7 octobre 2018 a

---

[1]Arrêté du Sous-Préfet n° 04/ASP/F34.01/B.A.A.J.P., du 5 avril 2019, 1 p.

[2]*Cf.* le Quotidien *Le Jour* n° 3465 du vendredi 23 juillet 2021, pp. 2-3.

[3]Résolution du Parlement Européen du 18 avril 2019 sur le Cameroun, paragraphes 2 et 3.

[4]*Cf.* Décision n° 100/D/306/SP du 21 juillet 2021, 1 p.

[5]*Cf.* KOKOROKO D., *op.cit.*, p. 120.

connu de vives contestations menées par les candidats des partis MRC, SDF, et UNIVERS (Union National pour l'Intégration Vers la Solidarité) sous la figure de Cabral Libii lors du contentieux postélectoral d'octobre 2018, puis dans les rues de quelques grandes villes avec le cas des marches du MRC. Les points de contestation[1] tournent autour des pratiques douteuses de certains membres de l'administration ainsi que d'ELECAM, du parti au pouvoir bien souvent, des organes juridictionnels quelquefois. Au Cameroun, « *les débats qui ont suivi le scrutin présidentiel au sein du Conseil constitutionnel ont souligné le déficit de « neutralité » d'Elecam dans la gestion des bureaux de vote le 7 octobre et dans la promulgation des procès-verbaux pour lesquels trois partis politiques ont déposé des recours auprès du Conseil constitutionnel qui a essuyé des critiques similaires* »[2]. Il faut dire que dans nos démocraties « capturées » à l'image contraire de la paysannerie de Goran Hyden[3], Achille Mbembe n'hésite pas à constater qu'« *en droite ligne des traditions coloniales de brutalité et de corruption, le suffrage universel est devenu l'un des multiples moyens par lesquels la tyrannie se perpétue* »[4]. Ces récriminations et suspicions sont parfois loin d'être non fondés, quand on sait à quel point certains responsables de ces organismes de régulation électorale et des juridictions sont d'éminents membres, anciens et/ou encore actifs, même implicitement, du parti au pouvoir. Toute chose qui participe d'une vision des élections par Alain Didier Olinga en Afrique en général et au Cameroun en particulier, comme étant « *manifestement biaisés* », et « *techniquement* [...] *pas crédibles* »[5].

L'une des causes des crises politiques et des crises de la démocratie dans la mise en œuvre du droit constitutionnel post-transition, suivant

---

[1]NJOYA J., « Démocratisation et monitoring électoral au Cameroun: autonomisation problématique des organes de gestion électorale », *Revue africaine d'études politiques et stratégiques*, n° 1, 2014, pp. 7-31; CNDHL, *Rapport général de l'observation de l'élection présidentielle du 7 octobre 2018*, *op.cit*, pp. 3-4.
[2]EBOKO F., AWONDO P., *op.cit*, p. 14.
[3]HYDEN G., « Leçon inaugurale. Comment bâtir des systèmes politiques fondés sur les racines locales: les défis de l'émergence en Afrique », *in* Colloque International du CERDOTOLA, *L'Afrique à la quête d'un développement culturellement soutenable: Place et rôle des traditions africaines dans les dynamiques contemporaines d'émergence*, Yaoundé, 18-21 juin 2015, pp. 73-74.
[4]EBOKO F., AWONDO P., *op.cit*, p. 14.
[5]OLINGA A. D., « L'Afrique en quête d'une technique d'enracinement de la démocratie constitutionnelle », *op.cit*, pp. 174-175.

le paradigme de l'analyse stratégique, est à rechercher au niveau des nouvelles élites au sens de Christopher Lasch[1], dans leur rôle en contexte de démocratisation. Nous ne saurions passer sous silence le rôle pas toujours heureux de ces acteurs communément appelées "élites", dans le jeu démocratique et électoral. Abdoulkarimou fait par exemple une description du rôle de cette catégorie sociale qui est trivialement, et de manière dévoyée, appelée élite. Cet auteur et acteur du processus électoral nous fait part de ce que dans l'optique d'influencer les scores électoraux en faveur de leur formation politique et d'en tirer personnellement les bénéfices politiques dans leur localité, les élites, bien souvent celles du parti au pouvoir faut-il le préciser, n'hésitent pas à user de manœuvres à l'instar du « *trafic d'influence, manipulation de toutes sortes* [...], *pression parfois outrancière sur l'administration électorale, sur les commissions mixtes électorales, voire sur les juridictions* »[2] durant les élections. A la quête des rétributions carriéristes ou mercantilistes, « *l'élite se croit parfois obligée de tout mettre en œuvre pour assurer la victoire du parti politique auquel elle appartient* »[3], en usant de manœuvres de corruption des électeurs, chantage au licenciement, achat de conscience, intimidation des représentants des partis adverses. Ces mêmes élites seraient auteures de pratiques aux antipodes de la législation électorale[4] telles la manipulation de l'ordre des candidats sur les listes électorales déjà établies, tentatives d'inscription des candidats après la convocation du corps électoral, manœuvres de disqualification par tous moyens des candidats adverses voire de leur parti au profit des leurs. D'ailleurs, après avoir été impliqué dans les processus électoraux, nous avons pu constater la présence abusive des commissions locales de vote situées en pleine chefferie traditionnelle[5], chefferie à la tête de laquelle trône une éminente personnalité acquise au parti gouvernant. Les pratiques d'entraves à la tenue d'une campagne électorale par certains membres du parti au pouvoir, menées dans certaines circonscriptions contre d'autres formations

[1]LASCH C., *La révolte des élites et la trahison de la démocratie*, Flammarion, Paris, 2007, pp. 9 et ss.
[2]ABDOULKARIMOU, *op.cit*, pp. 79-81.
[3]*Ibid.*, p. 81.
[4]TCHEUWA J-C., « Les principes directeurs du contentieux électoral camerounais: à propos de « l'influence significative sur le résultat du scrutin » dans sa mise en œuvre à l'occasion des élections législatives et municipales du 22 juillet 2007 », *Revue française de droit constitutionnel*, n° 86, 2011/2, pp. 4-5.
[5]*Ibid.*, p. 15.

politiques, sont également recensées. Ce fut notamment le cas dans le département du Mayo Rey où un Lamido, après avoir longtemps défié l'autorité étatique en matière fiscale, et en complicité avec les autorités administratives ou face à l'impuissance de ces dernières, sévissait dans ce sens contre les partis de l'opposition. Des pratiques qui ont d'ailleurs donné au juge dans un cas analogue en 1997, de les considérer comme constitutives de fraude et d'irrégularité susceptibles de nuire gravement aux résultats du scrutin[1]. Seulement, dans la dénonciation à suffisance de ces pratiques crisogènes par l'auteur et acteur précité, ce dernier ne précise pas qu'elles constituent en réalité des atavismes de l'ère monolithique, encore observés avec emphase dans les rangs du parti au pouvoir.

Durant les périodes de campagne électorale, les pratiques contestables sont également présentes. Les élites de divers ordres y sont indexées, à plus d'un titre. Il est une pratique très présente au Cameroun, qui consiste à voir les Ministres et hauts cadres de l'administration aller battre campagne chacun dans sa localité d'origine, pour le compte du parti gouvernant le plus souvent. Cette forme de militantisme concerne non seulement les élites détentrices de postes de responsabilité, mais également celles aspirantes à des positions de pouvoir. En plus du vide administratif occasionné par ces actes, certaines élites vont en campagne en usant abusivement des moyens d'Etat[2]. Le Comité International des Droits de l'Homme dans un rapport relativement récent, reconnait que les élections au Cameroun constituent une saison d'« *utilisation massive des moyens humains, financiers et logistiques de l'Etat par le parti au pouvoir et par certains partis de l'opposition* »[3]. Souhaitant enrailler ces pratiques, le Premier Ministre lors des élections municipales et législatives de 2007, avait pris la circulaire du 11 juillet 2007[4] prescrivant aux Ministres, membres du gouvernement et autres hauts responsables de veiller à ce que le personnel placé sous leur autorité ne puisse pas s'absenter au détriment de la continuité du service

[1]OLINGA A. D., « Justice constitutionnelle et contentieux électoral: quelle contribution à la sérénité de la démocratie élective et à l'enracinement de l'Etat de droit ? Le cas du Cameroun », Conférence panafricaine des présidents cours constitutionnelles et institutions comparables, Marrakech, 26-28 novembre 2012, pp. 16-17.

[2]ABDOULKARIMOU, *op.cit*, p. 177.

[3]Cité par ABDOULKARIMOU, *op.cit*, p. 177.

[4]*Ibid.*, p. 177.

public. Sauf qu'il nous semble que le *leadership* par l'exemple serait bien plus efficace dans de telles circonstances, dans la mesure où les responsables d'une institution ne sauraient pertinemment proscrire à leurs collègues et collaborateurs, des comportements qu'ils pratiquent eux-mêmes de manière répétitive. Toutes ces pratiques participent à la construction d'un système politique et électoral à la mesure des partis gouvernants, source de crises incessantes. Quid des pratiques autoritaires qui sont contestées dans le partage institutionnel du pouvoir ?

2. Les contestations dans le partage institutionnel du pouvoir d'Etat

Il faut compter avec la question du partage du pouvoir dans nos sociétés plurales, pour une compréhension même partielle des crises au Cameroun. Le partage du pouvoir peut être mesuré à l'aulne de la participation à la gestion des affaires publiques, à travers les outils tels la nomination à des postes gouvernementaux, la décentralisationterritoriale[1]. Avant que de déployer l'argumentaire sur une mise en œuvre contestable des mécanismes de partage du pouvoir dans l'Etat (b), intéressons-nous au préalable sur le dispositif normatif et para-normatif (a) sur lequel repose ces mécanismes de prévention et de régulation des crises.

a. Les bases normatives et para-normatives des mécanismes de partage du pouvoir

Les mécanismes de partage du pouvoir tournent autour de la participation à la gestion des affaires publiques, en l'occurrence les nominations des élites et la décentralisation. Au titre des bases sur lesquelles reposent les pratiques de partage du pouvoir afin de limiter au *maximum* les revendications à caractère politique, identitaire voire séparatiste, nous pouvons faire référence, d'une part, à la loi constitutionnelle de janvier 1996, aux instruments juridiques internationaux auxquels l'Etat du Cameroun a dument souscrit ou attache de l'importance, à l'instar du Pacte International relatif aux Droits Civils et Politiques de décembre 1966, de la Charte Africaine

[1]KENFACK J., « Les perspectives de participation offertes par l'avènement des collectivités territoriales décentralisées », *in* ONDOUA A. (dir), *op.cit*, pp. 203-218.

des Droits de l'Homme et des Peuples (préambule, articles 2 et 13), de la CADEG de 2007 (préambule, articles 2 et 31) et de la Charte africaine des valeurs et principes de la Décentralisation, de la Gouvernance locale et du développement local de 2014. Jouent également un rôle important, la loi électorale n° 2012/001 et, d'autre part, les pratiques sociales quasi institutionnalisées tirées des représentations et croyances partagées[1] en tant que valeurs, manières de penser, de sentir et de percevoir les choses au sens d'Emile Durkheim.

La loi constitutionnelle de 1996 en son article 10 (1) dispose : « *Le Président de la République nomme le Premier Ministre et, sur proposition de celui-ci, les autres membres du Gouvernement* ». Sur cette base, le Président procède à la nomination des différents membres du gouvernement et hauts responsables appelés à mettre en œuvre la politique de la nation par lui définie. La formation de cette équipe gouvernementale doit prendre en compte les différentes composantes sociologiques nationales, avec en toile de fond une idée questionnable de représentation et même de légitimité politiques[2] des différents groupes ethniques. Des considérations qui ne sauraient se limiter aux différents groupes ethnoculturels, prenant aussi en compte les groupes spécifiques tels les femmes, les jeunes et les personnes vivant avec handicap. C'est ce qui est matérialisé, dans les décrets présidentiels portant nomination, formation ou réaménagement du gouvernement, par l'outil de mobilité qualifié d'équilibre régional, approche consociative ou de démocratie consociative, principe de représentation nationale, gouvernement d'union nationale en fonction des contextes, en fin de compte le partage du pouvoir. Cette pratique est érigée en règle non écrite à laquelle il faut satisfaire dans les compositions ministérielles, afin de pallier mais surtout d'apporter une atténuation aux revendications à caractère identitaire, autant que faire se peut, car la difficulté que constitue la prise en compte des différents groupes sociologiques dans la gestion des affaires publiques en

---

[1] SINDJOUN L., « Les pratiques sociales dans les régimes politiques africains en voie de démocratisation: hypothèses théoriques et empiriques sur la paraconstitution », *op.cit*, pp. 465-485; KAMTO M., *Pouvoir et droit en Afrique noire: Essai sur les fondements du constitutionnalisme en Afrique noire francophone*, LGDJ, Paris, 1987, p. 53.

[2] LADEM SONTIA W., « Les sources de légitimation du pouvoir en sociétés plurales africaines », *Revue africaine et malgache de recherches scientifiques*, n° 2, juillet 2020, pp. 281-292.

sociétés plurales est bien réelle. Le discours officiel porté par le Président de la République relativement au Grand Dialogue National (GDN) sur la crise dite « anglophone », rappelait déjà, quoiqu'avec une légère contradiction en toile de fond, le postulat selon lequel :

« *s'il est nécessaire de tenir compte de l'équilibre régional dans les pays neufs, à la structuration sociologique diverse tel que le nôtre, il est indispensable de rappeler que les Ministres et autres responsables ne sont pas nommés seulement pour servir leurs régions, leurs villages ou leurs familles, mais l'ensemble de la communauté nationale. Ils doivent être au service de l'intérêt général et non des intérêts particuliers* »[1].

Cette pratique qui prend ses racines durant la période des indépendances avec la pratique du développement autocentré, participe nécessairement d'une certaine institutionnalisation[2], participe de la para-normalisation de la pratique du partage du pouvoir. La convocation du GDN sur la crise anglophone, participe également à la compréhension de cette logique de partage ou de refondation du pouvoir, non sans dévoiler un procédé politique aux conséquences juridiques, éventuellement.

La logique de partage du pouvoir est également appréhendée avec l'institutionnalisation de la décentralisation comme forme de l'Etat. La décentralisation[3] connait son inscription à la dignité constitutionnelle avec la loi constitutionnelle de 1996, une résultante significative de la transition démocratique. En effet, aux termes de l'article 1er (2) de ladite loi constitutionnelle, « *La République du Cameroun est un Etat unitaire décentralisé* ». Une forme décentralisée de l'Etat portée par les Collectivités Territoriales Décentralisées que sont aux termes de l'article 55 (1) de la loi constitutionnelle, les Communes et les Régions. Et pour accompagner cette dynamique institutionnelle, un ensemble de textes législatifs a été adopté. Evoquons au préalable la Charte africaine des valeurs et principes de

---

[1]Adresse du Président de la République à la Nation camerounaise le 10 septembre 2019, inédit.

[2]BADIE B., « Institution/Institutionnalisation », *in* HERMET G., BADIE B., BIRNBAUM P., BRAUD P., *op.cit*, pp. 233-234.

[3]GUIMDO DONGMO B-R., « La constitutionnalisation de la décentralisation au Cameroun (L'apport du constituant du 18 janvier 1996 dans la construction d'un droit constitutionnel des collectivités territoriales décentralisées) », *in* MELONE S., MINKOA SHE A., SINDJOUN L. (dir), *op.cit*, pp. 292-317; ALIYOU S., « La réforme du droit des collectivités territoriales décentralisées au Cameroun », *Revue africaine et malgache de recherches scientifiques*, n° 2, juillet 2020, pp. 124-125.

la décentralisation, de la gouvernance locale et du développement local du 27 juin 2014, sans omettre la récente loi n° 2019/024 du 24 décembre 2019 portant code général des Collectivités Territoriales Décentralisées, abrogeant en leurs dispositions contraires les lois de 2004 et de 2009 sur la décentralisation[1]. La principale innovation de cette loi est l'octroi d'un Statut Spécial au profit des régions anglophones. Une loi n° 2019/024 adoptée à la suite respective des « *Assises Générales de la Commune* » des 06 et 07 février 2019 et du GDN, en tant que cadres d'évaluation du fonctionnement des Communes, d'évaluation de la mise en œuvre de la décentralisation[2]. Il faut rappeler aussi la création de tout un Ministère de la Décentralisation et du Développement Local par décret n° 2018/190 du 02 mars 2018, modifiant et complétant le décret n° 2011/408 du 9 décembre 2011 portant organisation du gouvernement. Le Conseil National de la Décentralisation créé en 2008 et remis au goût du jour par l'article 87 de la loi n° 2019/024, devrait véritablement jouer son rôle de suivi-évaluation de la mise en œuvre de la décentralisation. C'est notamment sur ces bases normatives que repose la mise en œuvre de la décentralisation.

b. Une mise en œuvre crisogène des mécanismes de partage du pouvoir

Il serait intéressant d'illustrer la mise en œuvre crisogène des mécanismes de partage du pouvoir, à travers les nominations à des positions institutionnelles, et la décentralisation territoriale. Toutefois, limitons-nous à la seule décentralisation. La mise en œuvre de la décentralisation territoriale semble renfermer un véritable paradoxe. Il va sans dire que la seule institutionnalisation, la création des institutions ne saurait satisfaire à la démonstration. Il faut encore que ces institutions soient effectives, qu'elles soient « *en mesure de se*

[1]Il s'agit de la loi n° 2004/017 du 22 juillet 2004 d'orientation de la décentralisation, la loi n° 2004/018 du 22 juillet 2004 fixant les règles applicables auxCommunes, la loi n° 2004/019 du 22 juillet 2004 fixant les règles applicables auxRégions voire la loi n° 2004/03 du 21 avril 2004 régissant l'urbanisme au Cameroun, etla loi n° 2009/011 du 10 juillet 2009 portant régime financier descollectivités territoriales décentralisées.

[2] ALIYOU S., *op.cit*, pp. 129-130.

déployer effectivement »[1], au regard de l'environnement pour lequel elles sont destinées. Ceci dit, penser la mise en œuvre du processus de décentralisation territoriale avec Jean Marie Pontier, ne saurait faire abstraction de son rapport au temps[2], le temps étant entendu non seulement au sens du temps matériel, mais également au sens du temps politique. L'une des premières sources de paradoxe réside déjà dans le simple fait pour le constituant de 1996 d'instituer la décentralisation, et ce n'est qu'en 2010[3] que les autorités procèdent aux premiers transferts de compétences aux Collectivités effectives à cette date, en l'occurrence les Communes et les Communautés urbaines. Ceci sans faire fi des premières lois sur la décentralisation adoptées en 2004, et de la loi n° 2019/024 précitée. La sincérité du constituant et des pouvoirs publics est dès lors à questionner, s'il faut plus de vingt-cinq années pour amorcer une décentralisation instituée en contexte de contestation du centralisme étatique, de crises politiques et de revendications séparatistes. Dans la perspective d'un Etat préventif, le principe de progressivité, principe de logique prescrit par l'article 67 (1) de la loi constitutionnelle, ne saurait constituer un justificatif pertinent aux lenteurs suffisamment décriées en l'espèce. Ce paradoxe s'exprime mieux *via* des pratiques qui dévoilent une volonté non épuisée de centralisation et d'autoritarisme dans la gestion de L'Etat. Les causes immédiates de la crise anglophone[4] qui sont connues, et qui intègrent le problème anglophone[5], permettent de s'en rendre compte.

---

[1]NGUENA DJOUFACK A. L., « La Constitution camerounaise et la fonction du législateur en matière de décentralisation territoriale », *Revue africaine et malgache de recherches scientifiques*, n° 2, juillet 2020, p. 165.

[2]Cité par ALIYOU S., *op.cit*, p. 123; MANGA ZAMBO E. J., « Décentralisation et le temps: réflexions sur le cas camerounais », *in* KAMTO M., DOUMBE-BILLE S., METOU B. M. (dir), *op.cit*, pp. 267-296.

[3] ALIYOU S., *op.cit*, p. 124.

[4] MACHIKOU N., « Utopie et dystopieambazoniennes: Dieu, les Dieux de la crise anglophone au Cameroun », *op.cit*, pp. 115-138; ATANGCHO AKONUMBO N., « Protecting minorities under international law: the case of anglophones in the english speaking regions of Cameroon », *in* OLINGA A. D. (dir), *op.cit*, pp. 157-159.

[5] KONINGS P., NYAMNJOH F. B., « The Anglophone Problem in Cameroon », *The Journal of Modern African Studies*, vol. 35, n° 2, 1997, pp. 207-229; NOUAZI KEMKENG C. V., « L'idéologie de l'uniténationale et le révisionnismeconstitutionnel au Cameroun », *Jurisdoctoria*, n° 12, 2015, pp. 171-172.

Observons par exemple que les arguments mobilisés par les pro-sécessionnistes pour légitimer leurs postures, outre les griefs déjà évoqués, convoquent les Résolutions 1541 (XV) du 15 décembre 1960 et 1608 (XV) du 21 avril 1960 de l'Assemblée Générale des Nations-Unies[1]. Ils évoquent ces résolutions, qui portent respectivement sur les principes généraux de la décolonisation et entérine le processus de réunification à venir des deux Cameroun, pour soutenir ce qu'ils qualifient de lutte « *contre l'annexion de notre patrie* [le *SouthernCameroons*] »[2], même si le concept d'annexion[3] est précis en droit international public. Depuis la répression des corporations anglophones en fin 2016 en passant par la proclamation de l'indépendance de la supposée « République d'Ambazonie » le 1er octobre 2017, puis l'arrestation en janvier 2018 au Nigéria et la condamnation en août du *leader* de l'anglophonie rebelle SisukuAyukTabe[4], la crise a viré en une phase de radicalisation extrême des camps en confrontation. Cette crise est devenue une véritable crise de gouvernance démocratique, et de partage du pouvoir. Sinon comment comprendre la place centrale, l'inscription de la question de la décentralisation dans l'agenda du GDN, avec toute une Commission dédiée sur huit créées, dialogue qui a connu deux recommandations fortes : une décentralisation accrue sur toute l'étendue du territoire, et l'octroi d'un Statut Spécial pour les deux régions en crise ? En sa phase actuelle faite d'actes de barbarie insoutenables du fait des groupes sécessionnistes comme des forces de maintien de l'ordre, l'ampleur de la radicalisation dans cette crise anglophone ne permet plus d'en comprendre clairement les contours, si ce n'est le désir de partition d'une portion du territoire par une farouche lutte armée contre le gouvernement.

Comment comprendre que plus d'une vingtaine d'années après l'adoption d'une loi constitutionnelle de sortie de crise, une guerre à

[1]Pour aller plus loin, *cf.* OLINGA A. D., « La réunification du Cameroun au regard du droit international », *in* OLINGA A. D. (dir), *op.cit*, pp. 11-36.

[2]*Cf.* Interview du président de la « République d'Ambazonie » SisukuAyukTabe dans l'Hebdomadaire international *Jeuneafrique* n° 3066 du 13 au 19 octobre 2019, p. 31.

[3]*Cf.* SALMON J. (dir), *Dictionnaire de droit international public*, Bruylant, Bruxelles, 2001, pp. 65-66; *cf.* également Article 8 bis (2.a) du Statut de Rome du 17 juillet 1998.

[4]OWONA MBIDA OTTO G., « La coopération juridique et judiciaire entre le Cameroun et le Nigéria en rapport avec la crise anglophone », *in* OLINGA A. D. (dir), *op.cit*, pp. 251-270.

visée séparatiste émerge sur une portion importante du territoire ? Avons-nous besoin de trop de scientificité pour comprendre que la crise dite anglophone est une conséquence, même partielle, des lenteurs, voire du dilatoire, observées dans la mise en œuvre sincère de la décentralisation ? Cette dernière est un processus qui est amplement perçu comme étant « *de façade* [et] *qui cache mal les tendances centralisatrices avérées du gouvernement actuel* »[1]. Il est en fait question pour les autorités de répondre à la question de savoir « *s'il est réellement possible de construire un schéma administratif rationnel reposant conjointement sur l'existence d'un Etat fort et l'affirmation d'une décentralisation qui avance* »[2] ? N'est-ce pas là un postulat contradictoire ? Il est à souhaiter que les réformes entamées, avec notamment la création le 02 mars 2018 du Ministère de la Décentralisation et du Développement Local en passant par l'octroi d'un Statut Spécial au profit des régions anglophones, réformes perçues en doctrine comme solutions possibles à la crise[3], concourent effectivement à l'atténuation si ce n'est à la résolution de cette crise.

II. Le droit constitutionnel post-transition, un instrument normatif relativement inadapté à la prévention et à la résolution des crises

Le droit constitutionnel en tant que corpus normatif régissant la dévolution et l'exercice du pouvoir, est un outil en principe propice à la prévention et la résolution des crises dans l'Etat. Nous n'insisterons pas sur des cas dans lesquels le droit constitutionnel a effectivement satisfait à sa mission de rempart aux crises. Nous allons mettre l'accent sur des éléments crisogènes, voire sur ceux susceptibles d'alimenter les crises au Cameroun. C'est ce qui justifie à ce stade la mobilisation de la problématique du consensus constitutionnel (A),

---

[1]BIGOMBE LOGO P., « Emergence et consolidation des tendances constitutionnelles au Cameroun (1990-1995) », *in* MELONE S., MINKOA SHE A., SINDJOUN L. (dir), *op.cit*, p. 7; *cf.* également NOUAZI KEMKENG C. V., *op.cit*, p. 172.

[2]MANGA ZAMBO E. J., *op.cit*, p. 296.

[3]ALIYOU S., *op.cit*, pp. 122-148, spécifiquement p. 124; NGUENA DJOUFACK A. L., *op.cit*, pp. 167 et ss.

ainsi que les fragilités qui innervent la régulatrice des crises qu'est la justice constitutionnelle (B).

A. L'antique problématique du consensus dans le constitutionnalisme post-transition

La question du consensus, si elle n'est pas directement à l'origine des crises dans la structuration et la mobilisation du droit, constitue à tout le moins une source de crises différées. Insistons sur ce principe comme préalable à la prévention et même à la résolution des crises (1), avant d'analyser sa consistance dans la création du droit (2).

1. Le principe du consensus comme préalable fondamental à la prévention des crises

Dans le champ de la dévolution démocratique du pouvoir par le truchement de l'écriture constitutionnelle, notamment, l'importance du consensus peut être perceptible à travers ces propos avisés d'Ousmane SY selon lesquels l'élection doit être l'aboutissement d'un processus préalablement engagé, le couronnement d'un processus axé sur le compromis et non son « *point de départ* »[1], l'élection étant ainsi l'exception, et le consensus, la palabre, étant la règle. Suivant son étymologie, le terme consensus, le consensualisme, vient de l'expression latine « *consensus* » qui signifie « *accord* », et renvoie à un « *accord général sur les valeurs sociales essentielles et spécialement sur le régime politique établi, ce qui a pour effets de modérer les antagonismes politiques* [...] »[2]. Si le consensus, perçu « *comme fondement du pacte politique* »[3] dans les pratiques sociales africaines peut renvoyer à un mode non formel d'adoption des Résolutions et Décisions en droit international public[4], l'orientation de cette étude commande la mise en avant du consensus au sens du droit

[1]SY O., « Les élections doivent venir couronner une recherche de compromis », *in* IRG., *Chroniques de la gouvernance 2007*, *op.cit*, pp. 48-49.
[2]GUINCHARD S., DEBARD T. (dir), *Lexique des termes juridiques*, Dalloz, Paris, 25e édition, 2017, p. 548; CORNU G. (dir), *Vocabulaire juridique*, PUF/Association Henri Capitant, Paris, 12e édition, 2018, p. 543.
[3]SINDJOUN L., « Les pratiques sociales dans les régimes politiques africains en voie de démocratisation: hypothèses théoriques et empiriques sur la paraconstitution », *op.cit*, pp. 475-476.
[4]SALMON J. (dir), *op.cit*, pp. 239-240; CORNU G. (dir), *op.cit*, pp. 543-544.

constitutionnel, en tant qu'« *une culture politique privilégiant la recherche de l'accord des individus ainsi que les théories qui pensent les conditions d'un consensus sur les valeurs démocratiques* »[1].

Du fait de la rupture de l'ordre constitutionnel dans les Etats en crise, où la norme constitutionnelle, du moins ce qui en tient lieu, n'est qu'un instrument juridique matérialisant le fruit des circonstances, des influences[2] et des rapports de forces politiques, la recherche du consensus le plus large possible est un préalable *sine qua non.* D'ailleurs, la CADEG en son article 10 (2) stipule que : « *Les Etats parties doivent s'assurer que le processus d'amendement ou de révision de leur Constitution repose sur un consensus national comportant, le cas échéant, le recours au référendum* ». Dans l'ordre juridique régional africain, et suivant une évolution incrémentale, la fondamentalité du principe du consensus est désormais consacrée. L'Organisation Internationale de la Francophonie (OIF) avait déjà recensé trois principes dans le processus d'élaboration des Constitutions, plus encore des Constitutions de sortie de crise. Il s'agit d'abord du principe « *d'ouverture* » pour l'implication de toutes les forces nécessaires, ensuite celui de « *participationcitoyenne* » déjà consacré au chapitre IV C-15 de la Déclaration de Bamako du 3 novembre 2000, et enfin le principe de « *publicité* »[3]. La proximité des deux premiers principes, pourtant distincts, est évidente avec le principe du consensus, le troisième étant important pour l'appropriation sociale du texte constitutionnel.

En faisant recours au droit étranger, relevons que le juge constitutionnel Béninois avait déjà tablé sur la notion de consensus. En effet, c'est à l'occasion de l'espèce DCC 06-074 du 8 juillet 2006 dite « *Consensus National* »[4] dans laquelle le juge était appelé à connaitre du contrôle de constitutionnalité d'une loi modifiant des

---

[1]DUHAMEL O., MÉNY Y. (dir), *Dictionnaire constitutionnel*, PUF, Paris, 1992, pp. 207-208.

[2]KAMTO M., *Pouvoir et droit en Afrique noire*, *op.cit*, p. 42.

[3]OIF., *Dynamiques constitutionnelles dans l'espace francophone. Rapport sur l'état des pratiques de la démocratie, des droits et des libertés-2016*, OIF, Paris, novembre 2016, p. 30.

[4]*Cf.* le texte de la Décision DCC 06-074 et Observations *in* SINDJOUN L., *Les grandes décisions de la justice constitutionnelle africaine. Droit constitutionnel jurisprudentiel et politiques constitutionnelles au prisme des systèmes politiques africains*, Bruylant, Bruxelles, 2009, p. 332; AÏVO F. J., « La fracture constitutionnelle: critique pure du procès en mimétisme », *in* AÏVO F. J. (dir), *op.cit*, pp. 42-43.

dispositions de l'article 80 de la Constitution Béninoise du 11 décembre 1990, telle que révisée le 7 novembre 2019, relatives au mandat des Députés, que le juge va vaguement élaborer sur le consensus. Frédéric Joël Aïvo verra dans ce « *Consensus national* », un principe à valeur constitutionnelle certes efficace, mais qui reste malgré tout « *mouvant, imprécis et équivoque* »[1]. Abdoulaye Soma[2] quant à lui, trouvera en cette Décision génitrice du « *Consensus National* » un raisonnement logique relativement à l'interprétation téléologique des dispositions du préambule constitutionnel, même si elle n'en reste pas moins audacieuse tant ce principe ne figure dans aucune disposition matérielle de la Constitution. Si le sens précis du « *Consensus National* » ne figure pas dans la Décision DCC 06-074, la Cour constitutionnelle va en préciser le sens dans les Décisions DCC 10-049 du 05 avril 2010 et DCC 10-117 du 08 septembre 2010, en considérant que « *le consensus, loin de signifier l'unanimisme, est d'abord un processus de choix ou de décision sans passer par le vote ;* [...] *il permet, sur une question donnée, de dégager par une voie appropriée, la solution satisfaisant le plus grand nombre de personnes* »[3].

C'est la raison pour laquelle la CAfDHP, à l'occasion de l'affaire *HoungueEricNoudehouenou C. République du Bénin*[4], saisie en date du 15 janvier 2020 par requête du Sieur Houngue qui contestait la loi n° 2019/40 du 07 novembre 2019 portant révision de la Constitution Béninoise et la loi n° 2019/43 du 15 novembre 2019 portant Code Electoral pour absence notamment de consensus national dans leur adoption, a jugé que l'Etat Béninois avait entre autres violé, dans le processus de révision constitutionnelle, le principe du Consensus national pourtant consacré par la CADEG et par la jurisprudence de la Cour constitutionnelle. C'est la traduction de la fondamentalité de « *l'écriture multilatérale* [donc consensuelle] *des Constitutions* »,

---

[1]AÏVO F. J., « La fracture constitutionnelle: critique pure du procès en mimétisme », *op.cit*, p. 42.

[2]SOMA A., « La loi constitutionnelle de prorogation du mandat des députés. Cour constitutionnelle, Décision DCC 06-074 du 8 juillet 2006 », *inAnnuaire béninois de justice constitutionnelle*, *op.cit*, pp. 124-125.

[3]ADÉLOUI A-J., « Loi d'abrogation de la loi sur la RENA et la LEPI. Décision DCC 10-049 du 5 avril 2010 », *Annuaire béninois de justice constitutionnelle*, *op.cit*, p. 343; Affaire *HoungueEricNoudehouenou C. République du Benin*, CAfDHP, Requête n° 003/2020, Arrêt au fond du 4 décembre 2020, paragraphe 62.

[4]Affaire *HoungueEricNoudehouenou C. République du Benin*, *op.cit*.

comme « *facteurs de réussite des transitions démocratiques* »[1] et des sorties de crise. D'un point de vue ontologique, les sociétés africaines reposent sur les vertus du dialogue, de la pratique culturelle de la palabre comme modalité de résolution des différends. Il ne saurait donc être question d'encenser les consensus de type « *dolosifs* »[2] en vogue dans nos régimes de « démocrature »[3] à peine voilée, mais d'un consensus axé sur la recherche d'équilibre entre majorité et minorité politiques. Si la nature, la qualification du processus constituant des années 1990 donne non pas du grain mais du fer à moudre à la théorie constitutionnelle, il en va de même de l'identification du consensus dans ledit processus. Nous percevons ainsi l'urgence d'un consensus sur les normes régissant le pouvoir au Cameroun, afin de taire au *maximum* les frustrations et contestations, sources de crises cycliques.

2. La faiblesse voire une certaine absence de consensus constitutionnel

Le droit constitutionnel post-transition en vigueur, principalement représenté par la loi constitutionnelle de 1996, a-t-il fait l'objet d'un consensus lors de son écriture, tant en ce qui concerne son processus que son contenu ? Cette question semble légitime, dans un contexte de démocratisation paradoxalement marqué par des crises multipolaires. Mais une amorce véritable de réponse à cette interrogation, nous le craignons, dépasserait le cadre de ces développements tant elle appelle à un retour au tumultueux contexte historique en rapport avec l'identité nationale[4] voire la question anglophone. Cette réponse ne saurait également ignorer le rôle et la lecture des partis d'opposition, des organisations de la société civiles en rapport avec les règles du jeu politique et électoral. La question du consensus, des indépendances en passant par la phase des transitions jusqu'à nos jours, permet en effet

---

[1]BESSE M., *op.cit*, pp. 1-17.

[2]SINDJOUN L., « Les pratiques sociales dans les régimes politiques africains en voie de démocratisation: hypothèses théoriques et empiriques sur la paraconstitution », *op.cit*, p. 475.

[3] BAVEREZN., « Les démocratures contre la démocratie », *Pouvoirs*, n° 169, *Les démocratures*, avril 2019, pp. 5-17; PHILIPPE X., « La légitimation constitutionnelle des démocratures », *Pouvoirs*, n° 169, 2019, pp. 33-45.

[4]SINDJOUN L., « L'imagination constitutionnelle de la Nation », *op.cit*, pp. 78-101; NOUAZI KEMKENG C. V., *op.cit*, pp. 155-181.

de comprendre quelques fondements lointains et immédiats des crises ci-avant énumérées.

Les premiers points de dissensions soulevés par l'élite contestatrice anglophone, et qu'il faut relativiser à certains égards, semblent partir de la Conférence (constitutionnelle ?) de Foumban du 17 au 21 juillet 1961 en passant par l'unification de 1972, avec la forte expression graduelle d'une duperie constitutionnelle, d'une « assimilation », d'une « marginalisation » et d'une « absorption » de la partie « anglophone » par l'entité « francophone », d'une « faible participation au pouvoir de décision et aux retombées d'importantes ressources pétrolières et agricoles tirées de son territoire », avec en point d'orgue le retrait du qualificatif « République Unie du Cameroun » au profit de la « République du Cameroun » suite à la révision constitutionnelle introduite par la loi n° 84/01 du 4 février 1984. D'où les revendications pour un retour au fédéralisme de 1961 ou suivant d'autres modalités, pour une large autonomie, une « indépendance » du « Cameroun francophone », voire une « sécession »[1] pour les protestataires les plus radicaux. Le rejet de la logique constitutionnelle de l'Etat unitaire est porté par plusieurs arguments[2] parmi lesquels l'« *inconstitutionnalité du référendum du 20 mai 1972* », sans omettre la présence problématique d'une seule étoile dorée sur le drapeau national ne reflétant pas l'essence biculturelle de la Nation Camerounaise.

En convoquant la Constitution de la République Fédérale du Cameroun du 1er septembre 1961 en son article 1er, pour en quelque sorte comprendre les points de départ de tous ces griefs soulevés par une portion des élites originaires des régions anglophones : « *La République fédérale du Cameroun est formée, à compter du 1er septembre 1961, du territoire de la République du Cameroun,* [...], *et du territoire du Cameroun méridional anciennement sous tutelle britannique,* [...] *Les langues officielles de la République fédérale du Cameroun sont le français et l'anglais* ». L'alinéa 5 de cet article 1er dispose par la suite que : « *Le drapeau : vert, rouge, jaune, à trois bandes verticales d'égales dimensions, frappé de deux étoiles d'or*

[1]EBOUSSI BOULAGA F., *op.cit*, pp. 176-177; NKOUM-ME-NTSENY L-M., *op.cit*, pp. 200-227.

[2]Pour un condensé de ces revendications, *cf.* CADHP., Communication 266/03: *Kevin MgwangaGunme et al c/ Cameroun*, *op.cit*, paragraphes 99-213; SINDJOUN L., « L'imagination constitutionnelle de la Nation », *op.cit*, pp. 87-89, p. 92; MENTHONG H-L., *op.cit*, pp. 151-157.

dans la bande verte ». Cependant, lorsqu'on revient à la loi constitutionnelle en sa version de 1996, on peut se rendre compte de ce que son article 1er, tout en cristallisant la forme « République du Cameroun » en son alinéa 1, consacre en son alinéa 5 une formule différente de celle de la Constitution Fédérale de 1961 pourtant maintenue par la Constitution du 2 juin 1972, et qui se présente désormais ainsi qu'il suit : « *Son drapeau est : Vert, Rouge, Jaune, à trois bandes verticales d'égales dimensions. Il est frappé d'une étoile d'or au centre de la bande rouge* ». Il semble que c'est de la profonde reformulation de ces éléments historiques et symboliques d'entrée en réunification des deux entités dès le 1er septembre 1961, sans faire fi de constantes pratiques du pouvoir sujettes à caution, qu'émergent de manière non absolue les dissensions exprimées dans les méandres des causes immédiate et lointaine de la crise anglophone.

Dès le début des années 1990, la question anglophone va osciller entre deux tendances discursives : une première tendance centrifuge principalement portée par le SDF qui rejetait la réforme constitutionnelle telle que proposée par le pouvoir en place et prônait un retour au fédéralisme, et une seconde tendance centripète, plus tolérante, qui s'accommodait de la réforme proposée. C'est ainsi qu'en mai 1993 lors des travaux du Comité Technique (crée par décret n° 93/134 du 17 mai 1993) chargé de la révision constitutionnelle et présidé par Joseph Owona alors Secrétaire Général à la présidence de la République, tout comme lors des travaux du Comité consultatif constitutionnel de décembre 1994 présidé par le Premier Ministre AchidiAchu, les *leaders* anglophones (EkontangElad, Carlson Anyangwe, Simon Munzu, et Foncha, TandengMuna, FruNdi, Cardinal Christian Tumi, les Bâtonniers Bernard Muna et Luke Sendze) vont boycotter[1] ses assises du fait de l'exclusion du fédéralisme de l'ordre du jour, et du constat de leur faible marge de manœuvre. Et c'est dans cet optique que s'inscrivent les propos de Bernard Fonlon suivant lesquels : « *En trois ans de réunification, grâce aux articles 5 et 6 de la constitution fédérale, plusieurs pratiques et institutions sont venues de l'Est dans l'Ouest* […], *nous serons tous Français dans deux ou trois générations* », ou encore ceux de Munzu et Anyangwe selon lesquels : « *Nous proposons un Etat fédéral composé de deux Etats anglophone et francophone pour des*

[1] NKOUM-ME-NTSENY L-M., *op.cit*, pp. 207-212; MENTHONG H-L., *op.cit*, pp. 163-164.

raisons historiques […] »[1]. Si faute de consensus le mouvement sécessionniste connait une véritable dynamique au plan international, la sécession[2] est pourtant proscrite au regard du droit constitutionnel Camerounais.

Face à cette remise en cause des fondements de l'Etat central unitaire, le Président Biya définira avec constance le canevas du débat constitutionnel sur la seule forme de l'Etat unitaire[3]. Ces postures antinomiques dans la construction d'un idéal type étatique et constitutionnel, postures quelque peu instrumentales de part et d'autre à des degrés non uniformes, rappellent au moins l'urgence de ce que le Cameroun, des cercles dirigeants jusqu'au citoyen ordinaire, à tout intérêt à se remettre à l'école de son histoire politique et constitutionnelle, à son histoire socioculturelle, au risque de subir sans discernement la manipulation et l'instrumentalisation tous azimuts. C'est d'ailleurs ce que relevait Alain Didier Olinga en traitant de quelque leçon à tirer de la crise anglophone, à savoir « *le regain d'intérêt que les Camerounais doivent avoir pour leur histoire* » car cette crise sociopolitique, poursuit-il, « *a révélé non seulement la grande ignorance ou inconscience de ces aspects historiques chez le plus grand nombre, y compris dans les cercles dirigeants ou supposés éclairés, et aussi chez les sécessionnistes et indépendantistes partisans de la lutte armée* […] »[4]. La CADHP avait déjà reconnu en mai 2009 la pertinence de certaines revendications anglophones, tout en excluant un droit à sécession des plaignants, ceci en estimant que l'Etat du Cameroun avait violé les droits consacrés aux articles 1, 2, 4, 5, 6, 7(1), 10, 11, 19 et 26 de la Charte Africaine des Droits de l'Homme et des Peuples[5] partie intégrante du droit positif Camerounais. Dès lors, n'y avait-il pas matière à considérer ces revendications, pourtant lointaines, avec davantage d'attention dans la construction d'un consensus constitutionnel national ? Même en ce qui concerne le jeu politique et électoral, il est difficile de s'accorder sur l'existence d'un consensus, tant les points de discordes relevés

---

[1]*Ibid.*, pp. 213-218; BIGOMBE LOGO P., *op.cit*, pp. 11-12.

[2]OWONA MFEGUE K. F., « Les anglophones du Cameroun et le droit à l'autodétermination et/ou à l'indépendance: perspectives actuelles », *in*OLINGA A. D. (dir),*op.cit*, pp. 37-71.

[3] MENTHONG H-L., *op.cit*, p. 169.

[4]OLINGA A. D., « La réunification du Cameroun au regard du droit international », *op.cit*, pp. 11-12.

[5]CADHP., Communication 266/03, *op.cit*, paragraphes 194, 214; POMTE-LE T., *op.cit*, pp. 138-149.

plus haut sont légions. Si « *dans la plupart des situations africaines récentes (Mali, Sénégal, Bénin), la pratique du consensus relevait moins de la bonne volonté des dirigeants que de la nécessité de la cohabitation et de l'acceptation réciproque dictée par le rapport de forces* »[1], ce postulat corrobore à la situation Camerounaise où le consensus parait plus spécieux que réel, plus imposé qu'accepté.

Au regard de cette absence de consensus autour du processus et du contenu constitutionnels post-transitions, la « *Constitution de BIYA* » pour EkontangElad du SCNC, le Cardinal Tumi dira le 8 mars 1996 de cette nouvelle loi constitutionnelle qu'elle « *n'a pas examiné profondément le problème anglophone qui est devenu national, il aurait été judicieux de prévoir dans la Constitution une disposition qui traite clairement du problème anglophone* » mais « *malheureusement il n'en est rien* », et « *tôt ou tard il faudra une nouvelle Constitution* »[2]. Il faut tout de même constater que depuis les années 1972 tout au moins, l'idéologie officielle des régimes des Présidents Ahidjo et Biya a toujours nourri une hostilité certaine envers la question du fédéralisme comme forme de l'Etat. Cette invalidation officielle de la forme fédérale, et quelquefois instrumentalisé[3], actée par le processus constitutionnel de 1996 au profit de la forme unitaire, a également été formulée lors du lancement du GDN.

Aux termes de l'article 5 (2) de la loi constitutionnelle de 1996, le Président de la République est : « *Élu de la Nation toute entière, il incarne l'unité nationale* ». Si cette disposition ne pose pas le principe du consensus, elle devrait constituer, par déduction tout au moins, une

---

[1]SINDJOUN L., « Les pratiques sociales dans les régimes politiques africains en voie de démocratisation: hypothèses théoriques et empiriques sur la paraconstitution », *op.cit*, p. 476.

[2]Cité par NKOUM-ME-NTSENY L-M., *op.cit*, p. 222.

[3]Notons qu'en prélude à ce GDN au mois de mai 2019, le Premier Ministre, élite anglophone nommée le 4 janvier 2019, avait effectué une tournée dans les zones anglophones, en portant une offre de dialogue du Chef de l'Etat. Cette offre en vue de résoudre la crise se proposait alors d'aborder toutes les questions qui fâchent, à l'exclusion de la sécession. Sauf qu'une autre élite originaire de la zone anglophone, en l'occurrence le Ministre de l'Administration Territoriale nommé le 2 mars 2018, ira contredire le Premier Minsitre et donc le Chef de l'Etat, en affirmant sur un média international le 17 mai 2019 que « nous ne discuterons pas de la forme de l'Etat ». Toutes choses qui traduisent un manque de cohésion gouvernementale et une dialectique conflictuelle dans une définition instrumentale de l'identité nationale, entre un centre étatique pro-unitaire et une périphérie étatique contestatrice et hétérogène, mais surtout pro-fédéraliste voire fortement décentrée.

justification à l'existence dudit consensus dans l'adoption des normes de dévolution et d'exercice du pouvoir. Parce que l'institution présidentielle incarne l'unité nationale, les normes régissant ladite institution et bien d'autres devraient revêtir un important consensus, de manière à créer l'adhésion si ce n'est de toutes les entités micro-nationales et sensibilités politiques, du moins de la grande majorité d'entre elles. C'est dire que dans le cadre de la loi constitutionnelle de 1996, la mise en place d'un véritable consensus reste possible. D'ailleurs, Luc Sindjoun déconseille d'appréhender la démocratie « *sans hétérogénéité de la société nécessitant la recherche d'un consensus minimal et relatif, étant entendu qu'il existe des différences de degré et de nature dans l'expression et la gestion des désaccords et des clivages* »[1].

Dans le contexte du Bénin sus-évoqué avec non seulement avec la Décision DCC 06-074 dite « *Consensus national* » mais aussi avec la Décision DCC 11-067 du 20 octobre 2011 dite « *Options fondamentales de la conférence nationale* »[2], on a pu observer une Cour constitutionnelle s'ériger en gardienne de la Constitution, en invalidant des lois tendant à la modification des clauses constitutionnelles objets de consensus. Bien que son caractère audacieux soit relevé, cette Décision DCC 06-074 va donner lieu à une analyse critique de Luc Sindjoun[3], analyse dans laquelle il déconstruit le raisonnement de la Cour autour de ce principe du « *Consensus national* » qui, selon cet auteur, n'a jamais existé durant la conférence des forces vives de la nation de février 1990; ceci compte tenu notamment du fait que l'adoption de la Constitution du 11 décembre 1990 était la résultante d'un rapport de force très défavorable au Président Kerekou. En corroborant cette analyse pour ce qui est du rapport de force, nous soutenons cependant la thèse de l'existence d'un consensus dès lors que l'adoption de ladite Constitution, dont le contenu était axé sur la rupture d'avec l'ordre autoritaire d'alors, semblait emporter la satisfaction du plus grand nombre au sens du juge constitutionnel.

---

[1]Cité par MOUICHE I., *Démocratisation et intégration sociopolitiques des minorités ethniques au Cameroun*, *op.cit*, p. 21.

[2]AÏVO F. J., « La fracture constitutionnelle: critique pure du procès en mimétisme », *op.cit*, pp. 41-44. SINDJOUN L., *Les grandes décisions de la justice constitutionnelle africaine*, *op.cit*, pp. 311-337.

[3]SINDJOUN L., *Les grandes décisions de la justice constitutionnelle africaine*, *op.cit*, pp. 334-337.

En fait de consensus autour de l'adoption de la loi constitutionnelle post-transitions de janvier 1996, il s'est en fait agi d'une tromperie sur l'offre politique dictée par le rapport de force prédominant entre forces politiques en présence, un rapport de force structuré en faveur d'une maîtrise présidentielle[1] du processus comme du contenu de la transition, tant « *le droit de la transition démocratique n'est créé de manière autonome, sous le coup d'un désintéressement politique, de l'engagement sans arrière-pensées des "démocrates par conviction"* »[2], pour emprunter à Sindjoun et OwonaNguini. Une option politique somme toute malheureuse qui, comme le contexte crisogène du Cameroun nous le démontre, ne peut que déboucher sur des crises à venir, lorsqu'elles ne sont pas spontanées à la suite d'un tel défaut sur l'offre de changement institutionnel et démocratique. Même en convoquant l'entrée au gouvernement du 6 avril 1992[3] par les *leaders* des formations politiques à l'instar de l'Union Nationale pour la Démocratie et le Progrès (UNDP), de l'Union des Populations du Cameroun (UPC) et du Mouvement pour la Défense de la République (MDR), il serait en principe difficile d'avancer l'idée d'un consensus en vue de la formation d'un gouvernement consensuel ou d'union national avec pour finalité la sortie de crise. Cette entrée au gouvernement, juridiquement valide, s'inscrivait surtout dans une dynamique politique des jeux d'intérêts partisans du « donnant-donnant », et dans celle d'un calcul politico-stratégique de fragmentation de l'opposition en vue de la consolidation d'un pouvoir présidentiel alors vacillant et en quête de majorité parlementaire. En réalité dans la mouvance de la tripartite de novembre 1991, en passant par celle du GDN, certaines formations politiques de l'opposition se sont toujours laissé aller au jeu de leur fragmentation par le pouvoir central, dans l'espérance d'une future participation au gouvernement dit d'union nationale. Pour un consensus sincère, le *leadership* politique doit être imprégné de modération et de conscience de gain réciproque, comme nous l'enseigne la transition Sud-Africaine ayant permis une sortie de l'Apartheid du fait de bonnes dispositions du Président Frederick De Klerk et de Nelson Mandela.

---

[1]MIAFO DONFACK V., « Le Président de la République et les Constitutions du Cameroun », *in* MELONE S., MINKOA SHE A., SINDJOUN L. (dir), *op.cit*, pp. 252-281; NKOUM-ME-NTSENY L-M., *op.cit*, pp. 216 et ss.

[2]SINDJOUN L., OWONA NGUINI M. E, *op.cit*, p. 231.

[3]MACHIKOU N., « La fabrique du "bon gouvernement": scène constituante et instituante au Cameroun (1972-2002) », *Afrilex*, janvier 2016, note 63, p. 24.

Comme pour faire la preuve de ce que nos Etats africains sont encore inscrits dans un processus de transition démocratique, Babacar Kanté soutient l'idée selon laquelle « *sur les cinquante-quatre Etats du continent noir, environ trente-six soit les deux tiers* [...] », sinon un peu plus à la lumière du contexte sociopolitique africain de l'heure, « [...] *connaissent aujourd'hui une crise, une tension ou un conflit ouvert ou latent* »[1].Jacques Chevallier[2] et Maurice Kamto[3] l'analyseront sous l'angle causal de la dénaturation de l'Etat du fait des fondements fragiles et travestis, un phénomène prégnant en Afrique noire d'expression française, sous diverses formes d'« *Etat totalitaire* », d'« *Etat autoritaire* », d'Etat failli ou fragile, d'« *Etat mou* » de Gunnar Myrdal, où le droit constitutionnel post-transition déchante[4], à l'évidence. Comme solution crédible axée sur le compromis, sur le consensus, une part de la doctrine à laquelle nous adhérons considère que « *seul le Consociationnisme constitutionnel* [...] »[5] peut permettre d'atténuer si ce n'est de résoudre le problème de la diversité. Michel Alliot ne pouvait donc qu'avoir raison, lorsqu'il posait l'idée selon laquelle « *le droit est à la fois lutte et consensus sur les résultats de la lutte dans les domaines qu'une société tient pour vitaux* », en l'espèce l'écriture de la norme fondamentale. Et l'idée des cycles constitutionnels ferait donc référence aux caractéristiques du droit décrites par cet auteur, pour qui « *ni le lien à un État, ni la formulation de règles, ni la rationalité ne sont donc des caractéristiques du droit, mais bien plutôt la lutte et le consensus sur ses effets. Leur résultat dans les domaines qu'une société tient pour vitaux, voilà le droit* »[6]. L'absence d'un consensualisme entretenu dans le silence du juge constitutionnel, une gouvernance non démocratique et autoritaire de l'Etat ne permettent en rien la résolution des crises.

---

[1]Cité par KPENONHOUN C., « Les délais constitutionnels applicables aux élections nationales dans les Etats d'Afrique de l'Ouest francophone », *Revue béninoise de science politique*, Vol. I, n° 1, mai 2017, p. 145.
[2]CHEVALLIER J., *L'Etat*, Dalloz, Paris, 2ème édition, 2011, pp. 84-89.
[3]KAMTO M., « Crises de l'Etat et réinvention de l'Etat en Afrique », *op.cit*, pp. 51-113.
[4]ALLAL A., VANNETZEL M., « Introduction au thème. Des lendemains qui déchantent ? Pour une sociologie des moments de restauration », *Politique africaine*, n° 146, *Restaurations autoritaires ?*, 2017/2, pp. 5-28.
[5]*Cf.* BIGOMBE LOGO P., *op.cit*, p. 13-14.
[6]*Cf.* EBERHARD C., *op.cit*, p. 91.

B. Les fragilités inhérentes à la justice constitutionnelle

L'analyse de la justice constitutionnelle ne saurait se départir de la prise en compte du facteur temps, qui constitue en l'espèce une « variable déterminante », pour emprunter à Marie-Anne Cohendet[1]. L'on sait désormais avec Luc Sindjoun, que l'on soit en situation de relative stabilité ou de sortie de crise, « *La justice constitutionnelle* [tout comme la question constitutionnelle] *est une activité sociale qui peut difficilement être comprise en dehors du temps* »[2]. Les fragilités de ladite justice qui sont nombreuses, peuvent être synthétisées en deux idées, toutes en rapport avec le facteur temps, sous la haute maîtrise de l'institution présidentielle. Il s'agit d'un temps qu'on peut qualifier de latence (1), et un temps de mise en effectivité peu propice à l'optimisme (2).

1. Un temps de latence paradoxale de la justice constitutionnelle

Evoquer l'idée de latence de la justice constitutionnelle en rapport avec le temps, revient à prendre en compte deux intervalles de temps bien distincts. Le premier va de la Constitution Fédérale du 1er septembre 1961 (articles 14, 33 et 34) jusqu'à la Constitution du 2 juin 1972 (articles 10 et 33), tandis que le second part de l'adoption de la loi constitutionnelle de 1996 jusqu'en février 2018. Si la latence, l'hibernation voire l'inhibition du Conseil constitutionnel en contexte autoritaire explicite des années 1960 jusqu'au milieu des années 1990 a fait l'objet d'études[3] sur lesquelles nous n'insisterons pas, ce ne sera évidemment pas le cas avec le Conseil constitutionnel institué en 1996. Et dans l'optique de compléter les dispositions

---

[1]COHENDET M-A., « Le système de variables déterminantes », *inConstitutions et pouvoirs, Mélanges Jean GICQUEL*, Montchrestien, Paris, 2008, pp. 119-134.

[2]SINDJOUN L., « Les dynamiques de la justice constitutionnelle en Afrique: histoires du chêne et du roseau », *in* AUVERGNON P., BOKALLI V. E., BOUKONGOU J. D. et al. (dir), *De l'esprit du droit africain*, *op.cit*, 669-683; BIGOMBE LOGO P., *op.cit*, p. 6.

[3]DONFACK SOKENG L., « Cameroun: Le contrôle de constitutionnalité des lois hier et aujourd'hui. Réflexion sur certains aspects de la réception du constitutionnalisme moderne en droit camerounais », *in* MELONE S., MINKOA SHE A., SINDJOUN L. (dir), *op.cit*, pp. 362-386; NGUELE ABADA M., « Le contrôle de constitutionnalité des lois au Cameroun », *in* ONDOUA A. (dir), *op.cit*, pp. 45-82; WANDJI J. F., *La justice constitutionnelle au Cameroun*, MENAIBUC, Paris, 2015, pp. 20-23.

constitutionnelles relatives audit Conseil, le législateur va adopter dès 2004 une série de lois organiques à cet effet. Il s'agit de la loi n° 2004/004 du 21 avril 2004 portant organisation et fonctionnement du Conseil constitutionnel, modifiée par la loi n° 2012/015 du 21 décembre 2012. La loi n° 2004/005 du 21 avril 2004 portant statut des membres du Conseil viendra parachever ce processus. Il n'est donc pas question de soutenir que depuis l'institutionnalisation du Conseil constitutionnel, l'inertie totale avait gagné les pouvoirs publics. Toutefois, convenons et partons du postulat non moins scientifique selon lequel :

« *Comme toute activité sociale, la justice constitutionnelle subit l'influence du temps dans lequel elle s'insère. Il ne s'agit pas ici du temps physique capté par les horloges et les calendriers pour fixer la période de déroulement de l'activité judiciaire, sa durée ou encore les délais auxquels sont soumis les requérants et les juges. Le temps dont il est question dans notre réflexion, c'est le temps social en tant que succession ou flux d'évènements d'une nature particulière influençant; c'est un temps dont le symbole est éminemment politique et peut être traduit soit sous la forme de l'ordre, soit sous celle de la crise et du désordre* »[1].

On peut légitimement s'interroger sur les raisons ayant nourri un tel temps de latence, dans un environnement où les crises à caractères politique et identitaire étaient une réalité, et avaient déjà été annoncées par la doctrine juridique et sociopolitique, dans le cadre de l'encadrement du processus tumultueux et vicié de décolonisation par le droit international, et dans celui de la naissance problématique du constitutionnalisme post-transition. A titre illustratif Alain Didier Olinga, en abordant « *La crise anglophone sous le prisme du droit international* »[2], a bien souligné l'encadrement bridé du processus de réunification du Cameroun oriental et du Cameroun occidental par le droit international d'alors ainsi que par l'élite politique, sur fond d'un contentieux historique qui couve toujours. Un encadrement discutable à plusieurs égards, qui ne saurait être non déterminant dans la compréhension de la crise anglophone. Nous pouvons également évoquer à titre majeur les incohérences, la duplicité voire la tromperie politique de l'acteur central que fut le Président de la République,

---

[1]SINDJOUN L., « Les dynamiques de la justice constitutionnelle en Afrique: histoires du chêne et du roseau », *op.cit*, p. 669.

[2]OLINGA A. D., « La réunification du Cameroun au regard du droit international », *op.cit*, pp. 11-36.

dans le choix unilatéral des interlocuteurs prédominants, dans la mobilisation de l'agenda et la mise œuvre du processus de transition démocratique, et dont les multiples crises en cours constituent un corollaire. Nous constatons ainsi la continuité de la dialectique entre moments de régulation et de dérégulation, moments d'ordre et du désordre, « *considérés comme deux symboles du temps social et politique*. [… du] *temps de la transition ou de la sortie de crise* »[1].

La justice constitutionnelle, même si elle n'a pas vocation à se saisir de tous types de conflits conformément aux articles 46 à 48 de la loi constitutionnelle de 1996, avait en fait matière à jouer sa part de rôle dans la réduction si ce n'est la résolution des crises, si elle eut été conçue, effective et saisie dans ce sens. A notre sens, il existait déjà d'importantes raisons, au regard du droit *ante* transition et post-transition, pour lesquelles l'effectivité d'une justice constitutionnelle en tant qu'ultime régulatrice des questions de constitutionnalité et des crises politiques et institutionnelles, d'un point de vue formel tout au moins, était nécessaire. Si la notion d' « *opportunisme* » mobilisée en rapport avec le temps ne saurait renvoyer à la seule soumission à ce dernier, elle signifie aussi « *appropriation et réinterprétation du temps; il* [en référence à l'opportunisme] *est aussi prise de risque face à l'incertitude constitutive du temps de la transition ou encore de la sortie de crise: l'office du juge constitutionnel consiste alors à stabiliser et à rendre intelligible par la magie du droit une conjoncture mouvante* »[2]. Et avec des questionnements logiques, il faudra attendre le début d'année 2018 pour assister à la mise en fonctionnement du nouveau Conseil constitutionnel.

2. Un temps de mise en effectivité peu optimiste en vue de la résolution des crises

La justice constitutionnelle instituée en janvier 1996, et bien qu'effective depuis 2018 avec des décrets présidentiels n° 2018/105 du 7 février 2018 portant nomination des membres du Conseil constitutionnel et n° 2018/106 du 7 février 2018 portant nomination du président du Conseil constitutionnel, a fait l'objet de saisine

[1]SINDJOUN L., « Les dynamiques de la justice constitutionnelle en Afrique: histoires du chêne et du roseau », *op.cit*, p. 669.
[2]*Ibid.*, p. 670.

scientifique par des auteurs[1] tels Jérôme Francis Wandji, Luc Sindjoun, Alain Didier Olinga, Léopold DonfackSokeng, Marcelin Nguelé Abada, Amadou Nchouwat et Eric Marcel NgangoYoumbi, notamment. De janvier 1996 à février 2018, en réalité depuis la Constitution du 2 juin 1972, la justice constitutionnelle était rendue par la Cour Suprême conformément aux dispositions des articles 10 et 33 de la Constitution de 1972, et de l'article 67 (4) de la loi constitutionnelle de janvier 1996. L'absence de délais impératifs dans la mise en place des nouvelles institutions, sera perçue en doctrine comme une omission « *involontaire ou délibérée* » favorable à l'irruption « *d'insécurité juridique* »[2]. Sans qu'ils n'en soient des justificatifs pertinents à notre sens, on peut comprendre les arguments[3] financiers et de progressivité qui donnent de comprendre que le Conseil constitutionnel intervient après la mise en effectivité du Sénat en 2013. Nous remarquons au passage que l'année 2018 et même l'année 2020, étaient des années électorales. C'est dire qu'en attendant la mise en place effective du Conseil constitutionnel entre janvier 1996 et févier 2018 sur fond de retard stratégique au sens de la doctrine politiste[4], la justice constitutionnelle et ses nombreuses

---

[1]WANDJI J. F.,*op.cit*, 253 p; SINDJOUN L., *Les grandes décisions de la justice constitutionnelle africaine*, *op.cit*., pp. 552-553; OLINGA A. D., *La Constitution de la République du Cameroun*, PUCAC, Yaoundé, 2e édition, 2013, pp. 118-139; OLINGA A. D., « Justice constitutionnelle et contentieux électoral: quelle contribution à la sérénité de la démocratie élective et à l'enracinement de l'Etat de droit ? Le cas du Cameroun », *op.cit*, pp. 1-18; DONFACK SOKENG L., « Cameroun: Le contrôle de constitutionnalité des lois hier et aujourd'hui. Réflexion sur certains aspects de la réception du constitutionnalisme moderne en droit camerounais », *op.cit*, pp. 362-405; NGUELE ABADA M., « L'indépendance des juridictions constitutionnelles dans le constitutionnalisme des Etats francophones post guerre froide: l'exemple du conseil constitutionnel camerounais », *Palabres actuelles*, *Revue de la Fondation Raponda Walker pour la science et la culture*, n° 4, 2010, pp. 57-80; NCHOUWAT A., « Le mode de désignation des membres des conseils constitutionnels: un enjeu électoraliste dans les Etats d'Afrique noire à l'ère du pluralisme politique ? », *Revue Juridique et Politique*, n° 1, 2017, pp. 73-100; NGANGO YOUMBI E. M., *op.cit*, pp. 1377-1392.

[2] BILOUNGA S. T., *op.cit*, pp. 108-109, p. 131.

[3]DONFACK SOKENG L., « Bonne gouvernance, Etat de droit et développement durable: approche critique de la réforme de l'Etat en Afrique », *Revue trimestrielle de droit et des activités économiques*, n° 2, avril-juin 2007, p. 285.

[4]OWONA NGUINI M. E., MENTHONG H-L., « "Gouvernement perpétuel" et démocratisation janusienne au Cameroun (1990-2018) », *Politique africaine*, n° 150, *Cameroun, l'Etat stationnaire*, juin 2018, p. 103.

incohérences juridiques[1] était toujours exercée à titre transitoire[2] par une Cour Suprême non spécialisée. C'est la raison pour laquelle, au regard de cet état des choses, Amadou Nchouwat[3] avait posé un questionnement sur le mode de désignation des membres des Conseils comme enjeu électoraliste à l'ère du pluralisme politique. Il n'est donc pas surprenant que dans d'importants travaux portant sur la jurisprudence constitutionnelle africaine, à l'instar de la production de Luc Sindjoun[4] datant de 2009, la jurisprudence constitutionnelle Camerounaise y occupe une place insignifiante, si ce n'est l'arrêt n° 118/CEL/2007 du 7 août 2007, affaire *Kwemo Pierre C. Etat du Cameroun*, évoqué à titre incident par l'auteur relativement aux législatives du 22 juillet 2007.

Mais après avoir fait ce constat, il faut relever que les choses sont en évolution justement depuis 2018, avec les premières décisions rendues par le Conseil constitutionnel en matière électorale. Cependant, ce nouveau Conseil, au regard tant de sa composition contestable que de ses premières décisions rendues tout aussi discutables, n'emporte pas considérablement l'adhésion de la doctrine comme de la classe politique. Le nouveau Conseil, en droite ligne d'avec la création et la mise en œuvre instrumentales des droits africains[5], lorsqu'il n'est pas perçu sous le prisme de « *la grande désillusion* »[6] après de longues années de gestation, est perçu comme étant une juridiction complaisante[7] dans son office, principalement à la lumière des décisions rendues à l'occasion du contentieux postélectoral d'octobre 2018. On peut en effet revenir sur une analyse

---

[1]OLINGA A. D., « Justice constitutionnelle et contentieux électoral: quelle contribution à la sérénité de la démocratie élective et à l'enracinement de l'Etat de droit ? Le cas du Cameroun », *op.cit*, pp. 3-4.

[2]*Cf.* article 67 (4) de la loi constitutionnelle Camerounaise du 18 janvier 1996.

[3] NCHOUWAT A.,*op.cit*, pp. 73-100.

[4]SINDJOUN L., *Les grandes décisions de la justice constitutionnelle africaine*, *op.cit*, pp. 552-553. Le constat est également fait *in* KEUDJEU DE KEUDJEU J. R., « L'effectivité de la protection des droits fondamentaux en Afrique subsaharienne francophone », *Revue CAMES/SJP*, n° 001, 2017, p. 125.

[5]DARBON D., « "Un royaume divisé contre lui-même..." La régulation défaillante de la production du droit dans les États d'Afrique noire », *in* DARBON D., DU BOIS DE GAUDUSSON J. (dir), *op.cit*, pp. 101-129.

[6] NGANGO YOUMBI E. M., *op.cit*, pp. 1377-1392.

[7]LADEM SONTIA W., *Constitutions post-transitions et démocratie en Afrique*, *op.cit*, pp. 503-544.

critique[1] des décisions rendues en rapport avec l'environnement de l'élection présidentielle du 7 octobre 2018 à l'occasion de trois affaires[2], ceci non seulement au regard de la loi constitutionnelle de 1996 en ses dispositions pertinentes, mais aussi des instruments juridiques internationaux ratifiés par l'Etat du Cameroun.

Indépendamment de l'orientation de ces décisions rendues au contentieux postélectoral d'octobre 2018, et dans une méconnaissance criarde des instruments juridiques internationaux dûment ratifiés, il nous semble que le juge à ces occasions n'a pas suffisamment fait œuvre de pédagogie. La convocation et le déroulement des élections municipales mais surtout législatives du 9 février 2020 en contexte de crise, peut tout aussi permettre de questionner l'office de ce juge alors « en situation ». La posture du juge constitutionnel, juge institué par le politique dans un contexte précis et suivant une finalité plus politique que juridique qui est tout aussi propre, il faut pouvoir le dire, relève d'une logique contextuelle aussi prédéterminée que consciente. C'est pourquoi Luc Sindjoun va relever de manière lucide que le juge constitutionnel :

« *est un juge en situation. Il s'agit d'un juge réaliste, soit parce que privilégiant la réalité contre des principes, soit parce que faisant preuve de positivisme dans l'application du droit. Ce juge est devenu une véritable figure du pouvoir, légitimée par la rhétorique de la démocratie et de l'Etat de droit. Le comprendre, au sens de Max Weber, ne veut pas dire ratifier ses positions: il s'agit de le considérer comme un acteur raisonnable qui agit en fonction de ses intentions et de sa compréhension du monde social. Ce juge n'est pas un démiurge juridique qui rationalise tout et maîtrise toutes les conséquences de ses décisions, mais n'est non plus un idiot juridique inconscient. Saisir le sens subjectif qui émane des décisions de justice constitutionnelle est une posture heuristique* »[3].

---

[1]NGANGO YOUMBI E. M., *op.cit*, pp. 1377-1392; LADEM SONTIA W., *Constitutions post-transitions et démocratie en Afrique*, *op.cit*, pp. 479-544.

[2]*Kamto Maurice c/ Conseil constitutionnel, CC n°024/CE/CC/2018* du 16 octobre 2018, *Kamto Maurice c/ ELECAM, RDPC, UDC, FPD, ADD, MCNC, PURS, n°29/G/SGCER/CC/2018* du 17 octobre 2018 et *Joshua MabangiOsih (SDF) c/ ELECAM, RDPC, ADD, PURS, FPD, UDC, MCNC, CC n°30/CE/CC/2018* du 18 octobre 2018. *Cf.* NGANGO YOUMBI E. M., *op.cit*, pp. 1377-1392. *Cf.* NGANGO YOUMBI E. M., *op.cit*, pp. 1377-1392.

[3]SINDJOUN L., « Les dynamiques de la justice constitutionnelle en Afrique: histoires du chêne et du roseau », *op.cit*, p. 683.

Mais peut-on véritablement apprécier de la qualité des décisions rendues par une juridiction qui compte vingt-cinq années d'existence, parmi lesquelles à peine quatre d'effectivité, et en tirer des conclusions objectives ? Là encore le recours à l'excuse du temps, qui devra certainement permettre à la haute juridiction d'ancrer sa jurisprudence pour une meilleure compréhension, semble s'imposer. Le droit constitutionnel post-transition est en principe permanent, et les crises multiformes qui concourent à l'érection d'un juge « en situation » sont passagères, sans toutefois en être transitoirement définitives, nous l'espérons.

A l'évidence, le juge constitutionnel ne peut que se déployer dans son champ de compétences traditionnelles, champ par lui interprété de manière restrictive, qui n'intègre pas toujours la résolution de certaines crises sociopolitiques, au-delà même de son rôle de juge électoral et du fonctionnement régulier des institutions. N'en demeure pas moins que ledit juge peut toujours se prononcer sur ces crises sociopolitiques même à titres incident et pédagogique, à l'occasion de sa saisine sur les questions de constitutionnalité en rapport avec lesdites crises teintées des sceaux de la complexité et de la continuité. Si les incohérences et les travestissements du droit constitutionnel sont sources de crises au Cameroun, une sociologie historique des crises sociopolitiques nous renseigne de ce qu'en vue de leur résolution, les solutions formulées par le droit constitutionnel sont bien souvent insuffisantes voire inopérantes selon les cas. Ne passons pas sous *omerta* l'ignorance quasi rituelle du droit international pourtant envahissant, particulièrement du Droit International des Droits de l'Homme[1] par le juge constitutionnel Camerounais, par le juge ordinaire et par la pratique administrative, dans la prévention et la résolution des conflits politiques. Si cette inefficience des solutions constitutionnelles peut connaitre une certaine réalité dans des Etats où la justice constitutionnelle est effective depuis des décennies, elle semble bien plus accentuée dans un Etat qui expérimente depuis quatre années l'effectivité d'une justice constitutionnelle spécialisée,

---

[1]ATANGANA MALONGUE T., « Le juge camerounais et le droit international », *in* ATANGANA AMOUGOU J-L. (dir), *op.cit*, pp. 309-334, spécifiquement p. 334; DONFACK SOKENG L., « Le Cameroun et les conventions internationales relatives aux droits de l'homme », *in* ATANGANA AMOUGOU J-L. (dir), *op.cit*, p. 135; MAHOUVE M., « Le Cameroun et les organes internationaux de contrôle des droits de l'homme », *in* ATANGANA AMOUGOU J-L. (dir), *op.cit*, p. 175.

justice qui parait de surcroit complaisante dans sa composition comme dans son fonctionnement.

En effet, à l'observation et à l'analyse des crises sociopolitiques qu'ont connues et qu'à certains égards connaissent toujours la RCA, le Tchad, le Niger, le Rwanda dès octobre 1990, la RDC, l'Angola, le Mozambique, la Côte d'Ivoire, le Mali, le Burkina-Faso, le Libéria, la Somalie, l'Ethiopie, le Soudan, leur résolution ou tentative de résolution ont très souvent fait intervenir des procédés politiques nationaux et internationaux, du fait non seulement de la complexité des crises, mais aussi et surtout de la prégnance d'éléments d'extranéité qui concourent à l'internationalisation des crises. Dans le cas de la crise anglophone où le juge constitutionnel n'opère pas, nous pouvons questionner la provenance des armes qui alimentent le conflit, la présence d'instigateurs et d'éventuels supports financiers dans des Etats étrangers, l'ampleur des crimes insoutenables imputables aux belligérants et qui suscitent l'applicabilité[1] du droit international humanitaire, les abus, actes inhumains et dégradants, la croissance régulière des personnes déplacées et réfugiées qui interpelle nécessairement la mouvante « communauté internationale » ne serait-ce que *via* la problématique transnationale des droits de l'Homme. Ceci, dans un Etat qui adhère théoriquement et dans une certaine constance à la philosophie internationale des droits de l'Homme[2], avec la constitutionnalisation des principaux instruments philosophiques et juridiques relatifs aux droits de l'Homme.

Ne perdons pas de vue que dans les relations bilatérales et multilatérales que l'Etat du Cameroun entretient avec d'autres Etats et Organisations internationales, l'institutionnalisation et la prégnance des obligations objectives de référence internationale que constituent notamment l'Etat de droit démocratique, les droits de l'homme ainsi que le droit international humanitaire, invitent les Etats étrangers à s'intéresser et à se prononcer sur les crises internes. Des crises qui fragilisent substantiellement les Etats, avec certains Etats qui ne sont plus qu'Etats de nom, et conduisent fatalement ces derniers à solliciter

---

[1]ATEMENGUE J. de N., « Droit international humanitaire et crise anglophone au Cameroun: quelle applicabilité ? », *in* OLINGA A. D. (dir),*op.cit*, pp. 165-180.

[2]KAM YOGO E., « L'influence du droit international des droits de l'homme sur la loi constitutionnelle du 18 janvier 1996 », *in* ONDOUA A. (dir), *op.cit*, pp. 167-184; MOUELLE KOMBI N., « La loi constitutionnelle camerounaise du 18 janvier 1996 et le droit international », *in* MELONE S., MINKOA SHE A., SINDJOUN L. (dir), *op.cit*, pp. 126-144.

des soutiens financiers sous forme d'emprunts auprès des partenaires internationaux et institutions financières internationales afin d'assumer les missions régaliennes. Le propos, qui n'est pas ici axé sur l'exaltation d'une certaine ingérence internationale dans les affaires internes, relève d'une démarche lucide mais surtout réaliste dans l'appréhension du droit et des relations internationales des Etats en crise et à souveraineté poreuse. Mais la question de fond, et qui est structurelle, réside dans la capacité voire la capacitation des Etats africains dont celui du Cameroun, à sauvegarder de manière optimale leurs intérêts dans ces rapports de coopération internationale, et donner par-là même une substance certaine à la notion de souveraineté étatique dans un concert des Nations nécessairement interdépendantes. Est-ce possible d'envisager de résoudre les crises Camerounaises, en particulier la crise anglophone, sans associer principalement à la démarche, même à titre symbolique, les Etats Allemand, Français, de Grande Bretagne et du Nigéria, les Etats-Unis d'Amérique, l'Organisation des Nations-Unies voire l'Union Africaine, ceci quand on sait les liens historiques et conjoncturels que ces Etats et Organisations ont entretenu et entretiennent jusqu'à date avec le Cameroun ?

Toujours dans la compréhension des ressorts internationaux de résolution des crises, le Parlement Européen demandera au gouvernement Camerounais en avril 2019, avec le concours d'autres Etats, « *d'organiser un dialogue politique ouvert à toutes les tendances, afin de trouver une solution pacifique et durable à la crise dans les régions anglophones; demande à la communauté internationale d'offrir des services de médiation afin de faciliter ce dialogue national pour la paix* », et à défaut de prendre de telles mesures concertées, « *la crise au Cameroun devra être portée à l'attention du Conseil de sécurité des Nations unies* »[1]. Une Résolution qui avait alors été mal accueillie par les autorités Camerounaises qui y relevaient une absence d'objectivité. Relevons que pour les partisans de la sécession, « *le conflit qui nous* [en référence au *SouthernCameroons*] oppose à la République du Cameroun « *estd'ordre international* » et ne saurait par conséquent être résolu dans le cadre d'un Dialogue National qui est « *un non-événement* » et auquel les sécessionnistes n'auraient pas pris part, ceci

[1]Résolution du Parlement Européen du 18 avril 2019 sur le Cameroun, paragraphes 7 et 8.

dans la mesure où « [...] *ces négociations doivent être conduites par une structure indépendante, impartiale et crédible, se dérouler en territoire neutre et s'attaquer aux causes profondes du conflit. Il faudrait qu'un mécanisme garantisse la mise en œuvre des résultats. L'ONU a la possibilité et le devoir de mettre un terme à ce conflit* »[1]. Si pour un sécessionniste radical en exil, « *Ce monologue* [le GDN] *n'était qu'une opération de relation publique* », dans certaines chancelleries occidentales[2] il est tout de même soutenu une posture assez expressive.

Reste donc à savoir si l'Etat du Cameroun, qui nous semble désormais un Etat de plus en plus fragile, dispose d'arguments de puissance nécessaires dans la conduite des relations internationales, pour se soustraire de ces ingérences internationales et traiter de la résolution de la crise anglophone sous le seul prisme du « domaine réservé » de l'Etat. Une crise, pour ne pas parler de guerre, qui, à l'instar de nombreuses crises analogues, alimente une féconde économie formelle et souterraine de la guerre, aussi bien au plan national qu'au plan international. Ceci quand on sait avec Jean Emmanuel Pondi que l'industrie de l'armement, « *la reine des industries* », est générée à 80%[3] par les Etats membres permanents du Conseil de sécurité des Nations-Unies. Si le droit constitutionnel, dans son initiative comme dans son contenu est tributaire des fameuses conditionnalités internationales[4], sous réserve des réceptions

---

[1]*Jeuneafrique* n° 3066 du 13 au 19 octobre 2019, *op.cit*, pp. 30-31.

[2]« *Il va falloir davantage pour regagner la confiance des populations et isoler les combattants. Comment peut-on penser résoudre cette crise en cinq jours de débats écrits d'avance ?* [...] *la libération d'AyukTabe est indispensable. Même si Biya décidait d'une action de l'armée, en espérant que la population ait basculé de son côté, il ne peut pas gagner militairement face à cette guérilla* ». *Cf.Jeuneafrique* n° 3066, *op.cit*, p. 29.

[3]PONDI J. E. et al., « Gouvernance et communication mondiales: quelle chance pour l'Afrique ? », *in* Journées de Communication du CERDOTOLA, *Pour un Homme africain fier de sa Tradition africaine*, Rapport général et Album-souvenir, Yaoundé, 8-10 octobre 2013, Editions du CERDOTOLA, décembre 2014, pp. 195-196; OBENGA T., PONDI J. E., « Place de la RDC dans la renaissance africaine », Conférence débat du 14 août 2021, Université de Kinshasa, https://www.youtube.com/watch?v=Lo4aZwAvNjU, consulté le 14 octobre 2021 à 15h28.

[4]KAMTO M., « Problématique de la conditionnalité en droit international et dans les relations internationales », *inLa conditionnalité dans la coopération internationale*, Colloque international de Yaoundé, Université de Yaoundé II, juillet 2004, pp. 10-23.

réadaptées et remodelées de ces influences internationales en vue de la pérennisation plus ou moins latente des autoritarismes, la saisine des crises internes ne saurait ignorer le droit international et la diplomatie internationale. Un postulat qui semble fondamental pour la compréhension des dynamiques de nombreuses crises internes africaines[1] comme la crise séparatiste anglophone, mais aussi pour leurs dénouements.

D'ailleurs en convoquant les Décisions et Recommandations de la CADHP en sa Communication 266/03 de mai 2009 : *Kevin MgwangaGunme et al c/ Cameroun*[2], le contenu de la Résolution 2019/2691 du Parlement Européen, les propositions formulées par l'ONG *International Crisis Group* en mai 2019[3], sans omettre les offres de Bons Offices des Etats et Organisations étrangers[4] sur cette crise anglophone, nous comprenons que la convocation du GDN ne fut pas seulement tributaire des dynamiques du dedans, voire de la seule clairvoyance d'un Prince imperméable. Il nous semble qu'une démarche intelligente réside en priorité dans un dialogue méthodique et concerté entre parties prenantes, sur fond de concessions réciproques au vu de ce que la paix n'a en principe pas de prix. La capacité étatique à gérer les conflits politiques constitue donc un véritable défi[5] pour la démocratisation de l'Etat du Cameroun comme des régimes africains.

Les crises sociopolitiques et sécuritaires, plus encore sur fond de sécessionnisme affiché, connaissent difficilement un début de solution durable sans un mécanisme préalable de suspension des hostilités, de cessez-le-feu pour emprunter au langage courant, sans la supervision d'un médiateur[6] fiable et impartial entre parties en conflit, sans un choix pertinent du lieu de la tenue des négociations, sans un accord ou résolutions de type politique à mettre en œuvre de manière concertée et avant toute consultation électorale. D'où d'importantes réserves quant à l'efficacité du GDN comme forum de définition des modalités

[1]BONIFACE P., *La géopolitique*, Eyrolles, Paris, 7e édition, 2020, 207 p; KAMTO M., « Crises de l'Etat et réinvention de l'Etat en Afrique », *op.cit*, pp. 51-113.
[2]CADHP., Communication 266/03, *op.cit*, paragraphes 214 et 215.
[3]ICG., *Crise anglophone au Cameroun: comment arriver aux pourparlers*, *op.cit*, 41 p.
[4]*Ibid.*, notamment p. 27; CADHP., Communication 266/03, *op.cit*, paragraphe 215 (3).
[5]HOUNKPE M., « Le constitutionnalisme en Afrique: l'expérience béninoise », *in* ONDOUA A. (dir), *op.cit*, p. 110.
[6]METOU B. M., *op.cit*, pp. 39-69.

de sortie d'une crise souterrainement entretenue, comme dans des crises africaines analogues, au plan international. C'est véritablement ce que nous enseigne l'ineffectivité en l'espèce de la théorie et des principes constitutionnels, avec le cas des crises Congolaises et dans toute la région des Grands Lacs africains qui perdurent, des crises Centrafricaines résolues notamment avec le concours des accords politiques pour la paix et la réconciliation de février 2019, Ethiopienne avec un gouvernement de coalition formé par MélesZenawi entre 1991 et 1995 avec le *TigrayanPeople'sLiberation Front* au sein du Front Démocratique Révolutionnaire pour le Peuple Ethiopien, Rwandaise avec les accords de paix d'Arusha du 4 août 1993 entre le gouvernement et le Front Patriotique Rwandais, et Libérienne avec les accords du 19 août 1995 et du 17 juin 2003. Une posture qui doit nécessairement être relativisée du fait de l'inachèvement, de la « continuité » des crises car, le recours aux accords de paix conclus sous la médiation des puissances et organisations internationales ne constitue en rien une panacée en vue de la résolution définitive de ces crises sociopolitiques complexes en Afrique.

Conclusion

Au terme de cette réflexion, le droit constitutionnel post-transition est non seulement aux sources, mais également au cœur de la dynamique des crises au Cameroun. Ce droit, en principe, peut contenir des solutions plus ou moins pertinentes à la prévention mais aussi à la résolution des crises. Sauf que la mobilisation du Droit en société, pour qu'il soit adapté et effectif à cette société, pose quelques questionnements préalables. Des questionnements qui en fin d'analyse, permettent *nolens volens* de mesurer la réelle volonté des pouvoirs publics dominés par la figure du Prince, dans la prévention et la résolution des crises. En effet, comment ce droit est-il créé pour une société précise ? Quels intérêts et objectifs poursuivent les acteurs qui modèlent le rapport de force dans l'adoption du Droit et sa mise en œuvre ? A la lumière du droit constitutionnel post-transition en vigueur, rien de bien surprenant pour l'analyste et l'observateur avertis que d'assister à l'érection de crises polymorphes et multipolaires. L'hypothèse des crises inachevées au regard du droit constitutionnel post-transition, traduit en fait une résultante de la permanence du paradigme autoritaire dans la gestion des affaires publiques, ceci au détriment d'une sincère gouvernance démocratique. Le droit constitutionnel post-transition draine bien des germe et métastase de crises encore inachevées au Cameroun, malgré les solutions constitutionnelles y relatives. On peut ainsi comprendre pourquoi Maurice Kamto avait déjà fait la remarque selon laquelle en contexte africain, « *le pouvoir autoritaire marque et occulte les conflits sans les résoudre; il diffère le moment de l'irruption des contradictions et des crises mais ne peut empêcher qu'il advienne* »[1]. Au Cameroun, les crises politiques et identitaires, les crises sécuritaire et séparatiste, semblent être la traduction concrète de ce constat. Doit-on pour autant se nourrir de pessimisme quant à la sortie de ces crises par des solutions constitutionnelles et institutionnelles, transitionnelles[2] voire même para-constitutionnelles ? A l'évidence, une réponse par la négative ne peut que s'imposer.

Les clivages ethniques qui traversent la société Camerounaise ont sans doute été à l'origine de la pénalisation des infractions qualifiées d'outrage aux races et à la religion (article 241 nouveau), et d'outrage à la tribu ou à l'ethnie (article 241-1 nouveau), à la faveur de l'adoption de la loi n° 2019/020 du 24 décembre 2019 modifiant et complétant certaines dispositions de la loi n° 2016/007 du 12 juillet 2016 portant Code Pénal. En guise de mesures d'apaisement, mesures dont l'opportunité et la pertinence d'ensemble peuvent être questionnées en pleine crise ardente, la prérogative présidentielle d'arrêt des poursuites devant les juridictions[3] a été utilisée durant le GDN par le Président Biya le 3 octobre 2019. L'octroi d'un Statut Spécial aux régions du Nord-Ouest et du Sud-Ouest par la loi n° 2019/024 suite au GDN, un Statut particulier qui avait déjà été proposé en doctrine en 1996[4], suivi de la loi n° 2019/019 du 24 décembre 2019 portant promotion des langues officielles, et de la concrétisation des *Public Independent Conciliators*[5] auprès des

---

[1] KAMTO M., « Remarques finales », *in* KAMTO M. (dir), *op.cit*, p. 347.

[2]ANGUE C. G., « La justice transitionnelle face à la crise anglophone », *in*OLINGA A. D. (dir), *op.cit*, pp. 299-319; CADHP., *Etude sur la justice transitionnelle et les droits de l'homme et des peuples en Afrique*, CADHP, Banjul, 2019, 82 p.

[3]*Cf.* article 13 (4) de la loi n° 2017/012 du 12 juillet 2017 portant Code de Justice militaire, et article 18 (2) de la loi n° 2011/028 du 14 décembre 2011 portant création d'un Tribunal Criminel Spécial, modifiée par la loi n° 2012/011 du 16 juillet 2012.

[4] NKOUM-ME-NTSENY L-M., *op.cit*, p. 221.

[5]*Cf.* les décrets n° 2020/773 du 24 décembre 2020 et n° 2021/342 du 10 juin 2021.

régions du Nord-Ouest et du Sud-Ouest, constituent bien des avancées. Si ces réponses institutionnelles ne permettent pas encore d'endiguer les crises qui persistent, elles constituent une reconnaissance des crises ayant fait l'objet de déni officiel préalable. Sauf qu'il faudra aller plus loin avec les réformes, au risque de s'essayer à résoudre des questions de fond par des solutions de surface.

La phase des transitions, ne constitue-t-elle pas un slogan de pure forme au Cameroun ? L'intérêt du questionnement réside sur le fait de savoir si, dans l'optique d'une prévention et d'une résolution des crises déjà à l'origine de l'imposition des transitions, ces transitions ont-elles amélioré ou au contraire dégradé le droit constitutionnel post-transition ? Le processus de « création du droit en Afrique » est problématique, plus encore en ce qui concerne l'Etat du Cameroun[1]. La quête d'un droit constitutionnel substantiellement dépouillé des germes de crises, la quête d'une démocratie de qualité car il s'agit également de cela, nous semble-t-il, est d'abord et avant tout une quête de nous-mêmes, un retour aux sources historiques et anthropologiques qui se voudra méthodique, une quête de notre identité profonde et authentique longtemps dévoyée au bénéfice des impérialismes idéologiques occidentaux, et enfouie dans nos cultures orales et écrites faites de mythes, contes, légendes et textes anciens. Il est donc question d'une renaissance de l'Homme africain par la réappropriation de son immense héritage culturel et juridique longtemps dévoyé au contact de l'altérité, préalablement à toutes réformes institutionnelles nécessaires car, le droit est un éminent « *fait de culture* »[2] au sens notamment de Maurice Kamto. Le problème des crises du droit, tout comme de la démocratie, nous semble-t-il, n'est pas tant la norme que l'Être. Même si nous nous dotons de Lois issues des Dieux, elles seront toujours vectrices de crises si l'Homme n'est en rien disposé à les recevoir ainsi qu'à les intérioriser, d'une part, et à les mettre en application de bonne foi et conformément aux prescriptions de la *Maât* en vigueur dans l'Egypte pharaonique[3], d'autre part, afin d'éloigner du droit constitutionnel post-transition et de la société le spectre de l'instrumentalisation normative, des frustrations, des contestations, des conflits et crises.

[1] MELONE S., MINKOA SHE A., SINDJOUN L. (dir), *op.cit*, 418 p; SINDJOUN L., OWONA NGUINI M. E., *op.cit*, pp. 217-245.

[2]KAMTO M., *Pouvoir et droit en Afrique noire,op.cit*, pp. 39-41, pp. 43-45; CISSÉ A., *op.cit*, pp. 4-14.

[3]Pour plus de détails, *cf.* CISSÉ A., *op.cit*, pp. 4-5.

II

LE DROIT, REPONSE AUX CRISES

Institution et mobilisation des dispositifs juridiques dans le processus de construction de la paix au Cameroun

Joseph Wangba Joseph

Ph.D en Science Politique
Assistant - Université de Ngaoundéré, Cameroun

Le rapport du droit aux crises sociopolitiques est fondamental au sein des sociétés politiques. En ce qui concerne les sociétés politiques modernes, leurs systèmes de régulation sont dominés par les règles du droit positif. Même si le ménage entre la paix et le droit peut ne pas être une panacée, il faut avouer que l'union sacrée entre ce qui est valeur et principe semble bien dominée les sociétés humaines. Le Cameroun n'en fait pas une exception. Au-delà des règles établies pour assurer la régulation harmonieuse de la société au quotidien, il y a des règles dont l'émanation est tributaire des crises sociopolitiques diverses. D'ailleurs, les dispositifs juridiques ont fondamentalement pour téléologie la pacification sociale. Vu sous cet angle, la construction de la paix est fondée sur la philosophie et la doctrine de « *la paix par le droit* », c'est-à-dire la « *paix du droit* »[1]. En effet, le droit est un instrument fondamental dans le processus de construction de la paix, ce d'autant plus « [qu'il] *a été montré que c'est du droit qu'il faut attendre la paix. Il faut donc le suivre rigoureusement.* »[2]. La philosophie et la doctrine qui ont inspiré l'institution des normes juridiques sont d'essence romano-germanique. Elles ont permis de faire comprendre que le droit favorise la paix sociale.

Au Cameroun comme dans bien d'autres sociétés politiques modernes, la philosophie et la doctrine de la paix par le droit ont exercé une influence considérable sur le rapport entre le droit et la

[1]DELTON C., *Le devenir des relations internationales : réflexion sur la philosophie de la paix des grandes organisations internationales (SDN/ONU)*, Thèse de Doctorat en Philosophie, Université de Paris XII- Val de Marnes, 2004, p. 63.
[2]*Ibid.*, p. 63.

gestion des crises. D'emblée, l' « *esprit* »[1] des règles de droit a pour téléonomie, la régulation harmonieuse des relations humaines au sein d'une société donnée. L'idée de la paix par le droit est ainsi partie d'une approche philosophique dite d'idéalisme juridique, pour être adoptée comme une doctrine juridique de pacification sociale : la doctrine de la paix par le droit. Les auteurs d'une telle pensée philosophique sont Hugo Grotius[2] et Emmanuel Kant[3]. Cette pensée philosophique est conceptualisée sous le vocable d'« *idéalisme juridique* »[4]. Elle a pour dérivé doctrinal, le « *pacifisme juridique* »[5]. Le pacifisme juridique est « *cette paix réalisable par les lois universelles. [...] c'est-à-dire [...] les moyens possibles pour réaliser la paix selon le droit* »[6]. Cependant, les précurseurs de cette philosophie idéaliste sont les auteurs[7] du contrat social. Il s'agit de Thomas Hobbes, John Locke et Jean-Jacques Rousseau. Ainsi, la recherche de la paix sociale a profondément motivé « *l'esprit des lois* »[8].

Sur le plan interne aux États, le pacifisme juridique se matérialise à travers le concept d'État de droit, qui met non seulement l'accent sur l'aspect international de la paix par le droit, mais une emphase particulière est mise sur l'aspect interne de la construction juridique

---

[1]L'emploi du mot « *esprit* » s'inspire du titre de l'ouvrage de MONTESQUIEU intitulé *De l'esprit des lois*, Arvensa Editions, 1748 ; Voir les chapitres IV et V du Livre dix-neuvième de *L'esprit des lois* ; www.arvensa.com

[2]GROTIUS H., *Le droit de la guerre et de la paix*, Paris, PUF, 1999 [1625].

[3]KANT E., Vers la paix perpétuelle, Paris, Flammarion, 1991. Lire également CHISHUGI CHIHEBE A., *La paix par le Droit - La rationalité comme principe du pacifisme juridique kantien*, L'Harmattan (RDC), Collection « Comptes rendus », 2009.

[4]DELTON C., *Le devenir des relations internationales : réflexion sur la philosophie de la paix des grandes organisations internationales (SDN/ONU)*, *op.cit.*, p. 17.

[5]*Ibid.*, pp. 62 et 63, p. 100.

[6]*Ibid.*, p. 63.

[7]Le Contrat social est le pacte par lequel les individus acceptent de se conformer à la volonté générale. Les théoriciens du « *contrat social* » sont entre autres : Thomas Hobbes, *Le Léviathan*, 1651 ; John Locke, *Traité du gouvernement civil*, 1690 ; Jean-Jacques Rousseau, *Du contrat social*, 1762. Selon David Chambley dans « *Du contrat social* » (in*50 fiches de lectures*, Bréal, 2005), le contrat social est un pacte qui garantit la protection à chaque individu ainsi que celle de ses biens.

[8]MONTESQUIEU, *De l'esprit des lois*, in Œuvres complètes, Paris IV, Seuil, 1964. Version citée par DELTON C., *Le devenir des relations internationales : réflexion sur la philosophie de la paix des grandes organisations internationales (SDN/ONU)*, *op.cit.*, p. 17. Voir aussi ONANA J., *Introduction à la Science politique*, Paris, L'Harmattan, 2009, p. 66.

de la paix[1], et ayant pour dispositif opérationnel, les droits de l'Homme. Il s'agit de construire juridiquement, « *la paix par l'État de droit* »[2], puisque la consolidation de la paix interne permet de consolider aussi bien la paix internationale[3]. Selon le *Dictionnaire de droit international public*[4] cité par André Moine, l'État de droit est un « *État dont l'organisation interne est régie par le droit et la justice* »[5]. Pour Mathias Forteau, « [...] *le concept international de l'État de droit ne peut être qu'un concept à la fois autonome des conceptions internes et dans un rapport de syncrétisme par rapport à elles* »[6].

Au plan international et par un effet d'entrainement, la conception et la mise en œuvre de l'État de droit débouchent vers sa promotion interne. Selon cette vision, défendue par le Conseil de sécurité de l'ONU, « *l'état de droit doit être universellement instauré et respecté et souligne l'importance cruciale qu'il attache à la promotion de la justice et de l'état de droit, facteurs indispensables à une coexistence pacifique et à la prévention des conflits armés* »[7]. C'est ainsi que les approches de la doctrine de la paix par le droit ont pu faire évoluer celle-ci, du droit de la paix au droit à la paix. Le droit de vivre en paix est devenu un impératif. D'une part, « *le droit apparaît comme un outil de paix interne* »[8]. D'autre part, il « […] *est un outil de*

---

[1]Voir à ce sujet, les auteurs suivants : HEUSCHLING L., « Le regard d'un comparatiste : l'État de droit dans et au-delà des cultures juridiques nationales », *L'Etat de droit en droit international*, Colloque SFDI de Bruxelles, 2009, éd. Pedone, pp. 41 à 67 ou à celle de MORIN J-Y, « L'État de droit : émergence d'un principe de droit international », *RCADI*, tome 254, 1995, pp. 9-462.

[2]MOINE A., « L'État de droit, un instrument international au service de la paix » in *« Civitas Europa »*, N° 37, Université de Lorraine, 2016, p. 89 ; https://www.cairn.info/revue-civitas-europa-2016-2-page-65.htm ;

[3]*Ibid.*, p. 84.

[4]SALMON J., *Dictionnaire de droit international public*, Collectif, Bruylant, 2001.

[5]MOINE A., « L'État de droit, un instrument international au service de la paix », *op.cit.*, p. 66.

[6]FORTEAU M. cité par André Moine, « L'État de droit, un instrument international au service de la paix », op.cit., p.90. Confer avec précision FORTEAU M., « Existe-t-il une définition et une conception univoques de l'État de droit dans la pratique des organisations régionales ou politiques ? », *L'État de droit en droit international*, Colloque SFDI de Bruxelles, 2009, éd. Pedone, p. 266.

[7]Déclaration du Président du Conseil de sécurité, 19 janvier 2012, S/PST/2012/1. Une déclaration citée par MOINE A., « L'État de droit, un instrument international au service de la paix », *op.cit.*, p. 89.

[8]MOINE A., « L'État de droit, un instrument international au service de la paix » *op.cit.*, p. 84.

pacification des rapports sociaux internationaux. »[1]. Il s'est avéré que la paix favorise de manière réciproque le respect du droit. Ainsi, il suffirait donc de respecter la Charte des Nations Unies pour que la paix internationale soit définitivement établie. A cet effet, « *l'existence d'un ensemble de normes et règles* [permettent] *de conclure que l'État de droit constitue un principe général du droit international* »[2]. Un principe qui n'exclut nullement le Cameroun de cette approche juridique de la construction de la paix. Il est donc important de noter que « *l'état de droit doit être universellement instauré et respecté et souligne l'importance cruciale qu'il attache à la promotion de la justice et de l'état de droit, facteurs indispensables à une coexistence pacifique et à la prévention des conflits armés* »[3].

Depuis la fin des années 80 et le début des années 90, le Cameroun a été marqué par la troisième vague de démocratisation qui a fait basculer les régimes monolithiques africains vers le pluralisme démocratique. L'adoption de l'État de droit en Afrique est donc une des corollaires de ce processus de démocratisation. Les principes de l'État de droit que sont la liberté, l'égalité, la justice, etc. ont été adoptés *volens nolens* par le Cameroun tout comme les autres pays africains. L'État de droit est donc un pendant ou une ramification interne de la doctrine de la paix par le droit.

Analyser les dispositifs juridiques en rapport avec la gestion des crises au Cameroun, induit de s'interroger sur les fondements et la substance de ces dispositifs de construction de la paix au Cameroun. Dès lors, quels sont les fondements juridiques institués pour la paix au Cameroun, et comment ces dispositifs sont-ils mobilisés dans un tel processus ? Au-delà des problématiques liées à l'efficacité des règles de droit dans la gestion des crises sociopolitiques diverses, il est important de retenir que ces règles constituent généralement, et de façon téléologique, des sources fondamentales de pacification sociale. Par ailleurs, il y a des dispositifs juridiques spécifiques et spéciaux, institués et mobilisés de façon contingente pour les causes de la paix sociale. Ces dispositifs juridico-institutionnels sont à la fois d'essence nationale et internationale. Les cadres théoriques de cette analyse sont l'institutionnalisme sociologique et la *peace-building approach.* L'institutionnalisme sociologique permet de comprendre comment l'État dans ses rapports avec la société établit des règles de droit pour

---

[1]*Ibid.*, p. 85.
[2]*Ibid.*, p. 86.
[3]*Ibid.*, p. 89.

faciliter la régulation harmonieuse de la vie sociale. Cela permet d'anticiper sur d'éventuels conflits sociaux. Quant à la *peace-building approach*, elle identifie les règles de droit comme une source fondamentale de pacification sociale. Ces dispositifs juridiques sont immédiatement mobilisés lorsqu'il y a rupture de la paix sociale. Pour certains conflits tant au niveau national qu'international, le rétablissement de la paix favorise l'institution des règles de droit. Issu des travaux de collecte des sources documentaires et orales, le présent travail est structuré en deux parties essentielles. D'une part, les dispositifs juridiques inhérents au droit positif sont généralement analysés comme étant des sources juridiques fondamentales, instituées et mobilisées simultanément pour construire la paix sociale (I). D'autre part, il y a une fixation sur certaines normes mobilisées de façon spécifique pour consolider la paix sociale (II).

I. L'institution et la mobilisation des dispositifs juridiques fondamentaux pour la construction de la paix au Cameroun

La volonté de construire la paix au Cameroun, sur la base du droit, se trouve diversement inscrite dans la Constitution, les traités internationaux, et se décline bien dans l'esprit et la finalité des autres textes de lois ordinaires nationales. Ces divers dispositifs constituent des fondements juridiques qui concourent de manière soutenue au processus de construction de la paix au Cameroun. D'une part, la Constitution et les traités internationaux ratifiés par le Cameroun demeurent, dans leurs esprits et dans leurs matières, des sources légales fondamentales à la construction de la paix (A). D'autre part, étant donné que l'esprit de la Constitution est essentiellement « paixogénique »[1], les divers autres textes de lois infra-constitutionnels (B) constituent la suite logique de ce processus de pacification de la société politique camerounaise par le droit.

[1]Ce concept est un emprunt et une transcription de la version anglaise (« peaceogenic ») employée par GALTUNG J. Il l'a employé pour expliquer l'ancrage sociogénétique de la paix dans certaines cultures et religions, et précisément bouddhistes. Nous l'avons emprunté ainsi pour décrire comment les règles de droit ont pour but de générer la paix sociale. Cf. GALTUNG J., *Peace Theory: An introduction, Department of politics*, Princeton University, New Jersey, 1986 p.15.

A. La mobilisation de la Constitution et des traités internationaux comme sources fondamentales de construction de la paix au Cameroun

Selon le Secrétaire général des Nations Unies[1], les «*constitutions nationales légitimes conformes aux obligations internationales sont la pierre angulaire des systèmes fondés sur l'état de droit* »[2]. Le respect du droit international repose sur le fait que les sujets-États lui reconnaissent une autorité dans leur ordre juridique interne et, que ceux-ci ne recourent pas au prétexte de la souveraineté ou aux exigences de la raison d'État pour échapper à leurs obligations. Les États de droit, membres des Nations Unies, devraient intégrer les normes internationales dans l'ordre interne et de permettre à leurs tribunaux de les connaître et, pour les litiges interétatiques, de saisir les juridictions internationales, notamment la Cour internationale de justice, et de respecter leurs décisions[3]. À travers cet acte d'intégration de certains principes et règles du droit international dans le droit interne, l'État de droit national bénéficieraient d'office, d'« *une protection extérieure dans un droit international qui imposerait aux États d'être de droit* »[4]. La Constitution (1) et les traités internationaux (2) constituent, de manière simultanée, les principales sources de construction de la paix au Cameroun comme dans bien d'autres État-nations dits de droit.

---

[1]Il s'agit de la déclaration de monsieur Banki-Moon dans le rapport sur le « Renforcement et coordination de l'action des Nations Unies dans le domaine de l'état de droit », A/70/206, § 35.

[2]Secrétaire général des Nations Unies, le 27 juillet 2015, Rapport sur le « Renforcement et coordination de l'action des Nations Unies dans le domaine de l'état de droit », A/70/206, § 35.

[3]MOINE A., « L'État de droit, un instrument international au service de la paix », *op.cit.*, p. 92.

[4]*Ibid.*, p. 92.

1. Le recours à la Constitution comme source fondamentale de construction de la paix

En tant que norme fondamentale de la République du Cameroun, la Constitution s'énonce aussi bien clairement et fondamentalement, comme étant la principale source de construction juridique de la paix au Cameroun. Elle est le fondement de toutes les institutions étatiques nationales. Au-delà de sa téléonomie *paixogénique*, la Constitution est le principal instrument, le principal document officiel qui énonce, clairement, l'idée de la paix au Cameroun à travers le premier mot de sa devise : « *Paix-Travail-Patrie* »[1]. Cela dévoile bien le désir d'une nation qui était en train de sortir de la violence structurelle qui lui a été imposée par la domination coloniale des nations européennes, pour accéder finalement à sa souveraineté internationale après trois quarts de siècles durant. C'est ainsi, que la Constitution de la République du Cameroun énonce dès l'entame et dans son Préambule, partie intégrante de cette loi fondamentale[2], un certain nombre de valeurs de paix sur la base desquelles se construit idéalement la patrie camerounaise.

Il s'agit tout d'abord de la fraternité, de la justice et du progrès social. Ensuite, il y a une volonté réelle de réaliser une solidarité internationale africaine et transcontinentale, à travers l'établissement des relations pacifiques et fraternelles conformément aux principes formulés dans la Charte des Nations Unies. Il y a également une volonté constitutionnelle d'affirmer le développement de la nation camerounaise à travers le déploiement des efforts de coopération volontariste avec les autres États désireux de participer à cette entreprise nationale dans le respect de sa souveraineté et de l'indépendance de l'État camerounais[3]. Enfin, cette loi fondamentale affirme son attachement aux libertés fondamentales consacrées par la Déclaration Universelle des droits de l'Homme, la Charte des Nations Unies, la Charte africaine des Droits de l'Homme et des Peuples, ainsi que toutes les conventions internationales y relatives et dûment ratifiées par l'État du Cameroun. C'est à ce titre qu'elle est une source

[1]Article premier, alinéa 4 de la Constitution de la République du Cameroun du 18 janvier 1996.
[2]Article 65 de la Constitution de la République du Cameroun du 18 janvier 1996.
[3]Préambule de la Constitution camerounaise du 18 janvier 1996.

prioritaire mobilisée pour la construction juridique de la paix au Cameroun.

En plus de cela, la Constitution « *reconnait et protège les valeurs traditionnelles conformes aux principes démocratiques, aux droits de l'Homme et à la loi.* »[1]. D'une manière fondamentale, cet article premier de la Constitution camerounaise justifie, à suffisance, la réhabilitation des valeurs culturelles traditionnelles de la société camerounaise. Au vu des événements actuels, l'on constate que les guerres communautaires d'antan ont refait surface et perdurent avec acuité. La volonté constitutionnelle d'anticiper sur l'émergence des conflits intercommunautaires au Cameroun est avérée. La laïcité fait partie des piliers juridiques constitutionnalisés qui concourent largement à la construction de la paix sociale. En effet, le côté radical et intolérant des confessions religieuses est progressivement amoindri par le principe constitutionnel de la laïcité républicaine. Au Cameroun, si la loi religieuse[2] arrivait à condamner un fidèle d'une confession religieuse, citoyen ou pas de la République du Cameroun, le droit viendrait à le libérer de cette condamnation si celle-ci porte atteinte à son intégrité physique. Par exemple, la loi islamique qui autorise la mutilation pour vol ou la lapidation pour cause d'adultère ne saurait être appliquée au Cameroun. De même, l'inquisition ne saurait être une pratique légale. Cette forme de sécurité juridique trouve bien son fondement dans la Constitution camerounaise, et précisément dans son Préambule. Cette base juridique de construction de la paix au Cameroun, à travers la sécurité juridique constitutionnalisée, se trouve bien enrichie par d'autres textes de lois. Les traités internationaux sont très fondamentaux à cet égard tout comme la loi fondamentale de chaque pays.

2. La ratification des traités internationaux comme source fondamentale de la paix

Depuis les traités de Westphalie de 1648, ayant posés les bases juridiques et formelles de l'État moderne, les traités internationaux sont ainsi devenus des principales sources du droit international. Par conséquent, le respect des principes et des règles de droit établis par

[1]Article premier de la Constitution camerounaise du 18 janvier 1996.

[2]Dans la religion islamique par exemple, la charia, loi coranique, exige la mutilation pour vol ou la lapidation pour cause d'adultère.

ces traités constitue, par un effet d'entrainement une source principale et fondamentale de construction de la paix entre les nations et à l'intérieur de celles-ci. Ainsi, tous les traités ratifiés par l'État du Cameroun demeurent intrinsèquement supra légaux[1] car, « *l'un des principaux facteurs qui [favorise] l'attachement au droit international et le respect de ce dernier [tient] au renforcement du sentiment d'appropriation des traités universels* »[2]. C'est exactement le cas au Cameroun où la Constitution a intégré certaines valeurs, normes et principes promus par les traités ratifiés par l'État.

Dans la ratification des traités, le Cameroun a parallèlement signé des accords, des protocoles, des conventions lui garantissant une certaine sécurité sur la scène internationale. En effet, sur les plans sous régional, régional et mondial, le Cameroun participe à la construction des dispositifs juridiques qui favorisent la paix internationale. Un tel dynamisme permet de comprendre que ces textes de droit international constituent pour l'État du Cameroun, des fondements juridiques essentiels de construction de la paix. Prenant l'exemple de la sous-région Afrique centrale, le Cameroun adhère et participe quotidiennement à l'adoption de plusieurs textes internationaux dans le cadre de la Communauté Économique des États de l'Afrique centrale (CEEAC). C'est ce qui ressort de la pensée de certains auteurs comme NguefackNkouebo Jacques Serge[3] pour qui, le dispositif juridique et institutionnel mis en place par la CEEAC permet de construire une paix durable en Afrique à travers la prévention, le règlement pacifique des conflits et le rétablissement de la paix. Parmi ces dispositifs juridico-institutionnels, on peut citer entre autres : le traité de la CEEAC, le protocole du Conseil de paix et de sécurité de l'Afrique centrale (COPAX) qui prône le principe de la paix par le droit, le Pacte d'Assistance Mutuelle (PAM), etc.

Ainsi, la Constitution camerounaise est, à cet effet, conforme aux traités et instruments juridiques internationaux dûment ratifiés par les autorités détentrices du pouvoir de ratification et d'incarnation de la souveraineté exercée au nom du peuple camerounais. Par conséquent,

---

[1]Article 45 de la Constitution camerounaise du 18 janvier 1996.

[2]Propos du Secrétaire général des Nations Unies, cité par MOINE A., « L'État de droit, un instrument international au service de la paix », *op.cit.*, p. 91.

[3]NGUEFACK NKOUEBO J. S., « La CEEAC et la construction juridique et institutionnelle d'une paix durable en Afrique centrale », *Revue Africaine de Droit Public (RADP)*, Vol. VII, n°13, juillet - décembre 2018, Les Éditions Le Kilimandjaro, pp. 07-24.

la Constitution et les lois nationales demeurent astreintes au respect scrupuleux de ces textes internationaux comme instruments juridiques de construction de la paix, au-delà du fait que ces textes internationaux subissent les tendances subtiles d'une quelconque instrumentalisation par les grandes puissances mondiales, menaçant ainsi la paix civile intérieure des nations les moins influentes sur la scène internationale en termes de puissance. En tant qu'instrument juridique de paix et de politique internationale, les traités constituent de même des instruments juridiques de construction de la paix au plan national à travers une certaine orientation normative des lois ordinaires qui assurent la régulation harmonieuse de la société au quotidien. C'est ce qui ressort également des lois ordinaires camerounaises, constituant d'autres sources légales et fondamentales de construction de la paix au Cameroun.

B. L'institution des autres sources légales et fondamentales de la paix au Cameroun

Fondamentalement reliées à la Constitution camerounaise, les lois ordinaires jouent un rôle important dans la régulation sociale au Cameroun. Par le biais de la régulation sociale dont la loi est porteuse, cela fait de la règle de droit une source fondamentale de construction de la paix (1) dans laquelle, certains dispositifs juridiques spécifiques (2) et spéciaux (3) jouent également un rôle fondamental au Cameroun.

1. Le recours aux lois ordinaires comme moyens de régulation harmonieuse de la société

Dans la conception de Montesquieu dans *De l'esprit des lois*[1], toute loi devrait correspondre avec les réalités sociologiques de chaque société pour être juste. En Afrique, le Cameroun fait partie des pays ayant un arsenal juridique des plus complexes et des plus fournis en termes de sources et de dispositifs juridiques règlementant des secteurs d'activités de la vie sociale, de manière efficace et cohérente. Qu'il s'agisse du Code pénal, du Code civil, et de bien d'autres textes de lois, ceux-ci s'inspirent en prenant en compte les réalités culturelles

[1]MONTESQUIEU, *De l'esprit des lois*, Arvensa Edition, 1748 ; Bien vouloir consulter les chapitre IV et V de de ce ouvrage de Montesquieu ; www.arvensa.com

traditionnelles africaines, des valeurs culturelles modernes, etc. Le domaine de la loi est ainsi bien défini par la Constitution[1]. Les textes de lois transcendent ainsi et de manière objective, les considérations philosophico-religieuses. Cet arsenal juridique constitue un fondement important qui contribue largement au processus de construction de la paix civile intérieure. Mais, il se pose donc un problème d'application et d'applicabilité de certains textes de loi au Cameroun.

Par ailleurs, un moindre flou et/ou un vide juridique fait rapidement un objet à débat, appelant le législateur camerounais à prendre ses responsabilités afin de légiférer. Les conflits juridiquesquotidiens prouvent à suffisance que les lois sont des sources importantes de construction de la paix sociale[2]. Durant la période du monolithisme politique, par exemple, certains citoyens n'avaient jamais cessé de rappeler à l'ordre gouvernant que l'instauration du régime de parti unique était de fait, puisque la Constitution favorise bien le multipartisme. La loi anti subversion a été donc considérée comme anticonstitutionnelle et anti démocratique. À cet effet, il est donc sacré de garantir une certaine sécurité juridique aux citoyens dans la régulation sociale. Pour preuve, à la suite de la session dite des libertés, la loi contre la subversion a finalement été abrogée en 1990 au profit d'un ensemble de lois ayant favorisé le retour effectif au pluralisme démocratique et sociopolitique. Il s'agit des lois relatives aux libertés publiques dans un contexte de régime démocratique dont la matérialisation a été l'élaboration de la Constitution du 18 janvier 1996.

L'application des textes de lois sur les libertés publiques pose un problème d'interprétation, donnant lieu à des conflits juridiques très ambigus, souvent passagers mais, perpétuels. En réalité, il ne pose pas de véritable problème de règlementation des secteurs de la vie sociale camerounaise, mais plutôt celui du champ d'application et d'interprétation de ces texte de lois, qui aboutissent toujours à des débats théoriques permettant de vider les contentieux juridiques de leur substance. Avec le temps, certains textes de loi nécessitent d'être abrogés pour garantir la paix sociale. La véritable solution, toujours attendue, reste perpétuellement celle de la volonté politique de l'ordre gouvernant. La volonté de bien légiférer, de rendre toutes les lois

---

[1]Article 26 de la Constitution du 18 janvier 1996.

[2]ZAMBO ZAMBO D. Jr., *Le droit applicable au Cameroun. Essai sur les conflits de lois dans le temps et dans l'espace*, Thèse de doctorat Ph.D, Université de Yaoundé II, 2009.

applicables et appliquées, à travers les décrets d'application, serait donc salutaire pour la construction d'une paix civile intérieure à la nation camerounaise.

2. L'institution d'un cadre juridique spécifique pour la construction de la paix

La construction du cadre juridique de la paix est très utile pour la société. C'est ce qui justifie la dynamique de consécration des droits de l'Homme au Cameroun à partir des années 1990. En effet, la paix démocratique a favorisé le respect du droit en général, et la promotion des droits de l'Homme en particulier, ces dispositifs juridiques sont considérés comme le cadre juridique de la paix[1]. La dynamique de reconstruction du cadre juridique de la paix au Cameroun renvoie à ce qu'Alain Didier Olinga a qualifié de « *défis de l'émergence d'une culture des droits de l'homme dans les sociétés d'Afrique centrale* »[2]. Il s'agit des lois sur les libertés qui ont été instituées depuis la période du retour à la pratique des valeurs de la culture démocratique. Parmi les textes de lois qui constituent le cadre juridique de la paix, on peut citer entre : la loi no 90-46 du 19 décembre 1990 abrogeant l'ordonnance no 62-OF-18 du 12 mars 1962 portant répression de la subversion ; la loi n°90/53 du 19 décembre 1990 portant liberté d'association ; la loi n°90/52 relative à la liberté de la communication sociale ; la loi n°90/54 relative au maintien de l'ordre, la loi n°90/55 portant régime des réunions et des manifestations publiques ; la loi n°90/56 relative aux partis politiques ; la loi n°90/43 relative aux conditions d'entrée, de séjour et de sortie du territoire ; etc.

---

[1]ARIE S., « La paix par la politique : une définition positive de la paix » in *Fiche d'analyse Dossier : Existe-t-il une approche européenne de la construction de la paix ?*, Paris, juillet 2008. Confer www.irénées.net

[2]OLINGA A. D., « Les défis de l'émergence d'une culture des droits de l'homme dans les sociétés d'Afrique centrales », in MAUGENEST D., BOUKONGOU J. D., *Vers une société de droit en Afrique centrale*, Yaoundé, Presses de l'UCAC, 2001. Voir aussi le même auteur (OLINGA A. D., « Vers une garantie constitutionnelle crédible des droits fondamentaux », in MELONE S., MINKOA SHE A. et SINDJOUN L., (Dirs.), *La réforme constitutionnelle du 18 janvier 1996 au Cameroun. Aspects juridiques et politiques*, Yaoundé, Friedrich – Ebert – GRAP, 1996.

En réalité, ces lois sur les libertés ont été votées et adoptées lors de la session dite des « *libertés* »[1] en novembre 1990. On peut également ajouter à cela : la loi n°92/007 du 14 août 1992 portant Code du travail ; la loi n°97/009 du 10 janvier 1997 qui intègre dans le Code pénal, la Convention contre la torture et autres peines ou traitements cruels, inhumains ou dégradants du 10 décembre 1984 ; la loi n°99/014 du 22 décembre 1999 régissant les organisations non gouvernementales, une excroissance de la loi sur la liberté d'association qui n'offrait pas à ces dernières une reconnaissance juridique ; la loi n°2005/006 du 27 juillet 2005 portant statut des réfugiés ; la loi n°2005/007 portant code de procédure pénale du 27 juillet 2005.

Toutes ces lois ont pour objectifs, de poser les bases du processus de promotion des droits de l'Homme au Cameroun, comme conséquence immédiate de l'avènement de la paix démocratique à partir des années 1990. Il y a donc eu un nouveau départ dans le processus de construction de la paix par le droit, à travers la promotion des droits de l'Homme. Ceux-ci ont été suspendus[2] par le régime monolithique, un régime liberticide[3]. Cette suspension des libertés a été faite pour la même cause, c'est-à-dire pour instaurer la paix[4]. Mais, celle qui est imposée par la force, et qui s'impose comme un gage de stabilité, une absence de guerres et de conflits majeurs. Cela s'est fait au mépris des droits de l'Homme et libertés publiques. En 1989, ces réalités restrictives des droits et libertés publiques ont été dénoncées par la Ligue camerounaise des droits de l'Homme pour la défense des libertés fondamentales et du pluralisme, lors de la session des Nations Unies de novembre 1989[5].

Avant les mutations juridico-institutionnelles des années 1990, il existait déjà quelques lois relatives aux droits de l'Homme. On peut

---

[1]La session des libertés de l'Assemblée Nationale se tient en Novembre 1990 sous la présidence de Fonka Shang Lawrence. Elle adopta plusieurs lois réhabilitant les libertés dans tous les domaines de la vie publique.

[2]Les droits de l'Homme ont été suspendus par la loi relative à la subversion : l'ordonnance no 62-OF-18 du 12 mars 1962 portant répression de la subversion. Les libertés publiques étaient régies par la loi n° 67/LF/1 du 12 juin 1967 portant Code pénal, la loi n° 67/LF/19 du 12 juin 1967 sur la liberté d'association, etc.

[3]Liberticide dans les faits et à travers certaines lois, la loi relative à la subversion en l'occurrence.

[4]Une négative fondée sur la violence structurelle orchestrée par l'État autoritaire.

[5]Rapport sur l'état des violations des droits de l'homme au Cameroun présenté à l'ONU, lors de sa session de novembre 1989.

citer en l'occurrence, la loi n°83/013 du 21 juillet 1983 relative à la protection des personnes handicapées. Elle définit la « *personne handicapée* »[1] comme « *toute personne qui, frappée d'une déficience physique ou mentale, congénitale ou accidentelle, éprouve des difficultés à s'acquitter des fonctions normales à toute personne valide* »[2]. Le contenu de cette loi implique les aspects liés à la scolarisation, à la formation professionnelle des personnes handicapées, enfants déficients auditifs, visuels et mentaux, à leur intégration socioéconomique, et à l'aide sociale dont ils peuvent bénéficier. D'ailleurs, c'est toujours à partir des 1990 que cette loi est entrée en vigueur à travers la signature de son décret d'application[3]. En réalité, certaines dispositions de cette loi l'ont rendu obligatoire, au nom de la solidarité nationale. En claire, « *la prévention et le dépistage des handicaps, les soins, l'éducation, la formation et l'orientation professionnelle, l'emploi, l'accès aux sports spécialisés ou aux loisirs constituent une obligation de solidarité nationale* »[4].

De manière générale, « [les] *violations des droits de l'homme et l'absence de mise en responsabilité et de poursuites à l'encontre de leurs auteurs sont souvent des facteurs de conflit. Par conséquent, la surveillance du respect des droits de l'homme pourrait servir à donner une alerte rapide et aider à prévenir la déstabilisation des sociétés.* »[5]. Ces violations des droits de l'Homme, durant la période du monolithisme politique, sont l'un des mobiles qui ont justifié les mouvements de contestation et de revendication de la démocratie et des libertés durant les années 1990. Selon António Guterres[6], « [le] *respect des droits de l'homme est un élément crucial de la prévention* »de potentiels conflits sociopolitiques[7]. Il est probable que « *toutes les*

---

[1]Article 3 de la loi n°2010/002 du 13 avril 2010 portant protection et promotion des personnes handicapées.

[2]Article 1er de la loi n°83/013 du 21 juillet 1983 relative à la protection des personnes handicapées.

[3]Décret n°90/1516 du 26 novembre 1990 fixant les modalités d'application de la loi n°83/013 du 21 juillet 1983 relative à la protection des personnes handicapées.

[4]Article 3 de la loi n°83/013 du 21 juillet 1983 relative à la protection des personnes handicapées. Cette loi a été abrogée par celle n°2010/002 du 13 avril 2010 portant protection et promotion des personnes handicapées.

[5]ATHIE A. et MAHMOUD Y., « Droits de l'homme et pérennisation de la paix », *International Peace Institute*, décembre 2017, p.01.

[6]Actuel Secrétaire Général de l'ONU dans certains de ses exposés au Conseil de sécurité durant l'année 2017.

[7]Secrétaire général des Nations Unies, « Devant les quinze, le Secrétaire général souligne que l'unité du Conseil de sécurité est cruciale pour s'attaquer aux violations

sociétés possèdent des attributs contribuant à pérenniser la paix, que ce soit à travers leurs institutions, leur culture, leurs politiques ou d'autres normes d'interaction entre les personnes et entre les individus et l'État. »[1]. Mais, il est important de noter que « *les droits de l'homme sont intrinsèquement liés à la pérennisation de la paix* »[2]. Il existe donc une nette corrélation entre les droits de l'Homme et la paix positive car,

« [*les*] *droits de l'homme renforcent la cohésion entre individus et favorisent la coexistence pacifique, rendant ainsi les sociétés plus résilientes. Une recherche menée par l'Institute for Economics and Peace (IEP) a montré qu'il existait une forte corrélation entre le respect des droits de l'homme et le caractère paisible d'une société*[3]*, ou « paix positive ».* »[4].

Au Cameroun, depuis l'avènement de la paix démocratique qui a caractérisée le discours des grandes puissances[5] et des organisations internationales[6], l'État de droit a donc refait surface, dans l'optique de promouvoir les droits de l'Homme et de favoriser une paix. Par conséquent, le processus de construction de la paix à travers « *le progrès de l'État de droit* » est donc enclenché[7]. Depuis lors, la problématique des droits de l'Homme fait son ancrage autour du respect des règles de droit et de la justice au Cameroun. À cet effet, l'État et les organisations de la société civile sont unanimement

---

les plus flagrantes des droits de l'homme », 18 avril 2017, disponible à www.un.org/sg/en/content/sg/statement/2017-04-18/secretary-generals-remarks-security-councilmeeting- maintenance.

[1]ATHIE A. et MAHMOUD Y., « Droits de l'homme et pérennisation de la paix », *op.cit.*, p. 01.

[2]*Ibid.*, p. 01.

[3]*Ibid.*, p. 02.

[4]Ce concept est celui de GALTUNG J. L'Institute for Economics and Peace le définit comme l'ensemble des attitudes, institutions et structures qui établissent et pérennisent les sociétés paisibles. Voir ATHIE A. et MAHMOUD Y., « Droits de l'homme et pérennisation de la paix », *op.cit.*, p. 02.

[5]Le discours de la Baule du Président de la République Française des années 1990, François Mittérand en l'occurrence. La mise en œuvre de la doctrine de la paix démocratique a d'ailleurs été aussi, celle du Président des États-Unis d'Amérique, Bill Clinton.

[6]Il s'agit des Nations Unies et des institutions financières internationales que sont la Banque mondiale et Fonds Monétaire international (FMI).

[7]NGUELE ABADA M., « Le progrès de l'État de droit : avancée réelle ou poudre aux yeux ? », MAUGENEST D., BOUKONGOU J. D., *Vers une société de droit en Afrique centrale*, Yaoundé, Presses de l'UCAC, 2001.

mobilisés pour la même cause, au vu des manquements qui surgissent de façon conjoncturelle.

Au-delà de l'ensemble des règles de droit qui régissent les différents secteurs de la vie sociale, les droits de l'Homme constituent un cadre normatif spécifique dont la promotion a des incidences directes sur le processus de construction juridique de la paix dans toute société. Puisque c'est un cadre normatif supra-légal qui a également des influences sur le régime des libertés publiques, dans le cadre des régimes démocratiques. En effet, le régime des libertés publiques au Cameroun est respectueux des principes de libertés et de la démocratie. Fondamentalement, ces principes sont consacrés dans la Constitution de la République du Cameroun. Il y a là, « *la consécration d'une rupture, du passage d'un ordre juridique globalement liberticide à un ordre juridique résolu à se montrer protecteur des libertés* »[1]. En plus des droits fondamentaux classiques[2] énoncés par « *la Déclaration universelle des droits de l'homme, la Charte des Nations Unies, la Charte africaine des droits de l'homme et des peuples...* »[3], la Constitution du 18 janvier 1996 a également

[1]OLINGA A. D. cité par APALA MOIFFO C., *L'émergence d'une culture des droits de l'homme au Cameroun*, Mémoire du Diplôme d'Université de 3è cycle en Droits Fondamentaux, Université de Nantes, 2006, p. 20 ; https://www.memoireonline.com/01/09/1901/Lemergence-dune--culture-des--droits-de-lhomme-au--Cameroun.html. Confer avec précision OLINGA A. D., « vers une garantie constitutionnelle crédible des droits fondamentaux », OLINGA A. D., « Les défis de l'émergence d'une culture des droits de l'homme dans les sociétés d'Afrique centrales », in MAUGENEST D., BOUKONGOU J. D., *Vers une société de droit en Afrique centrale*, Yaoundé, Presses de l'UCAC, 2001, p. 333.

[2]APALA MOIFFO C., *L'émergence d'une culture des droits de l'homme au Cameroun*, Mémoire du Diplôme d'Université de 3è cycle en Droits Fondamentaux, Université de Nantes, 2006, p. 17 ; https://www.memoireonline.com/01/09/1901/Lemergence-dune--culture-des--droits-de-lhomme-au--Cameroun.html. Parmi ces droits classiques, l'auteur a déduit du préambule de la constitution camerounaise, les droits suivants :l'égalité de tous en droits et en devoirs ;la garantie de la liberté et de la sécurité à chaque individu ;le droit de s'établir en tout lieu du territoire ainsi que la liberté d'aller et venir ;l'inviolabilité du domicile et de la correspondance, le principe de la légalité des infractions et des peines ainsi que la non rétroactivité de la loi ;le libre accès à la justice ; la liberté d'opinion, de croyance, de conscience et du culte ; la liberté d'expression, de presse, de réunion et d'association, la liberté syndicale ; la protection de la famille ; le droit de propriété, le droit à l'instruction et le droit de travailler.

[3]Préambule de la Constitution du 18 janvier 1996.

consacré de nouveaux droits[1]. Telle est donc la quintessence de la dynamique de reconstruction du cadre juridique de la paix au Cameroun depuis 1990. Ce cadre normatif, tributaire des traités internationaux, des conventions, de la constitution et des lois relatives aux libertés, donne lieu à un nouveau départ des agissements pour la promotion des droits de l'Homme. Même si les cadres juridiques spéciaux sont souvent taxés de liberticide, leur mobilisation constitue un instrument nécessaire pour juguler d'éventuelles crises.

[1]APALA MOIFFO C., *L'émergence d'une culture des droits de l'homme au Cameroun*, *op.cit*, p. 19. Pour ce qui des nouveaux droits, l'auteur évoque : - La reconnaissance du droit à la vie et ses diverses implications. Il s'agit là d'une marque d'attention particulière pour l'intégrité physique et morale de la personne, qui n'avait que trop tardé à être formellement reconnue par la loi fondamentale ; - L'énonciation de la présomption d'innocence, « *Tout prévenu est présumé innocent jusqu'à ce que sa culpabilité soit établie au cours d'un procès conduit dans le strict respect des droits de la défense* » (extrait du Préambule de la Constitution camerounaise du 18 janvier 1996). La proclamation de ce droit constitue indubitablement la constitutionnalisation des exigences relatives au droit à un procès équitable. Des préoccupations contemporaines y sont également intégrées et débouchent sur la diversification des garanties en fonction des personnes ou des groupes identitaires. Ce sont là des droits à coloration sociale qui sont énoncés en termes de protection non seulement de la famille, mais aussi de la femme, des jeunes, des personnes âgées et des personnes handicapées. Cette protection qui leur est reconnue constitue en réalité une prise de conscience de la vulnérabilité de ces différents groupes sociaux ; - L'une des innovations de la constitution de 1996 réside également dans la formule « *l'Etat assure la protection des minorités et préserve les droits des populations autochtones conformément à la loi* » (l'extrait du Préambule de la Constitution camerounaise du 18 janvier 1996), et que l'État « *reconnaît et protège les valeurs traditionnelles conformes aux principes démocratiques, aux droits de l'homme et à la loi* » (Article 1er, al, 2). Cette disposition s'analyse en fait comme le droit pour ceux des citoyens qui y sont attachés, à ce que les valeurs traditionnelles ne soient pas a priori interdites. Aux droits sociaux garantis, se greffent le droit de grève à côté de la liberté syndicale (la loi n° 92/007 du 14 août 1992 portant Code du travail, respectivement au titre II (articles 3 à 22) et au titre IX (article 157), la liberté de la communication qui est une extension de la liberté d'expression, et le droit à l'instruction avec l'enseignement primaire qui est désormais obligatoire. Enfin, il convient de relever l'entrée dans le bloc des droits constitutionnels, du droit à un environnement sain, dont l'implication immédiate est le devoir pour tous de protéger l'environnement.

3. Le recours aux cadres juridiques spéciaux et exceptionnels en temps de crises

Les cadres juridiques spéciaux sont souvent institués de manière exceptionnelle et circonstancielle dans le but de construire la paix sociale dans une société politique donnée. C'est aussi le cas au Cameroun. Ces textes se trouvent repartis de manière parcellaire entre la loi fondamentale, les lois ordinaires, les ordonnances, les décrets, la jurisprudence, etc. Ils interviennent très rapidement à la suite des crises violentes qui gangrèneraient la société politique camerounaise. Au Cameroun, l'État d'urgence[1] et l'État d'exception[2] sont des situations exceptionnelles, proclamées par décret, et qui autorisent le Président de la République à prendre, par le biais des pouvoirs spéciaux, des mesures exceptionnelles en cas de crise grave menaçant la nation, c'est-à-dire « *l'intégrité du territoire, la vie, l'indépendance ou les institutions de la République* »[3]. Ces mesures trouvent leur fondement dans le souci de garantir la paix sociale. La crise sociopolitique, sur fond de sécessionnisme, dans les régions du Nord-Ouest et du Sud-Ouest du Cameroun a accéléré la mise en place des institutions de la décentralisation. En amont, la Constitution du 18 janvier 1996 a consacré un État unitaire décentralisé, et dont les institutions devraient être mises en place de façon progressive. Cette crise sociopolitique, teintée d'une revendication de nouvelles formes d'État, est donc venue porter un coup d'accélérateur à ce processus de décentralisation. C'est dans cette logique que la loi portant Code général des collectivités territoriales décentralisées[4] a été adoptée et promulguée le 24 décembre 2019. Cette loi confère des statuts spéciaux aux régions en crise, c'est-à-dire les régions du Nord-Ouest et du Sud-Ouest du Cameroun[5]. Même si la crise n'a entièrement pas encore pris fin, mais elle semble avoir considérablement baissée au vu de ces réformes institutionnelles. En plus de cela, certaines structures telles que la Commission Nationale pour la Promotion du Bilinguisme

---

[1]Article 9, alinéa 1 de la Constitution du 18 janvier 1996.

[2]*Ibid.*, alinéa 1 de la Constitution du 18 janvier 1996.

[3]Article 9, alinéa 1 de la Constitution du 18 janvier 1996.

[4]Loi n° 2019/024 du 24 décembre 2019 portant Code Général des Collectivités Territoriales Décentralisées.

[5]Titre V de la loi n° 2019/024 du 24 décembre 2019 portant Code Général des Collectivités Territoriales Décentralisées.

et du Multiculturalisme (CNPBM)[1] ; le Comité National de Désarmement, de Démobilisation et de Réintégration (CNDDR)[2] et la *National School of Local Administration* (NASLA)[3] ont été instituées par décrets pour juguler cette crise sécessionniste. Les ordonnances peuvent également intervenir lorsqu'une nécessité républicaine impérieuse se fait sentir. Aussi nombreuses qu'elles soient, les jurisprudences sont, à côté des lois ordinaires, des décisions de justice qui viennent régler et combler les lacunes des lois ordinaires, en désamorçant les situations face auxquelles ces dernières n'ont rien pu faire. C'est en cela que la jurisprudence est considérée selon cette étude comme étant, tout comme les textes spéciaux, des sources subsidiaires de construction de la paix sociale au Cameroun.

L'émergence des attaques terroristes au Cameroun, avec le *Boko Haram*, a donné lieu à une loi anti-terroriste[4] dont la teneur semble inquiéter les défenseurs des droits de l'Homme. Pourtant, cette forme de législation n'est pas une spécificité camerounaise. Quelle que soit son caractère extraordinaire, elle demeure néanmoins une loi ordinaire règlementant le phénomène complexe du terrorisme. Elle répond à la nécessité de contenir les vélites terroristes qui semblent devenir à la fois une mode et un mode de combat asymétrique qui déjà prend une certaine ampleur sur le continent africain. Et le Cameroun n'en est pas épargné. Même si le combat contre le terrorisme va au-delà de son encadrement juridique, la loi anti-terrorisme permet d'avertir les contrevenants. En effet, les cadres normatifs spéciaux, à la différence des lois ordinaires, viennent réguler des situations aussi exceptionnelles et jurisprudentielles que les lois ordinaires ne peuvent régler efficacement.

Par ailleurs, le législateur est appelé à légiférer, de temps à autre, sur des problématiques en lien avec les secteurs de la vie sociale, frappés par les ambiguïtés de la désuétude et des conjonctures sociopolitiques. Ce qui conduit parfois à des débats contradictoires permettant de vider les contentieux juridiques de leur contenu. Cette

---

[1]Décret n° 2017/013 du 23 janvier 2017 portant création, organisation et fonctionnement de la Commission Nationale pour la Promotion du Bilinguisme et du Multiculturalisme.

[2]Décret n° 2018/719 du 30 novembre 2018 portant création du Comité National de Désarmement, de Démobilisation et de Réintégration.

[3]Décret n° 2020/111 du 02 mars 2020 portant création, organisation et fonctionnement de la *National School of Local Administration*.

[4]Loi n° 2014/028 du 23 décembre 2014 portant répression des actes de terrorisme.

intervention du législateur, par une dynamique constructive de la paix, peut s'expliquer à travers l'existence d'un flux de dispositifs juridiques en institutionnalisation continue, de façon conjoncturelle et circonstancielle, depuis les années 1990. La réforme de la procédure pénale, à la faveur de la loi n°2005/007 portant Code de procédure pénale du 27 juillet 2005, entre dans ce registre constructif de la paix à travers l'État de droit et des droits de l'Homme. Elle est entrée en vigueur depuis le 1er janvier 2007. Dans le processus de construction de la paix au Cameroun, la matérialisation de la doctrine de la paix par le droit passe donc par une dynamique de construction et de mobilisation des instruments juridiques et juridictionnels tant nationaux qu'internationaux.

II. La dynamique de mobilisation des dispositifs juridiques spécifiques pour la consolidation de la paix au Cameroun

Au-delà des dispositifs juridiques fondamentaux institués et mobilisés simultanément pour la construction de la paix, il est important de noter que les actions de mobilisation des dispositifs juridiques spécifiques permettent de consolider la paix sociale. Il s'agit des droits de l'Homme en tant que dispositif juridique de la paix au niveau national (A). Cumulativement, la mobilisation des instruments juridiques et juridictionnels internationaux (B) vient consolider le processus de construction juridique de la paix.

A. Les actions de mobilisation des instruments juridiques et juridictionnels de construction de la paix au niveau national

La paix est un phénomène social très dynamique dont la construction est autant perpétuelle et continue d'où, sa relativité. Au quotidien, les dispositifs juridiques sont perpétuellement mobilisés pour sa construction. Les droits en tant que dispositifs juridiques de caractères spécifiques en font partie. Il s'agit de la dynamique de promotion des droits de l'Homme (1). En effet, ce cadre juridique favorise, par conséquent, le respect de l'ensemble des règles de droit qui régissent le fonctionnement harmonieux et équitable d'une société, à travers le respect et la mise en œuvre effective des valeurs de la justice, c'est-à-dire le respect des principes généraux du droit et l'application effective des règles de droit par les différentes juridictions nationales. L'analyse des actions de mobilisation des instruments juridictionnels (2) constitue le point d'ancrage du processus de construction positive de la paix intérieure.

1. La promotion des droits de l'Homme

Les différentes mobilisations pour la cause de la paix démocratique se fondent donc sur ces principes constitutionnellement consacrés, et sur les procédures judiciaires telles que définies par la loi, et dans le respect des libertés publiques établies par la même loi. Par conséquent, les différentes juridictions sont quotidiennement mobilisées pour faire appliquer et respecter les lois que le législateur a établies pour régir le fonctionnement harmonieux de la société politique camerounaise. L'objectif d'une telle dynamique est de garantir, de manière constructive, la paix sociale positive au Cameroun.

Dans le but de les diffuser, la promotion des droits de l'Homme à travers l'éducation se fait, un peu partout. Selon Cyrille ApalaMoiffo, « [*le*] *terme promotion s'entend comme les différentes stratégies ayant pour objet de développer la connaissance des droits de l'homme, à travers des actions de sensibilisation, auprès de tous les membres de la société.* »[1]. Dans les cadres éducatifs formels, l'éduction aux droits de l'Homme et libertés publiques se fait à tous les niveaux éducatifs : à l'éduction de base et au secondaire à travers l'éducation civique ; dans l'enseignement supérieur, il y a des unités d'enseignements spécifiques consacrées à l'éduction aux droits de l'Homme ; certaines institutions universitaires ont institué toute une filière de formation en droits de l'Homme. On peut citer par exemple, la filière « *Droits de l'Homme et Action Humanitaire* » de l'Université Catholique d'Afrique centrale. Dans le même sillage, certaines associations sont dévouées à la tâche de sensibilisation auprès des populations pour la promotion et l'éducation aux droits de l'Homme et libertés publiques, la sensibilisation sur les textes de lois qui régissent les différents secteurs de la vie sociale. Au-delà des actions de contrôle et de protection, la promotion des droits de l'Homme à travers l'éducation

[1]APALA MOIFFO C., *L'émergence d'une culture des droits de l'homme au Cameroun*, *op.cit.*, p. 16. Voir la note de bas de page n°26 du mémoire de l'auteur cité en référence.

est aussi l'une des missions fondamentales de la Commission des Droits du Cameroun[1]. D'ailleurs, c'est à l'initiative de cette commission que l'enseignement des droits de l'Homme dans les cadres éducatifs formels a été institué. A cet effet, un Cahier Pédagogique pour l'Éducation aux Droits de l'Homme a donc été élaboré à tous les niveaux d'enseignement[2]. Les ONG « *École Instrument de Paix* », « *Comités Justice et Paix* » et celles qui luttent contre toutes formes de violence sont très illustratives à ce sujet. Tout ceci se passe en marge du travail des institutions judiciaires, et très souvent aussi dans une franche collaboration.

A la vérité, on peut s'accorder à reconnaitre avec Martial JeugueDoungue que les droits fondamentaux, au Cameroun, doivent transcender les « *concepts illusoires et décoratifs* »[3] pour être intégrés dans l'esprit et la pratique quotidienne des populations[4]. Cette dynamique sociale intègre l'idée de « *[l'émergence] d'une culture des droits de l'Homme au Cameroun* »[5]. Ainsi, pour que la paix positive, fondée dans une certaine mesure sur le respect et la promotion des droits de l'Homme et des libertés publiques, soit construite, il est nécessaire que l'État respecte rigoureusement ces droits fondamentaux. C'est dans cette perspective que des séminaires de formation et de sensibilisation au respect des droits de l'Homme sont souvent organisés pour le compte des personnels de Justice et de leurs auxiliaires.

Dans les procédures judiciaires, la justice camerounaise s'efforce à mettre un accent sur le respect des droits de l'Homme[6] à travers la mise en valeur de certaines procédures tel que le délai de procédure

---

[1]Loi n° 2019/014 du 19 juillet 2019 portant création, organisation et fonctionnement de la Commission des Droits de l'Homme du Cameroun.

[2]*Rapport de la Commission Nationale des Droits de l'Homme et des Libertés sur situation des droits de l'Homme au Cameroun*, Année 2007, p. 03.

[3]JEUGUE DOUNGUE M., *La garantie des droits fondamentaux au Cameroun*, Paris, L'Harmattan, 2017. Expressions repérable au niveau de la quatrième des couvertures de l'ouvrage.

[4]*Ibid.*

[5]En référence au titre du mémoire d'APALA MOIFFO C. : « L'émergence d'une culture des droits de l'homme au Cameroun », *Mémoire du Diplôme d'Université de 3è cycle en Droits Fondamentaux*, Université de Nantes, 2006. Voir aussi OLINGA A. D., « Les défis de l'émergence d'une culture des droits de l'homme dans les sociétés d'Afrique centrales », in MAUGENEST D., BOUKONGOU J. D., *Vers une société de droit en Afrique centrale*, Yaoundé, Presses de l'UCAC, 2001.

[6]MINKOA SHE A., *Droits de l'Homme et droit pénal au Cameroun*, Paris, Economica, 1999.

pénale au Cameroun[1]. En principe, « *toute personne a droit à ce que sa cause soit entendue équitablement, publiquement et dans un délai raisonnable, par un tribunal indépendant et impartial* »[2]. Élise Espérance Nana, magistrat de carrière au Cameroun, a essayé de démontrer comment le droit camerounais consacre le délai raisonnable dans la procédure pénale. En plus, les juridictions camerounaises, dans le respect des droits de l'Homme, appliquent effectivement le délai raisonnable sans oublier les recours juridictionnels et non juridictionnels qui ont cours, en cas de violation, dans l'application de cette règle de droit pénal. Tout ceci est mis en œuvre dans le souci de faire respecter les droits de l'Homme. En réalité, la mobilisation des instruments juridictionnels permet à la justice de contribuer efficacement au processus de construction de la paix à travers le respect de certains droits fondamentaux de l'être humain tel que consacré par le régime des libertés publiques. C'est pour cette cause très noble, celle de construire la paix positive, que les acteurs et les instruments juridictionnels sont quotidiennement mobilisés.

2. La mobilisation des dispositifs juridictionnels de construction de la paix sociale

Avant de parler des institutions qui s'identifient aux instruments juridictionnels de construction de la paix sociale au Cameroun, il est important de retenir que la Constitution a consacré, selon le principe de séparation des pouvoirs, tout un ordre de pouvoir incarné par l'institution judiciaire. Il s'agit du pouvoir judiciaire. La Constitution camerounaise du 18 janvier 1996 l'a bien consacré en ces termes : « *Le pouvoir judiciaire est exercé par la Cour Suprême, les Cours d'Appel, les Tribunaux. Il est indépendant du pouvoir exécutif et du pouvoir législatif.* »[3]. Sous caution du respect des droits de l'Homme, les institutions judiciaires sont mises en œuvre dans le but d'appliquer le droit et de faire assurer la justice dans l'équité, l'égalité et la légalité républicaine. Par ce fait, elles garantissent ainsi, de manière juridictionnelle, les droits de l'Homme et ce dans le respect des libertés publiques. En le faisant, les institutions judiciaires participent,

[1]NANA E. E., *Droits de l'Homme et Justice : le délai de procédure pénale au Cameroun*, Paris, L'Harmattan, 2010.
[2]Préface du Professeur BOUKONGOU J. D. dans l'ouvrage de NANA E. E., *Droits de l'Homme et Justice : le délai de procédure pénale au Cameroun*, *op.cit.*, p. 16.
[3]Article 37, alinéa 2, de la constitution du 18 janvier 1996.

de manière positive, à la construction juridique de la paix civile intérieure. De l'avis de certains chercheurs, juristes, analystes, et observateurs de la scène sociopolitique camerounaise, la protection et le contrôle juridictionnels des droits de l'Homme est une réalité, malgré la subsistance de quelques insuffisances dans la pratique. C'est ce qui justifie avec pertinence que les mécanismes juridico-institutionnels sont mobilisés dans la dynamique de construction de la paix positive au Cameroun.

Dans cette dynamique de mobilisation des dispositifs juridictionnels, tous les instruments juridiques de protection des droits de l'Homme et libertés publiques concourent à la construction juridique de la paix civile intérieure. Ils sont tous mobilisables, et éventuellement mobilisés dans ce processus. Il s'agit spécifiquement du juge judiciaire, du juge administratif et du Conseil constitutionnel.

Primo, en matière de construction juridique de la paix sociale, le juge judiciaire, puisqu'il s'agit de son ressort de compétence, est chargé de s'assurer de la protection et du contrôle des droits et libertés. En matière des droits fondamentaux, l'importance du rôle traditionnel du juge judiciaire est donc avérée. Zbigniew Paul Dime Li Nlep pense que « [l'action] *du juge judiciaire camerounais en matière de protection des droits fondamentaux est donc une action franche et établie au regard de la jurisprudence édifiée par lui. Elle ne va toutefois pas sans heurts et se trouve confrontée à des obstacles susceptibles d'altérer son efficience.* »[1].

Secundo, le juge administratif connait dans son domaine de compétence, de tous les contentieux relatifs aux abus des droits fondamentaux, dans les rapports de l'administration avec les administrés. Effet, la témérité du juge administratif camerounais est donc bien perceptible lorsqu'il intervient pour protéger les droits fondamentaux des citoyens en cas de litiges avec l'administration. Il est de surcroit très présent lorsque cette dernière pose des actes de violation flagrante des premiers. Une multitude de jugements[2] et

[1]ZBIGNIEW DIME LI NLEP P., *La garantie des droits fondamentaux au Cameroun*, DEA en Droit international des Droits de l'Homme, Université Abomey-Calavi-Bénin, 2004, p. 82.

[2]A travers la technique de l'*Habeas Corpus*, le juge judiciaire s'est déclaré compétent pour connaître des requêtes en libération immédiate contre des gardes à vue administratives dans deux affaires : Jean-Pierre Sa'a, objet du jugement n° 396/Crim., TGI du Mfoundi du 9 septembre 1993 ; Jean-Pierre Kamga et Léandre Djino, objet du jugement n° 104/Crim., TGI du Mfoundi en date du 26 janvier 1996.

d'arrêt[1] de la justice camerounaise illustrent bien les actions de mobilisation des institutions judiciaires pour la construction de la paix, à travers le contrôle et la protection des droits de l'Homme et des libertés publiques.

Tercio et *in fine*, le Conseil constitutionnel est, au-delà de l'étendue de sa compétence, un organe spécifique, une instance dont la compétence en matière de contrôle de constitutionnalité des lois[2] est consubstantielle à la protection des droits fondamentaux, malgré ses insuffisances criardes en la matière. C'est un organe bien distinct des juridictions ordinaires. En réalité, le rôle du Conseil constitutionnel est remarquable dans le processus de construction juridique de la paix, à travers la protection des droits de l'Homme et des libertés publiques, même si cette intervention est considérée comme hypothétique[3] par certains observateurs[4] des droits de l'Homme. Ceci, compte tenu des restrictions institutionnelle et élitiste qui entachent les possibilités de saisine de cette institution juridictionnelle : « *Le Conseil Constitutionnel est saisi par le Président de la République, le président de l'Assemblée Nationale, le président du Sénat, un tiers des députés ou un tiers des sénateurs. Les présidents des exécutifs*

---

[1]L'arrêt n° 157/CFJ-CAY du 23 mars 1971, Medou Gaston, la CFJ considère que constitue *« une emprise, de surcroît irrégulière, l'occupation d'une propriété privée immobilière par des éléments de l'armée »*, sur l'ordre du Préfet de la localité. Elle se déclare par voie de conséquence incompétente pour connaître de l'affaire et renvoie le requérant devant le juge judiciaire ; L'arrêt n° 10/CFJ-AP du 17 octobre 1968, MveNdongo Abraham, la CFJ considère comme constitutif d'une voie de fait administrative, *« des actes tellement irréguliers qu'ils perdent le caractère administratif »* et qui sont *« manifestement insusceptibles d'être rattachés à l'exercice d'un pouvoir appartenant à l'administration »*.

[2]Article 46 de la Constitution de la République du Cameroun du 18 janvier 1996.

[3]ZBIGNIEW DIME LI NLEP P., *La garantie des droits fondamentaux au Cameroun,op.cit.*, p. 83.

[4]MELONE S., MINKOA SHE A., SINDJOUN L., (Dirs.), *La réforme constitutionnelle du 18 janvier 1996 au Cameroun. Aspects juridiques et Politiques*, Yaoundé, Friedrich-Ebert-GRAP ; DONFACK SOCKENG L., « Cameroun : le contrôle de constitutionnalité des lois, hier et aujourd'hui. Réflexions sur certains aspects de la réception du constitutionnalisme moderne en droit camerounais », in MELONE S., MINKOA SHE A., SINDJOUN L., (Dirs.), *La réforme constitutionnelle du 18 janvier 1996 au Cameroun. Aspects juridiques et Politiques*, *op.cit.* Voir aussi ZAMBO ZAMBO D. Jr., « Protection des droits fondamentaux et droit à la jurisdictio constitutionnelle au Cameroun : continuité et ruptures », *La Revue des droits de l'homme* [En ligne], 15 | 2019, mis en ligne le 10 janvier 2019, consulté le 06 septembre 2019. URL : http://journals.openedition.org/revdh/5847 ; DOI : 10.4000/revdh.5847

régionaux peuvent saisir le Conseil Constitutionnel lorsque les intérêts de leur région sont en cause. »[1]. Pour Adolphe MinkoaShe, « *le mécanisme institué par la Constitution, s'est en effet révélé particulièrement inefficace, dominé qu'il était dans son aménagement par la personne du chef de l'État* »[2]. Par conséquent, la restriction des possibilités de saisine du Conseil constitutionnel constitue un obstacle majeur en cas de violations des droits fondamentaux. Ainsi, quoique la compétence du Conseil constitutionnel en matière de contrôle de constitutionnalité des lois soit institutionnellement consacrée, c'est-à-dire une protection juridictionnelle des droits fondamentaux, sa praticabilité demeure inopérante, inefficace voire frustratoire. Ce qui justifie les limites de ce mécanisme de construction juridique de la paix par les droits de l'Homme au Cameroun. C'est à juste titre que Florent Guy Atangana Mvogo[3] parle d'une justice constitutionnelle qui exclut les citoyens ordinaires, et de ce fait, les prive d'un droit fondamental : le droit d'accès à la justice. Cette exclusion frustratoire est avérée même si une loi prise en violation flagrante de la Constitution est en dissonance avec leurs droits[4]. Néanmoins, son rôle dans la construction juridique de la paix, à travers le règlement des contentieux électoraux[5] est avéré. Le rôle du Conseil constitutionnel a été très déterminant dans la gestion des contentieux électoraux ayant suivi l'élection présidentielle du 07 octobre 2018[6], ainsi que les élections législative et municipale du 09 février 2020. Il favorise une gestion pacifique des processus électoraux, permettant ainsi de juguler ou d'amoindrir les escalades de violence post-électorale.

Toutes ces institutions juridictionnelles, ayant été mises progressivement en place et en fonction des besoins de régulation sociale, constituent en effet des « *gardiens de la paix sociale armés*

---

[1]Article 47, alinéa 2 de la Constitution du Cameroun du 18 janvier 1996.

[2] MINKOA SHE A. cité par ZBIGNIEW DIME LI NLEP P., *op.cit.*, p. 85. Confer MELONE S., MINKOA SHE A., SINDJOUN L., (Dirs.)*La réforme constitutionnelle du 18 janvier 1996 au Cameroun. Aspects juridiques et Politiques*, *op.cit.*, pp. 72 et 73.

[3] ATANGANA MVOGO F. G., "Access to Justice and Democratic Governance in Cameroon: Which Lessons in the Light of Constitutional Justice", *Journal of Public Administration and Governance*, Vol. 9, No. 3, 2019, pp. 100-113.

[4]*Ibid.*, p. 112.

[5]Article 48, alinéa 2 de la Constitution du 18 janvier 1996.

[6] ATANGANA MVOGO F. G., "Access to Justice and Democratic Governance in Cameroon: Which Lessons in the Light of Constitutional Justice", *op.cit.*, p. 105.

des règles de droit »[1]. Dominique Turpin parle de « *gardien de la liberté individuelle* »[2],pour faire spécifiquement allusion au rôle traditionnel du juge judiciaire. Tandis que Prosper NkouMvondo considère ce dernier comme « *le protecteur des libertés individuelles* »[3].

Hormis les institutions juridictionnelles de construction de la paix au Cameroun issues de la modernité, la promotion des droits de l'Homme est en train de se déployer progressivement dans les institutions judiciaires traditionnelles malgré qu'il y ait, quelque peu, des abus orchestrés par certaines autorités du pouvoir traditionnel. Dans une dynamique de complémentarité, la mobilisation des instruments juridiques internationaux interviennent dans le souci de renforcer le processus de construction de la paix par les droits de l'Homme et les libertés publiques.

B. La mobilisation des instruments juridiques et juridictionnels internationaux dans le processus de construction de la paix au Cameroun

La dynamique de construction juridique de la paix au Cameroun intègre activement les dispositifs juridico-institutionnels du droit international. Cette dynamique de mobilisation constructive se matérialise à travers le respect du droit international dans sa globalité (1). Une telle analyse a décelé, dans la posture internationale du Cameroun, un certain nombre de critiques dans le respect des droits de l'Homme et des libertés publiques (2).

---

[1]Il n'est pas question de les confondre avec les gardiens de la paix qui sont un corps de la police nationale au Cameroun.

[2]Cité par ZBIGNIEW DIME LI NLEP P., « La garantie des droits fondamentaux au Cameroun », *DEA en Droit international des Droits de l'Homme*, Université Abomey-Calavi-Bénin, 2004, p. 66.

[3]NKOU MVONDO P., « La privation de liberté au suspect : droits de l'homme et sécurité du justiciable dans la procédure pénale camerounaise », *RADIC*, Tome 12, n° 3, p. 525.

1. Le respect des instruments juridiques internationaux et la saisine des institutions juridictionnelles internationales

Le Cameroun est un cas d'école en matière du respect du droit international. En effet, la résolution pacifique du conflit relatif à la presqu'île de *Bakassi* est un exemple illustratif du pacifisme de la doctrine juridico-politique de l'État du Cameroun. Depuis les années d'indépendance, le Cameroun s'est toujours évertué à respecter les règles du droit international dont il est un sujet. Depuis lors, le Cameroun a adopté la doctrine du pacifisme juridique qui oriente sa politique étrangère essentiellement *paixogénique*. Cette doctrine se matérialise donc par la latitude de l'État camerounais à respecter les instruments juridiques internationaux (a), et la saisine des institutions juridictionnels pour le règlement des conflits interétatiques. La saisine de la Cour Internationale de Justice (CIJ) au sujet de la presqu'île de *Bakassi*, l'ayant opposé au Nigeria (b), est un exemple très illustratif.

a. Le pacifisme juridique camerounais dans le respect des instruments juridiques internationaux

L'État du Cameroun a ratifié, et a adhéré à, un bon nombre de mécanismes et instruments juridiques internationaux, au vu de la consistance de la doctrine qui oriente sa politique étrangère : le pacifisme. L'aspect juridique de cette doctrine se décline bien dans le comportement du Cameroun sur la scène internationale, à travers le respect des instruments juridiques internationaux. Généralement, il s'agit des traités, des conventions, des accords, des pactes, des protocoles, etc. signés avec les autres nations (africaines, européennes, américaines, asiatiques) dans le cadre des organisations internationales, et surtout le système des Nations Unies.

Cette dynamique prouve à suffisance son attachement à la doctrine du pacifisme juridique. Cet attachement est perceptible dès les premières heures de son accession à l'indépendance dans les années 1960. Au-delà de son institutionnalisation post indépendantiste, cette tradition doctrinale du pacifisme juridique remonte depuis le début de la période des revendications indépendantistes, à travers les actions des leaders de l'UPC à la tribune des Nations Unies. Ainsi, il est donc important de reconnaitre que les dirigeants du Cameroun indépendant ont adopté, depuis lors, cette doctrine pacifiste[1] dans le cadre de la diplomatie camerounaise, fondée essentiellement sur les mécanismes juridico-institutionnels. Ces derniers font l'objet du droit international en matière de construction de la paix.

Certains travaux scientifiques retracent en même temps le bilan de la présence du Cameroun sur la scène internationale, et ses engagements dans la mobilisation des mécanismes et instruments juridiques internationaux depuis plus de cinquante ans de souveraineté internationale. L'acte du colloque sur les cinquantenaires de l'Indépendance et de la Réunification du Cameroun[2], organisé à l'Université de Ngaoundéré les 02 et 03 mai 2013, est illustratif à cet égard. La saisine des juridictions internationales fait partie de ces actions de mobilisation des mécanismes et instruments juridiques internationaux.

b. Le règlement pacifique et juridictionnel du conflit frontalier Cameroun-Nigéria sur l'affaire de la presqu'île de *Bakassi*

Suite aux attaques de l'armée nigériane du 21 décembre 1993[3], et des 18 et 19 février 1994[4], une plainte a été déposée par le Cameroun auprès de la Cour Internationale de Justice à *La Haye* le 29 mars 1994[5]. En plus de cela, une requête additionnelle portant sur la *« question de la souveraineté sur une partie du territoire camerounais*

---

[1]KOMBI MOUELLE N., *La politique étrangère du Cameroun*, Paris, L'Harmattan, 1996, pp. 58-61.

[2]ATANGANA AMOUGOU J-L., *Le Cameroun et le droit international*, Acte du colloque des cinquantenaires de l'Indépendance et de la Réunification du Cameroun, Ngaoundéré, du 2 et 3 mai 2013.

[3]Cette attaque est l'une des causes immédiates du conflit, à travers l'occupation militaire des localités de Jabane et de Diamond par le Nigeria de la presqu'île de *Bakassi*. Confer : http://fr.wikieducator.org/L%27ONU_et_la_r%C3%A9solution_du_conflit_de_Bakassi_(1994/2008)#La_causes_imm.C3.A9diate.C2.A0:_l.E2.80.99attaque_des_forces_arm.C3.A9es_nig.C3.A9rianes

[4]D'autres localités de la péninsule ont également été attaquées à ces dates, particulièrement Idabato où sont basées les troupes camerounaises. Confer : http://fr.wikieducator.org/L%27ONU_et_la_r%C3%A9solution_du_conflit_de_Bakassi_(1994/2008)#La_causes_imm.C3.A9diate.C2.A0:_l.E2.80.99attaque_des_forces_arm.C3.A9es_nig.C3.A9rianes

[5]Frontière terrestre et maritime entre le Cameroun et le Nigéria, exceptions préliminaires, *arrêt, C.I. J. Recueil 1998*, pp. 275-327.

dans la zone du Lac Tchad » est déposée le 06 juin 1994[1]. Il s'agit d'un autre conflit frontalier entre le Cameroun et le Nigéria dans le Lac Tchad[2]. À travers ces actes[3] qui concrétisent le respect et le recours au droit international dont le Cameroun en a fait preuve, un acte de guerre a pu être évité entre ces deux voisins. Même si l'armée camerounaise a opposé des ripostes face ces attaques, il s'agissait d'un simple acte de légitime défense. Néanmoins, cette situation n'a pas abouti, comme ce fut le cas entre la Lybie et le Tchad au sujet de la bande d'*Aouzou*[4], à une guerre ou un à conflit interétatique ouvert. En réalité, pour le cas dù conflit Cameroun-Nigéria, la force du droit a fini par prendre le dessus sur la force des armes. Après plus d'une décennie de procédures, la CIJ a fini par donner raison à l'État du Cameroun, ce qui a abouti à la signature de l'accord de *Greentree*[5], le 12 juin 2006 à *New York*. La presqu'île de *Bakassi*, principal objet[6] du conflit, a finalement été rétrocédée à l'État du Cameroun en août 2008, lors d'une cérémonie officielle à *Calabar* au Nigéria.

En se focalisant sur cet exemple du règlement pacifique et juridictionnel du conflit frontalier Cameroun-Nigeria sur la presqu'île de *Bakassi*, il est à relever que le Cameroun mobilise dans son élan de construction juridique de la paix, les mécanismes juridico-institutionnels établis par le droit international. Le Cameroun a ainsi pu construire la « *paix par la Justice* »[7] internationale, car la CIJ a été consacrée comme un instrument de garantie du droit à la paix :

« *La paix est la matrice du droit international et le critère décisif d'évaluation de son effectivité. Elle est un idéal, mais en même temps un droit. L'Assemblée générale des Nations Unies a déclaré solennellement dans la résolution 39/11 du 12 novembre 1984 que «*

---

[1]Frontière terrestre et maritime entre le Cameroun et le Nigéria, ordonnance du 16 juin 1994, *C. I. J. Recueil 1994*, pp. 105-107.

[2]ABDOURAMAN H., « Le conflit frontalier Cameroun-Nigeria dans le Lac-Tchad : les enjeux de l'île de Darak, disputée et partagée », *Cultures & Conflits*, Vol. 4, n° 72, 2008, pp. 57-76.

[3]La plainte du 29 mars 1994 et la requête additionnelle du 06 juin 1994.

[4]OLINGA A. D., *L'accord de Greentree du 12 juin 2006 relatif à la presqu'île de Bakassi*, Paris, L'Harmattan, 2009, p. 17.

[5]*Ibid.*, p. 17.

[6]L'objet secondaire du conflit était l'île de *Darak*, qui est aujourd'hui un arrondissement à part entière dans le département du *Logone et Chari*.

[7]OUMBA P., « La paix par la justice : revisitation de la contribution de la Cour Internationale de Justice a la pacification de la société internationale », 2016. hal-01319660. HAL Id: hal-01319660; https://hal.archives-ouvertes.fr/hal-01319660, Submitted on 24 May 2016.

préserver le droit des peuples à la paix et promouvoir la réalisation de ce droit constituent une obligation fondamentale pour chaque État. »[1].

Allant dans le même sillage, l'État du Cameroun fournit des efforts considérables pour le respect scrupuleux des principes juridico-politiques des relations internationales : le non-recours à la force, le règlement pacifique des différends, etc. Par conséquent, ce règlement pacifique du différend Cameroun-Nigéria, sur l'affaire de la frontière terrestre et maritime entre le Cameroun et le Nigeria, a fait du Cameroun un cas d'école en matière du respect des règles et principes du droit international. Ce pays d'Afrique centrale constitue un des acteurs et sujets qui participent, significativement, à la construction de la paix par les mécanismes juridictionnels internationaux. Cependant, le respect des droits de l'Homme et des libertés publiques, depuis l'émergence de certaines crises sociopolitiques[2] au Cameroun, tend vers une appréciation mitigée[3] de l'internationalisation des mécanismes juridico-institutionnels internationaux par ce sujet du droit international.

2. Le respect controversé des droits de l'Homme et des libertés publiques au Cameroun

En matière du respect des droits de l'Homme et des libertés publiques, le Cameroun est partie aux mécanismes juridico-

[1]BOUKONGOU J. D. cité par OUMBA P., « La paix par la justice : revisitation de la contribution de la Cour Internationale de Justice a la pacification de la société internationale », *op.cit.*, p. 02. Confer BOUKONGOU J. D., « Considérations générales sur la paix en Afrique : Leçon inaugurale », in *De la paix en Afrique au 21ème siècle*, BOUKONGOU J. D. et TCHEUWA J. C. (S/Dir.), Journées scientifiques du Centre d'études et de recherche en droit international et communautaire (CEDIC), Yaoundé, 19 -20 juillet 2006, p. 07.

[2]Chronologiquement, on peut citer de manière sélective, les événements de février 2008 ; les mouvements terroristes du *Boko Haram* depuis 2013 ; les mouvements sécessionnistes de depuis novembre 2016 ; et les mouvements de contestations politiques, précisément électorales, organisés par les militants du MRC (Mouvement pour la Renaissance du Cameroun). Toutes les réactions du gouvernement camerounais, face à ces crises, ont fait l'objet de multiples critiques, en ce qui concerne le respect des droits de l'Homme et des libertés publiques.

[3]TCHIDJO S. S., « Le Cameroun et les organes de traités des nations unies » in *Actualités juridiques du village Droit de l'Homme et Libertés fondamentales*, mercredi 14 février 2018, inédit. Document non paginé, consultable en ligne. Bien vouloir lire au niveau de la conclusion de l'article.

institutionnels d'encadrement, d'accompagnement et de respect des droits fondamentaux[1]. Parmi ceux-ci, on peut citer les organes des traités qui impliquent la signature et la ratification d'un certain nombre de conventions et de protocoles facultatifs qui les accompagnent. À ce jour, sur les dix-huit (18) textes adoptés sous l'égide des Nations Unies, le Cameroun en a signé seize (16). Il en a ratifié neuf (09) textes dont six (06) conventions et trois (03) protocoles facultatifs. En fin de compte, le Cameroun est lié à l'égard de quatre (04) organes de traités ou comités sur dix (10) actuellement en vigueur dans le système des nations unies[2]. Bien que le Cameroun soit lié à ces organes de traités, Karim Lahidji et Gerald Staberock révèlent sur le respect controversé des droits de l'Homme, surtout en matière d'orientation sexuelle que : « *Lié par ces conventions et normes internationales et régionales de protection des droits humains, le Cameroun a, à de nombreuses reprises, été interpellé par les organes de surveillance des traités et des procédures spéciales en vue du respect des droits des défenseurs, en particulier des défenseurs des droits des personnes LGBTI* »[3]. Étant donné que la législation camerounaise ne reconnait pas d'orientations sexuelles autres que celle liée à l'hétérosexualité, il serait donc plausible que l'organe des traités relatif aux personnes LGBTI ne soit pas ratifié.

C'est donc un constat avéré, que le Cameroun a signé et a adhéré à un nombre considérable d'instruments juridiques de garantie, de promotion, de protection et de contrôle des droits de l'Homme sur le plan international. Mais, un certain nombre de mécanismes politiques et institutionnels, sur le plan national, donne lieu à des limitations et obstructions critiques.

Étant donné que la paix démocratique a rendu ascendante la courbe de la promotion, de la protection et du respect des droits et libertés fondamentales. En outre, il y a des dispositifs juridiques qui émettent de réserves, et posent des limites ou des restrictions au respect scrupuleux des droits fondamentaux. C'est le cas de la Constitution qui indique les conditions à travers lesquelles les libertés publiques peuvent être restreintes. Autoritaires qu'elles puissent paraitre, ces

---

[1]Bien vouloir consulter l'« *Addendum au Rapport du Cameroun au sujet des positions du pays concernant les recommandations issues du second cycle de l'examen périodique universel.* », 53 p.

[2]*Ibid.*, pp. 01-53.

[3]LAHIDJI K. ; STABEROCK G., « Cameroun : les défenseurs des droits des personnes LGBTI confrontés à l'homophobie et la violence », *Rapport de mission internationale d'enquête*, Février 2015, p. 06. Le sigle LGBTI signifie Lesbiennes, Gays, Bisexuelles, Transgenres et Intersexués.

mesures de limitation sont en principe une autre manière de construire la paix par le droit.

Mais, l'émergence de nouvelles formes de menaces au Cameroun a complexifié les paradigmes de perception des droits de l'Homme. En effet, la psychose sociale créée par les attaques terroristes du *Boko Haram* a poussé le Parlement camerounais à adopter la loi qui réprime les actes de terrorisme[1]. La situation actuelle du Cameroun en matière de respect des droits et libertés fondamentaux est trop controversée. Dans les faits, même si certaines actions gouvernementales tendent à limiter le respect scrupuleux des droits de l'Homme et des libertés publiques, l'institution et la mobilisation des lois anti-terroristes ont suscité de vives critiques de la part de certains acteurs sociopolitiques nationaux, de certaines organisations internationales, de certaines ONG et puissances étrangères.

En ce qui concerne les actions du gouvernement camerounais face aux multiples crises, les différents rapports de *Human Rights Watch*, les rapports[2] et la déclaration de l'ambassadeur des Etats-Unis d'Amérique au Cameroun, ainsi que les déclarations de certains Parlementaires européens sont évocateurs. À la vérité, quelles que soient la teneur et la substance de la loi sur le terrorisme, les ripostes gouvernementales pour contenir les différentes crises ne sont pas une spécificité camerounaise. Il s'agit d'une des missions régaliennes de tout État face à la rupture de la paix. Malgré tous les efforts déployés par l'État pour faire respecter les droits fondamentaux, ceci dans l'exercice de ses missions régaliennes, les critiques ne cessent de fuser de partout. Elles se manifestent à travers des actes de dénonciations et de rappels au respect des droits de l'Homme. Par ailleurs, l'intention vertueuse et déclarée de ces critiques est de concourir à la construction de la paix par la promotion et la protection des droits fondamentaux.

Conclusion

Au vu des développements précédents sur le rapport qu'il y a entre le droit et la dynamique de gestion des crises sociopolitiques au Cameroun, il serait synthétique de noter que la présente analyse a fait une fixation sur les dispositifs juridiques institués et simultanément

[1]Loi n° 2014/028 du 23 décembre 2014 portant répression des actes de terrorisme. BOURSIN Cl., "Au Cameroun, la lutte contre le terrorisme rime avec restriction des libertés", disponible sur www.lemonde.fr ; "Cameroun : l'opposition dénonce une loi antiterroriste liberticide", disponible sur www.rfi.fr ; "La loi sur la répression du terrorisme votée dans la polémique", disponible sur www.africapresse.com

[2]Ambassade des États-Unis au Cameroun, Rapport 2016 sur les droits de l'homme – Cameroun.

mobilisés pour la construction de la paix dans ce pays d'Afrique centrale. À la question de savoir comment la paix se construit au Cameroun sur la base des dispositifs juridiques, l'analyse établit le processus d'institution et de mobilisation des dispositifs juridiques qui concourent à la construction de cette valeur sociale que constitue la paix. D'un côté, les fondements des dispositifs juridiques institués pour construire la paix au Cameroun sont entre autres la Constitution, les traités, l'ensemble des lois ordinaires, et de bien d'autres sources de légalités ayant des particularités spécifiques. Ces derniers fondements juridiques sont caractérisés par une certaine contingence. D'un autre côté, au-delà des fondements juridiques, il y a des dispositifs juridiques institués de façon conjoncturelle. Tous sont ainsi cumulativement mobilisés pour les causes de la paix au Cameroun. Les diverses dispositions relatives aux droits de l'Homme, l'ensemble des instruments juridiques et juridictionnels d'obédiences nationales et internationales, ainsi que les textes de restriction des libertés en temps de crises sont constamment mobilisés. Tout compte fait, il est important de noter que la dynamique de construction de la paix au Cameroun est foncièrement tributaire du processus d'institution et de mobilisation de ces dispositifs juridico-institutionnels.

Le Droit et la crise des accidents de circulation au Cameroun : essai de démonstration du droit comme origine et moyen de lutte contre le phénomène des accidents de circulation

RAMSES Koungmeu Guiffo

Doctorant en Droit privé et Sciences criminelles à la Faculté des Sciences Juridiques et Politiques de l'Université de Dschang-Cameroun

Le dimanche 27 décembre 2020, se produit un grave accident dans la ville de 'Ndikinimeki' dans le Centre-Cameroun, deux bus de transport en commun appartenant tous à l'agence de transport interurbain « Avenir voyage SA » entrent en collision, provoquant ainsi près de 52 morts selon les chiffres officiels[1]. Un mois bien compté après, soit le 27 janvier 2021, un autre accident meurtrier se produit à la « Falaise de Dschang » dans l'Ouest- Cameroun. Un bus de transport en commun appartenant à l'agence de transport interurbain « MENOUA Voyage » entre en collision avec un camion transportant du carburant. Le bilan de cet énième accident est tout aussi lourd : près de 53 personnes calcinées. Le journal d'expression écrite « Réalités Plus » dans son édition du 28 janvier 2021 relève que durant la période de fin décembre 2020 à fin janvier 2021, le Cameroun a enregistré plus de 150 morts sur ses routes[2]. Il faut

[1]BODO L.,« Accident mortel de Ndikinimeki : le chef de l'Etat prescrit une enquête », *in Cameroun Tribune,* édition du 28 décembre 2020.

[2]Lors de la 1ère session ordinaire de l'année législative 2021, plus exactement le 23 Mars 2021, le Ministre des transports Monsieur NGALLE BIBEHE Jean Ernest a fait un exposé sur la prévention et sécurité routière dans lequel il a établi des statistiques sur les accidents de la route des 10 dernières années, et relevait notamment que :

« En 2011, 3525 accidents, 1588 tués ;
En 2012, 3327 accidents, 1187 tués ;
En 2013, 2997 accidents, 1160 tués ;
En 2014, 3065 accidents, 1081 tués ;

relever que ces chiffres ne sont qu'officiels, et que pour des raisons politiques, sanitaires ou sociales, ces chiffres sont parfois faussés, diminuant ainsi les chiffres réels[1]. En effet, les chiffres diffusés par les pouvoirs publics ne disent pas souvent tout. Derrière la froideur des statistiques se cachent d'autres victimes, non comptabilisées, et les victimes par ricochet.

Ces deux drames, enregistrés en l'espace d'un seul mois, ont retenu l'attention de la communauté nationale et internationale uniquement à cause du nombre très élevé de morts. Il est certain que chaque jour, on enregistre de nombreux cas isolés d'accidents, avec des morts ou blessés, c'est-à-dire des accidents qui sont passés inaperçus ou ceux dont l'écho a été faible[2] ! Il est triste quand il s'agit

---

En 2015, 2896 accidents, 1091 tués ;
En 2016, 2954 accidents, 1241 tués ;
En 2017, 2341 accidents, 929 tués ;
En 2018, 1898 accidents, 782 tués ;
En 2019, 1533 accidents, 627 tués. ».

L'année 2020 marque l'année la plus meurtrière, avec un total de 3275 morts des suites d'accidents de la circulation, soit 2648 décès de plus par rapport à 2019.

La situation est également critique dans d'autres pays à l'instar de la France, où Vincent JULE-PARADE relève que chaque année le pays enregistre plus de 3000 morts sur les routes françaises et plusieurs dizaines de milliers de blessés :

« Jusqu'au début des années 2000, les accidents de la route faisaient près de 8000 morts par an. En 2016, les accidents de la route ont tué 3477 personnes et en ont blessées 72.642 dont 21.187 ont dû être hospitalisées. »in « accidents de la route », JULE-PARADE V., *www.vjp-avocat.com.*

En outre, l'année 1983 est a été l'année la plus meurtrière en France en matière d'accidents de circulation. En effet, *« 11946 morts et 301434 blessés »* ont été enregistrés en cette année-là. Voir COUVRAT P., « La politique pénale en matière de circulation routière », *Archives de la politique criminelle,* n°25, 2003, p.101.

En Côte d'Ivoire, la situation est presque similaire. En 2019, on a enregistré une hausse de 13 ,28% des accidents de circulation par rapport à 2018, *in Le Courrier du Vietnam,* 28 Aout 2019, p.4. L'Algérie quant à elle a enregistré plus de 1600 morts sur ses routes durant les six premiers mois de 2019, voir *Le Courrier du Vietnam, ibidem.*

[1]Les nécessités de protection et de sauvegarde de l'image du pays font en sorte que les pouvoirs publics se sentent parfois obligés de mentir sur des chiffres ou bien cacher certains éléments susceptibles de faire du pays un pays dangereux. Chaque pays a besoin que des investisseurs étrangers s'y implantent, et attirer des touristes. Et le fait de relever par exemple qu'en une seule année les routes du pays ont tué près de 10000 personnes n'encouragent guère ces étrangers, qui gardent par ce fait une très mauvaise image du pays, qui est sous le feu des projecteurs.

[2]Il y'a des accidents non recensés qui se produisent dans des zones reculées et difficiles d'accès. Les difficultés d'accès à l'information rendent difficile la comptabilité des décès.

d'évoquer des enfants orphelins, des conjoints que la route a rendu veufs ou veuves, des parents qui ne verront pas grandir leurs enfants, des parents et amis aux bras ou aux jambes amputées, des vies brisées, mutilées à jamais, à reconstruire. Une autre question importante mérite d'être posée : que se passe-t-il pour les victimes ou leur proche, une fois la route débarrassée de son mauvais souvenir et la circulation redevenue fluide ? Il est évident qu'il demeure un traumatisme qu'on ne pourrait réparer car une seule vie perdue est une énorme perte pour la nation et l'humanité entière.

L'enjeu humain est indiscutable. Le nombre élevé des victimes très jeunes des accidents de la circulation au Cameroun plonge de milliers de familles dans la détresse et le vide chaque année. Les accidents de la route mutilent l'avenir de milliers de personnes qui vont devoir survivre avec un handicap lourd les privant parfois de travail et d'intégration sociale. Au regard de tout ce qui précède, il est évident que le Cameroun traverse une véritable crise : la crise des accidents de circulation, une crise qui doit être combattue avec la même énergie que les autres crises, notamment les crises sécuritaires, sanitaires, politiques et autres.

Entre mauvais état des routes, (*routes étroites, délabrées, non signalisées, etc.*), mauvais état du véhicule, mauvaise prévention routière, non-respect des règles de conduite (*conduite en état d'ivresse, mauvais dépassement, surcharge, etc.*), les causes de ces drames sont nombreuses. En effet, *« 35% des accidents au Cameroun sont imputables à l'excès de vitesse, 17% à l'état du véhicule, 10,5 à la conduite en état de sobriété, 10,5 à la non maitrise du volant, 10% à l'état de la route, 7% au mauvais dépassement, et 10% aux autres causes »*[1]. Il ressort de ces statistiques que le conducteur et propriétaire du véhicule est le responsable principal des accidents de circulation au Cameroun, car étant impliqué dans les 80% des causes de ces accidents. En outre, l'État n'est non plus épargné dans la responsabilité de ces accidents, car il endosse les 10% des causes, relatives au mauvais état des routes. Cependant, cette responsabilité de l'Etat dans les causes des accidents de circulation au Cameroun ne sera pas abordée dans la présente réflexion, car elle a déjà fait l'objet

---

[1]Exposé du Ministre des transports à la plénière spéciale de l'Assemblée nationale, précité.

La situation est également préoccupante en France où « *les tribunaux prononcent chaque années 137.000 condamnations pour conduite en état alcoolique et 21.000 sous l'emprise de stupéfiants », in www.vjp-avocat.com.*

de nombreux travaux. Seules les fautes commises du fait du chauffeur seront analysées, car 80% des accidents sont de son fait, selon l'exposé du Ministre des Transports. Face à la montée exponentielle des accidents de la circulation au Cameroun, les pouvoirs publics ne sont pas restés indifférents. Des efforts allant dans le sens de réduire ces accidents ont été faits, notamment par des sensibilisations des usagers de la route, des contrôles et préventions routiers, et la mise en place d'un système répressif visant à sanctionner les actes contraires au Code de la route occasionnant des accidents de circulation. Au moment d'apprécier l'efficacité d'un tel système répressif, une question a demeuré : l'arsenal juridique pénal actuel en matière de répression des infractions de la route permet-il de lutter efficacement contre les accidents de la route au Cameroun ? Au vu de la recrudescence des accidents de la circulation au Cameroun, il ne serait pas faux de donner une réponse négative à cette question. En effet, nous pensons que le système répressif n'a pas réussi à diminuer les accidents de la circulation en décourageant les automobilistes « hors la loi ». La loi, par son laxisme[1], qui a tout fait de négliger et de minimiser les infractions de la route en les reléguant au rang de contraventions de simple police. Ainsi, le constat est clair : la loi pénale est plus rigoureuse envers celui qui a volé un stylo[2] qu'envers celui qui a roulé à 150km/h, mettant ainsi sa propre vie et celle des autres en danger. Ainsi, le voleur de stylo pourra être condamné à 5 ans d'emprisonnement ferme, alors que l'automobiliste qui a roulé à 150km/h n'écopera que d'une modique amende[3] (dont la plus élevée est 25000 FCFA) et pourra ainsi continuer ses bavures en toute impunité[4].

La majorité des accidents est causée par le non-respect des règles de conduite et de la route par les automobilistes. Le non-respect de ces règles est très souvent motivé par le fait que la loi pénale ne réprime pas, ou peu ces comportements. La sanction pénale poursuit généralement 04 principales missions : la mission de neutralisation ou

---

[1]C'est l'attitude à être excessivement indulgent, tolérant », LAROUSSE, *Dictionnaire de français,* p.241.
[2]Voir Articles 318 et 74 (2) du Code pénal.
[3]Voir tableau des infractions à la circulation routière et taux d'amende forfaitaire ci-joint annexé.
[4]Voir art 90 du Code de la route.

d'élimination[1], de rétribution[2], de resocialisation[3] et de dissuasion. A travers cette dernière mission de la loi pénale, il est question pour celle-ci de décourager tous ceux qui auraient en tête un projet malsain d'enfreindre la loi, car *« le législateur persiste à penser qu'un châtiment exemplaire est de nature à faire hésiter les délinquants éventuels ; aussi, choisit-il les peines élevées pour des actes qui causent un préjudice social, ou même simplement un trouble social important »*[4]. Ainsi, pour qu'une sanction puisse vraiment avoir un effet dissuasif, il faut que celle-ci soit un peu sévère. Une loi laxiste ne saurait décourager, elle laisse plutôt la libre voie à l'accroissement d'un phénomène qu'on cherche à combattre.

En effet, lorsque les infractions de la route occasionnent un accident de la circulation, c'est alors que la loi sanctionne le conducteur pour homicide et blessures involontaires[5]. Elle y va jusqu'à doubler les peines si le conducteur était en état d'ivresse, n'avait pas de permis, a pris la fuite après le forfait[6]. Ainsi, on constate que la loi réprime en premier lieu les accidents de circulation. Cependant, les accidents de la circulation n'interviennent qu'après des actes répréhensifs tels la conduite en état d'ivresse, le défaut de permis de conduire, l'excès de vitesse, défaut de ceinture de sécurité, mauvais dépassement, surcharge... qui constituent ce qui est appelé les infractions de la route[7] ; et c'est la répression de ces infractions qui parait laxiste. La répression pénale actuelle est donc plus un aval, or elle devrait d'abord commencer en amont.

Il est donc à cet effet fait un grand reproche à la règle de droit d'être laxiste dans la sanction[8]. Nous estimons que, si les infractions

---

[1]Qui consiste à mettre à l'écart le délinquant, considéré comme la mauvaise graine, afin d'éviter qu'il ne remette son forfait ou contamine les autres.

[2]Qui consiste en une sorte de remboursement de la peine qu'a fait endurer le délinquant à la société.

[3]Qui consiste à faire du délinquant d'aujourd'hui le meilleur citoyen de demain.

[4]BOULOC B., *Droit pénal général,* Dalloz, 25e éd., 2015, Paris, p.414.

[5]Article 289 du Code pénal.

[6]Article 290 du Code pénal.

[7]A cet effet, notons déjà que les accidents de circulation en eux-mêmes constituent l'infraction de la route par excellence, et c'est la seule infraction la plus sévèrement punie par le Code pénal camerounais.

[8]Cependant, il existe des cas isolés où la sanction prévue s'est montrée un peu plus sévère, comme ce projet de note qu'avait pris l'ancien ministre des transport Edgar Alain MEBE NGO le 11 Novembre 2017 dans lequel il envisageait réprimer le transport clandestin d'une amende de 500.000FCFA, et qui pouvait s'accompagner d'un emprisonnement allant de 3 à 6 mois de prison. Cependant, on peut se

de la route étaient sanctionnées plus sévèrement, cela constituerait un véritable facteur de dissuasion contre les automobilistes véreux. Ainsi, le droit dans son absence ou son insuffisance est en premier à l'origine des accidents de circulation. Si la loi est en premier lieu à l'origine des accidents de circulation par son laxisme, elle seule est capable de diminuer le phénomène en paraissant plus sévère. Cependant, certains auteurs ne sont pas d'accord selon le fait que la loi doit être plus rigoureuse envers les automobilistes véreux. C'est le cas du Lieutenant-colonel WIGNY, qui quant à lui, pense que seules les peines pécuniaires sont efficaces en matière de circulation routière, et va même jusqu'à souhaiter une dépénalisation des infractions routières, parce que *« celui qui transgresse une des règles du comportement routier n'a guère le sentiment de commettre un fait répréhensible et ne fait l'objet d'aucune réprobation sociale. En un mot, son cas est tout différent de celui des délinquants ordinaires auxquels il est inopportun et néfaste de l'assimiler »*[1]. Cependant, on ne peut plus s'inscrire dans cette logique, car les comportements souvent observés sous nos routes représentent des menaces globales et dangereuses, auxquelles il faut également des ripostes globales. En outre, l'auteur faisait cette déclaration par rapport aux accidents survenus dans la ville de Bruxelles, et qu'on ne pourrait retranscrire cela dans notre contexte. La présente réflexion est à ce juste titre, un véritable plaidoyer pour plus de sévérité dans la répression des infractions au code de la route. Alors, il est donc urgent pour le droit de paraitre plus sévère et rigoureux dans la répression des infractions de la route (II) afin de réduire considérablement la crise des accidents de circulation, à défaut d'y mettre fin définitivement car l'état actuel de la répression des infractions de la route ne permet vraiment pas d'atteindre cet idéal (I).

---

s'interroger sur ce qu'est devenu ce projet, surtout avec le changement qui est intervenu à la tête du Ministère des transports.

[1]WIGNY L-T, « Droit pénal et circulation routière », *Déviance et société,* 1984, Bruxelles, p.p. 120 et S.

I. Le laxisme de la répression des infractions de la route au Cameroun

Dès l'indépendance, les premières constitutions du Cameroun ont consacré le principe de la légalité des délits et des peines dans leurs préambules. Ce principe, proclamé dans la Déclaration Universelle des Droits de l'Homme de 1948[1] (DUDH) et dans la Charte Africaine des Droits de l'Homme et des Peuples (CADHP) du 28 Juin 1981[2], repris par la Constitution du 18 Janvier 1996, est prévu dans des termes explicites du code pénal du 16 Juillet 2016, notamment en son article 17, qui déclare péremptoirement que *« Les peines et les mesures de sureté sont fixées par la loi, et ne sont prononcées qu'en raison des infractions légalement prévues »*. C'est donc dire que des peines ne peuvent être prononcées que si des infractions ont été prévues à l'avance à cet effet. Ainsi, *« le juge ne peut créer de nouvelle incrimination (ou peine) ; seuls peuvent le faire la loi pour les crimes et les délits, le règlement pour les contraventions ; le juge ne peut compléter une loi insuffisante ni appliquer une sanction autre que celle prévue »*[3]. Le législateur routier a bel et bien respecté cette disposition essentielle. Des infractions au code de la route ont été prévues et classées sous la forme d'un tableau intitulé *« Tableau des infractions à la circulation routière et des amendes forfaitaires »,* qui a été élaboré par le ministère des transports, avec l'accompagnement de la Gendarmerie et de la Police nationale, sous la base des textes existant en la matière, notamment le Règlement n°040/01-UEAC 089-CM-06 portant adoption du code communautaire révisé de la route, le Décret n°79/341 du 3 Septembre 1979 modifié et complété par le décret n°86/818 du 30 Juin 1986 portant réglementation de la circulation routière, la Note de service n°01761/DGSN/DSP/S du 19 Novembre 1997 portant classification des infractions au code de la route et leur taxation. A ces principaux textes, viennent s'ajouter des textes complémentaires tels que l'extrait du code pénal sur les contraventions du décret n°2016/319 du 12 Juillet 2016 portant partie réglementaire du code pénal définissant les contraventions et l'extrait du Code de procédure pénale sur les contraventions, loi n°2005/007

---

[1]Articles 8 et suivant.
[2]Article 7 Alinéa 2.
[3]LARGUIER J. ; CONTE Ph., *Droit pénal général,* Dalloz, 22e édition, 2014, Paris, p. 28.

du 27 Juillet 2005. Les arrêtés pris par les ministres des transports en matière de sanctions aux infractions routières sont également parlant à ce sujet. Au regard de l'ensemble de ces textes répressifs, force est de constater qu'ils ont fait de l'amende la principale sanction en matière d'infraction à la sécurité routière (A), à laquelle viennent se greffer des sanctions dites complémentaires (B).

A. La principale sanction : l'amende

L'amende fait partie des peines principales à infliger aux personnes physiques, à côté de la peine de mort et l'emprisonnement[1]. Si au regard des différents textes répressifs en matière d'infraction au code de la route l'amende est vue comme la principale sanction (2), c'est à cause de la quasi-ineffectivité de l'emprisonnement (1).

1. Une quasi-ineffectivité de l'emprisonnement comme moyen de répression des infractions de la route

La loi pénale en matière d'infraction routière réprime l'accident de circulation en tant qu'homicide et/ou blessures involontaires (a), alors même que l'ensemble des comportements illégaux ayant conduit à cet accident comme l'excès de vitesse n'emporte pas une peine d'emprisonnement (b).

---

[1]Article 18 Alinéa a du code pénal.

a. une peine d'emprisonnement pour l'infraction routière commise en aval : l'accident de circulation

La répression de l'accident de circulation au Cameroun ne souffre d'aucune contestation. Les accidents de la circulation, lorsqu'ils occasionnent des morts ou des blessés tombent sous le coup de l'article 289 du code pénal intitulé *« Homicide et blessures involontaires »*[1]. Le coupable sera également puni d'*« un emprisonnement de 06 mois à 4 ans s' (il) cause la mort dans les (mêmes) circonstances, des blessures telles que prévues à l'article 281 (relatives aux blessures légères) »*[2]. En clair, il s'agit donc d'une infraction non intentionnelle punissable par le simple fait matériel. Elle échappe ainsi à l'article 74 (2) du code pénal[3]. Ce qui la caractérise, c'est la maladresse, la négligence, l'imprudencedu coupable ayant causé la mort ou des blessures. La culpabilité de l'automobiliste *« fait donc échec à toute défense tenant à l'imprudence de la victime ou l'intervention d'un élément extérieur dans la survenance de l'accident »*[4].

L'article 290 du code pénal, va jusqu'à doubler les peines prévues par l'article 289[5] lorsque le conducteur était en état d'ivresse, s'est enfui, ou n'avait pas de permis de conduire.

Au regard des développements ci-dessus, il y'a lieu de constater que la répression actuelle en ce qui concerne l'emprisonnement est plus en aval. Les accidents de la route apparaissent en effet comme le produit fini, la dernière étape dans la commission d'une infraction de la route. Ils ne sont que la conséquence d'autres infractions telles que

---

[1]Article 289 du Code pénal : *« (1) Est puni d'un emprisonnement de trois (03) mois à cinq (05) ans et d'une amende de dix mille (10000) à cinq cent mille (500000) francs ou l'une de ces deux peines seulement, celui qui, par maladresse, négligence, imprudence ou inobservation des règlements, cause la mort ou des blessures, maladies ou incapacités de travail, telles que prévues aux articles 277 et 280 ci-dessus. »*.

[2]Article 290 (2), *ibid.*

[3]*« Est pénalement responsable, celui qui, commet les faits caractérisant les éléments constitutifs de l'infraction avec l'intention que ces faits aient pour conséquence la réalisation de l'infraction. »*. Il s'agit là de l'élément moral de l'infraction.

[4]OHANDJA ELOUNDOU A., « Des épines dans la rose des accidentés de la route ou la longue histoire d'une désillusion »,*Juridis-périodique,* n°75, Juillet-Aout-Septembre 2008, p.p. 50 et s.

[5]Emprisonnement : 03 mois à 5 ans
Amende : 10 milles à 500 milles Fcfa.

l'excès de vitesse, l'état d'ivresse, la conduite sans permis, etc…qui, quant à elles, ne connaissent presque pas de peines d'emprisonnement.

b. une quasi-inexistence de l'emprisonnement pour les infractions de la route commises en amont

L'analyse du tableau des infractions au code de la route et le taux d'amende forfaitaire[1], rend compte de ce qu'il n'est prévu que très exceptionnellement la peine d'emprisonnement. En effet, seules les infractions de défaut d'assurance, défaut de carte bleue, défaut de carte d'identité, défaut de certificat de visite technique, défaut de licence de transport routier, surcharge de passagers, transport clandestin ou exercice illégale de la profession de transport routier emportent compétence du tribunal qui va statuer en matière de délit, alors que, normalement, les autres infractions comme la conduite sans permis de conduire[2] devrait aussi être considérée comme un délit comme c'est le cas en France[3], en raison de sa gravité et de sa responsabilité dans les 80% des accidents de circulation. De même, il faut noter une condamnation timide de la part des juges en ce qui concerne ces délits. En effet, il est plus facile de retrouver dans une prison camerounaise une personne qui a volé un maquereau et qui est de ce fait tombée sous le coup de l'article 318 du code pénal[4], que de trouver un automobiliste ayant commis le délit de transport clandestin. Un auteur relevait déjà en regrettant que *« la peine d'emprisonnement en matière de délits routiers est (...) peu appliquée, tout au moins sans sursis »*[5]. Ainsi, on déplore d'abord le fait que très peu d'infractions

---

[1]Voir tableau ci-dessous.

[2]Au Cameroun, elle est sanctionnée par une modique amende de 25000 Fcfa.

[3]GALAUD F., « Les peines encourues pour les infractions et délit routiers », *Le figaro*, 2011 : *« La conduite sans permis de conduire est un délit, le conducteur encourt 1 an de prison, 15.000 euros d'amende et la confiscation de son véhicule ».*

[4]*« Est puni d'un emprisonnement de 05 (cinq) ans à dix (10) ans et d'une amende de 100000 (cent mille) à un million (1000 000) de francs, celui qui porte atteinte à la fortune d'autrui (....) ».* Observations : cet article est muet sur la valeur de la chose soustraite. Il pose péremptoirement que 'celui qui porte atteinte à la chose d'autrui' ce qui présuppose que la valeur de la chose volée n'est pas prise en compte par le juge au moment de la détermination du quantum de la peine. A cet effet, ne commet aucune faute un juge qui condamne à 10 ans d'emprisonnement un voleur d'un œuf d'une valeur de 75 F, et à 5 ans d'emprisonnement un voleur d'une cargaison d'œufs d'une valeur de 50 millions.

[5]COUVRAT P., « La politique pénale en matière de circulation routière », *op.cit.* p.103

au code de la route soient passibles de peine d'emprisonnement, et ensuite, on déplore que ce 'peu' n'est même pas effectivement appliqué. On constate plutôt une 'administrativisation' de l'affaire, faisant en sorte que ce soit le Ministre des transports qui prenne des sanctions à l'encontre des coupables, au détriment du juge. À cet effet, alors que des faits comme le défaut de licence de transport routier ou encore le transport clandestin ou l'exercice illégal de la profession de transport routier sont des délits selon le tableau des infractions au code de la route et devraient de ce fait entrainer emprisonnement des coupable, le ministre des transports a souvent plutôt menacé ces agences de transport. Ainsi, au lieu d'emprisonner[1], on les a plutôt invités à régulariser leur situation au plus vite[2]. Doit-on inviter le coupable d'un délit à régulariser sa situation sous peine d'être sanctionné [3] ? On note là une extrême tolérance administrative, qui n'aide pas la lutte contre les accidents de circulation. Au pire, elle l'aggrave plutôt. Ainsi, pour lutter efficacement contre l'accident de circulation qui est une infraction au code de la route en aval[4], on devrait d'abord commencer par combattre énergiquement les infractions en amont, car on tue le mal à la racine, et la prévention étant toujours mieux que la répression. Il est peu concevable qu'on emprisonne un automobiliste pour homicide ou blessures involontaires alors que, l'excès de vitesse ou le défaut de permis de conduire qui a surement été à l'origine de ce fait ne soit sanctionné que d'une amende de 25 000 Fcfa. Ce laxisme patent s'explique par le fait que l'amende a été adoptée comme la principale sanction.

2. Le recours à l'amende comme principale sanction

Les infractions au code de la route sont regroupées en 4 principales catégories. Les 3 premières sont sanctionnées par des amendes

---

[1]Si l'exercice illégal de la profession de la profession de transport routier est un délit, qui sera alors emprisonné ? le propriétaire de l'agence ? A ce niveau, se pose également la question de la responsabilité pénale des personnes morales.

[2]NGOUMOU ZIEMINE E., « Transport clandestin : 17 compagnies menacées de fermeture »,*Cameroon tribune,* édition du 21 Septembre 2020 : *« Le Ministre Jean Ernest MASSENA NGALLE BIBEHE donne un mois, à compter du 7 septembre dernier, aux promoteurs pour régulariser leur situation administrative ».*

[3]Surtout que là encore la sanction dont il était question était la fermeture de ces compagnies de voyages.

[4]Parce qu'il n'intervient qu'après d'autres infractions commises en amont, comme l'excès de vitesse

forfaitaires. La dernière catégorie regroupe les délits routiers. Force est de constater que l'amende est la principale sanction, alors que la peine d'emprisonnement n'est requise qu'exceptionnellement, en raison de la gravité du fait, comme le démontre bien le tableau ci-après intitulé *« Tableau des infractions à la circulation routière et des amendes forfaitaires »*.

TABLEAU DES INFRACTIONS À LA CIRCULATION ROUTIÈRE ET DES TAUX D'AMENDE FORFAIRES

Infractions	Classes	Textesrépressifs	Tauxd'amendeforfaitaire
Absence de pré-signalisation en cas d'immobilisation forcée d'un véhicule	3eme	Art 90, 91, 69 CR	3600 Fcfa
Arrêtinterdit	3eme	Art 90, 91, 32 CR	2500 Fcfa
Bagages mal arrimés	4eme	Art 90, 91, 61 CR	25 000 Fcfa
Chargementdébordant	3eme	Art 90, 91, 12 CR	3600 Fcfa
Chevauchement de lignes continues ou discontinues	4eme	Art 90, 91, 61 CR	25000 Fcfa
Circulation à gauche	4eme	Art 90, 91, 22 CR	25000 Fcfa
Croisement	4eme	Art 90, 91, 20 CR	25000 Fcfa
Défautd'appareil de direction	3eme	Art 90, 91, 72 CR	3600 Fcfa
Défautd'assurance	Délit	Art 74 CP, 200 Code CIMA, 9	Interdiction d'arbitrer

		loi n°65/LF/9 du 22/05/1965	
Défautd'investissementssonores (Klaxons)	3eme	Art 90, 91, 74 CR	3600 Fcfa
Défaut de boite à pharmacie	3eme	Art 90, 91, 81 CR	3600 Fcfa
Défaut de carte grise ou plaque d'immatriculation	4eme	Art 90, 91, 51 CR	25 000 Fcfa
Défaut de carte bleue	Délit	Art 9, 13, 15, loi n°2001/015 du 23/07/1965	Interdiction d'arbitrer
Défaut de carte nationale d'identité	Délit	Art 74 CP, loi n°90/042 du 19/12/1990	Interdiction d'arbitrer
Défaut de carte de stationnement	4eme	Art 74 CP, R370 (12 CP)	25 000 Fcfa
Défaut de ceinture de sécurité ou refus de porter la ceinture de sécurité	3eme	Art 92 CR, 1, 3, arrêté n°003965-A-MTPT du 23/07/1991	3600 Fcfa
Défaut de certificat de capacité	4eme	Art 90, 91, 42 al2(B) CR	25 000 Fcfa
Défaut de certificat sanitaire	Délit	Art 74 CP, 9, 20 loi n°2000 du 19/12/2000	Interdiction d'arbitrer
Défaut de certificat de visite technique	Délit	Art 74 CP, 17(2), 18 loi	Interdiction d'arbitrer

		n°96/07 du 08/04/96	
Défautd'extincteur	4eme	Art 90, 91, 57 CR	25 000 Fcfa
Défautd'essuie-glace	3eme	Art 90, 91, 76 CR	3600 Fcfa
Défautd'indicateur de vitesse	3eme	Art 90, 91, 78 CR	3600 Fcfa
Défaut de maitrise	4eme	Art 90, 91, A CR	25 000 Fcfa
Défaut de licence de transport routier	Délit	Art 74 CP, 5, 13, 15, loi n°2001/05 du 23/07/2001	Interdiction d'arbitrer
Défaut du panneau blanc carré placé à l'avant d'un véhicule facteur avant un attelage	3eme	Art 90, 91, 67 CR	3600 Fcfa
Défaut de permis de conduire	4eme	Art 90, 91, 41 CR	25 000 Fcfa
Défaut de plaque de constructeur pour véhicule remorque	2eme	Art 90, 91, 63 CR	2400 Fcfa
Défaut de feux de route, de direction, de position, et feux éclairant la plaque d'immatriculation	3eme	Art 90, 91, 70 CR	3600 Fcfa
Défaut de trousseau de dépannage	3eme	Art 90, 91, 84 CR	3600 Fcfa

Défaut de signalisation en cas d'accident	3eme	Art 90, 91, 83 CR	3600 Fcfa
Défaut de triangle de pré-signalisation	4eme	Art 90, 91, 39 bis CR	25 000 Fcfa
Défaut de vignette	4eme	Art 90 CR, 210 Code de l'enregistrement du timbre	25 000 Fcfa
Défaut de vitesse en substance transparente	3eme	Art 90, 91, 75 CR	3600 Fcfa
Défaut de vitre de pare-brise n'altérant pas la vue	3eme	Art 90, 91, 75 (2) CR	3600 Fcfa
Défaut de roue de secours	3eme	Art 90, 91, 83 CR	3600 Fcfa
Défaut de dispositif ou feu de marche arrière	3eme	Art 90, 91, 77 CR	3600 Fcfa
Défaut de dispositif d'échappement silencieux efficace	4eme	Art 90, 91, 79 CR	25 000 Fcfa
Défaut de dispositif de freinage	3eme	Art 90, 91, 71 CR	3600 Fcfa
Dépassement interdit	4eme	Art 90, 91, 19 CR	3600 Fcfa
Dépassement à signaler lorsqu'il effectue du côté droit ou mauvais	4eme	Art 90, 91, 16 CR	3600 Fcfa
Dépassement sur la voie la plus gauche sur une chaussée à	2eme	Art 90, 91, 18	2400 Fcfa

plusieurs voies réservées à la circulation dans le même sens		CR	
Demi-tour ou marche arrière dans une agglomération sauf en cas de stationnement	3eme	Art 90, 91, 15 CR	3600 Fcfa
Excès de vitesse	4eme	Art 90, 91, 8 CR	25 000 Fcfa
Emission de gaznocif	3eme	Art 90, 91, 57 CR	3600 Fcfa
Fausse immatriculation et pièces irrégulières	4eme	Art 90, 91, 54 CR	25 000 Fcfa
Freinage brusque	3eme	Art 90, 91, 14 CR	3600 Fcfa
Imprudence accrue à l'approche ou au franchissement des passages à niveau	4eme	Art 90, 91, 31 CR	25 000 Fcfa
Mauvais stationnement ou stationnement interdit	3eme	Art 90, 91, 29, 30 CR	3600 Fcfa
Montage des sélectifs réfléchissant à l'avant et jamais sélectifs à l'arrière	3eme	Art 90, 91, 69 (4) CR	3600 Fcfa
Non- mutation de la carte grise	4eme	Art 90, 91, 53 CR	25 000 Fcfa
Non inscription sur tout automobile ou remorque affectée au transport des marchandises du poids maximum autorisé	3eme	Art 90, 91, 64 CR	3600 Fcfa

Non-respect des prescriptions techniques des véhicules affectés au transport des marchandises dangereuses	3eme	Art 90, 91, 67 CR	3600 Fcfa
Non-respect des règles relatives au convoie	2eme	Art 90, 91, 28 CR	2400 Fcfa
Non-respect de la signalisation routière (feux ou signaux lumineux ou marquage routier)	4eme	Art 90, 91, 38 CR	25 000 Fcfa
Ouverture abusive des portières	2eme	Art 90, 91, CR	2400 Fcfa
Refusd'obtempérer	4eme	Art 90, 91, 39 CR	25 000 Fcfa
Refus pour tout conducteur de véhicule de plus de 3,300 kg en dehors des agglomérations de laisser entre son véhicule et celui qui le précède un intervalle en vue de permettre au véhicule qui le dépasse de s'y rabattre	3eme	Art 90, 91, 11(2) CR	3600 Fcfa
Distante de sécurité suffisante entre les véhicules	3eme	Art 90, 91, 12, 14(2), 16(2) CR	3600 Fcfa
Refus de signaler ses intentions	3eme	Art 90, 91, 12, 14(2), 16(2) CR	3600 Fcfa
Refus de serrer sur le bord droit quand on veut quitter la chaussée par la droite	3eme	Art 90, 91, 15 CR	3600 Fcfa
Refus de s'arrêter devant un	3eme	Art 90, 91,	3600 Fcfa

passage clouté lorsque les piétons s'y trouvent		24(2) CR	
Refus de s'arrêter en dépassant un véhicule de transport public signalé comme tel pour permettre aux passagers de monter ou de descendre	3eme	Art 90, 91, 24(4) CR	3600 Fcfa
Refus de respecter la priorité	4eme	Art 90, 91, 21 CR	25 000 Fcfa
Roues usées ou roues munies de bandages pneumatiques dont l'état n'assure pas la sécurité et l'adhérence	3eme	Art 90, 91, 30 CR	3600 Fcfa
Surcharge des passagers	Délit	Art 74 CP, 9(2) loi n°2001/01 du 23/07/2001	Interdiction d'arbitrer
Transport des passagers dans des conditions d'insécurité et d'incommodité au transport mixte	3eme	Art 90, 91, 68 CR	3600 Fcfa
Transport clandestin ou exercice illégal de la profession de transport routier et auxiliaire des transports routiers	Délit	Art 74 CP, 13, 15 loi n°2001/015 du 23/07/2001	Interdiction d'arbitrer

INFRACTIONS ADDITIONNELLES RELATIVES AUX CYCLES ET MOTOCYCLES

Conduite des motocycles et cycles (sécurité)	3eme	Art 90, 91, 85 CR	3600 Fcfa
Défaut d'avertisseurs sonores, des cycles et cyclomoteurs (klaxons)	3eme	Art 90, 91, 89 CR	3600 Fcfa
Défaut de casque pour motocyclistes et passagers	3eme	Art 90, 91, 85 CR	3600 Fcfa
Défaut d'éclairage des cyclistes et cyclomoteurs	3eme	Art 90, 91, 88 CR	3600 Fcfa
Défaut de deux dispositifs de freinage pour cycle	3eme	Art 90, 91, 87 CR	3600 Fcfa
Défaut d'éclairage des motocycles, ou défaut d'un feu de position, d'un feu de route, d'un feu de courbement à l'avant, d'un feu stop et du dispositif d'éclairage de la plaque d'immatriculation à l'arrière du motocycle	3eme	Art 90, 91, 86 CR	3600 Fcfa
Refus de signaler ses intentions pour motocycles en cas de défaillance de feux ou dispositifs règlementaires	4eme	Art 90, 91, 40 CR	25 000 Fcfa

INFRACTIONS ADDITIONNELLES RELATIVES AUX MOTO-TAXIS

Conduite sans âgerequis	3eme	Art 91 CR, 9,14, décret n°94/033/PM du 02/02/1994 fixant les conditions et les modalités d'exploitation à titre onéreux des motocycles	3600 Fcfa

Conduite sans permisexigé	3eme	Art 91 CR, 9, 14 décret n°94/033/PM du 02/02/1994	3600 Fcfa
Conduite sans port d'un casque et gangs	3eme	Art 91 CR, 10, 14 décret n°94/033/PM du 02/02/1994	3600 Fcfa
Défaut de la licence spéciale de transport SMT	3eme	Art 91 CR, 3, 14 décret n°94/033/PM du 02/02/1994	3600 Fcfa
Défaut de la carte bleue	3eme	Art 91 CR, 3, 14 décret n°94/033/PM du 02/02/1994	3600 Fcfa
Défaut de visite technique	3eme	Art 91 CR, 7, 14 décret n°94/033/PM du 02/02/1994	3600 Fcfa
Défaut de paiement des droits, taxes prévus par la réglementation en vigueur en matière de transport pour l'exploitation d'une moto-taxi	3eme	Art 91 CR, 12, 14 décret n°94/033/PM du 02/02/1994	3600 Fcfa
Défaut de dispositif d'équipement d'une moto-taxi (couleur jaune, une paire de pose pieds, un trousseau de dépannage, deux rétroviseurs, deux places assises, dispositif complet d'éclairage et signalisation, dispositif de freinage, d'avertisseurs sonores, deux casques assorties et d'enveloppe de protection, d'une boite à pharmacie	3eme	Art 91 CR, 10, 14 décret n°94/033/PM du 02/02/1994	3600 Fcfa

OBSERVATIONS

Le taux d'amende le plus bas est de 2 400 Fcfa. C'est cette modique somme d'argent qui sera déboursée par l'automobiliste qui n'aura pas respecté les règles de convoie, notamment lorsqu'il n'a pas précisé ledébut et la fin d'un convoi[1]. Cela est en effet problématique quand on sait qu'un convoi, constitué de plusieurs véhicules se suivent et par ordre, peut être long, de sorte que, s'il n'a pas été signalé qu'il s'agit d'un convoi, un autre automobiliste pourra engager un dépassement, croyant vouloir dépasser un seul véhicule, alors qu'il s'agit de plusieurs véhicules, pouvant ainsi créer un accident.
le taux moyen d'amende est de 3 600 Fcfa. C'est d'ailleurs le taux d'amende le plus pratiqué. Elle recouvre plus des 2/3 des infractions au code de la route parmi lesquelles, les dépassements interdits.

Le taux d'amende le plus élevé est de 25 000 Fcfa. Cette somme vient sceller le tableau des amendes. Elle est prononcée pour des infractions un peu plus graves, telles que l'excès de vitesse ou encore le refus de respecter la priorité.
La mention 'Interdiction d'arbitrer' est considérée comme la plus sévère des sanctions car elle n'emporte pas la possibilité de transiger. Ainsi, le coupable est directement traduit devant les juridictions pour répondre de son acte qualifié de délit. Force est de constater que les cas de délits sont très limités, soit seulement 8 cas dans une panoplie d'une centaine d'infractions routières, à l'instar de la surcharge ou du défaut de licence de transport routier.
L'absence du crime, comme infraction au code de la route. Classées par ordre de gravité, les infractions les moins graves sont les contraventions. Elles sont sanctionnées par une peine d'emprisonnement qui peut aller de de 5 à 10 jours et d'une amende de 1 200 Fcfa à 2 5000 Fcfa, selon les classes[2]. Les infractions graves, qualifiées de délits, emportent une peine privative de liberté supérieure à 10 jours, mais ne pouvant excéder10 ans. Pour ce qui concerne l'amende, elle est supérieure à 25 000 Fcfa. Enfin, les infractions les plus graves, qualifiées de crimes, sontpunies d'une peine de mort ou d'une peine privative de liberté supérieure à 10 ans[3].

---

[1]Art. 111 du Code de la route.

[2]Voir les articles 367, 368, 369, 370 du décret n°2016/319 du 12 Juillet 2016 portant partie réglementaire du code pénal définissant les contraventions. Voir également l'article 612 du CPP.

[3]Voir article 21 du code pénal.

A l'analyse de ce tableau, aucune amende n'excède 25 000 Fcfa, comme pour dire que, les infractions avec amende sont toutes des contraventions. En outre, il n'y a aucune infraction passible de crime, déjà qu'il y en a aucune passible de délits dans les faits. Ce manque d'intérêt du législateur routier pour les peines d'emprisonnement peut être justifié par le fait que le droit routier vise essentiellement à assurer la sécurité routière, et que *« celui qui transgresse une des règles du comportement routier n'a guère le sentiment de commettre un fait répréhensible »* et que *« son cas est tout diffèrent de celui des délinquants ordinaires auxquels il serait inopportun et néfaste de l'assimiler »*[1].

Toutes ces observations, montrent effectivement le laxisme du législateur, en matière d'infractions routières, qui fait de l'amende la sanction principale, à laquelle pourraient se greffer d'autres sanctions dites complémentaires.

B. Les sanctions complémentaires aux infractions de la route

Les sanctions complémentaires sont des sanctions qui peuvent se greffer à l'amende ou à l'emprisonnement lorsque celui-ci a été requis, notamment en matière de délits routiers. Il faut relever que c'est juste de simples possibilités offertes à l'autorité qui prend la décision d'associer ces sanctions à une sanction principale[2]. Ces sanctions complémentaires peuvent tantôt être relatives à la situation de l'automobiliste (1), tantôt à celle de son véhicule (2).

1. Les sanctions complémentaires relatives à la situation de l'automobiliste

Relativement à la situation de l'automobiliste, plusieurs sanctions peuvent être prononcées notamment le retrait ou la suspension de son permis de conduire, la suspension ou l'interdiction d'exercice d'une profession de transport routier, ou encore l'interdiction de conduire certains types de véhicule à moteur

D'abord, en ce qui concerne la saisie, le retrait et la suspension du permis de conduire, la loi donne la latitude à l'agent verbalisateur de

[1]WIGNY L-T., « Droit pénal et circulation routière », *op.cit.* p.120.

[2]L'emploie du verbe 'pouvoir' en dit long sur la question. Le titulaire pouvant en faire usage ou pas, car relevant de son pouvoir discrétionnaire.

saisir le permis de conduire de tout automobiliste coupable, notamment en cas de conduite en état d'ivresse, en cas d'accident grave ou mortel, en cas de refus d'obtempérer, usage des fausses plaques d'immatriculation, entrave ou gène à la circulation[1].

La suspension du permis de conduire quant à elle est une sanction qui peut être prise en complément, pour une période maximale de 1 an, en cas d'excès de vitesse, conduite en état d'intoxication, délit de fuite, conduite sans permis correspondant, récidive, conversation électronique ou usage du téléphone pendant la conduite, homicide et blessures involontaires, conduite en état de suspension de permis de conduire, et toutes autres infractions pouvant justifier son retrait[2]. Toutefois, il faut noter que parfois la suspension du permis de conduire peut-être une sanction principale, faisant des autres sanctions comme l'amende ou l'emprisonnement des sanctions complémentaires. À cet effet, *« Tout chauffeur pris en surcharge verra son permis de conduire immédiatement suspendu et, en cas de récidive, ledit permis sera retiré conformément à la réglementation en vigueur, sans préjudicie du paiement des sanctions pécuniaires applicables et à la saisine systématique des autorités judiciaires compétentes. »*[3]. Dans cette perspective, le Ministre des transports a eu à suspendre à plusieurs reprises, le permis des automobilistes reconnus coupables de certains comportements contraires au code de la route. C'est par exemple le cas de M. ASANJI ROLAND MBAH MBAKU, dont le permis de conduire n° CE-290509-15 catégorie B fut suspendu pour une durée de 6 mois pour excès de vitesse et mauvais dépassement[4]. En marge de la suspension, l'annulation du permis de conduire apparait comme la sanction la plus grave. Selon la gravité d'un accident, il peut en effet être décidé que le permis du coupable lui sera retiré définitivement. Cependant, que ce soit la suspension ou l'annulation, elle obéit à une procédure précise prévue par la loi, vue la gravité de telles mesures

Ensuite, comme sanction complémentaire, nous avons la suspension ou l'interdiction d'exercer des professions de transport

[1]Article 9 du Code communautaire de la route de la Cemac du 03 Aout 2001.

[2]Voir articles 9 et 10, du code communautaire de la route, *op.cit.*

[3]Note N°0024/C/MINT/SG/CG/CEA1 du 10 Mars 2021, signée par le Ministre des Transports Monsieur Jean Ernest NGALLE BIBEHE.

[4]Cellule de la Communication du Ministère des Transports (CELCOM-MINTRANS), « Sanctions pour excès de vitesse et mauvais dépassement », *Mintransports.net,* 21 octobre 2019.

routier. Cette mesure peut être également prise en complément d'autres. Plus techniquement, elle consiste à suspendre de façon provisoire, voire de façon définitive, toute personne physique et surtout morale, notamment les compagnies de transport interurbain, de l'exercice de la profession de transporteur routier, ceci généralement lorsque celles-ci ont été reconnues coupables et même à titre conservatoire en attente des enquêtes, d'un accident de circulation grave. C'est ainsi que suite à l'accident de circulation survenu le décembre 2020 à Ndikinimeki par le fait de l'agence de transport interurbain « Avenir SA », le Ministre des transports a suspendu ladite agence pour une durée d'un mois pour violation grave à la réglementation en vigueur ayant conduit à l'accident susmentionné[1], suspension qui a été prorogée pour une durée d'un mois, avec sursis pendant 03 mois[2] .

Enfin, la dernière sanction complémentaire est l'interdiction de conduire des véhicules à moteur. C'est une sanction que les autorités infligent au regard de la dangerosité que le prévenu est susceptible de représenter pour les usagers de la route. En effet, avoir un permis de conduire n'est pas toujours synonyme de bonne conduite et de maitrise des règles au code de la route. A cette mesure, peut également s'ajouter l'interdiction de conduire des véhicules dans des zones à fortes concentrations automobiles, qui peuvent faire en sorte que certains chauffeurs ne parviennent pas à maitriser une telle situation. On peut donc les autoriser à conduire juste dans des zones moins fréquentées par des véhicules. Certaines sanctions peuvent aussi être relatives à ces derniers.

2. Les sanctions complémentaires relatives à la situation du véhicule

Le véhicule est l'instrument de l'accident de circulation. C'est le *« corpus délicti »* de l'accident de circulation. Si les choses étaient responsables au sens de l'article 1382 et suivants du code civil, il porterait sa part de responsabilité dans un accident de circulation. Cependant, il peut être objet de plusieurs sanctions, notamment la confiscation, la mise en fourrière ou encore l'immobilisation :

[1]Voir Décision n°089/C/MINT/SG/DTR/CJ/BCPR du 29 Décembre 2020.
[2]Voir Décision n°0009/C/MINT/SG/DTR/CC du 27 Janvier 2021.

S'agissant de la confiscation du véhicule, elle est une sanction infligée par une autorité judiciaire ou administrative, qui s'ajoute automatiquement à une sanction principale, (amende, suspension ou annulation du permis de conduire... Quand la confiscation est requise, le véhicule confisqué est vendu aux enchères et le prix versé au trésor public[1].

En ce qui concerne l'immobilisation, *« c'est une obligation faite au conducteur de maintenir, en cas d'infraction, le véhicule sur place ou à proximité du lieu de constatation de l'infraction (...) »*[2]. Avant d'être une sanction, c'est d'abord une mesure conservatoire et préventive, contre le délit de fuite du conducteur. Elle obéit à une procédure particulière, notamment en ce qui concerne les cas d'immobilisation, les autorités à prescrire l'immobilisation, le procès-verbal d'immobilisation, la main levée de l'immobilisation et la fiche d'immobilisation[3].

Enfin, la mise en fourrière du véhicule. C'est *« le transfert d'un véhicule en un lieu désigné par l'autorité compétente chargée des transports et placé sous la garde d'un service de l'Etat ou d'un service municipal en vue d'y être retenu jusqu'à décision de cette autorité, aux frais du propriétaire du véhicule »*[4]. Certaines infractions au code de la route, notamment celles qui concernent les règles de stationnement et certains délits peuvent entrainer la mise en fourrière du véhicule. Ainsi, un véhicule peut être mis en fourrière pour entrave à la circulation, stationnement irrégulier, circulation dans des espaces interdits, etc[5]. Lorsqu'un véhicule a été mis en fourrière, le propriétaire pour le récupérer doit s'acquitter des frais de fourrières[6].

Au regard de tous ces développements, force est de constater que la répression des infractions au code de la route au Cameroun se fait principalement par l'amende, à la quelle peuvent se greffer des sanctions complémentaires ; la peine d'emprisonnement n'étant requise que de façon très restrictive et même très rarement. Cet état de

[1]PELISSER P., « Circulation routière », *Répertoire de Droit Pénal et de Procédure Pénale,* Janvier 2014, p.17.

[2]Article 122 Alinéa 1 du code communautaire de la Cemac, *op.cit.*

[3]Articles 123, 124, 125, 126, 127, *Ibid.*

[4]Article 129 Alinéa 1, *ibid.*

[5]A ce sujet, le maire de la ville de Douala, Dr Roger MBASSA NDINE, a signé un arrêté n°38A/CUD/CAB-MAIRE/2021 dans lequel il a pris des mesures particulièrement fortes contre les stationnements irréguliers et interdits, dont les sanctions sont des amendes pouvant aller jusqu'à 250.000 Fcfa.

[6]PELISSER P., « Circulation routière », *op.cit.* p.17.

chose n'est vraiment pas à mesure d'avoir un effet dissuasif sur les automobilistes car ces sanctions sont tellement légères, au regard de la gravité des faits reprochés. On ne peut pas prétendre lutter contre un phénomène en caressant les coupables. C'est leur dérouler un tapis rouge et leur donner un quitus pour pérenniser un phénomène qu'on veut pourtant combattre. C'est pour cette raison qu'il y'a urgence pour la loi de paraitre plus sévère.

II. Plaidoyer pour plus de sévérité dans la répression des infractions de la route au Cameroun

L'année 1983 a été l'année la plus meurtrière en France en matière d'accidents de circulation. En effet, *« 11946 morts et 301434 blessés »* ont été enregistrés en cette année-là[1]. Cette situation dramatique va perdurer jusqu'en 2002, où les accidents de la route ont fait près de 8000 morts. Voyant la situation de plus en plus critique, *« le Président Jacques Chirac a fait de la sécurité routière une grande cause nationale (...) en renforçant les sanctions contre les chauffards par la loi du 12 Juin 2003. En moins de 10 ans, le nombre de tués et de blessés a été divisé par deux. »*[2]. Il s'ensuit que si les accidents de la route ont considérablement réduit en France de près de 50%, c'est surtout, à côté d'autres mesures telles l'installation des radars automatiques, grâce à cette loi du 12 juin 2003[3] qui est venue durcir la sanction et dont l'effet dissuasif a porté du fruit. C'est dire que le Cameroun doit s'inspirer de cet exemple vivant, qui consistera pour lui à être un peu plus sévère dans la sanction. Cette sévérité pourra passer par l'aggravation des sanctions déjà existantes (A), quitte à pénaliser certains actes contraires au code de la route (B), qui sont jusqu'ici réprimés par l'amende, ou pas du tout réprimés.

---

[1]COUVRAT P., « La politique pénale en matière de circulation routière »,*op.cit*, p.101.

[2]JULE PARADE V., « Accidents de la route », *op.cit.*

[3]Loi N°2003/495 du 12 Juin 2003 portant renforcement de la lutte contre la violence routière.

A. L'aggravation des sanctions existantes

Si le Cameroun a opté pour l'amende comme principale sanction aux infractions au code de la route, il faut au moins qu'il augmente son taux (1), car le taux actuel le plus élevé est de 25000 Fcfa, un taux qui parait très modique, eu égard de la gravité du fait, et comparé à celui pratiqué dans d'autres pays. En outre, les sanctions qui accompagnent ce taux, dites sanctions complémentaires, n'ont qu'un caractère facultatif, l'autorité sanctionnateur pouvant y faire recours uniquement si elle le désire. Si elles revêtaient un caractère obligatoire (2), de nature à accompagner automatiquement les sanctions principales, cela pourrait également dissuader les automobilistes véreux.

1. L'augmentation des taux d'amende

Les taux d'amende requis comme sanctions aux infractions routières sont relativement très bas. Trois principaux taux ont été requis : 2 400 Fcfa, 3 600 Fcfa et le plus grand 25 000 Fcfa. A cet effet, un automobiliste qui n'a pas respecté les règles d'un convoi[1] va rapidement s'acquitter de ses 2400 Fcfa, quitte à continuer tranquillement sa route. Celui qui a fait un mauvais stationnement ou un stationnement interdit[2] et dont la conséquence a été les embouteillages et parfois des accidents, s'acquittera de 3600 Fcfa. Tout comme celui qui n'a pas de permis de conduire ou qui conduit en état d'ivresse pourra s'acquitter de 25000 Fcfa, et continuer paisiblement sa route, quitte à commettre même un accident plutard. Pourtant des infractions aussi graves comme la conduite sans permis ou en état d'ivresse sont à l'origine de la majorité des accidents, de sorte qu'elles ne devraient même pas être sanctionnées par l'amende, mais plutôt par une peine d'emprisonnement. Si on peut tolérer au législateur le fait qu'il maintienne ces infractions sous la sanction de l'amende, il doit au moins les aggraver de sorte que le montant soit un peu plus élevé de nature à dissuader effectivement. En France par exemple, la conduite sans permis de conduire, en plus d'être un délit passible d'un an de prison, est sanctionnée par une amende de 15 000

[1] Article 28 du décret n°79/341 du 3 Septembre 1979 modifié et complété par le décret n°86/818 du 30 Juin 1986 portant réglementation de la circulation routière.

[2] Article 30, *ibid.*

euros[1], soit près de 10 millions de Fcfa. On comprend très vite pourquoi après l'adoption de la fameuse loi du 12 juin 2003, les accidents ont été réduits de moitié en France, car personne ne prendrait le risque de conduire en état d'ivresse ou sans permis, sous peine d'y perdre presque toute sa fortune en plus d'être emprisonnée. Le législateur routier camerounais est donc invité à revoir sa copie dans ce sens. Il pourra par exemple revoir au double ces taux d'amende, tout comme il est invité à rendre obligatoire les peines complémentaires.

2. Le caractère obligatoire des sanctions complémentaires

Les sanctions complémentaires sont celles qui peuvent s'ajouter à une sanction principale. Leur principal caractère est qu'elles sont facultatives, l'autorité sanctionnatrice pouvant ou non y faire recours selon son bon vouloir, et selon le jugement qu'il fait de la gravité de la faute commise.

En effet, faire un plaidoyer afin que les sanctions complémentaires comme répression aux infractions au code de la route revêtent un caractère obligatoire, c'est demander à ce qu'elles soient automatiques lors de la prise en compte de la sanction adéquate. Certaines infractions graves comme l'excès de vitesse, nécessitent que soit obligatoirement retiré ou suspendu le permis de conduire du coupable. Le retrait ou suspension obligatoire du permis de conduire peut se voir à la fois comme une mesure préventive et une mesure répressive.

Il constitue une mesure préventive dans la mesure où, elle permet d'empêcher qu'un conducteur pris en flagrant délit d'excès de vitesse par exemple, ne continue de circuler, car il pourra commettre un accident plus tard. La répression actuelle est faite de sorte que, quand le radar des équipes de la prévention routière signale l'excès de vitesse, l'automobiliste coupable s'acquitte généralement sur place de son amende, quitte à reprendre la route par la suite. Cependant, rien ne rassure qu'après avoir été réprimandé il roulera à la vitesse normale après 1km, puisque le radar ne sera plus à ses trousses. Lui retirer son permis devient donc une obligation, pour sauver sa propre vie et celle des autres.

Il correspond à une mesure répressive dans la mesure où il constitue une sanction contre l'excès de vitesse. À cet effet, le retrait

[1]GALAUD F., « Les peines encourues pour les infractions et délits routiers », *op.cit.*

du permis de conduire est obligatoire et automatique en France quand le conducteur a dépassé la vitesse de plus de 40 Km/h du seuil normal[1], ceci en plus du paiement de l'amende.

En outre, le chauffeur d'un véhicule dont une pièce fait défaut, doit, lorsqu'il est interpellé, se procurer obligatoirement l'élément manquant avant de continuer, le paiement de l'amende et la promesse de compléter l'élément manquant n'étant plus suffisants. A cet effet, tout conducteur de véhicule ne disposant pas de roue de secours[2] doit s'acquitter de 3 600 Fcfa représentant les frais d'amende, et doit par la suite se procurer cette roue de secours avant de continuer. Il en sera de même pour les autres infractions, notamment le défaut de la boite à pharmacie, du défaut du dispositif des feux de signalisation, du défaut d'extincteur, défaut d'essuie-glace...

B. L'incrimination de certains actes contraires au code de la route

Le principal reproche fait à la répression actuelle des infractions au code de la route est sa réticence à rapprocher les auteurs de ces infractions des tribunaux et des prisons comme toutes les autres infractions. Pourtant, au vu des conséquences engendrées par les accidents de la route, les automobilistes qui violent les règles de conduites doivent être considérés comme des criminels, au même titre que les autres. Cela nécessite alors une incrimination pénale de certaines infractions routières (1), même si cela ne va pas aller sans emporter avec elle quelques effets indésirables (2).

1. La consécration pénale de certains actes contraires au code de la route

La lutte contre les accidents de circulation pour être efficace passera surement par une pénalisation de certaines infractions routières.

D'abord, un mérite doit être fait au législateur d'avoir réprimer pénalement les infractions au code de la route telles que les homicides

[1]CLAVEL H., « Code de la route : infractions et sanctions, ce qu'il faut savoir » *in* *www.assurancesclavel.com*

[2]Articles 90, 91, 83 du Code de la route.

et blessures involontaires[1], le délit de fuite[2] et toutes les autres infractions emportant interdiction d'arbitrer.

Ensuite, il est demandé au législateur pénal de retirer à certaines infractions routières leur caractère contraventionnel, pour leur donner une étiquette délictuelle ou même criminelle comme c'est le cas dans d'autres pays. C'est le cas de plusieurs infractions, qui dans d'autres pays revêtent le caractère de délit, continuent d'être des contraventions au Cameroun notamment le défaut de permis de conduire, le refus d'obtempérer[3], etc. Sur la question, il est possible de se référer aux sanctions prévues par le législateur français, que Maitre Mouhou[4] a bien voulu regrouper dans le tableau ci-joint.

Infractions routières	emprisonnement	Amende	Sanction sur le permis de conduire
Conduite en état d'ivresse manifeste ou sous l'emprise d'un état alcoolique ou refus de se soumettre aux vérifications destinées à établir l'état alcoolique	7 ans	75 000 €	Annulation automatique du permis de conduite + interdiction de solliciter un nouveau permis pendant 10 ans (pas de sursis

[1]Articles 289 et suivant du code pénal.
[2]Article 290 (C), *ibid.*
[3]Le refus d'obtempérer, alors qu'il est réprimé au Cameroun par une amende de 25 000Fcfa, est par contre réprimé en France par une peine allant jusqu'à 3 mois de prison et une amende de 3500 euros, soit près de 2 millions 275 mille Fcfa. voir Article L-233-1 et 233-2 du code de la route français.
[4]MOUHOU M., « Infraction routière en matière pénale », *op.cit.*

			possible)
Conduite sous l'emprise de stupéfiant ou refus de se soumettre à de telles vérifications	7 ans	75 000 €	Annulation automatique du permis de conduite + interdiction de solliciter un nouveau permis pendant 10 ans (pas de sursis possible)
Conduite sans permis de conduire (non obtenu, suspendu, annulé, retenu, invalide)	7 ans	75 000€	Annulation automatique du permis de conduite + interdiction de solliciter un nouveau permis pendant 10 ans (pas de sursis possible)

Enfin, il est question de consacrer dans le code pénal camerounais, l'infraction dite de *« mise en danger délibérée de la vie d'autrui »* qui est une infraction prévue par l'article 223-1 du code pénal français qui dispose que *« le fait d'exposer directement autrui à un risque immédiat de mort ou de blessures de nature à entrainer une mutilation ou une infirmité permanente par la violation manifestement délibérée d'une obligation particulière de prudence ou de sécurité imposée par la loi ou le règlement est puni d'un an d'emprisonnement et de 15 000 euros d'amende ».* Cette infraction à la particularité de réprimer un acte qui aurait pu donner lieu à un accident de circulation. Cela signifie que l'accident n'est heureusement pas arrivé, mais le conducteur s'est prédisposé volontairement à ce qu'il arrive. Il faut donc punir cette prédisposition car *« la mise en danger se définie comme un manquement délibéré à une obligation de sécurité et de prudence »*[1]. Ainsi, peut se rendre coupable de mise en danger délibérée de la vie d'autrui *« un automobiliste conduisant la nuit, en traversant des intersections au feux rouge fixe, en roulant sur la voie de gauche et en empruntant un sens interdit, en effectuant des embardés dangereuses à l'approche d'un policier en moto »*[2].

2. L'effet pervers d'une telle consécration

Rapprocher les automobilistes véreux des tribunaux et des prisons aura certainement un effet indésirable. Elle aura pour conséquence notamment un « pseudo » encombrement des prétoires (a), à cause des affaires dites « bénignes » comme la répression des infractions routières comme le pensent certains auteurs, ou encore à donner à cette loi, l'étiquette d'une loi qui terrorise les automobilistes (b) de par son extrême rigueur.

a. Un « pseudo-encombrement » des prétoires

Des voix se sont élevées contre une pénalisation des infractions routières. Ceux qui défendent cette thèse, dont la figure de proue est le Lieutenant-colonel de WIGNY, soutiennent que les tribunaux doivent se passer du traitement des dossiers relatifs aux accidents de

---

[1]PELISSER P., « Circulation routière », *op.cit.* p.22.

[2]MOUHOU M., « Infraction routière en matière pénale », *op.cit.*

circulation, par ce que de tels dossiers emportent généralement des lenteurs judiciaires, car les accidents font très souvent l'objet d'expertises qui prennent du temps. Il estime en outre que *« Les rôles des tribunaux sont surchargés »*[1]. Il propose à cet effet que de telles affaires *« pourraient être réglées sans inconvénients par la procédure civile »*[2], et souhaite alors qu'elles soient réglées à l'amiable. Cependant on ne peut pas se plonger dans cette logique, qui consiste à minimiser les infractions routières, quitte à souhaiter qu'elles soient même dépénalisées, au motif que *« l'administration judiciaire fonctionne de façon machinale et routinière pour les affaires dont les intérêts en jeu sont plus importants »*, comme pour sous-entendre que les intérêts en matière d'infractions routières sont moins importants. L'auteur estime également que *« celui qui transgresse une des règles du comportement routier n'a guère le sentiment de commettre un fait répréhensible »* et que *« son cas est tout différent de celui des délinquants ordinaires auxquels il serait inopportun et néfaste de l'assimiler »*. Cependant, en quoi un automobiliste pris en flagrant délit d'excès de vitesse, et qui a mis délibérément sa vie et celle des autres en danger de mort ou de blessures graves ne saurait être appelé délinquant comme tous les autres ? Est délinquant toute personne qui par son acte a troublé un ordre social établi, et elle doit être punie sévèrement, fut-elle un automobiliste. A cet effet, il est malsain de qualifier de « bénignes » des infractions qui ont rendu des parents orphelins, et ce n'est nullement encombrer les prétoires que de juger une personne qui conduisait en état d'ivresse, en excès de vitesse ou encore sans permis de conduire. Ce n'est non plus inopportun d'emprisonner toute personne coupable de ces faits. Si les prétoires et les prisons sont capables d'être encombrés par des affaires aussi banales que le vol dont le produit n'excède pas 5000fcfa, il est de bonne guerre s'ils le sont également pour des affaires d'excès de vitesse, et de conduite en état d'ivresse.

b. L'étiquette d'une loi de terreur pour les automobilistes

Si jamais le législateur camerounais arrivait à rendre la répression des infractions au code de la route plus sévère et rigoureuse, cela lui vaudra certainement l'étiquette d'une loi qui terrorise les automobilistes et créent en leur sein une situation de frayeur.

---

[1]WIGNY L-T., « Droit pénal et sécurité routière », *op.cit.* p.119.
[2]*Ibid.*, p.120.

En effet, il est d'abord de principe que toute loi doit avoir un effet terrorisant chez ceux à qui elle est destinée. C'est de là que l'Etat tire toute sa légitimité et son respect. C'est d'ailleurs la raison pour laquelle, l'une des missions principales de la loi pénale est la mission dissuasive, c'est-à-dire être capable de créer une crainte et une frayeur aux citoyens, afin qu'ils s'abstiennent de tout comportement qui nuirait à l'ordre public établi. Sur la question, deux idées s'opposent :

En premier lieu, celle des promoteurs des politiques pénales sécuritaires, qui avancent que *« l'augmentation des peines diminuent la délinquance »*[1]. Il s'en suit deux types de dissuasion : une dissuasion générale, qui consiste à décourager tous ceux qui auraient pour projet de commettre une infraction, et une dissuasion spécifique, qui consiste à empêcher ceux qui ont subi une peine lourde de recommencer.

En second lieu, les détracteurs de cette politique qui pensent que l'augmentation des peines a un effet globalement négatif, car entrainant des effets déstructurants, la sanction pouvant augmenter la probabilité de récidive à la sortie de prison (l'idée de la prison comme « école du crime »). Il est donc question pour ceux-ci, de montrer que l'existence de mesures privatives de liberté ne suffit manifestement pas à dissuader l'ensemble des « passages à l'acte » potentiels et, même lorsque les sanctions sont très sévères, un certain niveau de délinquance subsiste. Retransmis par rapport à notre plaidoyer, ces auteurs pensent que, même en durcissant la sanction contre les chauffards, la crise des accidents de circulation va toujours persister, et voir même s'empirer. Nous ne pouvons malheureusement pas nous inscrire dans cette logique, car les faits ont montré qu'après l'adoption de la Loi du 12 Juin 2003 en France, le nombre d'accidents de circulation a été réduit de 50%[2]. C'est dire que cet argument de l'effet pervers de l'augmentation des peines ne doit en aucun cas décourager le législateur et les pouvoirs publics, si jamais ils songeaient à donner de la place à notre plaidoyer. Une loi qui sanctionne donc plus sévèrement les infractions au code de la route ne sera donc pas considérée comme loi de terreur, d'autant plus que notre législateur a déjà eu à être très rigoureux dans sa sanction, comme dans le cadre de

---

[1]GALBIALTI R. et ARNAUD Ph., « Enfermez-les tous ! Dissuasion et effet pervers des politiques répressives », *Regards croisés sur l'économie,* n°14, 2014, p.44
[2]JULE PARADE V., « Accidents de la route », *op.cit.*

la lutte contre le terrorisme[1] en prévoyant des sanctions hyper-sévères contre les actes de terrorisme.[2]

Conclusion

Les accidents de la circulation au Cameroun constituent une véritable crise qu'il faut combattre avec la même énergie tout comme les crises socio-politiques, sanitaires et économiques. La lutte contre cette crise nécessite une véritable politique publique. Pour atteindre cet idéal, plusieurs facteurs doivent entrer en jeu. Avant même de songer à la répression, l'accent doit d'abord être mis sur la prévention, notamment par la sensibilisation des usagers de la route, la régulation du secteur de l'auto-école, l'efficacité et l'effectivité des centres de visites techniques automobiles. Un autre moyen de lutte réside dans l'aménagement des infrastructures routières, notamment l'élargissement des voies, des voies en bonne état, signalisées, etc.

La lutte contre le phénomène des accidents de circulation au Cameroun nécessite que chacun y apporte sa contribution : les automobilistes eux-mêmes, les pouvoirs publics, les forces de maintien de l'ordre, et pour finir les juristes. A cet effet, la modeste contribution des juristes ne peut que résider dans ce plaidoyer pour plus de sévérité dans la répression des infractions au code de la route, de nature à dissuader les automobilistes de la route contre tout comportement contraire aux règles de la route. Toutefois, ce plaidoyer doit même traverser les frontières, car au regard de l'état de la répression des infractions au code de la route dans les autres pays africains tels que le Sénégal, la Cote d'Ivoire en encore le Mali, force a été de regretter ce même laxisme dans ces pays, le Cameroun, comparé à ces pays, étant même plutôt plus rigoureux envers les chauffards, quand on sait qu'au Mali par exemple, l'excès de vitesse

---

[1]Voir loi n°2014/28 du 23 décembre 2014 portant répression des actes de terrorisme au Cameroun

[2]Sur la question, ASSIRA C., « Répression du terrorisme », *Le jour,* N°1829, du jeudi 11 décembre 2014 p.p. 6-7. Voir également KEUBOU Ph., « La répression du terrorisme au Cameroun, une législation spéciale pour une infraction spéciale », *Mosaïque.*

est seulement sanctionné par une amende de 10 000 Fcfa[1]. Dès lors, l'urgence est signalée, interpellation étant faite au législateur et aux pouvoirs publics, de revoir les mécanismes de répression, dans l'optique de la rendre plus rigoureuse, si on souhaite diminuer le nombre de morts sur nos routes. C'est ainsi qu'a été jugé utile de mener la présente réflexion.

[1]Arrêté n°009/MEMEFDP/MIT/MSPC du Ministre des infrastructures et des transports du Mali portant modification des amendes forfaitaires à percevoir à titre de contraventions pour violation des règles de circulation routière.

La déontologie à l'épreuve de la régulation des contenus audiovisuels au Cameroun

Jules Samson NYOBE

Doctorant en droit public des Universités de Strasbourg et de Yaoundé II
Membre de l'Institut de Recherche Carré de Malberg
Ingénieur d'études à la Fédération de Recherche l'Europe en mutation

La qualité de l'information fait écho à la déontologie qui, elle, côtoie indiscutablement la régulation. À ce titre, cette dernière a vocation à l'encadrer afin qu'elle s'installe durablement dans le temps et dans l'espace. Dans les secteurs régulés, cette dualité ne va pas nécessairement de soi ; le risque de crise y étant intrinsèquement lié. Soit parce que le régulateur ne remplit pas les objectifs qui lui sont assignés, soit parce qu'il existe des asymétries d'information entre le marché et lui[1]. De ce simple fait, une crise de la régulation est de nature à entraîner une crise de la déontologie et inversement. Dans ce schéma, le droit, par sa mollesse ou son déphasage, est souvent amplificateur de crise et la tentation de le dévoyer est forte à un moment où le respect de l'État de droit est plus qu'essentiel[2]. Pour autant, la qualité de l'information est au cœur de toute société démocratique. Et, de tout temps, la mission de l'audiovisuel est d'éduquer d'informer et de divertir. Or, par les espoirs qu'ils suscitent et les craintes qu'ils inspirent, les médias sont pour toute société un révélateur, le miroir de ses angoisses et de ses espérances[3]. Leur puissance fascine autant qu'elle inquiète. Mais irrémédiablement, ils occupent une place singulière dans la communication entre les personnes, les peuples et les cultures. Cependant, paradoxalement et par petites touches,

---

[1] CAZENAVE T. et POUYET J., « Crise de régulation », in FRISON-ROCHE M. A. (dir.), *Les risques de régulation*, Dalloz et Presses de science Po, Paris, 2005, p.2.
[2] V. LARRIEU J.(dir.), *Crise (s) et droit,* Presse de l'Université de Toulouse Capitole 1, LGDJ-Lextenso Éditions, 2012, p.12. DE LA PORTE DES VAUX J. GOANTHIER LE GUEN Y. VADIM J. et PRELOT C., *Droit et crise (s),* Presses universitaires de Sceaux, 2021, 241p.
[3] BALLE F., *Les médias,* PUF, Paris, 2017, p.79.

« Le discours de haine s'active à disséminer à travers certains médias écrits, audiovisuels et cybernétiques du Cameroun, une nuisance qui fait des dégâts sociaux incommensurables. Dans cette mouvance, l'on observe de plus en plus, la publication d'informations et la diffusion de programmes mettant en exergue des propos haineux incitant à la violence, à l'exclusion, à la stigmatisation ou à la sédition. Cette tendance quasi-générale qui s'inspire de la production des réseaux sociaux, est particulièrement amplifiée par les péripéties des différentes situations de crises que connaît actuellement notre pays dans les régions de l'Extrême-nord, du Nord-ouest et du Sud-ouest »[1]. Bâtisseurs de cohésion sociale en temps de paix et de crise, les médias doivent pourtant contribuer à l'unité et à l'intégrité du territoire par le truchement de l'éthique et de la déontologie.

Si cette inférence liminaire vaut pour tous les médias, force est de constater qu'elle est particulièrement vraie pour les médias audiovisuels. En effet, entre droit des médias, libertés publiques, libertés économiques, protection du domaine public hertzien et droit de la concurrence, la régulation sectorielle des activités audiovisuelles cristallise bien des problèmes. S'y confrontent la culture et le marché, mais aussi les intérêts des opérateurs économiques, des hommes politiques et du public[2].

Le Cameroun, en suivant la voie de la régulation, s'est inscrit dans les nouvelles formes d'interventionnisme des « Etats postmodernes »[3]. Pour ce faire, il s'est partiellement mis en retrait au profit du Conseil national de la communication (CNC)[4]. Sorti de son hibernation à la faveur du décret de janvier 2012, le CNC (ou ci-après le Conseil), a, fort du renforcement de ses pouvoirs, construit en quelques années une véritable doctrine. Il a su interpréter les règles de droit commun de l'audiovisuel et préciser le contenu de quelques notions génériques.

---

[1] ESSOKA P., Président du Conseil national de la communication, note d'information du 31 août 2018.

[2] DUMONT C., « Le Conseil supérieur de l'audiovisuel, une autorité de régulation indépendante », *Courrierhebdomadaire du CRISP*, vol. 2054-2055, n°9-10- 2010, p.5.

[3] Expression empruntée à CHEVALIER J., *L'État post-moderne*, LGDJ, Paris, 2017,328 p ; V. égal. CHEVALIER J., « Vers un droit post-moderne : les transformations de la régulation juridique », *Revue de droit public,* n° 3-1998, pp. 659-714.

[4]Art 2 du décret n° 2012/038 du 23 janvier 2012 portant réorganisation du Conseil national de la communication : « Le Conseil est un organe de régulation et de consultation ».

Il lui est notamment revenu de donner du contenu aux manquements éthiques et déontologiques, de donner un sens à la dignité humaine ou encore de décider de ce qui est susceptible de nuire à l'épanouissement physique, mental ou moral des mineurs. Dans ce registre, il opère son contrôle par rapport aux valeurs supérieures dont s'inspire la société[1]. Y figurent, aux termes des articles 5 et 8 de la loi d'avril 2015[2] le respect de l'ordre public et les bonnes mœurs, la dignité de la personne humaine, la non-discrimination à l'égard d'une personne ou d'un groupe de personnes. De plus, les contenus ne sont pas censés être offensants, encore moins inciter à la haine et à la violence. Ils doivent respecter la forme républicaine, l'unité et l'intégrité du territoire ainsi que les principes démocratiques régissant la République.

De cette énumération découlent les valeurs de cohésion sociale et de vivre ensemble auxquelles s'attachent les exigences de déontologie. Cela est d'autant plus intéressant que, les médias touchent à la vérité, à la morale et à la responsabilité de chacun[3]. À l'inverse, la déontologie paraît peu compatible avec les conditions de l'économie de marché. Pourtant, déontologie et régulation ne sont pas antinomiques. Au contraire, elles participent d'une alliance plutôt ancienne mais très souvent éprouvée. Par conséquent, si l'on convient avec Michel Crozier que « *l'on ne change pas une société par décret* »[4], l'instauration d'une culture déontologique contribue à bien des égards au renforcement des liens sociaux et non à son effritement.

Qualifiés par certains de médias du génocide[5], il a clairement « été établi, […] par le Tribunal pénal international pour le Rwanda, que les médias comme la Radio télévision libre des Milles collines, Radio Rwanda ou le périodique Kangura ont psychologiquement accompagné et justifié le génocide perpétré contre la communauté tutsi, qui a coûté la vie à plusieurs centaines de milliers de

[1]DEBBASCH C., « La régulation de l'audiovisuel », in DEBBASCH C. et GUEYDAN C.(dir.), *Larégulation de la liberté de la communication audiovisuelle,* PUAM, Economica, Paris, 1991, p.13.

[2] Loi n° 2015/007 du 20 avril 2015 régissant l'activité audiovisuelle au Cameroun.

[3]PIGEAT H. *Médias et déontologie. Règles du jeu ou jeu sans règles*, PUF, Paris, 1991, p.4.

[4] CROZIER M., *On ne change pas la société par décret,* Grasset,1979, 298 p.

[5] CHRETIEN J.-P. et DUPAQUIER J-F., *Rwanda : les médias du génocide,* Karthala, Paris, 1995, 454p.

Rwandais »[1]. On l'aura compris, la puissance de suggestion de l'image, l'utilisation dangereuse ou impropre qui peut en être faite par des montages tendancieux, des informations inexactes, des propos complaisants ou démagogiques, la recherche du sensationnel ou du monstrueux, peuvent mettre réellement en péril la réalisation des objectifs de cohésion sociale et de vivre ensemble[2].

De ce fait, il est apparu nécessaire d'encadrer et de réguler les flux informationnels. Et à cette fin, on s'accorde à dire que le droit ne doit pas être tatillon[3]. Depuis « le printemps camerounais des libertés »[4] et la vague de démonopolisation[5], jamais les suspicions et accusations portées contre les médias audiovisuels n'ont été aussi nombreuses et graves. Plus que par le passé, l'information dérape, les mœurs se dégradent, les droits de réponse des auditeurs et téléspectateurs explosent et la déontologie du journaliste semble être à la dérive[6].

---

[1] DE LA BROSSE R., *Médias et démocratie en Afrique : l'enjeu de la régulation,* Bruylant, Bruxelles, 2013, p.111.

[2] TRAMONI J, *Le contentieux administratif de la communication audiovisuelle,* LGDJ, Paris,1998, p.99.

[3] NOMO ZIBI-MOULANGO P., *Le statut de l'audiovisuel en Afrique,* L'Harmattan, Paris, 1996, p.10.

[4] L'expression est de KONTCHOU KOUOMEGNI A., rapportée par MAHOUVE M., *Le contrôle juridictionnel des restrictions à la liberté de la presse écrite au Cameroun,* Mémoire, 1998, pp.1-2.

[5] Lire utilement TJADE EONE M., *Démonopolisation libéralisation et liberté de communication au Cameroun, Avancées et reculades.* L'Harmattan, Paris, 2001, 274p. V. égal. NKOT F., « Les usages politiques du droit de la presse au Cameroun. Notes de sociologie politique du droit », *Polis / Revue canadienne de science politique*, vol.13, n° 1-2- 2006 p.19. L'auteur relève que le processus camerounais de libéralisation débute en 1987 (loi n° 87/019 fixant le régime de la communication audiovisuelle au Cameroun et n° 87/20 du 17 décembre 1987 mettant sur pied l'actuel office de la Radio-Télévision du Cameroun, connu par son sigle anglais abrégé CRTV. En substance, et non en 1990, du moins tel que voulu par le législateur. En se fondant sur l'article 3, cette loi admettait des dérogations spéciales au monopole en faveur d'organismes privés dans les conditions fixées par voie réglementaire. L'auteur fait remarquer que les décrets d'application ne sont jamais intervenus. Dès lors, il qualifie cette abstention normative ou réglementaire de « ruse juridique » car consistant à ne pas prendre d'acte réglementaire qu'une loi appelle pourtant clairement. De cette façon le pouvoir politique triche et contourne des difficultés politiques pour atteindre des objectifs bien déterminés. Redoutant le pluralisme audiovisuel, il faudra attendre une dizaine d'années (décret n°2000/158 du 3 avril 2000 fixant les conditions et les modalités de création et d'exploitation des entreprises privées de communication sociale). Fermer la parenthèse.

[6] LORELLE Y., « La déontologie des journalistes va-t-elle à la dérive ? », *Communication et langages*, n°99-1992, pp 100-116.

Dans le même temps, les crises sécuritaire, post-électorale et anglophone exacerbent des reproches qui se suivent et se ressemblent. La révélation du *scoop* et du sensationnel, l'obsession de la vitesse et de l'audimat, ont souvent pris le pas sur les exigences de rigueur et d'honnêteté de l'information. On comprend aisément la mise en garde cinglante adressée par le président du CNC aux médias qui « offrent leurs espaces à la diffusion d'informations et de propos ''séditieux'' »[1]. Usant de leur liberté comme alibi d'irresponsabilité[2], un seuil semble avoir été franchi, de sorte que l'audiovisuel camerounais suscite bien d'interrogations.

En point d'orgue, les journalistes sont tancés pour manquements aux obligations légales, morales, éthiques et à la déontologie professionnelle, tandis que l'organe en charge de la régulation est constamment soupçonné de censure informationnelle. Le Cameroun n'est pas un cas isolé. En France, le traitement médiatique des attentats de 2015 a fait resurgir la police de l'audiovisuel[3]. S'en est suivie la profonde volonté de mettre en lumière les dérives les plus préoccupantes et les bonnes pratiques afin d'offrir au public une information de qualité.

Il convient toutefois de fixer le cadre théorique de cette réflexion par la clarification des notions centrales. D'abord, faisant appel à l'étymologie, la morale et l'éthique sont respectivement issues du latin « *mores* » et du grec « *ethos* ». Mais que l'on ne s'y trompe pas. Elles renvoient à la même réalité : les mœurs. Il existe néanmoins une différence de sens entre ces deux mots, si l'on s'en tient à l'éthique aristotélicienne des fins et à la morale kantienne des buts ou des contenus. A tout le moins, c'est à Paul Ricoeur que l'on doit la distinction philosophique et contemporaine la plus pertinente. Alors que l'éthique renvoie à « ce qui est estimé bon », à la meilleure manière d'agir et de vivre, bref au souci de soi, d'autrui et des institutions[4], la morale est « marquée par des normes, des interdictions caractérisées à la fois par une exigence d'universalité et par un effet de

---

[1]Cité par NGONO S., « L'espace public de débats télévisés dans le contexte « post-libéral » camerounais : logiques de constitution et structuration », *Les doctorales de la SFSIC,* juin 2017, Lyon, France. https://hal.archives-ouvertes.fr/hal-01716651

[2] BALLE F., *Les médias,* op.cit., p.81.

[3] V. JONGEN F., *La police de l'audiovisuel, analyses comparées de la régulation de la radio et de la télévision en Europe*, Bruylant, LGDJ, Bruxelles,1994, 544p.

[4] RICOEUR P., « L'éthique, la morale et la règle », *Autres temps. Les Cahiers du christianisme social*, n° 24- 1989, p.53.

contrainte »[1]. Il se trouve qu'en pratique, le mot éthique a plutôt meilleure presse et est très souvent associé à la déontologie dans l'audiovisuel[2]. Transparaît alors en filigrane l'idée selon laquelle la déontologie est plus restreinte que l'éthique. « Alors que l'éthique intervient comme puissance de questionnement de l'ensemble du processus de l'information, la déontologie revêt la portée limitée d'une morale propre à l'activité journalistique. Elle renvoie à des règles professionnelles qui constituent les conditions ordinairement admises d'une information correcte, au sens pragmatique. Elle est en jouant sur les mots une ''morale au quotidien'' »[3].

Ensuite, le terme déontologie que l'on doit au juriste et philosophe anglais Jeremy Bentham[4] désigne littéralement l'ensemble des règles de conduites et de bonnes pratiques que la profession se donne volontairement, en vue d'améliorer la qualité de l'information et le service rendu au public[5]. Participant normalement de la *soft law* et d'une démarche non contraignante, le Cameroun fait figure de curiosité. C'est par un décret de septembre 1992[6] qu'a été rendu exécutoire le Code de la déontologie journalistique usité par le CNC.

Enfin, s'agissant de la régulation, il y a autant de définitions qu'il y a d'auteurs. D'un côté, elle désigne la tâche qui consiste à assurer entre les droits et les obligations de chacun, le type d'équilibre voulu par la loi[7]. De l'autre, elle s'entend du processus par lequel la puissance publique confie à une autorité - le plus souvent structurellement indépendante -, le soin d'encadrer l'ouverture à la

---

[1] RICOEUR P., *Soi-même comme un autre,* Seuil, Paris, 1990, p.200.

[2] V. ADER B., « Ethique et déontologie à la télévision. La doctrine du CSA », *Legicom*, vol.11, n° 1-1996, pp.25-35.

[3] CORNU D., *Journalisme et vérité, de l'information au défi du changement médiatique*, Labor et Fides, Genève, (espace) 2009, p.48 ; Cité par RABATEL A., « Pour une conception éthique des débats politiques dans les médias. Répondre de, devant, pour, ou les défis de la responsabilité collective », *Questions de communication*, n° 13, 2008, p.50.

[4] BENTHAM J., *Déontologie, ou science de la morale*, Charpentier, Paris, 1834, 483 p.

[5] DERIEUX E., « Déontologie journalistique : et si le droit suffisait ? », disponible (à) l'adresse https://www.actu-juridique.fr/ntic-medias-presse/deontologie-journalistique-et-si-le-droit-suffisait/

[6] Décret n° 92/313/PM du 24 Septembre 1992 rendant exécutoire le code de déontologie journalistique.

[7] STASIAK F., *La nature des autorités administratives de régulation à pouvoirs répressifs et garanties fondamentales de personnes,* Thèse de doctorat, Université de Nancy 2, FDSEG, 1995, p.6.

concurrence d'un marché, - auparavant monopolistique -, en veillant en particulier à assurer un équilibre entre logique concurrentielle et préoccupations d'intérêts publics[1]. Elle permet au total de sauvegarder des valeurs auxquelles la société est attachée, mais que le fonctionnement du marché ne peut pas garantir[2].

Le droit étant le reflet d'un état de société, porteur d'une idéologie et expression d'une volonté politique[3], cette réflexion commande que l'on interroge la philosophie ou le traitement qu'opère le régulateur dans le contrôle de la déontologie des contenus audiovisuels. Ce postulat n'exclut pas de se demander si sa politique régulatoire n'est pas en soi la cause de cette crise peu ou prou latente. Ce d'autant plus que le droit n'est pas toujours la solution mais parfois la source du problème.

Ainsi, àl'image des rapports qu'entretiennent le droit et les crises[4], la déontologie est essentiellement tributaire du niveau de régulation institué par le droit. Si la crise de la déontologie connaît une réponse plus ou moins satisfaisante en termes de régulation (I), la crise de la régulation en revanche contribue à l'effritement de la déontologie au Cameroun (II). Améliorer la régulation et l'organe qui en assume la charge permettra d'instaurer durablement une culture déontologique au cœur de l'audiovisuel camerounais.

I. La crise de la déontologie et la réponse mitigée de la régulation

Toute œuvre a besoin de libertés et de contraintes. Mais profondément et insidieusement, une évolution s'est produite sous nos yeux. À mesure que la contrainte semble contribuer à restaurer la déontologie dans l'espace audiovisuel camerounais (A), l'alibi de la liberté l'éprouve continuellement (B).

---

[1] THIRION N., « Hétéro-régulation et co-régulation : esquisse théorique et application au marché des services de médias audiovisuels », *in* JONGEN F. (dir.), *La directive services de médias audiovisuels,* Anthémis, Belgique, 2010, p.83.

[2] MULLER E., op.cit., p.6.

[3] ONDOA M. et ABANE ENGOLO P.E., Préface, in *Les fondements du droit administratif : acte du colloque organisé à l'Université de Yaoundé II les 3 et 4 novembre 2015,* L'harmattan, *Paris,2016,* p.10.

[4]V. LARRIEU J. (dir.), *Crise (s) et droit,* op.cit., 306p. DE LA PORTE DES VAUX J. GOANTHIER LE GUEN Y. VADIM J. et PRELOT C., *Droit et crise (s),* op.cit., 241p.

A. La déontologie éprouvée

Il ressort de la doctrine[1] du CNC deux variantes fortes dans l'atteinte à la déontologie des contenus. Soit le contenu de l'information est offensant et porte atteinte aux droits des individus ou à l'ordre public (1), soit elle est bâclée et sa présentation paraît manipulée (2).

1. La déontologie dans l'information offensante, discriminante et haineuse

La télévision concentre entre vérités, contre-vérités, instrumentalisation et mensonge, tous les problèmes que pose la confrontation entre la vie privée et la liberté de communication audiovisuelle[2]. En ce sens, les contenus audiovisuels impactent les citoyens dans leur être, leur condition, leurs droits fondamentaux et leur rapport à la société. Cette mauvaise application de la déontologie des contenus biaise et sape la cohésion sociale et les exigences du vivre ensemble. Il en est ainsi lorsque lesdits contenus portent atteinte aux impératifs de protection de la dignité humaine et de sauvegarde de l'ordre public.

On le sait, le droit ne confère pas la dignité à la personne humaine ; celle-ci lui est par nature consubstantielle. Pour autant, le droit est tenu de la protéger. À ce titre, la dignité interdit que les contenus prônent la discrimination, incitent à la haine, aux comportements violents ainsi qu'aux préjugés et stéréotypes. Sans surprise, la réaction que peut susciter certains contenus sur un public ciblé est de nature très affligeante et violente. Dans le même registre, la complaisance dans l'évocation de l'humiliation et de la souffrance humaine, lorsqu'elle est faite sans état d'âme et sans considération pour les personnes qui en souffrent ou leur entourage, va à l'encontre de cet impératif. La diffusion d'images humiliantes, et avilissantes ainsi que

---

[1] Certains éléments de cette réflexion font écho à titre de droit comparé aux travaux effectués sur la doctrine du CSA en France. V. notamment NYOBE J. S., *La Jurisprudence du Conseil Supérieur de l'Audiovisue*l, Mémoire de Master droit public, Université de Strasbourg, 2019, 118p.

[2]PARLEANI G., Préface, TRICOT-CHAMARD I., *Contribution à l'étude des droits de la personne : influence de la télévision sur la conception juridique de la personnalité*, PUAM, Aix en Provence, 2004,539p

des témoignages de personnes sur des faits relevant de leur vie privée avec violation du droit à l'image porte atteinte à cette exigence. Comme le souligne Agathe Lepage, la personne exposée par les caméras est sous l'emprise du regard médusé du public[1]. Elle subit une violence psychologique qui ne s'oublie que très difficilement. Cela est d'autant plus vrai que le regard que la société pose sur elle porte sérieusement atteinte à sa dignité, son honneur et sa réputation.

Dans l'espace audiovisuel camerounais, de tels manquements ne sont pas rares. Ils vont à l'encontre des articles 5 et 8 de la loi d'avril 2015 ainsi que de l'article 9 alinéas 1[2] et 2[3] du décret rendant exécutoire le code de déontologie journalistique. On se souviendra qu'en 2013, alors que les populations de Mimboman à Yaoundé étaient terrifiées par l'augmentation exponentielle des crimes rituels, certains médias se sont fort négativement illustrés. Qu'il s'agisse de l'émission d'investigation « Canal détective » diffusée sur la chaîne Canal 2 international, ou « Ipp News » diffusée sur la chaîne Ltm Tv, les contenus y afférents n'étaient à certains égards pas nécessaires à l'information du public. En l'occurrence la diffusion d'images choquantes de cadavres gisant sur le sol. Le Conseil, avait alors interdit à l'issue de ses travaux des 27 et 28 mars 2013 lesdits programmes. Dans la foulée, il avait suspendu les animateurs qui, les 21 et 27 mars 2013 avaient montré de « larges extraits de corps mutilés ou en décomposition, des images violentes et indécentes ». De même, dans sa décision issue de la 8e session du 18 novembre 2014, il a mis en demeure la chaîne de télévision Equinoxe pour diffusion d'images choquantes le 28 août 2014 entre 22 heures et 22 heures 16 minutes au cours de l'émission « Regard Social ». En l'espèce, il lui était reproché la diffusion d'images montrant le morceau d'intestin d'un garçon atteint de malformation congénitale.

Suivant la méthodologie qui est sienne, le Conseil range la diffusion de propos offensants, discriminants et haineux dans le registre des manquements éthiques et déontologiques qui portent

---

[1] LEPAGE A., « De quelques points de rencontre entre le droit et l'émission Loft-story », cité par DREYER E., « La dignité de la personne », *Communication Commerce Électronique,*2015.

[2]« Le journaliste doit éviter toute diffusion d'informations offensantes ou insinuantes ».

[3]« L'entreprise de communication audiovisuelle doit s'abstenir de diffuser les émissions comportant des scènes de nature à porter atteinte aux bonnes mœurs et à la pudeur ».

atteinte à la dignité. La décision du 15 mars 2018[1] l'illustre fort à propos. Elle relève qu'au cours de l'émission « Club d'élites » diffusée le 24 septembre 2017, le présentateur avait, en évoquant le meurtre du proviseur du lycée de Foumban, proféré des propos offensants et insinuants de nature à inciter à la haine contre la communauté Bandjoun. Sa décision du 4 août 2020[2], fait également état, à l'encontre des émissions « Tour d'horizon » du 25 juin 2020 et « Club d'élites » du 5 juillet 2020 diffusées sur la chaîne « Vision 4 », de « propos offensants et stigmatisants de nature à porter atteinte à l'honorabilité des personnes et à la dignité d'une communauté [...] ». Pour le sociologue camerounais Valentin NgaNdongo, ces pratiques ne sont en rien étonnantes. Il s'agit d'une coutume consistant à « affubler ses cibles de quelques dénominations qualificatives ou disqualificatives. […] de propos de médisance et de calomnie destinés à nuire à l'image d'une personne ou d'un groupe visé »[3].

Plus grave encore, à l'occasion de sa 19e session du 7 décembre 2017, le Conseil avait été saisi par un plaignant contre la chaîne de télévision Vision 4 au sujet du documentaire « VSF, un ''prince'' nu à Yaoundé » diffusé le 23 novembre 2017 à 21 heures. Le documentaire montrait des images choquantes accompagnées de propos relatifs à une vidéo en circulation impliquant le plaignant au premier plan et compromettant pour sa personne. Pour le Conseil, de telles images dévalorisantes montrant la nudité d'une personne avec des dérives langagières, ne participent guère de la liberté d'informerà une heure de grande écoute[4].

A cette liste non exhaustive, s'ajoutent des contenus irrespectueux des publics vulnérables à deux égards. D'une part, prolifèrent des contenus à caractère violents, sexuels et indécents de nature à nuire à l'épanouissement physique, mental et moral du jeune public[5]. D'autre

[1] Décision n° 000094/CNC, publiée le 15 mars 2018. V. égal. Communiqué n° 000006/CNC/2018/PR/SG/CCT, publié le 15 mars 2018, 20e session ordinaire du 22 février 2018.

[2] Communiqué n° 000002/CNC/2020/PR/SG/CCJ, publié le 4 août 2020, 27e session ordinaire du 30 juillet 2020.

[3] NGA-NDONGO V., *Les Médias au Cameroun, mythes et délires d'une société en crise,* L'Harmattan, Paris, 1993, pp. 152-153.

[4] Communiqué n° 000009/CNC/2017/PR/SG/CCT du 19 décembre 2017.

[5] Lire les exigences y relatives à l'article 57 de la loi de 2015 régissant l'audiovisuel au Cameroun.

part, s'amplifient des clichés stéréotypés à l'égard des femmes[1] et des dérives sexistes.

Au sujet des atteintes à l'ordre public, les exigences de déontologie sont censées empêcher que les contenus bradent ou sacrifient sur l'autel de l'audience, la sécurité des personnes. Il en est ainsi lorsque les victimes de guerre, en état de choc, de désarroi et auprès des corps sans vie de leurs proches, peuvent être amenées à témoigner sur le vif et à visage découvert. Tout compte fait, les contenus diffusés en temps de crise ou de conflit armé ne sauraient mettre en danger les forces de défense sur le champ de bataille ou porter atteinte à leur image[2]. C'est ce qui ressort des travaux de la 27e session du Conseil aux termes desquels des manquements ont été relevés contre la station de radio « Galaxie FM »[3]. Le Conseil s'était autosaisi pour diffusion au cours de l'émission « La table de vérité » du 18 février 2021 d'accusations non fondées et offensantes de nature à porter atteinte à l'image des forces de maintien de l'ordre et des personnels exerçant dans les secteurs de l'éducation et de la santé.

Enfin, la méconnaissance des exigences d'ordre public fait également écho aux messages publicitaires qui pour certains sont susceptibles d'aller à l'encontre du chapitre III de la loi régissant la publicité au Cameroun[4]. Il s'agit des contenus publicitaires contraires aux exigences de décence, de moralité et de véracité ou préjudiciables pour la santé publique, la protection de l'environnement, les convictions politiques et religieuses des consommateurs, ou alors, qui présentent les mineurs dans des situations problématiques. Pour avoir fait la promotion de produits pharmaceutiques pouvant porter atteinte à la santé publique par une exploitation préjudiciable de la naïveté et de la vulnérabilité de certaines couches sociales, les chaînes New Tv, vision 4, Ariane TV, Golden House, Ltm Tv et Dbs ont écopé d'un avertissement à l'issuedes travaux du Conseil des 27 et 28 mars 2013.

Au-delà du contenu qui peut heurter le public et soulever des questions de déontologie, son traitement et sa présentation n'est pas en reste.

---

[1] Lire les exigences contenues à l'article 59 de la loi de 2015.

[2] Sans faire l'apologie d'actes terroristes ou sécessionnistes, le droit d'informer ne saurait non plus entrer en conflit avec le droit international humanitaire et les conventions subséquentes de Genève relatives aux soldats blessés, aux prisonniers de guerre ainsi qu'aux civils en tant de guerre.

[3] Communiqué n° 00002/CNC/2020 du 4 août 2020, 27e session du 30 juillet 2020.

[4] Loi 2006/018 du 29 Décembre 2006 régissant la publicité au Cameroun.

2. La déontologie dans l'information inexacte et manipulée

La déontologie dans ce contexte fait écho aux exigences relatives au traitement et à la présentation formelle de l'information. Elle renvoie à l'honnêteté de l'information. Elle résulte soit d'une information manipulée soit d'une information inexacte. À la différence de l'information inexacte qui découle d'une erreur, d'un travail journalistique ou d'investigation mal fait ou négligé, l'information manipulée a pour socle la mauvaise foi et l'intention délibérée de nuire. Regroupée sous le terme générique « d'information spectacle », elle consiste :

« [...] En une information truquée et mensongère dans laquelle, selon la formule d'Ignacio Ramonet [...] la mise en scène l'emporte sur la réalité, le vrai se conforme à des règles fausses. Elle est plus destinée à frapper l'imagination, à appâter le public qu'à lui apporter des connaissances. Dans sa hargne de devancer ses concurrents dans la diffusion des scoops et à leur couper l'herbe sous le pied, le journaliste [court le risque] de verser dans la fabulation, la prévision et la prophétie en utilisant souvent le conditionnel, mode grammatical par excellence de l'incertitude et de l'imprécision. [...] Rumeurs, supputations, balai d'essai, hypothèses, conjectures se substituent alors à l'information »[1].

Or, « la liberté d'opinion est garantie par l'échange libre des idées et des informations fondées sur des vérités factuelles. La vérité, susceptible de prendre des formes multiples, repose sur la correspondance entre la réalité et les perceptions ou sur les meilleures preuves disponibles, établies par des méthodes de recherche, scientifiques, journalistiques ou autres pratiques professionnelles, visant à produire de l'information fiable et de la connaissance [...] Le droit à l'information consiste en la liberté de rechercher et de recevoir des informations fiables et d'y accéder. L'information ne saurait être considérée comme fiable que si sa collecte, son traitement et sa diffusion sont libres et effectués conformément aux principes

[1] BOYOMO ASSALA., « V. Nga Ndongo (1993). Médias au Cameroun : mythes et délires d'une société en crise », *Communication. Information Médias Théories*, vol.18, n°2-1988, p.216.

d'attachement à la vérité, de pluralité des points de vue et de rationalité des méthodes d'établissement et de vérification des faits »[1].

Ces notes donnent de la consistance à l'impératif de rigueur dans le traitement de l'information. C'est un devoir d'exactitude dans le droit du public à recevoir l'information diversifiée et véridique[2]. Le journaliste doit en effet permettre aux citoyens de façonner leur propre opinion sur les faits sans que des intérêts privés ou publics puissent y substituer leur propre vision. La rigueur commence dès le recueil de l'information. Le manquement s'observe une fois l'objectif d'induire le téléspectateur en erreur sur le sens et la forme de ce qui est diffusé est atteint. Entre scénarisation, faux direct, images d'archives non contextualisées et du coup sans rapport avec le sujet traité, les médias audiovisuels camerounais débordent d'imagination. Pourtant de telles pratiques sèment la confusion, nuisent à la bonne compréhension et à la saine réception de l'information par les destinataires.

En rapport avec les procédures judiciaires, les médias audiovisuels entretiennent avec la justice des rapports de défiance. Quand ils ne réclament pas de protection contre l'ingérence de la justice dans l'exercice de leur devoir d'informer et d'obtenir des informations concernant des procédures judiciaires, c'est la justice qui doit se prémunir contre les effets pernicieux d'une totale liberté d'expression à son égard[3]. Les médias peuvent évoquer, commenter et analyser les faits judiciaires, mais au prix de la mesure, de l'honnêteté et de la prudence. Le manquement éthique est établi lorsque les commentaires ou déclarations des médias tendent à dénier la présomption d'innocence, à exercer des pressions en vue d'orienter l'opinion, de discréditer la justice ou d'influencer le sens de la décision de justice. L'actualité récente autour de la « Covid gate » illustre cette appétence au lynchage médiatique. Toutefois, la seule évocation d'une procédure en cours impliquant un justiciable ne saurait remettre en cause ce principe. Tel est le raisonnement que tient le Conseil[4].

---

[1] La déclaration internationale sur l'information et la démocratie du 5 novembre 2018 rédigée sous les auspices de Reporters sans frontières. https://rsf.org/fr/la-declaration

[2] DERIEUX E., « Les principes du droit de la communication dans la jurisprudence du Conseil constitutionnel », *Légipresse,* n° 141-1997, p.5.

[3] BEIGNIER B. DE LAMY B. et DREYER E., *Traité de la presse et des médias*, Litec, Paris, 2009, p.187.

[4] Décision n°000059/CNC du 06 décembre 2016.

Le devoir d'exactitude et de non-manipulation de l'information instille la fiabilité des sources. Celle-ci consiste à s'appuyer sur des éléments solides avant de publier une information. Toute information non vérifiée est censée être présentée comme une simple hypothèse. La source[1] doit être indiquée ; qu'il s'agisse d'une information officielle ou d'un simple témoignage. Cette obligation intervient en amont sous la forme d'un filtre car de son non-respect découlerait la diffusion de contenus incertains ou trompeurs. C'est ce que n'a pas manqué de condamner le Ministre de la communication dans une correspondance en date du 12 novembre 2020, par laquelle, il mettait en demeure la chaîne de télévision Equinoxe. Il était reproché à l'animatrice de l'émission « Parole de femmes » diffusée le 3 novembre 2020, d'avoir recueilli un témoignage relatant les atrocités qu'auraient vécues certaines victimes dans les régions du Sud-Ouest et du Nord-Ouest sans éléments probants.

À bien des égards, la déontologie n'est pas respectée dans les médias audiovisuels camerounais. Aux fins de dissiper le sentiment d'impunité, l'organe en charge de la régulation recourt au rappel à l'ordre, à la pédagogie et à la sanction. Cette dernière a somme toute le mérite de participer à la restauration de la déontologie des contenus.

B. La déontologie restaurée

Le débat sur la déontologie de l'information n'est ni paisible ni neutre[2]. Il révèle bien des tensions. En tant qu'alternative aux poursuites judiciaires, le régulateur doit équilibrer, orienter et sanctionner[3]. La raison fondamentale en est que le levier pénal peut paraître liberticide, mais à plusieurs titres, insuffisant. Or le régulateur a pour « objectif que chaque [...] [Camerounais] se reconnaisse à la télévision et à la radio ; il y a là tout un atout pour l'audience, pour la création audiovisuelle et pour la cohésion interne des entreprises audiovisuelles elles-mêmes. [...] [il a] le devoir de montrer que la

---

[1] Pour aller loin, DENIS L., « La protection des sources journalistiques », *Revue juridique de l'ouest,* n° 3, 2003, pp 255-282.

[2] PIGEAT H., *Médias et déontologie...*, op.cit., p.4.

[3] SCHRAMECK O., « La régulation et le juge », *Légipresse,* n° 355, déc. 2017, p.579.

diversité n'est pas un risque mais une chance [...] »[1]. Dans les faits, la régulation en Afrique intervient dans un contexte particulier et tendu. Beaucoup d'entreprises audiovisuelles ne sont économiquement pas viables et les journalistes vivent dans une précarité couplée à la piètre qualité de leur formation[2]. Pour autant, dans sa mission d'orientation et de restauration de la déontologie, le régulateur camerounais oriente les comportements en imposant des obligations de maîtrise de l'antenne (1) et d'honnêteté de l'information (2). Il fait usage de ses pouvoirs de suspension et d'interdiction à cette fin.

1. La restauration par l'obligation de maîtrise générale de l'antenne

L'organe en charge de la régulation des contenus audiovisuels au Cameroun recourt au concept de responsabilité éditoriale pour faire respecter la déontologie. Pour ce faire, l'obligation de maîtrise générale de l'antenne qui sous-tend sa doctrine y contribue *ex post.* En règle générale, les éditeurs de médias audiovisuels sont non seulement responsables de ce qui est diffusé par le canal de leurs chaînes, mais également des propos qui y sont tenus. En toutes circonstances, le journaliste est tenu de conserver la maîtrise de son antenne. Le CNC sanctionne le non-respect de cette obligation pour faire cesser ou réparer les atteintes à l'honneur et à la réputation des personnes concernées par la diffusion de contenus attentatoires. L'honneur et la réputation qu'il défend ont en effet un lien avec la vie privée à partir du moment où cette sphère intime est empiétée par autrui et très généralement dans l'intention de lui nuire[3]. Selon Thierry Garé, « l'honneur est la dignité morale, le fait de mériter la confiance des autres et de soi-même »[4]. Suivant l'interprétation du CNC, les atteintes portées à la dignité de la personne humaine, à son honneur et à sa réputation se manifestent par la diffamation et les injures. L'article 9 alinéa 1 du code de déontologie qualifie ces manquements

[1] BOYON M., ancien président du CSA, propos rapportés dans *La Lettre du CSA*, n° 240 juillet 2010, p.10.

[2] DE LA BROSSE R., *Médias et démocratie en Afrique : l'enjeu de la régulation*, op.cit., p.180.

[3] KAMENI G. M., *La vie privée en droit Camerounais*, Thèse de doctorat, Université de Toulouse 1 Capitole et Université de Douala, 2013, p.120.

[4] GARÉ T., *Droit des personnes et de la famille*, 3e édition, Montchrestien, focus, droit, 2004, p.115 ; cité par KAMENI G. M., op.cit., p.120.

d'offensants et d'insinuants. Dans sa décision du 7 décembre 2017[1], le Conseil a suspendu deux journalistes de Vision 4 pour des propos considérés comme offensants et insinuants tendant à relativiser le travail d'un collectif d'avocats.

Le principe étant la liberté de communication audiovisuelle, le CNC régule en fonction du type d'émission et des conditions de diffusion. Suivant les conditions de diffusion, l'obligation de maîtrise de l'antenne est plus ou moins rigide. Pour les émissions diffusées en direct elle est moins stricte. À l'inverse, pour les émissions en différé ou rediffusées, l'obligation de maîtrise est plus stricte. Ce d'autant qu'il demeure en pratique possible de supprimer les séquences contraires à l'éthique et à la déontologie avant la diffusion.

En fonction du type d'émission, la régulation des contenus est plus ou moins stricte. Pour les émissions de libre antenne et de type informatif, le contrôle déontologique semble très rigoureux. En revanche, pour les émissions humoristiques, le contrôle l'est moins si l'on en juge par le caractère satirique, divertissant et insolite qui caractérise ce type d'émission. En tout état de cause, il est reconnu aux humoristes une liberté de ton dans le détournement des faits et de la réalité. Au Cameroun, les émissions de libre antenne sont plutôt prisées à la radio. Elles mettent en avant des thématiques de société qui nécessitent l'intervention spontanée des auditeurs. Ces derniers échangent et exposent directement leur point de vue à l'antenne. Le caractère improvisé et interactif de ces émissions fait naturellement peser sur les médias en question une plus grande responsabilité. Dans bien des cas, les auditeurs qui interviennent ne maîtrisent pas toujours l'ampleur des conséquences de leurs déclarations sur le grand public. Il est fort logique que le présentateur, le chroniqueur ou l'animateur soit tenu de le contredire, le recadrer, réorienter le débat ou alors questionner la portée de ses propos s'ils sont de nature polémiques.

Les exigences de maîtrise de l'antenne s'imposent de la même manière pour les programmes interactifs diffusés sur les chaînes de télévision. Dans sa correspondance du 14 août 2020[2], le Président du Conseil a mis en garde la chaîne de télévision Equinoxe pour manquement à ladite obligation. En effet, au cours de l'émission « Dimanche avec vous » diffusée le 9 août 2020 entre 14 heures 12 et 16 heures 30 minutes, des propos faisant l'apologie de l'avortement et

[1] Communiqué n° 000009/CNC/2020 publié le 09 décembre 2017, 19e session du 07 décembre 2017.

[2] Réf n° 000223/CNC/2020 du 14 août 2020.

de l'infidélité conjugale avaient été prononcés à une heure de grande écoute sans qu'ils ne fassent l'objet de recadrage de la part de la présentatrice[1]. Lors de l'entretien, l'artiste musicien invité s'était, sans gêne, félicité d'avoir demandé à sa femme d'avorter parce qu'il doutait de la paternité du fœtus.

De son côté, l'émission de type informatif est celle qui implique des reporters, des interviews, des enregistrements préalables ou des entrevues dans l'optique d'informer. Si leur présentation doit principalement être le fait de journalistes professionnels, c'est dans un sens impartial et neutre ; sans volonté manifeste d'imposer ou d'exposer sans nuance des points de vue équivoques. Il en est de même des émissions de débat mettant en confrontation divers intervenants. L'obligation de maîtrise suppose par ailleurs une information équilibrée relayant la diversité des points de vue afin que ceux qui écoutent se fassent librement leur opinion. À défaut, le modérateur est tenu de faire des mises au point immédiates pour atténuer ou rectifier des déclarations tendancieuses. C'est ce qui justifie le non-lieu prononcé par le Conseil le 7 décembre 2017[2] en faveur du journaliste BoubaNgomenaGoubai de la chaîne privée Canal 2 international. À la suite de la diffusion d'informations non fondées portant atteinte à leur image et à leur intégrité morale se rapportant au mode de sélection des joueurs de l'équipe nationale masculine de football du Cameroun, les plaignants ont saisi le Conseil. Ce dernier a jugé que le journaliste avait respecté « les exigences professionnelles d'investigation, de vérification et d'équilibre dans le traitement des informations portées à la connaissance du public ». Ce qui, en l'espèce, fait clairement écho à l'obligation d''honnêteté et d'indépendance de l'information.

[1] Au cours de cet entretien, l'invité, artiste musicien avait déclaré ce qui suit : « Quand je suis rentré de la Chine, j'ai trouvé que ma femme a eu un retard de deux mois...je l'ai amenée à l'hôpital pour avorter ça...Je suis parti dire au médecin qu'il faut enlever ça...Le médecin a fait son travail... »

[2] Communiqué n° 00009/CNC/2020 du 9 décembre 2020, 19e session ordinaire du 7 décembre 2017.

2. La restauration par l'obligation d'honnêteté et d'indépendance de l'information

L'attachement au traitement honnête et indépendant de l'information est une obligation déontologique de haute importance. Il en estde même de la présentation honnête des questions prêtant à controverse. Cette obligation tend à assurer l'expression des différents points de vue ainsi que des courants de pensée et d'opinion. Dans ce schéma, les manquements suscitent une réaction très souvent énergique du Conseil.

Aux termes de l'article 7 alinéa 1 du décret de septembre 1992, « il est interdit au journaliste d'attribuer à quiconque des actes sans avoir procédé aux vérifications nécessaires ». Dans l'affaire Jean Louis Beh Mengue, Directeur général de l'Agence de régulation des télécommunications contre « Vision 4 » et son directeur de publication, le Conseil a suspendu pour un mois l'émission « Tour d'horizon » ainsi que ses présentateurs pour diffusions de déclarations non fondées, offensantes et insinuantes. Il en va de même dans l'affaire Nnang Larissa[1], Docteur en médecine contre la station de radiodiffusion sonore « Royal FM ». La plaignante avait saisi le Conseil pour diffusion au cours de l'émission « Comédie news » du 20 juillet 2020, d'accusations non fondées et offensantes de nature à porter atteinte à son image, la présentant comme complice d'actes d'avortements.

Sur la base des rapports de veille médiatique, le Conseil a mis en demeure « La Radio des Artistes » pour des propos non fondés, non vérifiés et allant de ce fait à l'encontre du devoir d'honnêteté dans le traitement de l'information. Dans sa correspondance du 14 septembre 2020[2], il fait valoir qu'au cours de l'émission « La cour des grands », diffusée le 5 septembre 2020, des « propos impertinents susceptibles de porter atteinte à l'image d'un parti politique, de certains de ses membres ainsi qu'à l'honorabilité du Président de la République » avaient été prononcés. Or, dit-il, de telles « déclarations qui n'ont fait l'objet d'aucun recadrage de la part du présentateur de l'émission, si elles s'avéraient non fondées seraient constitutives d'atteinte à

[1] Communiqué n° 000002/2020/CNC/2020/PR/SG/CCJ, publié le 4 août 2020, 27e session du 30 juillet 2020.

[2] Référence n° 000234/CNC/2020/PC/SG/CM/PVT/CCJ/CEA du 14 septembre 2020.

l'éthique et à la déontologie professionnelles ». Le même raisonnement a présidé à sa décision du 5 avril 2021[1] contre l'éditorialiste Sismondi BarlevBidjocka qui, dans sa chronique du 5 mars 2021, avait proféré des accusations non fondées, offensantes et de nature à porter atteinte à l'honorabilité du Secrétaire général de la Présidence de la République. Les deux décisions rendues le même jour à l'encontre de la station radio « Amplitude FM »[2] ne sont pas en reste. Saisi par le footballeur professionnel Samuel Eto'o Fils pour diffusion de déclarations non fondées se rapportant à des questions de mœurs et portant atteinte à son image, le Conseil a suspendu pour trois mois l'émission « Embouteillage » ainsi que son présentateur. Dans la seconde affaire, c'est l'émission « Investigation sociale » qui, pour les mêmes faits a fait l'objet de suspension, ainsi que son présentateur.

L'obligation de maîtrise générale de l'antenne n'est pas exclusive de celle relative à la préservation de l'honnêteté de l'information. Elle sous-tend l'idée d'encadrement des panélistes mais également l'investigation, la vérification, le recoupement et l'équilibre de l'information portée à la connaissance du public. Il convient d'indiquer par exemple que le défaut d'encadrement des panélistes a récemment donné lieu à la suspension, pour une durée de trois mois, de l'émission « Yaoundé Expresse » ainsi que son présentateur[3].

Le défaut d'équilibre de l'information est quant à lui plus subtil. Cette subtilité se manifeste lorsque le mis en cause justifie avoir effectué une vérification partielle de l'information par un minimum d'investigations et de recoupements. L'affaire ayant opposé le Révérend pasteur NgaEmbolo Antoine à la radio « Universal Fm »[4] en est la parfaite illustration. Le journaliste mis en cause pour avoir diffusé au cours de l'émission « La grande cour » les 17 et 19 octobre 2016 entre 14 et 16 heures des propos non fondés portant atteinte à son honneur et à son intégrité morale, a indiqué avoir recueilli ces informations et témoignages de personnes proches du plaignant. Or pour le Conseil, cette explication trouve son bémol en ce que le présentateur n'a pas interrogé le plaignant pour avoir sa version des

---

[1] Communiqué n°000001/CNC/2021/PR/CCJ/CCT, publié le 06 avril 2021, 29e session ordinaire du 5 avril 2021.

[2] Communiqué n° 000008/CNC/2017/PR/SG/CCT publié le 21 septembre 2017, 18e session ordinaire du 12 septembre 2017.

[3] Communiqué n° 000006/CNC/2018/PR/SG/CCT publié le 15 mars 2018, 20e session du 22 févr. 2018.

[4] Décision n°000059/CNC du 06 déc. 2016.

faits, de sorte que les déclarations décriées et diffusées « ne participent pas de la liberté d'informer du journaliste qui doit s'appuyer sur des faits avérés et non sur des propos non fondés ».

Au-delà des mesures de suspension courantes dans la jurisprudence du CNC, il paraît opportun d'introduire en droit camerounais un mécanisme de restauration de la déontologie qui fait ses preuves en France. Il s'agit de la possibilité qu'a le Conseil supérieur de l'audiovisuel d'exiger des médias en infraction d'insérer un communiqué dont il fixe les termes et les conditions de diffusion[1]. Dans le cadre de la diffusion d'une information inexacte, ce communiqué permet *illico presto* de corriger le manquement à l'antenne. Il opère sous la forme d'une amende honorable, d'un démenti public ou d'une remise des choses en l'état. Pour le dire autrement, c'est de l'auto-flagellation publique et réparatrice. Faute d'un tel mécanisme ô combien efficace, les sanctions du CNC peinent à s'appliquer. Insidieusement, s'est dessinée de fil en aiguille une crise de la régulation.

II. La crise de la régulation et l'effritement de la déontologie

La régulation audiovisuelle est un arbitrage qui se veut indépendant pour que le public ait une information dépassionnée et de qualité. Elle peut connaître des failles et emporter avec elle une crise. Parfois audacieuse et parfois moins, la jurisprudence du CNC, dont l'écho compense la rareté, contribue à la crise de la régulation et à l'effritement de la déontologie. Autant sa légitimité institutionnelle est mise à l'épreuve (A) autant son efficacité pose question. Pour résorber l'effritement de la déontologie dans le paysage audiovisuel camerounais il importe de renforcer son magistère et sa magistrature sur ses assujettis (B).

[1] Article 42-4 et 48-3 de la loi n° 86/1067 du 30 septembre 1986 relative à la liberté de communication.

A. La fragile légitimité de l'organe de régulation

Les autorités de régulation tirent leur légitimité de l'expertise et de l'efficacité en présumée de leurs membres[1]. Malgré le retentissement médiatique des sanctions du CNC, ces dernières ne cessent d'alimenter de vives controverses. Outre sa composition à bien des égards problématique (1), son autorité est continuellement mise en doute (2).

1. La composition de l'organe de régulation en question

De manière générale, la création des instances de régulation s'est faite dans un contexte de contestation de l'emprise du politique sur l'audiovisuel[2]. EnAfrique en particulier, leur création est dominée par des pratiques « néo-patrimoniales ». Suivant une thèse avancée[3], « la façon dont les instances de régulation sont gérées est sérieusement affectée par la conception néo-patrimoniale des autorités étatiques soucieuses de placer à la tête des administrations dites autonomes, des personnes plus complaisantes avec le pouvoir que désireuses de manifester une quelconque indépendance ». À la différence des États qui ont scindé la régulation des activités de communication sociale[4], le Cameroun a constitué un bloc au profit du CNC. La promulgation récente d'une loi spécifiquement dédiée à l'audiovisuel n'y a rien changé.

---

[1] FRISON ROCHE M-A., « Pourquoi des autorités de régulation ? » *inClub Ulysse, le politique saisi par l'économie*, Economica, 2002, pp.271-285.Sur la légitimité d'efficacité (et sur l'obligation d'évaluation qui en découle), cf. MORAND C. A., *Le droit néo-moderne des politiques publiques*, LGDJ, Paris, 1990, pp. 101-102 et pp. 105 et s. Tous deux cités par DUMONT C., op.cit., p.27.

[2] CHAUVEAU A., « La voie institutionnelle de l'indépendance. Les instances de régulation en France. », *Le temps des médias*, vol.13, n°2, 2009, p.106.

[3] Lire à propos, AGBOBLI C. et LOUM N., « Régulation et autorégulation de la communication médiatique au Sénégal et au Togo : État des lieux et critiques en contexte électoral », *Les enjeux de l'information et de la communication*, vol 1, n° 17, 2016, p.36. V. égal. MEDARD J. F., *Etats d'Afrique Noire, Formation, mécanismeet crises* (Etudes réunies et présentées), Karthala, Paris,1991, 405p.

[4] En Côte d'Ivoire, deux organes coexistent : le Conseil national de la presse écrite et la Haute autorité de la communication audiovisuelle. En France, coexistent le CSA, l'autorité de régulation de la distribution de la presse et le Conseil supérieur des messageries de presse.

La nomination des membres de cet organe se distingue de celle des sept membres du CSA français dont seul le président est nommé par décret présidentiel depuis la loi sur l'indépendance de l'audiovisuel public[1]. Un tiers est nommé par le président de l'Assemblée nationale et l'autre tiers par le président du Sénat. Un tel mécanisme est gage de démocratie et favorise l'émergence de conseillers devant leur promotion à des acteurs différents, pouvant du reste être de bords politiques opposés[2]. Comme le souligne Olivier Bile, en contexte camerounais, « ce mode de désignation pose clairement le problème de l'inéluctable allégeance au prince, et partant, de la liberté et de la crédibilité de conseillers tous nommés par décret présidentiel, pour le compte d'une institution qui se veut indépendante »[3]. Laurent Charles Boyomo Assala abonde dans le même sens et généralise même le propos à l'échelon continental. Le spécialiste camerounais de la communication indique que :

« Le premier problème que croise le modèle de régulation africain est celui de sa position à l'égard des milieux professionnels, d'une part, et des milieux politiques d'autre part. Si l'observation est aujourd'hui confirmée de l'envahissement des milieux professionnels par une foule de flibustiers de la plume (« les moutons noirs » au Congo, les gombistes au Cameroun), cette particularité ne semble pas avoir imposé la nécessité d'une rupture des instances à l'égard de leur milieu de référence »[4].

À l'exception du secrétaire général dont les responsabilités sont davantage administratives, huit des neuf membres dudit organe sont des journalistes. Or, cette surreprésentation d'un corps de métier dans une institution qui n'est pas en soi une instance d'autorégulation ne peut que susciter des suspicions, d'autant plus que des conflits d'intérêts personnels et fonctionnels peuvent subsister si l'on en juge par le fait que certains membres dudit Conseil exercent encore au sein d'organes de presse ou d'entreprises audiovisuelles. En France, pour garantir l'indépendance des membres du collège,

[1] Loi n° 2013-1028 du 15 novembre 2013 relative à l'indépendance de l'audiovisuel public.

[2]https://www.journalducameroun.com/la-regulation-des-medias-au-cameroun-reflexions-critiques-sur-le-conseil-national-de-la-communication-cnc/

[3]*Ibid., page ? à défaut, Idem., si même référence, page ou paragraphe.*

[4] BOYOMO ASSALA L.C., « Le droit de la communication en Afrique : problématique et perspectives à l'heure de la convergence », *Africultures,* vol.71, n°2,2007, p.78.

l'incompatibilité de leurs fonctions a été consacrée sans ambiguïtés avec tout mandat électif, tout emploi et toute autre activité professionnelle. De surcroît, ils sont soumis à des obligations déontologiques très fortes visant à prévenir d'éventuels conflits d'intérêts. Durant les trois années suivant la cessation de leurs fonctions, ils ne peuvent travailler pour aucun secteur de la communication.

Pourgarantir un minimum d'indépendance aux membres de l'instance de régulation, les États optent soit pour une limitation de la durée des mandats[1] soit pour un fractionnement renouvelé [2], soit enfin pour une inamovibilité le long de la mandature. Le Cameroun, a opté quant à lui pour un mandat séquencé de trois ans, renouvelable une fois[3] ce qui n'est en soi pas dramatique si l'instance est dotée d'une marge de manœuvre. Mais en réalité il n'en est rien : son autorité est visiblement fébrile tout comme son pouvoir ostensiblement diminué.

2. L'autorité relative des décisions de l'organe de régulation et la problématique du pouvoir de co-régulation du Ministre

Le CNC dispose d'un fort pouvoir de sanctions dans son activité de contrôle de la qualité des contenus audiovisuels. Il peut donner des avertissements et/ou infliger des sanctions à l'encontre des opérateurs publics et privés ainsi qu'aux professionnels de l'audiovisuel[4]. Il peut prononcer des mesures de suspension temporaire pour une période n'excédant pas six mois mais aussi l'interdiction définitive d'activité[5]. Ses sanctions bénéficient en principe de l'autorité de la chose décidée. Or il se trouve qu'en pratique, le Conseil peine à faire respecter ses décisions dans l'espace médiatique camerounais. D'aucuns y voient de la tolérance administrative dont l'envers du décor serait le risque de musellement[6]. Rarement les décisions du Conseil sont respectées.

---

[1] Au Sénégal, les membres du CNRA sont nommés pour un mandat de 6 ans ni révocable ni renouvelable.

[2] En France, les membres du CSA sont nommés pour un mandat de 6 ans renouvelé par tiers tous les deux ans.

[3] Article 8 al 1 du décret n° 2012/038 du 23 janvier 2012.

[4] Article 6 al 1 du décret n° 2012/038.

[5] Art 6 al 2 du décret n° 2012/038.

[6]Lire utilement NGONO S., *Médias audiovisuels et tolérance administrative au Cameroun. Enjeux communicationnels et logiques d'acteurs*, L'harmattan, 2021,202p.

Rarement les émissions suspendues ou interdites le sont en pratique, pas plus d'ailleurs que les journalistes suspendus ou interdits d'exercice s'y conforment. Ceci s'expliquerait par le fait que, ni la loi d'avril 2015, ni le décret de janvier 2012 ne prévoient de moyens coercitifs à l'appui de son office. Pour s'en convaincre, on peut curieusement lire et s'en étonner qu'aux termes du chapitre IV de la résolution portant procédure de traitement des plaintes du Conseil, l'exécution de ses décisions relève de la bonne foi[1]. L'article 14 de cette résolution prévoit au demeurant, la possibilité de recourir aux autorités publiques chargées de la mise en œuvre de la puissance publique pour une exécution d'office. La réalité paraît beaucoup plus nuancée que cette approche simpliste et optimiste. En effet, la nature et la portée de cette disposition qui ne relève ni d'un acte législatif ni d'un acte réglementaire sont à relativiser[2].Mais à l'évidence, le CNC s'en remet très souvent aux gouverneurs pour l'application de ses décisions. Cette infantilisation d'une autorité administrative indépendante (AAI) dotée, qui plus est, de la personnalité juridique et de l'autonomie financière, semble compromettre son efficacité. Confier la responsabilité de l'application des décisions du CNC à une autorité politique, c'est laisser à cette dernière une liberté d'appréciation quant à la suite à y donner. Rien d'étonnant que cette autorité soit plus encline à faire respecter certaines décisions plutôt que d'autres en fonction notamment des intérêts politico-idéologiques en cause.

Les démêlés récents du CNC avec la chaîne de télévision « Afrique média » sont à cet égard édifiants. Malgré sa suspension par décision n° 000015/CNC du 4 juin 2015 pour fautes éthiques et déontologiques et notification au gouverneur de région pour exécution, cette mesure n'a pas été appliquée. Du reste, malgré les scellés apposés sur les locaux de ladite chaîne, il aura fallu que le CNC saisisse en 2019, soit quatre ans plus tard, le président de l'association nationale des câblo-opérateurs pour faire cesser ses diffusions sur le territoire camerounais[3]. Cette soumission d'une autorité publique à un acteur privé, qui plus est une association, est de nature à multiplier de

---

[1] La procédure de traitement a été adoptée à l'unanimité des membres du Conseil, siégeant en session extraordinaire du jeudi 22 mai 2014. Elle est annexée au règlement intérieur du Conseil.

[2]Lire BOYOMO ASSALA., « Le droit de la communication en Afrique… », op.cit., p.79.

[3] Correspondance n° 000595/CNC/2019/PR/SG/CMPVT, du 25 oct.2019.

pareilles déconvenues. En Europe, le réseau satellitaire est géré par la société anonyme EUTELSAT, initialement créée dans le cadre d'une convention intergouvernementale. Bien qu'indépendante en tant qu'entité privée, elle n'en fait pas moins l'objet d'un contrôle eu égard aux engagements contenus dans la convention Eutelsat[1].

À titre de droit comparé, il paraît important d'indiquer que le CSA dispose d'une palette d'outils pour faire exécuter ses décisions. Ses sanctions embrassent un large éventail. Il peut prononcer la suspension de diffusion, la réduction de l'autorisation de diffusion, la réduction de la durée de l'autorisation de diffusion, des sanctions pécuniaires assorties d'une suspension, le retrait de l'autorisation ou la résiliation de la convention[2]. La sanction financière, très dissuasive par principe, peut s'élever à 3 % du chiffre d'affaires ou 5 % en cas de récidive. Il pourrait être utile en contexte camerounais de toucher au portefeuille des entreprises audiovisuelles si l'on veut minimiser l'occurrence des manquements éthiques et déontologiques. La théorie économique de la criminalité considère à ce propos qu'un agent économique rationnel effectue un arbitrage entre le gain qu'engendre une infraction et le coût qu'il subit si cette infraction est sanctionnée[3]. Cette tendance à vouloir rechercher l'efficacité dans la sanction découle de l'économie comportementale et d'une logique de rationalité calculatoire. C'est toutefois la nouvelle procédure du « référé audiovisuel » qui constitue l'outil le moins usité mais le plus dissuasif en droit français. Elle permet au président du CSA de demander au président de la section du contentieux du Conseil d'Etat, qui statue en référé et dont la décision est immédiatement exécutoire, d'ordonner à la personne qui en est responsable de se conformer à la loi, de mettre fin à l'irrégularité ou de supprimer ses effets[4]. Cette demande peut avoir pour objet de faire cesser la diffusion d'un service de télévision par un opérateur satellitaire ou un distributeur. Un dispositif identique existe en droit camerounais depuis 2015 au seul profit du Ministre en charge de l'audiovisuel[5], ce qui, une fois de plus, sape l'effet utile du pouvoir de sanction du CNC.

---

[1] Convention du 15 juillet 1982 portant création de l'organisation européenne de télécommunications par satellite (EUTELSAT).

[2] Art 42-1 de la loi n° 86/1067 du 30 septembre 1986.

[3] BECKER G., « Crime and punishments: An economic approach », The *Journal of Political Economy*, n° 76, 1967, pp 169-217.

[4] Art 42-10 de la loi n° 86/1067 du 30 septembre 1986.

[5] Article 77 alinéas 1 et 2 de la loi n° 2015/007 du 20 avril 2015.

La loi d'avril 2015 a élargi le champ des opérateurs et télé-distributeurs[1] soumis à la compétence du CNC. A regret, on peut s'étonner qu'elle ait laissée en dehors de la régulation, les nouveaux acteurs non linéaires de l'audiovisuel. Cela est d'autant vrai que les NTIC ont révolutionné les modes de consommation de l'audiovisuel. Il suffit d'évoquer la prolifération des plateformes de streaming, de partage de vidéos et la télévision de rattrapage (replay)[2]. Quoi qu'il en soit, elle a instauré dans le cadre du pouvoir de sanction une co-régulation *sui generis* au profit du Ministre chargé de l'audiovisuel. Il y est indiqué en substance qu'en cas de manquement aux obligations législatives et réglementaires ou aux cahiers des charges, l'organe de régulation prononce une mise en demeure dans un délai de quinze jours et en informe le Ministre[3]. En cas de non-conformité à la mise en demeure, le Ministre peut sur proposition de l'organe de régulation prononcer, selon la gravité du manquement, la suspension de son titre d'exploitation pour une durée d'un mois. Il peut éventuellement prononcer la réduction d'un an de la durée de son titre d'exploitation ou le retrait du titre d'exploitation[4]. Ces attributions sont bien plus importantes que celles du CNC limitativement énoncées dans le décret de janvier 2012. Elles sont littéralement identiques à celles de l'autorité française de régulation.

Force est ainsi de constater que la régulation ministérielle qui semblait avoir disparu resurgit de plus belle. Si de l'avis de Gérard PekassaNdam, elle ne demeure que dans des proportions isolées[5], cette acception minimale semble irréaliste ou à tout le moins dépassée. Le législateur a prévu un système de co-régulation déséquilibré. Le Conseil fait office de régulateur de premier niveau chargé d'informer le Ministre ou le cas échéant de s'en référer à lui. Tout porte à croire que les possibilités de télescopage et d'enchevêtrement de compétences ne seraient pas à exclure à l'avenir. Le bras de fer initié en 2015 entre le Ministère de la communication et le CNC au sujet de

---

[1] Il s'agit notamment de toute personne physique ou morale qui met à la disposition du public un ou des services de médias audiovisuels par voie hertzienne terrestre, par satellite, par câble …

[2]Les pays européens encadrent ces nouveaux acteurs en les soumettant aux obligations déontologiques. V. dans ce sens, la directive (UE) 2018/1808 du 14 novembre 2018 « Services de médias audiovisuels »

[3] Article 75 al 1 de la loi n° 2015/007 du 20 avril 2015.

[4] Article 75 al 2 de la loi n° 2015/007 du 20 avril 2015.

[5] PEKASSA NDAM G., « La consolidation de l'idéologie libérale dans le domaine des services publics au Cameroun », op.cit., p.186.

la levée de la suspension de la chaîne de télévision « Afrique média » est certes un cas isolé mais témoigne de la possibilité d'une pareille éventualité. Comment ne pas relever que cette loi a ostensiblement vidé de sa substance la notion d'AAI et partant le pouvoir de sanction du CNC. La pratique est certes différente, vu que le Ministre utilise rarement ses prérogatives. Sinon, comment assurer la déontologie des contenus audiovisuels quand on peut être juge et partie ? On le sait par exemple, la tutelle qu'opère ce ministère sur le média public pourrait cacher des relents de partialité dans cet univers désormais concurrentiel.

Comment comprendre cette régression à l'heure où certains régulateurs gagnent plutôt en compétences et en moyens d'action ? Car, « *la magistrature morale et le rôle joué par les AAI en matière de déontologie doivent être soulignés. Cette fonction découle autant de la mission qui leur est impartie que des moyens d'incitation de persuasion qu'elles utilisent* »[1].

B. La construction du magistère et de la magistrature d'influence de l'organe de régulation

Les critiques et les doutes émis à propos du statut[2], et de la composition du CNC n'occultent pas ses efforts dans la régulation des contenus audiovisuels. Bien que son fonctionnement soit étroitement lié à ses compétences, sa magistrature et son magistère ne peuvent dépendre en pratique que des actions qu'il met en œuvre. Ce qui lui laisse le choix quant au développement de son magistère et de sa magistrature. Ces derniers font référence à une conception du pouvoir dans laquelle, un acteur a la capacité d'amener une ou plusieurs personnes à agir individuellement ou collectivement d'une manière désirée[3]. Autrement dit, à imposer ses vues pour parvenir à des résultats efficaces. Selon la définition donnée par le petit Robert, l'influence recouvre le « pouvoir social d'une personne qui amène les

---

[1] DECOOPMAN N., « Droit et déontologie, contribution à l'étude des modes de régulation » p.96 cité par MOUCHETTE, *La magistrature d'influence des autorités administratives indépendantes,* LGDJ, Paris, 2019, p.536.

[2] V. ABDOURAMAN H., *La nature du Conseil national de la communication,* Mémoire de Master Droit public, Université de Yaoundé II, 2018,180p.

[3] ARNAUD A.J., et alii (dir.), *Dictionnaire encyclopédique de théorie et de sociologie du droit*, 2e éd., LGDJ, Paris, 1993, p.465.

autres à se ranger à son avis ». Elle peut donc servir au Conseil de soubassement institutionnel ou organique d'une part (1) et de soubassement matériel ou substantiel (2) d'autre part.

1. Le développement du magistère d'influence de l'organe de régulation

Le magistère d'influence ou moral[1], fait référence à la notion d'autorité, prise comme fondement de la légitimité et de la raison d'être d'un organe. Elle recouvre suivant le petit Robert, l'autorité doctrinale, morale ou intellectuelle s'imposant de façon absolue. À ce titre, elle est l'expression de l'influence résultant du prestige d'une institution ; de sa capacité à obtenir un comportement ou une action d'autrui en se fondant sur le capital de moralité dont elle jouit[2]. S'agissant des organes de régulation, leur autorité émane principalement de leur composition et de leur expertise présumée. Elle s'apprécie également au regard de la diversité des profils et des compétences dans les domaines du droit, de l'économie, de l'audiovisuel et de la communication. Notons qu'en France, la désignation des membres du CSA est conditionnée à la détention de compétences particulières en matière économique, juridique ou technique jugées nécessaires à l'office, de même que l'expérience professionnelle dans les domaines de la communication audiovisuelle ou électronique. L'objectif du législateur est clairement prononcé : limiter le pouvoir d'appréciation des autorités de nomination.

Dans un contexte de crise, les AAI ont le rôle de sage et le « recours aux sages »[3] pour reprendre Evelyne Pisier est symptomatique d'un art de gouverner. En face du désengagement de l'Etat, le sage est celui qui régule et convainc, recommande et arbitre[4].

---

[1] V.CHEVALIER J., « Réflexions sur l'institution des autorités administratives indépendantes », *La semaine juridique, Edition générale*, août 1986, n° 30, I 3254, p.10 ; MAÎTRE G., « Autorités administratives indépendantes : l'état des lieux », *Regard sur l'actualité*, 2007, n° 330, p.23.

[2] LALANDE A., *Vocabulaire technique et critique de la philosophie*, PUF, Paris, 1993, vol et et 2, p.102.

[3] PISIER E., « Du recours aux sages », *Etudes*, vol.368, n°6- juin 1988, p.773.

[4] ROMBAUTS T., « De la magistrature au magistère. Sémantique du pouvoir d'influence des autorités administratives indépendantes », in *Indépendance (s), études offertes au professeur Jean Louis Autin*, Montpellier, Université de Montpellier, CREAM, vol.2, n°1-2012, p.11.

Rangé dans cette catégorie générique, le CNC est un organe de régulation et de consultation qui se caractérise par ses limitations. Ces dernières contribuent, on l'a dit, à affaiblir son autorité et par ricochet sa légitimité. Dans un tel climat, le sentiment de défiance à son égard ne peut qu'amplifier la crise de la déontologie. Il faudrait donc lui redonner des éléments de crédibilité afin de juguler cette crise.

La dialectique du magistère d'influence se construit autour de l'autorité et de l'indépendance. Le terme autorité exclut d'emblée les entités consultatives et ne concerne que celles ayant un réel pouvoir décisionnel aux effets juridiques sur les tiers. Le CNC remplit formellement cette qualité depuis sa réorganisation en 2012. Mais substantiellement, rien n'est moins sûr. Une aporie y est sous-jacente. Pour reprendre la définition avancée par Georges Burdeau, l'autorité désigne « le pouvoir d'obtenir, sans recours à la contrainte physique, un comportement de la part de ceux qui lui sont soumis »[1]. En ce sens, le Conseil d'Etat Français a pu noter que « peu importe […] que les autorités administratives indépendantes n'édictent pas toutes et exclusivement des décisions exécutoires dès lors que leur pouvoir de dissuasion et de persuasion voire ''d'imprécation'' aboutit au même résultat »[2]. Il s'agit assurément de « la conjonction de leur organisation particulière et de leurs pouvoirs propres qui en fait de véritables autorités »[3].

S'agissant du caractère administratif de l'organe, il relève de l'évidence. Le CNC est rattaché comme partout ailleurs à la sphère exécutive. Cependant, son indépendance semble ne pas aller de soi. Elle n'est pas acquise contre les risques de captation par le politique ou par les forces sociales. Son indépendance implique que le CNC ne reçoive pas d'instructions du gouvernement. Or, bien de nuances subsistent en droit camerounais. Outre l'article 2 alinéa 3 du décret de 2012 qui le place auprès du Premier Ministre, les intrusions bien qu'isolées du ministère de la communication existent. Ce dernier peut notamment être à l'initiative des sessions extraordinaires du Conseil. À l'égard des opérateurs du secteur régulé, l'indépendance est censée

[1] BURDEAU G., « L'autorité », in *EncyclopaediaUniversalis,* 1990, cité par ROMBAUTS T., op.cit., p.10.

[2] CONSEIL D'ETAT, *Les autorités administratives indépendantes,* Rapport public 2001, Considérations générales, EDCE, n° 52, p.290.

[3] VEDEL G., et DELVOLVE P., *Droit administratif,* Tome II, PUF, p.448, cité par GENTOT M. *Les autorités administratives indépendantes*, Montchrestien, 1991, p.48.

exclure les situations de conflits d'intérêts, autrement dit, les situations d'interférence entre un intérêt public et des intérêts privés pouvant influencer l'exercice indépendant, impartial et objectif de la fonction[1]. Pourtant, on l'a vu, le CNC a une dimension fortement corporatiste et un mode de désignation critiquable. Le rôle qu'il assume doit pourtant « s'affirmer en dehors de toute attache et subordination »[2]. Cette indépendance relève même des principes de bonne administration[3]. À ce propos, Pierre Rosanvallon a envisagé pour cette catégorie d'organe, un nouveau mode de légitimité qu'il qualifie de « légitimité de l'impartialité »[4] au sens de la neutralité[5].

Quoi qu'il en soit, si l'indépendance est illusoire et trompeuse, c'est parce qu'elle ne vise avant tout qu'un statut à garantir par des règles. En revanche, l'impartialité peut être vérifiée[6] dans l'organisation et le fonctionnement, d'autant plus que « la sagesse qui se réfère à l'indépendance prêtée à toutes les AAI, ne désigne pas la qualité des AAI, mais un rôle social »[7]. Par conséquent, « leur légitimité découle directement de la solidité de leur ancrage social et du soutien qu'elles trouvent dans l'opinion »[8]. Pour faire sens et camoufler ce défaut d'indépendance réelle[9] du CNC, le développement d'une magistrature d'influence semble être une approche adéquate.

---

[1] Cette définition est inspirée de l'article 2 de la loi française n° 2013-907 du 11 octobre 2013 relative à la transparence de la vie publique.

[2] AUTIN J-L., « Le contrôle des AAI par le Conseil d'Etat », *Revue de droit public*, 1991, p.1535.

[3] DE ROY D., « Le pouvoir réglementaire des autorités administratives indépendantes en droit belge », in *Rapport belge au congrès de l'académie internationale de droit comparé tenue à Utrecht* en 2006, Bruylant, Bruxelles, 2006, p.723.

[4]ROSANVALLON P., *La légitimité démocratique. Impartialité, réflexivité, proximité,* op.cit., p.25.

[5] BAUME S., « De l'usage des pouvoirs neutres », *Pouvoirs*, 143, 2012, pp.17-27.

[6]ROSANVALLON., op.cit., p.29.

[7] SCHNAPPER D., « Journal, défense et illustration des ''sages'' », Pouvoirs, n° 52, 1990, p.101, cité par ROMBUITS, op.cit., p.11.

[8] CHEVALIER J., « COB, CNCL et cie : la philosophie des autorités administratives indépendantes », *Regards sur l'actualité*, n° 146, déc.1988, p.15.

[9] CARPENTIER C., « La magistrature d'influence est-elle une institution de droit public ? », *Revue interdisciplinaire d'études juridiques*, vol 30, n°1, 1993, p.164

2. Le développement de la magistrature d'influence de l'organe de régulation

Contrairement au magistère, la magistrature d'influence désigne un office public dont le principe d'action consiste à exercer du pouvoir de manière non coercitive[1]. Elle est plus large et désigne à la fois un statut, des ressources (indépendance, moyens et compétences d'action) une méthode et une pratique[2]. C'est un moyen de rendre plus acceptable l'autorité de l'État et par ricochet celle de l'organe en charge de la régulation[3]. C'est également une méthode d'action supplémentaire destinée à légitimer les AAI[4]. Réguler plutôt que régenter, user de la persuasion et du dialogue plutôt que du commandement, recommander plutôt que recourir à l'acte unilatéral[5] : tous ces termes traduisent une nouvelle conception censée rompre avec la crise de la régulation sectorielle de l'audiovisuel.

À l'observation, le CNC sanctionne plus qu'il ne dialogue, commande plus qu'il ne recommande, cherche à dissuader plutôt qu'à persuader, tout cela pour ne pas systématiquement s'imposer auprès des opérateurs du secteur qu'il régule. Par conséquent, les dérives se suivent, se ressemblent et les sanctions chaque fois plus nombreuses n'y changent parfois rien. La défiance est à son comble et la politique répressive du CNC semble ne pas porter de fruits ; bien au contraire elle s'essouffle. Il apparaît donc opportun qu'il change ses méthodes au profit d'une magistrature d'influence qui, originellement, aura présidé à la prolifération des autorités de régulation dans le monde. Ce n'est d'ailleurs pas un hasard si le CSA en France est qualifié à tort ou à raison de « gendarme de l'audiovisuel ». Gérard Timsit, principal promoteur de cette conception soutenait alors qu'est apparu « deux

---

[1] MOUCHETTE J., *La magistrature d'influence des autorités administratives indépendantes*, op.cit., p.29.

[2] TEITGEN-COLLY C., « Les autorités administratives indépendantes : histoire d'une institution », *in* TIMSIT G. et COLLIARD C-A. (dir.), *Les autorités administratives indépendantes,* PUF, Paris,1988, p.38.

[3] CARPENTIER C., « La magistrature d'influence est-elle une institution du droit public ? *Revue interdisciplinaire d'études juridiques,* vol.30, n° 1-1993, p.151.

[4] Ibid.,

[5] WACHSMANN P., Préface, in MOUCHETTE J., *La magistrature d'influence,* op.cit.

corps du droit »[1]. À côté de la fonction traditionnelle de réglementation, est apparue une nouvelle fonction fondée sur l'influence, son caractère informel, sa portée « invitative » et effective dans sa réception[2]. En prenant appui sur le droit dit souple, on recherche au maximum le consensus, la participation des destinataires à l'édiction des règles contraignantes ou non d'une part et d'autre part leur adhésion à un ensemble de valeurs ayant vocation à être suivies. Cette approche permet non pas de mettre le droit dur en retrait, mais de renouveler son approche dans un contexte de crise pour diriger les conduites, d'où la perméabilité ou à tout le moins l'inter-normativité entre le droit, la morale, l'éthique et la déontologie.

La déontologie a une valeur pédagogique et non normative, elle éduque, modèle les comportements et imprègne les esprits. À cette fin, elle rejoint l'idée de magistrature d'influence censée se construire autour de quelques instruments susceptibles d'assurer son obéissance. D'abord, le développement de la régulation par l'information permettra au CNC de réduire les asymétries d'information entre les régulés et lui. Pour ce faire, le régulateur s'informe et informe. En mettant en œuvre des outils de veille et de recueil de l'information, l'autorité de régulation doit s'informer des pratiques et de l'évolution du secteur afin d'adapter son office aux pratiques et développer son expertise. Par la suite, au moyen de rapports publics et de communiqués, il informe les publics visés et sensibilise les acteurs. Dans le même temps, il stigmatise, blâme et alerte l'opinion ou les pouvoirs publics. Car, l'atteinte qui peut être portée à la réputation des acteurs dans ces rapports d'activités constitue un moyen de pression fort dissuasif ; un moyen de prévention de dérives déontologiques. C'est tout le sens du "*name and shame*" très courant chez les Anglo-Saxons. L'article 14 du décret de 2012 impose au CNC la production de rapports au Premier ministre. Ces rapports sur l'état de la communication et sur l'exécution de ses décisions peuvent contenir des propositions. Pour plus d'efficacité, sa publication aurait pour effet d'influencer les réputations. En fin de compte, le Conseil informe et s'informe au moyen de séances de travail et de sensibilisation. Le

---

[1] TIMSIT G., « Les deux corps du droit. Essai sur la notion de régulation », *Revue française d'administrationpublique,* n° 78,1996, p.377, cité par MOUCHETTE J., op.cit., p.31.

[2] CALENDRI L., *Recherche sur la notion de régulation en droit administratif français,* LGDJ, Paris, 2009, p.213 et Ss.

CNC a d'ailleurs beaucoup recours aux séminaires ces dernières années.

Ensuite, la magistrature d'influence préconise le recours au pouvoir de recommandation et de consultation. Dans le premier cas, l'organe invite à agir dans un sens déterminé[1] afin de diriger les conduites[2]. Il s'agit par ce pouvoir de commander sans nécessairement faire usage de la contrainte ; bref de proposer, suggérer, orienter et guider. Le Conseil peut prendre l'initiative d'exercer ce pouvoir de recommandation sur toutes les matières relevant de sa compétence[3]. Pourtant, il en fait rarement usage. Or cette prérogative pourrait permettre de faire des propositions pour améliorer la qualité des programmes ou des contenus audiovisuels. Toutefois, il existe quelques guides visant à orienter l'action des médias en période électorale sans que ceux-ci ne couvrent pour autant toute la sphère régulatoire. Au regard du caractère peu interventionniste du CNC en matière de protection du jeune public et des droits des femmes, cet instrument devrait pouvoir servir à élaborer des recommandations en matière de signalétique jeunesse et de pictogrammes. Au surplus, cet outil pourrait permettre de réaliser des études thématiques précises afin de faire améliorer les exigences déontologiques envers les médias notamment à l'ère du tout numérique.

Enfin, s'agissant du pouvoir de consultation du CNC, il consiste à pousser fortement à l'adoption d'un comportement, là où le pouvoir de recommandation invite simplement à le faire. Par cet outil, le Conseil peut influer sur la politique de régulation. Il peut, envers le gouvernement ou les autorités qui le sollicitent, faire valoir ses positions, son expertise ou faire évoluer ses compétences. En tout état de cause, cette fonction est de nature à marquer son autorité et à faire évoluer ses compétences vers plus de finesse.

---

[1] CORNU G.(dir.), *Vocabulaire juridique*, 9e éd., PUF, Paris, 2011, p.852.

[2] BRUNET F., *La normativité en droit,* Mare & Martin, Paris, 2012, p.243, cité par MOUCHETTE J., op.cit., p.272.

[3] Article 4 al 3 du décret n° 2012/038.

Transformation numérique de l'administration et prévention des crises : pour une mutation des outils juridiques camerounais

Jules Samson NYOBE

Doctorant en droit public des Universités de Strasbourg et de Yaoundé II

Parfait PEMAMBOU
Juriste en droit du numérique

En règle générale, le droit est associé à une forme essentielle de certitude. Certitude quant à son existence, ses frontières, son contenu, la signification de ses règles, leur validité et leur applicabilité[1]. Ce postulat le rend a priori hostile à toute idée de crise. Pourtant, la crise irrigue le droit. À côté du droit de crise coexiste une crise du droit[2]. La crise sanitaire provoquée par la pandémie du covid-19 a dans cette perspective remis en cause bien des certitudes[3]. Sa résolution au quotidien a révélé d'autres enjeux dont celui de l'accélération de la transformation numérique. Alors que tous les moyens ont été déployés pour préserver les vies, la distanciation physique et la continuité des services publics, les solutions numériques ont contribué à renforcer la

---

[1] VAND DE KERCHOVE M. et OST F., *Le droit ou les paradoxes du jeu*, PUF, 1992, p.116.

[2] V. DE LA PORTE DES VAUX J. GOANTHIER LE GUEN Y. VADIM J. et PRELOT C., *Droit et crise (s),* Presses universitaires de Sceaux, 2021, 241p. LARRIEU J.(dir.), *Crise (s) et droit,* Presse de l'Université de Toulouse Capitole 1, LGDJ-Lextenso Éditions, 2012, 306p. ARNAUD A.J., « Crise contemporaine de nos sociétés, crise du droit et réflexion juridique », Conférence prononcée le 23 novembre 1981 au Centre de philosophie du droit de l'Université del Zulia Maracaibo, Venezuela.

[3] Lire le dossier spécial « La covid-19 et le droit », in *Le Nemro, Revue trimestrielle de droit économique,* Avril-Juin 2020,515 p. V. égal. AUTISSIER D. PIERETTI J.-M. et BESSEYRE DES HORTS C-H.(dir.), *Changement de crise. Les organisations à l'épreuve du Covid-19*, MA Editions, Paris, 2020,254p. Spéc. Partie 3 : « Les enseignements et sortie de crise », pp 152-203 ; partie 4 : « réflexions sur le monde d'après » pp 204-254. MADOUN M., « Coronavirus : la fin des certitudes ? vision d'inde », pp 131-143.

résilience des populations et des économies[1]. Mais à l'évidence, en dépit de quelques réussites remarquables, elles n'ont pas été partout aussi efficaces[2]. Au Cameroun, le recours aux technologies numériques s'est opéré de façon moins marquée. Sans doute, à cause de la fracture[3] et de la facture numérique, mais aussi du faible taux de connectivité et de pénétration d'internet dans le pays[4].

Tout compte fait, la transformation numérique est un mouvement centrifuge et une démarche irréversible. Elle impacte toute la société et embrasse aussi bien les activités, les entreprises que l'administration. Initiée à l'orée des années 2000 avec l'explosion de la bulle internet, la politique de développement de l'administration électronique s'est largement répandue dans le monde. Devenue un

---

[1] « La transformation numérique en Afrique subsaharienne », Etude réalisée par le FMI, Avril 2020 https://www.imf.org/-/media/Files/Publications/REO/AFR/2020/April/French/ch3.ashx Au Cameroun, le télétravail n'a pas toujours été la règle. L'enseignement à distance pendant la fermeture des établissements s'est opéré au moyen d'applications de type Télégram, WhatsApp et des médias audiovisuels traditionnels. Au Rwanda, la justice a eu recours aux visioconférences pour éviter les perturbations dans le service public. En Côte d'ivoire, l'agence des passeports biométriques gère le service des rendez-vous et de paiement en ligne. Au Kenya, le portail eCitizen a permis l'augmentation de l'enregistrement à l'état civil et l'immatriculation des véhicules. Dans l'action des services de santé publique, l'Afrique du Sud et le Kenya ont mis sur pied des applications de suivi des contacts. Au Nigéria et au Niger, des outils gratuits de consultation en ligne ont permis aux utilisateurs d'auto-évaluer leur risque d'infection et de se faire tester en fonction de leurs symptômes. Au Rwanda, les robots assurent le suivi des patients, livrent la nourriture et les médicaments et mettent à jour les dossiers médicaux. Pour sensibiliser la population et contrôler le respect du confinement, des plateformes interactives basées sur Facebook et WhatsApp apportent des réponses automatisées dans les langues locales aux questions liées à la Covid-19. Au Rwanda, des drones équipés de mégaphones sont utilisés pour sensibiliser la population au respect du confinement. Au Botswana, les habitants demandent les autorisations de déplacement sur une plateforme. En France, l'application Stopcovid permet de tracer les cas confirmés afin de remonter les chaînes de transmission et de les casser.

[2] « Pour une stratégie numérique publique. Le cercle de la réforme de l'Etat. », *Gestion et finances publiques,* vol.3, n°3-2020, p.54.

[3] Lire BONIS P., « Les fractures numériques. Illustrations d'un numérique Janus en France et en Afrique », in RAHMOUNI-SYED GAFFAR D. (dir.), *Les défis du numérique. Penser et pratiquer la transition numérique,* Bruylant, Bruxelles, 2019, p.77. V. égal. BACACHE-BEAUVALLET M. BOUNIE D. et FRANÇOIS A., « Existe-t-il une fracture numérique dans l'usage de l'administration en ligne ? », *Revue économique,* vol.2, n° 62-2011, pp 215-235.

[4] Lire utilement WAMBA TIONA J. H. et NGONO NDJIE B L., *Economie numérique et croissance économique au Cameroun,* 2019, ffhalshs-01970291f, p. 4.

impératif [1], elle est longtemps restée une question de pure informatique et donc, fondamentalement technique[2]. Dans une acception stricte, elle renvoie à la mise en place de téléservices sur internet[3]. Progressivement, la littérature lui a substitué le terme plus englobant d'administration numérique et aujourd'hui d'« Etat plateforme »[4].

Issu de la modernisation de l'administration et des institutions publiques, l'Etat plateforme est le nouveau visage de l'Etat à l'âge de la révolution numérique. C'est l'indicateur d'une « quatrième révolution », succédant à celles ayant conduit successivement à l'Etat nation, à l'Etat libéral et à l'Etat providence[5]. Il est le fruit de « l'électronisation » de l'administration, censée à terme améliorer l'efficacité des services publics, la transparence des procédures et l'optimisation des coûts. Il n'existe d'emblée aucune définition conventionnelle de la transformation numérique. Elle correspond néanmoins à l'implémentation des technologies de l'information et de la communication dans un sens favorable à l'amélioration des tâches, à la qualité du service et à la réduction des coûts et délais de fonctionnement [6]. Elle répond au triptyque dématérialisation des services, automatisation des données et interopérabilité des systèmes.

Au Cameroun, l'administration est à la croisée des chemins. Elle est taxée de bureaucratie étouffante[7], lourde, lente, corrompue, très éloignée des usagers et incapable d'être le vecteur de développement

---

[1] OCDE (2004), *L'administration électronique : un impératif.* Etudes de l'OCDE sur l'administration électronique, Editions OCDE, Paris, https://doi.org/10.1787/9789264101203-fr.

[2] ROUX L., « L'administration électronique : un vecteur de qualité de service pour les usagers ? », *Informations sociales*, vol.158, n°2-2010, p.20.

[3] Ibid.,

[4] CHEVALIER J., « Vers l'État plateforme ? », *Revue française d'administration publique*, vol.167, n° 3- 2018, pp 627-637 ; TURK P., « L'Etat plateforme numérique », *Revue de droit public*, 2020, p.1189.

[5] La thèse avancée est de MICKLETHWAITE J. et WOOLDRIDGE A., *The FourthRevolution,* 2014, 320 p, cité par CHEVALIER J. « Vers l'État plateforme ? », op.cit., p.633.

[6] ALI GHAZAWI K., *Le rôle des nouvelles technologies de l'information et de la communication dans le développement du travail administratif au niveau local*, Thèse de doctorat, Science politique, Université de Montpellier 1, 2008, p.68.

[7] ATENGA T., « De la DCTI au CENADI : logiques endogènes et contraintes exogènes de la politique publique de l'information du Cameroun depuis 1966 », *Revue tic et sociétés,* vol.5, n°2-3-2012, p.8.

et de transformation de la vie sociale[1]. Pis encore, elle est qualifiée de boîte noire et opaque dans laquelle, une fois un dossier introduit, il est impossible de savoir ce qu'il s'y passe[2]. Mais, force est de reconnaître qu'elle faitface à« […] une situation économique et sociale difficile caractérisée par des dépenses institutionnelles de grande importance imposée par l'évolution de la société. Dans le même temps, les usagers attendent des pouvoirs publics, en tant que promoteurs de la croissance économique, qu'ils développent l'économie nationale en réduisant considérablement la pauvreté […][3]. » Face à ces attentes, il s'est posé avec acuité le besoin de modernisation de l'administration. L'objectif étant d'offrir une version unifiée, accessible et simplifiée du service public afin de réduire les dépenses publiques. Par conséquent, dans son discours du 31 décembre 2015[4], le Président de la République a accordé une attention inédite et particulière à l'économie numérique[5]. Quelques mois plus tard, le gouvernement s'en est fait l'écho, de sorte que, la transformation numérique de l'administration fait figure de priorité dans le nouveau plan stratégique[6]. Dans la foulée (courant 2020), fut projetée la création d'une part, d'une plateforme interministérielle de modernisation des services publics et d'autre part, d'un comité national chargé de la transformation numérique.

Malgré la présence – quoique timide – de l'administration publique camerounaise sur les sites web[7],ces derniers sont dans bien des cas

---

[1] ELONG MBOULE MBOULE R., *Internets et modernisation de l'administration publique : enquêtes sur les évolutions camerounaises à la lumière des dynamiques estonienne et française*, Mémoire de Master Administration publique et comparée, Université de Strasbourg- Ecole nationale d'administration, p.2.

[2] KEUTCHA TCHAPNGA C., *Contentieux administratif,* cours, polycopié, inédit, Université de Dschang, Cameroun, 2006-2007, cité par ELONG MBOULE MBOULE R., op.cit., p.8.

[3] KOUAHOU Y.L., *La mise en œuvre de la société de l'information au Cameroun : enjeux et perspectives au regard de l'évolution française européenne*, Thèse de doctorat, Université de Montpellier I ,2010, p.164.

[4] En ligne à cette adresse https://www.prc.cm/fr/chercher?q=discours+du+31+decembre+2016&Search

[5] Lire utilement TATCHIM N., « L'Etat au Cameroun et l'injonction à l'innovation numérique et à la créativité », *Hermès, La Revue*, vol.82, n°3-2018, pp.187-194.

[6] YANG P., Premier Ministre, Chef du gouvernement, Préambule du *Plan stratégique Cameroun numérique 2020,* p.4.

[7] V. MBETSI A.Y., « L'administration publique camerounaise à l'ère de l'E-gouvernance : étude de la présence de l'administration publique sur les réseaux sociaux à partir de leur site web officiel », *International Multilingual Journal of Science and Technology,* vol.5, n° 12, 2020, pp 2191-2195.

défraîchis et insuffisamment fournis. Les différentes fonctionnalités de l'e-administration[1] peinent à s'affirmer et l'usager, indépendamment de sa situation géographique éprouve encore des difficultés à échanger avec elle et à déclencher ses procédures en ligne[2].

Hasard de calendrier ou simple coïncidence, la situation sanitaire a eu le mérite d'accélérer le processus de transformation numérique. Cette crise, qui suggère une manifestation brusque et intense, a laissé entrevoir un changement décisif en bien et/ou en mal[3]. Pour citer quelques exemples, le nouveau système d'information douanier a remplacé l'ancien système automatisé (SYDONIA)[4]. En son sein, l'application Nexus Cameroun contribue avec succès au suivi des cargaisons par géolocalisation. Depuis juin 2020, le dépôt, la réception et l'enregistrement des candidatures de recrutement par voie de concours dans la fonction publique s'effectue sur la plateforme www.concours-online.minfopra.gov.cm.Dans le cadre de la gestion intégrée des personnels de l'Etat et de la solde (SIGIPES), un appel d'offres en vue de l'assistance du maître d'ouvrage pour la conception, le développement et la mise en service du nouveau système intégré (SIGIPES II) vient d'être lancé[5]. De la même manière, le nouveau système d'identification et d'authentification offre la part belle à l'innovation technologique. En l'occurrence, la biométrie pour les cartes d'identité[6], électorales, ainsi que les passeports[7]. La

---

[1] BROUSSEAU E., « Les trois défis de l'administration électronique », in CHÂTILLON G. et DU MARAIS B.(dir.), *L'administration en ligne au service des citoyens,* Bruylant, 2003, p.257. A terme, il s'agit de passer d'une administration en silo vers une administration en réseau.

[2] Sur les aspects techniques, lire MANDENG MANDENG L., *L'e-administration au Cameroun : état des lieux. Étude sur les technologies existantes et applicabilité au Cameroun*, Editions Université Européenne, 2018,140p.

[3] « Crise », *Dictionnaire Trésor de la langue française*, CNRS, T XI, 1978, p.498.

[4] Note de service n° 161/MINFI/DGD du 29 juin 2020 portant mise en place des procédures de dédouanement dans CAMCIS.

[5] Réf n° S2/43/001/AAO/MINFOPRA/CIPM/2021 du 1er février 2021, Avis d'appel d'offres national ouvert relatif à l'assistance à la maîtrise d'ouvrage pour la conception, le développement et la mise en service du nouveau système informatique de gestion intégrée des personnels de l'Etat et de la solde (SIGIPES II) propre de l'Etat du Cameroun. Réf n° S2/43/001/AANO/MINFOPRA/CIPM/2021 du 1er février 2021, Appel d'offres national ouvert.

[6] Décret n° 2016-374 du 04 août 2016 fixant l'organisation, le fonctionnement et les attributions du Centre National de Production des Titres identitaires

[7] Décret n° 2021/347 du 17 juin 2021 fixant les conditions d'établissement des passeports

télédéclaration fiscale[1], la numérisation des archives nationales et de l'état civil, le paiement électronique des frais de scolarité et d'examens dans l'enseignement secondaire ne sont pas en reste. Dans le même registre, la dématérialisation des procédures de passation des marchés publics a été mise en place par le système COLEPS[2]. En matière sécuritaire, on note la prolifération des systèmes de vidéosurveillance dans les grandes zones urbaines et dans les institutions publiques stratégiques. Enfin, le ministère des Finances a déployé deux progiciels dont l'un permet la gestion informatique du budget de l'Etat et l'autre la gestion des opérations du commerce extérieur.

Cette plateformisation de l'administration camerounaise n'est pas qu'une simple révolution technologique. C'est une transformation juridique, politique, sociale et économique qui n'est pas sans revers. Elle nécessite en fait, un nouveau contrat social de confiance entre l'Etat, les entreprises, les citoyens et les agents publics qui sont en premier lieu concernés par ce schéma. Alors que le numérique imprègne chaque jour notre quotidien, chacun doit prendre conscience que la transition que nous vivons est ambivalente. « Porteuse d'opportunités souvent inédites, mais également de risques non encore maîtrisables, elle soulève de nombreux défis, individuels et collectifs, qu'il n'est pas toujours aisé d'appréhender »[3]. En effet, le développement des applications, plateformes, logiciels et outils numériques est aussi prometteur que paradoxalement dangereux. Cette « modernité réflexive »[4] des risques engendrés par les évolutions technologiques, doit nous obliger à repenser ces mutations afin de minimiser les atteintes. À défaut d'un cadre proactif, la transformation numérique pourrait générer une crise difficilement résorbable. Pour s'adapter, il apparaît fondamental d'adosser à ces enjeux un arsenal normatif et institutionnel adéquat.

---

[1] V. Note circulaire n° 00000242 MINFI/DGI/DLRI/L du 15 mars 2021 relative aux conditions tarifaires des services bancaires liés au paiement des impôts et taxes.

[2] Décret n° 2018/001/PM du 5 janvier 2018 portant création d'une plateforme de dématérialisation dans le cadre des marchés publics et fixant ses règles d'utilisation ; Le COLEPS désigne le système électronique de passation des marchés publics au Cameroun.

[3] RAHMOUNI-SYED GAFFAR D., « Regards croisés sur la transformation numérique », in RAHMOUNI-SYED GAFFAR D. (dir.), *Les défis du numérique. Penser et pratiquer la transition numérique,* op.cit., p.1.

[4] BECK. U. *La société du risque. Sur la voie d'une autre modernité*, Aubier, Paris, 2002, p.335.

Sous l'impulsion communautaire[1], le Cameroun s'est doté dès 2010 d'un arsenal juridique hétéroclite[2] pour accompagner cette transition. En l'étudiant de plus près, on est fondé à se demander s'il est ambitieux et surtout à la hauteur des exigences attendues du numérique ? Pour le dire autrement, le « tout numérique », insuffisamment encadré, pourrait annihiler les efforts des pouvoirs publics et drainer des crises. Entre protection et contrôle, les outils juridiques existants ne méritent-ils pas une évolution au regard des standards internationaux ? Si la pandémie actuelle peut en être le catalyseur, c'est aussi parce qu'elle a décuplé les risques. Or, les outils

[1] Règlement n° 21/08-UEAC-133-CM-18 du 19 décembre 2008 relatif à l'harmonisation des règlementations et des politiques de régulation des communications électroniques au sein des Etats membres de la CEMAC. Directive n° 07/08-UEAC-13-CM-18 du 19 décembre 2008 fixant le cadre juridique de la protection des utilisateurs des réseaux et services de communications électroniques au sein de la CEMAC. Directive n° 09/08-UEAC-133-CM-18 du 19 décembre 2008 harmonisant les régimes juridiques des activités de communications électroniques dans les Etats membres de la CEMAC. Directive n° 08/08- UEAC-133-CM-18 Relative à l'interconnexion et à l'accès des réseaux et des services de communications électroniques dans les pays membres de la CEMAC. Règlement n° 03/16-CEMAC-UMAC-CM du 21 décembre 2016 relatif aux systèmes, moyens et incidents de paiement. Directive 02/19-UEAC-639-CM-18 du 22 Mars 2019, harmonisant la protection des consommateurs au sein de la CEMAC.

[2] V. Loi n° 2012/012 du 21 décembre 2010 relative à la cybersécurité et à la cybercriminalité au Cameroun. Loi n° 2010/013 du 21 décembre 2010 régissant les communications électroniques au Cameroun, modifiée et complétée par la loi n° 2015/006 du 20 avril 2020. Loi n° 2010/021 du 21 décembre 2010 régissant le commerce électronique au Cameroun. Loi-cadre n° 2011/012 du 6 Mai 2011 portant protection du consommateur au Cameroun. Loi n° 98/012 du 14 juillet 1998 relative à la concurrence. Décret n° 2013/0400 PM du 27 février 2013 fixant les modalités de déclaration et d'autorisation préalables, ainsi que les conditions d'obtention du certificat d'homologation en vue de la fourniture, l'exportation, l'importation ou l'utilisation des moyens ou des prestations de cryptographie. Décret n° 2019/150 du 22 mars 2019 portant organisation et fonctionnement de l'Agence nationale des technologies de l'information et de la communication. Décret n° 2013/0399/PM du 27 février 2013 fixant les modalités de protection des consommateurs des communications électroniques. Décret n° 2012/1639 PM du 14 juin 2012 fixant les modalités de déclaration, ainsi que les conditions d'exploitation des réseaux et installations soumis au régime de la déclaration. Décret n° 2012/1638 PM du 14 juin 2012 fixant les modalités d'établissement et/ou d'exploitation des réseaux et de fourniture des services des communications électroniques soumis au régime d'autorisation. Décret n° 2012/1637/ PM du 14 juin 2012 fixant les modalités d'identification des abonnés et des terminaux. Décret n° 2020/727 du 3 décembre 2020 portant réorganisation et fonctionnement de l'Agence de régulation des Télécommunications.

juridiques camerounais sont à bien des égards limités. Ce qui, n'est pas étonnant car son plan stratégique numérique fait état d'observations similaires. Cela est d'autant plus vrai que les enjeux, opportunités et risques sont partout les mêmes, mais se posent avec davantage d'acuité dans les Etats africains qui, comme le Cameroun, disposent de peu de ressources pour y remédier *ex post*.Défendre certains intérêts et protéger certaines valeurs, c'est nettement se joindre à la vague numérique. Dans cet écosystème où internet et les TIC ont aboli les frontières et rebattu les cartes de la géopolitique internationale, le modèle westphalien de l'Etat se délite au profit d'un modèle dit global[1].

La déshumanisation de l'administration, l'exclusion numérique, les failles de sécurité, les risques de cyberattaques, le piratage, les atteintes aux libertés fondamentales[2] sont entre autres les risques qui accompagnent la transition numérique. Parallèlement, la fiabilité, la souveraineté technologique et numérique, l'efficacité et la performance, l'éthique, la transparence et la loyauté sont autant de caractéristiques attendues des algorithmes[3]. Il s'ensuit que, la mutation voulue des outils camerounais est censée concerner au premier chef les exigences de sécurité (I). Dans le même temps, s'il est indéniable que les données sont au cœur de cette modernisation, force est de constater que la protection dont elles font l'objet est des plus insuffisantes. Par conséquent, la seconde mutation envisagée devra assurer la protection des données à caractère personnel et par ricochet la vie privée (II).

I. La mutation des exigences relatives à la sécurité des systèmes d'information (SI)

« De nos jours, la sécurité est un concept global qui se polarise entre solidité et fluidité. La dimension solide se rapporte à la sureté alors que la dimension fluide la configure dans l'espace et dans le temps selon les menaces à endiguer. La pandémie du coronavirus qui a plié l'échine à presque tous les États, grands ou petits, démocratiques ou autoritaires, développés ou sous-développés nous

---

[1] ADJOVI E., « L'Afrique face aux défis de la régulation numérique », in *Les défis du numérique…*, op.cit., p.68.
[2] TURK P., « L'Etat plateforme numérique », op.cit. p.1196.
[3] Ibid.,

l'enseigne à suffisance »[1]. Il résulte de ce constat une inquiétude. En effet, l'association entre la technologie informatique qui irrigue le numérique et la mission d'intérêt général que poursuit l'administration soulève des enjeux sécuritaires d'une complexité inédite[2]. Les infrastructures informatiques sont devenues des points névralgiques de nos sociétés modernes[3]. À travers les ordinateurs connectés et les réseaux aux maillages parfois diffus, ces infrastructures exposent les Etats à une nouvelle menace polymorphe et furtive : la cyberattaque étatique[4]. La recrudescence de cette attaque couplée aux pratiques d'espionnage provoque très souvent des dommages considérables et irréversibles[5]. Partant, l'impératif de préservation de la sécurité nationale nécessite une protection et un contrôle accrus des systèmes d'information (SI). Pour ce faire, le législateur camerounais a soumis leur établissement et leur exploitation à l'accomplissement de certaines formalités auprès de l'Agence nationale des technologies de l'information et de la communication (ANTIC). On observe cependant une inadéquation partielle du cadre institué (A) qui, à certains égards, mérite d'être rehaussé (B).

A. L'inadéquation partielle du cadre légal face aux enjeux sécuritaires

Il appartient à l'Etat camerounais d'instaurer la confiance dans les infrastructures et équipements technologiques qu'il mobilise dans sa transformation numérique. Devenus critiques dans le cyberespace, ces derniers sont considérés comme essentiels et d'importance vitale[6] pour

---

[1]YAWAGA S., Préface in NYABEYEU TCHOUKEU L. (dir.), *La sécurité. Approche juridique.* L'Harmattan, 2020, 665p.

[2] DUCLERCQ J-B., « Sécurité des systèmes d'information de l'administration : quelles garanties pour les administrés ? », *Revue de droit public*, n°5-2020, p.1213.

[3] AKOTO E., « Les cyberattaques étatiques constituent-elles des actes d'agression en vertu du droit international public ? », *Revue de droit d'Ottawa,* vol. 46, n°1-2014-2015, pp. 3

[4] Ibid.,

[5] DUCLERCQ J-B., op. cit., p.1213.

[6] Les activités d'importance vitale concourent à la production et à la distribution de biens ou de services indispensables à l'exercice de l'autorité de l'Etat, au fonctionnement de l'économie, au maintien du potentiel de la défense ou à la sécurité de la Nation. Les points d'importance vitale (PIV) sont des établissements, ouvrages ou installations qui fournissent les services et les biens indispensables à la vie de la Nation.

la sûreté publique, la stabilité économique et la sécurité nationale[1]. Compte tenu des menaces sans cesse croissantes et des atteintes substantielles qui peuvent en découler, le droit doit être en phase avec les évolutions technologiques. Bien que les exigences sécuritaires de ces équipements ne soient pas inconnues du droit positif camerounais (1), il subsiste somme toute quelques lacunes et imprécisions (2).

1. De quelques mécanismes camerounais de gestion du risque informatique

Au même titre que la convention de l'Union africaine sur la cybersécurité, la loi camerounaise procède d'une approche par les risques. Sans surprise, elle prône l'intégrité, la disponibilité et la sécurité des systèmes technologiques de l'information, des données qu'ils traitent et des infrastructures de réseau sous-jacentes[2]. Sans pour autant s'attarder à la protection des réseaux de communication électroniques, leur établissement et leur exploitation ainsi que la fourniture des services afférents s'effectuent dans le respect des prescriptions exigées par la défense nationale et la sécurité publique[3]. À ce titre, ils sont suivant les cas soumis aux obligations d'autorisation[4] ou de déclaration[5]. De même, la loi protège le contenu des échanges, communications, informations et fichiers des personnes publiques contre les risques de piratage. Elle impose de ce fait des moyens de cryptographie dont le chiffrement par clé publique, la certification des SI, l'homologation des équipements de sécurité, l'authentification et la certification électronique.

La loi sur la cybersécurité complète cet arsenal en matière de protection des systèmes d'information. En tant qu'opérateur d'importance vitale ou fournisseur de services essentiels, le Centre national de développement de l'informatique (CENADI) est chargé de la conception, de la mise en place et de l'exploitation des SI des

[1] V. Convention de l'Union Africaine sur la cybersécurité, op.cit.

[2] Art 25 al.1 de la Convention de l'UA, op.cit.

[3] V. Art.1 de la loi n° 2010/013 du 21 décembre 2010 régissant les communications électroniques au Cameroun.

[4] V. Décret n° 2012/1638/PM du 14 juin 2012 fixant les modalités de déclaration, ainsi que les conditions d'exploitation des réseaux et installations soumis au régime de l'autorisation.

[5] V. Décret n° 2012/1639/PM du 14 juin 2012 fixant les modalités de déclaration, ainsi que les conditions d'exploitation des réseaux et installations soumis au régime de la déclaration.

personnes publiques[1]. Sous le contrôle et l'approbation de l'ANTIC, les exploitants ont l'obligation de mettre en œuvre les mesures techniques, administratives et organisationnelles assurant la sécurité de leurs SI. A cet effet, ils sont tenus de se doter de systèmes normalisés leur permettant d'identifier, d'évaluer, de faire auditer, de traiter et de gérer en permanence les risques liés à la sécurité des SI[2]. Il s'ensuit une obligation de disponibilité permanente des systèmes, d'intégrité, d'authentification et de non-répudiation par des utilisateurs tiers[3]. Dans le même registre, il est prévu que les plateformes des SI fassent l'objet de protection contre d'éventuels rayonnements et intrusions qui pourraient compromettre l'intégrité des données transmises et contre toute attaque externe par un système de détection d'intrusions[4]. Cette responsabilité incombe au CENADI en tant que concepteur et hébergeur des applications et plateformes étatiques comme le SIGIPES II.

Enfin, pour lutter contre la vulnérabilité des SI et la survenance de possibles attaques, le législateur a confié à l'ANTIC et au CENADI des compétences de formation du personnel dans la maîtrise des risques endogènes. Cela est d'autant plus important que, pour les agents publics, la bonne gestion des systèmes d'exploitation, des logiciels et le choix des protocoles de navigation sont des garanties de fiabilité et de sécurité. Pour le dire simplement, le niveau de sécurité d'un SI dépend de sa capacité à résister à l'ensemble des risques auxquels il est exposé que ce soit en termes de contenant (structure) que de contenu (données)[5]. Cependant, cette culture du risque informatique dans la cybergouvernance n'est pas sans lacunes et incohérences.

2. De quelques imprécisions et lacunes de la politique camerounaise de gestion du risque informatique

La transformation numérique de l'administration a pour corollaire la collecte et l'enregistrement d'une quantité importante de données. Le caractère parfois volumineux de celles-ci, sensibles pour certaines,

[1]Décret n° 88/1087 du 12 aouut 1988 portant création du CENADI

[2] Art.26 al.1 de la loi n° 2010/012

[3] Art 26 al.2 de la loi n° 2010/012

[4] Art 26 al.4 de la loi n° 2010/012

[5] Février R, *les collectivités territoriales face aux menaces numérique,* cairn.info, Vol 1/n°3, pp. 24 à 39

génériques et stratégiques pour d'autres rend nécessaire le stockage avant le traitement. S'il est vrai que les datacenters prolifèrent au Cameroun depuis 2007, c'est sans égard pour le droit positif qui est resté statique. En l'état actuel, les lois relatives aux communications électroniques et à la cybersécurité n'évoquent pas les questions liées au statut juridique de ces centres, à la responsabilité des acteurs concernés, à la sécurité des données hébergées, leur destination, de même qu'il semble impossible de savoir quelles sont les obligations de ces opérateurs en matière de confidentialité, d'intégrité et de non-répudiation des données. De plus, demeurent des incertitudes quant à la durée d'indisponibilité des SI en cas de cyberattaque, d'espionnage ou de sabotage. De même, le délai de notification à l'autorité compétente de toute intrusion dans le système d'exploitation de ces infrastructures ne semble pas connu. Et pourtant, lorsqu'un « attaquant » cible l'Etat, les opérateurs d'importance vitale, les fournisseurs de services essentiels ou les entreprises stratégiques, il cherche à s'installer durablement dans le SI pour y voler des données confidentielles (politiques, diplomatiques, militaires, technologiques, économiques, financières ou commerciales)[1].

En pratique, les vulnérabilités des SI facilitent les attaques informatiques. Ces vulnérabilités sont à la fois d'ordre technique et humaine. Les premières procèdent soit d'un manque de rigueur dans la conception du SI soit d'une prise en compte insuffisante de la sécurité des SI[2]. En conséquence, elles permettent l'exploitation des failles logicielles. L'attaque par déni de service, qui consiste à corrompre le service en bloquant les fichiers, les serveurs, la navigation et les communications en est l'exemple. Il suffit d'évoquer la récente attaque contre près de 27 hôpitaux et pharmacies françaises en pleine pandémie pour s'en convaincre[3]. Dans la même logique, les vulnérabilités qui relèvent du comportement des agents publics favorisent dans la majorité des cas les attaques par phishing ou hameçonnage[4]. Récemment, neuf agences fédérales américaines dont le département d'Etat, de la justice, du trésor, du commerce, de la sécurité intérieure et de l'énergie ainsi que la NASA ont fait les frais

---

[1] ANSSI, *Stratégie nationale pour la sécurité du numérique,* France, 2015, p.14.
[2] Ibid. p. 5.
[3]https://www.lemonde.fr/pixels/article/2021/02/10/l-hopital-de-dax-en-partie-paralyse-par-une-attaque-informatique_6069430_4408996.html
[4] Club des experts de la sécurité de l'information et du numérique, p.15.

d'une cyberattaque très sophistiquée déployée dans un malware[1], qui, a menacé l'approvisionnement en carburant de la côte Est de ce pays au point de provoquer une pénurie et une explosion des prix à la pompe. Au Cameroun, dans sa récente étude, le CENADI a alerté les organisations publiques et privées de la flambée de la cybercriminalité liée au contexte sanitaire[2].

Dans cette nouvelle configuration de plus en plus menaçante, les centres de stockage, d'hébergement ou de *cloud computing*constituent indéniablement des points sensibles. En règle générale, ils sont confiés aux opérateurs d'importance vitale avec une réglementation spécifique en matière de défense. Sans que les contours normatifs ne soient suffisamment précisés, le Cameroun a déployé en 2020 un datacenter dans la localité de Zamengoé. Cette infrastructure dont l'objectif affiché est d'accompagner le mouvement de transformation numérique n'est pas sans questionnements. Pour autant, elle constitue un centre de stockage qui, à terme, permettra l'archivage de l'ensemble des documents produits par l'administration[3]. L'interrogation juridique est d'autant pertinente que ce datacenter a été installé et mis en service par l'entreprise chinoise Huawei, dont les antécédents sérieux d'espionnage et d'atteinte à la sécurité nationale ont été dénoncés sous d'autres cieux. Dans le contexte d'avènement des technologies de cinquième génération (5G), la loi française relative à l'autorisation préalable des équipements de réseaux radioélectriques interdit l'exploitation de tout équipement d'un opérateur ou de ses prestataires y compris sous-traitants lorsqu'il existe un risque que ces derniers soient sous le contrôle ou soumis à des actes d'ingérence d'un Etat non-membre de l'Union européenne[4]. Il est donc utile d'indiquer que l'amélioration des exigences de cyber sécurité dépend aussi des fournisseurs de produits et de services étatiques. Il est souhaitable que le législateur camerounais implémente une telle approche du risque informatique.

---

[1]https://www.clubic.com/nasa/actualite-363223-sr-la-nasa-a-aussi-ete-victime-de-la-cyberattaque-solarwinds.html

[2]https://newsclic.info/le-cameroun-victime-de-plusieurs-attaques-cybernetiques/

[3] Les datacenters, moteurs de la transformation digitale au Cameroun. https://www.camtel.cm/2018/10/29/les-data-center-moteurs-de-la-transformation-digitale-au-cameroun/

[4] Loi n° 2019-810 du 1er août 2019 visant à préserver les intérêts de la défense et de la sécurité nationale de la France dans le cadre de l'exploitation des réseaux « radioélectriques mobiles. Elle modifie l'article L.34-11 et 12 du Code des postes et des communications électroniques.

B. L'amélioration technique du cadre existant face aux enjeux sécuritaires

Dans le monde numérique, il n'existe pas de forteresse inexpugnable. Le risque informatique affecte diverses structures technologiques : datacenters, SI et serveurs[1]. En effet, « les réseaux informatiques sont des infrastructures critiques qui doivent bénéficier des mêmes protections et surveillances que nos réseaux électriques, ferroviaires, autoroutiers et aériens […] »[2]. Les agressions contre les réseaux et SI sont censées être considérées comme non seulement des actes criminels, mais également terroristes, voire de guerre[3]. Si l'aspect substantiel (1) mérite une attention particulière, l'aspect institutionnel recommande une coordination efficiente des mécanismes d'interrégulation des organes intervenant dans ce domaine (2).

1. L'amélioration des standards substantiels et assurantiels de l'approche camerounaise du risque informatique

« Le pragmatisme ne consiste pas à empiler des textes qui apportent chacun une solution ponctuelle repérée, dans l'attente de l'apparition d'une nouvelle difficulté […] Au contraire, rien n'est plus pratique que quelques principes à la fois simples et propres à l'objet, qui constituent un véritable *ex ante* […] »[4]. Cette affirmation de Marie Anne Frisson-Roche est porteuse de sens. Elle suggère l'insertion dans le droit positif d'indications et tendances actuelles et intéressantes en matière de sécurité en lieu et place d'un mille-feuille juridique. Pour ce faire, afin de prévenir des crises aux relents sécuritaires du fait des situations chaque jour nouvelles, le cadre normatif camerounais qui

---

[1] DE MAISON ROUGE O., *Les cyberisques. La gestion juridique des risques à l'ère immatérielle*, LexisNexis, Paris, 2018, p.15.

[2] BELLANGER P., *La souveraineté numérique*, Stock, 2014, cité par DE MAISON ROUGE O., op.cit., p.33.

[3] Ibid.

[4] FRISSON-ROCHE M-A., *L'apport du droit de la compliance à la gouvernance d'Internet, Rapport commandé par le Ministre en charge du numérique,* France, Avril 2019, p. 10.

date de plus d'une décennie doit, d'un point de vue assurantiel, évoluer.

Déjà, on peut noter qu'à mesure que la transformation numérique s'accentue, les infrastructures et équipements technologiques suivent. Dans le secteur des télécommunications, l'exploitation du nouveau point d'échange internet (IXP) est désormais nationalisée et confiée au Cameroon internet exchange point (CAMIX). En se dotant d'une telle infrastructure logée au Data center de la Campost, le Cameroun entend réduire les coûts d'accès à internet, augmenter la bande passante et le taux de connectivité. Adossé sur l'interconnexion des fournisseurs, il pose pour autant la sempiternelle problématique de l'encadrement des datacenters et sites d'hébergement. C'est le lieu d'indiquer que cette problématique n'est pas dénuée d'intérêt. Outre l'importance de ces sites pour le développement économique, ils participent de la souveraineté numérique[1]. En ce sens, le choix des modes de stockage doit reposer sur deux paramètres : la volumétrie des informations stockées et la rapidité d'accès aux données[2]. Dans cette perspective, l'environnement de plus en plus distribué des SI implique la mise en place de solutions toujours plus évolutives pour répondre à la flexibilité de connexion entre les serveurs et les systèmes de stockage[3]. Cela dit, les solutions de stockage doivent prendre en compte quatre piliers majeurs qui font la part belle aux enjeux sécuritaires. Il s'agit de la flexibilité, avec le choix de solutions éminemment souples et reconfigurables en fonction des évolutions de l'environnement ; la scalabilité, qui répond au dimensionnement des systèmes de stockage, et liée à l'inflation du volume des données ; la disponibilité et la capacité d'accès, qui entendent rendre les données accessibles en tout lieu et à toute heure afin d'optimiser les besoins de l'administration ; la robustesse et la fiabilité permanentes afin de garantir l'intégrité des données[4].

Dans les faits, indépendamment de la loi sur la cybersécuritéqui pose des jalons, il conviendrait, à défaut d'un cadre communautaire, d'adopter une réglementation spécifique en matière de protection des SI. Cette réforme doit correspondre à plusieurs préoccupations qui, elles-mêmes, intègrent cinq critères fondamentaux. Tel que résumé

---

[1] DE MAISON ROUGE O., op.cit., p.13.

[2] LAFITTE M., Sécurité *des systèmes d'information et maîtrise des risques*, *Revue banque édition,* Paris, p.22.

[3] Ibid.

[4] *Ibid.*, pp.23-24.

par Michel Lafitte[1], il s'agit de la disponibilité, ou la capacité d'accès possible et fiable aux données que l'on souhaite atteindre ; de l'intégrité, ou l'assurance de la fiabilité de la donnée examinée, qui ne peut donc être modifiée que dans des conditions prédéfinies ; de la confidentialité, qui restreint l'accès à une information donnée aux seuls utilisateurs autorisés à le faire ; de l'authentification, qui assure l'accès au système utilisé par les seules entités autorisées à l'utiliser ; la non-répudiation, qui assure l'authenticité de l'auteur d'une action sur le système, ce dernier ne pouvant par conséquent pas renier l'avoir exercée. Qu'il suffise d'évoquer le cadre de référence européen axé sur la directive n° 2016/1148 du 6 juillet 2016 relative aux mesures destinées à assurer un niveau élevé commun de sécurité des réseaux et des SI pour mesurer les enjeux.

En tout état de cause, c'est au prix de la revalorisation des standards législatifs que les pouvoirs publics pourraient anticiper, dissuader, protéger, prévenir et intervenir face aux risques qui accompagnent le numérique. De toute évidence, la confiance numérique a pour pendant la sécurité. Elle doit s'accompagner d'une régulation cohérente.

2. L'amélioration des mécanismes d'interrégulation entre les organes de contrôle

Ce n'est point un hasard si en France, l'Agence nationale de la sécurité des systèmes d'information (ANSSI) est rattachée au secrétariat général de la défense et de la sécurité nationale. Elle assiste le Premier ministre en matière de défense et de sécurité nationale. Au Cameroun, l'organe chargé de la régulation, du contrôle et du suivi des activités liées à la sécurité des réseaux de communication et des SI est l'ANTIC. C'est un établissement public administratif soumis à la double tutelle technique et financière du ministère des postes et des télécommunications et du ministère des finances. Il officie comme principal garant des réseaux et de l'internet ainsi que des ressources techniques utilisées par les différents acteurs. Il concourt à la sécurité, à l'expertise et à l'intégrité des dispositifs nécessaires à la sécurité des SI étatiques ou des prestataires privés. Globalement, il s'assure de la promotion et du suivi de l'action des pouvoirs publics en matière des TIC.

---

[1] *Ibid.*, pp.31-32.

Toutefois, l'écosystème institutionnel composé de plusieurs entités peut être obstrué par des télescopages de compétences. Or dans un contexte de convergence numérique, il doit être mis en place un système d'interrégulation efficace, efficient et proactif. Les articles 6 et 7 de la loi relative à la cybersécurité laissent subtilement entrevoir quelques interférences entre l'Agence de régulation des télécommunications (ART) et l'ANTIC. Sur le volet sécurité des réseaux par exemple, ces deux entités semblent exercer des compétences équivalentes. Pourtant, une véritable coordination et une réelle symétrie d'informations permettrait à l'un de procéder aux audits et contrôle de sécurité, tandis que l'autre aurait accès aux résultats pour le meilleur accomplissement de ses missions[1]. De même, en matière de normalisation, l'article 36 alinéa 1 confie à l'ART la compétence d'instruire les dossiers d'homologation des équipements terminaux et de préparer les décisions y afférentes visant à délivrer les agréments. Cette homologation est le résultat d'une conformité aux normes et à la réglementation. Parallèlement, l'Agence des normes et de la qualité (ANOR)[2] est l'organe compétent en matière de conception des normes de qualité. Ces deux entités peuvent par ces compétences rédiger des normes sectorielles divergentes relatives aux TIC. De son côté, l'ANTIC à la charge d'instruire les demandes d'homologation des moyens de cryptographie et de délivrer les certificats d'homologation des équipements de sécurité[3]. L'exigence de souveraineté voudrait d'ailleurs que les dispositifs de sécurité en matière de cryptologie et de détection d'attaques soient produits sur le territoire national[4]. Par ailleurs, le management de la sécurité de l'information fait l'objet sur le plan international des

---

[1] BOUNOUNG-ESSONO S., *La régulation des communications électroniques ...*, op.cit., p.67.

[2] V. Décret n° 2009/296 du 17 septembre 2009 portant création, organisation et fonctionnement de l'Agence des Normes et de la Qualité.

[3] V. Art. 7 de la loi n° 2010/012 relative à la cybersécurité et à la cybercriminalité au Cameroun. V. égal. Art 5 alinéa 1 point l) du décret n° 2019/150 du 22 mars 2019, portant organisation et fonctionnement de l'ANTIC. V. égal. Décret n° 2013/0400 PM du 27 février 2013 fixant les modalités de déclaration et d'autorisation préalables, ainsi que les conditions d'obtention du certificat d'homologation en vue de la fourniture, l'exportation, l'importation ou l'utilisation des moyens ou des prestations de cryptographie.

[4] DIRECTION DE L'INFORMATION LEGALE ET ADMINISTRATIVE, *Livre blanc, défense et sécurité nationale, La documentation française, 2013, p. 105.*

normes ISO 27001[1] et ISO 9001[2] desquelles découlent les prescriptions de l'ANOR. En conséquence, un système de concertation doit être instauré entre l'ANTIC, l'ART et l'ANOR, de sorte que les opérateurs chargés d'installer et d'exploiter des équipements et SI soient tenus de détenir un certificat sur la gestion des risques délivré par l'ANTIC et élaboré par l'ANOR. Il reste également que, les compétences de l'ANOR et du CENADI pourraient se chevaucher en matière de définition des normes de sécurité des équipements informatiques ou d'exploitation des archives magnétiques.

Ces chevauchements ne sont pas sans conséquences pratiques, notamment en cas d'attaque informatique liée à l'usurpation d'identité. C'est une attaque qui concerne les accès non autorisés aux réseaux ou à des configurations et ressources logicielles. Elle se manifeste soit par un accès clandestin aux informations confidentielles soit par l'altération ou la destruction des informations. Ce faisant, elle s'opère par l'appropriation des éléments d'identité d'une autre entité suivant deux catégories de procédés : « le spoofing » ou la reproduction. Dans le premier cas, une entité se fait authentifier auprès d'une entreprise par le biais de paquets semblants provenir d'une adresse de confiance afin d'accéder incognito à des applications sensibles[3]. Dans la seconde hypothèse, un interlocuteur indélicat, après avoir préalablement réussi à se connecter sur le site de sa victime, reproduit en utilisant des paquets capturés, la réponse de l'usager afin de pouvoir se procurer ses éléments d'identité[4]. On se souviendra qu'en 2015, une telle difficulté s'est posée entre l'ART et l'ANTIC au sujet de l'usurpation d'identité dont avait été victime le ministère des arts et de la culture sur internet[5]. Ce département ministériel s'était en effet plaint de ce que des individus non identifiés avaient créé et mis en ligne deux sites internet, à savoir www.minac-cm.com et www.minculture-cameroun-gov.com sans autorisation. Sans véritable clarification des rôles, l'ART s'est saisi de la question sur le fondement de la protection des consommateurs des services et

[1] ISO/IEC 27001, *management de la sécurité de l'information.* Pour assurer la sécurité de leurs informations sensibles, les organisations peuvent s'appuyer sur la famille de normes ISO/IEC 27000.

[2] ISO/IEC 9001, *relative à la qualité.*

[3] LAFITTE M., op.cit., pp.85-86.

[4] Ibid.

[5] Lettre n° 002/L/MINAC/LG/CCS du 04 janvier 2016.

produits des communications électroniques. Or visiblement cette difficulté requiert sans doute l'intervention de l'ANTIC.

Au total, le processus d'interrégulation recommande que certaines compétences soient confiées à l'ART afin que l'ANTIC soit exclusivement dédiée aux missions de sécurité des réseaux et du SI. Cette articulation est censée remédier aux insuffisances collaboratives. Toutefois, au-delà des exigences de sécurité, le numérique fait évoluer l'administration vers une forme de plateforme sur laquelle les citoyens et les services publics interagissent. Sa particularité c'est sa capacité à collecter des données en nombre et à les exploiter pour offrir de nouveaux services aux utilisateurs[1]. Reste en contrepartie la question de la garantie des usages qui peuvent être faits de ces données personnelles.

II. La mutation des exigences relatives à la protection des données personnelles

L'Union européenne et singulièrement la France et l'Allemagne, sont dans une situation historiquement exemplaire en matière de protection des données personnelles[2]. Texte fondateur en France, la loi informatique et libertés énonce à son article 1er que « l'informatique doit être au service de chaque citoyen […] Elle ne doit porter atteinte ni à l'identité humaine, ni aux droits de l'homme, ni à la vie privée, ni aux libertés individuelles ou politiques » [3]. Ce faisant, elle opère le lien entre la protection des données personnelles et la vie privée. Par conséquent, l'univers désormais large de ce « droit subjectif »[4] interdit aux Etats de se rétracter derrière la technicité du débat numérique ou d'invoquer leur prétendue impuissance. Il importe que, par l'évolution

---

[1] ALGAN Y. BACACHE-BEAUVALLET M. et PERROT A., « Administration numérique », *Notes du Conseil d'analyses économique,* vol.34, n° 7, p.3.

[2] PRADEL J., Préface, in BEAUREGARD-BERTHIER O. et TALEB-KARLSSON A. (dir.), *Protection des données personnelles et sécurité nationale. Quelles garanties juridiques dans l'utilisation du numérique*, Bruylant, Bruxelles, 2017, p.7.

[3] Loi n° 78-17 du 6 janvier 1978 relative à l'informatique, aux fichiers et aux libertés, modifiée par la loi n° 2018-493 du 20 juin 2018 et par l'ordonnance n° 2018-1125 du 12 décembre 2018.

[4] V. DEBAETS E., *Le droit à la protection des données personnelles. Recherche sur un droit fondamental,* Thèse, Université de Paris I, 2014, p.245. L'auteur indique les limites de l'Etat face à ce droit qui lui est opposable et qu'il se doit de protéger même quand le traitement des données est effectué par lui.

du droit, soient mis en équilibre des intérêts parfois contradictoires[1]. Face aux lacunes des outils juridiques camerounais, l'inquiétude et l'étonnement s'emparent légitimement de tout citoyen. Bien que la protection des données ne soit pas ignorée du droit camerounais, elle n'y est présente que de façon laborieuse, incidente, subreptice et sectorielle. Pourtant, le préambule de la Convention de l'Union africaine sur la cybersécurité et la protection des données (certes non encore en vigueur), postule la mise en place, « [d'un] dispositif permettant de lutter contre les atteintes à la vie privée susceptibles d'être engendrées par la collecte, le traitement, la transmission, le stockage et l'usage des données à caractère personnel »[2]. Dès lors, la tâche immédiate à laquelle doit s'atteler le législateur est de faire évoluer le droit (A), mais aussi les droits des citoyens (B).

A. La redéfinition d'un champ élargi de traitement des données personnelles

La faiblesse du dispositif camerounais découle de l'inexistence d'un texte général étayant le régime et les modalités de protection des données personnelles. Ce constat donne le sentiment d'un cadre insuffisant, disparate, désintégré, partiel et laconique. Sans surprise, le secteur bancaire se taille la part du lion[3]. Le droit des communications électroniques protège la confidentialité des communications des consommateurs et lutte contre la cybercriminalité. Le droit de la fonction publique quant à lui n'y fait allusion qu'au détour d'un chapitre : celui de la gestion du dossier professionnel du fonctionnaire. Pourtant, les données personnelles envahissent les fichiers, les plateformes, les datacenters, les applications et divers outils numériques sans jamais relever d'une quelconque réglementation. Que le fait soit imputable à une personne privée ou publique, le traitement

---

[1] SAUVE J-M., « La France dans la transformation numérique : quelle protection des droits fondamentaux ? » Séance d'ouverture du colloque organisé par le Conseil d'État, 6 février 2015, La documentation française, Paris, 2016, p.10.

[2] Convention LC13293 (EX.CL/846 (XXV)) de l'Union africaine sur la cybersécurité et la protection des données à caractère personnel du 27 juin 2014. Elle a été adoptée au cours de la 23e session ordinaire de la Conférence des Chefs d'Etats. Aux termes de son article 36, l'entrée en vigueur est conditionnée à l'adhésion ou à la ratification de quinze (15) Etats.

[3] https://kalieu-elongo.com/la-protection-des-donnees-a-caractere-personnel-en-zone-cemac-lapport-de-la-legislation-bancaire-communautaire/ .

de ces données constitue en soi une immixtion dans la vie privée qu'il faut encadrer et limiter[1]. Interroger la passivité du droit camerounais, c'est critiquer l'aporie ou la porosité de son cadre normatif. Une telle entreprise implique d'aménager une loi générale en fonction de la sensibilité des données (1) et des conditions de traitement (2).

1. La redéfinition en fonction de la sensibilité des données

L'encadrement de l'utilisation des données personnelles n'est pas en contradiction avec les missions régaliennes de l'Etat. Bien au contraire, il est de nature à contribuer à sa sécurité et à celle des droits fondamentaux de ses citoyens. Comme l'a souligné le Conseil d'Etat français[2], les données sont essentielles au maintien d'un ordre juridique dans lequel les pouvoirs étatiques et non étatiques demeurent limités afin de préserver la confiance des individus[3]. Autrement dit, la transformation numérique doit être au service des droits et libertés individuels, ce qui explique la nécessité de légiférer sur un traitement différencié en fonction de la nature des données (toutes les données ne se valent pas).

La donnée à caractère personnel désigne « toute information relative à une personne physique identifiée ou identifiable directement ou indirectement, par référence à un numéro d'identification ou à un ou plusieurs éléments, propres à son identité physique, physiologique, mentale, économique, culturelle et sociale »[4]. Ces données sont par suite « traitées » par l'administration sur support papier ou informatisé. Plus précisément, elle peut les collecter, les enregistrer, les exploiter, les conserver, les structurer, les extraire, les adapter, les

---

[1] V. DEBAETS E., *Le droit à la protection des données personnelles...*op.cit., p.37. L'auteur fait remarquer que l'immixtion par la personne publique est plus attentatoire au caractère libéral de l'Etat car fait resurgir la figure du *Big Brother* imaginée par George Orwell au sujet de la police secrète.

[2] CONSEIL D'ETAT., *Le numérique et les droits fondamentaux,* étude annuelle, coll. Études et documents, Paris, La documentation française, 2014, p.162; 207 ; 426.

[3] DEBAETS E., *Le droit à la protection des données personnelles…*op.cit., p.355.

[4] LC13293 Convention EX.CL/846 (XXV) de l'Union africaine sur la cybersécurité ; V. égal. L'art 3 du décret n° 2012 /1638/PM du 14 juin 2012 fixant les modalités d'établissement et/ou d'exploitation des réseaux…op.cit.,

modifier, les compléter, les consulter, les communiquer, les utiliser, les adapter, les croiser, voire les effacer ou les détruire[1].

La redéfinition du cadre normatif doit s'effectuer en fonction du caractère générique ou sensible des données. Dans le premier cas, le traitement est toujours possible s'il répond à une base légale. Il en est ainsi des données relatives au nom, prénom, âge, date de naissance, lieu de naissance, numéro fiscal, adresse postale ou adresse IP d'une personne, numéro de sécurité sociale, de carte ou de compte bancaire, numéro de téléphone, numéro de matricule. Les modalités de protection de ces données sont moins rigoureuses au regard de leur utilité quotidienne. À ce propos, l'exigence de performance de l'administration nécessite que soit faite une mise en commun de telles informations, pour une interconnexion des fichiers et la création des dossiers électroniques. À titre d'exemple, le SIGIPES répond non seulement à la volonté de maîtrise du personnel et de la solde de l'Etat, mais également de lutte contre la corruption. Autant dire que les données génériques sont celles dont la sensibilité est moins élevée et dont le piratage causerait les dommages les moins importants.

En revanche, la catégorie de données dites sensibles draine des risques beaucoup plus élevés[2]. Il s'agit des données relatives aux opinions ou convictions politiques, syndicales, philosophiques ou religieuses, mais aussi des données faisant état de l'origine raciale et ethnique, des données génétiques et biométriques, des données de santé, des données concernant la vie sexuelle ou l'orientation sexuelle d'une personne physique[3]. Dans ce même registre figurent les données relatives aux condamnations pénales, aux infractions ou aux mesures de sûreté qui doivent bénéficier d'un traitement spécifique et rigoureux sous le contrôle de l'autorité publique[4]. Contrairement aux données génériques, le principe ici est l'interdiction du traitement.

---

[1] Cet ensemble correspond à la notion de « traitement des données ». V. Convention de l'UA, op.cit., V. égal. Règlement (UE) 2016/679 du Parlement européen et du Conseil du 27 avril 2016 relatif à la protection des personnes physiques à l'égard du traitement des données à caractère personnel et à la libre circulation de ces données (RGPD). V. égal. Décret n° 2012 /1638/PM du 14 juin 2012.

[2] V. GAMBARDELLA S., « La protection des "données sensibles" à l'ère du numérique : regard sur le droit de l'Union européenne », in BEAUREGARD-BERTHIER O. et TALEB-KARLSSON A. (dir.), op.cit., pp.63-88

[3] Art.14 de la Convention de l'UA et Art. 9 du Règlement UE 2016/676.

[4] Ibid.,

Celui-ci ne peut être admis que dans des cas limitatifs entourés de garanties suffisamment appropriées[1].

Cette différence de traitement des données en fonction de leur nature trouverait un écho particulier au Cameroun qui, comme on le sait, constitue une mosaïque ethnique. On peut à cet effet regretter qu'il n'existe, pour l'instant, aucune modalité, encore moins d'indications particulières en matière de recueil des données sensibles de santé. Il en est de même des données recueillies dans le cadre du recrutement par voie de concours dans la fonction publique et des titres identitaires biométriques. À ce sujet, si les questions d'usurpations[2] d'identité semblent être atténuées, celles des discriminations demeurent entières, d'une part en raison de l'appartenance ethnique des personnes, et d'autre part, en raison de l'état de santé de ces dernières. Le contenu de l'article 23 du décret portant statut général de la fonction publique[3] laisse subsister des appréhensions quant à de possibles divergences d'interprétations. Il prévoit simplement qu'aucune mention relative aux opinions,

---

[1] C'est le cas si la personne concernée a expressément donné son consentement ou a rendu ses données publiques. De même, l'exception peut légitimement s'insérer dans des cas limitativement énumérés par la loi. Les possibilités de traitement sont les mêmes suivant l'article 14 de la Convention de l'UA ou l'article 9.2 du RGPD : lorsque le traitement est nécessaire aux fins de l'exécution des obligations et de l'exercice des droits propres au responsable du traitement ou à la personne concernée en matière de droit du travail, de sécurité sociale ; à la sauvegarde des intérêts vitaux de la personne concernée ou d'une autre personne physique ; à la défense d'un droit en justice ; aux activités légitimes d'une fondation, d'une association ou de tout autre organisme à but non lucratif ou encore aux fins de la médecine préventive, des diagnostics médicaux, de l'administration de soins ou de traitements ou de la gestion de services de santé ; à des fins d'archivage dans l'intérêt public.

[2] MATTATIA F., « *L''usurpation d'identité sur Internet dans tous ses états* », *Revue de science criminelle et de droit pénal comparé,* n°2-2014, p. 332. Cette infraction consiste à prendre, délibérément, l'identité d'une personne dans le but de réaliser des actions frauduleuses. Ce phénomène s'est décuplé avec Internet d'où la nécessité de restreindre la circulation des données personnelles en ligne. Par exemple, dans les universités camerounaises, à partir de quelques clics, on peut télécharger des fichiers comportant des données complètes sur les étudiants : nom, prénom, numéro étudiant, date et lieu de naissance, formation etc. De telles données permettent à une personne de mauvaise intention d'en usurper l'identité. Seules les personnes bénéficiant d'une autorisation ou d'une habilitation devraient avoir accès à ces fichiers.

[3] Décret n° 94/199 du 7 octobre 1994 et modifié portant statut général de la fonction publique de l'Etat modifié et complété par le décret n° 2000/287 du 12 octobre 2000 ;

convictions politiques, syndicales ou religieuses ainsi qu'à une appartenance ou non à une organisation syndicale ou politique ne peut figurer dans le dossier administratif du fonctionnaire. Du fait de cette énumération limitative, on peut être fondé à envisager un tel dossier avec des mentions ethniques ou autres que celles limitativement énumérées. Dans le doute pourtant, il faudrait être précautionneux et privilégier une interprétation large. Le droit comparé a eu l'occasion d'offrir un cas pratique fort intéressant. En l'occurrence, le juge européen a admis que constituait une donnée de santé, la mention dans un fichier par l'employeur, de la blessure d'un salarié [1].

Au Cameroun, la question est beaucoup plus nuancée et moins simple. Le pays est engagé dans une politique d'équilibre régional et de « redistribution ethnique »[2]. La politique des quotas ainsi instituée permet le recrutement et la répartition des places dans l'administration en fonction de la région d'origine des candidats. Pour renchérir, Laurent Charles Boyomo Assala fait observer qu'en précisant qu'il s'agit bel et bien de la région d'origine des parents et pas celle de naissance de l'enfant, le législateur a fait de la région une unité « transethnique » qui transcende les tribus[3]. Au-delà des controverses que cette pratique suscite, elle appelle une observation : la collecte des données ethniques doit uniquement servir les finalités prévues par la loi. Par ailleurs, une pratique curieuse s'est développée dans les institutions universitaires. Il est très souvent demandé aux étudiants de renseigner sur leur dossier d'inscription, les informations relatives à leur région d'origine qui, on le sait, font référence à l'ethnie ainsi qu'à leur confession religieuse. Cette collecte de données semble ne répondre pour l'instant à aucune base légale, de même que leur finalité dans le cursus académique est douteuse. Pour quel intérêt légitime et objectif de telles données sensibles seraient collectées ? Une collecte stricte d'une telle catégorie de données serait à privilégier. Par comparaison, le Conseil constitutionnel français exerce un contrôle poussé lorsque les données collectées sont relatives à l'origine

---

[1] CJCE, 6 nov. 2003, Comm.com.élec.2004 : « L'indication du fait qu'une personne s'est blessée au pied et est en congé de maladie partiel constitue une donnée à caractère personnel relative à la santé [...] »

[2] V. YODOU SIBEUDEU A.P., *Justice politique et prévention des conflits dans les sociétés pluriethniques : le cas de la politique de l'équilibre régional au Cameroun,* Mémoire de Master II en Sciences sociales, option : gouvernance et actions publiques, Université catholique d'Afrique centrale, 2011, p.80.

[3] BOYOMO ASSALA L.C., « Nation, Etat : discours intégrationnistes et pratiques ségrégationnistes » cité par YODOU SIBEUDEU A.P., op.cit., p.81.

ethnique ou raciale des citoyens. Au sujet des statistiques ethniques, il a indiqué que, « si les traitements nécessaires à la conduite d'études sur la mesure de la diversité des origines des personnes, de la discrimination et de l'intégration peuvent porter sur des données objectives, ils ne sauraient, sans méconnaitre le principe énoncé à l'article 1er de la constitution, reposer sur l'origine ethnique »[1]. En filigrane, une telle utilisation pourrait conduire à des « classifications suspectes » portant autant atteinte à la dignité humaine qu'à l'unité républicaine[2].

Au final, la mutation envisagée est censée à terme encadrer le traitement des données personnelles. Cette dynamique ne fera qu'assurer aux conditions de traitement des bases légitimes.

2. La redéfinition en fonction des conditions de traitement

Les conditions de traitement des données personnelles renvoient aux conditions de licéité et au respect des principes dits fondamentaux. La licéité s'entend comme la base légale ou le fondement juridique qui autorise un organisme à mettre en œuvre le traitement. Elle est porteuse de conséquences aussi bien pour les conditions de traitement, les mesures de sécurité que pour les droits des personnes dont les données sont traitées. Il résulte de l'obligation de licéité le droit à l'information des personnes quant aux finalités du traitement envisagé. C'est la raison pour laquelle le consentement[3] constitue la base légale de principe car il permet aux personnes concernées de comprendre le traitement qui sera fait de leurs données.

En dehors du consentement, le traitement des données peut se fonder sur divers autres motifs légitimes s'ils sont fixés par la loi. La

---

[1] Cons. cons. n° 29 de la déc. n° 2007-557 DC du 15 novembre 2007, Loi relative à la maîtrise de l'immigration, à l'intégration et à l'asile, *Rec.*, p.360

[2] CERDA-GUZMAN C., « La position des Etats à l'égard des données personnelles », in *Protection des données personnelles et sécurité nationale...* op.cit. p.36.

[3] Art 1er de la Convention de l'UA : La validité dépend cumulativement de son caractère libre, spécifique, éclairé et univoque. Il est dit libre lorsqu'il n'est ni contraint, ni influencé. Il est dit spécifique lorsqu'il correspond à un seul traitement et pour une seule finalité. Autrement dit, un traitement qui relève de différentes finalités, doit obtenir un consentement indépendant et distinct pour chacune d'elles. Il est dit éclairé lorsque précédé d'un ensemble d'informations mis à la disposition de la personne concernée. Il est univoque lorsqu'il découle d'un acte positif clair et sans ambiguïtés.

convention de l'UA prévoit cinq autres bases légales de traitement. C'est notamment le cas lorsque le traitement est nécessaire à l'exécution d'un contrat auquel la personne concernée est partie ; au respect d'une obligation légale à laquelle le responsable de traitement est soumis ; à la sauvegarde des intérêts vitaux de la personne concernée ou d'une autre personne physique ; à l'exécution d'une mission d'intérêt public ou relevant de l'exercice de l'autorité publique dont est investi le responsable de traitement[1].

Sans qu'ils ne soient explicitement considérés comme tels en droit camerounais, certains traitements semblent y répondre. Pour la plupart, le traitement requiert le consentement ou résulte de l'exécution d'un contrat auquel la personne est partie. Il en est ainsi dans les secteurs de la banque[2], des communications[3] et du commerce électronique[4]. Dans l'administration publique, l'exigence de licéité peut être tirée du respect d'une obligation légale à laquelle le responsable du traitement est soumis ; de l'exécution d'une mission de service public ou relevant de l'exercice de l'autorité publique. Dans tous les cas, la protection des données à caractère personnel collectées par l'administration doit avoir une base légale connue des citoyens. Corrélativement, le traitement doit respecter certains principes[5] dont la durée de conservation, la transparence, la minimisation, la confidentialité et la sécurité. La durée de conservation suppose que le traitement n'excède pas la période nécessaire aux finalités pour lesquelles les données ont été collectées. La transparence implique l'obligation d'information qui pèse sur les responsables du traitement. La minimisation exige que les données soient pertinentes, adéquates et non excessives au regard des finalités poursuivies. La confidentialité sous-tend que le traitement se fasse de manière anonymisée afin que l'on ne puisse identifier les personnes concernées. A ce propos, on peut s'étonner que prospère dans les institutions universitaires la

---

[1] V. Art 14 de la Convention de l'UA.

[2] Règlement n° 03/16-CEMAC-CM du 21 décembre 2016 relatif aux systèmes, moyens et incidents de paiement

[3] Suivant l'article 17 de la directive CEMAC n° 07-08,

[4] Art.7, al 1er de la loi n° 2010/021 du 21 décembre 2010 régissant le commerce électronique. V. égal. Décret n° 2013/0399/PM du 27 février 2013 fixant les modalités de protection des consommateurs des communications électroniques.

[5] V. Art 13 de la Convention de l'UA

publication sur internet, sur des sites et applications des données personnelles, sans aucune mesure d'occultation ou d'anonymisation[1].

Au demeurant, cette évolution normative ne se fera pas sans nouveaux droits. Par l'outil numérique, *"l'empowerment"*[2] permettra aux citoyens d'agir dans leur intérêt et contre l'attitude désinvolte de l'administration publique.

B. Le renforcement des droits des personnes à l'ère du numérique

En réponse à la menace que représentent les nouvelles technologies pour les libertés individuelles, la protection de la vie privée s'est enrichie chaque jour de nouveaux droits. Si l'on en juge par l'excellente percée normative et institutionnelle des pays d'Afrique de l'Ouest[3], le Cameroun reste un très mauvais élève en matière de protection des données. Si la plateformisation de l'administration multiplie les possibilités de collecte et de traitement des données à caractère personnel, elle n'est pas sans risque pour la vie privée. Il convient dès lors de consacrer de nouveaux droits (1). Mais, pour qu'ils ne représentent pas de simples vœux pieux, il importe d'instaurer une autorité de protection exclusive (2).

1. La consécration de nouveaux droits numériques

La transformation numérique implique la création de droits au profit des citoyens et de devoirs à la charge de l'Etat. Ce dernier doit s'abstenir de comportements pouvant violer les droits des personnes dont les données sont traitées et prendre des mesures nécessaires

---

[1] Dans le cadre du don spécial d'ordinateurs aux étudiants des Universités, la liste des bénéficiaires et enrôlés contenait des informations relatives aux noms, prénoms, matricules, date et lieu de naissance des bénéficiaires

[2] BERTHET C. et ZOLINSKI C., « L'"empouvoirement" des citoyens de la République numérique. Regards sur une réforme en construction », *Revue Lamy droit de l'immatériel*, vol.1, n°144, p.60.

[3] V. Acte additionnel A/SA.1/01/10 du 16 février 2010, relatif à la protection des données à caractère personnel dans l'espace CEDEAO. Trente septième session de la conférence des chefs d'Etats et de gouvernement ; *Journal officiel de la CEDEAO*, vol 56, octobre 2009-Février 2010.

visant à protéger leurs droits et libertés[1]. Ces obligations se résument à la mise en œuvre des principes de *privacy by design* et *bydefault*. Cela implique pour l'administration, en sa qualité de responsable du traitement, l'intégration des mesures de protection dès la conception des outils, équipements et applications de traitement des données. Il est donc envisageable de recourir en amont à la définition du cycle de vie des données. En aval, le traitement doit inclure la pseudonymisation et l'anonymisation des données. Au titre des mesures techniques et organisationnelles, l'administration doit garantir la limitation de l'accessibilité des données traitées à un nombre déterminé de personnes[2]. De surcroît, seules doivent être traitées les données adéquates et pertinentes à ce qui est strictement nécessaire aux finalités poursuivies.

Il s'ensuit corrélativement pour les personnes concernées, l'émergence de nouveaux droits. Le droit d'accès en constitue le premier. Il est fédérateur et fondamental car de lui découlent plusieurs autres. Globalement, il consiste à demander à un organisme et plus précisément au responsable du traitement, quelles sont les données qu'il détient sur sa personne, et le cas échéant d'en obtenir la communication. L'exercice de ce droit peut s'opérer au moyen de formulaires en ligne ou de l'adresse électronique du référent qualifié ailleurs de délégué à la protection des données. Il peut être demandé à ce dernier les finalités du traitement, le contenu des données collectées, la base juridique du traitement, les destinataires des données, l'intention de les transférer vers un pays étranger, la durée de conservation, etc. Le droit d'accès offre par ailleurs la possibilité de retirer son accord au traitement de ses données ainsi que le droit d'en exiger rectification. Dans le traitement des données non automatisées, le droit camerounais offre cette possibilité autant aux étudiants qu'aux fonctionnaires. Aux termes de l'article 11 alinéa 3 de l'arrêté du 11 septembre 2008 portant statut commun des étudiants des institutions universitaires : « l'étudiant jouit du droit d'accès à son dossier académique personnel ; il peut notamment exiger de l'administration universitaire, la clarification, la rectification, la mise à jour, le complément ou le retrait des informations qui sont inexactes, incomplètes, équivoques, périmées ou dont la collecte, l'utilisation, la

---

[1] GIRAUDEAU G., « Les obligations étatiques à l'ère du numérique : obligations nouvelles ou renouvelées ? », in CHATRY S. et GOBERT T. (dir.), *Numériques, nouveaux droits, nouveaux usages*, Mare & martin, 2017, p.134.
[2] DE MAISON ROUGE O., *Les cyberrisques*...op.cit., p.86.

communication ou la conservation est interdite par les lois et les règlements »[1]. L'article 23 alinéa 3 du décret portant statut général de la fonction publique a recours en des termes identiques pour le fonctionnaire qui en fait la demande[2].

Du droit d'accès découle le droit d'opposition au traitement de ses données. Il peut notamment être exercé en cas de non-respect des garanties minimales de protection ou de sécurité. Il n'est toutefois pas absolu car sa justification doit tenir à la situation particulière de la personne concernée. De son côté, l'administration peut ne pas donner suite à ce droit si elle justifie des motifs légitimes et impérieux lui imposant la continuité du traitement. Il peut en être ainsi dans le domaine fiscal ou celui du recrutement par voie de concours dans la fonction publique.

Toute personne doit également avoir le droit d'être informée de manière transparente et loyale de la manière dont ses données sont collectées et traitées. De même, la portabilité de ses données doit lui être garantie, c'est-à-dire, la possibilité de les récupérer dans un format lisible, compréhensible et aisément réutilisable. Plus intéressant, aucun individu ne saurait faire l'objet de décisions individuelles automatisées, y compris de profilage, ce qui suppose après coup l'intervention humaine dans la prise de décision administrative.

Enfin, doit être consacré le droit à l'effacement, encore appelé droit à l'oubli numérique qu'il convient au passage de distinguer du droit au déréférencement[3]. Comme son nom l'indique, il permet d'obtenir du

---

[1] Arrêté n° 08/0249/MINESUP du 11 septembre 2008 portant statut commun des étudiants des institutions universitaires du Cameroun.

[2] « Le fonctionnaire jouit du droit d'accès à son dossier professionnel et peut notamment exiger de l'administration la clarification, la rectification, la mise à jour, le complément ou le retrait des informations qui sont inexactes, incomplètes, équivoques, périmées ou dont la collecte, l'utilisation, la communication ou la conservation est interdite. Lorsque le fonctionnaire intéressé en fait la demande, l'administration compétente doit procéder, sans frais à la charge du fonctionnaire, à la modification demandée ».

[3] Lire NYOBE J.S., « Un an de droit de la protection des données personnelles », chronique n° 8 in KOVAR J.P. (dir.), *Un an de droit de l'économie et de la régulation en Europe. Le bilan de l'année 2019,* Science-po Strasbourg, 2020, p.112. A la faveur de l'arrêt CJUE, 13 mai 2014, aff. C-131/12., Google Spain c/ Mario Costeja Gonzalez, l'on retiendra que le déréférencement concerne spécifiquement les moteurs de recherche et les réseaux sociaux. Il permet d'obtenir des hébergeurs, la suppression de certains résultats associés aux noms et prénoms

responsable du traitement la suppression définitive des données d'une personne. Pour ce faire, celle-ci peut faire valoir le retrait de son consentement, le dépassement de la durée légale de conservation ou l'illicéité du traitement.

Quoiqu'il en soit, la garantie de l'effectivité de ces droits s'accommoderait mal de l'actuelle interrégulation[1] qui s'effectue entre l'ART et l'ANTIC. La mise en place d'un régime de protection de la vie privée ne sera efficace qu'avec la création d'une autorité de contrôle et de régulation indépendante.

2. La création d'une autorité indépendante de régulation et de contrôle

La création des premières autorités de régulation en matière de protection des données s'est faite dans l'optique d'empêcher que l'État constitue des bases de données personnelles aux fins de surveillance[2]. Plus tard, cet objectif s'est dilué dans celui plus englobant « d'établir un équilibre entre le droit à la vie privée des personnes et le légitime besoin de certains tiers [...] de traiter des informations concernant ces personnes »[3]. Le droit positif camerounais est de ce point de vue aphasique et parcellaire. On peut admettre qu'il hésite, tâtonne et donne le sentiment de se laisser déborder[4]. Outre des compétences qui s'entremêlent entre l'ART et l'ANTIC, bien des domaines ne font l'objet d'aucune réglementation, encore moins de contrôle[5].

---

d'une personne. Les résultats n'afficheront plus les données de la personne, mais elles ne seront pas pour autant effacées.

[1] V. FRISON-ROCHE M-A., « L'hypothèse de l'interregulation », in FRISON-ROCHE M-A. (dir.), *Les risques de régulation*, Dalloz et Presses de science Po, Paris, 2005, pp 69-80. Dans le même sens, ECKERT G. et KOVAR P. (dir.), *L'interrégulation,* L'Harmattan, Paris, 2015,244p. Il y a interrégulation lorsque le procédé technique ou procédural répond à la nécessité de faire entrer en contact des régulateurs dans le cadre d'un échange d'informations ou de services afin qu'il en résulte une décision.

[2] MATTATIA F., *Le droit des données personnelles*, Eyrolles, Paris, 2e éd, 2016 p.8

[3] Ibid.,

[4] V. ENLART S. et CHARBONNIER O., *Société digitale, comment rester* humain ? Dunod, 2018, p.6. Cité par TCHABO SONTANG H.M., « Le droit à la vie privée à l'ère des TIC au Cameroun », *Revue des droits del'homme* [En ligne],17/2020, mis en ligne le 13 janvier 2020, consulté le 3 juin 2021, à cette adresse http://journals.openedition.org/revdh/7975

[5] On peut lire avec TCHABO SONTANG H.M., Ibid., que même le secteur bancaire qui semble faire l'objet d'inflation législative n'énonce aucune modalité de

L'inadéquation du cadre juridique camerounais est continuellement critiquée comme étant d'une part sectorielle et d'autre part partagée entre deux organes aux compétences relativement bien élaborées[1]. D'un côté, le législateur a fait de l'ART l'organe en charge de la protection des consommateurs[2]. Par suite, il lui a confié la tâche d'assurer le respect par les prestataires de la vie privée des utilisateurs des réseaux de communication électroniques. De l'autre, il a fait de l'ANTIC le régulateur des réseaux, des systèmes d'information et de la certification électronique. A ce titre, elle veille, dans l'usage des TIC, au respect de l'éthique, à la protection des consommateurs, des bonnes mœurs et de la vie privée[3]. Force est pourtant de constater qu'avec la convergence numérique, ces deux organes sont submergés par d'autres missions toutes aussi exigeantes que stratégiques. Or la protection des données exige l'exclusivité de la mission et l'indépendance de l'organe en charge[4]. Comment ne pas craindre des télescopages ou des conflits négatifs de compétences ? Pour mémoire, on se souviendra qu'à l'occasion de la campagne électorale de 2013, un candidat aux élections législatives s'était servi du fichier électoral de l'organe en charge des élections pour envoyer des messages aux fins de prospection politique et de captage électoral dans sa circonscription administrative[5]. Quelques années plus tôt, les vœux de fin d'année du couple présidentiel étaient envoyés aux citoyens via les opérateurs de téléphonie mobile. Ni l'ART ni l'ANTIC n'ont pris

---

protection encore moins l'existence d'un droit de recours en cas de violation. La COBAC, organe de régulation sectorielle, ne se soucie le plus souvent que de la stabilité et de la santé financière des établissements assujettis.

[1] Lire YOUMSSI Y L., *La protection des données informatiques à caractère personnel au Cameroun,* Mémoire de Master droits de l'homme et action humanitaire, Université catholique d'Afrique centrale, 2018,74p ; TCHABO SONTANG H.M., op.cit. [En ligne]

[2] Art. 36, al.2, de la loi n° 2010/013 du 21 décembre 2010 ; Art 7 et 11 du décret n° 2012 / 1638 du 14 Juin 2012 fixant les modalités d'établissement et/ou d'exploitation des réseaux de fourniture des services de communications électroniques soumis au régime d'autorisation

[3] Art. 5, j, du décret n° 2012/180 du 10 avril 2012.

[4] ZINGUE L-F., « Protection des données personnelles au Cameroun : approches de réglementation nationale et d'intégration internationale », https://www.village-justice.com › articles- protection-d...

[5] V. CHUEKOU V., *La problématique de la protection de la protection des données personnelles au Cameroun à l'ère du numérique, Université de Montpellier ?* p.1. « Je vous prie de voter les listes RDPC pour l'amélioration des conditions de vie, bien-être et les grandes réalisations », signé Ali Bachir.

position, encore moins sanctionné de telles pratiques. Or pour des faits similaires, l'ART était monté au créneau pour dénoncer les spams publicitaires envoyés sans le consentement éclairé des utilisateurs[1].

En pratique, les usages des TIC ne se limitent pas aux seules communications électroniques. C'est l'arbre qui cache la forêt car, c'est souvent loin de ces réseaux que les usages nocifs aux données personnelles prennent corps et s'enracinent[2]. Nombreuses sont opérations de traitement des données qu'effectue l'administration dans sa transformation numérique. Il en est ainsi des données de vidéosurveillance, des données biométriques issues de la production des titres identitaires, de celles collectées par les plateformes de recrutement, du SIGIPES II, de COLEPS, de CAMCIS ou encore de l'administration fiscale. Pourtant, à l'ère du *big data*, une approche globale de protection semble impérieuse et cohérente. Cela est d'autant plus vrai que l'interopérabilité des systèmes et le croisement des données permettent une libre circulation indépendamment de l'administration qui les a collectés. Il est ainsi d'usage pour cette approche, que la protection soit l'apanage d'un organe séparé, dont la spécialité présume la compétence, et indépendant vis-à-vis des pouvoirs publics, très souvent enclins à porter atteinte aux données pour des raisons d'intérêt général et de sécurité nationale. D'autre part, son indépendance doit également être garantie contre les acteurs privés aux yeux de qui les données ont une forte valeur marchande.

Cela dit, la création d'une législation générale et d'un organe unique doté de pouvoirs de sanctions administratives et pécuniaires permettra d'assurer la cohérence du dispositif camerounais de protection des données. Le Cameroun gagnerait à suivre l'exemple des Etats africains[3] qui disposent d'une loi spécifique et d'un organe de

---

[1] Décision n° 086 du 22 mai 2014 fixant les conditions et modalités de lancement par les opérateurs des offres promotionnelles de services des communications électroniques et Décision n° 087 du 22 mai 2014 prescrivant aux opérateurs les modalités d'encadrement des SMS indésirés par voie téléphonique.

[2] TCHABO SONTANG H.M., « Le droit à la vie privée à l'ère des TIC au Cameroun », op.cit. [En ligne].

[3] Loi sénégalaise n° 2008-12 du 25 janvier 2008 portant protection des données à caractère personnel avec la création de la Commission des Données Personnelles (CDP) ; Loi gabonaise n° 001-2011 du 25 septembre 2011 relative à la protection des données à caractère personnel avec la création de la Commission Nationale pour la Protection des Données à Caractère Personnel (CNPDCP) ;Loi n° 2009-09 du 27 avril 2009 portant protection des données à caractère personnel en République du Bénin qui a institué la Commission Nationale de l'Informatique et des Libertés

contrôle dédié. Dans ce schéma, il serait utile d'instaurer une série d'obligations à la charge des responsables de traitement : une obligation de déclaration auprès de l'autorité de contrôle pour les données génériques et une obligation d'autorisation pour les données sensibles ou lorsqu'une étude d'impact sur la vie privée paraît nécessaire. Cette orientation, qui s'éloigne de *l'accountability* européen parait réaliste et adapté au Cameroun dans un premier temps. Ce qui, n'exclut pas qu'à long terme il soit exigé des responsables de traitement des obligations de *compliance* ou de mise en conformité *ex anté.*

(CNIL) ; Au Burkina-Faso, loi n° 001-2004 du 20 avril 2004 portant protection des données à caractère personnel qui a institué la Commission de l'Informatique et des Libertés (CIL) ; Loi ivoirienne n° 2013-450 du 19 juin 2013 relative à la protection des données à caractère personnel. V. égal. L'Afrique du Sud, l'Angola, le Cap-Vert, la Côte d'ivoire, le Ghana, Madagascar, le Mali, le Niger, l'ile Maurice, la Tunisie, le Maroc.

L'approche institutionnelle de résolution des crises en droit public camerounais

YINDJO TOUKAM Christian Fabrice

Docteur en Droit Public à l'université de Douala (Cameroun)

La notion de crise est l'une des notions des plus banales en droit. Elle est banale non pas par l'absence de contenu et de portée, mais à cause de son utilisation courante. Elle est consubstantielle au droit car c'est elle qui le justifie. En effet, la crise peut être globalement appréhendée comme l'état de nature qui est une situation de dysfonctionnement, un état d'absence de régulation. L'état de nature est antérieur à la constitution de la société sous une forme organisée et règlementée par des normes juridiques[1]. Le règne de la force dans l'état de nature et ses effets sur les droits de l'homme ont amené l'Homme à construire un environnement favorable à l'expression des libertés de tous dont le substrat idéologique a évolué au gré des contingences pour aboutir à l'Etat de droit. L'État de droit est donc ce concept qui bien que de formulation relativement récente instaure un environnement d'égalité et de liberté, un environnement qui rejette le trouble, le conflit et la crise, *« ce qui suppose de remédier aux causes du conflit ou de prévenir sa résurgence »*[2]. Malgré tous les principes et valeurs dégagés par l'État de droit, malgré qu'il soit *« le dénominateur commun de tous les Etats modernes qui se réclament de l'idéologie démocratique »*[3], il semble qu'il ne soit pas parvenu à protéger la société et l'existence humaine contre les crises. Elles sont toujours présentes et ont tendance à se renforcer.

---

[1]BRIMO A., *Les grands courantsde laphilosophie du droitet de l'Etat,* Éditions A. PEDONE, Paris, 2e édition, 1968, p. 77.

[2]MOINE A., « L'État de droit, un instrument international au service de la paix », *Civitas Europa,* n° 37, 2016/2, p. 65.

[3]YOMBI, S. M., « L'Etat de droit dans le renouveau démocratique en Afrique noire francophone », *Revue RRC,* n°002 / Octobre 2019, p. 1.

L'histoire de l'humanité est parsemée de crises. C'est le cas notamment des diverses guerres qu'a connu le monde. Les crises se justifient par l'existence des divergences de point de vue entre les Hommes. Elles mobilisent toujours le droit pour apporter une solution, pour taire les querelles entre les belligérants. L'évolution de la société a emporté avec elle la multiplication des foyers de crises. Ils sont de plus en plus nombreux et ébranlent la stabilité des États. Du point de vue juridique, la crise peut survenir à l'intérieur ou à l'extérieur du système juridique. À l'extérieur, elle est constituée des événements qui viennent troubler le fonctionnement normal de l'État. C'est ainsi que l'on parle de crise économique, de crise politique, de crise budgétaire et financière[1], de crise sécuritaire, et de crise sanitaire[2] plus récemment avec l'apparition de la Covid-19[3]. À l'extérieur, la crise affecte le fonctionnement de l'État comme système normatif. Elle concerne tous ses éléments constitutifs allant des considérations idéologiques aux aspects formels. Au niveau idéologique, on évoque la crise de l'État[4]ou de la République[5] comme forme particulière d'organisation politique, de crise de la représentation et plus précisément la représentation politique[6] marquée par *« un accroissement considérable de l'abstention »*[7] lors des consultations électorales. La crise de la représentation est l'une des crises qui intéressent particulièrement la doctrine car elle porte en elle les prémices silencieuses de la déconstruction de l'État. La représentation longtemps considérée comme la forme la plus réaliste de démocratie,

---

[1]RIACHY Z., *La gestion des crises financières et budgétaires des Etats membres par le droit de l'Union européenne,* thèse de doctorat en droit, université cote d'Azur, 2017, 560p.

[2]VILLENEUVE P., « Covid-19 et ordre public sanitaire », *JCP/LA SEMAINE JURIDIQUE* – Édition administrations et collectivités territoriales, n° 12, 23 Mars 2020, p. 5.

[3]YINDJO C., « L'influence des mesures de riposte contre la covid-19 sur le droit au bonheur du citoyen en droit Camerounais », *RJB,* n°3, 2021, p. 2.

[4]NIANDOU SOULEY A., « Ajustement structurel et effondrement des modèles idéologiques : Crise et renouveau de l'État africain », *Études internationales*, vol. 22, n° 2, 1991, p. 253.

[5] CHRISTIANE G., « Réflexions sur la crise de la Ve République », *Recueil Dalloz*, 2002 p. 1843.

[6]TOURAINE A., « La crise de la représentation politique », *Sociologie et sociétés*, vol. 15, n° 1, 1983, pp. 131-140.

[7]DENQUIN J-M., « Pour en finir avec la crise de la Représentation », *Jus Politicum* - n° 4 – 2010, p. 1.

ou comme la *« forme exclusive de la démocratie moderne »*[1], est aujourd'hui présentée comme une technique dépassée *« en ce qui concerne tant la représentativité des élus que leur efficacité »*[2]. Elle semble avoir perdu de sa substance notamment la solidarité et l'interdépendance entre représentés et représentants[3].

Du point de vue interne, l'État en tant que système normatif subit des crises dans ses éléments constitutifs. Cette crise par du sommet pour rejaillir sur tous les actes de la pyramide tel que développé par Hans KELSEN[4]. En effet, la crise frappe premièrement la Constitution. Considérée comme le degré supérieur des ordres juridiques étatiques[5], la Constitution est censée se caractériser par une normativité qui s'impose à tous les sujets de la société. Tel ne semble plus être le cas aujourd'hui, du moins au regard de la crise qui frappe cet instrument juridique. Malgré les soutiens reposant sur le fait qu'elle permettrait toujours d'identifier un ordre juridique[6], la normativité qui constitue son principal caractère est en crise. En Afrique, cette crise a des manifestations particulières. La crise de la Constitution en Afrique est révélée par son caractère vulnérable. La norme fondamentale est devenue vulnérable dès lors que le rapport de force entre le droit et le politique s'est inversé[7], le second ayant pris le dessus sur le premier. La Constitution est donc devenue un acte banal pouvant faire l'objet de multiples violations. La crise s'est amplifiée des lors que les violations se sont généralisées, et que cet acte a pu être mis à l'écart ou supplanté par des arrangements entre acteurs. Ces arrangements plus connus sous le terme d'accords politiques ont une expansion qui *« se situe dans un contexte général de résurgence des*

[1]DUHAMEL O., TUSSEAU G., *Droit constitutionnel et institutions politiques,* Editions du Seuil, Paris, 5e édition, 2020, p. 84.

[2]TURPIN D., « Critiques de la représentation », *Pouvoirs* 7, 1978, p. 13.

[3]DUGUIT L., *Manuel de droit constitutionnel,* E. de BOCARD, Paris, 4e édition, 1923, p. 127.

[4]Dans sa théorie sur la pyramide des normes, KELSEN fait savoir que l'ordre juridique n'est pas un système de normes placées toutes au même rang. C'est un édifice à plusieurs étages superposés avec au sommet la Constitution à partir de laquelle toutes les autres normes tirent leur validité. Voir KELSEN H., *Théorie pure du droit,* traduction française de la 2e édition de la « Reine Rechtslehre » par Charles EISENMANN, Paris, DALLOZ, 1962, p. 299.

[5]KELSEN H., *Théorie pure du droit, op.cit.,* p. 300.

[6]TROPER M., « La pyramide est toujours debout! Réponse à PAUL AMSELEK », *RDP*, 1978, p. 1534.

[7]AÏVO F.J., « La crise de normativité de la Constitution en Afrique »,*RDP*, n° 1, 20 décembre 2012, p. 144.

crises et des foyers de tensions »[1]. Ils mobilisent tous les acteurs du jeu politique pour trouver des solutions aux conflits politiques afin de rétablir la paix sur le territoire. Ces accords s'opèrent en général en dehors des procédures constitutionnelles de résolution des crises telles que l'État d'urgence ou l'État d'exception[2], et ont la prétention de s'imposer aux constitutions. L'on a pu le constater avec l'Accord de Marcoussis signé pour mettre fin à la crise ivoirienne des années 2000. Cet accord dans son contenu définissait en réalité unenouvelle Constitution et son objectif était *« précisément de réviserle dispositif institutionnel et de contenir des recommandations nouvelles non conformes à celle toujours en vigueur »*[3]. Si ces accords sont devenus une constance dans le processus de résolution des crises politiques, il n'en demeure pas moins qu'ils mettent la Constitution dans une situation de crise en la dévalorisant, elle qui doit demeurer un texte *« obligatoire pour les Pouvoirs publics en raison de l'autorité dont il émane »*[4].

Ce bref panorama permet de comprendre que la crise est consubstantielle à l'existence des êtres animés. Elle est présente dans tous les champs de la société avec une ampleur qui varie en fonction des circonstances. La crise est d'essence plurielle. Il s'agit tantôt *« de mouvements en profondeur, de longue durée, qui affectent une civilisation, une société, un État, un régime »*[5]. Tantôt il s'agit de *« phénomènes immédiats, superficiels, passagers, aigus, parfois violents »*[6]. Ses effets sur la stabilité et la cohésion sociale nécessitent d'avoir des réponses adéquates. Le droit est le principal instrument mobilisé pour résoudre les crises. Les crises récentes plus nombreuses et plus sévères dans leurs effets ont soumis les États à des contraintes énormes, notamment la mobilisation des instruments juridiques existants ou innovants pour rétablir la paix et la sérénité. De ce fait, *« la capacité des infrastructures étatiques et leursdéclinaisons institutionnelles à résister aux chocs est donc devenue un enjeu à la*

---

[1]MAMBO P., « Les rapports entre la constitution et les accords politiques dans les États africains : Réflexion sur la légalité constitutionnelle en période de crise », *Revue de droit de McGill,* n°4, Volume 57, june 2012, p. 928.

[2]Voir l'art. 9 de la constitution du Cameroun.

[3]De GAUDUSSON JDB., « L'accord de Marcoussis, entre droit et politique », *Afrique contemporaine*, 2003/2 n° 206, p. 46.

[4]TROPER M., « La Constitution et ses représentations sous la Ve République », *Pouvoirs* 4, 1982, p. 62.

[5]BRAIBANT G., « L'État face aux crises », *Pouvoirs* 10, 1979, p. 5.

[6]*Ibid.*

foispolitique, social et épistémologique »[1]. Le regard insistant sur le droit peut aussi résulter du fait que dans certaines situations, il est accusé d'être à l'origine des crises. C'est le cas lors *« d'un arbitrage non pertinent entre des exigences contradictoires présentées au nom de la rigidité ou, à l'inverse, de la souplesse de la norme »*[2]. Les deux situations sont observables dans le contexte camerounais. Les crises politiques par exemple sont le résultat d'un régime électoral accusé de favoriser les autorités en place. Elles ont aussi pour origine le système législatif marqué par des lois qui ont assimilé toutes les composantes sociologiques en violation des particularités historiques et sociologiques[3]. Les autres crises parmi lesquelles la corruption et les détournements des deniers publics, la montée puissance du tribalisme et autres frustrations sociales puisent leurs racines dans la souplesse de la norme juridique. Malgré cet état de chose, le droit demeure l'instrument de résolution des crises le plus approprié. Il permet d'éviter un retour dans l'état de nature caractérisé par l'inégalité et la force[4].

Dans la logique de la considération du droit comme instrument de résolution de crise, plusieurs approches existent. Il peut s'agir de l'approche normative constituée de la refonte des normes applicables. Il peut également s'agir d'une approche institutionnelle qui se traduit par la création d'institutions spécialement dédiées à la résolution de la crise. Une approche n'est pas toujours exclusive de l'autre, les deux étant très souvent jumelées. Le Cameroun a fait le choix de manière constante de l'approche institutionnelle. À cet effet, chaque situation de crise est l'occasion d'observer la création de nouvelles institutions. Ces dernières sont justifiées par une situation de dysfonctionnement qui appelle une normativité particulière. Les situations de crise conduisent en théorie à l'instauration d'une légalité de crise ou

---

[1]YAYA TRAORE, *Problématique de la gouvernance politique en Afrique : sociogenèse et enjeux de la crise de l'Etat-nation en côte d'ivoire,* Thèse de doctorat en Science Politique, universitéPanthéon-Assas, 2014, p. 10.

[2]CABANIS A., MARTIN M.L., « la faute au droit : les crises économiques », *in* J. LARRIEU (dir), *Crise(s) et droit*, Paris, Presses de l'Université Toulouse 1 Capitole, LGDJ - Lextenso Editions, 2012, p. 17.

[3]C'est l'une des causes de la crise dite anglophone. Certains appellent à un retour au fédéralisme qui pour eux était plus compatible avec les spécificités locales.

[4]L'expérience des conflits a permis de constater que la force n'est pas la bonne solution. Concrètement, la solution militaire se révèle toujours insuffisante et inadaptée. Même lorsqu'elle parvient à rétablir une situation de tranquillité celle-ci n'est que passagère.

d'exception. Les mécanismes de la légalité ordinaire sont suspendus jusqu'au rétablissement du bon ordre car *« légalité ordinaire pour les situations normales, légalité dérogatoire du Droit commun pour les situations exceptionnelles et anormales »*[1]. La légalité de crise a donc en principe une validité ponctuelle. Elle n'est pas vouée à s'éterniser car elle consacre plus de pouvoirs aux gouvernants et réduit l'expression des libertés et droits fondamentaux. L'approche institutionnelle de résolution de crise adoptée par les pouvoirs publics camerounais ne correspond pas à cette logique. Elle emporte des effets qui sont opposées à tous les principes de régulation des situations de crise. La question que l'on peut se poser est celle de savoir quelle est la portée de cette approche au regard de l'objectif de normalisation des rapports sociaux, de cohérence du système juridique et de protection des droits fondamentaux. Cette réflexion est importante à plus d'un titre. Elle prend appui sur l'actualité caractérisée par la diversité des foyers de tension qui nécessitent une évaluation des solutions entreprises par les pouvoirs publics. La méthode utilisée est essentiellement normativiste, consistant en l'interprétation des textes juridiques. Elle permet de percevoir de l'exagération dans l'approche institutionnelle manifestée par la création dithyrambique des institutions d'exception en temps de crise (I) et par la pérennisation emphatique des institutions d'exception au-delà des crises (II).

I. La création dithyrambique des institutions d'exception en temps de crise

L'approche institutionnelle de résolution des crises en droit public camerounais se manifeste par une forte propension à la création de nouvelles institutions en cas d'instabilité. Cette approche qui est pour le moins excessive manifeste un déclassement des institutions de la légalité ordinaire (A) au profit de celles porteuses d'une légalité d'exception (B).

[1]OWONA J., « l'institutionnalisation de la légalité d'exception dans le droit public camerounais », *RCD*, n°6 juillet-décembre 1974, p. 105

A. Le déclassement des institutions de la légalité ordinaire

L'un des objectifs les moins médiatisés du droit est la prévoyance ou l'anticipation. Les normes juridiques ne sont pas seulement établies pour réguler et pour sanctionner dans l'immédiat. La sécurité juridique serait ébranlée si tel était le cas du fait de la trop grande influence des aléas. En effet, *« la condition humaine, par le caractère aléatoire même de sesévénements, est plus supportable si on réduit son taux d'incertitude »*[1]. Les normes qui ne s'inscrivent pas dans cette logique sont potentiellement défaillantes (1) et ne peuvent plus être mobilisées pour résoudre les situations de crises (2).

1. La justification du déclassement par les limites de la légalité ordinaire

Le droit camerounais consacre deux régimes de crises à savoir l'État d'urgence et l'État d'exception[2]. Ces deux régimes d'exception ne couvrent pas la totalité des situations de crise. Si l'on admet qu'*« on ne parle de crise que par référence à un modèle classique et dans la mesure où il se trouverait remis en cause par des manifestations nouvelles qui ne s'inscriraient pas dans la logique du modèle »*[3], l'on doit pouvoir convenir que la crise va au-delà des situations d'instabilité encadrées par les deux régimes évoqués. Les situations de paix et de stabilité sont régies par une légalité ordinaire ou de droit commun. Les normes édictées pour de telles situations régissent les relations paisibles entre les individus. La légalité ordinaire consacre des institutions qui doivent réguler la société en éduquant les citoyens et en sanctionnant les comportements déviants. Tout est donc en principe fait pour assurer la sérénité. Toutefois, les situations de crise vues dans leurs effets ont parfois pour cause les défaillances de la légalité ordinaire.

L'apparition d'une crise induit la défaillance des normes en vigueur. Dans le système camerounais, les normes sont particulièrement conflictogènes. Cela se traduit d'abord du point de vue interne avant d'être consolidé par la pratique. Au niveau interne,

---

[1]LUCIANI M., « L'éclipse de la sécurité juridique », *RFDC*, 2014/4 n° 100, p. 992.
[2]Art. 9 de la Constitution.
[3]TIMSIT G., « La régulation. La notion et le phénomène », *Revue française d'administration publique,* n°109, 2004/1 p. 6.

les lacunes sont celles relatives à la violation des exigences de qualité des normes. Les normes ne doivent pas être appréhendées uniquement du point de vue du respect des exigences formelles qui les rendent opposables. À cet effet, *« la validité de la norme ne suffit pas, il faut encore qu'elle réponde à une exigence tout au moins latente de qualité »*[1]. La qualité de la norme est un attribut essentiel à l'ère contemporaine. Elle intègre les exigences de l'équité, de la justice et de la morale rejetées par Hans KELSEN dans sa théorie pure du droit[2]. Très nombreux sont pourtant les textes qui consacrent ces valeurs[3] et les posent comme des conditions de la bonne norme juridique. La bonne norme serait alors celle dont l'objectif et la fonction *« sont d'accéder à la justice, l'intérêt ou la moralité sociale »*[4]. Lorsque ces éléments ne sont pas respectés, la légalité prête naturellement le flanc à la survenance des crises. La légalité est interpelée sur deux points, sur la forme et sur le fond.

La qualité des aspects formels de la légalité peut être une des causes d'incitation aux crises. Il est question ici des formalités, de la structure et des caractères de la loi prise au sens général. L'incompréhension est l'une des causes majeures des conflits. Elle tire sa source de l'obscurité de la loi. Cette dernière est une pathologie généralisée dans les systèmes juridiques africains[5]. Elle *« rend le droit imprévisible, en fait un instrument de l'arbitraire »*[6]. L'obscurité de la loi est parfois consciente et voulue. Elle permet alors au pouvoir en place de tirer profit pour consolider son autorité par les pouvoirs discrétionnaires et d'interprétations attribués. L'on ne peut être que d'avis avec la doctrine notamment le professeur De GAUDUSSON lorsqu'il affirme qu'*« interprétées à des fins conflictuelles, lesprocédures et les règles ne sont pas nécessairement considérées comme des moyens de résoudreun conflit, mais comme des armes*

[1]ABANE ENGOLO P.E., « La notion de qualité du droit », *RADSP,* Vol I, n°1.- jan.- juin 2013, p. 88.
[2]H. KELSEN, *Théorie pure du droit, op.cit.,* p. 90.
[3]Dans son préambule, la Constitution consacre la notion de bonnes mœurs qui renvoie aux considérations morales.
[4]SHAHRBABAKI A A., *La qualité des normes étude des théories et de la pratique,* thèse pour le doctorat en droit public, université Aix-Marseille, 2017, p. 118.
[5]Les lois sont constamment accusées d'être obscures avec comme finalité de protéger les autorités en place au détriment de la justice ou de la libre compétition en matière électorale.
[6]MALAURIE P., « l'intelligibilité des lois », *Pouvoirs* –114, 2005, p. 131.

destinées à le provoquer et à le durcir »[1]. La structuration formelle de la loi est ainsi en crise. La loi perd tous ses attributs de clarté, d'intelligibilité. En effet, comme l'affirme le professeur Jean Jacques URVOAS, *« une loi où pullulent les mesures d'applications, où les exceptions jouxtent les limitations ne peut pas être uneloi claire »*[2]. En droit camerounais, l'on observe la prolifération d'un phénomène que l'on pourrait qualifier de renvoie normatif. Il s'agit pour le législateur de transférer au pouvoir réglementaire le pouvoir de construire de manière définitive la normativité de la loi.Cette attitude consacre au plan juridique un rapport d'application qui est cette *« figure conceptuelle du rapport de concrétisation entre deux actes juridiques qui donne naissance à un acte dont l'auteur (l'organe d'application) poursuit l'application d'un autre acte(l'acte appliqué) »*[3]. Malheureusement,ce rapport n'est pas toujours mis en œuvre dans le sens de la construction de la cohérence du système juridique.

La crise de la moralité que l'on observe au Cameroun caractérisée par la corruption et les détournements des deniers publics est le produit des défaillances dans le système juridique, précisément la violation des rapports d'application des actes juridiques. La Constitution a consacré l'obligation pour tous les gestionnaires publics de procéder à la déclaration de leurs biens et avoirs avant l'entrée en fonction et après l'expiration de l'exercice des fonctions[4]. La loi d'application de cette disposition constitutionnelle est intervenue dix ans plus tard[5]. Au jour d'aujourd'hui, cette loi qui a satisfait aux conditions d'entrée en vigueur[6] n'a jamais été appliqué en raison de l'absence du décret sur l'organisation et le fonctionnement de la Commission chargée de recevoir, d'exploiter et de conserver lesdéclarations des biens et avoirs[7]. Le contenu de la légalité ordinaire

[1]DE GAUDUSSON J.D.B., « Les solutions constitutionnelles des conflits politiques », *Afrique contemporaine*, n° spécial, octobre-décembre 1996, p. 255

[2]URVOAS J-J., « Quantité, qualité, efficacité des lois, quel bilan ? », *RFDC,* 2018/4 N° 116, p. 915.

[3]DAVID J., *Le rapport de concrétisation entre actes juridiques, Etudes de droit public,* thèse de doctorat en droit public, université de Bordeaux, 2014, p. 70.

[4]Art. 66 de la Constitution.

[5]Loi n°003/2006 du 25 avril 2006 relative à la déclaration des biens et avoirs.

[6]T. RAPTOPOULOS, *L'entrée en vigueur de la loi,* thèse de doctorat en droit,université Panthéon-Assas (Paris II), 2018, p. 15.

[7]Art. 7 alinéa 6 de la Loi n° 003/2006 du 25 avril 2006 relative à la déclaration des biens et avoirs. Précitée.

est également une source de conflit qui nécessite son déclassement en cas de survenance de crise.

Le monde a connu des crises et des conflits qui ont dévalorisé la dignité humaine. Les conséquences désastreuses de ces catastrophes humanitaires ont réveillé une prise de conscience collective sur l'importance de l'Homme et par ricochet sur la nécessité de la régulation. C'est ainsi que le concept d'État de droit est imaginé pour *traduire « le fait que le pouvoir dans l'État est limité parcequ'assujetti à des normes juridiques. Ainsi, les gouvernants comme lesgouvernés sont tenus de respecter les règles de droit »*[1]. Cette conception s'est substantiellement améliorée. L'État de droit est aujourd'hui un État qui respecte le droit, et un droit qui promeut les valeurs, le respect des droits de l'homme. Le respect du droit n'est plus suffisant, il faut encore que ce droit soit de qualité. Le contenu du droit est donc questionné au regard de certaines expériences comme le régime de l'apartheid qui était contraire à certaines valeurs mais consacré par des textes juridiques. Le droit doit apporter une certaine civilisation des comportements humains. En effet, *« Sitôt que les hommes sont en société, ils perdent le sentiment de leur faiblesse; l'égalité,qui était entre eux, cesse, et l'état de guerre commence »*[2]. Il revient au droit de réguler ces comportements. Il le fait en consacrant des valeurs irréfragables, les valeurs d'égalité, de justice, d'équité, de méritocratie. Les règles juridiques s'éloignent parfois de ces valeurs.

Les consultations électorales sont une des figures majeures de l'évaluation de la qualité du droit. La compétition électorale par laquelle les individus accèdent à des fonctions politiques *« apparait comme une procédure de légitimation du pouvoir »*[3] qui nécessite des règles électorales claires et transparentes. Cela n'est pas toujours le cas car *« dans la pratique, l'élection libre et honnête semble démentie dans nombre de pays d'Afrique noire francophone »*[4]. Chaque élection est une source de crispation de l'environnement sociopolitique

---

[1]MOYRAND A., « Réflexions sur l'introduction de l'État de droit en Afrique noire francophone », *Revue internationale de droit comparé*, Vol. 43 N°4, Octobre-décembre 1991. p. 855.

[2]MONTESQUIEU, *De l'esprit des lois,* tome premier, Éditions Gallimard, Paris, 1995, p. 24.

[3]SINDJOUN L., « Elections et Politique au Cameroun: Concurrence Déloyale, Coalitions de stabilité Hégémonique et Politique d'Affection », *Afr. j . polit. sci.* (1997), Vol. 2 n°. 1, p. 90.

[4]KOKOROKO D., « Les élections disputées : réussites et échecs », *Pouvoirs,* 2009/2 n° 129, p. 115.

marquée par les contestations des résultats. La norme électorale est toujours au centre des oppositions, elle qui est considérée comme taillée à la mesure des dirigeants en place et ne pouvant favoriser l'alternance. L'on doit aussi relever l'inscription dans les textes juridiques des notions incitatives à la déconstruction de l'unité nationale, de l'assimilation des communautés. C'est le cas de la notion d'autochtonie consacrée dans la Constitution[1] et par laquelle certaines fonctions politiques sont exclusivement réservées aux personnalités autochtones des espaces territoriaux définis[2]. Enfin comment ne pas mentionner les atteintes au droit à l'égalité.

Le droit à l'égalité est le fondement de tout système juridique. Il est essentiel à la société car il permet l'expression de l'humanité et de la sociabilité des individus. Il s'agit par contre d'un principe donc la substance *« demeure encore assez mystérieuse »*[3]. Elle est mystérieuse dans la mesure où elle favorise une diversité d'interprétation. Sur le principe, l'égalité est *« le plus fondamental de tous les droits naturels »*[4]. Elle s'oppose à la discrimination à moins que celle-ci ne concours au rétablissement de l'égalité *« en accordant à certains un traitement préférentiel »*[5]. Tel n'est pas le cas en ce qui concerne le régime de la fonction publique au Cameroun. Le principe d'égalité présenté connaît en matière de fonction publique *« une double déclinaison : le principe d'égale admissibilité aux emplois publics et le principe d'égalité de traitement des agents publics »*[6]. Ce principe est violé en ce qui concerne l'accès à la fonction publique par la politique de l'équilibre régional qui se traduit par l'application des quotas de places réservées lors des concours administratifs aux

---

[1]Voir préambule de la Constitution.

[2]L'art. 57 alinéa 3 de la Constitution dispose que le Président du Conseil régional est une personnalité autochtone de la région. Il en est de même du Maire de ville qui est une personnalité autochtone de laRégion de rattachement de la Communauté Urbaine (article 246 de la loi n°2019/024 du 24 décembre 2019 portant code général des collectivités territoriales décentralisées).

[3]MELIN-SOUCRAMANIEN F., « La loi et le principe d'égalité », *RFDA,* 2013 p. 952.

[4]LEVADE A., « Discrimination positive et principe d'égalité en droit français », *Pouvoirs,* 2004/4 (n° 111), p. 55.

[5]*Ibid.*

[6]BUI-XUAN O., « Le principe d'égalité dans le droit de la fonction publique et de la haute fonction publique », *Titre VII,* numéro 4 – Avril 2020, p. 27.

candidats de chaque région[1]. Ces quotas, expression d'un traitement préférentiel ne repose plus aujourd'hui sur des différences de situations entre les candidats aux concours. Ils ont pour la plus part menés des études dans les mêmes conditions et parfois dans les mêmes écoles et universités. La discrimination n'est donc plus légitime ni positive. Elle est manifestement contraire à l'égalité et plus encore à la méritocratie qui est un gage de la justice et de l'équité, une condition de la performance et de la bonne gouvernance. Un tel aménagement normatif est source de conflit et les institutions qui le mettent en œuvre consolident la déconstruction du système.

2. La consolidation du déclassement par l'inertie des institutions ordinaires

Les normes ne sont pas séparables des institutions. Les instituions interviennent dans toutes les étapes de la vie d'une règle de droit. Le rapport de présence est difficile à établir car d'un côté on a besoin des institutions pour produire les normes, et d'un autre coté ce sont les normes qui consacrent les institutions. Les deux notions sont étroitement liées de tel sorte que les influences sont réciproques sur la stabilité du régime de chacun. Toutefois, en raison du fait qu'elle est chargée d'appliquer la norme, l'institution est au cœur de la modélisation de cette norme.

Les travaux sur l'interprétation ont révélé que l'interprète de la norme est au final le véritable auteur de cette norme. Un texte produit par les institutions officielles peut contenir des règles dont le sens ne découle pas d'elles-mêmes. En effet, *« le problème de sens demande ce que les propositions juridiques doivent être censées signifier »*[2]. Il est donc nécessaire d'avoir un interprète authentique qui va attribuer un sens qui sera obligatoire pour tous les sujets de droit. L'interprète a la charge de donner une cohérence aux normes juridiques au regard du fait que les mots utilisées reçoivent un très grand nombre de significations et recouvrent une infinité de pratiques distinctes[3].

[1]Art. 60 alinéa 1 du décret N° 2000/696/PM du 13 septembre 2000 Fixant le régime général des concours administratifs.
[2]DWORKIN R., « La théorie du droit comme interprétation », *Droit et Société,* 1-1985, p. 100.
[3]BRUNET P., « Interprétation normative et structure du système juridique », *Diritto e questionipubbliche*, n° 11/2011, p. 10.

L'interprète le fait parfois en dépassant les restrictions de ses compétences, mais toujours dans le sens de défendre les valeurs essentielles des règles juridiques. Les institutions camerounaises et africaines en général s'inscrivent dans une sorte d'inertie qui ne favorise pas la rectification des lacunes de la légalité ordinaires. Cette attitude condamnable est perceptible dans le fonctionnement de toutes les institutions africaines. Deux institutions nous intéressent particulièrement : il s'agit du parlement et du pouvoir judiciaire. Elles nous intéressent précisément au regard de leurs rôles déterminant dans la construction de l'Etat de droit.

Le parlement est analysé non pas dans l'entièreté de ses attributions mais uniquement sur sa compétence de contrôle de l'action du gouvernement[1]. La fonction législative est écartée car elle est antérieure à l'application de la légalité ordinaire, c'est elle qui produit la légalité qui assujettie l'action du gouvernement. En raison de l'influence du fait partisan dans le fonctionnement des assemblées parlementaires, la fonction de contrôle est celle qui permet le plus au parlement de demeurer un contrepouvoir. C'est une fonction qui pendant longtemps a été négligée[2] et qui même aujourd'hui ne se déploie pas dans toute son entièreté. Le contrôle est dans la pratique essentiellement budgétaire. Cela ne devrait pas être le cas car en tant que représentant du peuple, le parlement doit s'assurer que les autres pouvoirs exercent leurs autorités dans la recherche de la satisfaction des aspirations du peuple. Ainsi, le contrôle doit s'exercer *« à l'occasion de toutes les activités parlementaires et ne saurait être cantonné aux seules procédures qui le visent spécifiquement »*[3]. Le parlement en se limitant uniquement au contrôle budgétaire manifeste une autolimitation incompréhensible au regard des situations factuelles qui auraient pu attirer son attention et de l'existence juridique d'une diversité de mécanismes de contrôle.

La Constitution dispose que « le Parlement contrôle l'action gouvernementale par voie des questions orales ou écrites et par la constitution des commissions d'enquêtes sur des objets déterminés »[4]. Les questions orales et écrites ont sur le plan juridique une influence

[1]Art. 14 alinéa 2 de la Constitution.

[2]IMBEAU L.M., STAPENHURST R., *Le contrôle parlementaire des finances publiques dans la francophonie*, Presses de l'université de Laval, 2019, p. 6.

[3]AVRIL P., « L'introuvable contrôle parlementaire », *Jus Politicum - Autour de la notion de Constitution* - n° 3 – 2009, p. 5.

[4]Art. 35 alinéa 1 de la Constitution.

minime sur ce que l'on pourrait attendre comme résolution au sortir du contrôle. Les commissions d'enquêtes qui se présentent comme les mécanismes les plus décisifs ont une portée plus théorique que pratique. Malgré leurs importants pouvoirs[1], elles ne sont presque jamais mises en place malgré l'existence de scandales ne faisant pas l'objet de poursuites judiciaires considérées comme un frein à leurs créations[2]. Cette inertie renforce le désamour populaire pour la gestion de la chose publique et *« une désaffection croissante à l'égard du système politique »*[3]. Cela ne devra pas être étonnant car le droit a paradoxalement institué le parlement en déphasage avec le lien qu'il doit avoir avec le peuple pour lequel il est censé agir. Les parlementaires n'ont juridiquement pas l'obligation de rendre compte au peuple[4]. Les professeurs Francis HAMON et Michel TROPER l'expriment clairement lorsqu'ils affirment que *« Le député est ainsi irresponsable. Il n'a de compte à rendre à personne et n'est tenu par aucune obligation vis-à-vis de ses électeurs »*[5]. C'est une conception qui est au centre de toutes les défaillances de la représentation. Elle est fortement incitatrice à l'inertie de l'institution parlementaire. Le peuple est abandonné à lui-même et n'est considéré que le temps des consultations électorales. Ces consultations permettent de se rendre compte de la profondeur de la crise qui se traduit par l'augmentation du taux d'abstention aux différentes élections.

L'institution judiciaire est toute aussi interrogée dans la justification du déclassement des institutions de la légalité ordinaire de crise dans la procédure de résolution des crises. L'inertie de l'institution judiciaire est des plus malheureuses. Elle l'est au regard de la place qu'elle occupe dans la construction de l'État de droit. La justice est considérée comme la voie d'affranchissement de l'individu contre l'arbitraire. Elle n'arrive pourtant pas à se mouvoir normalement. Elle est en proie à des contraintes qui altèrent son efficacité et qui exposent à la déconsidération de la règle de droit comme unique régulateur de la société. Cette justice est parée de

---

[1]Les commissions ont le pouvoir d'auditionner toute personne à l'exception du Président de la République. Voir l'art. 85 alinéa 5 de la loi n°2018/012 du 12 juillet 2018 portant régime financier de l'Etat et des autres entités publiques.

[2]Art. 91 de la loi n°2013/006 du 10 juin 2013 portant règlement intérieur du Sénat.

[3]DENQUIN J-M., « Pour en finir avec la crise de la Représentation », *Jus Politicum* - n° 4 – 2010, p. 1.

[4]AVRIL P., « L'introuvable contrôle parlementaire », *op.cit.,* p. 5.

[5]HAMON F., TROPER M., *Droit constitutionnel*, LGDJ, Paris, 35e édition, 2014, p. 165.

garanties[1] qui restent pour le moins purement théorique. En effet, si l'indépendance de la justice *« exclut toute inféodation à l'égard despouvoirs exécutif et législatif à l'occasion de sesinterventions contentieuses »*[2], cette indépendance n'est pas toujours visible. Les juges sont soumis au dictat du politique. L'influence du politique n'est pas la seule justification de l'inertie. Les raisons sont aussi internes au fonctionnement de la justice. Les autolimitations de compétences[3], les lenteurs[4] et autres incongruités dans les décisions rendues sont des faits probants. En plus de cela, la justice doit faire face à un autre problème, celui qui porte sur ses décisions. Le problème peut être abordé à deux niveaux : au niveau de la qualité de la décision[5] et au niveau de son exécution. L'exécution est mis en avant car c'est elle qui donne sens à toute la cohérence du système juridique, c'est elle qui rétabli chacun dans ses droits. Les décisions de justice souffrent du problème de l'inexécution. L'exécution est reléguée au bon vouloir des parties surtout en ce qui concerne les décisions rendues par la justice administrative. Malgré les avancés marquées par la possibilité d'engager la responsabilité d'une autorité pour inexécution totale ou

---

[1]On pense ici à l'indépendance consacrée par l'art. 37 de la constitution.

[2]ABA'A OYONO J-C., « Les mutations de la justice à la lumière du développement constitutionnel de 1996 », *Afrilex* 2000/01, p. 14.

[3]La principale mission du juge est d'appliquer la loi. Certains juges ont fait preuve d'audace en allant au-delà de cette compétence (voir F. OST, « juge pacificateur, juge-arbitre, juge-entraineur. Trois modèles de justice », in GERARD Ph., OST F., VAN DE KERCHOVE M., *Fonction de juger et pouvoir judiciaire. Transformations et déplacements*, Bruxelles, publication des facultés universitaires Saint-Louis, 1983, p. 48) et cela a pu permettre dans bien des situations d'empêcher le déni de justice.

[4]La lenteur conduit à un déni de justice. Elle est une véritable gangrène dans le fonctionnement de la justice au Cameroun et en Afrique. En ce qui concerne la justice administrative par exemple, les études révèlent que les décisions sont rendues en générale 4 ans après que les juridictions aient été saisies. De plus *« il y a des affaires qui, introduites depuis plusieurs années, sont définitivement sorties du rôle parce que le juge n'en a plus fait cas lorsqu'il détermine les affaires à juger ».* VoirGUIMDO DONGMO B-R., *Le juge administratif camerounais et l'urgence recherches sur la place de l'urgence dans le contentieux administratif camerounais*, thèse de doctorat en droit public, université de Yaoundé II-Soa, 2004, p. 25.

[5]Pour une vue globale sur les exigences de la qualité de la décision de justice voir DEFFIGIER C., « Qualité formelle et qualité substantielle des décisions de justice administrative », *Revue française d'administration publique*, 2016/3 N° 159, pp. 763- 774.

partielle ou de l'exécution tardive d'une décision de justice[1], les décisions judiciaires sont encore frappées d'une grande tendance à l'inexécution. Cette déformation va au-delà du seul dysfonctionnement de l'institution judiciaire pour rejaillir sur l'essence même de l'État de droit. Il est donc indiscutable que *« traditionnellement auréolée de prestige, d'une autorité quasidivine, la justice peut désormais être dépréciée »*[2]. Cette dépréciation finie par certifier l'inconsistance de la légalité ordinaire pour apporter une réponse aux situations de crise dont elle aura favorisé la survenance.

B. L'aménagement des institutions porteuses d'une légalité d'exception

L'apparition d'une crise est toujours paralysante pour le fonctionnement régulier des institutions. L'une des voies de résolution est souvent un réaménagement de la gouvernance de ces institutions mais il est parfois trop tard en raison de la perte de légitimité. Elles sont donc déclassées au profit de nouvelles qui jouissent de compétences spéciales (1) et qui fonctionnent avec une organisation particulière (2).

1. L'attribution des compétences spéciales aux institutions

Les institutions créées à la suite d'une crise sont des institutions différentes de celles existantes. Elles sont spéciales sur divers plans, mais principalement au niveau de leurs compétences. Celles-ci sont spéciales dans la mesure où elles viennent se greffer aux attributions générales des institutions en place, ou comblent les lacunes observées. Ces phénomènes sont observables dans tous les processus de résolution de crise ayant été mis en œuvre au Cameroun.

Dans les années 1990, le Cameroun a été frappé de plein fouet par la crise économique mondiale qui a affaibli son développement et conduit à l'instauration des programmes d'ajustement structurel. Les mesures appliquées dans le cadre de ces programmes, étaient

---

[1]Art. 88 alinéa 2 de la loi n°2018/012 du 12 juillet 2018 portant régime financier de l'État et des autres entités publiques.

[2]BERTHIER L., *La qualité de la justice,* thèse de doctorat en droit, université de Limoges, 2011, p. 13.

constituées de la réduction des salaires des fonctionnaires ; la réduction du train de vie de l'État… bref un assainissement des finances publiques. Ces programmes qui ont permis à l'État de retrouver une santé financière a eu comme effet pervers de provoquer une crise de la moralité publique. Cette crise s'est traduite par l'explosion des pratiques de corruption et de détournement de deniers publics. La corruption et les détournements n'étaient véritablement pas une nouveauté car ils constituaient des infractions sanctionnées par le code pénal. La nouveauté était leur ampleur qui a conduit à ce que le Cameroun soit classé par deux fois comme l'État le plus corrompu du monde. Cette situation a conduit à la mise en œuvre d'une véritable politique de lutte contre la corruption. Le premier mouvement a été l'adoption de la loi sur la déclaration des biens et avoirs. Ensuite il a été mis sur pied une institution spécialement dédiée à la lutte contre la corruption. La commission nationale anticorruption (CONAC) puisqu'il s'agit d'elle a été institué en 2006[1]. La CONAC a une palette de compétence mais certaines sont spéciales c'est-à-dire qu'elles ne sont pas partagées notamment par les juridictions qui répriment les actes de corruption.

La CONAC se distingue principalement par le fait qu'elle n'exerce pas des fonctions répressives. Elle est chargée entre autres de recueillir, de centraliser et d'exploiter les dénonciations et informations dont ellesaisit pour des pratiques, faits ou actes de corruption et infractions assimilées ;de mener toutes études ou investigations et de proposer toutes mesures de nature àprévenir ou à juguler la corruption ;d'identifier les causes de la corruption et de proposer aux autorités compétentes desmesures susceptibles de permettre de l'éliminer dans tous les services publics ou parapublics[2]. Elle intervient en amont par les activités de prévention, d'indentification des lacunes des règles et de proposition de solutions. En aval c'est-à-dire lorsque les actes de corruption sont posés, elle apporte un concours aux autorités judiciaires par la réalisation des investigations sur les cas dénoncés. Ces deux missions sont exposées dans les rapports annuels qu'elle publie depuis 2011[3]. Le tribunal

[1]Décret n° 2006/088 du 11 mars 2006 portant création, organisation et fonctionnement de la Commission Nationale Anti-corruption.

[2]Art. 2 alinéa 2 du Décret n° 2006/088 du 11 mars 2006 précité.

[3] Le premier rapport a été rendu en 2011. V. CONAC, *Rapport sur l'état de la lutte contre la corruption au Cameroun, 2011,* 287p.

criminel spécial s'inscrit dans la même logique d'institution particulière.

Le tribunal criminel spécial (TCS) est une juridiction dont le nom est fort évocateur de sa place dans l'organisation juridictionnelle. C'est une institution créée dans le même sillage que la CONAC c'est-à-dire un environnement de crise de la morale publique. Le TCS actuellement en place a été créé en 2011[1]. Il ne s'agit pas à proprement parler d'une juridiction novatrice dans le système institutionnel judiciaire camerounais. Le TCS a été créé pour la première fois en 1969 dans le cadre de la répression contre les atteintes à la fortune publique[2]. C'est là une preuve supplémentaire de sa spécialité car il revient pour résoudre une situation de crise. C'est une juridiction qui exerce globalement les mêmes compétences que les autres juridictions pénales. La spécificité réside dans la restriction du champ d'action. Le TCS est chargé de connaitre des infractions dedétournement de biens publics et des infractions connexes prévues par le code pénal et lesconventions internationales ratifiées par le Camerounlorsque le préjudice est d'un montant minimum de cinquante millions (50 000 000) de francs CFA[3]. Comparativement avec les autres juridictions pénales de droit commun, l'une des spécificités du TCS ressort du montant du préjudice de l'infraction en cause. Tous les coupables des détournements et infractions connexes ne sont pas justiciables devant cette juridiction. De ce point de vue, la loi établi un privilège de juridiction qui peut se comprendre si l'objectif recherché va au-delà des effets des décisions des juridictions de droit commun notamment les simples amandes et privations de liberté. Il y'a des raisons d'en douter tel qu'on le verra par la suite. Les crises sociopolitiques sont également des moments d'observer la création des institutions spéciales.

---

[1]Loi N°2011/028 du 14 décembre 2011 portant création d'un Tribunal Criminel Spécial.

[2]Art. 5 de la loi fédérale n° 62/10 du 9 novembre 1962 portant répression des infractions relatives à la fortune publique.

[3]La formulation initiale de cette disposition telle qu'issue de la loi de 2011 faisait référence aux infractions de détournement des deniers publics c'est-à-dire l'argent. Elle a été modifiée en 2012 pour intégrer les biens publics élargissant ainsi le champ de la répression des actes contraires à la morale publique (voir Loi n°2012/011 du16 juillet 2012 Modifiant et complétant certaines dispositions de la loi n°2011/028 du 14 décembre 2011 portant création d'un tribunal criminel spécial).

Depuis plus de cinq ans, le Cameroun est le théâtre des crises politiques et sécuritaires sur son territoire. Ces crises ont révélées les lacunes du système juridique et les pouvoirs publics ont dû adopter des mesures correctives[1]. Au niveau institutionnel, on a assisté à la mise en place de plusieurs organes. Le 23 janvier 2017, le Président de la république créait la Commission nationale pour la promotion du bilinguisme et du multiculturalisme. La création de cette institution est une réponse directe à l'instabilité qui tend à se généraliser à cette époque. Elle intervient précisément dans le cadre de la résolution de la crise anglophone qui avec le temps a développé les aspects touchant à l'assimilation nationale, à l'intégration des communautés et au vivre ensemble. Les attributions de la Commission du bilinguisme recherche des objectifs spéciaux notamment la consolidation de l'unité nationale et le renforcement de la volonté et de la pratique quotidienne du vivre ensemble entre les populations[2]. Le Comité national de désarmement mis sur pied un (01) an après la Commission du bilinguisme, bénéficie également des attributions spéciales parmi lesquelles la réintégration des combattants des différents de fronts de déstabilisations dans la vie civile[3]. La consécration de ces différentes institutions n'aurait de sens si elles fonctionnaient suivant les mêmes procédures que les institutions de droit commun dont elles sont censées pallier aux défaillances.

2. La soumission des institutions à un fonctionnement particulier

Les instituions créées pour un objectif spécial doivent avoir un fonctionnement tout aussi spécial. La spécialité du fonctionnement se mesure à travers les dérogations aux règles et principes de fonctionnement des institutions de droit commun ou de la légalité ordinaire.

---

[1]En ce qui concerne la crise dite anglophone, le gouvernement a pris un ensemble de mesures telles que le réaménagement de la Cour suprême à travers la création d'une section de la Common Law, l'ouverture d'une spécialité Common law à la Section Magistrature de l'Ecole Nationale d'Administration et de Magistrature (ENAM), la traduction des Actes Uniformes OHADA en langue anglaise…

[2]Art. 3 alinéa 1 du décret n°2017/013 du 23 janvier 2017 portant création, organisation et fonctionnement de la Commission Nationale pour la Promotion du Bilinguisme et du Multiculturalisme.

[3]Art. 2 du décret n°2018/7191 du 30 novembre 2018 portant création du Comité National de Désarmement, de Démobilisation et de Réintégration.

La principale particularité du fonctionnement des institutions créées pendant les situations de crises est de recentrer les pouvoirs entre les mains du Président de la République ou de l'exécutif en général. Toutes les institutions créées au Cameroun s'inscrivent dans cette logique. Elles renforcent ainsi la prééminence institutionnelle du Président de la République laquelle ne souffre d'aucune contestation même en situation normale au regard des pouvoirs exorbitants dont il dispose, et surtout en considération de ce que sa simple parole est créatrice des normes constitutionnelles[1]. La domination présidentielle s'intensifie en période de crises. Elle est validée par *« les recoursdéraisonnables à la Constitution qui peuvent masquer les virus d'un présidentialisme persistant »*[2]. La prééminence se densifie avec le contrôle qu'il exerce sur les institutions d'exceptions créées. Cette domination n'est pas toujours directe et exclusive. Certaines institutions sont sous le contrôle de d'autres membres de l'exécutif avec néanmoins une influence directe du président au regard de la physionomie du régime politique marquée par la concentration des pouvoirs aux mains de l'exécutif.

La CONAC et la commission du bilinguisme sont celles qui reflètent parfaitement la concentration des pouvoirs par le président. Dans leurs fonctionnements, ces deux institutions élaborent à l'attention du Président de la République un rapport annuel d'activité[3]. Ces deux institutions sont en réalité des institutions d'appui car la véritable décision dans leurs champs de compétence relève directement ou implicitement du Président de la République. Par ce fait, le Président qui incarne l'État se voit reconnaitre le droit d'agir hors du cadreque cet État*« s'impose normalement, lorsque ce cadre est devenu pour lui carcan et donc menace à sapropre survie »*[4].Une certaine liberté est conférée à ces institutions pour mener leurs actions, mais les décisions finales ou du moins les plus importantes doivent

---

[1]MONEMBOU C., « La parole constituante du Président de la République dans les Etats d'Afrique noire francophone »,*Afrilex*, p. 5.

[2]BOLLE S., « Des constitutions « made in » Afrique », consulté sur le site www.Droitconstitutionnel.org, p. XII. Consulté le 02 septembre 2014.

[3]Art. 18 du décret n°2017/013 du 23 janvier 2017 portant création, organisation et fonctionnement de la Commission Nationale pour la Promotion du Bilinguisme et du Multiculturalisme, art. 24 alinéa 3 du Décret n° 2006/088 du 11 mars 2006 portant création, organisation et fonctionnement de la Commission Nationale Anti-corruption.

[4]VALLOTTON J., *La décision publique et la crise*, thèse de doctorat en Droit, Université de Haute Alsace - Mulhouse, 2016, p. 277.

être prises par le Président après les rapports portés à son attention. Il en est de même en ce qui concerne le Comité de désarmement et de démobilisation. Même s'il est placé formellement sous l'autorité du premier ministre, la décision majeure ne peut être prise sans au préalable recourir aux *« hautes instructions »*[1]du Président. Le cas du TCS est relativement différent.

Le TCS ne subit pas une influence directe et explicite du Président de la République dans son fonctionnement. Son influence ne peut-être qu'implicite sous peine de se voir reprocher d'immixtion dans le fonctionnement de la justice donc il n'est que garant de l'indépendance[2]. Cette restriction n'est à proprement parler qu'une fiction car dans les faits, le fonctionnement de l'action judiciaire devant le TCS est marqué par l'emprise du Président de la République. Le déclenchement des poursuites est soupçonné - et cela n'a jamais été démenti – d'être soumis à l'autorisation du Président de la République. En cours de procès, la main du Président se prolonge par l'entremise du Ministre de la justice qui peut autoriser l'arrêt des poursuites en cas de restitution du corps du délit[3].

II. La pérennisation emphatique des institutions d'exception au-delà des crises

En toute logique la légalité d'exception n'a pas vocation à être perpétuelle. Le rétablissement de la situation normale impose la fin de l'application du droit dérogatoire et induit nécessairement l'abrogation ou encore la caducité des institutions d'exception. Ce processus n'est que chimère pour l'approche institutionnelle de résolution des crises. Les institutions créées transcendent les périodes de crises, se consolident avec exagération dans leurs effets, en témoignent la concrétion de la rigidité de la puissance publique (A), et la normalisation de la validité de la légalité exceptionnelle (B).

---

[1]Malgré les principes de séparation des pouvoirs, séparation de fonctions, déconcentration et décentralisation consacrés par les lois et règlements, le pouvoir au Cameroun demeure fortement centralisé. Les actions les plus importantes des autorités doivent être revêtues de l'assentiment présidentiel à travers ses hautes instructions.

[2]Art. 37 alinéa 3 de la Constitution.

[3]Art. 18 de la Loi N°2011/028 du 14 décembre 2011 portant création d'un Tribunal Criminel Spécial.

A. La concrétion de la rigidité fonctionnelle de la puissance publique

La notion de puissance publique est à elle seule révélatrice de l'idée de pouvoir. Le pouvoir est fondamentalement quelque chose d'exorbitant. Le droit est là pour éviter qu'il ne se mue en arbitraire. La pérennisation des institutions d'exception au-delà des situations de crise emporte un renforcement de l'exorbitance des prérogatives de puissance publique (1), et dévalorise la prégnance des droits fondamentaux (2).

1. La cristallisation de l'exorbitance des prérogatives de puissance publique

Au-delà des institutions d'exception qui sont créées, il faut voir dans l'approche institutionnelle de résolution des crises la consolidation des prérogatives de puissance publique. Il s'agit ici des pouvoirs supérieurs qui placent l'autorité dans une position de privilège, et non des sujétions exorbitantes par lesquelles *« l'administration apparait tout à l'opposé, infiniment moins libre dans l'exercice de sa volonté, que les particuliers »*[1]. Les institutions d'exception ne doivent pas seulement être regardées dans leurs missions de résolutions des crises diverses. Elles doivent aussi susciter une interrogation sur les pouvoirs exorbitants conférés à l'administration lorsque ceux-ci ont tendance à être permanents.

Le droit d'exception porté par des institutions de crise est un droit exorbitant et dérogatoire. Il est conforme aux relents suprématistes encore perceptibles dans le fonctionnement des institutions publique africaines nostalgiques de la vieille tradition française du privilège qui consacrait *« la supériorité de l'administration sur les administrés et l'irréductibilité de sa position sociale »*[2]. Avec l'évocation de l'idée de dérogation tantôt au droit commun, tantôt à un principe ou à unerègle de justice, l'exception se présente inéluctablement comme un *« droit dérogatoire et inégalitaire »*[3]. La crainte est de voir cette exception se

---

[1]RIVERO J., « Existe-il un critère du droit administratif ? », *RDP*, 1953, p. 287.
[2]CHEVALLIER J., « Le droit administratif droit de privilège? », *Pouvoirs* - 46, 1988, p. 58.
[3]NGUYEN T., *La notion d'exception en droit constitutionnel français,* thèse de doctorat en droit,Université Paris I Panthéon-Sorbonne, 2013, p. 7.

pérenniser renforçant ainsi les pouvoirs de l'administration au point de n'être plus différent de l'arbitraire. C'est dans ce sens qu'il faut entendre la cristallisation. Il se dégage de la cristallisation l'idée de valorisation ou encore d'exacerbation. Les périodes de crise sont des périodes où l'on *« assiste à une concentration du pouvoir, en général au profit de l'exécutif »*[1]. Comme on a pu le voir, ce sont des périodes ou le Président de la République concentre l'essentielle des pouvoirs. L'actualité récente en Tunisie le confirme plus encore. Dans un contexte de crise institutionnelle et de crise de confiance entre les citoyens et les pouvoirs publics en général, le Président Tunisien a décidé de suspendre le parlement, de démettre le premier ministre et certains ministres. En attendant le rétablissement de ces institutions il exerce exclusivement l'ensemble des pouvoirs. Si sur le principe et sur le moment, une telle opération fait parfois l'objet d'un assentiment populaire, elle se mue rapidement en dérive autoritaire. Le fait est que la tendance autoritaire et à la personnification du pouvoir est très forte en Afrique. Les pouvoirs exceptionnels justifiés par les nécessités de résoudre les crises peuvent être utilisées au service d'un individu s'ils ne sont pas limités dans la durée. Les pouvoirs exceptionnels qui se pérennisent sont un danger contre les droits individuels et la démocratie. Le drame est qu'ils sont parfois issus de la Constitution, qui est *« avant tout une suite de réponses données, dans la hâte souvent, à des problèmes concrets posés à un pouvoir cherchant à assurer ses assises »*[2]. Cette situation renforce les tenants de la thèse selon laquelle la démocratie est un luxe pour l'Afrique, elle qui est pourtant *« une nécessité vitale, car elle est toujours le seul moyen qu'on connaisse pour limiter les nuisances politiques »*[3].

La cristallisation de l'exorbitance des prérogatives de puissance publique par la pérennisation des institutions de crise au-delà des situations de crises est encore plus nocive en raison de la limitation des pouvoirs du juge administratif. En effet, pendant les circonstances exceptionnelles, le juge administratif est limité par l'exercice d'un contrôle minimum sur les mesures prises[4]. Cette situation est

[1]SAINT-BONNET F., « L'Etat d'exception et la qualification juridique », *CRDF*, n°06, 2007, p. 29.
[2]ARDANT P., « Le contenu des Constitutions variables et constantes », *Pouvoirs,* n°50, 1989, p. 31.
[3]MEDARD J-F., « Autoritarismes et démocraties en Afrique noire », p, 92.
[4]FRIER P-L., PETIT J., *Droit administratif,* LGDJ, Paris, 12e édition, 2018-2019, p. 397.

principalement dangereuse pour les droits fondamentaux car elle donne la latitude aux autorités administratives de porter atteintes à l'exercice des droits en dehors de tout fondement légal. C'est ainsi que depuis le début de la crise anglophone en 2016, les libertés publiques sont en péril. Les manifestations publiques du moins celles des partis de l'opposition sont systématiquement interdites, l'administration considérant la liberté de manifester comme *« une liberté dangereuse pour l'ordre et la sécurité publique »*[1]. Les motifs sont toujours les mêmes : risque de trouble à l'ordre public. Le fait est aussi exaspérant pour être souligné, ce d'autant plus qu'il y a une inversion du régime de l'ordre public qui devient la règle et non plus l'exception en raison de la supposition permanente des troubles. Le prolongement du régime d'exception au-delà des crises dénue l'exorbitance des prorogatives de puissance publique de tout fondement et oriente l'ordre public à instaurer la servitude, lui qui a pourtant « pour seul objet de protéger les libertés »[2].

2. La dévalorisation de la prégnance des droits fondamentaux

Comment être insensible à la violation des droits fondamentaux. L'histoire de l'humanité est tristement marquée par des épisodes de violations des droits humains[3]. Le déroulement successif des horreurs a permis un réveil bien que peut être tardif, et une prise de conscience collective sur le caractère sacré de la dignité humaine et la prévalence de la protection des droits fondamentaux sur toutes autres considérations. C'est alors que la promotion et la protection des droits fondamentaux ont été élevées au rang de piliers fondamentaux de l'État de droit. À cet effet, *« non seulement la puissance de l'État trouve ses limites dans les droits fondamentaux reconnus aux individus (...) mais encore elle a pour finalité même, pour justification ultime, la garantie de ces droits »*[4]. Un État où les droits fondamentaux ne sont pas respectés n'est pas un État de droit. La

---

[1]METOU B. M., « Vingt ans de contentieux des libertés publiques au Cameroun », *RASJ*, vol.8, n°1, 2011, p. 275.

[2]GERVIER P., *La limitation des droits fondamentaux constitutionnels par l'ordre public,* thèse de doctorat en droit public, université Montesquieu – Bordeaux IV, 2013, p. 13.

[3]On pense principalement aux deux guerres mondiales, à la guerre froide, aux génocides et autres atteintes à la dignité humaine.

[4]CHEVALLIER J., *L'Etat de droit,* Montchrestien, Paris, 4e édition, 2003, p. 54.

plupart des États africains sont malheureusement dans une situation constante de violation de ces droits. L'une des raisons de cette situation serait le défi conceptuel observable dans certaines réglementations africaines.

Les États africains restent pour une grande partie encore attachés à l'ancienne conception des droits de l'homme. L'une des faiblesses de cette conception était la possibilité pour n'importe quel acte juridique de porter atteinte aux droits reconnus aux individus. L'évolution des droits de l'homme vers les droits fondamentaux ne constitue pas seulement un changement de dénomination, elle emporte une transformation idéologique et substantielle du régime des droits. À cet effet, *« Ce nouveauconcept de droits fondamentaux définit une axiologie normative quistructure les ordres juridiques contemporainset qui est destinée àservir de principes d'action à tous les acteurs publics ou privés »*[1]. La première différence est celle de la consécration des droits par les instruments juridiques situés au sommet de la hiérarchie formelle et matérielle des normes juridiques. À cela, s'ajoute également le sens de la fondamentalité. Celle-ci traduit une certaine valeur considérée comme suprême. Elle révèle ce qu'il y'a de consubstantielle à l'homme et qui mérite une protection. Les droits fondamentaux témoignent ainsi *« du fond de valeurs propres à l'homme qui composent sa dignité »*[2]. Pour toutes ces raisons, les droits fondamentaux sont consacrés et protégés par les textes supérieurs. Il s'agit principalement de la Constitution et des traités internationaux. Cet encadrement restreint la possibilité de porter atteinte à ces droits et érige le juge constitutionnel en gardien du trésor des droits de l'homme[3]. À l'évidence, les droits fondamentaux constituent le principal pilier de l'État de droit matérialisé dans la Constitution. Toute la Constitution n'est que régime des droits fondamentaux. À partir de là, l'on ne saurait dire que *« la protection des droits et libertés n'est pas l'unique raison*

---

[1]CHAMPEIL-DESPLATS V., « Identifier un concept unique de « droits fondamentaux » ? », *Revue française de droit constitutionnel,* 2019/4 N° 120, p. 869.

[2]TZITZIS S., « Les droits fondamentaux : de l'être-en-soi à l'être-en-relation », in MORIN J-Y., OTIS G., *Les défis des droitsfondamentaux*, ACTES des deuxièmes Journées scientifiques du Réseau *Droits fondamentaux* de l'Agence Universitaire de la Francophonie tenues à Québec du 29 septembre au 2 octobre 1999, Bruxelles, Bruylant, 2000,p. 256.

[3]VEDEL G., « Le Conseil constitutionnel, gardien du droit positif ou défenseur de la transcendance des droits de l'homme », *Pouvoirs* - 45, 1988, p. 153.

d'être du juge constitutionnel »[1]. Ce juge n'a pas autre mission que celle de protéger les droits.

Le libre exercice des droits fondamentaux est vital pour la démocratie. Il permet la construction d'une société apaisée. La restriction de l'exercice de ces droits et les diverses violations injustifiées sont des vents attiseurs du retour aux situations de crises. Ces atteintes aux droits fondamentaux en dehors des situations de crises prennent appui sur l'autoritarisme manifesté par les gouvernants sous le couvert du maintien des institutions d'exception. Cette situation est confortable pour les gouvernants car elle permet de maintenir la soumission à l'autorité par la force la ou les déficits en matière de gouvernance aurait fragilisé l'assentiment populaire pour l'autorité[2]. Les dérives contre les droits fondamentaux seraient donc un moyen volontaire ou du moins implicitement acté pour contraindre toute velléité d'émancipation des individus. Il est donc plausible de constater que les pratiques, organisées ou spontanées, visant à défier l'ordre viennent de l'État[3] ou plus précisément des institutions en charge de la réalisation de l'État de droit. Ces pratiques déconstruisent la valeur prégnante des droits fondamentaux et exposent leurs exercices aux désidératas des autorités. Elles finissent par construire dans la conscience collective une indifférence face aux atteintes aux droits et libertés. Le citoyen n'est plus libre, il devient « zombifié », insensible et étranger à la chose politique.

B. La normalisation de la validité atemporelle de la légalité exceptionnelle

La légalité d'exception n'a pas vocation à être atemporelle c'est-à-dire non limitée par le temps. La crise qui justifie sa mise en œuvre n'est pas atemporelle, il s'agit d'*« un phénomène transitoire, portant atteinte au fonctionnement « normal » des Institutionspolitiques, mais*

[1]AÏVO F.J., « Contribution à l'étude de la garantie juridictionnelle des droits fondamentaux. Retour sur vingt ans de jurisprudence constitutionnelle (trop active) au Bénin », *Afrilex*, p. 7.

[2]YINDJO C., « Les fondements du droit du citoyen à la bonne gouvernance dans le constitutionnalisme des États d'Afrique noire francophone », *Horizons du droit* - Bulletin n°24, 2021, p. 126.

[3]DIARRA A.T., « Légitimité et nécessité des pratiques de résistances face aux désordres crées par les institutions qui sont garantes de la paix, de la justice et de l'égalité », *REMASJUPE,*n° 2, Vol 2, 2016, p. 18.

destiné à s'épuiser à un moment donné »[1]. L'exorbitance des prérogatives de l'administration que cette légalité consacre, et surtout ses effets sur les droits fondamentaux nécessitent donc qu'elle soit limitée dans le temps. L'on constate pourtant le contraire. La pérennisation des institutions qui mettent cette légalité en mouvement normalise sa validité en l'incorporant dans la légalité ordinaire (1) et en adaptant cette légalité aux normes exceptionnelles (2).

1. L'incorporation des normes exceptionnelles dans la légalité ordinaire

Le temps a une influence sur tous les éléments de l'environnement. Il peut jouer en la faveur ou la défaveur d'une autorité face à une situation qui impose une action. En droit constitutionnel, *« le temps constitue un réel facteurd'harmonie dans le fonctionnement des institutions »*[2]. Sur le principe, les institutions doivent avoir une existence pérenne car l'existence de l'État en dépend. L'orientation de tous les efforts vers le maintien des institutions peut être justifiée par le principe de continuité de l'État, et imposer une soumission de toutes les règles juridiques vers cet objectif surtout en période de crise. De ce point de vue, il n'est pas paradoxal de dire qu'en temps de crise toutes les mesures de protection de l'État*« deviennent des normes supérieures aux autres principes constitutionnels, et en particuliers à toutes ces libertés fondamentales qui ne peuvent que être subordonnées au maintien effectif de l'Etat lui-même »*[3]. Tout ceci n'est bien évidemment valable qu'autant la situation de crise perdure. Ce régime d'exception est une aubaine pour les régimes autocratiques qui l'utilisent pour consolider leurs pouvoirs. Pour le cas du Cameroun, il semble être utilisé pour les mêmes fins.

---

[1]NATOLI F., *La pratique constitutionnelle en temps de crise. Étude comparée : France, Italie, Espagne,* thèse de doctorat en droit public, université de Paris Nanterre, 2021, p. 15.
[2]BIKORO J.M., *Le temps en droit constitutionnel africain: le cas des Etats africains d'expression française,* thèse de doctorat en droit public, université de Yaoundé II-Soa, 2016-2017,p. 193.
[3]TREMBLAY G., « Les libertés publiques en temps de crise », *Les Cahiers de droit,* n°3, vol 13, 1972, p. 402.

Depuis plus d'une dizaine d'année[1] le Cameroun est en proie à des crises diverses. Ces différentes crises n'ont jamais réussi à ébranler l'autorité du régime en place. Ce dernier a usé de tous les moyens même en violation des procédures pour consolider sa domination. L'ingéniosité réside précisément sur la question des procédures. Ni l'État d'urgence ni l'État d'exception qui correspondent à des situations de crise n'ont été promulgués par décret conformément à la Constitution[2]. Aucun décret de proclamation de l'État d'urgence n'a été promulgué au regard des obligations pertinentes de la loi[3]. L'on assiste donc à un État d'urgence de fait condamnable car, *« de quelque manière que l'on tourne les choses, l'état d'urgence, c'est la mise en suspension de l'État de droit »*[4]. Cette suspension justifie le formalisme qui entoure le recours à ce mécanisme qui n'est strictement valable que pour *« faire face aux événements les plus critiques »*[5]. Cependant, la condamnation de cette situation ne saurait être excessive, car elle peut avoir des atténuations par l'évocation du principe « nécessité fait loi ». Toutefois, sa prolongation dans le temps est inquiétante pour qui est attaché à la protection des droits fondamentaux. Cette légalité d'exception est entrée dans un processus de normalisation qui rend valide les normes et institutions produites au-delà des situations de crise.

La légalité d'exception n'ayant jamais respectée les exigences formelles de son instauration, elle est subrepticement incorporée dans la légalité ordinaire. Les institutions et les normes créées pour pallier aux crises fonctionnent normalement comme celles ordinaires et finissent par convertir tout le monde à leur fonctionnement. Toutes les dérives deviennent normales, du moins pour les citoyens au regard de leurs attentisme. En matière pénale, l'on peut observer la violation de toutes les règles de procédures favorables aux droits de l'individu. Devant le TCS par exemple, les violations de la détention provisoire sont légions. Les délais de 6 mois, ou la prorogation pour au plus 12

---

[1]2008 peut être considéré comme l'année de départ de ces crises avec ce que l'on avait appelé les émeutes de la fin mais qui avaient pour source, la modification de la Constitution qui permettait au Président de la République au pouvoir depuis 1982 de se représenter de manière indéfinie.

[2]Voir l'art. 9 de la Constitution.

[3]Art. 2 alinéa 1 de la loi n° 90-47 du 19 décembre 1990 relative à l'État d'urgence.

[4]ROUSSEAU D., « L'État d'urgence, un État vide de droit(s) » *Revue Projet,* 2006/2 n° 291 | p. 20.

[5]FARDET C., « L'État d'urgence : point de vue du droit administratif », *Civitas Europa*, 2016/1 N° 36, p. 155.

mois sont devenus des obligations non contraignantes malgré le fait qu' *« à l'expiration du délai de validité du mandat de détention provisoire, le Juge d'Instructiondoit, sous peine de poursuites disciplinaires, ordonner immédiatement la mise en liberté del'inculpé, à moins qu'il ne soit détenu pour autre cause»*[1]. Toutes sortes de violations deviennent normales aussi bien aux yeux des citoyens méconnaissant leurs droits que pour les autorités[2]. Le temps fini par expurger le caractère exceptionnel des institutions et normes créées pendant les moments de crises.

2. L'adaptation de la légalité ordinaire aux normes exceptionnelles

La normalisation de la validité atemporelle de la légalité d'exception portée par les institutions créée pendant les périodes de crises conduit en fin de compte à l'assujettissement de la légalité ordinaire à la légalité d'exception. Cet assujettissement consiste à adapter les principes, les règles et procédures de droit commun au fonctionnement des nouvelles institutions. Il y' a ainsi une normalisation du droit exceptionnel au regard de ce que *« l'exception devient permanente par des glissements successifs qui aboutissent à légitimer des pratiques, comme la déshumanisation du droit pénal et la radicalisation des procédures de contrôle(...) »*[3].

Le TCS est l'institution dont le fonctionnement affecte les principes de la légalité ordinaire. Les principes les plus exposés sont le principe de la présomption d'innocence et du principe du double degré de juridiction. La présomption d'innocence est un principe cardinal en matière pénal. C'est un principe qui permet de préserver la sureté de l'individu à l'encontre de qui pèsent des soupçons de culpabilité d'une infraction. La présomption d'innocence *« est considérée comme le*

---

[1]Art. 221 de la loi n°2005/007 du 27 Juillet 2005portant Code de Procédure Pénale.

[2]Le professeur BIPOUN WOUM l'a clairement exprimé lorsqu'il affirmait que *« si on ne sait pas ce qu'est un droit, on ne peut qu'être insensible à sa violation »*. Voir BIPOUN WOUM J-M., « Recherches sur les aspects actuels de la réception du droit administratif dans les Etats d'Afrique noir d'expression francophone : le cas du Cameroun », *RJPIC*, N°3, 1972, p. 379.

[3]DELMAS-MARTY M., « Libertés et Sûreté les Mutations de L'État de Droit », *Revue de synthèse*: tome 130, 6e série, n° 3, 2009, p. 468.

fondement de l'exigence d'une preuve complète et certaine »[1]. C'est un principe fondamental qui a une valeur constitutionnelle, la Constitution disposant clairement que *« tout prévenu est présumé innocent jusqu'à ce que sa culpabilité soit établie au cours d'un procès conduit dans le strict respect des droits de la défense »*[2]. La présomption d'innocence conditionne en réalité le procès pénal, c'est *« le principe directeur premier dont tous les autres émaneraient »*[3]. Ce principe impose à partir des enquêtes de traiter les accusés comme des innocents. Dans les procédures devant le TCS, il est malheureusement remplacé par la présomption de culpabilité qui remet en cause la liberté individuelle au profit de la sécurité publique[4]. Cela à l'avantage de convenir aux citoyens car les mis en cause sont présentés comme les adeptes de la corruption et des détournements de fonds publics qui plombent les programmes de développement et plongent le pays dans la misère. Les procédures sont accusées d'être instrumentalisées pour régler les comptes entre les potentiels prétendants aux postes de pouvoirs au lieu de réprimer les fléaux cités.

La seconde inflexion sur laquelle l'on doit se pencher est celle qui porte sur le principe du double degré de juridiction. Le principe du double degré se présente comme l'une des facettes du droit au juge. C'est un principe qui consacre à l'encontre de l'Etat l'obligation de *« prévoir des juridictions de recours »*[5]. Il consacre *« la possibilité de faire appel et de se pourvoir en cassation »*[6] lorsqu'on n'est pas satisfait de la décision rendue en premier ressort. Les juridictions de droit commun ne sont pas des juridictions suprêmes qui doivent rendre des décisions inattaquables. Le système judiciaire est ainsi organisé de manière hiérarchique avec le pouvoir pour les juridictions supérieures de revoir les décisions des juridictions inférieures. On a les juridictions d'instance que sont les tribunaux de première et de grande instance qui rendent des décisions qui peuvent être revues par les

---

[1]HENRION H., « La présomption d'innocence, un « droit à… » ? Comparaison franco-allemande », *R.I.D.C.* 4-2005, p. 1032.

[2]Voir préambule de la Constitution.

[3]LAZERGES C., « La présomption d'innocence en Europe », *Archives de politique criminelle*, 2004/1 n° 26, p. 131.

[4]MONEBOULOU MINKADA H. M., « La crise de la présomption d'innocence: regard croisé sur la procédure pénale camerounaise et de la Cour pénale internationale », *Juridical Tribune,* Volume 4, Issue 2, December 2014, p. 76.

[5]PRADEL J., « La notion de procès équitable en droit pénal européen », *R.G.D,* (1996) 27, p. 509.

[6]COLSON R., *La fonction de juger*, Fondation Varenne, LGDJ, 2006, p. 213.

juridictions de second degré que constituent les cours d'appels. Cette architecture instituée pour préserver les droits des individus est dévalorisée par l'organisation du TCS.

À l'origine, l'inflexion au principe du double degré de juridiction ne porte que sur le seul TCS. Il sera élargi plus tard à tous les autres tribunaux confirmant ainsi la thèse de l'adaptation du régime de droit commun à la légalité d'exception. Dans le texte originel du TCS, il était clairement affirmé que *« le Tribunal statue en premier et dernier ressort. Ses décisions peuvent exclusivement faire l'objet d'un pourvoi »*[1]. Cette disposition excluait l'appel dans le procès devant le TCS, du moins en ce qui concerne les voies de recours offertes aux parties[2] car le texte avait quand même prévu de manière exclusive, que *« le pourvoi du Ministère Public porte sur les faits et les points de droit »*[3]. En 2012, à la faveur de la modification de la loi sur le TCS, l'inflexion au double degré de juridiction a été élargie aux tribunaux de première et de grande instance lorsque ceux-ci interviennent en matière de détournement de biens publics et des infractions connexes lorsque le préjudice est d'un montant inférieur à cinquante millions. Cette inflexion confirme la thèse de l'adaptation du régime de droit commun à la légalité d'exception en ce sens qu'elle ne concerne que les infractions qui font l'objet de la compétence du TCS[4]. Ce sont là des exemples qui démontrent la normalisation progressive de la légalité d'exception et l'assujettissement du régime de droit commun à cette légalité. Ce dévoiement des principes fondamentaux du procès est regrettable au regard des insuffisances que l'on observait déjà dans le fonctionnement de la justice pénale. La déconstruction du double degré de juridiction qui n'estpas *« étranger à la notion de procès équitable »*[5] renvoie l'image d'une justice plus soucieuse de la

---

[1]Art. 11 alinéa 1 de la Loi N°2011/028 du 14 décembre 2011 portant création d'un Tribunal Criminel Spécial.

[2]Les parties avaient la possibilité de faire un pourvoi mais celui-ci ne pouvait porter que sur les points de droit. La cour suprême ne pouvait donc connaitre de nouveau l'affaire dans le fond.

[3]Art. 11 alinéa 2 de la Loi N°2011/028 du 14 décembre 2011 portant création d'un Tribunal Criminel Spécial.

[4]Voir Loi n°2012/011 du 16 juillet 2012 Modifiant et complétant certaines dispositions de la loi n° 2011/028 du 14 décembre 2011 portant création d'un tribunal criminel spécial. Précitée.

[5]VERGES E., *Les principes directeurs du procès judiciaire. Etude d'une catégorie juridique,* thèse de doctorat en droit privé, université de droit, d'économie et des sciences d'Aix-Marseille, 2000, p. 115.

technique organisationnelle que de la promotion de la justice comme valeur, celle qui protège les droits. L'inflexion est surtout critiquable du point de vue de l'éthique recherché par la justice. D'un autre point de vue, la transformation subie par le double degré de juridiction peut être considérée comme favorable aux mis en cause. Le seul pourvoi consacré contre les décisions du TCS s'accompagne du pouvoir d'évocation reconnue à la cour suprême, et dans ce cas, lorsqu'elle *« évoque une affaire, elle revient sur les débats liés au fond »*[1]. L'évocation est avantageuse car elle permet de gagner en temps[2]. Seulement, cet avantage crée une discrimination dans la répression. Elle favorise les individus qui ont du point de vue du montant du préjudice créé plus de tort à la société. Il y'a donc de manière claire une rupture de l'égalité qui est le fondement des sociétés démocratiques.

Conclusion

La légalité ordinaire ne saurait être mobilisée pour apporter des solutions à des situations de crise. Celles-ci sont toujours des moments de mobilisation institutionnelle qui peut prendre la forme de réaménagement mais qui renvoient prioritairement à la création de nouvelles institutions. Elles sont dotées de prérogatives spéciales et de pouvoirs particuliers principalement exorbitants. Elles relèguent les institutions de droit commun au second plan et bénéficient de prérogatives qui consolident l'autorité du régime en place. La légalité d'exception qui se dégage au travers du fonctionnement de ces institutions est mise à profit par les gouvernants pour altérer l'exercice des droits fondamentaux parfois considérée comme nuisible pour la survie du régime. C'est alors que ces institutions se pérennisent au-delà des crises en maintenant leurs pouvoirs exorbitants et dérogatoires, et en assujettissent tout le régime de droit commun aux dérogations.

---

[1]MGBA NDJIE M., « De l'application du principe du double degré de juridiction en procédure pénale camerounaise », *RevistaMisiónJurídica,* Vol. 10 - Núm. 13/ Julio - Diciembre de 2017 / p. 99.
[2]*Idem.*

La Commission des Droits de l'Homme du Cameroun face aux crises

Ebenezer David NGAHNA MANGMADI

Docteur en droit public

Les crises sont par nature dangereuses pour les droits et libertés fondamentaux. S'attaquant à la condition première de l'Homme[1], elles exposent sa fragilité[2] et révèlent la nécessité d'une meilleure défense de ses droits dans un monde en proie à tant de dangers[3]. C'est à cette tâche pour le moins délicate que s'emploie la Commission des Droits de l'Homme du Cameroun (CDHC).

Aux termes de l'article 1er alinéa 2 de la loi n°2019/014 du 19 juillet 2019 portant création, organisation et fonctionnement de cette structure, il s'agit d'une « institution indépendante de consultation, d'observation, d'évaluation, de dialogue, de conciliation et de concertation en matière de promotion et de protection des droits de l'Homme »[4]. Ainsi décrite, la CDHC rentre dans la vaste catégorie des Institutions Nationales des Droits de l'Homme (INDH).

---

[1]Envisagée au sens de la *« vita activa »* – qu'on oppose traditionnellement à la *« vitacontemplativa »* – la condition humaine correspond d'une manière générale à l'existence physique de l'Homme. Selon la philosophe américaine Hannah Arendt, elle se déploie dans une triple dimension : le travail, l'œuvre et l'action. Lire ARENDT H., *La condition de l'Homme moderne* (1958), Paris, Calmann Levy, 2018, 504 p.

[2]CHRÉTIEN J-. L., *Fragilité*, Paris, Les éditions de Minuit, 2017, p.8.

[3]DELMAS-MARTY M., *Libertés et sureté dans un monde dangereux*, Paris, Seuil, 2010, 272 p.

[4]Contrairement à sa défunte ainée, le Commission Nationale des Droits de l'Homme et des Libertés (CNDHL), elle fait également office de Mécanisme National de Prévention de la Torture au Cameroun (MNPT) comme l'indique sans équivoque l'article 1er alinéa 3 de la loi n°2019/014 du 19 juillet 2019 portant création, organisation et fonctionnement de la CDHC.

Présents dans de nombreux pays à travers le monde[1], les INDH ont la charge d'assurer une part importante du volet non juridictionnel de la garantie des droits et libertés fondamentaux[2]. Plus spécifiquement, elles sont « mandatées pour conseiller les pouvoirs publics en matière de droits de l'Homme et contrôler le respect par leur État des conventions internationales des droits de l'Homme auxquelles il est partie »[3]. À cet effet, les « Principes de Paris »[4] exigent de ces institutions qu'elles soient dotées d'un mandat aussi étendu que possible et clairement énoncé dans un texte constitutionnel ou législatif, déterminant leur composition et leur champ de compétence. Ce statut juridique donne aux INDH de sérieux atouts dans la perspective de la garantie des droits et libertés fondamentaux.

Parler des droits et libertés fondamentaux, c'est faire référence, initialement, à ces prérogatives qui sont rattachées aux individus du seul fait de leur nature humaine. Formant un « sous-groupe des droits universels moraux »[5], ils sont articulés dans but de préserver « les intérêts généraux et fondamentaux des personnes à l'encontre d'institutions publiques »[6]. D'usage, on distingue trois (03) générations[7] de droits humains[1] : les droits civils et politiques ou

---

[1]Selon le *Global Alliance of National Human Rights Institutions* (GANHRI), on dénombre à ce jour plus de 110 INDH à travers le monde. Voir : https://ganhri.org/ (consulté le 16 décembre 2021).

[2]Lire avec intérêt LÖHRER D., *La protection non juridictionnelle des droits fondamentaux en droit constitutionnel comparé. L'exemple de l'Ombudsman spécialisé portugais, espagnol et français*, Thèse en Droit public, Université de Pau et des pays de l'Adour, 2013, 820 p.

[3]LAFOURCARDE M., « Le réseau des institutions nationales des droits de l'Homme à l'épreuve de la politisation », *Annuaire Français des Relations Internationales*, Vol. 20, 2019, p. 917.

[4]Il s'agit des conclusions du premier atelier international sur les Institutions Nationales pour la Promotion et la Protection des Droits de l'Homme. Ils ont formellement consacrés par la Résolution 48/134 de l'Assemblée Générale des Nations Unies du 20 décembre 1993. Le document qui les consigne est joint en annexe de la Résolution sus évoquée sous le titre : *Commission des droits de l'Homme, Principes concernant le statut des institutions nationales pour la protection et la promotion des droits de l'Homme.*

[5]BESSON S., « L'effectivité des droits de l'Homme : du devoir être, du pouvoir être et de l'être en matière de droits de l'homme », ZUFFEREY J-. B et al., *Adriano. L'Homme et son droit. Mélanges en l'honneur de Marco Borghi à l'occasion de son 65e anniversaire*, Schulthess, 2011, p. 56.

[6]*Idem.*

[7]GUIMDO DONGMO B-. R., « La constitutionnalisation des droits et libertés fondamentaux dans les États d'Afrique noire francophone », *Afrilex*, 2021, p. 18.

droits de la première génération[2], les droits économiques et sociaux ou droits de la deuxième génération[3] et les droits collectifs ou droits de la troisième génération[4]. Indifféremment, ils accèdent à la « fondamentalité »[5] dès lors qu'ils sont « effectivement consacrés et protégés, c'est-à-dire, à partir du moment où une action attentatoire aux droits de l'Homme peut effectivement, par des voies juridiques, être prévenue, ou si elle a eu lieu, donner lieu à une réaction par la sanction positive (satisfaction équitable) ou négative (condamnation des auteurs, annulation de l'acte »[6]. À défaut de consécration juridique, « les droits de l'Homme ne sont pas des droits, mais de simples prétentions »[7].

La garantie des droits et libertés fondamentaux n'est pas tributaire des circonstances. Elle doit pouvoir s'effectuer aussi bien en période normale qu'en temps de crise. La crise, justement, désigne ce moment délicat, mais décisif[8], qui acte « un changement [brusque] dans l'évolution d'un processus ressenti comme une épreuve généralement

---

[1]On utilise de manière équivalente les expressions « droits humains » et « droits de l'Homme ».

[2]Droit à la vie, à la liberté et à la sécurité ; les libertés fondamentales de croyance, de religion et d'opinion, d'expression, d'association ; le droit à l'égalité sans discrimination, etc.

[3]Droits fondamentaux concernant le lieu de travail, la sécurité sociale, la vie familiale, la participation à la vie culturelle et l'accès au logement, à l'alimentation, à l'eau, aux soins de santé et à l'éducation, etc.

[4]Droit des peuples à disposer d'eux-mêmes, droit à un environnement sain, droit au développement durable, etc.

[5]Le doyen Louis Favoreu dégage trois critères d'identification des droits fondamentaux : « [ils] sont en premier lieu, protégés contre le pouvoir exécutif mais aussi contre le pouvoir législatif […]. En deuxième lieu, les droits fondamentaux sont non seulement garantis en vertu de la loi mais surtout de la Constitution ou des textes internationaux ou supranationaux. En troisième lieu, la protection des droits fondamentaux nécessite, pour être assurée contre les pouvoirs exécutif et législatif, en application des textes constitutionnels (ou internationaux), non plus seulement [des] juges ordinaires, mais aussi [des] juges constitutionnels et même [des] juges internationaux ». FAVOREU L., « Universalité des droits fondamentaux et diversité culturelle », CABRILLAC R., et al., *Libertés et droits fondamentaux*, 13ème éd., Paris, Dalloz, 2006, p. 6.

[6]MILLARD E., « Effectivité des droits de l'Homme », ANDRIANTSIMBAZOVINA J. et al., *Dictionnaire des droits de l'Homme*, Paris, PUF, 2008, p. 349.

[7]*Idem.*

[8]MORIN E., « Pour une crisologie », *Communications*, 2012, p.135.

non prévue et perçue comme redoutable et incertaine »[1]. À l'échelle de l'État, elle marque la rupture d'un ordre préétablie. En fonction de la nature de l'ordre rompu (ordre politique, ordre économique, ordre social, etc.), la crise prend la forme correspondante (crise politique, crise économique, crise sociale, etc.).

L'avènement de la CDHC se situe dans un contexte délicat marqué par la résurgence de crises complexes. Parmi les plus en vue, on ne peut s'empêcher d'évoquer la persistance de la menace terroriste dans la partie septentrionale du pays par le fait de la secte Boko-Haram[2], l'insécurité rampante dans les régions du Nord-Ouest et du Sud-Ouest (NOSO) en raison de « la crise anglophone »[3], et la propagation de la pandémie à Covid-19[4]. Il va s'en dire que ce climat délétère affecte négativement les droits et libertés fondamentaux ; ce d'autant plus que pour assurer un retour à la situation de normalité, les pouvoirs publics sont souvent conduits à faire recours à une légalité dérogatoire qui, en leur conférant des prérogatives spéciales, romptle « juste équilibre »[5] entre pertinence des mesures de police administrative et garantie des droits et libertés fondamentaux. Considérant cet état de chose, on est porté à se poser une question simple : que peut faire la CDHC face aux crises sus évoquées, et plus généralement, face à toutes celles qui, d'une manière ou d'une autre, portent atteinte aux droits et libertés fondamentaux ?

Engager une réflexion dans ce sens n'est pas sans intérêts. Si sur le plan cognitif, elle permet de découvrir la CDHC dans les méandres de son fonctionnement quotidien, sur le plan scientifique, elle permet de prendre la mesure de l'impact que cet organisme produit sur la garantie des droits et libertés fondamentaux en période de crise. L'initiative est d'autant plus stimulante qu'elle s'intéresse à une structure relativement jeune. Créée en mi-2019, la CDHC n'a vu ses

---

[1]ARNAUD A-. J., *Dictionnaire encyclopédique de théorie et de sociologie du droit*, Paris, LGDJ, 1993, p.129.

[2]COURTIN N., « Comprendre Boko Haram. Introduction thématique », *Afrique contemporaine,* n° 255, 2015, pp. 13-20

[3]KEUTCHEU J., « La crise anglophone : entre lutte de reconnaissance, mouvements protestataires et renégociation du projet hégémonique de l'État au Cameroun », *Politique et sociétés*, Vol. 40, n°2, 2021, pp.3-26

[4]Voir RAOULT D., *Épidémies, vrais dangers et fausses alertes. De la grippe aviaire au Covid-19* (version e-book), Neuilly sur seine, Michel Lafon, 2020, 96 p.

[5]LE BRIS C., « Du juste équilibre : les limitations aux droits de l'Homme en période de crise sanitaire », *Revue des droits de l'Homme*, 2020, pp.1-19.

membres désignés qu'au début de l'année 2021[1]. En toute logique, il peut donc sembler prématuré d'apprécier, du moins d'un point de vue empirique, son action face aux crises. C'est pourquoi pour des besoins d'analyse, on considèrera régulièrement l'héritage que la CNDHL a laissé en la matière. Au plan méthodologique, on ferra recours à la dogmatique juridique dans le but d'interpréter les textes juridiques pertinents, et plus particulièrement, la loi du 19 juillet 2019 précitée. En privilégiant cette démarche, il ne s'agit pas nécessairement de parler de ce que la CDHC fait. Il est davantage question d'évoquer ce qu'elle peut ou doit faire au regard de la loi.

À l'analyse, face aux crises, la Commission n'est pas censée être passive. Elle dispose de certains moyens d'action lui permettant d'agir contre elles (I). Toutefois, ces moyens d'action demeurent limités, et à ce titre, méritent d'être perfectionnés (II).

I. Les moyens d'action de la Commission des Droits de l'Homme du Cameroun face aux crises

L'action de la CDHC face aux crises poursuit un double objectif : prévenir leur réalisation lorsqu'elles sont potentielles, et les endiguer lorsqu'elles sont effectives. Dans l'un et l'autre cas, la Commission use des moyens que la loi met à sa disposition : la promotion (A) et la protection des droits de l'Homme (B).

A. La prévention des crises par la promotion des droits de l'Homme

La prévention permet d'éviter, autant que possible, la survenance des crises[2]. Concrètement, elle consiste à sensibiliser les acteurs sociaux – gouvernants et gouvernés – sur les affres de la réalisation des risques redoutés. La CDHC se déploie sur ce terrain par la

---

[1]On peut consulter à ce sujet un ensemble de décrets signés le 19 février 2021. Il s'agit du décret n°2021/107 portant nomination du Président de la CDHC, du décret n°2021/108 portant nomination du Vice-Président de la CDHC, du décret n°20121/109 portant nomination du Secrétaire Permanent de la CDHC, du décret n°2021/110 portant nomination des membres de la CDHC.

[2]KEUTCHA TCHAPNGA C., « Droit constitutionnel et conflits politiques dans les États francophones d'Afrique noire », *Revue Française de Droit Constitutionnel*, n°63, 2005, pp.451-491.

promotion des droits de l'Homme Au travers de cette activité, elle « contribue au développement d'une culture des droits de l'Homme fondée sur les *idéaux de paix*, d'égalité en droits et en devoirs, de respect mutuel et de développement durable »[1]. La promotion des droits de l'Homme peut prendre la forme d'une pédagogie citoyenne (1), ou de plaidoyers auprès des instances gouvernantes (2).

1. La pédagogie citoyenne

Vis-à-vis de la République, le citoyen n'a pas que des devoirs[2] mais aussi des droits. Les crises naissant le plus souvent de la méconnaissance ou du mépris de ceux-ci, il est nécessaire d'éduquer l'élite gouvernante et les masses populaires sur le bienfondé de leur respect. C'est la raison pour laquelle on a pu estimer que « l'éducation à la citoyenneté s'indexe aux droits de l'Homme »[3]. Autrement dit, elle intègre dans la conscience collective l'idée d'une société égalitaire à l'intérieur de laquelle coexistent pacifiquement des individus « égaux en vertu de leur identité de nature ou d'essence »[4]. La CDHC participe à cette tâche en encourageant : la recherche, l'éducation et la formation en matière des droits de l'Homme[5]. Mais l'activité pédagogique va au-delà de la seule dimension académique puisqu'elle a vocation à toucher le public par d'autres modalités.

Parmi celles-ci on a la vulgarisation des instruments juridiques des droits de l'Homme. Cette démarche concourt à la diffusion de l'information juridique[6] dont l'objectif est de « rendre effective la

---

[1]Article 4 de la loi du 19 juillet 2019 précitée.

[2]KEUDJEU de KEUDJEU J-. R., « Citoyenneté et République dans le constitutionnalisme africain », *Revue CAMES/SJP*, n°2001, 2016, pp.101-122.

[3]VITIELO A., « L'éducation à la citoyenneté. Renouveau et renouvellement de l'intégration scolaire », *Raisons politiques*, n°29, 2008, p.145.

[4]GALICHET F., « La citoyenneté comme pédagogie : réflexions sur l'éducation à la citoyenneté », *Enseignements et cultures*, Vol. 28, n°1, 2002, pp.108.

[5]L'article 5 de la loi du 19 juillet 2019 précise que la Commission contribue à l'éducation et à l'enseignement des droits de l'Homme dans tous les cycles de formation et dans les milieux socioprofessionnels ; organise des séminaire, ateliers, conférences sur les thématiques des droits de l'Homme, recueille la documentation et encourage la recherche en matière des droits de l'Homme.

[6]AKAM AKAM A., « Libres propos sur l'adage « nul n'est censé ignorer la loi », *Revue Africaine des Sciences Juridiques*, Vol. 4, n°1, 2007, pp.31-54.

connaissance des normes et de leurs modalités d'application »[1] au plus grand nombre, c'est-à-dire, « bien au-delà de la sphère étroite des pouvoirs publics »[2]. Dans le champ spécifique des droits et libertés fondamentaux, l'enjeu de la vulgarisation est d'autant plus important que la matière juridique y est épaisse et complexe. En effet, à ce jour, elle est constituée de plus de soixante (60)[3] instruments juridiques. Face au risque que ce flot normatif ne débouche sur un flou juridique[4], un important travail de publicisation s'impose à la Commission.

En outre, on a la sensibilisation du public sur diverses thématiques relatives aux droits de l'Homme en général, et sur la question du genre en particulier. La mise en exergue de cet aspect n'est pas anodine. S'il était auparavant négligé dans les activités de sensibilisation, ce n'est plus le cas aujourd'hui. Les temps ont changé et, depuis peu, les rapports du droit au genre ont évolué, quoique gravitant toujours autour du problème de l'égalité[5]. Loin de toute polémique, il convient de souligner à ce propos avec le doyen Léopold DonfackSokeng, que « la femme et l'homme ne peuvent avoir une condition sociale identique parce que la société ne leur assigne guère le même rôle. Naturellement différents l'un de l'autre, ils jouissent cependant des mêmes droits parce que partageant la même dignité d'être humain »[6]. Et c'est là l'essentiel : « l'égalité dans la différence »[7]. L'importance d'une éducation sur la question du respect des droits des femmes se mesure à l'ampleur des violences que ces dernières subissent, non seulement en période normale[8], mais aussi, sinon davantage, en période de crise[9].

---

[1]DE TERWANGNE C., « L'information juridique. Quel devoir de diffusion pour l'État dans la société de l'information ? », *Revue ubiquité – Droit des technologies de l'information*, n°17, 2003, p.61.

[2]CE, 17 décembre 1997, Ordre des avocats à la cour de Paris, Conclusions J-. D. COMBREXELLE.

[3]Ministère de la Justice, *Droits de l'Homme, recueil des textes. Instruments internationaux, instruments régionaux, instruments nationaux*, janvier 2018, 841 p.

[4]Lire DELMAS-MARTY M., *Le flou du droit*, Paris, PUF, 1986, 336 p.

[5]MILLARD E. « Droit et genre », LEVERD S., *Les nouveaux territoires du droit*, Paris, l'Harmattan, 2013, pp.87-104.

[6]DONFACK SOKENG L., « Le sexe du droit au Cameroun. À propos de l'égalité entre la femme et l'homme », *Sup. infos*, n°15, mai 2010, p.37.

[7]TJOUEN A-. E. F., « La condition de la femme dans le droit camerounais de la famille », *Revue Internationale de Droit Comparé*, Vol. 64, n°1, 2012, p.157.

[8]Violences domestiques, professionnelles, etc.

[9]Viols de masse notamment.

Il en va de même pour les « groupes vulnérables ». Si la vulnérabilité s'entend d'une manière générale de « la qualité de l'individu ou du groupe susceptible de faire l'objet d'une atteinte à ses intérêts, c'est-à-dire, la qualité de celles et ceux qui sont menacés de ces atteintes à leurs intérêts »[1], dans le cadre restreint des droits de l'Homme, elle désigne l'état de certaines personnes qui « soit du fait de leurs caractéristiques personnelles, soit du fait de leurs activités »[2] sont plus exposés que d'autres aux menaces d'atteintes à leurs droits. Dans cette catégorie riche et composite, on retrouve généralement – en dehors des femmes évoquées *supra* – les personnes âgées, les enfants, les victimes de violence, les personnes souffrant de handicaps physiques ou mentaux, les minorités ethniques, etc.

La pédagogie citoyenne ne constitue pas le seul moyen de promotion des droits de l'Homme. Elle s'accompagne de plaidoyers qu'effectue la Commission, auprès des instances gouvernantes.

2. Les plaidoyers auprès des instances gouvernantes

Le plaidoyer peut être succinctement définit comme un discours argumenté et convaincant en faveur d'une personne, d'une idée ou encore d'une institution. Dans son activité de promotion des droits de l'Homme, la Commission en présente quelques-uns auprès des instances gouvernantes. De manière générale, ces dernières s'analysent comme celles qui ont un réel pouvoir de décision. Au niveau national, il s'agit des autorités étatiques intervenant aux échelles exécutive et législative[3].

Aux termes de l'article 4 de la loi du 19 juillet 2019, la CDHC peut leur présenter des plaidoyers en faveur de l'amélioration du cadre juridique et institutionnel de promotion des droits de l'Homme. En effet, dire que celui-ci serait parfait dans son état actuel, serait faire preuve d'une mauvaise foi manifeste. Perfectible sur certains points sur lesquels on reviendra dans la suite des développements, ce dispositif mérite de nombreux ajustements. Le droit des INDH n'étant

---

[1]BESSON S., « La vulnérabilité et la structure des droits de l'homme : L'exemple de la jurisprudence de la Cour européenne des droits de l'Homme », BURGOGUE-LARSEN L., (dir.), *La vulnérabilité saisie par les juges en Europe*, Paris, Pedone, 2014, p.60.

[2]*Ibid.*, p.64.

[3]Article 5 de la loi du 19 juillet 2019 précitée.

pas une donnée statique, il évolue et s'adapte aux mutations que connaissent les droits de l'Homme. C'est en cela qu'il est des plus dynamiques. La CDHC est également chargée de plaider auprès du Gouvernement de la République et du Parlement pour la signature, l'adhésion ou la ratification des instruments juridiques régionaux et internationaux relatifs aux droits de l'Homme[1]. Ces procédures encadrées par les articles 43, 44 et 45 de la Constitution, permettent à l'État d'actualiser ses ressources normatives dans un environnement global où elles foisonnent. Par ailleurs, elles offrent de nouvelles garanties aux citoyens qui peuvent désormais mieux défendre leurs droits devant l'administration ou les juridictions, et ce, qu'on soit période ordinaire ou de crise.

La fonction tribunitienne de la Commission ne se limite pas au niveau national. Elle s'étend aussi à l'international. Cette possibilité ressort du vaste champ de la coopération en matière des droits de l'Homme. Multi-face, elle repose sur des fondements juridiques clairs posés par la Charte des Nations Unies et la Déclaration Universelle des Droits de l'Homme. Envisagée sous le prisme du rapport des États africains en général, et du Cameroun en particulier aux États occidentaux, la question des droits de l'Homme revêt un enjeu particulièrement important dans la mesure où elle se pose comme une « conditionnalité juridique »[2] à l'aide au développement. Pour ce qui concerne la Commission, elle peut coopérer, le cas échéant, avec les organes des Nations Unies, les institutions régionales et nationales des droits de l'Homme, les organisations de la société civile, les organisations nationales et internationales sur les questions des droits de l'Homme[3].

Par ces multiples activités de promotion des droits de l'Homme, la CDHC conscientise les acteurs sociaux et contribue à sa façon à la prévention des crises. Mais elle ne se limite pas à ça. Elle s'investie aussi avec la même énergie, dans la résolution des crises par la protection des droits de l'Homme.

---

[1]Article 5 de la loi du 19 juillet 2019 précitée.

[2]ATANGANA AMOUGOU J-. L., « Conditionnalité juridique des aides et respect des droits fondamentaux », *Afrilex*, n°2, septembre 2001, pp.1-13.

[3]Article 5 de la loi du 19 juillet 2019 précitée.

B. La résolution des crises par la protection des droits de l'Homme

Il est difficile d'anticiper sur toutes les crises ou de prévenir systématiquement leur survenance. Quel que soit le niveau de discipline sociale, il finit bien par arriver un moment où le système montre ses limites. La situation de crise devient alors inévitable. Pour y mettre un terme lorsqu'elle survient, différents acteurs sont mobilisés, au premier rang desquels, les institutions politiques, administratives et judiciaires de l'État. Mais à côté, d'autres structures sont sollicitées à l'instar de la CDHC. Durant cette phase cruciale du développement d'une crise, elle s'active à la protection des droits de l'Homme au moyen de deux canaux : la facilitation des rapports sociaux (1) et la lutte contre l'impunité (2).

1. La facilitation des rapports sociaux

Le dialogue est vecteur de paix. C'est pourquoi lors de la survenance d'une crise, sociopolitique notamment, le bon sens recommande que soient réunies autour d'une table de négociations les différentes parties impliquées. L'article 6 de la loi du 19 juillet 2019 offre à la CDHC la possibilité d'intervenir dans ce type de processus, elle qui en matière de protection : connait des requêtes et dénonciations relatives aux allégations de violation des droits de l'Homme ; s'autosaisit pour les faits portés à sa connaissance, qui sont de nature à constituer des violations graves, récurrentes ou systémiques des droits de l'Homme ; suit la situation des droits de l'Homme et formule des avis et conseils en la matière. Pour l'accomplissement de ces missions de protection, elle peut « user du dialogue, de la médiation et de la conciliation entre les parties dans les matières non répressives ». De toute évidence, la CDHC se présente sous ces traits comme une facilitatrice des rapports sociaux dans la mesure où elle met en relation des personnes ou des groupes de personnes se trouvant, le plus souvent, en situation de conflit. Se révélant au travers de diverses modalités et s'exprimant à l'intérieur d'un domaine restreint, cette action est particulièrement délimitée.

En effet, ainsi que le prévoit la disposition législative précitée, la Commission assure ce dialogue social au moyen de la médiation et de la conciliation. Ces deux mécanismes appartiennent aux modes alternatifs de règlements des conflits, lesquels visent, selon une définition bien connue, à « mettre les parties d'accord sur la solution et qui ont en commun le plus souvent de faire intervenir un tiers et de se démarquer du système juridictionnel »[1]. Mais cette catégorisation ne suffit pas à les distinguer. Pour les auteurs qui se dérobent à l'exercice de la distinction, il s'agit simplement de « deux termes […] synonymes ou presque »[2] qui désignent « tout processus, quelle que soit son appellation, dans lequel les parties demandent à un tiers de les aider à parvenir à un règlement amiable […] »[3]. Dans la même veine, le professeur Brusil Miranda Metou estime que « tout comme la conciliation, la médiation consiste à interposer les parties pour faciliter la négociation »[4]. À l'opposé, les auteurs qui « tentent d'établir une distinction rationnelle »[5] fondent leur démarche « sur l'importance du rôle du tiers chargé de favoriser l'accord des parties »[6]. En effet, dans la discussion, le conciliateur joue un rôle plus actif qu'un médiateur qui se limite généralement à donner son avis[7]. Au final, on constate bien que « la différence est plus de degré que de nature, et que la frontière n'est pas claire »[8]. Les possibilités d'action de la CDHC sont toutefois, dans ce cadre, limitées aux affaires non répressives. Il pourrait donc s'agir de contentieux administratif, civil, commercial, social, etc.

La Commission participe également à la lutte contre l'impunité.

2. La lutte contre l'impunité

Les crises ont ceci de particulier qu'elles banalisent l'impunité. Dérivé du latin *« impunitas »*, ce concept « sert à exprimer le caractère

---

[1]JARROSSON C., « Les modes alternatifs de règlement des conflits. Présentation », *Revue Internationale de Droit Comparé*, Vol. 49, n°2, avril-juin 1997, p.329.

[2]RIVIER M-. C. (dir.), *Les modes alternatifs de règlement des conflits. Un objet nouveau dans le discours des juristes français ?* CERCRID, Université Jean Monnet de Saint-Étienne, 2001, p.35.

[3]Article 1er de l'Acte Uniforme OHADA relatif à la médiation.

[4]METOU B. M., « La médiation de l'Union Africaine dans la résolution des crises internes de ses États membres », *Revue Québécoise de Droit International*, Vol. 31, n°2, 2018, p.42, (note n°14).

[5]RIVIER M-. C., *op cit.*

[6]*Idem.*

[7]*Idem.*

[8]*Idem.*

de ce qui n'est pas puni »[1]. La lutte contre l'impunité s'envisage dans ces conditions, non seulement comme un acte de justice, mais aussi comme un « moyen d'atteindre la stabilité et la prospérité »[2]. C'est sous ce rapport qu'il est possible de l'analyser comme un moyen de résolution des crises. Sans avoir la prétention de se substituer à la justice étatique, la Commission bénéficie de certaines compétences en la matière.

Lorsqu'elle prend connaissance des cas de violation des droits et libertés fondamentaux comme c'est régulièrement le cas pendant les crises, la CDHC peut saisir le Ministre de la justice et demander aux autorités compétentes de procéder à toutes les perquisitions et exiger la présentation de tous les documents conformément à la législation en vigueur. Pour mener à bien cette mission, elle peut procéder à des investigations notamment : en effectuant des descentes sur le terrain, en recueillant les informations nécessaires et en accédant à tout lieu où des cas de violation des droits de l'Homme sont allégués[3]. En 2018, la CNDHL, défunte ainée de la CDHC, s'est tout illustrée en effectuant des enquêtes au NOSO « du 05 au 08 février 2018 sur les allégations de violation des droits de l'Homme portées à [sa] connaissance, à la suite des manifestations du 22 septembre et du 1er octobre 2017 et des évènements observés au cours du mois de janvier »[4].

Comme autre prérogative de la Commission, la loi lui reconnait la possibilité de solliciter des autorités compétentes afin qu'il soit mis fin aux violations des droits de l'homme constatées. Pour ce faire, elle peut demander l'assistance des forces de l'ordre dans le cadre de l'exercice de ses missions, ou encore, intervenir le cas échéant devant toute juridiction en qualité d'*« amicuscuriae »*[5]. Pour ce faire, une requête écrite est adressée au Président de la juridiction compétente

---

[1]VILLERBU L-. M., « Impunité et punitivité. Une problématique au long cours en sciences humaines cliniques », *Les Cahiers de la Justice*, n°1, 2017, p.55.

[2]JEANGENE WILNER J-. B., « Introduction : Union Africaine versus Cour Pénale Internationale. Répondre aux objections et sortir de la crise », *Etudes internationales*, Vol. 45, n°1, mars 2014, p.20.

[3]Article 7 de la loi du 19 juillet 2019 précitée.

[4]CNDHL, *Rapport 2018 de la CNDHL*, 2018, p. 172.

[5]En droit, un *« amicuscuriae »* est une personnalité ou un organisme, non directement lié aux protagonistes d'une affaire judiciaire, qui propose au tribunal de lui présenter des informations ou des opinions pouvant l'aider à trancher l'affaire, sous la forme d'un mémoire, d'un témoignage non sollicité par une des parties, ou d'un document traitant d'un sujet en rapport avec le cas.

avant toute décision au fond[1]. Dans la même veine, la CDHC peut également, dans le strict respect de la loi, prendre l'initiative de fournir une assistance en justice, ou tout simplement prendre des mesures pour la fourniture de toute forme d'assistance, aux personnes victimes d'atteintes à leurs droits.

Durant l'état d'urgence[2], et dans la perspective de combattre l'arbitraire administratif, l'article 8 de la loi y relative impose à l'administration de communiquer à la Commission l'essentiel des mesures qu'elle prend[3]. En effet, les autorités administratives peuvent initier des actions autoritaires imposées par le contexte de crise et justifiées juridiquement par le décret proclamant l'état d'urgence[4].

La Commission bénéficie donc, juridiquement, de nombreux moyens d'action pour faire face énergiquement aux crises. Toutefois, il existe des limites à son efficacité qui méritent quelques ajustements.

II. Les limites à l'action de la Commission des Droits de l'Homme du Cameroun face aux crises

Il ne fait plus aucun doute que la CDHC, au regard de son cadre juridique, dispose de nombreux moyens d'action pour faire face aux crises. Cependant, des limites, bien visibles, continuent de fragiliser leur pertinence. Il s'agit notamment du problème de l'indépendance (A) et de la modicité des pouvoirs de la Commission (B).

---

[1]Article 7 de la loi du 19 juillet 2019 précitée.

[2]L'état d'urgence est consacré à l'article 9 al. 1 de la Constitution.

[3]Il s'agit pour être plus précis des mesures prises en application des articles 5 et 6 de la loi n°90/47 du 19 décembre 1990 relative à l'état d'urgence.

[4]Elles peuvent notamment : soumettre la circulation des personnes et des biens à des mesures restrictives et éventuellement à une autorisation administrative ; ordonner la remise des armes, munitions, effets militaires d'habillement ou de campement et postes de radio émetteur-récepteur, ainsi que faire procéder à leur recherche et à leur enlèvement ; interdire toutes réunions et publications de nature à entretenir le désordre ; instituer des zones de protection ou de sécurité où le séjour des personnes est réglementé ; requérir les autorités militaires pour participer en permanence au maintien de l'ordre dans les formes légales ; autoriser, par tout officier de police judiciaire, civile ou militaire, des perquisitions à domicile de jour ou de nuit dans les formes légales, etc.

A. Le problème de l'indépendance

L'indépendance de la CDHC est un gage essentiel à la pertinence de son action face à la rudesse des crises. En l'état actuel du droit régissant la matière, le moins que l'on puisse dire est qu'elle est fragile (1). Il se pose dans ces conditions l'urgence d'une indépendance renforcée (2).

1. Le constat d'une indépendance fragile

La loi du 19 juillet 2019 affirme clairement l'indépendance de la CDHC. Contrairement aux pays qui retiennent une conception assez souple du concept (le concept d'indépendance)[1], au Cameroun, il s'entend, du moins théoriquement, de l'absence de dépendance de la structure considérée, vis-à-vis de l'administration d'État. C'est à ce titre qu'elle bénéficie, conformément à l'article 2 alinéa 1 de la loi précitée, de l'autonomie administrative et financière. Plus qu'une simple Autorité Administrative Indépendante (AAI)[2], la CDHC s'affirme définitivement comme un « établissement public indépendant »[3].

Cette indépendance est réitérée par la définition que le législateur propose au statut des membres. Désormais désignés sous l'appellation de « commissaires »[4], ces derniers sont « choisis parmi les personnalités de nationalité camerounaise résidant sur le territoire

[1]Pour le cas de la France, le professeur Olivier Gohin relève que « les autorités administratives indépendantes le sont précisément parce qu'elles sont tout simplement extérieures à l'administration centrale et déconcentrée de l'État tout en faisant partie de l'administration d'État ». GOHIN O., *Les institutions administratives indépendantes*, [5ème éd.], Paris, LGDJ, 1995, p.205.

[2]Selon le Conseil d'État français, les AAI ont en commun « d'agir au nom de l'État sans être subordonnées au Gouvernement et de bénéficier, pour le bon exercice de leurs missions, de garanties qui leur permettent d'agir en pleine autonomie, sans que leur action puisse être orientée ou censurée, si ce n'est par le juge ». Conseil d'État, *Rapport public 2001. Jurisprudence et avis de 2000. Les Autorités Administratives Indépendantes*, Paris, La documentation française, 2001, p.257.

[3]V. not. PEKASSA NDAM G., « Les établissements publics indépendants : une innovation fondamentale du droit administratif camerounais », *Revue Africaine des Sciences Juridiques*, Vol .2, n°1, 2001, pp.153-178.

[4]Conformément à l'article 12 al. 1 de la loidu 19 juillet 2019 précitée, la Commission est composée de quinze (15) membres, contrairement à sa défunte ainée qui elle, en avait pour un total de trente (30).

national, jouissant de leurs droits civiques et politiques, reconnues pour leur intégrité morale, leur honnêteté intellectuelle et ayant des connaissances avérées en matière des droits de l'Homme »[1]. Ils exercent leurs fonctions[2] à plein temps et leur mandat est protégé par le prononcé d'un serment dont la formule est intégralement déclinée par la loi[3]. Par ailleurs, ils ne peuvent pas être poursuivi pour les idées et opinions exprimées dans le cadre de l'exercice de leurs fonctions.

Cependant, ces marques de l'indépendance de la Commission ne sauraient occulter l'existence d'éléments les relativisant. Deux d'entre eux retiennent l'attention. On a d'une part le mode de désignation des commissaires. Ils sont nommés par décret du Président de la République. Si la loi indiquequ'ils sont proposés à la nomination par les administrations, associations et organismes socioprofessionnels auxquels ils appartiennent[4], elle ne prend pas le soin de déterminer la nature des avis émis. Tout porte donc à croire que ces avis n'ont qu'une simple valeur indicative et ne lient en rien le chef de l'État qui demeure libre de ses choix. D'autre part on a la question du mandat. Il est de cinq (05) ans, renouvelable une fois. L'absence du confort d'un long mandat, associée à l'éventualité de sa reconduction, sont autant de facteurs qui sont de nature à fragiliser l'indépendance des commissaires.

---

[1]Article 12 al. 2 de la loi du 19 juillet 2019 précitée.

[2]La nomination d'une personnalité au sein de la Commission, entraine automatiquement sa mise en disponibilité de son administration d'origine. En effet, l'article 15 al. 1 de la loi du 19 juillet 2019 précitée stipule clairement que, les fonctions de commissaires sont incompatibles avec l'exercice de tout emploi ou fonction publique ou privée, élective ou non. Toutefois, ne sont pas concernées les activités de recherche, d'enseignement ou de consultance.

[3]Article 20 al. 2 de la loi du 19 juillet 2019 précitée.

[4]Hormis le Président et son Vice, l'article 13 de la loidu 19 juillet 2019 précitée repartit les autres membres comme suit : un (01) magistrat, un (01) expert en administration pénitentiaire ou en gestion des lieux de privation des libertés, un (01) diplomate, un (01) avocat représentant le barreau, un (01) médecin représentant l'Ordre National des Médecins du Cameroun, une (01) autorité traditionnelle, un (01) journaliste représentant désigné par les syndicats des journalistes, un (01) expert en00 travail social, un (01) expert en genre, un (01) expert en questions religieuses, un (01) expert en questions syndicales désigné par les syndicats des travailleurs, deux (02) membres relevant des organisations œuvrant dans le domaine des droits catégoriels dont un représentant les personnes handicapées. Cette nouvelle configuration, diffère de celle de la CNDHL dans laquelle on notait la présence de parlementaires et deux (02) journalistes, au lieu d'un seul (01) aujourd'hui.

C'est fort de ces raisons qu'on estime qu'un renforcement de l'indépendance de la Commission s'impose comme une nécessité.

2. La nécessité d'un renforcement de l'indépendance

Cette préoccupation est intimement liée à la jeune histoire des INDH au Cameroun. Ce n'est qu'au début des années 1990, époque marquée par l'accélération du processus de démocratisation, que s'impose dans le débat public la question relative à leur mise sur pied[1]. La première initiative est matérialisée par la création du Comité National des Droits de l'Homme et des Libertés par un décret présidentiel signé le 8 novembre 1990[2]. Placé sous la tutelle du Premier Ministre, la structure est sévèrement critiquée pour sa dépendance vis-à-vis du pouvoir exécutif[3]. Pour corriger ces manquements, une réforme est actée par la loi n°2004/016 du 22 juillet 2004 portant création de la Commission Nationale des Droits de l'Homme et des Libertés. Mais très vite, cette dernière, comme sa défunte devancière, est décriée pour les mêmes raisons. C'est donc tout naturellement qu'au bout de quinze (15) années de fonctionnement, elle disparait au profit de la toute nouvelle Commission des Droits de l'Homme du Cameroun[4].Au vue des limites exposées le long des développements précédents, on constate bien que le problème reste entier.

L'une des clés de résolution pourrait résider en une redéfinition pure et simple du statut juridique de la CDHC. On suggère notamment qu'elle évolue d'une forme législative vers une forme constitutionnelle[5]. L'intérêt d'une telle démarche est triple. D'abord,

---

[1]Voir NGUELE ABADA M., *État de droit et démocratisation. Contribution à l'étude de l'évolution politique et constitutionnelle au Cameroun*, Thèse de doctorat en droit public, Université de Paris 1 Panthéon-Sorbonne, 1995, 597 p. ; ATANGANA AMOUGOU J-. L., *L'État et les libertés publiques au Cameroun. Essai sur l'évolution des libertés publiques en droit camerounais*, Thèse de doctorat en droit public, Université Jean Moulin Lyon 3, 1999, p.222 et suiv.

[2]Voir décret n°90/1459 du 8 novembre 1990 portant création du Comité National des Droits de l'Homme et des Libertés.

[3]ATANGANA AMOUGOU J-. L., *op cit.*, pp.229-230.

[4]Cette nouvelle institution est organisée par la loi n°2019/014 du 19 juillet 2019 précitée.

[5]Vincent Souty a pu identifier 45 pays ayant procédé de la sorte. SOUTY V., *La constitutionnalisation des pouvoirs de crise. Essai de droit comparé*, Thèse en Droit public, Université Sorbonne Nouvelle-Paris 3, 2015, pp.353-354.

elle rendrait possible une affirmation suffisamment importante de l'indépendance de la Commission vis-à-vis des autres pouvoirs constitutionnels. Ensuite, elle lui garantirait une certaine pérennité dans la durée en l'immunisant de retouches intempestives. Enfin, la constitutionnalisation de la Commission lui assurerait une certaine légitimité du point de vue de l'exercice de ses prérogatives.

La consolidation de l'indépendance de la Commission pourrait également passer par une réforme du système de nomination. L'objectif serait alors de l'affranchir, totalement ou partiellement, de l'exécutif. Au regard du droit comparé, on distingue dans cette perspective deux hypothèses. D'une part, on a le système d'élection parlementaire pure impliquant l'élection des commissaires par une majorité renforcée de parlementaires. D'autre part, on a le système mixte postulant l'intervention conjointe du Parlement et de l'exécutif, soit que la désignation s'effectue par le premier sur proposition du second, solution retenue par le Québec, soit, inversement, qu'elle s'effectue par le second sur proposition du premier[1]. Ce dernier modèle est aujourd'hui en phase d'expérimentation au Cameroun dans les régions à statut spécial du Nord-Ouest et du Sud-Ouest où la nomination du « Public Independent Conciliator » est assurée par le Président de la République sur proposition concertée de l'Assemblée régionale et du Représentant de l'État de la région concernée. Pour finir, la question du mandat ne saurait être passée sous silence. La Commission doit pouvoir bénéficier d'un mandat confortable pour lui permettre d'exercer librement ses fonctions. Une fois de plus, l'exemple du « Public Independent Conciliator » peut être évoqué. Cette personnalité bénéficie d'un mandat de six (06) ans non renouvelable[2].

L'action de la Commission face aux crises est également fragilisée par la modicité de ses pouvoirs.

---

[1]LÖHRER D., *La protection non juridictionnelle des droits fondamentaux en droit constitutionnel comparé... op cit.*, pp.284-285.

[2]Sur la question du statut spécial des régions anglophones, V. not. NGANDO SANDJE R., « Le statut des régions anglophones du Cameroun : chronique d'une exigence de l'Assemblée Générale des Nations Unies », in *Civitas Europa*, n°44, 2020, pp.181-205.

B. La modicité des pouvoirs

La Commission bénéficie-t-elle de toutes les prérogatives nécessaires, à même de lui permettre d'agir efficacement contre les crises ? Il est difficile de répondre de façon tranchée en raison du minimalisme de ses pouvoirs (1). Pour un meilleur rendement, il doit être procédé à une densification de ces derniers (2).

1. Le constat de pouvoirs minimes

Ainsi qu'on a pu le voir dans la première partie de cette réflexion, dans le cadre de sa mission de lutte contre l'impunité, la Commission bénéficie des pouvoirs d'enquête assez importants, dont l'exercice est *a priori* facilité par une procédure souple[1] et de certaines garanties en matière d'accès à l'information[2]. Toutefois, il est des cas où l'administration refuse de collaborer. Une situation de fait particulièrement saisissante permet de l'illustrer. En août 2017, la CNDHL avait conduit une mission d'enquête au Secrétariat d'Etat à la Défense en charge de la Gendarmerie (SED) concernant la détention de douze (12) suspects interpellés dans le cadre de la crise sévissant au NOSO. Mais l'initiative n'a pas pu prospérer face au refus de l'administration de laisser les membres de la Commission accéder au lieu de détention. Suite à cet incident, le Président de la CNDHL délivra un communiqué aux fins de dénonciation le 15 septembre 2017, et saisi par courrier le Ministre en charge de la Défense afin de solliciter un entretien le 5 octobre de la même année[3].

Par ailleurs, à l'image de ses consœurs intervenant dans le champ de la « régulation sociopolitique »[4], la Commission ne dispose pas de

---

[1]La Commission peut s'autosaisir, tout comme elle peut être saisie par toute personne physique ou morale au moyen d'une requête écrite ou verbale. Dans ce cas, elle est tenue de prendre toutes les dispositions pour la protection de l'identité des personnes qui la sollicitent ou qui travaillent avec elle. Voir article 36 de la loidu 19 juillet 2019 précitée.

[2]Selon l'article 3 al. 2 de la loidu 19 juillet 2019 précitée, la Commission peut demander à toute administration une étude ou un rapport sur une question qui relève de sa compétence et mener des études en matière des droits de l'Homme au profit des administrations qui en font la demande.

[3] CNDHL, *Report on the state of human right in Cameroon in 2017*, p. 135.

[4]V. not. MBALLA OWONA R., *La notion d'acte administration unilatéral au Cameroun*, Thèse en Droit public, Université de Douala, 2010, pp.109 et suiv.

véritables pouvoirs normatifs, administratifs et quasi-juridictionnels et apparait dans ces conditions comme une simple « autorité morale »[1]. La conséquence en est qu'elle ne saurait « prononcer des sanctions à l'encontre des entités soumises à son contrôle, ni annuler ou modifier les normes juridiques attentatoires aux droits fondamentaux »[2]. Tout au plus, elle procède à des dénonciations comme ce fut le cas en 2018. Le rapport d'activités de la CNDHL cette année-là, indique qu'à la suite des enquêtes menées dans le cadre de la crise anglophone, « la Commission a dénoncé les assassinats […] »[3] sans plus.

À ces premières considérations, il faut rajouter la faiblesse des sanctions pénales. En effet, aux termes de l'article 62 de la loi du 19 juillet 2019 : « est punie d'une amende de quatre mille (4000) FCFA à vingt-cinq mille (25 000) FCFA et d'une peine d'emprisonnement de cinq (5) à dix (10) jours ou de l'une de ces deux peines, toute personne qui, dûment convoquée, refuse de déférer aux convocations de la Commission des Droits de l'Homme du Cameroun ». C'est dire dans ces conditions que, par sa capacité de saisine des juridictions compétentes, et d'intervention auprès de ces dernières en qualité de *« amicus curiae »*, la CDHC en matière de protection des droits et libertés fondamentaux, exerce, au mieux, une espèce de « magistrature d'influence »[4].

Elle se limite, au final, à dresser annuellement un rapport au Président de la République, au Président du Conseil Constitutionnel, au Premier Président de la Cour Suprême, aux Présidents des deux chambres parlementaires, au Premier Ministre, aux ministres chargés de la justice, de l'administration territoriale, des relations extérieures, ainsi qu'à toute autre administration concernée. Ce rapport est rendu public à la diligence du Président de la Commission[5]. La Commission peut formuler des recommandations entendues comme des mesures purement incitatives, dépourvues de sanction juridique. Elles peuvent être à finalité normative ou non[6].

---

[1] LÖHRER D., *op cit*, p.325.

[2] *Idem.*

[3] CNDHL, *op cit.*, p. 172.

[4] *Ibid.*, p.326. Elle consiste en une démarche, ouverte et intentionnelle, d'A pour conduire B à l'action (ou l'inaction) Y qu'il n'aurait pas sans lui adoptée, sans pour autant que B ne soit tenu de suivre l'opinion ou la conduite proposée par A.

[5] Article 42 al. 1 de la loi du 19 juillet 2019 précitée.

[6] LÖHRER D., *op cit.*, p.328et suiv.

Face à ces limites, il est possible d'envisager quelques perspectives d'amélioration dans les termes d'une densification.

2. La nécessité d'une densification des pouvoirs

Cette densification pourrait passer tout simplement par l'aménagement de pouvoirs supplémentaires à la Commission, au-delà des seuls pouvoirs d'enquête. Cette démarche pourrait alors s'effectuer sur le modèle des prérogatives dont sont investis les organes de régulation intervenant dans le secteur économique. Les activités de ces derniers consistent globalement « à régler, à diriger, à orienter, à contrôler et à sanctionner de manière à assurer l'équilibre en cause dans les relations entre acteurs relevant d'un secteur d'activité complexe, divers et sans cesse mouvant »[1].

Pour ce faire, « [ils] participent à l'édiction des normes revêtues de l'autorité de chose décidée pour l'encadrement des activités concernées »[2]. En outre, « leur rôle technique leur confère un pouvoir de décision propre, réputé ne pas être assujetti au pouvoir hiérarchique des ministres de tutelle qui, eux, jouent un rôle politique »[3]. Aussi, les organes de régulation bénéficient souvent d'importants pouvoirs consultatifs en vertu desquels ils peuvent formuler des avis conformes, c'est-à-dire, des opinions liant juridiquement l'administration[4]. Comme autre prérogative essentielle, on a le pouvoir sanctionnateur qui permet à l'organe de régulation d'adresser des injonctions au contrevenant et le cas échéant de prononcer les sanctions administratives et pécuniaires, sans préjudice des poursuites pénales s'il y a lieu. Dotés de tels pouvoirs, la Commission verrait sans doute son action contre la prévalence des crises dans notre environnement, renforcée.

Au terme de cette réflexion, le constat qui se dégage est clair : la Commission n'a aucune raison de rester inactive face aux crises. En effet, la loi met à sa disposition de moyens d'action pouvant être mobilisés pour prévenir ou endiguer ces situations de désordre.

---

[1] MBALLA OWONA R., *op cit.*, pp.121-122.
[2]*Idem.*
[3]*Idem.*
[4]*Ibid.*, p.123. C'est par exemple le cas de l'Agence de Régulation du Secteur de l'Electricité (ARSEL) qui peut soumettre pour signature à l'autorité compétente, après avis conforme, les contrats de concession, ainsi que les notes de licences et d'autorisations.

Toutefois, à l'effet de voir son action optimisée, la Commission doit faire l'objet de profondes réformes qui lui assurerait une indépendance effective et des pouvoirs plus consistants. Face à la violence des situations de crise et à l'arbitraire administratif qui peut en résulter, la CDHC constitue pour le citoyen, à n'en point douter, un véritable « dispositif de résistance »[1].

---

[1]RIALS S., *Oppression et résistance*, Paris, PUF, 2008, p.39

La contribution des organisations régionales africaines dans la résolution de la crise sécuritaire boko haram au Cameroun

GOUDJOU Artour Caltaire

Doctorant en Droit international public, Université de Dschang

Le Cameroun, jadis considéré comme un pays de paix, fait face depuis l'avènement de Boko-Haram (BK), à une crise sécuritaire sans précédent. Les exactions terroristes n'ont cessé d'embraser de vastes portions de son territoire notamment dans sa partie septentrionale, caractérisées par une confusion de ses frontières au profit d'un État islamique. Des foyers de tensions se sont considérablement élargis et les poches de radicalisme se sont multipliées. Ce mouvement terroriste qui sème la terreur et la désolation dans l'Extrême-Nord du Cameroun mobilise un ensemble d'acteurs avec de nombreuses ramifications dans les sphères religieuses, politiques et économiques locales. Boko-Haram bascule dans l'insurrection armée dès 2009 dans le Nord-Est du Nigéria en agrégeant des profils divers allant des fanatiques aux individus enrôlés de force, ainsi que de purs affairistes. Le groupe va progressivement muter son mode opératoire en fonction des réponses sécuritaires des États du Bassin du lac Tchad. Axée au départ sur des attaques frontales dans une logique guerrière résolument symétrique, la stratégie du mouvement va évoluer vers des formes plus asymétriques notamment avec le recours aux bombes humaines, aux engins explosifs improvisés, aux scènes de pillage et d'enlèvements divers. L'intérêt de Boko-Haram au Cameroun était d'aménager une base arrière de repli dans la guerre qui l'oppose à l'armée nigériane. La déclaration de guerre lancée par le Cameroun en mai 2014 a déterminé Boko-Haram à considérer le Cameroun comme un front légitime du djihad. Cette montée du péril terroriste au Cameroun met donc en relief plusieurs organisations face aux nouvelles menaces transfrontalières qu'est le terrorisme.

Considéré comme une crise sécuritaire majeure qui affecte les États[1], le terrorisme est une entreprise particulièrement difficile à définir[2]. La raison en est qu'il est une notion qui suscite beaucoup de subjectivité[3] au point d'entretenir finalement une sorte de scepticisme. Ce qui constitue le terrorisme pour les uns peut être perçu comme un acte de résistance chez les autres. Cette omniprésence de la subjectivité justifie quelque peu les divergences de son appréhension d'un État à l'autre, d'une entité à l'autre. À ce propos, les auteurs Schmid et Jongman[4] avaient recensé pas moins de 109 définitions différentes du terrorisme. Ils avaient alors isolé les termes les plus récurrents dans les définitions du terrorisme[5] et en avaient conclu à la très grande diversité d'approches du phénomène. Mais cette diversité ne doit en rien faire verser dans le pessimisme. Le terrorisme fait référence à la volonté de susciter un sentiment de terreur, de peur, d'insécurité auprès d'un groupe cible déterminé, tout en maintenant les victimes dans l'incertitude quant à l'objet, la durée et le déroulement de l'opération. Il est défini comme « *un ensemble d'infractions limitativement énuméré dans la code pénal, qualifié ainsi, lorsqu'elles sont en relation avec une entreprise individuelle ou*

---

[1]Plusieurs États dont la Tunisie, l'Algérie, l'Égypte le Nigéria ; le Tchad le Niger, la Somalie, le Kenya et le Cameroun, ont été victimes du terrorisme au cours de l'année 2015.

[2]La doctrine met en exergue l'impossibilité ou à tout le moins les difficultés considérables qui pèsent sur les tentatives de définition universelle du terrorisme. Voir en ce sens BRIBOSIA E. et WEYEMBERGH A., *Lutte contre le terrorisme et droits fondamentaux*, Bruylant, Bruxelles, Col. « Droit et Justice », Vol. 34, 2002, 308p.; ZEIDAN S., « Desperately seeking definition : the International community's quest for identifying the specter of Terrorism », *Cormell International Journal*, Vol.36, 2004, pp. 291 et ss; WILLIAMS G., « What is the terrorism? Problems of definition », University of New South Wales Law Journal, Vol.27, 2004, p. 270 et ss.

[3] OKUMU W. and BOTHA A. (dir.), *Understanding terrorism in Africa: building bridges and overcoming the gaps*, Institute for security studies, 2008, p. 12.

[4] SCHMID A. et JONGMAN A., *Political terrorism: a research guide to concepts, theories and data bases*, North-Holland Publishing Co, Amsterdam, 1983, 583p.

[5]On peut trouver parmi ces définitions et par ordre d'importance les mots mentionnés comme « violence », « force », « politique », « peur », « terreur », « menace », « cibles », « victimes » etc.

collective ayant pour but de troubler gravement l'ordre par l'intimidation et la terreur »[1].Jean Salmon pense que :

« *C'est un fait illicite de violence grave commis par un individu ou un groupe d'individus, agissant à titre individuel ou avec l'approbation, l'encouragement, la tolérance ou le soutien d'un État contre des personnes ou des biens, dans la poursuite d'un objectif idéologique, et susceptible de mettre en danger la paix et la sécurité internationale*[2] ».

Le terrorisme procède donc par la violence et le but principal est de répandre la terreur parmi la population et ses biens. Sur le continent africain, il est perçu comme :« *a- tout acte ou menace d'acte en violation des lois pénales de l'État-partie susceptible de mettre en danger la vie, l'intégrité physique, les libertés d'une personne ou d'un groupe de personnes, qui occasionne ou peut occasionner des dommages aux biens privés et publics, au ressources naturelles, à l'environnement ou aux patrimoines culturels, et commis dans l'intention :*

- *d'intimider, provoquer une situation de terreur, forcer, exercer des pression ou amener tout gouvernement, organisme, institution, population ou groupe de celle-ci, d'engager toute initiative ou de s'abstenir, d'adopter, de renoncer à une position particulière ou d'agir selon certains principes ;*
- *ou de perturber le fonctionnement normal des services publics, la prestation des services essentiels aux populations et de créer une situation de crise au sein des populations,*
- *de créer une insurrection générale dans un État-partie.*

b- toute promotion, financement, contribution, ordre, aide, incitation, encouragement, tentative, menace, conspiration, organisation ou équipement de toute personne avec l'intention de commettre tout acte mentionné au paragraphe a (i) à (ii) »[3].

---

[1]GUILIEN R., VINCENT J. et S GUINCHARD S. (dir.), *Lexique des termes juridique*, Paris, Dalloz, 17e édition p.703.

[2]SALMON J. (dir.), *Dictionnaire de droit international public*, Bruylant, Bruxelles, 2001, 1198 p. p.1081.

[3]Art. 1(3) de la Convention pour la prévention et la lutte contre le terrorisme de l'Union Africaine de 1999

Cette définition large et objective de l'acte terroriste permet d'identifier les critères du terrorisme qui ont en effet été systématisés par Fletcher[1], Schmid et Jongman[2]. Le terrorisme est ainsi de par sa nature un acte violent portant atteinte à la vie, à l'intégrité physique et à la sécurité des êtres humains. La pratique est d'utiliser de nombreuses techniques[3] comme des explosifs, les kamikazes. C'est sans doute la situation vécue dans le septentrion du Cameroun. L'émergence de ce phénomène via les attentats kamikazes et d'autres procédés révèlent l'ampleur que cette menace fait peser sur le Cameroun et donc le risque de sombrer dans une spirale de crises. C'est nul doute une épreuve pour les organisations régionales africaines ayant à leur tête l'Union Africaine (UA) et la Communauté Économique des États de l'Afrique Centrale (CEEAC)[4], qui sont désormais des acteurs majeurs ayant affichés de façon déterminée leur intention de lutter contre cette crise sécuritaire causée par BH au Cameroun. Elles ont ainsi affirmé leur leadership dans la gestion des crises. Cependant, cet ennemi nouveau au Cameroun nourrit de vives inquiétudes et fait douter de l'efficacité des politiques régionales mises en place pour endiguer cette menace. L'UA suivie de la CEEAC a mis en place une politique régionale et sous régionale de lutte contre les crises dans leurs États membres. Ces politiques affichent par conséquent les capacités et les potentialités de ces acteurs à juguler les crises. Elles se positionnent comme plaque tournante du dispositif de

---

[1] FLETCHER G., « The indefinable concept of terrorism», Journal on International Criminal Justice, vol.4, n°5; 2006, pp.894-912.

[2] SCHMID A., JONGMAN A., *Political terrorism: a research guide to concepts, theories and data bases*, *Op.Cit*.

[3]MARRET J. L., *Techniques du terrorisme*, 2e éd., Col. « Défense et Défis nouveaux », PUF, 2002, Paris, 177 p.

[4]La CEEAC a été instituée par le traité de Libreville du 18 octobre 1983, entré en vigueur en décembre 1984. Elle est constituée de 11 États membres avec la récente réintégration du Rwanda en mai 2015. Le niveau de conflictualité est assez élevé dans cette région de l'Afrique et plongeant l'organisation dans une certaine léthargie. Le contexte sécuritaire ici est en effet très fragile. Ainsi de 1983 à 1998 année de renaissance de l'organisation, celle-ci sera inactive. Toutefois, le 6 février 1998, à Libreville, les dix chefs d'États de la CEEAC tiendront leur deuxième Sommet extraordinaire qui se conclura par la décision de réactiver l'organisation régionale et d'élargir ses attributions au-delà du champ économique originel pour inclure la promotion de la paix et la sécurité. Une nouvelle orientation qui met ainsi à la charge de la CEEAC l'ensemble des questions de sécurité dans cette partie de l'Afrique.

résolution des crises dans leurs États, se réappropriant le pouvoir de régler par elles-mêmes les crises africaines, ce que d'aucuns qualifient « d'africanisation du règlement des conflits[1] ». C'est ainsi que se fait ressentir de plus en plus, l'importance de leur contribution. Cette intervention a pour objectif de contribuer à la résolution des crises sécuritaire dans les États en utilisant leurs propres mécanismes.

La question qui se pose dans la présente étude est celle de l'apport des organisations régionales africaines dans la résolution de la crise sécuritaire causée par Boko-Haram au Cameroun. Il s'agit de déterminer les efforts déployés par ces organisations et leur incidence sur la résolution de cette crise. Cette question est d'un intérêt certain. Étudier les efforts mis en œuvre par ces organisations revient à déterminer les instruments juridiques et des moyens d'action pour contenir la menace terroriste. Il s'agit de questionner les capacités de ces organisations à élaborer des réponses efficaces face à l'émergence de la menace terroriste. C'est donc une étude sur l'efficacité des mécanismes tant opérationnels que structurels pris par ces organisations. Ces mécanismes de lutte peinent à globalement fonctionner efficacement pour des raisons qui tiennent à leur coordination et leur financement ; ce qui peut entraver les efforts dans la lutte contre le terrorisme. Il s'inscrit donc largement dans le corpus normatif de ces organisations. Cette étude rend donc compte de ces nombreux mécanismes normatifs et structurels dont s'est dotés l'UA et la CEEAC dans le cadre de la prévention, de la gestion et de la résolution de la crise sécuritaire dans leurs États membres, permettant ainsi d'évaluer leur architecture sécuritaire. La méthode utilisée dans ce travail est la méthode juridique car s'appuyant sur les textes de loi et l'analyse sociologique car devant tenir compte des éléments de fait. L'utilisation de ces méthodes permet d'avancer que les efforts déployés par l'UA et la CEEAC sont considérables mais demeurent insuffisants dans la résolution de la crise BH au Cameroun. Leur contribution à la résolution de la crise sécuritaire se trouve

---

[1]Voir BAMBA A., « L'africanisation du règlement des conflits : mythe ou réalité ? Le cas des médiations africaines en Afrique de l'Ouest francophone (2000-2010) » (2013) 3 Perspectives.
Internationales : La Revue des étudiants-chercheurs en relations internationales de Sciences pp. 70-71. Cité par METOU B. M., « La médiation de l'Union Africaine dans la résolution des crises internes de ses états membres », *Revue québécoise de droit international,* 2018, pp. 40-69

nécessairement dans l'opérationnalisation de leur mécanisme de gestion des crises. À l'épreuve, ils s'avèrent être insuffisants. Si on note des avancées dans la mobilisation des moyens de lutte contre le terrorisme(I), il demeure que malgré quelques expériences réussies, ces efforts peinent à être efficaces (II).

I. Les efforts déployés par les organisations régionales africaines (ORA) dans la lutte contre Boko-Haram au Cameroun

Le terrorisme n'est pas une menace nouvelle en Afrique. Il s'est progressivement implanté sur le terrain depuis les années 1990[1]. L'Afrique du Nord fut la première région à faire face à cette menace, d'abord comme victime mais aussi comme base arrière pour les mouvements qui s'y sont installés pour mener plusieurs activités de recrutement et de formation de combattants. Cependant, c'est avec la destruction des deux ambassades américaines à Nairobi et à Dar es Salam le 07 aout 1998 que le terrorisme cesse d'être perçu comme une simple nuisance pour devenir une véritable menace stratégique en Afrique. Un an après, lors du 35e Sommet de l'OUA de juillet 1999, fut adoptée la convention d'Alger qui traduisait le premier accord à l'échelle du continent sur la prévention et la lutte contre le terrorisme[2]. Il est devenu une crise sécuritaire majeure qui menace la stabilité des États africains et qui nécessite des réponses sécuritaires appropriées. La menace de déstabilisation des États liée aux insurrections répétées de Boko-Haram a amené l'UA (A) et la CEEAC (B) à déployer des efforts considérables pour lutter contre cette menace au Cameroun.

[1]La première vague de la mouvance islamiste émerge dès 1992 au sein du GIA (Groupe Islamiste Armé) après l'annulation par le pouvoir algérien des élections qui avaient consacré du Front Islamiste du Salut. Voir NKALWO NGOULA J. L., « L'Union Africaine à l'épreuve du terrorisme : forces et challenges de la politique africaine de sécurité », Irénées.net, avril 2016, p5.

[2]Il est important de rappeler cette résolution [AGH/Rés.213(XXVIII)] sur le renforcement de la coopération et la coordination des États dans l'optique de lutter contre l'extrémisme et de terrorisme adopté en 1992 par l'OUA.

A. L'apport de l'UA dans la légitimation de la Force Multinationale Mixte

La crise qui menace le Cameroun depuis 2012 a eu pour conséquence la modification du dispositif multilatéral africain de prévention, de gestion et de règlement des crises. En effet, la réactivation dans un premier temps de la Force Multinationale Mixte (FMM) dans le cadre de la Commission du Bassin du Lac Tchad (CBLT) (1) marquait aussi l'intérêt de l'UA de résoudre la crise Boko Haram au Cameroun (2).

1. La création de la FMM dans le cadre de la CBLT placé sous l'autorité de l'UA

La crise déclenchée par les violences perpétrées par la secte BH au Cameroun et d'autres États qui bordent le Bassin du Lac Tchad a révélé les difficultés à mobiliser les cadres institutionnels sur lesquels repose l'Architecture africaine de paix et de sécurité (APSA) de l'UA. La lutte contre BH a eu pour conséquence la réactivation de la FMM dans la cadre du bassin du lac Tchad, placée sous l'autorité de l'UA.

Dans un contexte où les menaces se font plus pressantes et où le système de sécurité continental est paralysé, les nouveaux partenaires régionaux de sécurité paraissent être les plus pragmatiques des réponses[1]. En effet, à l'inverse de l'UA et ses Communautés économiques régionales, il s'agit d'alliances militaires *ad hoc*[2]. Le déploiement de la FMM contre le groupe BH correspond à la réactivation d'un mécanisme sécuritaire préexistant dans le cadre de la CBLT. Cette commission a été fondée en 1964 par les quatre pays riverains du lac Tchad : le Cameroun, le Niger, le Nigéria et le Tchad. La RCA a également adhéré à l'organisation en 1996 ainsi que la Lybie en 2008. Le siège de cette institution est situé à N'Djamena. Ainsi,

---

[1]VIRCOULON T., « L'Afrique à l'heure du nouveau régionalisme sécuritaire » *The conversation,* 1er mars 2017 : https://theconversation.com/lafrique-a-lheure-du-nouveau-regionalisme-securitaire-72945, consulté le 6juin 2021.

[2]BAGAYOKO N., Le multilatéralisme sécuritaire africain à l'épreuve de la crise sahélienne, Rapport du projet Stabiliser le Mali, Centre Franco-Paix en résolution des conflits et des missions de paix, Juin 2019,p.24.

« La CBLT a pour mandat la gestion durable et équitable du lac Tchad et des autres ressources en eaux partagées du Bassin éponyme, la préservation des écosystèmes du Bassin conventionnel du lac Tchad, la promotion de l'intégration et la préservation de la paix et de la sécurité transfrontalière dans le Bassin du Lac Tchad[1] »

La paix et la sécurité sont donc mentionnées explicitement dans le mandat de l'organisation. Dès les années 1990, les États membres de la CBLT ont été confrontés aux problématiques de banditisme armé transfrontalier, véritable entrave à la circulation des personnes et des biens autour du Bassin du Lac Tchad. C'est donc initialement pour répondre à ces dynamiques d'insécurité qu'a été créée en 1994[2] la Force multinationale conjointe, connu sous le sigle de MNJTF[3], composée d'unités nigérianes. Le siège de cette force a été établi à Baga dans l'État du Bornou ou Nigéria. En 1998 la FMM a été renforcée par la participation des troupes tchadiennes et nigériennes, mais s'est révélée très peu active.

Face à l'émergence du groupe terroriste BH, la FMM a été réactivée. C'est lors de leur 14e Sommet ordinaire, tenu le 30 avril 2012 à N'Djamena que les Chefs d'États et de gouvernement de le CBLT ont décidé de rendre de nouveau opérationnelle la FMM dans le Bassin du Lac Tchad et d'élargir son mandat à la lutte contre la secte islamiste[4]. Cependant, la force est dans un premier temps largement demeurée léthargique, son activité se limitant à la conduite de quelques patrouilles. Par ailleurs, le Cameroun en très mauvais termes avec le Nigéria en raison du contentieux de Bakassi, ne participait pas à la force. Face à l'intensification des attaques de BH, les ministres de la Défense et les Chefs d'État-major des pays de la CBLT ont approuvé, lors de la réunion organisée du 17 au 18 mars

---

[1]http://www.cblt.org/en/node/63, lien consulté le 6 juin 2021

[2]Commission du Bassin du Lac Tchad, 8e Sommet des Chefs d'État et de Gouvernement de la CBLT, Abuja, 21-23 mars 1994, in Répertoire des décisions des Sommets des Chefs d'État et de Gouvernement, Vol 1, 1964—2010, N'Djanema,
2011,www.cblt.org/sites/default/files/conference_chefs_etat.decisions.fr_.pdf. Consulté en ligne le 2 juin 2021.

[3]Multinational Joint Task Force.

[4]Commission du Bassin du Lac Tchad, 14e Sommet des CEG, 30 avril 2012, www.cblt.org/sites/defaulr/files/communique_final_14_sommet_fr.pdf lien consulté le 2 juin 2021

2014 à Yaoundé, la mise en place d'une Force multinationale composée de bataillons nationaux de 700 hommes par pays. La réorganisation de la FMM a été avalisée lors du Sommet extraordinaire des Chefs d'États et de gouvernement des pays membres de la CBLT auxquels s'est ajouté le Benin, tenu à Niamey le 7 octobre 2014.

Il convient de dire que la FMM initialement créée dans le cadre de la CBLT s'est faite en dehors de l'Architecture africaine de paix et de sécurité (ASPA), pourtant elle a dû rapidement inscrire ses interventions dans le cadre de celle de l'UA. Ce n'est qu'*a posteriori* que la FMM a été légitimé par le Conseil de Paix et de Sécurité de l'UA. Cette légitimation tardive renseigne sur la passivité initialement observée par l'UA face à la crise BH. L'UA va alors s'activer et s'impliquer au fur et à mesure que la crise prendra des proportions inquiétantes pour la résoudre.

2. Le traitement de la crise sécuritaire BH par l'UA

La faible fréquence des réunions de haut niveau consacrées au sein de l'UA à la lutte contre BH est significative de certaines défaillances de l'UA et de son manque d'anticipation quant à l'ampleur de la problématique terroriste dans la zone du Lac Tchad. Il apparait que l'enjeu sécuritaire incarné par BH a longtemps été perçu depuis l'UA comme un problème domestique du Nigeria et ne se sentant pas obligée de réagir. Ce n'est que progressivement que l'Organisation a pris conscience de la dimension transrégionale du phénomène avant d'inscrire plus clairement sa contribution à la lutte contre celui-ci dans le cadre de la lutte contre le terrorisme.

Dans cette perspective, l'UA ainsi que les Chefs d'État et de Gouvernement de la CBLT ont organisé une série de réunions[1] afin de doter la FMM des moyens d'éradiquer le groupe BH et les autres activités terroristes dans le Bassin du Lac Tchad. C'est lors du sommet de Malabo que la Conférence de l'UA a appelé à la tenue d'un Sommet consacré à la lutte contre le terrorisme. C'est ainsi que le 20 mai 2014, le Conseil de paix et de sécurité (CPS) de l'UA a consacré

---

[1]http://www.peaceau.org/fr/article/reunion-d-experts-sur-l-elaboration-des-documents-opérationnels-pour-la-force-multinationale-mixte-fmm-des-etats-mebres-de-la-commission-du-bassin-du-lac-tchad-et-du-benin-pour-la-lutte-contre-le-groupe-terroriste-boko-haramconsulté en ligne le2juin 2021.

sa première réunion à la lutte contre la secte islamiste, en appelant à l'opérationnalisation des instruments dont dispose l'UA pour combattre le terrorisme. Lors de sa 469e réunion tenue le 25 novembre 2014, ce dernier a examiné les efforts régionaux déployés pour lutter contre le groupe BH et a convenu des mesures à mettre en œuvre par la Commission de l'UA en appui au États membres de la CBLT et du Benin[1]. Le 2 septembre 2014, une nouvelle réunion du CPS, à laquelle 7 chefs d'États prirent part[2], a été consacré à la lutte contre BH. Le CPS s'est à nouveau réuni le 29 janvier 2015 et a notamment traité de la lutte contre BH. Les représentants des États membres de la CBLT ont alors été entendus. C'est lors de cette session qu'ont été examinée d'une part la question du cadre légal nécessaire au déploiement de la FMM et d'autre part l'opérationnalisation de la FMM. C'est à l'issue de cette réunion que le CPS a formellement autorisé le déploiement de la FMM composé de 7500 personnels pour une période initiale de 12 mois renouvelable[3]. Le CPS a également invité le Conseil de sécurité des Nations Unies (CSNU) à adopter une résolution endossant le déploiement de la FMM[4].

C'est ainsi qu'à la suite de ces réunions, la FMM a été ré-opérationnalisée pour engager de nouvelles opérations à compter du 30 juillet 2015 avec le Bénin, le Cameroun, le Tchad, le Niger et le Nigeria en tant que pays contributeurs de troupes sous le mandat de l'UA[5]. La Force Multinationale Mixte opère donc depuis lors dans le cadre du mandat autorisé du CPS de l'UA selon la répartition des tâches suivantes : la CBLT est chargée d'assurer le pilotage politique

---

[1]C'est à cette occasion qu'il a été demandé à la Présidente de la Commission de l'UA de produire un rapport sur « Les efforts régionaux et internationaux et la voie à suivre dans la lutte contre le groupe terroriste BokoHaram » : http://www.peaceau.org/uploads/cps484-rpt-boko-haram-29-1-2015.pdf vu le 2 juin 2021.

[2]Dont ceux du Nigéria, du Niger et du Tchad

[3]Les pays affectés par la secte BH ont été autorisés à effectuer des patrouilles conjointes et simultanées et autres types d'opérations dans les zones frontalières.

[4]Voir UA, Rapport de la Présidente de la Commission de l'UA sur les efforts régionaux et internationaux et la voie à suivre dans la lutte contre le groupe terroriste BokoHaram, 29 janvier 2015, www.peaceau.org/uploads/cps484-rpt-boko-haram-29-1-2015.pdf, 2 juin 2021.

[5]Bien que la FMM soit une initiative de la CBLT, seuls quatre des six pays membres de plein droit, à savoir le
Cameroun, le Niger, le Nigeria et le Tchad, en sont parties prenantes.

de la FMM : c'est ainsi que le Secrétaire exécutif de la CBLT exerce l'autorité politique sur la Force[1].

« En pratique, cela signifie que le niveau politique du CBLT sert de forum pour aborder les questions de sécurité et de coopération militaire avec ses États membres et que son secrétaire exécutif est l'interface officielle entre le Département de paix et sécurité de l'UA et le commandement militaire de la MNJTF. Cela dit, en tant qu'organisation régionale, la CBLT n'est pas directement impliquée dans les opérations de paix. Comme elle manque de capacités et qu'elle n'est pas une institution subsidiaire de l'APSA, c'est la Commission de l'Union africaine qui est le partenaire civil de fait de la MNJTF[2] »

L'UA assure le pilotage stratégique de la FMM et est également en charge de lui fournir un appui en matière de gestion administrative et financière.

« Une équipe dédiée (Strategic Support Cell) établie au sein du Département Paix et Sécurité de la Commission de l'UA supervise la FMM tout en gérant et coordonnant les contributions financières apportées par les partenaires techniques et financiers. Une équipe technique (Mission Support Team) a en outre été établie à N'Djaména pour pourvoir au soutien logistique de la FMM (moyens de transport, équipements informatiques et de communication)[3] »

L'État-major, situé à N'Djamena et composé de personnels des différents pays contributeurs à la Force, est en charge du commandement des actions militaires et du contrôle opérationnel des différents contingents nationaux.

Sur le théâtre d'opération, quatre secteurs[4] ont été défini et le commandement du secteur n°1 situé dans la ville de Mora au Cameroun. Chaque contingent de la FMM est déployé dans les limites de son territoire national et opère en priorité à l'intérieur de cet

---

[1]Le Secrétaire exécutif a été désigné chef de mission de la FMM à l'issue du Sommet extraordinaire des Chefs d'État et de gouvernement de la CBLT et du Bénin du 11 juin 2015 à Abuja.

[2]https://ecdpm.org/wp-content/uploads/FR-Summary-27LCBC-1.pdf

[3]Institut d'Études de Sécurité (ISS), « La Force multinationale de lutte contre BokoHaram : quel bilan ? », Rapport sur l'Afrique de l'Ouest, n°19, août 2016 : https://issafrica.s3.amazonaws.com/site/uploads/war19-fr.pdf

[4]Le secteur n° 2, situé dans la ville de Baga-Sola au Tchad ; le secteur n° 3 situé à Baga au Nigeria ; le secteur n° 4 situé dans la ville de Diffa au Niger.

espace. L'autorisation de déploiement de la FMM a été renouvelée par le CPS lors de sa 639eme réunion tenue le 29 novembre 2016[1].

Le CPS s'est depuis lors régulièrement saisi des questions relatives aux activités du groupe terroriste Boko-Haram et aux efforts visant à le neutraliser. La Commission de l'UA et la CBLT ont en outre présenté au CPS une communication conjointe sur les opérations de la FMM, lors de sa 680ème réunion tenue le 18 avril 2017. Le Conseil a alors également salué la signature, le 24 février 2017, d'un nouvel accord de mise en œuvre du soutien et du Protocole d'accord entre la Commission de l'UA et les pays contributeurs de troupes à la FMM visant à rationaliser l'appui supplémentaire de l'UA à la FMM. Le CPS a de nouveau discuté de la lutte contre Boko-Haram lors de sa réunion du 19 juillet 2017 et a également effectué une visite sur le terrain entre le 27 juillet et le 1er août 2017[2]. Enfin, le CPS a adopté la « Stratégie régionale de stabilisation, de redressement et de résilience des zones du Bassin du Lac Tchad affectées par la crise Boko-Haram » et le 5 décembre 2018, a été présenté le « Rapport du Président de la Commission de l'UA au CPS sur la FMM contre Boko-Haram et le soutien de l'UA à cette force[3] ». La CEEAC n'est pas restée indifférente face aux attaques terroristes.

B. L'apport de la CEEAC dans la lutte contre BH au Cameroun

Il revient à la Conférence des Chefs d'États et de Gouvernement (CCEG) de prendre les décisions relatives à la paix et la sécurité au sein de la CEEAC. Dans cette logique, en réponse au phénomène BH, la CEEAC a d'abord fait montre d'une indifférence originaire (1) avant de démontrer plus tard une mobilisation appréciable (2) par son

---

[1]Voir Communiqué [PSC / PR / 2. (DCXXXIX)], adopté lors de la 639ème réunion, tenue le 29 novembre 2016, par lequel le CPS a renouvelé son mandat jusqu'au 31 janvier 2018. Voir aussi : http://www.peaceau.org/fr/article/738eme-reunion-du-cps-sur-le-renouvellement-du-mandat-de-la-forcemultinationale-mixte-fmm-la-lutte-contre-le-groupe-terroriste-boko-haram consulté le 25 mai 2021.

[2]Voir aussi le communiqué [PSC/PR/COMM.(DCCXXI)] sur le Rapport de la mission du CPS sur le terrain dans les pays de la CBLT, entreprise du 27 au 31 juillet 2017. Voir aussi le Communiqué du 13 novembre 2017 : http://www.peaceau.org/uploads/cps.733.comm.perspective-de-cooperation-fmm.g5.13.11.2017.pdf

[3]816eme Réunion du CPS, 5 décembre 2018, PSC/PR/RPT. (DCCCXVI).

implication dans la recherche d'une solution au problème terroriste dans ses États membres.

1. L'indifférence originaire de la Conférence des Chefs d'États et de Gouvernement (CCEG) de la CEEAC face à BH

La CEEAC face au phénomène BH démontrera une totale indifférence qui la gardera dans une attitude passive. Acte de prudence face à un phénomène difficile à maitriser ou impuissance face à une réalité aux corrélations criminelles, toujours est-il que la CEEAC est restée silencieuse devant les actions des terroristes. En réalité, face à un BH considéré au départ comme un problème complexe et domestique du Nigéria, la CCEG fera montre d'un certain désintérêt. Quand bien même, le Cameroun, État membre de la CEEAC, subira des incursions répétées de ces terroristes, la CCEG ne se prononcera pas. Même les dispositions du Pacte d'assistance mutuelle (PAM) entre les États membres de la CEEAC ne lui inciteront pas une réaction. Cette indifférence que l'on pourrait analyser comme « déjà vu » n'est pourtant pas singulière[1]. La faible mobilisation de la CEEAC face à cette crise a révélé à la fois les faiblesses de l'organisation elle-même, mais aussi la nécessité de développer la coopération entre les CER qui composent l'APSA.

En ce qui concerne BH, la prise de conscience de la gravité du problème terroriste lui sera indirectement provoquée. La France se chargera en effet de l'y convier. C'est ainsi que le Sommet de Paris sur la sécurité au Nigéria tenu le 17 mai 2014, puis le forum de Dakar sur la Paix et la sécurité en Afrique tenu du 15 au 16 décembre 2014 seront organisés pour faire appréhender par la CEEAC, confortée dans une inertie, l'ampleur du phénomène. C'est donc à l'issue de ceci que la CEEAC finira par s'impliquer dans la recherche des solutions au problème terroriste.

[1]En réalité, en septembre 2011, la Lord ResistancesArmy (LRA) est déclarée par l'UA comme groupe terroriste 10 années après les USA. La CEEAC est active à cette époque mais aucune réunion de la CCEG ne sera annoncée. C'est dans ce contexte de passivité que l'UA prendra les choses en main en établissant la Force d'Intervention Régionale contre la LRA qui sera déployé en mars 2012 sans aucune contribution de la CEEAC.

2. Une mobilisation appréciable de la CEEAC dans la gestion de la crise

C'est tout d'abord en termes d'assistance mutuelle envers les deux États membres de la CEEAC directement affectés par les violences de la secte islamiste que la CEEAC a abordé cette question. C'est ainsi que lors d'une rencontre avec le président camerounais Paul Biya en janvier 2015, le Secrétaire Général de l'Organisation a encouragé les États membres à manifester leur solidarité envers le Tchad et le Cameroun, conformément aux dispositions pertinentes du Pacte d'assistance mutuelle de la Communauté. Le Secrétaire général a alors également plaidé pour que les plus hautes instances du Conseil de Paix et de Sécurité de l'Afrique Centrale (COPAX) adoptent des actions concrètes en vue d'éliminer la menace que constitue Boko-Haram, allant jusqu'à évoquer un plan militaire destiné à contenir et à maîtriser la progression de Boko-Haram, en sécurisant les frontières du Cameroun, celles du Tchad et globalement celles de la sous-région d'Afrique centrale. La CEEAC s'est plus particulièrement saisie des questions relatives à la lutte contre Boko-Haram lorsque le président tchadien Idriss Déby en a assuré la Présidence. Le 31 janvier 2015, s'est ainsi tenue une Concertation des Chefs d'État et de gouvernement de la CEEAC à Addis-Abeba, en marge de la 24ème session ordinaire de la Conférence des Chefs d'État et de gouvernement de l'UA. Dans la foulée de cette rencontre, le 16 février 2015[1], les Chefs d'État d'Afrique centrale membres du COPAX se sont réunis en session extraordinaire, à l'invitation du président tchadien également Président en exercice de celui-ci, pour tenter d'élaborer une stratégie commune visant à lutter contre le groupe islamiste. C'est à huit clos que les présidents tchadien et camerounais se sont exprimés devant le COPAX, afin d'exposer la gravité de la situation dans les régions de leur pays touchées par la violence de Boko-Haram. Les deux Chefs d'État ont déclaré que leurs États sont en guerre et mobilisent plus de six mille hommes chacun pour lutter contre le groupe terroriste Boko-Haram. Ils ont conclu leur propos en demandant à leurs pairs de se mobiliser pour les aider à éradiquer le

---

[1]Radio France Internationale, « Afrique Centrale : Sommet de la CEEAC - 50 milliards de francs CFA contre BokoHaram ». Publié le 16-02-2015: http://www.rfi.fr/afrique/20150216-cameroun-appui-financier-militaire-lute-contreboko-haram

groupe terroriste Boko Haram qui, s'il n'est pas neutralisé, pourrait déstabiliser toute la sous-région.

C'est donc « *préoccupés par les attaques répétées et croissantes du groupes terroriste Boko Haram contre la République du Cameroun et la République du Tchad* »[1] et « *considérant le risque de déstabilisation de l'ensemble de la Sous-région de l'Afrique Centrale par le groupe terroriste Boko-Haram*[2] » que la CCEG se mobilisera véritablement. Une réaction qui est déjà productive puisqu'elle favorisera l'adoption d'un plan sous régional de lutte contre BH et la mise en place d'un fonds spécial d'appui à la lutte.

Pour ce qui est de l'adoption d'un plan sous-régional de lutte contre le terrorisme, il convient de dire que forte de sa responsabilité[3] en matière de gestion des crises et fondée par l'article 4 alinéa (j) du Protocole relatif au COPAX à « *définir les grandes orientations dans les domaines de l'établissement, du maintien et de la consolidation de la paix à l'échelon sous régional* », la CCEG du COPAX se réunira en session extraordinaire. Le 16 février 2015, à l'issue de cette réunion motivée par l'urgence devant les exactions de plus en plus meurtrières de Boko-Haram, la Déclaration de Yaoundé sera adoptée. C'est elle qui établit en effet le plan de la lutte de la CEEAC contre le groupe terroriste BH ou du moins l'approche de luttes qu'elle entend décliner. Dans cette déclaration, ses mesures[4] de lutte s'articulent autour de l'optimisation des synergies avec les partenaires institutionnels et de la mise sur pied d'une action politico-diplomatique auprès de la communauté internationale afin d'obtenir des appuis. En réalité, dans cette déclaration du 16 février 2015, la CEEAC traduit l'esprit de mutualisation qu'elle préconise comme meilleure solution pour neutraliser cet ennemi. Dans cet ordre d'idées, elle a bâti sa stratégie de lutte sur une coopération multiforme avec des partenaires multiples. Elle a ainsi voulu rester ouverte aux initiatives qui pourraient être mises en place par d'autres acteurs.

La Déclaration de Yaoundé met aussi en place un fonds spécial d'appui à la lutte contre le terrorisme en direction des pays directement concernés. En effet, la CCEG peut dans le cadre de ses missions de gestion de crises « *proposer des mesures qui tiennent*

---

[1]Extrait de la déclaration de Yaoundé du 16 février 2015.

[2]*Ibidem.*

[3]Voir Art. 8(b) (i) du Protocole relatif au COPAX

[4]Par mesures de lutte, il faut entendre les mesures antiterroristes.

compte de l'organisation et de coordination de l'assistance humanitaire et de mettre en place des instruments subséquents »[1]. Ainsi, pour encourager la coopération exemplaire entretenue entre le Cameroun et au Tchad en vue d'éradiquer le groupe terroriste BH, la CEEAC a pris l'initiative de mettre à leur disposition ce fonds. Elle s'est de ce fait engagée à apporter dans l'immédiat, son soutien actif et multiforme au Cameroun, au Tchad et tout autre État de la Communauté qui serait affecté par les actions du groupe terroriste Boko-Haram, notamment l'assistance militaire, financière, logistique et humanitaire. Cet engagement s'est concrétisé par l'adoption d'un plan d'urgence de 50 milliards de FCFA, des fonds qui permettront l'équipement leur arsenal militaire mais surtout la capacité de réaction de ces deux pays. Cette mesure d'assistance a largement été prise en conformité avec l'article 8(b) (viii) qui autorise la CCEG d'en décider dans l'hypothèse de crise ou de conflits ouverts. Mais la CEEAC demeurera réticente à l'opérationnalisation de la Force multinationale de l'Afrique centrale qui est pourtant la brigade de crise et qui pourtant affichait fière allure au lendemain de ses performances appréciables de l'exercice Loanga 2014.

Les efforts des ORA de vaincre le groupe BH ont permis de repousser la menace mais ont quelque fois manqué de porter les fruits.

II. La portée des efforts mis en œuvre pour lutter contre BH au Cameroun

Malgré les efforts déployés par les ORA pour vaincre BH, les résultats sont loin d'être satisfaisants. Des attaques répétées au Cameroun et dans d'autres pays subissant les assauts de BH témoignent des résultats en demi-teinte des ORA. Il est difficile d'affirmer que dans le cadre de la résolution de la crise BH, leur contribution ait réussi à faire cesser la crise. Cette situation peut se justifier par le fait que les mécanismes développés se sont trouvés quelque peu limités face à la menace terroriste (A). Ces mécanismes peinent globalement à fonctionner efficacement pour des raisons qui tiennent à leur coordination et financement. Ces problèmes déjà connus se superposent aux traditionnels problèmes de l'impuissance politique de l'UA et l'absence de volonté politique des États membres,

[1]Art. 4(m) du Protocole relatif au COPAX.

entravant dans la lutte contre le terrorisme. C'est fort de ce constat que d'autres organisations régionales vont accompagner les initiatives déjà enclenchées pour lutter contre BH (B).

A. Des mécanismes sécuritaires limités face à la menace terroriste

Les mécanismes mis en œuvre pour lutter contre BH se sont révélés limités face à un ennemi nouveau. D'une logique *ab initio* symétrique, BH va fondre dans une guerre asymétrique, rendant ainsi caduques les mécanismes développés. Cette transformation du *modus operandi* aura des conséquences graves sur l'issue de la guerre en créant un environnement sécuritaire délétère (1) dans un contexte de manque de véritables stratégies au de réduction de la résonance de l'idéologie extrémiste (2).

1. La persistance d'un environnement sécuritaire délétère

En l'espace de quelques années, le Cameroun est devenu au gré des guerres, des instabilités et des fragilités économiques et politiques, de la mal gouvernance et de la pauvreté le terreau de la criminalité organisée. De nombreux criminels continuent de s'investir dans de larges pans du Cameroun et font proliférer des activités criminelles diverses. Favorisé par la porosité des frontières, ces activités s'épanouissent dans la majorité des régions[1]. Il s'agit du trafic des personnes, du trafic des stupéfiants, du trafic des véhicules volés, de ressources naturelles ou d'armes à feu, de la contrebande, de la contrefaçon, de la piraterie…. Toutes ces activités favorisent alors le terrorisme en l'alimentant de leur revenu et en lui permettant d'étendre sa sphère d'activité et de pouvoir.

Il faut ajouter à ceci les reculs démocratiques et la crise de gouvernance qui alimentent le terrorisme. De nombreux problèmes de gouvernance renforcent les piliers de la crise sécuritaire qui sévit dans l'Extrême-Nord. A l'instar des « petits couteaux » - référence faite aux petites mains qui travaillent pour Boko-Haram - dont l'itinéraire de

---

[1]On peut citer à titre d'exemple l'Extrême-Nord avec le phénomène de vol du bétail, le braconnage dans les parcs, l'Est avec les activités des rebelles venus de la Centrafrique, les régions du Nord-Ouest et Sud-Ouest (NOSO) avec la crise anglophone…

collaboration avec le mouvement terroriste est essentiellement opportuniste, Certains responsables sécuritaires à l'instar des chefs des postes d'identification de la police, des commandants des brigades frontalières et des chefs d'unités militaires postées aux frontières se livrent aux activités de contrebande (Fotokol), de trafics de toutes sortes (Darak), de trafic de nationalité (Bogo).La corruption généralisée a sans doute facilité les infiltrations et les manœuvres de Boko-Haram au Cameroun[1]. Le renforcement de la chaîne de corruption perturbe le démantèlement des cellules terroristes ou ouvre des brèches à partir desquels les djihadistes de Boko-Haram pénètrent en territoire camerounais pour réaliser leur forfait.

S'il est vrai que les opérations de la FMM ont affaibli et dispersé les combattants de BH, les attaques et les attentats suicides se poursuivent dans l'Extrême-Nord. Les déplacés internes se font de plus en plus nombreux. Cette région compte plus de 86000 réfugiés et 220000personnes déplacées. De plus, la saison sèche dans cette partie du Cameroun entraine la multiplication des attaques le long des routes principales, entravant ainsi l'acheminement de l'aide humanitaire. À l'Est du Cameroun, de grave déficit de financement menacent la viabilité des programmes d'aide alimentaire vitaux pour les réfugiés de la RCA dont nombreux sont encore dans le pays. La situation des droits de l'homme n'est guère reluisante avec les excès de pouvoir observés pendant les manifestations pacifiques[2].

Les différents actes d'agression de la secte BH dans la partie septentrionale ont fait plus de victimes civiles et militaires que terroristes. Entre meurtre, enlèvement et destruction des édifices publics et habitats privés, aucune règle n'est observée par ces groupes. Il règne donc malgré les efforts de ces organisations un climat non favorable à la paix. Les ORA semblent l'avoir compris. Elles procèdent aujourd'hui à une certaine extension de son architecture classique de paix et de sécurité. Dans cette logique, la CEEAC est à

---

[1]NTUDA EBODE J. V. (dir.), *Le conflit Boko-Haram au Cameroun : pourquoi la paix traine-t-elle ? Nouvelles approches de la sécurité collective*, FES, 2017, p.27.

[2]On se souvient encore de la manifestation pacifique organisée le 28 novembre 2018 par les étudiants de l'Université de Buea qui a été réprimée par les forces de sécurité qui ont employé de façon excessive la force et procédé à des arrestations et détentions arbitraires.

l'origine de nombreux programmes d'actions pour résorber la criminalité organisée et ainsi réduire les possibilités des terroristes[1].

2. L'absence de véritables stratégies de dé-radicalisation

Partant de l'idée que le terroriste est un malade social, il convient dans cette perspective d'éliminer tous les facteurs qui peuvent dans une certaine mesure l'amener à se rebeller. N'y a-t-il pas lieu dans la lutte contre le terrorisme d'insister sur la prévention que sur la répression ? Anticiper un acte terroriste en pratique peut relever de la gageure[2]. Le terrorisme au Cameroun peut être appréhendé comme l'expression d'un malaise social, d'un désespoir, voilà pourquoi elle s'exprime sous forme insurrectionnelle. Le Cameroun doit faire des efforts dans le sens de l'amélioration de sa gouvernance en général en créant les conditions favorables au bien-être de sa population par la répartition des richesses[3], mais surtout par la réintégration sociale de ceux qui prennent les armes pour quelques idéologies que ce soit contre l'État.

A la différence du Nigeria, du Tchad et du Niger qui se sont inscrits dans une logique de retour à la paix par l'acceptation du principe de pardon aux radicalisés, le Cameroun semble initialement convaincu que l'option militaire est la seule fiable. Certes, la politique de la main tendue aux insurgés n'a pas toujours produit les résultats attendus, il reste qu'elle demeure une option politique d'apaisement et de voie de

---

[1]La CEEAC à ce propos mène une croisade contre l'insécurité maritime et la criminalité faunique.

[2]Au Cameroun, avec l'appui des comités de vigilance et les groupes d'autodéfense, en plus du renseignement, la mission de prévention est capitale dans la lutte contre le terrorisme.

[3]Les États ont souvent tendance à concentrer leur attention et les efforts de développement sur la capitale et les grands centres urbains. Des pans entiers du territoire national, souvent pauvres en ressources, sont totalement laissés pour comptes, oubliés par un États qui a renoncé jusqu'à ses fonctions les plus basiques de maintien de l'ordre et de la sécurité. C'est en effet dans ce contexte de « périphérie oubliées » qu'émergent des mouvements de contestation, qui se nourrissent du sentiment de marginalisation des populations. Le recours au terrorisme peut devenir l'expression de frustrations non résolues ou mal solutionnées, l'arme légitime du pauvre. Voir GOUDJOU A., *L'usage de la force dans le règlement des conflits armés internationalisés au Cameroun,* Mémoire, Master II Dschang, 2017, p.109

sortie pour de milliers de combattants qui n'ont plus d'issue que de retourner dans leurs communautés de départ[1]. Il était donc devenu utile de sortir de l'impasse, qui laissait aux recrus de Boko-Haram le choix entre une mort lente en prison et une mort rapide au combat, vers l'acceptation des repentis. C'est dans ce contexte que le Cameroun lancera un processus de désarmement, démobilisation et réinsertion[2]. A destination contre les ex-combattants de BH à l'Extrême-Nord et les séparatistes anglophones, cette mesure est jugée comme faiblement adaptée au contexte de lutte contre le terrorisme dans l'Extrême-Nord Cameroun. Il répond au schéma classique du DDR développé par les missions onusiennes de maintien de la paix. L'objectif assigné au camp de DDR d'un point de vue stratégique est d'accueillir et de désarmer les ex-combattants de BH, de collecter leurs armes et d'aider à leur réinsertion dans la vie civile. Pourtant en se référant au contexte de la crise concernée, les perspective de réussite sont soumises à de sérieux défis dans l'Extrême-Nord. La région est toujours soumise aux attaques des terroristes dont l'une des dernières a eu lieu à Amchidé, faisant état d'une trentaine de morts le 28 novembres 2020. Plusieurs combattants capturés ou s'étant rendus volontairement sont retenus depuis 2018 dans les camps de la FMM à Mora en attente de réinsertion.

Toutefois, sans être une recette magique, la politique du pardon et du retour des repentis requiert un minimum de conditions dont les principales sont le consensus des communautés de départ à accueillir leurs enfants et la capacité de l'État à mettre sur pied un protocole de dé-radicalisation. Tant que les jeunes camerounais restent coincés dans la nature sans perspective de retour, la paix dans les localités affectées restera une chimère.

La question de la nécessité d'une politique de dé-radicalisation au Cameroun doit cependant être précédée par le constat alarmant d'un déficit de cadre d'actions en matière de contre-radicalisation. Entendue comme l'ensemble des dispositifs de prévention de la radicalisation, la contre-radicalisation au Cameroun reste encore un champ peu investi, surtout par les politiques publiques[3]. Ce déficit

---

[1]NTUDA EBODE J. V. (dir.), *Le conflit Boko-Haram au Cameroun : pourquoi la paix traine-t-elle ? Nouvelles approches de la sécurité collective, op.cit.*, p.27.

[2]Décret signé le 30 novembre 2020 portant création du Comité national de désarmement, démobilisation et réinsertion.

[3]Le répertoire de quelques actions encore visibles, notamment dans la Région de l'Extrême-Nord, décline des acteurs issus des Agences des Nations Unies (PNUD,

structurel amplifie la question de la dé-radicalisation dont l'enjeu réside dans la déconstruction cognitive d'une conviction radicale. De la contre-radicalisation à la dé-radicalisation, le Cameroun ne semble pas avoir amorcé le processus de lutte contre le terrorisme et l'extrémisme violent au niveau mental. Dans cette logique l'apport extérieur devient impérieux.

B. Le renforcement des efforts des ORA dans la lutte contre BH au Cameroun

C'est ici que l'État (1) et les autres acteurs africains (2) intéressés par le conflit doivent accompagner les initiatives de lutte.

1. Le renforcement de la lutte par l'État

L'État doit mobiliser tant les acteurs étatiques que non étatiques pour faire face au terrorisme. Ceci passe par la réactivation des comités de vigilance et aussi par une offensive armée.

La multiplication des exactions de Boko-Haram sur le territoire national a révélé l'ampleur des complicités locales dont bénéficiaient les insurgés. Soucieux d'affaiblir leurs soutiens locaux et optimiser le renseignement prévisionnel et opérationnel, les autorités camerounaises ont réactualisé la défense populaire inscrite dans le concept de défense du Cameroun, qui repose sur l'idée que « *les armées ne suffisent pas pour sauver une nation tandis qu'une nation de défense par le peuple est invincible*[1] ». De l'instruction interministérielle de 1962 créant les groupes d'autodéfense à l'arrêté régional de juin 2014 du Gouverneur de la Région de l'Extrême-Nord, il est encouragé la réactivation de ces unités sous l'appellation « comités locaux de vigilance ».On assiste à une prolifération sans précédent de vigilants, estimés aujourd'hui à environ 16 000 dans la quasi-totalité des villes et villages de l'Extrême-Nord[2]. Officiellement,

---

UNFPA), de la société civile, des ONG internationales (PAIC, Plan International…) et de l'Etat. Voir NTUDA EBODE J. V. (dir.), *Le conflit Boko-Haram au Cameroun : pourquoi la paix traine-t-elle ? Nouvelles approche de la sécurité collective,Op. Cit.* p.28

[1]Discours d'Ahidjo, 15 août 1970.

[2]NTUDA EBODE J. V. (dir.), *Le conflit Boko-Haram au Cameroun : pourquoi la paix traine-t-elle ? Nouvelles approches de la sécurité collective*, *Op. Cit.*, p.16

leur objectif est d'améliorer la réactivité des autorités et des forces de sécurité à travers l'information, le renseignement et la dénonciation des situations suspectes. Sur le terrain, les membres des comités de vigilance ont contribué, au-delà de l'identification des djihadistes et de l'alerte, à déjouer plusieurs attentats kamikazes ou à réduire leur létalité parfois au péril de leur vie. Leur ancrage communautaire et leur parfaite maîtrise de la géographie, de l'histoire, des langues et des cultures locales, font d'eux des partenaires privilégiés de la contre-insurrection pilotée par les services de sécurité camerounais. Leurs exploits leur valent d'être régulièrement félicités par les pouvoirs publics et de bénéficier d'une attention médiatique inouïe ainsi que des marques de bienveillance. Cependant, les dénonciations calomnieuses de certains, les extorsions auxquelles se sont livrés quelques-uns et les soupçons de collusion des autres avec la milice islamiste, ont quelque peu entaché l'image de ce corps communautaire de sécurité qui se trouve désormais dans une posture ambivalente. Les soutiens divers apportés par l'ensemble des parties prenantes ont nettement contribué à faire reculer l'emprise des djihadistes sur le front camerounais et soulager les souffrances des nombreuses victimes. Toutefois malgré les efforts fournis, le pouvoir de nuisance de Boko-Haram demeure et les conséquences du conflit sur le paysage économique, politique et socioculturel ne cessent de s'alourdir. L'État doit donc opposer offensive militaire en guise de légitime défense contre le terrorisme[1].

Avec l'intensification des incursions de Boko-Haram et du flux de réfugiés nigérians dans l'Extrême-Nord, le gouvernement camerounais a fait le choix de passer à l'offensive pour juguler cette tendance haussière. L'entrée en guerre contre Boko-Haram a donné lieu à la libération des otages français d'abord et la lutte contre un ennemi commun ensuite. Quant aux forces de défense camerounaises, elles se sont mises à pied d'œuvre pour contrer l'expansion de la menace terroriste. A la posture purement défensive observée au tout début du conflit, a succédé l'initiative offensive à partir de février 2015 jusqu'à présent, à travers les opérations *Emergence 4 et Alpha.* Les opérations conduites parallèlement au niveau bilatéral (Tchad-Cameroun ; Nigéria-Cameroun , etc.) et multilatérales (avec la Force Multinationale Mixte) ont permis de déloger les terroristes de

[1]VIANNEY S., *Le recours à la légitime défense contre le terrorisme international*, Paris, Edition Connaissance et Savoirs, 2013, 236p.

plusieurs bastions, de démanteler leurs camps d'entraînement et leurs entrepôts de fabrication d'engins explosifs, de couper leurs circuits d'approvisionnement. Ces réactions musclées qui ont réduit substantiellement leur capacité opérationnelle ont contraint les djihadistes à revenir aux tactiques asymétriques auxquelles les troupes camerounaises semblent moins aguerries, et qui appelle le soutien d'autres partenaires plus avertis.

2. L'apport des autres partenaires

Il est nécessaire face à la transversalité de la menace et la vulnérabilité sécuritaire des États de l'Afrique centrale de construire des dynamiques de coopération fructueuse. Les ORA dans le cadre de la lutte contre BH se sont lancées, surtout la CEEAC, dans une sorte d'appel d'offre aux alliés. Implorant l'implication d'autres organisations au nom de la solidarité africaine[1], la CEEAC va procéder à la mobilisation d'une sorte de diplomatie de paix en réseau. Étant convaincue que « *…ce n'est que par un réseau que l'on peut vaincre un autre réseau* [2]» la CEEAC et l'UA initieront des actions de coopération sur le plan transrégional d'abord avec la CEDEAO, mais aussi avec la CBLT.

L'approche stratégique de mutualisation des efforts de lutte entre la CEEAC et la CEDEAO n'est pas une entreprise nouvelle[3]. Pour ce qui est de l'insécurité actuelle, la spirale de conflits et la forte tendance à la régionalisation inscrivent le maintien de la paix dans une perspective commune et transrégionale. C'est donc convaincu par cette logique et éprise par la réminiscence des initiatives antérieures communes, que la CEEAC va renouveler ses liens de coopération

[1]Nous n'évoquerons ici que le cas des organisations africaines et non étrangères à l'Afrique. Il sera aussi exclu l'apport des États qui se sont mobilisés pour la cause.

[2]LEMIEUX V., « Les réseaux criminels » cité par WOUABENG C.S., La CEEAC et la question du terrorisme en Afrique centrale, Mémoire master II, Dschang, 2016, p.67.

[3]Plusieurs initiatives antérieures de coopération dans le cadre de la sécurité transfrontière lient ces ensembles régionaux. Il s'agit en effet des initiatives de coopération en matière d'insécurité maritime à dessein de lutter âprement contre les activités illicites dans le Golfe de Guinée. On peut aussi citer l'Accord Multilatéral de Coopération régionalede lutte contre la traite des personnes en particulier des femmes en Afrique de l'Ouest et du Centre du 16 juillet 2006 à Abuja au Nigéria

avec la CEDEAO. Cette redynamisation des liens rendra à cet effet possible la prospective d'une riposte coalisée de lutte, alternative qui semblait s'imposer en raison de la transversalité de la menace terroriste, qui n'est plus perçue comme une affaire domestique du Nigéria. Face à la transhumance de la violence dont fait preuve BH et qui traduit le caractère transversal de la menace, une équation restait pour ces deux organisations à résoudre, celle de savoir « *comment terroriser les terroristes de Boko-Haram et restaurer la sécurité dans le Bassin du Lac Tchad*[1] ». L'engagement de la CEEAC dans la déclaration de Yaoundé de « *...coopérer pleinement et à tous les niveaux avec la Communauté Économique des États de l'Afrique de l'Ouest en vue d'une coordination des actions de lutte contre le groupe terroriste Boko-Haram...* »[2] a été la traduction sans équivoque de la disponibilité de l'organisation sous-régionale à mettre sur pieds un plan de lutte coopératif. Il était aussi question pour ces deux organisations de se réunir à la faveur d'un Sommet en Guinée Équatoriale pour mettre sur pieds une stratégie commune de lutte contre la secte nigériane Boko-Haram qui sévit notamment au Tchad et au Cameroun. La CEEAC a donc voulu instituer une synergie d'action de lutte face à cette insécurité partagée. L'intention de la CEEAC de rechercher les alliés semble intacte lorsqu'il est tenu compte de son acception du soutien opérationnel de la CBLT.

La poussée meurtrière de BH dans les zones transfrontalières des pays riverains du Lac Tchad motivera de nombreuses rencontres des Chefs d'État et de Gouvernement et donnera lieu à divers accord bilatéraux et multilatéraux élaborant une réponse concertée. C'est dans ce sens que la CBLT, cadre institutionnel d'action commune des pays riverains du Lac Tchad se montrant plus offensive que la CEEAC adoptera une stratégie opérationnelle de lutte. Cette approche est en effet la première vraie approche de lutte d'une série de solutions régionales et internationales. Cette offensive se justifie aussi par le fait que ses États sont en effet la cible de la furie criminelle du groupe BH, et l'instabilité qui en résulte interroge l'une de « *ses missions sous-jacentes qui est d'assurer le maintien de la paix et la sécurité dans les*

---

[1]NGOUYAMSA M., « La lutte contre l'insécurité transfrontalière dans le Bassin du Lac Tchad », in MOUICHE I., EWUSI KALE S. (dir.), *Gouvernance et sécurité en Afrique subsaharienne francophone : entre corruption politique et défis sécuritaires*, UPEACE, Addis Abeba, p.242.

[2]Extrait du paragraphe 20 de la Déclaration de Yaoundé du 16 février 2015.

régions du grand Lac »[1]. C'est donc une réactivité nourrie par la volonté de relever le défi de ne pas voir sa zone de compétence se transformer en une zone grise à la merci des dynamiques incontrôlables[2], que la CBLT se montrera avant-gardiste. Elle projettera la mise sur pied d'une FMM pour la sécurité du Bassin du Lac Tchad. La CEEAC soutiendra son action de lutte contre BH par l'entérinement de la contribution opérationnelle des États de la CBLT. C'est cette contribution qui suscitera la perspective du déploiement d'une FMM par l'UA.

Conclusion

L'urgence de la menace terroriste qui prospère dans les États africains à précarité sociale ambiante appelle donc de plus en plus l'Union Africaine et ses Communautés économiques régionales à intervenir dans leurs États membres. Face à ces dynamiques inédites, les réponses sécuritaires s'internationalisent et ou se régionalisent. Toutes les organisations, qu'elles soient universelles, régionales ou sous régionales se saisissent désormais du problème terroriste, chacun avec ses moyens. La montée en puissance des attaques terroristes dans

---

[1]Extrait de l'entretien avec le Directeur des services généraux de communication et protocole de la CBLT, M. Abdoul Kader NAINO le 20juin 2014, N'Djanema cité dans GRIP, « La CBLT et les défis sécuritaires du Lac Tchad », note n° 14, 20 décembre 2014, p.6.

[2]MUSILA C., « L'insécurité transfrontalière dans la zone du Bassin du Lac Tchad », Irénées.net, juillet 2012.

les États africains fragilise et malmène les appareils sécuritaires des États. La nature transfrontalière de la menace exige une prise en charge de ce problème au niveau régional et sous régional. Confronté donc à une grave crise sécuritaire sans précédent avec les attaques répétées de la secte terroriste Boko-Haram, le Cameroun connaitra l’application d’une véritable stratégie de lutte contre le terrorisme développée par l'UA et la CEEAC. Ces organisations ont massivement accentué le rythme et la portée de leurs interventions contre les entrepreneurs de violence extrémiste dans leurs États.

La secte islamiste BH au Cameroun a contraint ces organisations régionales africaines à mener une lutte sans merci pour éradiquer le phénomène terroriste dans leurs États. La prolifération de ce mouvement a poussé l’Union Africaine et la Communauté des États de l’Afrique Centrale à se doter d’un ensemble d’instruments juridiques et organisationnels pour faire face à cet ennemi nouveau. Malgré le danger que cette menace puisse représenter pour la sécurité des États, elle offre aussi une opportunité de coopérer en touchant même les domaines qui pouvaient encore relever de la souveraineté des États. La transversalité de menace appelle à une mutualisation des efforts, à une multiplication des parties prenantes dans les efforts d’éradication de la menace. S’inscrivent dans cette logique, les efforts déployés la CEEAC et l’UA pour éradiquer cette menace se trouve à l’épreuve limités. L’efficacité de toutes les initiatives prises par ces deux organisations se trouve amoindrie par l’absence d’un cadre stratégique qui oriente les actions et par les maux intrinsèques qui sont presque similaires à ces organisations. Il va sans dire que rien n’est perdu car une bonne coordination et une réelle volonté politique des décideurs sont de nature à lutter contre le terrorisme et permettrait de neutraliser l’expansion de ce phénomène sur le continent.

TABLE DES MATIÈRES

Structures éditoriales du groupe L'Harmattan

L'Harmattan Italie
Via degli Artisti, 15
10124 Torino
harmattan.italia@gmail.com

L'Harmattan Hongrie
Kossuth l. u. 14-16.
1053 Budapest
harmattan@harmattan.hu

L'Harmattan Sénégal
10 VDN en face Mermoz
BP 45034 Dakar-Fann
senharmattan@gmail.com

L'Harmattan Cameroun
TSINGA/FECAFOOT
BP 11486 Yaoundé
inkoukam@gmail.com

L'Harmattan Burkina Faso
Achille Somé – tengnule@hotmail.fr

L'Harmattan Guinée
Almamya, rue KA 028 OKB Agency
BP 3470 Conakry
harmattanguinee@yahoo.fr

L'Harmattan RDC
185, avenue Nyangwe
Commune de Lingwala – Kinshasa
matangilamusadila@yahoo.fr

L'Harmattan Congo
219, avenue Nelson Mandela
BP 2874 Brazzaville
harmattan.congo@yahoo.fr

L'Harmattan Mali
ACI 2000 - Immeuble Mgr Jean Marie Cisse
Bureau 10
BP 145 Bamako-Mali
mali@harmattan.fr

L'Harmattan Togo
Djidjole – Lomé
Maison Amela
face EPP BATOME
ddamela@aol.com

L'Harmattan Côte d'Ivoire
Résidence Karl – Cité des Arts
Abidjan-Cocody
03 BP 1588 Abidjan
espace_harmattan.ci@hotmail.fr

Nos librairies en France

Librairie internationale
16, rue des Écoles
75005 Paris
librairie.internationale@harmattan.fr
01 40 46 79 11
www.librairieharmattan.com

Librairie des savoirs
21, rue des Écoles
75005 Paris
librairie.sh@harmattan.fr
01 46 34 13 71
www.librairieharmattansh.com

Librairie Le Lucernaire
53, rue Notre-Dame-des-Champs
75006 Paris
librairie@lucernaire.fr
01 42 22 67 13

www.ingramcontent.com/pod-product-compliance
Lightning Source LLC
LaVergne TN
LVHW021140061026
849535LV00002B/303
9782140316234